PAUL LAWRENCE ROSE

Heisenberg

UND DAS ATOMBOMBENPROJEKT DER NAZIS

Aus dem Englischen von Angelika Beck

Pendo Zürich München

Brian Dalton (1924–1996), dem Gelehrten,
Mentor und Freund, in liebevollem Gedenken.
Und meinem Vater zum 80. Geburtstag.

Wissen ohne Gewissen ist der Seele Verderben.

Rabelais, Gargantua und Pantagruel

Und was ist schon eine Lüge? Maskierte
Wahrheit nur, nichts weiter.

Byron, Don Juan

INHALTSVERZEICHNIS

VORWORT

Warum Heisenberg? Werner Heisenberg (1901–1976) ist eine Ikone der Physik des 20. Jahrhunderts und zugleich ein Symbol für die Krise der deutschen Kultur und Gesellschaft während der Hitler-Zeit. Mit seiner Entdeckung und Entwicklung der Matrizenmechanik in Konkurrenz zu Erwin Schrödingers Wellenmechanik im Jahre 1925 führte er die traditionelle Quantentheorie aus ihren verschiedenen Sackgassen heraus und machte den Weg frei für die Quantenmechanik, die das physikalische Denken in den letzten fünfundsiebzig Jahren bestimmte. Dieser Durchbruch und die Formulierung der Unschärferelation 1927 sicherten Heisenberg einen festen Platz unter den großen Physikern – eine Leistung, die 1933 durch die Verleihung des Nobelpreises gewürdigt wurde.

Im selben Jahr kam jedoch Hitler an die Macht und stürzte die deutschen Physiker und die übrige kulturelle Elite des Landes in eine *crise de conscience*: Sollen wir bleiben (fragten sich einige) und uns ruhig verhalten, darauf warten, daß der Sturm vorüberzieht? Oder war offener Protest mit oder ohne aktiven Widerstand eine gangbare Alternative? Oder sollte man einfach die Koffer packen, das Land verlassen und von außerhalb gegen das System arbeiten? Heisenberg entschied sich dafür, in Deutschland zu bleiben, und bekräftigte diesen Entschluß in den sechs Jahren vor Ausbruch des Zweiten Weltkriegs mehrfach. Die Frage, inwieweit er mit dem Naziregime politisch einverstanden war oder nicht, ist in den vergangenen sechzig Jahren Gegenstand erbitterter Kontroversen gewesen. Dabei ging es stets in erster Linie um seine Beteiligung am Atombombenprojekt der Nazis. Und hier tun sich in der Tat massive Zweifel und Widersprüche sowohl wissenschaftlicher als auch ethischer Art auf. Wußte Heisenberg, wie eine Atombombe funktionieren würde und wie man sie herstellt? War er sich des moralischen Dilemmas bewußt, in das er geraten mußte, wenn er am Atombombenprojekt mitarbeitete, geschweige denn eine solche Waffe für Hitler zu bauen hatte?

Nach dem Krieg organisierten Heisenberg und andere deutsche Physiker und Historiker – wie auch einige amerikanische und britische Autoren – eine Rechtfertigungskampagne, die beweisen sollte, daß er sich sowohl über die moralischen als auch die wissenschaftlichen Probleme, die seine Funktion als physikalischer Leiter des Projekts von 1939 bis 1945 mit sich brachte, durchaus im klaren gewesen sei. Allerdings löste diese Kampagne bei weniger wohlwollenden amerikanischen und britischen Kritikern von Anfang an entschiedenen Widerspruch aus. Das vorliegende Buch unternimmt den Versuch, hinter Heisenbergs Maske zu dringen, um sein Denken und Empfinden, seine Auffassungen von Politik, Moral und Pflichtgefühl zu rekonstruieren. Es will zeigen, daß seine rein wissenschaftliche Arbeit an dem Projekt im Kontext des damals in Deutschland herrschenden kulturellen Klimas und des gesellschaftlichen Hintergrunds gesehen werden muß, worin er sich selbst stets fest verankert sah. Nach seinem eigenen Bekenntnis verstand er sich in erster Linie als Deutscher. Wenn wir den wirklichen Heisenberg verstehen wollen, müssen wir in die deutsche Seelenlage oder Gemütsverfassung und Gefühlswelt eindringen, die sich aus der nationalen Kultur des 19. und frühen 20. Jahrhunderts entwikkelt hatten, so fremdartig diese Mentalität auch Ausländern und selbst jenen Deutschen anmuten mag, die unter den nach 1945 veränderten und durch die angloamerikanische Zivilisation geprägten Bedingungen aufgewachsen sind.

Einige Leser fühlen sich vielleicht abgestoßen von der scheinbaren Verunglimpfung eines großen Physikers, der in eine schlimme Zeit hineingeboren wurde. Andere mögen die wiederholt über Heisenberg gefällten moralischen Urteile geschmacklos finden und sich fragen, was ich – oder irgendein anderer – wohl getan hätte, wenn ich an Heisenbergs Stelle in Nazideutschland gewesen wäre. Ich bin mir dieses ethischen Dilemmas durchaus bewußt; aber ich glaube nichtsdestoweniger, daß es die Pflicht des Geschichtswissenschaftlers ist, Heisenberg im Lichte der historischen Tatsachen und Zusammenhänge zu beurteilen. Von einem Richter zu verlangen, daß er so unschuldig und rein ist wie Cäsars Weib, heißt einen Maßstab anlegen, der jedes gesellschaftliche und geistige

Leben unmöglich macht. Der einzig echte Prüfstein historischer Wahrheit bei der hier vorgenommenen Rekonstruktion ist, ob durch sie die zentralen Probleme der Heisenberg-Geschichte verständlicher werden und sie den Fakten, soweit wir sie über diesen bedeutenden Physiker, das deutsche Atombombenprojekt und die deutsche Kultur und Gesellschaft vor, während und nach der NS-Zeit kennen, besser entspricht als andere bisher veröffentlichte Deutungen.

Dieses Buch ging aus einem Kapitel für einen Aufsatzband hervor, in dem ich die Mentalität und Gefühlslage einer Reihe von Persönlichkeiten des deutschen Kulturlebens erforschen wollte, die sich eigentlich während der Hitler-Jahre in einem moralischen Dilemma hätten befinden müssen: Furtwängler, Heidegger, Heisenberg, Riefenstahl und Jünger. Ich hatte ursprünglich erwartet, daß das Kapitel über Heisenberg recht unproblematisch werden würde. Doch es kam ganz anders. Ich brauchte fast vierzehn Jahre, um die Schwierigkeiten des Falles zu lösen. Während dieser Zeit, die ich in Australien, Israel, Kanada und den Vereinigten Staaten verbrachte, beschäftigte ich mich eingehend mit Kant, Fichte, Wagner und Thomas Mann sowie mit einer Reihe von weniger bekannten antisemitischen Denkern. Je vertrauter ich so mit den deutschen Denkmustern und Verhaltensweisen wurde, desto mehr gelangte ich zu der Überzeugung von der Andersartigkeit und Fremdheit – mit einem Wort der Einzigartigkeit – deutschen Lebens und Denkens in den vergangenen Jahrhunderten und von der Fortdauer dessen, was man die »tiefsinnige Kultur« Deutschlands nennen könnte. Dem Leser steht es natürlich frei, meine Deutungen dieser deutschen Kultur zu akzeptieren oder abzulehnen, aber ich hoffe, er wird mir, wie er sich auch entscheidet, nicht vorwerfen, unbedacht von »deutschem Volkscharakter« zu sprechen, was immer auch dieser Ausdruck bedeuten mag. Es geht hier nicht, das muß ich betonen, um »Nationalcharakter« und erst recht nicht um rassisch definierten Volkscharakter, sondern um subtilere kulturelle Denk- und Verhaltensmuster. Ich hoffe außerdem, die Leser werden den Tenor des Buchs nicht von der Hand weisen: Nur wenn wir Heisenberg in seinem spezifisch deutschen Kontext begreifen, werden seine politische Haltung und Moralauffassung wie auch seine wissenschaftliche Tätigkeit während der Nazizeit verständlich. Indem ich auf diesem deutschen Hintergrund beharre, werde ich, so glaube ich, Heisenbergs Selbstverständnis und seinen Prioritäten historisch gerecht, sah er selbst sich doch letztlich mehr als Deutscher denn als Physiker.

Es ist dies folglich kein wohlwollendes Buch, das muß ich leider bekennen, aber vielleicht haben Heisenberg und seinesgleichen viel zu lange vom Wohlwollen der Kritiker profitiert.

Für die Gastfreundschaft während verschiedener Arbeitsphasen an diesem Buch danke ich Aryeh Dvoretzky, Direktor des Institute of Advanced Studies der Hebräischen Universität von Jerusalem, dessen Einladung es mir erlaubte, 1983 mit der Arbeit an dem Buch zu beginnen, als ich von der James Cook University in North Queensland, Australien, zu Studienzwecken freigestellt worden war. Zu Dank verpflichtet bin ich auch jenen Kollegen, deren gute Dienste es mir ermöglichten, während meiner Zeit als Gastprofessor an den Universitäten von York und Toronto, Kanada, in den Jahren 1990–92 die Forschung über das Thema wiederaufzunehmen. Stipendien des College of Liberal Arts und des Institute for the Arts and Humanistic Studies der Pennsylvania State University versetzten mich in die Lage, die Vorarbeiten abzuschließen und das Buch zu schreiben.

Dank schulde ich vielen Naturwissenschaftlern und anderen Kollegen, die mich freundlicherweise mit Informationen über verschiedene Aspekte des Themas versorgten: R. Peierls, H. Bethe, R. Serber, I. Unna, Y. Wagschall, R. V. Jones, G. Born, F. J. Hinsley, M. Gowing, W. Williams, C. Fraser, G. Holton, D. C. Cassidy, M. Beller, K. Macrakis, R. L. Sime, H. Henisch, R. Anshen, A. Pais, R. H. March, C. Dilworth-Occhialini, N. Dawidoff, J. Dippel, T. H. v. Laue, S. Rozental, T. Powers, D. Irving, C. F. v. Weizsäcker, M. v. Ardenne, E. Bagge, K. Wirtz, K.-H. Höcker und D. Hoffmann. Auch von mehreren Historikerkollegen erhielt ich Zuspruch und Ermunterung, besonders von B. Z. Kedar, Roy Porter, John Maguire, Conor Cruise O'Brien und dem inzwischen verstorbenen Sir

Geoffrey Elton. Tief verpflichtet bin ich außerdem meinem Lehrer P.O. Kristeller.

Danken möchte ich auch den Archivar/-innen, die mir bei meinen Nachforschungen behilflich waren und mir Kopien der angeforderten Dokumente zur Verfügung stellten: E. Meese, W. Mahoney, B. Crystal, K. Molholm, M. Blakelee, S. Weart, Z. Rosenkranz, F. Aaserud, F. Pors, H. Rechenberg, M. Rasch, C. Tietz, A. Kerkmann, R. Heinrich, E. Henning, M. Kazemi, H. Bachmann und U. Kohl. Auch mein Sohn Alexander, mittlerweile selbst Historiker, brachte etliche Quellen bei.

Besonderen Dank schulde ich drei Wissenschaftlern, die Teile des Manuskripts bzw. den gesamten Text einer kritischen Lektüre unterzogen und mir mit Rat und Tat zur Seite standen: Arnold Kramish, Jonothan Logan und Sir Charles Frank. Auch meine Frau Susan hat das Manuskript gelesen und (wie immer) zahlreiche Verbesserungsvorschläge gemacht.

Ernst Piper bin ich für seine mutige Entscheidung dankbar, dieses Buch der deutschen Öffentlichkeit zugänglich zu machen. Danken möchte ich auch der Übersetzerin Angelika Beck, der es gelungen ist, den schwierigen Text in ein gut lesbares Deutsch zu bringen, und Krishna Swamy, der die wissenschaftliche Redaktion der Übersetzung übernahm.

Zum Zwecke der besseren Lesbarkeit werden bei der vorliegenden deutschen Ausgabe einige Anmerkungen zu technisch-wissenschaftlichen wie auch historischen Sachverhalten weggelassen. Interessierten Lesern, die sich zu einzelnen Aspekten noch eingehender informieren möchten, wird empfohlen, die englische Ausgabe heranzuziehen.

Als ich über die Erfahrungen deutscher Professoren während der dreißiger Jahre schrieb, hatte ich vor Augen, wie ehrenwert frühere Kollegen an der Universität von Newcastle, Australien – David Frost, Tony Guttmann und Don Parkes – auf ungerechtes Verhalten in ihren Reihen reagierten. Der verstorbene Brian Dalton, dem dieses Buch gewidmet ist, war für alle, die das Glück hatten, mit ihm an der James Cook University eine erstklassige Abteilung für

Forschung und Lehre aufbauen zu können, menschlich und fachlich eine Erleuchtung. Seine Reaktion auf schikanöses und autoritäres Gebaren, bei dem man sich an jenes Klima erinnert fühlt, das in den dreißiger Jahren an deutschen Universitäten herrschte, wird durch eine Anekdote illustriert, für deren Wahrheitsgehalt ich mich verbürgen kann. Als Brian einmal zu spät zu einer Institutskonferenz kam, mußte er ein paar Minuten auf dem Stellplatz eines arroganten Vorgesetzten parken, der meist durch Abwesenheit glänzte. Ausgerechnet an diesem Tag jedoch kam der besagte Herr einmal wieder ins Institut, hängte sich sogleich ans Telephon und kanzelte Brian wutschäumend ab, weil er ihm seinen Parkplatz weggenommen hatte. Der solcherart Gescholtene legte auf und rief kurz darauf, betont verbindlich, zurück: »Mein Lieber – ich finde, Sie sollten wissen, daß sich eben jemand unter Ihrem Namen bei mir am Telephon gemeldet hat. Offenbar war er betrunken.« Diese kleine Geschichte ist für einige Aspekte des im vorliegenden Buch behandelten Themas nicht ohne Belang.

Paul Lawrence Rose
Juli 2001

TECHNISCHE VORBEMERKUNG

Atombombe

Die Atombombe basiert auf einer durch Neutronen vermittelten, explosiven Kettenreaktion in einem geeigneten Kernsprengstoff, wie zum Beispiel fast reinem Uran 235. Die Kettenreaktion kommt durch schnelle Neutronen zustande, die in sehr kurzer Zeit die vorhandenen Kerne von U235 spalten. Dabei wird explosionsartig eine im Vergleich zu konventionellen Sprengstoffen riesige Energiemenge freigesetzt. Uran kommt in der Natur in zwei Isotopen vor, als U238 und als U235, wobei natürliches Uran nur rund 0,7 Prozent U235 enthält. Um eine Atombombe aus U235 (U235-Bombe) zu bauen, muß das natürlich vorkommende Uran erst in aufwendigen Verfahren angereichert werden, das heißt, der U235-Gehalt muß stark erhöht werden (in der ersten amerikanischen U235-Bombe betrug er rund 90 Prozent). Ein weiterer Kernsprengstoff ist Plutonium, ein Element, das nicht natürlich vorkommt, sondern in einem Reaktor erbrütet werden muß. Um eine Plutoniumbombe zu bauen, braucht man also einen arbeitsfähigen Kernreaktor, wie ihn Enrico Fermi 1942 erstmalig in Chicago betrieben hat. Den deutschen Physikern gelang es während des Zweiten Weltkriegs nicht, einen arbeitsfähigen Kernreaktor zu konstruieren.

Beide Typen von Atombomben wurden in Amerika während des Zweiten Weltkriegs entwickelt. In Deutschland wurden beide Typen während des Krieges verworfen, aus Gründen, die in den Kapiteln 4–14 zu finden sind.

Reaktor (Kernreaktor, Atomreaktor)

In den ersten Jahren der Kernspaltung (1939–45) wurde der Reaktor – damals auch (Uran-)Brenner, (Uran-)Meiler oder etwas mehrdeutig Uran- bzw. Atommaschine genannt – als eine Maschine angesehen, in dem eine langsame und nichtexplosive Kettenreaktion in geeignet angeordneten Massen von natürlichem (nichtangereichertem) Uran oder angereichertem Uran stattfindet (wobei nur U235 das wirksame Kernspaltungsmaterial darstellt). Die schnellen (energiereichen), durch Spaltung entstehenden Neutronen verlieren durch Kernreaktionen (inelastische Streuung) sukzessive ihre Energie. Dabei können sie in einem bestimmten Energiebereich (Einfangsresonanz von U238) durch U238 eingefangen werden, wodurch sie für die Kettenreaktion verloren sind. Um dies zu verhindern, ordnet man Uran (Brennstoff) und Abbremsmaterial (Moderator) räumlich getrennt an. Als Moderator dient meistens Graphit oder Wasser. Durch Streuung an diesen Kernen verlieren die Neutronen in wenigen Stößen so viel Energie (sie werden zu thermischen Neutronen), daß sie fast nicht mehr der Einfangsresonanz von U238 erliegen und der Kettenreaktion nicht verlorengehen. Diese thermischen Neutronen halten die Kettenreaktion aufrecht, indem sie durch eine Kernreaktion mit einem U235-Kern (Spaltung) neue Neutronen und Energie erzeugen.

Reaktorbombe (Brennerbombe)

Bevor das Prinzip einer U235-Bombe vollständig verstanden war (daß nämlich schnelle Neutronen in einer kleinen kritischen Masse von U235 eine explosive Kettenreaktion hervorrufen), wurden Vorschläge diskutiert, wie man eine Kernexplosion von U235 mittels langsamer Neutronen in einem Reaktor erzielen könnte, der angereichertes oder sogar nichtangereichertes Uran enthält. In Deutschland wurde in den Kriegsjahren auf diesem Gebiet geforscht, wobei die Hypothese zugrunde lag, daß solch eine Reaktorbombe im wesentlichen ein kritischer Reaktor sei, der mit einem Moderator und hochangereichertem Uran betrieben werde. In Deutschland sah man die Reaktorbombe als eine Lösung des unüberwindlichen Problems, einige Tonnen von U235 zu beschaffen; man dachte, daß so viel Material für eine (echte) U235-Bombe nötig sei.

PROLOG

Wir wissen nicht, welchen Standpunkt Heisenberg in der Frage einnimmt, ob die deutschen Wissenschaftler an der Herstellung von Atombomben nicht arbeiten konnten oder arbeiten konnten und nicht wollten.

Rudolf Peierls, 1971

Werner Heisenbergs Verwicklung in das Atomenergieprojekt der Nazis von 1939 bis 1945 ist von allerlei Geheimnissen umwittert. Einige wurden vielleicht bewußt erzeugt, andere beruhen auf dem Unverständnis westlicher Kritiker gegenüber deutscher Wesensart und deutschen Denk- und Verhaltensmustern.

Warum brachte Heisenberg, als leitender Physiker des Projekts, kein konkretes Konzept für eine Atombombe hervor? Warum war er nach eigenem Eingeständnis nicht in der Lage, die für eine Bombe erforderliche kritische Masse von U235 berechnen? Warum erklärte sich ein zivilisierter Mensch wie Heisenberg, hochgeschätzt von seinen westlichen Kollegen wie dem Dänen Niels Bohr, bereit, für Hitler an einem Projekt mit möglicherweise fatalen Folgen zu arbeiten? Warum traf er, abermals nach eigenen Angaben, nie eine »moralische Entscheidung«, ob er eine Bombe für Hitler bauen würde oder nicht? Was aber war eine »moralische Entscheidung« in Heisenbergs Augen? Bei all diesen Fragen geht es nicht nur um wissenschaftlich-technische Probleme, sondern auch um weniger greifbare Sachverhalte, die mit Moral und Politik zu tun haben und weitere Rätsel aufgeben:

Warum entschied sich Heisenberg, der niemals der NSDAP beitrat, dafür, in Deutschland zu bleiben und so sein Prestige dem Naziregime zur Verfügung zu stellen? Warum rechtfertigte er gegenüber Kollegen im besetzten Dänemark und Holland die Siege des deutschen Angriffskriegs, obwohl er doch den Antisemitismus der Nazis ablehnte und für die »jüdische Physik« eine Lanze brach? Warum verdrängte er nach dem Krieg, wie sehr er westliche Freunde durch seine Verharmlosung des Naziregimes verletzt hatte?

Die bis heute widersprüchlichen und unbefriedigenden Antworten auf diese Fragen gehen vor allem zu Lasten des Versäumnisses, Heisenbergs Handeln, Denken und Persönlichkeit im Kontext des entsprechenden kulturellen und wissenschaftlichen Hintergrunds zu deuten. Was einem Leser westlicher Prägung und Einstellung in Heisenbergs politischen Verlautbarungen fast unverständlich erscheint, wird klar und verständlich, wenn man es in einen »deutschen« Kontext stellt: zum Beispiel Heisenbergs Behauptung, nie eine »moralische Entscheidung« über die Bombe getroffen zu haben, wo doch die Beteiligung an Hitlers Vorhaben nach westeuropäischem Verständnis schon an sich eine moralische Entscheidung darstellte. Zugleich wird der Umstand, daß er es unterließ, die kritische Masse einer Bombe zu berechnen – und jeder mit einem Bombenprojekt betraute Physiker hätte eine solch grundlegende Berechnung sicherlich gleich zu Beginn durchführen müssen –, nur dann verständlich, wenn man sich vergegenwärtigt, welche theoretischen Überlegungen über die Kernspaltung in Deutschland zu Beginn des Krieges angestellt wurden.

Wir müssen uns allerdings davor hüten, den kulturellen Hintergrund von dem wissenschaftlichen zu trennen. Mag auch eine solch künstliche Trennung für eine Eingangsanalyse hilfreich sein, so vernebelt sie doch einen entscheidenden Aspekt des Problems Heisenberg: das eigentümliche Ineinanderwirken von moralisch-kulturellen Zusammenhängen und rein technischen, wissenschaftlichen Fragestellungen. Mit anderen Worten, um zu verstehen, warum Heisenberg keine Bombe für Hitler baute, muß man nicht nur seine kernphysikalischen Theorien, sondern auch seine allgemeine Geisteshaltung, insbesondere seine Pflichtauffassung gegenüber dem Staat und sein Bild von der Wissenschaft und der Rolle des Wissenschaftlers, kennen.

Man könnte nun einwenden, daß viele dieser Fragen mit gleichem Recht an die Wissenschaftler der Alliierten gerichtet werden könnten, die in Los Alamos an einer Bombe arbeiteten, und daß an dem Fall Heisenberg nichts spezifisch Deutsches sei. Gewiß, dieser

Einwand läßt sich nicht so ohne weiteres von der Hand weisen. Zweifellos befanden sich die Leute in Los Alamos in einem schweren ethischen Konflikt. Doch diesen hatte ihnen das Hitler-Regime aufgezwungen, und da sie der gerechten Sache zum Durchbruch verhelfen wollten, waren sie bereit, die Bombe zu bauen. Hier eine Symmetrie mit den deutschen Wissenschaftlern zu behaupten ist abwegig, denn das würde bedeuten, daß auch Heisenberg von der Rechtmäßigkeit des Angriffskriegs seines Landes überzeugt gewesen war. Zufällig scheint er diese Auffassung vertreten zu haben, doch, so fragt man sich, wie verträgt sich dies mit seiner angeblich nazikritischen Einstellung? Oder anders gefragt, warum diente er seinem Staat als Wissenschaftler, wenn er dessen aggressive Politik nicht billigte? Man könnte nun den deutschen Wissenschaftlern zugute halten, daß sie, wie ihre Kollegen auf seiten der Alliierten, als Patrioten handelten. Aber dann stellt sich unweigerlich die Frage, ob nicht die Schrecken des Naziregimes patriotische Loyalität, wie sie von einem normalen Staat gefordert wurde, hätten ausschließen müssen. Ein Vergleich des deutschen Projekts mit dem der Alliierten wirft also sogleich komplizierte Fragen auf, deren Antwort nur in der Besonderheit der deutschen Mentalität zu finden ist.

Zuweilen grenzen diese Besonderheiten ans Bizarre, ans Absurde und sogar ans Komische, wie Leser der Farm-Hall-Protokolle bestätigen können. Zu den kuriosesten gehört die deutsche Fähigkeit zum Selbstbetrug (auf die gerade deutsche Autoren oft hinweisen), eine Eigenschaft, die bei Heisenberg in einem erstaunlichen Maße zutage trat. Wenn wir den Fall Heisenberg wirklich lösen wollen, müssen wir uns vor Augen führen, wie sehr dieser kulturell bedingte Wesenszug das deutsche Leben seit spätestens der Mitte des 19. Jahrhunderts geprägt hat und in der NS-Zeit sowie unmittelbar danach fröhliche Urständ feierte. Infolgedessen neigten viele Kritiker im Ausland dazu, Heisenberg als Lügner hinzustellen, was an dem eigentlichen Problem vorbeigeht. Geschickt und gewitzt, wie er war, verstand er es nicht nur, sein eigenes Verhalten, sondern auch die Situation um ihn herum zu rationalisieren, so daß es nicht ohne weiteres klar ist, ob er damit sich selbst etwas vormachte oder andere in die Irre führen wollte.

Mit dieser Mehrdeutigkeit haben es Historiker, die sich mit der Nazizeit beschäftigen, ständig zu tun; man trifft auf so viele scheinbar absurde Fälle, wo offenkundige Nazis oder Mitläufer ihre Komplizenschaft leugnen oder gar behaupten, im Widerstand gewesen zu sein, so daß sich schwer feststellen läßt, ob sie bewußt lügen oder sich in tief verwurzelte, von jeglicher moralischen oder bürgerlichen Verantwortung entbindende Verhaltensmuster flüchten. Dieser Einfallsreichtum an Selbstrechtfertigungen und Ausreden ist zu komplex, als daß man ihn als »Lügengespinst« abtun könnte (obgleich man letztlich zu dem Schluß kommt, daß er genau das war).

Im Falle Heisenbergs erwuchs aus dem Hang zum Selbstbetrug binnen zweier Nächte im August 1945 ein ausgeklügelter Mythos des deutschen Projekts, der sowohl wissenschaftliche als auch politische Elemente einschloß. Sogleich wurde dieser Mythos für alle Betroffenen zur »Wahrheit«. Für jene, die an Mythen glauben, sind sie die Wahrheit schlechthin, und wir können den Fall Heisenberg somit vielleicht besser verstehen, wenn wir ihn eher unter dem Aspekt des Selbstbetrugs als dem der Lüge betrachten. Dennoch ist der Fall komplizierter, denn er zielte auch auf eine (obgleich den Beteiligten zuweilen kaum bewußte) Irreführung Außenstehender ab.

Vieles von dem, was nun folgt, wird Erstaunen hervorrufen, sowohl wegen der hier vorgenommenen Rekonstruktion von Heisenbergs grundlegenden Fehleinschätzungen hinsichtlich einer Atombombe als auch wegen der Darstellung der selektiven Amnesie, die deutsche Wissenschaftler in den letzten fünfzig Jahren erfaßt hat. Da es bei Heisenbergs Auffassung von der Atombombe letztlich um ein wissenschaftliches Problem geht, wird das vorliegende Buch in allgemeinverständlichen Begriffen jene technischen Argumente und Konzepte erläutern, an denen sich die deutschen Physiker während der Kriegsjahre abarbeiteten. Nach 1945 schien Heisenberg die wissenschaftlich korrekte Theorie der Bombe so selbstverständlich, daß er gar nicht verstehen konnte, wie er sich während des Krieges so hatte irren können (genauso wie es nach dem Sieg der Alliierten für viele Deutsche fast unbegreiflich war, wie sie jemals an die Wünschbarkeit eines Nazisiegs hatten glauben können). Wenn die Mechanismen und die Dynamik dieser Illusion oder Selbsttäuschung dargelegt sind, erscheint vieles von dem, was an Heisenbergs Beteiligung an dem Atombombenprojekt – sowohl wissenschaftlich als auch moralisch – unbegreiflich anmutet, nicht mehr ganz so erstaunlich.

Teil I des Buchs (1.–3. Kapitel) enthält eine kritische Darstellung von Heisenbergs Lesart der Geschichte des deutschen Atombombenprojekts, verbunden mit einem Bericht darüber, wie diese Version von deutschen Wissenschaftlern und verschiedenen Historikern fortentwickelt und vor allem durch alliierte Wissenschaftler einer vehementen Kritik unterzogen wurde.

Teil II (4.–14. Kapitel) widmet sich einer weitgehend technischen Untersuchung des deutschen Denkens über die Natur der Atombombe während der Kriegszeit, ein Denken, das voller Irrtümer war.

Nachdem Heisenbergs grundlegende Unkenntnis des physikalischen Prinzips einer Atombombe dargelegt ist, wendet sich das Buch in Teil III (15.–21. Kapitel) Fragen zu, die nur im Kontext seiner »deutschen« Mentalität zu beantworten sind. Warum arbeitete Heisenberg – und, man könnte fragen, auch die anderen deutschen Wissenschaftler – an diesem gefährlichen und ethisch bedenklichen Atomprojekt der Nazis, als es 1939/40 durchaus erfolgversprechend schien? Hätte Heisenberg eine Bombe gebaut, wenn er zwischen 1939 und 1945 wirklich gewußt hätte, wie es geht? Warum blieb Heisenberg in Deutschland, trotz des Drängens seiner amerikanischen Freunde, das Land 1938/39 zu verlassen? Was fand er an Nazideutschland sympathisch, was inakzeptabel? Warum schließlich verspürte er die Notwendigkeit, eine Version der Ereignisse zu konstruieren, die historisch falsch und moralisch unredlich war?

ERSTER TEIL: GESCHICHTE

Heisenbergs Lesart und ihre Kritiker

1. Kapitel: Heisenbergs Lesart und ihr erster Kritiker, 1945–49

Da die Quantentheorie ... die Gründe für das Eintreten eines Ereignisses nachträglich stets vollständig aufzuzählen gestattet ...
Heisenberg, 1936

»Das habe ich getan«, sagt mein Gedächtnis. »Das kann ich nicht getan haben« – sagt mein Stolz und bleibt unerbittlich. Endlich – gibt das Gedächtnis nach.
Nietzsche,
Jenseits von Gut und Böse

Die Behauptung Heisenbergs und anderer, bereits zu Beginn der vierziger Jahre gewußt zu haben, wie eine Atombombe funktioniert, konnte sich auf den glücklichen Umstand stützen, daß die Schriften, die er während des Krieges für das deutsche Uranprojekt verfaßte, vage und mehrdeutig waren.[1] Warum aber diese merkwürdige Mehrdeutigkeit? Wie hier dargelegt werden wird, verdankt sich der kryptische Charakter jener Kriegsdokumente, die später als Beleg für Heisenbergs Voraussicht herhalten konnten, nicht nur einem glücklichen Zufall, sondern ist darauf zurückzuführen, daß der Nobelpreisträger in seinem ersten Bericht (G-39) und in weiteren Schriften aus dem Jahr 1940 zu falschen Schlußfolgerungen gelangt war, nämlich zu der Vermutung, daß eine Atombombe wegen der erforderlichen riesigen Mengen U235 nicht realisierbar sei. Hierauf schenkte er dieser Angelegenheit keine ernsthafte Aufmerksamkeit mehr und verschwendete auf das grundlegende Problem, die Größe der kritischen Masse, keinen weiteren Gedanken. Erstaunlicherweise tauchen in diesen Schriften aus der Kriegszeit die drei entscheidenden Elemente, die zur Definition einer Atombombe gehören, überhaupt nicht auf, nämlich:

»1) die Berechnung der kritischen Masse einer U235-Bombe;
2) die Feststellung, daß eine U235-Bombe auf eine Reaktion schneller Neutronen angewiesen ist;
3) eine Gleichung für die interne Neutronenvermehrung mit Rücksicht auf die Zeit im Falle einer Reaktion mit schnellen Neutronen.«[2]

Zugegebenermaßen deuten Heisenbergs Äußerungen während seiner Internierung in Farm Hall bei Cambridge 1945 darauf hin, daß er wußte, die U235-Bombe müsse eine Reaktion schneller Neutronen sein. Doch die Tatsache, daß eine solch explizite Feststellung in keinen seiner Berichte Eingang fand, legt die Vermutung nahe, daß er das ganze Bombenproblem gelassen anging.[3] Wie wir sehen werden, liegt der Grund für dieses Schweigen darin, daß Heisenberg von falschen Voraussetzungen ausging und sich deshalb der Notwendigkeit enthoben sah, über dieses und damit verwandte Themen weitere Überlegungen anzustellen.

Noch immer entsetzt über die Nachricht vom Erfolg der Alliierten beim Bau einer Bombe, an dem sie selbst gescheitert waren, entwarfen die in Farm Hall internierten deutschen Wissenschaftler am 7. und 8. August 1945 ein Memorandum, in dem das Argumentationsmuster aller späteren Rechtfertigungsversuche festgelegt wurde.[4] Es muß betont werden, daß Heisenberg und seine Kollegen, als sie diese erste Verteidigungsschrift aufsetzten, keine Ahnung hatten, wie die Bombe hergestellt worden war; ihr Material und ihre physikalischen Prinzipien waren für sie böhmische Dörfer. Sie mußten somit eine Erklärung verfassen, die darauf schließen ließ, daß sie die Funktionsweise der Bombe verstanden, ohne dabei die Karten offen auf den Tisch zu legen. Daher finden sich in dem äußerst vorsichtig formulierten Memorandum keinerlei Einzelheiten über den Stand der deutschen Atomforschung. Das Kernmaterial wurde ebensowenig spezifiziert wie dessen kritische Masse:

»1. Die Atomkernspaltung beim Uran ist im Dezember 1938 von *O. Hahn* und *F. Straßmann* am Kaiser-Wilhelm-Institut für Chemie in Berlin entdeckt worden, als Frucht rein wissenschaftlicher Untersuchungen, die mit praktischen Zielen nichts zu tun hatten.

2. Erst beim Beginn des Krieges wurde in Deutschland eine Gruppe von Forschern zusammengerufen, deren Aufgabe es war, die Frage der praktischen Ausnützbarkeit der Atomkernenergie im Anschluß an die Hahnsche Entdeckung zu untersuchen. Die wissenschaftlichen Vorarbeiten hatten gegen Ende 1941 zu dem Ergebnis geführt, daß es möglich sein wird, die Kernenergien zum Betreiben von Maschinen auszunützen. Dagegen war es die Ansicht der Forscher, daß die Voraussetzungen für die Herstellung einer Bombe im Rahmen der technischen Möglichkeiten, die Deutschland zur Verfügung standen, damals nicht vorhanden waren. Die weiteren Arbeiten konzentrierten sich daher auf das Problem der Maschine, für die außer Uran noch schweres Wasser notwendig ist.«[5]

Man sieht, wie sich hier bereits eine Lesart des deutschen Projekts herauskristallisierte, die wissenschaftliche Allwissenheit mit moralischer Überlegenheit verschmelzen möchte. Indem die deutschen Wissenschaftler betonten, daß es bei dem Uranvorhaben um die Entwicklung einer »Maschine«, also eines Reaktors, gegangen sei, erzeugten sie den Eindruck, an einem vergleichsweise harmlosen Projekt gearbeitet zu haben, dessen Ergebnisse zwar möglicherweise militärisch hätten genutzt werden können, etwa als Maschinen für U-Boote, das aber im Grunde, wie seit 1939 angestrebt, der zivilen Nutzung von Kernenergie dienen sollte. Daß ein Reaktor übrigens auch waffenfähiges Kernmaterial (Plutonium) erzeugen könne, war dem deutschen Team seit 1940 durchaus bekannt, galt aber hier nicht als erwähnenswert. Ein weiterer Aspekt der in dem Memorandum waltenden Diskretion ist die vage Behauptung, in Deutschland hätten für die Herstellung einer Bombe nicht genug technische Ressourcen zur Verfügung gestanden. Damit sollte den Alliierten und anderen Lesern suggeriert werden, daß Heisenberg und Genossen sich über die für eine Bombe benötigten Ressourcen vollkommen im klaren waren, wobei sie allerdings peinlichst vermieden, diese genau zu beziffern. Man ging davon aus, daß alliierte Wissenschaftler Heisenbergs ganz bewußt vage gehaltene Bemerkung im Lichte ihres eigenen Wissens darüber, was es sowohl materiell als auch konzeptionell gekostet hatte, eine Atombombe zu bauen, lesen und ihm die gleiche Einsicht und Kenntnis zubilligen würden. Gewiß, er selbst hatte während des Krieges gegenüber Speer behauptet, daß es Deutschland an den erforderlichen Leuten und Rohstoffen fehle, um eine Bombe zu bauen, und wahr ist auch, daß er seine eigene Einschätzung bestätigt fand, als er in der Zeitung vom 7. August 1945 las, die Alliierten hätten in ihrem Bombenprojekt 150 000 Leute beschäftigt, eine enorme Menge, verglichen mit den einigen hundert Mitarbeitern im deutschen Unternehmen.[6] Aber das heißt nicht, daß Heisenberg und die alliierten Wissenschaftler aus denselben Gründen wußten, warum so viel Personal benötigt wurde, was es tat und wie eine Bombe tatsächlich aufgebaut war. Wie die Farm-Hall-Protokolle recht anschaulich zeigen, tappte er zu diesem Zeitpunkt noch weitgehend im dunkeln hinsichtlich des Bauprinzips der Hiroshima-Bombe und war überzeugt, daß sich deren kritische Masse im Bereich von Tonnen – und nicht Kilogramm – U235 bewege.[7]

Um die verschiedenen Halbwahrheiten und Ausflüchte zu verstehen, auf die sich Heisenberg und seine Kollegen verlegten, lohnt ein Blick auf die scheinbar geringfügigen Unterschiede zwischen den beiden Fassungen des Farm-Hall-Memorandums. Die erste findet sich in Heisenbergs *Gesammelten Werken*; die zweite, eine Überarbeitung der ersten, stammt aus den Farm-Hall-Protokollen:

> »Zur Frage der Atombombe sei noch festgestellt, daß den Unterzeichnern keine Untersuchungen etwa anderer Gruppen in Deutschland bekannt geworden sind, die unmittelbar die Herstellung der Bombe zum Ziel gehabt hatten. Wenn solche Versuche doch unternommen worden sein sollten, so waren sie jedenfalls von Dilettanten durchgeführt und nicht ernst zu nehmen.«

> »Zur Frage der Atombombe sei noch festgestellt, daß den Unterzeichnern keine ernst zu nehmenden Untersuchungen etwa anderer Gruppen in Deutschland über das Uranproblem bekannt geworden sind.«[8]

Die Nuancierung ist auffällig. Erstens gibt es in der Version der Heisenberg-Werkausgabe die recht unverblümte Anspielung auf eine Arbeit an »der Bombe«. In der nachfolgenden Variante jedoch ist »die Bombe« zum »Uranproblem« abgemildert. Zweitens leugnet die Werkausgaben-Version die Kenntnis von Gruppen, die möglicherweise an »der Bombe« arbeiteten, widerspricht sich aber implizit, indem sie dreist behauptet, daß jede Arbeit solcher Gruppen von Dilettanten durchgeführt worden und nicht ernst zu nehmen gewesen sei. (Wie konnte Heisenberg so sicher sein, wenn er das Personal und die Arbeit jener Gruppen nicht bereits kannte?) Dieser Widerspruch – mit seiner etwas zu vollmundigen Verurteilung anderer Gruppen, die mit Sicherheit »dilettantisch« gewesen seien – wurde in der überarbeiteten Version durch die weniger problematische Feststellung abgeschwächt, das Heisenberg-Team habe nichts von anderen ernst zu nehmenden Gruppen gewußt.

Zusammengenommen und unter entsprechender Beachtung von Tenor und Formulierung ergeben diese Varianten das Modell für spätere deutsche Verlautbarungen über die Geschichte des Atombombenprojekts. Denn obgleich sie auf den ersten Blick offen und unzweideutig erscheinen, sind sie im Grunde zutiefst ausweichend und bestehen weithin aus Halbwahrheiten. So wußte nämlich Heisenberg im Jahre 1945 sehr wohl, daß es mindestens bei drei anderen offiziellen Projekten um die Entwicklung einer Atombombe gegangen war: nämlich bei der Ardenne-Laborforschung unter der gemeinsamen Ägide von Reichspost und Reichsforschungsrat, dem Dällenbachprojekt, für das der Reichsforschungsrat, die AEG und die Kaiser-Wilhelm-Gesellschaft die Schirmherrschaft übernommen hatte und für das er selbst als Berater tätig gewesen war, sowie bei der Initiative der SS von 1944.[9] Somit verrät die im ersten Entwurf manifeste Verachtung gegenüber den als »Dilettanten« bezeichneten Rivalen Heisenbergs, daß er tatsächlich von anderen Bombenprojekten wußte. Zur Zeit der endgültigen Version jedoch hatten sich Heisenberg und seine Kollegen wieder so weit unter Kontrolle, daß sie jene Wendung durch eine etwas effektvollere Halbwahrheit (»nicht ernst zu nehmen«) ersetzten, die stillschweigend das Vorhandensein anderer Projekte zugab, ohne deren offiziellen Status zuzugeben. Mit dieser vorsichtigen Wortwahl sollten die Alliierten in die Irre geführt werden, ohne daß man eine regelrechte Lüge auftischte; mit Hilfe einer solch ausweichenden Formulierung konnte Heisenberg – nach eigenem Verständnis – seine Integrität wahren.

Nachdem die deutschen Wissenschaftler wieder nach Deutschland zurückgekehrt waren, verfaßte Heisenberg einen Bericht über das Uranprojekt, den er veröffentlichen wollte und dessen Entwurf er Ende 1946 verschiedenen Kollegen, darunter auch Walther Bothe, zuleitete, damit sie sich dazu äußerten.[10] Unter historischem Aspekt ist dieser Artikel nutzlos, denn da er in Kenntnis des Smyth-Reports, der Ende 1945 veröffentlichten offiziellen Darstellung des Atombombenprojekts der Alliierten, geschrieben wurde, läßt sich aus ihm nicht ermitteln, was Heisenberg während des Krieges über das Atombombenproblem tatsächlich gewußt hatte.[11] Hier nun geht es vielmehr um die Frage, inwiefern dieser Artikel von 1946 die erste ausführliche quasioffizielle Geschichte des Uranprojekts aus deutscher Sicht darstellt.

Heisenberg berichtet, daß im September 1939 viele Kernphysiker »herangezogen« – oder, wie es in der veröffentlichten Fassung heißt, »beordert« – wurden, an dem Atombombenprojekt zu arbeiten. Bald wurde ihnen klar, daß U235 sowohl in einem Reaktor als auch in einer Bombe genutzt werden konnte, »aber natürlich war die Abtrennung des U235 ein Problem, das schließlich nur mit größtem technischen Aufwand zu lösen war«.[12] Hier wartet Heisenberg mit einer typischen Halbwahrheit auf: Während aus seinen wissenschaftlichen Schriften der Kriegsjahre hervorgeht, daß er sich der Möglichkeit bewußt war, mit U235 eine Bombe herzustellen, hatte er die Menge des dafür erforderlichen U235 viel zu hoch angesetzt. Nun, 1946, konnte er seine Berechnung nicht erwähnen, da sie einen fatalen Fehler offenbart hätte, an dem seine Arbeit für das deutsche Projekt von Anfang an gekrankt hatte. Folglich war es nun das beste, zu behaupten, um die Möglichkeit einer U235-Bombe gewußt zu haben, und es dem Leser anheimzustellen, anzunehmen, daß er, Heisenberg, sich über die Größe der kritischen Masse natürlich ebenso im klaren gewesen sei wie seine Kollegen aus den USA und England. Auch im weiteren Verlauf seiner Ausführungen täuscht Heisenberg die Leser, indem er die faktische Einstellung des Bombenprojekts auf die enorme Schwierigkeit zurückführt, U235 zu trennen: Die Erzeugung eines Atomsprengstoffs sei ohne einen ganz ungeheuren und deshalb nicht in Betracht kommenden Aufwand nicht zu leisten gewesen.[13] Heisenberg sagt nicht, daß er damals geglaubt hatte, es würden Tonnen von U235 dafür benötigt, sondern insinuiert lieber seinen Lesern, er habe den technischen Aufwand natürlich im gleichen Lichte gesehen wie die Alliierten, die ihre Trennanlagen in der Erwartung errichteten, daß man für jede Bombe nur einige Kilogramm benötige. Zwar erforderte die Herstellung selbst einer solch geringen Menge einen enormen industriellen Aufwand, was jedoch die Briten nicht davon abgehalten hatte, 1940 in das Projekt einzusteigen. Abermals insinuiert Heisenberg seinen Lesern, daß die Alliierten und die Deutschen in ihren Entscheidungen, ob sie mit der Bombe weitermachen sollen oder nicht, vom gleichen wissenschaftlichen Erkenntnisstand geleitet wurden.

In einem nächsten Schritt räumt er seinem engen Freund Carl Friedrich von Weizsäcker die Ehre ein, einen alternativen Weg zur Atombombe entdeckt zu haben. Weizsäcker hatte 1940 dargelegt, daß ein in Betrieb befindlicher Reaktor ein neues spaltbares Element erzeugen würde, das waffentauglich sei. »Ein energieerzeugender Uranreaktor kann also zur Herstellung eines Atomsprengstoffes benutzt werden.«[14] Hier ist Heisenberg ein wenig zu vorschnell, da Weizsäcker fälschlicherweise das Element 93 (Neptunium) anstatt des Elements 94 (Plutonium) als Sprengstoff ausgemacht hatte, obwohl andere deutsche Kollegen dann schließlich doch zur richtigen Einsicht gelangten. Daß ein Uranreaktor zur Herstellung einer Bombe genutzt werden kann, betont Heisenberg später in dem Papier, wenn er auf das berühmte Treffen zu sprechen kommt, das im Juni 1942 im Harnack-Haus stattfand.

Die entscheidende Wende im Uranprojekt vollzog sich laut Heisenberg während dieser maßgeblichen Konferenz im Berliner Anwesen des Kaiser-Wilhelm-Instituts für Physik, in deren Verlauf Rüstungsminister Albert Speer und etliche hochrangige Wehrmachtsoffiziere von den Wissenschaftlern über den Stand der Forschung unterrichtet wurden. Das Treffen endete damit, daß die Bombe als eine langfristige Option zurückgestellt und die Arbeit auf den Bau eines Uranreaktors konzentriert wurde, der nicht nur als eine mögliche Energiequelle für Kriegsschiffe, sondern auch als Lieferant für den potentiellen nuklearen Sprengstoff Plutonium dienen sollte.

> »Es war der sichere Nachweis vorhanden, daß die technische Ausnützung der Atomenergie in einem Uranpile möglich ist. Ferner war zu erwarten, daß man in einem Uranpile Sprengstoff für Atombomben herstellen kann. Jedoch wurde mehr Wert auf die Feststellung gelegt, daß man die im Uranreaktor entwickelte Energie zum Betrieb von Maschinen benützen kann. In der Isotopentrennung war kein Verfahren bekannt, das die Herstellung eines Atomsprengstoffes ohne einen ungeheuerlichen und deshalb nicht in Betracht kommenden technischen Aufwand geleistet hätte.«[15]

Heisenbergs historisches Hauptargument besteht darin, daß das deutsche Projekt primär auf die Entwicklung eines Uranreaktors und weniger auf die einer Bombe abzielte und daß Speer 1942 diese Priorität verfügte. Er sieht sich somit vor die peinliche Aufgabe gestellt zu erklären, warum es Fermi im Dezember 1942 gelang, einen kritischen Reaktor zu bauen, während es die Deutschen bis zum Ende des Krieges nicht geschafft hatten, einen Reaktor in Betrieb zu nehmen, trotz vieler Anstrengungen und theoretischer Bemühungen in den vorangegangenen sechs Jahren.

Eine durchaus stichhaltige Erklärung für dieses Scheitern waren die Bombenangriffe der Alliierten und die Knappheit an Rohstoffen wie etwa schwerem Wasser, und in der Tat hatte das Uranvorhaben unter diesen Bedingungen kaum eine reelle Erfolgsaussicht. Aber auch hier finden sich wieder viele doppelsinnige oder ausweichende Formulierungen. Im Dezember 1939 hatte Heisenberg angeregt, entweder reines Graphit oder schweres Wasser als Bremssubstanz zu verwenden, damit ein Reaktor das kritische Stadium erreichen könne, doch in der Folge hatte er für schweres Wasser optiert. Somit waren die Deutschen den alliierten Bombardements ebenso ausgeliefert wie der Knappheit dieses Materials, das sie von der norwegischen Firma Norsk-Hydro bezogen. Doch die dortige Fabrikanlage wurde 1943 durch einen Luftangriff der Alliierten stark beschädigt, und so gab Heisenberg schließlich Graphit den Vorzug. Durch diese Fehleinschätzung waren jedoch drei entscheidende Jahre vertan worden. Bezeichnenderweise weigerte sich Heisenberg, die Verantwortung dafür zu übernehmen, obwohl er der wissenschaftliche Leiter des Projekts war. Auf recht unaufrichtige Weise versuchte er, die Schuld auf seinen Kollegen Walther Bothe abzuwälzen, behauptete er doch, daß der Heidelberger Wissenschaftler 1941 leicht verunreinigtes Graphit für seine Messungen der Neutronenabsorption benutzt und so den falschen Schluß gezogen habe, daß Graphit als Bremssubstanz untauglich sei. »Offenbar war der benützte Elektrographit nicht rein genug. Allerdings wurde damals fälschlicherweise geschlossen, daß auch absolut reine Kohle nicht zum Bau von Uranbrennern geeignet sei.«[16] Erst später fand Bothe gemeinsam mit Heisenbergs Berliner Team heraus, daß Graphit sich sehr wohl als Bremssubstanz eigne. Die letzten exakten Experimente wurden von Heisenbergs engem Mitarbeiter Wirtz Ende 1944 durchgeführt.[17] Bothe ließ sich das jedoch nicht bieten; in seinen Kommentaren zu Heisenbergs Entwurf 1946 strich er die kränkenden Sätze durch und formulierte sie handschriftlich neu: »... und daraus auf das Verhalten des reinen Kohlenstoffs geschlossen; das Ergebnis war, daß nach dem damaligen Stande der Theorie auch reinste Kohle eben nicht mehr für die Herstellung eines Uranreaktors geeignet sein sollte.«[18] Er sei noch nicht so ganz überzeugt, bemerkte er in seinem Begleitschreiben an Heisenberg unverfroren, »dass unser Absorptionsquerschnitt für reinen Kohlenstoff so sehr falsch ist, wenn wir auch den akkludierten Stickstoff ausser Acht gelassen haben. Wenn Sie über genauere amerikanische Ergebnisse etwas wissen sollten, wäre ich Ihnen für eine kurze Mitteilung sehr dankbar.« Mit anderen Worten: Bothe behauptete, daß der Graphit rein gewesen sei, daß die Versuchsergebnisse korrekt waren und daß die Theorie das Experiment bestätigte und zur Eliminierung des Graphits führte – und natürlich, so fügte er spitz hinzu, war die Theorie seine, das heißt Heisenbergs Domäne gewesen. Obwohl Bothe in dieser Angelegenheit den Nobelpreisträger erfolgreich zwingen konnte, seinen als Ausflucht gebrauchten Vorwurf gegen ihn zurückzunehmen, verfiel dieser in späteren Jahren erneut auf genau diese Strategie der Selbstrechtfertigung.[19]

Der letzte Abschnitt seines Entwurfs von 1946 faßt technische und moralische Argumente zusammen und läßt dabei eine Tendenz erkennen, die bereits im Farm-Hall-Memorandum angelegt war. Heisenberg stellt zunächst die keineswegs plausible Behauptung auf, daß bis 1942 das Projekt der Alliierten und das der Deutschen gleiche Forschritte gemacht habe.

> »Auf beiden Seiten kam man ungefähr gleichzeitig zu ungefähr denselben Resultaten, mit Ausnahme des Gebiets der Isotopentrennung, auf dem die Amerikaner wesentlich größere Fortschritte erzielt hatten. Nun mußte entschieden werden, welche technischen Konsequenzen aus diesen Ergebnissen zu ziehen seien, und diese Entscheidung ist auf beiden Seiten verschieden ausgefallen. In Amerika entschloß man sich, mit einem Aufwand, der einen nicht unbeträchtlichen Teil des gesamten amerikanischen Kriegsaufwandes ausgemacht haben dürfe, die Herstellung von Atombomben zu versuchen. In Deutschland wandte man sich, mit einem Aufwand, der etwa den tausendstel Teil des amerikanischen betrug, dem Problem der mit Atomenergie betriebenen Maschine zu.«[20]

Diese Behauptung, das deutsche Projekt habe noch bis 1942 mit dem der Alliierten Schritt gehalten, war, gelinde ausgedrückt, reiner Selbstbetrug. Die Alliierten verfügten 1942 schon über eine große Anzahl von Versuchsdaten in bezug auf Spaltungsquerschnitte und andere durch schnelle Neutronen ausgelöste Prozesse in U235, die für die Konstruktion der Bombe von unmittelbarer Bedeutung waren; sie wußten außerdem über die kritische Masse eines Sprengstoffs Bescheid, besaßen detaillierte Berechnungen dazu und waren im Begriff, ein großangelegtes Projekt in Los Alamos zu starten. Zwischen dem britischen MAUD-Report von 1941 und dem vergleichbaren Bericht des deutschen Heereswaffenamts (HWA) vom Februar 1942 liegen Welten, sowohl in theoretischer als auch experimenteller Hinsicht. Diesen qualitativen und quantitativen Vorsprung auf eine lediglich technische Spitzenposition auf dem Gebiet der Isotopentrennung zurückzuführen, wie es Heisenberg tut, ist unredlich.

Ebenso abwegig ist das in der zitierten Passage indirekt ausgesprochene moralische Urteil über die alliierten Wissenschaftler, weil sie sich, ohne Rücksicht auf die zentrale ethische Problematik, für den Bau von Atombomben entschieden hatten. Nach dem Krieg galten Heisenberg und anderen deutschen Autoren Atombomben per se als verwerflich. Der Trugschluß hier besteht darin, daß das primäre moralische Problem nicht die Atombomben, sondern vielmehr das verbrecherische Naziregime war. Indem Heisenberg den jeweiligen historischen Kontext der Nazis und der Alliierten ausblendet, konstruiert er eine falsche Symmetrie zwischen den moralischen Dilemmas der alliierten und der deutschen Wissenschaftler. Es hat den Anschein, als ob die Wissenschaftler in einem politischen Vakuum einfach als Wissenschaftler agierten und nicht als Verfechter ihrer jeweiligen Sache. Vor dem Hintergrund eines solchen politischen Neutralismus erscheint das Handeln der alliierten Physiker daher als moralisch verwerflich. In seinen Darstellungen verliert Heisenberg niemals ein Wort darüber, daß sich die alliierten Wissenschaftler im Grunde moralisch verhielten, weil sie Waffen entwickelten, um die Demokratie gegen eine Diktatur zu verteidigen. In keiner seiner Schriften oder Interviews und in keinem seiner Briefe brachte es Heisenberg über sich, die moralische Überlegenheit des Einsatzes der Alliierten oder die von moralischen Beweggründen bestimmte Haltung ihrer Atomwissenschaftler anzuerkennen. Sein einziges Zugeständnis bestand in der Feststellung, daß er »für die *Tüchtigkeit* [Hervorhebung d. Verf.] der amerikanischen Physiker die größte Bewunderung« empfinde; von ihrem moralisch verantwortlichen Handeln indes war nicht die Rede.[21]

Noch stärker tritt diese unangenehme Tendenz zutage, wenn Heisenberg erklärt, warum die Deutschen keine Bombe bauen konnten:

> »Es ist uns oft, auch von englischer und amerikanischer Seite, die Frage gestellt worden, warum man damals nicht auch in Deutschland den Versuch unternommen habe, Atombomben zu erzeugen. Die einfachste Antwort, die man auf diese Frage geben kann, lautet: weil dieses Unternehmen während des Kriegs nicht mehr gelingen konnte. Es konnte

schon aus technischen Gründen nicht gelingen; denn selbst in Amerika mit seinen viel größeren Reserven ... ohne Feindeinwirkung ... ist die Bombe ja erst nach dem Ende des Kriegs mit Deutschland fertiggeworden.«[22]

Erwähnenswert ist auch, daß Heisenberg hier zu verstehen gibt, schon im vorhinein gewußt zu haben, wie lange der Krieg dauern würde, obwohl er zwischen 1939 und 1941 mit einem eher kurzen Krieg gerechnet hatte. Somit standen der Menschen und Material verschleißende Rußlandfeldzug, die alliierten Luftangriffe und die Konzentration des Regimes auf die Entwicklung kurzfristig einsetzbarer Waffen jedem erfolgreichen Ergebnis eines Bombenprojekts im Wege. Zu Heisenbergs ursprünglicher wissenschaftlicher Erklärung, daß eine U235-Isotopentrennung ein zu großer Aufwand gewesen sei, tritt hier also noch die politische, wonach der Krieg selbst eine erfolgreiche Fortführung des Projekts unmöglich machte. Das alles ist durchaus plausibel, aber er schiebt rasch noch eine moralische Erklärung nach, in der er behauptet, daß sich die deutschen Wissenschaftler von Anbeginn an der Gefahren ihrer Arbeit bewußt, aber dankbar gewesen seien, 1942 durch »äußere Umstände« der Verantwortung enthoben worden zu sein, eine moralische Entscheidung zu treffen, ob sie wirklich an einer Bombe arbeiten sollten.

»Für die Forscher, die am Uranvorhaben mitarbeiteten, hatte diese Entscheidung noch eine andere, menschliche Seite. Diese Physiker wußten von der großen Verantwortung, die ein Mensch zu tragen hat, der solche Naturkräfte entfesseln kann, und sie haben von vornherein bewußt und mit viel Mühe darauf hingearbeitet, die Kontrolle über das Vorhaben in der Hand zu behalten. Sie haben sich auch von Anfang an die schwere Frage vorlegen müssen, ob die Sache gut sei, für die hier die größten Naturkräfte eingesetzt werden sollten. Die äußeren Umstände haben ihnen die schwere moralische Entscheidung, ob sie Atombomben herstellen sollten, aus der Hand genommen.«[23]

»Von Anfang an«, behauptet Heisenberg, seien sich die deutschen Wissenschaftler des moralischen Dilemmas bewußt gewesen, eine Bombe herzustellen für eine Sache, die womöglich nicht »gut« gewesen ist (zu dem Adjektiv »schlecht« konnte er sich nicht durchringen). Aber wenn dem so war, warum arbeiteten dann Heisenberg und seine Freunde fast drei Jahre lang (von September 1939 bis Juni 1942) an dem Projekt, wo doch die Möglichkeit bestand, daß irgendeine Art von Bombe dabei herauskäme und wo es doch denkbar war, daß die Regierung der Fortführung des Projekts erste Priorität einräumen würde? An dem Projekt weitergearbeitet zu haben in diesem Zustand der Ungewißheit, ob es tatsächlich eine Bombe hervorbringen könne – was durchaus möglich war –, straft jeden Anspruch auf ethische Prinzipien Lügen. Heisenbergs Moral und die seiner Kollegen bestand lediglich darin, daß sie sich, wie es jeder Physiker tun würde, ein wenig den Kopf darüber zerbrachen, ob es eine gute Idee sei, eine Bombe zu bauen. Das abgrundtief Böse des Nationalsozialismus spielte bei diesem müßigen und selbstgefälligen Moralisieren offenbar keine Rolle.

In der gesamten gewundenen Argumentation wird unterschwellig insinuiert, daß sich die Wissenschaftler, wenn sie denn jemals gezwungen worden wären, eine Entscheidung zu treffen, aufgrund ihrer bereits zuvor schon bestehenden moralischen Bedenken geweigert hätten, eine Bombe zu bauen. Weit davon entfernt jedoch, Heisenbergs Zivilcourage zu beweisen, beleuchtet der komplizierte Gedankengang nur lebhaft das Bestreben der deutschen Physiker, sich vor einer echten Verantwortung zu drücken. Diese Neigung, von der oft behauptet wurde, sie sei tief in der deutschen Kultur und den von ihr geprägten Verhaltensmustern verankert,[24] hätte sie aller Wahrscheinlichkeit nach veranlaßt, fleißig, und dennoch zweifellos mit Gewissensbissen und bösen Vorahnungen, an einer Bombe zu arbeiten, wenn es ihnen befohlen worden wäre; hinterher hätten sie dann die Verantwortung für ihr Handeln auf »das Regime« abgewälzt. Widrige »äußere Umstände« – Speer, die Regierung, Rohstoffknappheit und mangelnde technische und personelle Ausstattung, die Bombenangriffe der Alliierten, die Kosten – waren von Heisenberg ins Feld geführt worden, um sich dafür zu rechtfertigen, daß er nach 1942 nicht mehr an der Bombe arbeitete. Hätten sich die »äußeren Umstände« jedoch als günstig erwiesen, wären sie ebenfalls herangezogen worden, um zu rechtfertigen, daß er an der Bombe arbeitete. Die vom Gefühl gesteuerte, typisch deutsche Motivation für all das wird deutlich, wenn Heisenberg erklärt, warum die Deutschen an dem Uranvorhaben, insbesondere nach 1942, dennoch weiter arbeiteten:

»... die Möglichkeit dazu war erst durch die Entdeckung der deutschen Forscher Hahn und Straßmann geschaffen worden; so schien es uns recht und billig, daß die große technische Entwicklung, die sich auch im Frieden an diese Entwicklung anschließen mußte, in Deutschland einen ihrer Anfänge haben und für Deutschland Früchte tragen sollte.«[25]

Natürlich war damit zu rechnen, daß jemand, der 1946 diese Stelle las, Heisenberg zugestand, die Arbeit während des Krieges im Hinblick auf den nachfolgenden Frieden geleistet zu haben; gleichwohl hatte er sich gerade in den für Deutschland so erfolgreichen ersten Kriegsjahren besonders hingebungsvoll dem Uranvorhaben gewidmet, als er Kollegen in besetzten Ländern besuchte und ihnen erzählte, welch ein Segen ein deutscher Sieg für ganz Europa wäre.[26]

Insgesamt ist dieser erste ausführliche Bericht in Heisenbergs Manuskript außerordentlich aufschlußreich, muß aber mit größter Vorsicht genossen werden. Mit seinem Netz aus Halbwahrheiten, doppelsinnigen Formulierungen, ausweichenden Darstellungen und Ungenauigkeiten wollte er nichtdeutsche Leser entwaffnen und ihnen weismachen, daß die deutschen Wissenschaftler von den gleichen – sowohl physikalischen als auch moralischen – Voraussetzungen ausgingen wie ihre alliierten Gegenspieler.

Heisenbergs überarbeitete deutsche Fassung seines Artikels erschien im Dezember 1946. Es finden sich darin mehrere interessante Veränderungen:

1. Wo es im Manuskriptentwurf nur heißt, das offizielle deutsche Projekt sei im September 1939 im Lichte eingegangener Informationen über »Atomenergiearbeiten in Amerika« angeordnet worden, führt die neue Version das deutsche Vorhaben unverfrorener auf die durch Nachrichten ausgelöste Angst zurück, daß »amerikanische militärische Stellen Geldmittel zur Untersuchung der Atomenergiefrage zur Verfügung gestellt hätten. Im Hinblick auf

die Möglichkeit, daß von angelsächsischer Seite Atomwaffen entwickelt würden, wurde beim Heereswaffenamt unter der Leitung Schumanns eine Forschungsstelle geschaffen ...«[27]

2. Heisenberg beugte sich der Kritik Bothes an seiner früheren Version der falschen Messungen des Absorptionsquerschnitts von Graphit. Es blieb ihm nicht viel anderes übrig, wollte er die Einheitsfront unter den deutschen Physikern aufrechterhalten, da Bothe wohl keine offizielle Lesart hätte stehenlassen, die ihm die Schuld am Scheitern des Reaktorprogramms zuwies.[28]

3. Weizsäckers Plutoniumidee von 1940 wird auf zweierlei Weise gegen Kritik abgeschirmt. Daß nicht geklärt wurde, ob es sich bei dem Sprengstoff um das Element 93 oder 94 handelt, entschuldigt Heisenberg damit, daß ohne ein geeignetes Zyklotron in Deutschland die entscheidenden Versuche nicht durchgeführt werden konnten. Weizsäckers Annahme, der energieerzeugende Reaktor könne für die Herstellung eines Atomsprengstoffs genutzt werden, wird durch das Wörtchen »wahrscheinlich« relativiert, um die im Entwurf geäußerte Gewißheit, etwas abzuschwächen, wozu auch der stillschweigend eingefügte Vorbehalt, daß »aber die praktische Durchführung damals noch nicht diskutiert wurde«, dienen sollte.[29]

Mehr hat Heisenberg über Plutonium zu sagen, wenn er die Ergebnisse der Konferenzen vom Februar und Juni 1942 zusammenfaßt, bei denen, wie er unverblümt sagt, »verschiedene Leiter der Kriegsforschung« zugegen waren. Wie um zu beweisen, wie wenig praktisches Interesse an der Gewinnung von Plutonium für eine Bombe bestand, erwähnt er, daß »als Atom-Sprengstoff übrigens auch Protoactinium [sic] in Betracht gezogen [wurde] ... [da] auch hier die Kettenreaktion mit schnellen Neutronen möglich erscheint; es wurde aber für aussichtslos gehalten, so große Mengen Protoactinium zu gewinnen.«[30] Plutonium galt somit ebenso wie Protaktinium als eine offensichtlich weit hergeholte Möglichkeit für eine Bombe, so daß Heisenberg und seine Kollegen ehrenhaft und unbesorgt an dem Reaktorprogramm arbeiten konnten, ohne sich der Entscheidung stellen zu müssen, in absehbarer Zukunft tatsächlich eine Bombe zu bauen. Auch hier wieder konnte Heisenberg dank seines mangelnden wissenschaftlichen Erfolgs nach eigenem Verständnis »moralisch« bleiben, während er weiter am Uranvorhaben arbeitete. (Aber was wäre gewesen, wenn er mit dem Reaktor einen unerwarteten Erfolg erzielt hätte, der plötzlich eine Plutoniumbombe in den Bereich des Möglichen gerückt hätte ...?)

4. In der veröffentlichten Fassung des Artikels findet sich die erstaunliche neue Behauptung, er, Heisenberg, habe keine Untersuchungen über die kritische Masse einer Atombombe durchgeführt:

> »Ferner war zu erwarten, daß man in einem Uranreaktor Sprengstoff für Atombomben herstellen kann. *Jedoch waren noch keine Untersuchungen über die technische Seite des Atombombenproblems, z.B. über die Mindestgröße einer Bombe, angestellt worden.* [Hervorhebung d. Verf.] Es wurde mehr Wert auf die Feststellung gelegt, daß man die im Uranreaktor entwickelte Energie zum Betrieb von Maschinen benutzen kann.«[31]

Der zweite Satz (den ich hervorgehoben habe) ist neu und steht zwischen zwei Sätzen, die bereits im Manuskriptentwurf enthalten waren. Er stellt eine typische Heisenbergsche Halbwahrheit dar, die in zweierlei Hinsicht in die Irre führen soll. Da er im Kontext der Erörterung eines Plutonium erzeugenden Uranreaktors auftaucht, will der Satz erstens sagen, daß Heisenberg über seine 1940 durchgeführte Berechnung der kritischen Masse einer U235-Bombe ausweichende Auskünfte geben und guten Gewissens schweigen kann. Zweitens ist die Formulierung im wörtlichen Sinne korrekt: Es wurden keine Untersuchungen über »die technische Seite« des Problems angestellt (wie jene, die man in Los Alamos durchführte), die sich auf eine konkrete Bombe bezogen. Heisenbergs früher geäußerte Ansicht, die kritische Masse von Uran sei riesig, sowie seine gegenwärtige Schwierigkeit, sich ein Projekt für die Extraktion von Plutonium vorzustellen, schlossen die Entwicklung einer Atombombe vor Ende des Krieges effektiv aus. Er brauchte daher im Juni 1942 die kritische Masse einer Bombe gar nicht eingehend zu erforschen; daß er bereits (wie wir sehen werden) eine sehr grobe Berechnung angestellt hatte, die nicht als präzise »technische

Untersuchung« durchgehen würde, mußte er ja nicht an die große Glocke hängen. Wenn seine Leser das nicht wußten, war schließlich nicht er dafür verantwortlich.[32]

5. Heisenberg hält an seinem Irrglauben fest, daß die Projekte der Alliierten und der Deutschen bis zum »Wendepunkt« im Jahre 1942 (von der U235-Trennung abgesehen) annähernd gleich verliefen. Aber da man ihm zu verstehen gegeben zu haben scheint, daß ihm das, so wie es aussah, amerikanische und britische Leser nicht abnehmen würden, bezieht sich Heisenberg nun ausdrücklich auf Fermis erfolgreichen Reaktor in Chicago vom Dezember 1942 und führt – wobei er die Tatsache, daß er sich selbst widerspricht, geflissentlich übersieht – den amerikanischen Erfolg auf folgendes zurück: »Außerdem hatte man in Amerika schon viel umfangreichere Vorarbeit für den großtechnischen Ausbau des Uranvorhabens getroffen, so daß danach die praktische Durchführung von Großversuchen viel schneller möglich war; der erste energieerzeugende Brenner war dort schon im Dezember 1942 fertig.«[33] Aalglatt versucht er, seine Leser vergessen zu machen, daß die »viel umfangreichere Vorarbeit« bedeutete, daß die beiden Lager nicht, wie er im selben Absatz behauptet, »ungefähr« gleichauf waren bis Mitte 1942, als dic Amerikaner beschlossen, die Bombe zu bauen, während sich die Deutschen entschieden, dieses kriegerische Programm zugunsten der Entwicklung eines Reaktors ad acta zu legen.

6. Die gedruckte Fassung enthält eine interessante Veränderung hinsichtlich der Frage, ob der Physiker dem Rüstungsminister empfohlen (oder aber nicht empfohlen) hatte, das Bombenprojekt aufzuschieben. Im Manuskriptentwurf hieß es: »Um die notwendige Förderung zu bekommen, hätten die Fachleute Versprechen hinsichtlich kurzzeitig zu erwartender Erfolge machen müssen, die sie nicht hätten halten können.« Die gedruckte Fassung fügt hierzu die Erläuterung bei: »Die Fachleute haben nicht versucht, entgegen den genannten Gründen bei der höchsten obersten Führung einen großen Industrieeinsatz für die Herstellung von Atombomben zu erwirken.« Diese merkwürdig negative Formulierung gibt zu verstehen, daß in diese Nichtempfehlung keine moralische Entschei-

dung involviert und sie von rein praktischen Erwägungen bestimmt war. In Farm Hall allerdings hatte Heisenberg eine interessante Bemerkung gemacht, die offenbart, was hinter dieser kryptischen Äußerung steht; er hatte gemeint, »wir hätten gar nicht den moralischen Mut gehabt, im Frühjahr 1942 der Regierung zu empfehlen, 120000 einzustellen, nur um die Sache aufzubauen.«[34] In der Tat hatte in dem Verzicht, Speer zu einer Förderung des Bombenprojekts zu überreden, eine moralische Entscheidung mitgeschwungen, aber es war nicht die gewesen, die man hätte erwarten sollen. Für Heisenberg hatte das moralische Problem einfach in der Frage bestanden, ob die nicht gerade vielversprechende technische Prognose für das Vorhaben einen Materialeinsatz im großen Stil rechtfertige. Das verstand Heisenberg unter einem Dilemma, das »moralischen Mut« erforderte; was für westliche Beobachter fast schon ans Absurde grenzt, ist eher typisch für einen Großteil der moralischen Überlegungen, die Deutsche während des Dritten Reiches anstellten – und manche auch noch danach. In einem Abschnitt, der einer 1956 wiederveröffentlichten Fassung beigefügt wurde, erklärte Heisenberg, daß für ihn das moralische Problem nicht darin bestand, ob er an einer vorbereitenden Forschung arbeiten oder aber Hitler sagen sollte, daß eine Bombe machbar sei, sondern vielmehr, ob er einem Hitler-Befehl, die Bombe zu bauen, gehorchen sollte: »Den an der Atomenergie-Arbeit beteiligten Physikern wurde durch diesen Entschluß die schwere moralische Entscheidung erspart, vor die sie durch einen Befehl zur Erzeugung von Atombomben gestellt worden wären.«[35]

Heisenberg ließ seinen in deutscher Sprache verfaßten Bericht 1947 für eine Veröffentlichung in der britischen Zeitschrift *Nature* ins Englische übersetzen, und dies wurde seine Standardversion über seine Arbeit am deutschen Atombombenprojekt: Die Deutschen seien sich vollkommen im klaren darüber gewesen, daß Atombomben aus U235 und Plutonium hergestellt werden konnten; das deutsche Projekt habe mit dem der Alliierten Schritt gehalten bis zum »Wendepunkt« 1942, als »die äußeren Umstände« des Krieges Speer zu der Verfügung veranlaßt hätten, das Bombenprojekt zugunsten des Reaktorprogramms aufzugeben; die deutschen Wissenschaftler hätten keine moralische Entscheidung getroffen, ob Kernwaffen entwickelt werden sollten oder nicht. Und dies war auch die Lesart, an der er – mit einer Ausnahme (siehe Kapitel 2) – in späteren Interviews, Schriften und Erinnerungen festhielt.

Heisenbergs Bemühungen, durch seinen Artikel in *Die Naturwissenschaften* vom Dezember 1946 und dessen englische Version in *Nature* (August 1947) sowie dem im September 1947[36] in den USA erschienenen Nachdruck seine eigene deutsche Geschichtsschreibung zu etablieren, lösten auf amerikanischer Seite eine scharfe Entgegnung des niederländisch-amerikanischen Physikers Samuel Goudsmit aus, der wissenschaftlicher Leiter von ALSOS gewesen war, jener alliierten Kriegskommission, die für eine wissenschaftliche Auswertung des deutschen Uranvorhabens hatte sorgen sollen. Goudsmit, ein alter Bekannter Heisenbergs, war über dessen Verhalten und dem anderer deutscher Wissenschaftler unter dem Naziregime schwer enttäuscht gewesen. Er versuchte nun, in den wissenschaftlichen Medien Amerikas die Heisenbergsche Version zu hinterfragen, beginnend mit einer Rede beim Treffen der American Physical Society im Mai 1947. Goudsmits Kampagne veranlaßte Heisenberg im September 1947 zu einem vertraulichen Schreiben, in dem er die angeblich falschen Eindrücke korrigieren wollte, vor allem die Auffassung, deutsche Wissenschaftler hätten sich mit den Amerikanern in einem Wettlauf um die Entwicklung der Bombe befunden. Heisenberg gleitet jedoch über die Tatsache hinweg, daß die Deutschen zwischen 1939 und 1941 tatsächlich um eine Bombe rangen, und er gibt auch nicht zu, daß die Deutschen nach 1942 den Wettlauf aufgrund seiner Fehleinschätzung hinsichtlich der Tonnen des für eine U235-Bombe benötigten Isotops U235 aufgaben, sondern vielmehr wegen der Schwierigkeiten, eine Reaktorbombe zu bauen und genügend Plutonium zu bekommen.

Noch fragwürdiger als diese wissenschaftlichen Halbwahrheiten sind die moralischen. Heisenberg behauptet in seinem ersten Brief an Goudsmit, die deutschen Wissenschaftler hätten gegenüber dem Atombombenprojekt eine passive Haltung eingenommen, weil »wir uns einerseits durchaus darüber klar waren, welche schrecklichen Konsequenzen ein Sieg des Nationalsozialismus in Europa haben würde ... wir uns andererseits aber gerade im Hinblick auf den Hass, den der Nationalsozialismus gesät hatte, auch keine grossen Hoffnungen hinsichtlich der Folgen einer völligen Niederlage für Deutschland machen konnten«.[37] Der erste Teil der Behauptung wird durch zweifelsfrei belegte Berichte von Heisenbergs optimistischen Kommentaren über die Aussichten eines deutschen Siegs widerlegt, die er bei seinen Besuchen in besetzten Ländern in den Jahren 1940–42 gemacht hatte.[38] Der zweite Teil des Satzes zeigt deutlich, wie sehr Heisenbergs Denken von seinem glühenden Patriotismus verzerrt worden war, der ihn, wie die meisten Deutschen, zu der Schlußfolgerung zwang, daß ein Sieg der Nazis in jedem Falle besser sei als eine Niederlage wie im Jahre 1918. Als ganzes betrachtet stellt der Satz ein falsches Dilemma dar: Die moralische Frage bestand nicht, wie Heisenberg glauben machen will, in der Wahl zwischen einem Nazisieg und der Rache der Alliierten, sondern in der Wahl zwischen einem Sieg der Nazis einerseits und der Bewahrung der europäischen Zivilisation und Wertegemeinschaft andererseits. Man vergleiche mit Heisenbergs Kleinmütigkeit die mutige Erkenntnis Thomas Manns, daß jedes Unglück, das sein geliebtes Deutschland treffen mochte, einem Sieg der Deutschen vorzuziehen sei.

Zum Handeln gezwungen wurde Heisenberg zweifellos durch Gerüchte, wonach Goudsmit ein Buch veröffentlichen werde, das seine Verantwortung für die Ignoranz der deutschen Wissenschaftler wie auch für deren moralisches Versagen dokumentieren würde. In zwei populärwissenschaftlichen Artikeln vom Herbst 1947 setzte sich Goudsmit offensiv mit Heisenbergs *Nature*-Artikel auseinander. Er bezeichnete ihn als »Heisenbergs Smyth Report ... seine Antwort an das deutsche Volk«. Hiroshima hatte die deutschen Wissenschaftler in die Defensive gedrängt. Voller Arroganz hatten sie geglaubt, wenn sie schon keine Atombombe hätten entwickeln können, so würde das auch kein anderer schaffen. Nun

»mußten sie erklären, warum die angeblich überlegene deutsche Wissenschaft gescheitert war ... Heisenbergs Bericht ist eine Erfolgsgeschichte ... Aber hinsichtlich der Bombe waren sie auf dem Holzweg. Es ist unredlich, die Schuld daran auf einen Entscheid des Rüstungsministers Speer oder die Kriegslage in Deutschland zu schieben.«[39]

Goudsmit erboste vor allem Heisenbergs offenkundige Unfähigkeit, einzugestehen, daß die rassistische Diktatur des Naziregimes das deutsche Projekt – wie die deutsche Wissenschaft überhaupt – zum Scheitern verurteilt hatte. Statt dessen sah Heisenberg den Grund für den Mißerfolg darin, daß »das öffentliche Interesse in Deutschland an Atomphysik zwischen den Jahren 1933 und 1939 verschwindend gering war«.

Goudsmits Buch, *ALSOS*, eine Zusammenstellung der Erkenntnisse des atomwissenschaftlichen Geheimdienstes der Alliierten über den Wissenschaftsbetrieb der Nazis, erschien im Oktober 1947, knapp ein Jahr nach Heisenbergs Rechtfertigungsartikel. Trotz einiger Mängel war *ALSOS* eine bemerkenswerte Arbeit, welche die Fehleinschätzungen der Deutschen hinsichtlich der Atombombe gründlich durchschaute und scharfsinnig darlegte, wie sehr die deutsche Wissenschaft und die deutschen Wissenschaftler von der Nazizeit korrumpiert worden waren. Goudsmit, der sich auf seinen eigenen Fundus an erbeuteten Dokumentationen stützen konnte, tat die moralischen Ansprüche der deutschen Physiker mit beißender Schärfe ab und veröffentlichte Dokumente, die Heisenbergs Umgang mit Himmler wie auch Weizsäckers Kungelei mit der SS bei der Festlegung einer offiziellen Politik gegenüber der »jüdischen Physik« aufdeckten. Zudem machte Goudsmit deutlich, daß die deutschen Physiker von der Funktionsweise einer Atombombe keine Ahnung gehabt hatten. Aufgrund seiner Beschäftigung mit den beschlagnahmten deutschen Dokumenten und der Berichte des amerikanischen Geheimdienstes (und einer vielleicht etwas zu hastigen Durchsicht der Farm-Hall-Protokolle) kam er – irrtümlicherweise – zu dem Schluß, Heisenberg habe nie begriffen, daß die U235-Bombe auf einer Reaktion schneller Neutronen basiert. Da er vom Interesse der Deutschen an schwerfälligen und unrealistischen Reaktorbomben wußte, folgerte Goudsmit fälschlicherweise daraus, daß der auf langsamen Neutronen basierenden U235-Bombe Heisenbergs die Vorstellung von einer Reaktorbombe zugrunde gelegen habe. Dem war nicht so, da diese in Wirklichkeit mit der reinen U235-Bombe nichts zu tun hatte. Goudsmit hatte somit zwei ganz unterschiedliche deutsche Bombenkonzepte zu einem einzigen kompiliert, was angesichts der damals nur bruchstückhaften und oft kryptischen Beweislage verzeihlich war. Und schließlich irrte er sich mit seiner Behauptung, die Deutschen hätten nicht gewußt, daß auch Plutonium als Atomsprengstoff genutzt werden könne.[40]

Diese Fehleinschätzungen einzelner Sachverhalte machten es Heisenberg und seinen Freunden leicht, *ALSOS* insgesamt in Frage zu stellen und zum Gegenangriff überzugehen. Vor allem konnte Goudsmits Behauptung, die Deutschen hätten Plutonium nicht als Sprengstoff in Erwägung gezogen, überzeugend widerlegt werden durch den Hinweis auf Weizsäckers diesbezügliche Schrift von 1940 (G-50), sowenig auch daraus klar wurde, ob Element 93 (Neptunium) oder 94 (Plutonium) der Sprengstoff sein würde.[41] Einen Verbündeten fand Heisenberg in Waldemar Kaempffert, dem wissenschaftlichen Korrespondenten der *New York Times*, der in einer Besprechung von Goudsmits Buch und des wiederabgedruckten *Nature*-Artikels der Lesart des deutschen Nobelpreisträgers wegen ihrer Objektivität offen den Vorzug gab, die ihn (was Goudsmit nicht überraschte!) an den Smyth-Report erinnerte.[42] Goudsmit reagierte darauf mit einem in der *New York Times* veröffentlichten Brief an Kaempffert, auf den dieser ziemlich schwach erwiderte, Heisenberg sage die Wahrheit, da »Lügner keinen Nobelpreis erringen«. Darauf folgte die etwas befremdliche Bemerkung, daß »es für Deutsche nicht ehrenrühriger war als für amerikanische Physiker, sich in einer Forschung zu engagieren, die zu einer Atombombe führen konnte« – so, als hätte es keinen moralischen Unterschied zwischen einer Arbeit für Hitler und einer für die Alliierten gegeben![43]

Zu jenen, die Kaempfferts Argumente geschmacklos, wenn nicht gar lächerlich fanden, gehörte Goudsmits Freund Paul Rosbaud, der schrieb:

»Ich war betrübt, als ich seine Rechtfertigung Heisenbergs las (Nobelpreisträger erzählen keine Lügen! Welch ein billiges Argument, außerdem könnte ich ihm einige nennen, die gelogen haben. Es ist ebenso lächerlich, als wenn man behaupten würde, Minister und Diplomaten lügen nie).«[44]

Rosbaud war einer, der es wissen mußte. Weil er das Naziregime haßte, war er als Agent der Alliierten während des Krieges in Deutschland geblieben. Dank seiner Position als Wissenschaftsredakteur und seiner weitläufigen Bekanntschaften in Akademikerkreisen war er über technische Entwicklungen in zahlreichen Bereichen, einschließlich der Atomforschung, auf dem laufenden. 1939 hatte er auf Hahn eingewirkt, die Neuigkeit von der Uranspaltung in seiner Zeitschrift *Die Naturwissenschaften* zu veröffentlichen, um so zu verhindern, daß dieses Wissen zum deutschen Monopol wurde. Im selben Jahr hatte er die Briten durch R. S. Hutton und John Cockcroft über die Gründung des deutschen »Uranklubs« unterrichtet.[45] Während des gesamten Krieges hatte Rosbaud den britischen Geheimdienst über die kernphysikalischen Forschungen der Deutschen informiert, wobei er seine enge persönliche Beziehung zu Walter Gerlach, dem Leiter des Uranvorhabens von 1944, gründlich nutzte. Nach dem Krieg begab sich Rosbaud nach England, unterhielt einen steten Briefwechsel mit Goudsmit und sorgte dafür, daß dessen *ALSOS* im *Times Literary Supplement* (von ihm selbst!) besprochen wurde.[46] »Ich bin sicher«, schrieb er an Goudsmit, »daß dies Heisenberg und seinem Klub nicht besonders gefallen wird.« Rosbaud wünschte sich Leserbriefe, die seine Rezension unterstützten, hatte aber wenig Zuversicht, da »es, wie Sie wissen, schwierig ist, einen englischen Wissenschaftler zu finden, der versteht, daß jemand gegen sein eigenes Land kämpfen kann«. Niels Bohr schien sich als Schützenhilfe anzubieten, doch der befand sich bereits in den Vereinigten Staaten, »und außerdem weiß ich nicht, ob er es tun würde; er hat Heisenberg zu gern.«[47]

Währenddessen beantwortete Goudsmit im Dezember 1947 Heisenbergs früheren Brief, versprach, ihm ein Exemplar von *ALSOS* zu schicken, und wiederholte seine auf Beweisdokumente gestützte Überzeugung, daß die

»deutschen Wissenschaftler falsche Vorstellungen von einer Atombombe hatten. Indem Sie [in Ihrem Artikel] bestimmte Punkte vernachlässigen, erzeugen Sie bei flüchtigen Lesern den Eindruck, Sie hätten die ganze Zeit über gewußt, wie das Problem zu lösen ist. Sie schieben die ganze Schuld auf eine Entscheidung Speers und auf den Rohstoffmangel.«

Goudsmits Hauptinteresse jedoch galt der dubiosen moralischen Nebelwand, die Heisenberg um sich aufgebaut hatte. Er war »entsetzt und überrascht« über die Auslassungen und Verharmlosungen in Heisenbergs Artikel, der ihm »wie eine Verteidigung der deutschen Physik unter Hitler vorkam«. Daß man mit dem Nationalsozialismus keine »Kompromisse« schließen konnte, hätte Heisenberg ebenso klar sein müssen wie seinem Kollegen Max von Laue. Selbst jetzt, klagte Goudsmit an, erwiesen sich Heisenberg und andere Deutsche als unfähig, ihre falschen Annäherungsversuche an Hitler offen zuzugeben. »Zu viele deutsche Wissenschaftler«, schloß Goudsmit seinen Brief an Heisenberg und ahnte wohl selbst nicht, wie recht er damit hatte, »sind immer noch davon überzeugt, daß sie es verdient hätten, den Krieg zu gewinnen ... zu vielen geht es einzig und allein um das ›Ansehen‹ der deutschen Wissenschaft.«[48]

In einer Entgegnung vom 5. Januar 1948 verweist Heisenberg seinen Kritiker auf Weizsäckers Artikel von 1940 als Beleg dafür, daß die Deutschen die Sprengstofftauglichkeit von Plutonium erkannt hatten.[49] Hinsichtlich des Grundprinzips einer Bombe behauptet Heisenberg, selbstverständlich immer gewußt zu haben, daß eine Kettenreaktion mit schnellen Neutronen in U235 möglich sei, und beruft sich dabei auf ein Diagramm, das er bei verschiedenen Konferenzen in den Jahren 1942/43 vorgezeigt hatte. Leider ist das Diagramm nicht so eindeutig, wie Heisenberg glauben machen möchte; denn weder aus dem Diapositiv noch dem veröffentlichten Begleittext geht klar hervor, daß die Reaktion durch schnelle Neutronen erfolgt.[50] Er selbst mag dies zwar erkannt haben, doch es gibt keinen Hinweis, daß er damals seine Zuhörer darauf aufmerksam gemacht hatte. Wichtiger noch: Wie so oft flüchtet sich Heisenberg in eine Halbwahrheit, denn über die Größe der kritischen Masse einer solchen reinen U235-Bombe hüllt er sich in Schweigen. Auf diese Weise vermeidet er es – hier und anderswo –, lügen zu müssen. Soweit ich weiß, behauptete Heisenberg niemals rundheraus, während des Krieges gewußt zu haben, daß die kritische Menge einer U235-Bombe relativ gering ist. Wo er dies zu verstehen gab, zitierte er lieber Erinnerungen anderer Leute, so zum Beispiel, wie man sehen wird, die Ernst Telschows von der Kaiser-Wilhelm-Gesellschaft.

Ein Beispiel für sein Geschick, aus wissenschaftlich Doppeldeutigem eine plausible Geschichte zu spinnen, gibt Heisenberg in seinem Brief an Goudsmit an der Stelle, wo er Protaktinium als Analogon für U235 verwendet, um zu beweisen, daß er wußte, wie eine U235-Bombe funktioniert. Allerdings verfing er sich dabei in seiner eigenen Falle:

> »Zum Beweis dieser Behauptung über die deutschen Physiker möchte ich zunächst auf die Stelle in einem der Geheimberichte hinweisen, den wir zufällig noch besitzen (Arbeit von Bothe über schnelle Neutronen), in der vermutet wurde, daß reines Pa in hinreichender Menge durch Kettenreaktion schneller Neutronen explodieren würde. Es war über Pa bekannt, daß es mit langsamen Neutronen überhaupt nicht spaltet. Wie wäre nach Ihrer Meinung dieser Satz über Protaktinium zu erklären, wenn nicht in der Weise, daß wir über die Möglichkeit von Kettenreaktionen mit schnellen Neutronen durchaus Bescheid wußten?«[51]

Aber was hatte Bothe tatsächlich geschrieben? Der fragliche Artikel, »Maschinen mit Ausnützung der Spaltung durch schnelle Neutronen« (1941), untersucht den Gebrauch schneller Neutronen zur Spaltung nicht von U235, sondern von U238 in Reaktoren. Am Ende des dritten Abschnitts kommt er zu dem Schluß: »Mit einer Energiegewinnung aus reinem 38-Metall allein kann also nach unserem Versuch kaum noch gerechnet werden.« Aber in einer Fußnote deutet er die Möglichkeit an, etwas Protaktinium darunterzumischen, das einen siebenmal größeren Spaltungsquerschnitt als U238 hat und einen Neutronenmultiplikationsfaktor von etwas mehr als ein Neutron pro Spaltung: »Käme also jemals die Gewinnung sehr großer Pa-Mengen in Frage, so müßte mit der Möglichkeit einer Explosion gerechnet werden.«[52]

Abgesehen davon, daß aus dem Text nicht klar wird, ob Bothe auf Protaktinium als einen möglichen Kernsprengstoff hinweist oder lediglich feststellt, ein Reaktor, der dieses Element enthält, könne eventuell explodieren, sollte beachtet werden, daß darin die Spaltung von Protaktinium nirgendwo mit der von U235, wohl aber mit der von U238 in einem Reaktor verglichen wird. Als Heisenberg 1965/66 die Geschichte für David Irving aufbereitete, ging er noch einen Schritt weiter. Er behauptete nun, auf der Speer-Konferenz vom Juni 1942 den Standpunkt vertreten zu haben, daß eine superkritische Masse Protaktinium von selbst und auf die gleiche Weise wie Plutonium oder U235 detonieren würde, wenn auch die dafür erforderliche Menge nie zu bekommen sei.[53] Aber der springende Punkt ist, daß Bothe in seinem Bericht der Vorstellung von einer kleinen kritischen Masse einer U235-Bombe zu widersprechen scheint, denn er schreibt von »sehr großen Pa-Mengen«. Falls es in der Tat eine Analogie zwischen Protaktinium- und U235-Spaltung gab, wie Heisenberg behauptet, dann hätte sie darin bestanden, daß beide Elemente in großen Mengen vorhanden sein mußten, damit eine Explosion stattfinden konnte.

Ausweichend reagierte Heisenberg auch auf Goudsmits moralische Vorwürfe. Auf dessen erbitterte Fragen, warum er sich der Illusion hingegeben habe, mit dem Naziregime verhandeln zu können, wiederholte er, daß er dies getan habe, um schlimmere Katastrophen zu verhindern und daß, wenn auch unwahrscheinlich, die Aussicht nicht ganz hoffnungslos gewesen sei. (Mit dieser Argumentationsstrategie konnte er einen Mann wie Goudsmit, der das wahre Gesicht des Nationalsozialismus früh erkannt hatte, natürlich nicht überzeugen; man schloß Kompromisse mit normalen Regierungen, nicht aber mit verbrecherischen Staaten.) In diesem Zusammenhang ließ Heisenberg die sonderbare Bemerkung fallen, er habe Bohr von seinen Verhandlungen mit Himmler erzählt und sei von dem dänischen Physiker in seinem Bemühen bestärkt worden. Mag Heisenberg das möglicherweise auch selbst geglaubt haben, so ist doch schwer denkbar, daß Bohr von seinem Charakter her geneigt gewesen war, eine Verhaltensweise gutzuheißen, die ihm bestenfalls verrückt und schlimmstenfalls verwerflich vorkommen mußte.

In einem Brief an den holländischen Wissenschaftler B. L. van der Waerden am Ende jenes Jahres versuchte Heisenberg abermals, Bohr in die moralische Debatte hineinzuziehen.

»Als ich (Ende 1941) wußte, dass der Uranpile gehen würde und dass man wahrscheinlich Atombomben würde machen können (aus Plutonium; die U^{235}-Trennung schien mir noch phantastischer – in beiden Fällen habe ich den Aufwand für noch größer gehalten, als er tatsaechlich war –) war ich tief erschrocken ueber die Möglichkeit, dass man irgendwelchen Machthabern (nicht nur Hitler) solche Waffen in die Hand geben könnte.

Als ich Herbst 1941 Niels Bohr in Kopenhagen sprach, habe ich an ihn die Frage gerichtet, ob ein Physiker das moralische Recht habe, an Atomproblemen im Krieg zu arbeiten ... Ich haette es auf jeden Fall fuer ein Verbrechen gehalten, Atombomben fuer Hitler zu machen; aber ich finde es auch nicht gut, dass sie anderen Machthabern gegeben und von ihnen angewendet worden sind.«[54]

Dies war typisch für Heisenbergs wiederholte – von Bohr zurückgewiesene – Versuche, den dänischen Physiker für seine eigene Verteidigung zu mißbrauchen. Bohr lehnte Atomwaffen im Grunde ab und rief während des Krieges zu politischen Aktionen auf, die deren Kontrolle oder gar Abschaffung zum Ziel hatten. Aber Bohr erkannte auch, daß angesichts der Gefahren, die von den Nazis ausgingen, den Alliierten gar nichts anderes übrigblieb, als Atombomben herzustellen, und arbeitete dann selbst 1944 in Los Alamos an deren Entwicklung mit. Heisenberg und seinen Kollegen blieb Bohrs ethische Entscheidung immer unverständlich. Ja, selbst der tolerante Otto Hahn bemerkte in Farm Hall scheinheilig: »Falls allerdings Niels Bohr mitgeholfen hat, dann, muß ich sagen, ist er in meiner Achtung gesunken.«[55]

Goudsmit ließ sich Zeit, ehe er Heisenbergs Brief vom Januar 1948 beantwortete. »Ich stehe in einem recht traurigen und heftigen Briefwechsel mit Heisenberg«, bekannte er Paul Rosbaud.

»Er sieht immer noch nicht die größeren Probleme und ist sauer, weil ich wahrscheinlich sein Wissen über Plutonium unterschätzte. Er bekämpft mich, wie er Himmler bekämpfte ... Das einzige, was ihm dazu einfällt, ist, daß ›seine Ehre angegriffen wird‹ oder daß die ›deutsche‹ Physik kaputt gemacht wird.«

Hier hatte Goudsmit die entscheidende Motivation Heisenbergs dingfest gemacht, die all seinen Ausweichmanövern und Winkelzügen, seinen Ausflüchten und Verschleierungen, seinen Kompromissen und Absprachen mit dem Naziregime zugrunde lag: die Wahrung seiner eigenen »Ehre« als höchstem Wert.[56]

In der Zwischenzeit hatte Goudsmit mit van der Waerden lange Gespräche geführt und war mehrmals nach Washington gereist, um die deutschen Geheimberichte einschließlich Weizsäckers Artikel über Plutonium erneut zu studieren. Und so weist er in seinem Brief vom 20. September 1948 Heisenberg darauf hin, daß in keinem dieser Berichte (darunter, so könnte man hinzufügen, P. O. Müllers Papier von 1940 über die Reaktorbombe) jemals von schnellen Neutronen die Rede ist. »Die Verfasser mögen über schnelle Neutronen nachgedacht haben«, schreibt Goudsmit, »aber wenn sie sich darüber wirklich klar gewesen wären, hätten sie diesen wichtigen Punkt bestimmt wiederholt hervorgehoben.« Was die menschlich-moralische Problematik angeht, so beklagt er noch einmal, daß es Heisenberg anscheinend darum gehe, die Triumphe der deutschen Wissenschaft zu schildern, während er die unrühmliche Rolle der Wissenschaftler unter den Nazis zu beschönigen suche.[57]

In seinem umfangreichen Antwortschreiben an Goudsmit vom 3. Oktober 1948 kritisierte Heisenberg die Charakterisierungen deutscher Wissenschaftler in *ALSOS* und beschrieb seinem Kontrahenten, wie man die deutsche Position tatsächlich hätte darstellen sollen:

»Die deutschen Physiker kannten den Unterschied zwischen Uranmaschine und Atombombe. Sie wußten auch seit 1940 von der Möglichkeit, Atomsprengstoff aus dem Uranreaktor zu gewinnen und wußten seit 1942, daß es sich dabei um das Element 94 (Pu) handelt. Sie wußten wenigstens soviel über die Herstellung und die Konstruktion von Atombomben, daß sie sich darüber im klaren waren, daß die Herstellung von Bomben in Deutschland während des Krieges nicht gelingen konnte. Aus diesem Grunde blieb ihnen die moralische Entscheidung, ob sie Atombomben machen sollten, erspart, und sie haben nur an der Uranmaschine gearbeitet.«[58]

Man kann sich vorstellen, wie Goudsmit Heisenbergs Ansinnen aufnahm, eine solche »Richtigstellung« seines Buchs im *Bulletin of the Atomic Scientists* zu veröffentlichen.

Mit Genugtuung vernahm Heisenberg, daß Goudsmit einräumte, die Deutschen hätten von Plutonium gewußt, aber er wollte nicht eher ruhen, bis sein hartnäckiger Kritiker darüber hinaus zugebe, daß sie die Bombe für eine Reaktion schneller Neutronen hielten. Daher verwies er ihn unredlicherweise auf einen Artikel von F. H. Houtermans, der sich mit Reaktionen schneller Neutronen auseinandersetzt. Das Problem ist nur, daß es in der besagten Schrift um schnelle Neutronen in U238, nicht in U235, und um einen Uranreaktor geht.[59] Zudem, argumentiert Heisenberg weiter, hätten die Deutschen gewußt, daß auch in Protaktinium eine Explosion mittels schneller Neutronen erfolgen könne, was beweise, daß »wir über die Kettenreaktion mit schnellen Neutronen durchaus Bescheid wußten«. Dieses »Bescheidwissen« entspricht indes nicht ganz dem, was er selbst einmal 1945 etwas unbedacht in Farm Hall bekannt hatte:

»Wir haben auf dem Gebiet der abgeschlossenen Reaktionen mit schnellen Neutronen wenig Forschung getrieben, denn wir konnten nicht sehen, wie wir es schaffen sollten, weil wir dieses Element [94] nicht hatten und keine Möglichkeit sahen, es zu beschaffen.«[60]

Angesichts eines solch selektiven Gedächtnisses sollten wir Heisenbergs nächster Aussage nicht allzuviel Gewicht beimessen, zumal er vorsichtigerweise hinzufügt, daß ihn der frühere Generaldirektor der Kaiser-Wilhelm-Gesellschaft und eine Sekretärin daran hätten erinnern müssen.[61] Während der von Speer besuchten Konferenz führender Militärs und Wissenschaftler im Juni 1942 hatte, so Heisenberg,

»der Generalfeldmarschall [Milch] an mich die Frage [gerichtet], wie groß ungefähr eine Bombe sein würde, deren Wirkung ausreichend wäre, um eine große Stadt zu zerstören. Ich habe damals geantwortet, die Bombe, d. h. der eigentlich wirksame Teil, würde ungefähr so groß wie eine Ananas sein. Diese Angabe hat natürlich gerade bei den Nicht-Physikern Aufsehen erregt und ist deshalb wohl bei verschiedenen Teilnehmern im Gedächtnis geblieben.«[62]

Das Auffallende an dieser Stelle ist, daß die kleine kritische Masse einer Bombe selbst die anwesenden *Physiker* überraschte, die offenbar immer noch glaubten, daß eine große Masse benötigt werde. Doch in anderer Hinsicht erscheint der Vorfall völlig unglaubwürdig. Wenn denn die Feststellung damals eine solche Sensation hervorgerufen hatte, so hätte sie doch ganz gewiß einen enormen Tatendrang ausgelöst und die Wissenschaftler motiviert, sich eine solch kleine Menge U235 zu beschaffen, wie es in Großbritannien der Fall gewesen war. Die Wahrheit ist, daß Heisenberg 1942 die Möglichkeit, U235 in der von ihm zum Bau einer Bombe für nötig erachteten Größenordnung von Tonnen zu trennen, praktisch abgeschrieben hatte.[63] Sollte er wirklich den Vergleich mit der Ananas gebracht haben, so bezog er sich entweder auf die tatsächliche Menge von U235, die in einer Explosion effizient »verbrannt« werden mußte (die allerdings um vieles kleiner war als die von Heisenberg anvisierte Menge), oder aber auf Plutonium, das man für spaltbarer hielt als U235 und dessen kritische Masse die Deutschen im Januar 1942 zwischen 10 und 100 Kilogramm angesetzt hatten.[64] Die letztere Alternative erscheint plausibler, würde sie doch erklären, warum Heisenberg die Begeisterung der versammelten militärischen und politischen Führungskräfte dämpfen konnte. Denn er hätte bestimmt erklärt, daß zwar die Arbeit an dem Plutonium erzeugenden Reaktor prompt vorangehe, die Sache jedoch ein langfristiges Projekt sei, von dessen Erfolg er ihnen Bericht erstatten werde, sobald er erzielt sei.

Was immer es auch mit dem Ananasvergleich auf sich gehabt haben mag, er fällt in der hier zu untersuchenden Legendenbildung aus dem Rahmen, weil er der einzige Hinweis darauf ist, daß sich Heisenberg über die relativ kleine kritische Masse einer Bombe im klaren gewesen zu sein scheint. In all seinen anderen Verlautbarungen äußerte er sich so vage, daß es dem Leser überlassen bleibt, anzunehmen, er habe, da er ja das Prinzip der Bombe kannte, ipso facto gewußt, daß die kritische Masse klein sei. Doch selbst im vorliegenden Fall ist Heisenbergs Behauptung eher unterschwellig, nicht die ausdrückliche Feststellung, die sie zu sein scheint: Der Sprengstoff wird nicht spezifiziert, und Heisenberg hütet sich, die Behauptung selbst aufzustellen (wodurch er eine Lüge vermeidet), sondern beruft sich bei dem Ananasvergleich auf die Erinnerung anderer.

Mittlerweile war er bereit, den Disput mit Goudsmit vor einem größeren Publikum auszutragen. Im Gegenzug zu *ALSOS* bemühte er sich 1948, für seinen in *Die Naturwissenschaften* erschienenen Aufsatz und zwei fachspezifischere Schriften über das deutsche Reaktorprogramm einen deutschen Verleger zu finden. Diese Bemühungen scheiterten, aber Heisenbergs Vorwort zu dem geplanten Buch ist kürzlich erschienen. In seinen Augen waren die Amerikaner den deutschen lediglich in der »kernphysikalischen Technik«, nicht jedoch in dem Verständnis kernphysikalischer Zusammenhänge voraus. Nicht nur waren die Deutschen mit den Prinzipien der Energieerzeugung aus Uran vertraut, ihnen war auch »die Kettenreaktion mit schnellen Neutronen, die zur Atombombe führt, durchaus bekannt«. Eine ziemlich ungeheuerliche Behauptung, findet sich doch unter all den technischen Schriften, die in Deutschland während des Krieges verfaßt wurden, keine einzige, in der technische Einzelheiten einer Kettenreaktion mit schnellen Neutronen in U235 erörtert werden. Darüber hinaus war, wie die Farm-Hall-Protokolle zeigen, der Umstand, daß eine Atombombe auf einer Kettenreaktion mit schnellen Neutronen basiert, den dort versammelten deutschen Wissenschaftlern völlig neu. Im nachhinein klüger geworden, betont Heisenberg »gegenüber anderslautenden Darstellungen in der ausländischen Presse ausdrücklich ..., daß nicht die Unkenntnis über die genannten physikalischen Vorgänge die Ursache dafür war, daß in Deutschland keine Atombomben hergestellt wurden«. Es waren natürlich die Luftangriffe der Alliierten, die unzureichende technische Kapazität der deutschen Industrie, die Prioritäten, die von der Regierung als vorrangig erachteten kurzfristigen Projekte – keinesfalls aber mangelndes physikalisches Wissen –, die das deutsche Atombombenprojekt zum Scheitern verurteilt hatten. Und selbstverständlich ersparten alle diese äußeren Faktoren den Physikern eine Entscheidung.[65]

Einen weiteren Auftrieb erhielt die Heisenbergsche Lesart, als Kaempffert beschloß, in der *New York Times* (28. Dezember 1948) ein Interview mit dem deutschen Wissenschaftler zu veröffentlichen.[66] Die moralische Verteidigung, die hier vorgebracht wurde, bestand – nach Heisenbergs eigenen Worten – hauptsächlich darin, daß »die führenden Wissenschaftler zwar das totalitäre System nicht mochten, sich jedoch als Patrioten, die ihr Land liebten, nicht weigern konnten, für die Regierung zu arbeiten, wenn sie dazu aufgefordert wurden«. Das ist ein enormes Eingeständnis. Es wirft dem Naziterror nicht vor, die Wissenschaftler gezwungen zu haben, aus Angst für das Projekt zu arbeiten; vielmehr erhebt es ihr Atombombenprojekt zu einer patriotischen Pflicht. Wie Kaempffert etwas zu einfühlsam formulierte, wurden »diese deutschen Forschungsphysiker zwischen ihrer Abneigung gegenüber dem Naziregime und ihrer Pflicht als Patrioten zerrissen. Sollten sie als Patrioten eine Atombombe entwickeln?« In dieser merkwürdigen Vorstellung von »Patriotismus« entsprach Heisenberg dem grundlegenden deutschen Moralkodex von Pflicht und Gehorsam gegenüber politischer Obrigkeit, ungeachtet ihres verbrecherischen Charakters. Nach anglo-amerikanischem Verständnis hätte die moralische und patriotische Pflicht im genauen Gegenteil bestanden: Gerade aus patriotischer Pflicht hätte sich in den westlichen Demokratien ein Wissenschaftler weigern müssen, für eine verbrecherische Regierung zu arbeiten. Der Gedanke, daß »Patriotismus« als Bereitschaft, für Hitler eine Atombombe zu bauen, definiert werden konnte, erschien westeuropäischen Beobachter geradezu paradox. Ein solcher »Patriotismus« war in ihren Augen ebenso absurd wie abstoßend.

Sodann geht Heisenberg zum zweiten Argument seiner moralischen Verteidigung über. Die Empörung der Amerikaner über die deutschen Wissenschaftler, weil diese bereit gewesen waren, für Hitler eine Bombe zu entwickeln, hat er natürlich erwartet, und um diese abzulenken, schlägt er sein früheres Thema an: Die Wissenschaftler, schreibt er, seien insofern in einer glücklichen Lage gewesen, als wegen »äußerer Umstände« in Deutschland nie eine Möglichkeit bestanden habe, die Bombe zu bauen, weshalb sie auch niemals wirklich daran gearbeitet hätten: »Glücklicherweise hatten sie nie eine moralische Entscheidung zu treffen, und zwar aus dem Grund, weil sie und die Armee sich über die absolute Unmöglichkeit einig waren, während des Krieges eine Bombe herzustellen.« Das Mißliche an diesem Argument besteht nach westlicher Auffassung darin, daß die deutschen Wissenschaftler im September 1939 durchaus eine moralische Entscheidung getroffen hatten, nämlich die, an einem Bombenprojekt zu arbeiten: Daß es sich als Mißerfolg erwies – wegen Heisenbergs Fehleinschätzungen ebenso wie wegen »äußerer Umstände« –, ändert nichts an der Tatsache, daß zu Beginn eine moralische Entscheidung getroffen worden war. Die »moralische Entscheidung«, der er sich zu einem späteren Zeitpunkt hätte stellen müssen, gehört ins Reich der Fiktion; da er Ende 1939 entschieden hatte, über Atomwaffen zu forschen, war sie längst obsolet geworden.

Gegenüber Goudsmits Vorwürfen wissenschaftlicher Ignoranz machte Heisenberg geltend, daß »wissenschaftlich unbedarfte Bewacher« seinen Erörterungen in Farm Hall wohl schwerlich folgen konnten. Weit entfernt davon, den Unterschied zwischen einem Uranreaktor und einer Bombe oder den Möglichkeiten von Plutonium nicht erkannt zu haben, seien, so Heisenberg, »die allgemeinen Prinzipien, die dem Plan und der Konstruktion einer Atombombe notwendigerweise zugrundeliegen, den deutschen Physikern durchaus bekannt« gewesen. Auf diese Weise überging er mit einer Halbwahrheit elegant die peinliche Tatsache, daß er 1940 seinen eigenen Assistenten darauf angesetzt hatte, zu erforschen, ob ein explodierender Uranreaktor als Bombe genutzt werden könne.[67]

Dreimal besteht Heisenberg auf der »Offensichtlichkeit« der Prinzipien einer Atombombe für deutsche und andere Wissenschaftler seit 1939. »Daß eine Bombe theoretisch aus U235 hergestellt werden konnte, war schon vor dem Krieg jedem Wissenschaftler klar«, betonte er. Aber wenn man diese verlockend plausiblen

Argumente kritisch unter die Lupe nimmt, stellt sich, wie so oft bei Heisenberg, heraus, daß sie nichts weiter als Halbwahrheiten sind. Natürlich konnten sich bereits 1939 viele Wissenschaftler vorstellen, daß man theoretisch irgendeine Art von Bombe aus U235 herstellen könne. Das Problem war nur, daß praktisch jeder Wissenschaftler annahm, die Reaktion erfolge mit langsamen Neutronen, was eine Bombenmasse von vielen Tonnen erforderte. Die Sache war nie so offensichtlich, wie Heisenberg mit dem Wissen dessen, der hinterher klüger ist als zuvor, und im verzweifelten Verlangen nach Selbstrechtfertigung glauben machen wollte. Das Ausmaß dieser Selbsttäuschung wird in der abschließenden Bemerkung deutlich:

> »Die [erbeuteten deutschen] Berichte in Washington zeigen, daß unsere Gedankengänge denen Ihrer Wissenschaftler völlig entsprachen. Bei all diesen zumindest privilegierten Personen zur Verfügung stehenden Informationen ist es mir unverständlich, warum in den Vereinigten Staaten behauptet wird, daß wir bis nach Hiroshima das Grundprinzip der Bombe völlig verkannten.«

Es kann nicht oft genug betont werden, daß sich in den fast vierhundert beschlagnahmten deutschen Berichten keine einzige deutliche Erklärung findet, wonach die Bombe eine Reaktion schneller Neutronen ist, daß in ihnen keine Berechnung der kritischen Masse einer U235-Bombe auftaucht und keine genauen Messungen der entscheidenden Wirkungsquerschnitte für eine auf schnellen Neutronen basierende Bombe enthalten sind, außer von zwei fast zufälligen und anscheinend vernachlässigten indirekten Messungen des durch schnelle Neutronen hervorgerufenen Spaltungsquerschnitts von U235 1941 und 1943/44.[68] Tatsächlich räumte eine offizielle Besprechung der deutschen Fortschritte auf dem Gebiet der Kernphysik, die von einem engen Mitarbeiter Heisenbergs 1948 veröffentlicht wurde, ein, daß »die hierfür [Berechnung der kritischen Masse einer Reaktion mit schnellen Neutronen in U235] notwendigen experimentellen Werte, also im wesentlichen Neutronenmultiplikationsfaktor und inelastischer Querschnitt, zu ungenau bekannt sind und Experimente in dieser Richtung nicht durchgeführt wurden«. Wie unverzichtbar aber gerade diese obskuren Querschnitte für die Berechnung der kritischen Masse einer Bombe waren, gesteht ebendieser Verfasser im nachfolgenden Satz unumwunden ein: »Aus den Überlegungen Bothes und Heisenbergs läßt sich ohne Schwierigkeiten entnehmen, wie groß eine Urankugel aus reinem U235 oder aus einem angereicherten Gemisch sein muß, damit die Kettenreaktion mit schnellen Neutronen ablaufen kann. Von einer solchen Abschätzung soll jedoch [angesichts fehlender Versuchsdaten] abgesehen werden.«[69] Hätte Heisenberg diese Daten zur Entwicklung einer Bombe für nötig erachtet, so wären die erforderlichen Versuche bestimmt durchgeführt worden. Daß er angesichts dieser schreienden Versäumnisse behaupten konnte, seine Gedankengänge seien »genau so [verlaufen] [...] wie die Ihrer Physiker«, ist ebenso amüsant wie erstaunlich.

Goudsmit konnte diese Ausflüchte nicht einfach so stehenlassen. In einem am 9. Januar 1949 in der *New York Times* veröffentlichten Brief versicherte er daher, »die deutschen Geheimberichte zeigen klar, daß Ihre Wissenschaftler nur eine vage Vorstellung von der Funktionsweise der Atombombe hatten«. Er räumte zwar ein, in seinem Buch die Situation allzusehr vereinfacht zu haben, machte aber geschickt darauf aufmerksam, daß, obwohl vielleicht Heisenberg Plutonium als potentiellen Sprengstoff erkannt habe, Gespräche mit einem Mann aus seinem inneren Kreis (wahrscheinlich Weizsäcker) im Jahre 1945 den Eindruck vermittelt hätten, daß man das Element 93 und nicht Plutonium (Element 94) für einen möglichen Sprengstoff hielt. Goudsmit wiederholte seinen früheren Vorwurf, die Deutschen hätten nicht gewußt, daß die U235-Bombe auf schnellen Neutronen beruhe. Mochte vielleicht auch Heisenberg erkannt haben, daß die Bombe eine Reaktion mit schnellen Neutronen ist, so geht doch aus den Farm-Hall-Protokollen hervor, daß dies außer ihm kaum einer der im Zimmer Anwesenden wußte.[70]

In seiner Anwort in der *New York Times* vom 30. Januar 1949 bemerkte Heisenberg mit Genugtuung, daß Goudsmit einige seiner Behauptungen zurückgenommen hatte, und zitierte süffisant die Ansicht des amerikanischen Physikers Eugene Wigner, daß »die ganze Arbeit [Fermis], anscheinend ohne große Abweichung auch von den deutschen Physikern dupliziert wurde«.[71] Selbst wenn das auf das Reaktorprogramm zutraf – was nicht der Fall war –, galt Wigners Urteil nicht für die Bombenprogramme.

In der Zwischenzeit war der private Briefwechsel zwischen Goudsmit und Heisenberg mit einem Brief des ersteren vom 11. Februar 1949 wiederaufgenommen worden. Goudsmit schlug vor, die öffentliche Debatte zu beenden, und bemerkte scharf, das Kaempffert-Interview und Heisenbergs Brief an die *New York Times* hätten »keinen guten Eindruck gemacht«.

»Ihr Wunsch, das Ansehen der deutschen Wissenschaft zu retten, ist völlig überflüssig ... Was Sie über die Leistungen der Physik während des Hitler-Regimes behaupten, stimmt nicht. Es mag ja sein, daß Sie und Fräulein Bellmann und Verwaltungsbeamter Dr. Teschow wußten, daß die Bombe wahrscheinlich die Größe einer ›Ananas‹ hatte, aber Houtermans, ›mit dem Sie das Uranvorhaben regelmäßig erörterten‹, und Flügge, dessen Schriften sich mit diesem Punkt befassen, und selbst Gerlach, der ›Reichsmarschall der Kernphysik‹, hatten davon keine Ahnung.«[72]

Goudsmit teilte Heisenberg mit, daß er eine unvoreingenommene Auswahl der wichtigeren deutschen Berichte kopieren und verbreiten werde. Aus reiner Fairneß bat er seinen Briefpartner, eine Liste der signifikantesten zu erstellen. Weil Heisenberg in seinem Brief das »moralische Problem« zur Sprache gebracht hatte, bemerkte Goudsmit, daß »dies von einigen Kollegen hier, denen ich Ihren Brief gezeigt habe, übelgenommen wird«.

In seiner kühlen Antwort vom April 1949 beschuldigte Heisenberg seinen Kontrahenten, falsche Informationen an die amerikanische Presse zu geben; daher erscheine es ihm, wie er schrieb, nur recht und billig, dasselbe Forum zu nutzen, um eine korrekte Version der Angelegenheit zu veröffentlichen.[73] Dieser gekränkte Protest wäre überzeugender gewesen, hätte Heisenbergs Lesart mehr der Wahrheit entsprochen, als es der Fall war, und veranlaßte Goudsmit am 3. Juni 1949 zu einer letzten verzweifelten Erwiderung.

»Dies ist der letzte Brief über unser kontroverses Thema. Ich befürchte, daß wir unsere Fassung verlieren könnten, und der von mir gemachte Vorschlag, die Diskussion abzubrechen, scheint gut gewesen zu sein. Ich hoffe jedoch, daß wir weiter über andere Belange korrespondieren werden.«[74]

Wie in all seinen anderen Schriften zu dem Thema betonte Goudsmit in diesem abschließenden Brief, daß sein Hauptaugenmerk Heisenbergs offenkundiger Unfähigkeit galt, den verderblichen Einfluß der Nazizeit auf die deutsche Wissenschaft in vollem Umfang zuzugeben. Oberflächlich betrachtet stimmte Heisenberg mit ihm überein, beschuldigte er doch des öfteren die Naziregierung, den Physikern Hindernisse in den Weg gelegt zu haben, wissenschaftlich unbedarft gewesen zu sein und den Berufsstand diskreditiert zu haben. Aber Goudsmit ging es im Grunde um mehr: Die deutschen Wissenschaftler sollten das zutiefst Verbrecherische des Regimes zugeben, dem sie gedient hatten, und einsehen, daß die demokratische Sache der Alliierten stets moralisch überlegen gewesen war. Zu diesem Eingeständnis fand Heisenberg sich nur höchst widerwillig bereit. Mochte er auch Hitler verurteilen, so verschleierte er das moralische Problem doch stets mit einer verallgemeinernden oder relativierenden Geste, so wie er in seinem Brief an van der Waerden das Problem, einem verbrecherischen Diktator eine Atombombe zu beschaffen, in das vagere allgemeine Problem verwandelte, einem politischen Führer überhaupt eine solche Waffe in die Hand zu geben. Heisenberg hielt politische Macht generell für unmoralisch – ein in der deutschen Kultur verbreitetes Vorurteil. Aber diese politisch unreife Haltung war insofern gefährlich, als sie moralischer und politischer Feigheit Vorschub leistete. Denn wenn alle Macht unmoralisch war, dann konnte es keine gerechte politische Sache geben und von daher die Position der Alliierten der Hitlerschen kaum überlegen sein. Das einzige, was letztlich für Heisenberg politisch zählte, war das deutsche Volk. Und dieser patriotische, nationalistische Kern seines deutschen Kollegen irritierte Goudsmit während des gesamten Briefwechsels wie eine verborgene Wunde: Goudsmit bemühte sich verzweifelt, Heisenberg von diesem Glauben abzubringen, der – neben der Wissenschaft – die tragende Säule seiner Existenz war.

Angesichts der Tatsache, daß das Buch eine Attacke auf die deutsche Mentalität war, die das Nazidesaster möglich gemacht hatte, und nicht nur eine Kritik einiger technischer Irrtümer, überrascht es nicht, daß *ALSOS* in Deutschland mit einem Tabu belegt wurde. Rosbaud bemerkte:

> »Heisenberg ist natürlich sehr mächtig und verfügt über enormen Einfluß, und ich weiß, daß etliche große Tiere von der COG oder der Militärverwaltung sehr gern bestimmte Dinge mit ihm bereden und ihn um seinen Rat fragen möchten. *ALSOS* wird von fast jedem deutschen Wissenschaftler als eine ungeheuere Grausamkeit betrachtet.«[75]

Goudsmit selbst meinte treffend: »Ich bin stolz, daß die Deutschen *ALSOS* für das infamste Buch halten, das je geschrieben wurde. Was ich schreibe, muß wahr sein, sonst wären sie nicht so wütend darüber.«[76]

2. *Kapitel:* Die Weiterentwicklung der Heisenbergschen Lesart, 1945–76

Die Ursprünge der Heisenbergschen Lesart finden sich im Farm-Hall-Memorandum, das die zehn internierten deutschen Physiker am 8. August 1945 unterzeichnet und beglaubigt hatten. Damals jedoch war den Wissenschaftlern der Erfolg der Alliierten beim Bau einer Bombe, für die man nach Heisenbergs Ansicht Tonnen von U235 benötigte, noch immer schleierhaft. Die Farm-Hall-Protokolle belegen, daß Heisenberg in seinen Fachsimpeleien zwischen dem 6. und 9. August 1945 noch immer die irrige Auffassung vertreten hatte, die kritische Masse von U235 müsse sich in einer Größenordnung von mehreren Tonnen bewegen. Erst am 14. August gelangte er zu der radikal neuen Schlußfolgerung, daß die kritische Masse im Bereich von Kilogramm liegen müsse.

Das brachte die Wissenschaftler in eine mißliche Lage: Wie konnten sie ihre nun offizielle Version aufrechterhalten? Sie hielten es für das beste, Heisenbergs Beispiel zu folgen und sich selbst einzureden, im Grunde den wissenschaftlich korrekten Weg eingeschlagen zu haben, wonach die Bombe – ungeachtet ihrer kritischen Masse – unter den schwierigen Bedingungen, die in Deutschland während des Krieges herrschten, ohnehin nie hätte gebaut werden können, und daß die Frage, ob zu ihrer Herstellung eine große oder kleine Menge des Isotops Uran235 benötigt werde, letzten Endes nebensächlich gewesen sei. Sie konnten daher guten Gewissens behaupten, die Funktionsweise einer Atombombe verstanden zu haben. Hätten sie allerdings damals schon gewußt, daß die Alliierten ihre Diskussionen mitgeschnitten hatten, wären sie möglicherweise willens gewesen, Heisenbergs Irrtum offen einzugestehen. Nachdem jedoch 1962 der militärische Leiter des Manhattan-Projekts, General Leslie Groves, die Existenz der Farm-Hall-Protokolle öffentlich bekanntgegeben hatte, legte David Irving seine schmeichelhafte Darstellung des deutschen Vorhabens vor, auf die Heisenberg mit einer Reihe von neuen Selbstrechtfertigungen reagierte, wobei er seine verfänglicheren Aussagen in den protokollierten Gesprächen von 1945 sorgsam umging.

Dieser Hintergrund erklärt, warum die deutschen Wissenschaftler in den Nachkriegsjahren die Heisenbergsche Lesart überraschend verhalten unterstützten. Seine Verteidigung der deutschen Position konnte schwerlich überzeugender werden, zumal man bei weiterem Daranherumfeilen Gefahr lief, ihre vielen inneren Schwachpunkte der Kritik auszusetzen. Man zitierte also aus dem Zusammenhang gerissene, unvollständige Sätze, ließ peinliches Material unter den Tisch fallen und stellte es dem Leser anheim, einen falschen, aber günstigen Eindruck von den Fähigkeiten der deutschen Physiker zu gewinnen.

Ein typischer Fall ist Otto Hahns Tagebuch, in dem er die Reaktionen seiner mit ihm in Farm Hall internierten Kollegen auf die Meldungen über Hiroshima festhielt. In den verschiedenen veröffentlichten Versionen des Eintrags vom 6. August 1945 tun sich merkwürdige Lücken auf. Nach Eintreffen der Nachricht von der Bombe vermerkte Hahn: »Wir diskutieren ... «, und dann folgt der Satz: »Ich gehe bald auf mein Zimmer, um mich bald schlafen zu legen.«[1] Ausgerechnet das, was die Wissenschaftler während dieser drei Auslassungspünktchen »diskutierten«, fehlt. Aus dem Manuskript geht jedoch hervor, daß von seiten Heisenbergs keine großen moralischen Reflexionen angestellt wurden, wenn auch Hahn selbst bekannte, froh zu sein, daß sie nicht die Bombe gebaut hatten. Auch über die fachbezogenen Gespräche, die man dort in den darauffolgenden Tagen führte, schweigt sich die veröffentlichte Fassung des Tagebuchs weitgehend aus, aber das Originalmanuskript läßt die Verblüffung der Wissenschaftler erkennen, die anzunehmen schienen, daß die Bombe aus einer großen Menge U235, vielleicht eingebettet in U238, bestanden habe: »Wir kommen zu dem Ergebnis, dass die Amerikaner eine Möglichkeit hatten, eine große Menge U235 aus U238 abzubrennen und damit eine Bombe zu entwickeln« (7. August). 1946 hatte dann Hahn die offizielle Heisenbergsche Lesart akzeptiert und schrieb einen eigenen historischen Essay (der jedoch damals nicht veröffentlicht wurde). Hahn behauptete, daß der für die Herstellung einer Bombe benötigte

Aufwand enorm gewesen wäre und die Deutschen diese Option nicht gehabt hätten, weil die deutsche Industrie durch die alliierten Bombenangriffe lahmgelegt worden sei.[2] Daß Hahn, der genau wußte, wie sehr sich Heisenberg über die kritische Masse einer U235-Bombe geirrt hatte, dessen Version hier indirekt stützt, gibt zu denken und läßt selbst an der Integrität der anständigsten deutschen Wissenschaftler ernsthafte Zweifel aufkommen.[3]

Auch Erich Bagge führte in Farm Hall Tagebuch, in dem er die Diskussionen, die am 6. August bis in die Nacht hinein fortgesetzt wurden, und auch Heisenbergs Vortrag vom 14. August vermerkte, in welchem dieser schließlich die richtige Lösung des Atombombenproblems präsentierte. Indem er die beide Episoden nebeneinanderstellt, vermittelt Bagge – möglicherweise bewußt – den Eindruck, der Nobelpreisträger sei sich bereits am 6. August (und davor) über den Aufbau der Atombombe im klaren gewesen. Aber die Farm-Hall-Protokolle zeigen nun, daß dem nicht so war und daß sich bei ihm zwischen dem 6. und dem 14. August ein radikales Umdenken vollzog.[4] 1957 verfaßten Bagge und Kurt Diebner, der das Uranprojekt zeitweilig geleitet hatte, einen historischen Bericht, dem umfangreiche Passagen aus einer überaus wichtigen Quelle, dem offiziellen Bericht des Heereswaffenamts aus dem Jahr 1942, beigefügt waren. Aus dem Heereswaffenamts-Bericht geht hervor, daß die Deutschen die kritische Masse einer Plutoniumbombe auf eine Menge von 10 bis 100 Kilogramm schätzten. Leider belegen die nichtveröffentlichten Abschnitte des besagten Berichts, daß Heisenbergs Team über andere Aspekte des Atombombenproblems weitaus mehr im dunkeln tappten; von der kritischen Masse einer U235-Bombe war nicht die Rede; es ging vor allem um die Möglichkeit, eine explosive Reaktorbombe zu entwickeln.[5]

Einige wenig aufschlußreiche Passagen aus einem anderen Tagebuch der Farm-Hall-Zeit wurden von Karl Wirtz veröffentlicht, der zusammen mit Carl Friedrich von Weizsäcker zu Heisenbergs engsten Mitarbeitern gehört hatte. Hinweise auf die in Farm Hall geführten Diskussionen über technische Fragen sucht man darin vergebens, doch hier und in seinen anderen Darstellungen der Geschichte des deutschen Projekts ist Wirtz Heisenbergs Version treu gefolgt.[6] In einem Vortrag beim Treffen der Deutschen Physikalischen Gesellschaft vom 5. September 1947 gab er einen Abriß seines mehr mit Fragen der Technik befaßten FIAT-Berichts über die Reaktorexperimente, den er nach dem Krieg für die Alliierten zusammengestellt hatte. Er behauptete, man habe bereits 1939 erkannt, »daß mit dem reinen Uranisotop 235, das mit schnellen und langsamen Neutronen spaltet, eine Kettenreaktion möglich sein würde. Dieser Weg war zunächst versperrt, da es unmöglich schien, ohne großen Aufwand das seltene Isotop 235 in größeren Mengen rein darzustellen.« (Hier war Wirtz voreilig, da laut offizieller Version die Aussicht auf einen enormen Aufwand dem Bombenprojekt erst 1942, und nicht schon 1939/40, den Rest gab.) Bei diesem Vortrag ging Wirtz mit keinem Wort auf eine U235-Bombe ein und wiegte dadurch die Zuhörerschaft in dem Glauben, man habe über die Bombe von Anfang an Bescheid gewußt.[7]

Ausführlicher, aber im selben Tenor, stellte Wirtz die Geschichte des Atomprojekts in dem Buch *Im Umkreis der Physik* dar.[8] Er schrieb: »Die Wissenschaftler hatten vorher bei vielen Gelegenheiten, teils bei Kriegsbeginn, teils auch noch während des Krieges darauf hingewiesen, daß bei Vorhandensein genügender Mengen von Uran-235 oder Plutonium (in beiden Fällen etwa einige Kilogramm) der Bau von Atombomben möglich sei.« Noch im Frühjahr 1945 besichtigte Gerlach, der Leiter des Projekts, Wirtz' Versuchsreaktor in Haigerloch und schien der Meinung zu sein, er könne als Bombe verwendet werden. Wirtz versucht, dies als einen unbegreiflichen Irrtum hinzustellen, und behauptet, Gerlach erklärt zu haben, daß dies keine Bombe sei. Aber das ist wenig überzeugend; Gerlach war ein ausgezeichneter Physiker und schon seit einiger Zeit Leiter des Projekts. Er wäre bestimmt nicht auf die Idee gekommen, den Wirtz-Heisenberg-Reaktor für eine potentielle Bombe zu halten, wenn er nicht von früheren Plänen für eine Brennerbombe gewußt hätte.[9]

Wie Heisenberg in seinen Schriften aus der Nachkriegszeit schob auch Wirtz die Schuld am Scheitern des deutschen Reaktorprogramms auf Bothes Irrtum. Großmütiger konnte er allerdings aufgrund des zeitlichen Abstands mit Kurt Diebner (dem von der

NSDAP gestützten ehemaligen Koordinator des Uranvorhabens) verfahren, der zuvor vom Heisenberg-Lager gemieden und zusammen mit Bothe für den Mißerfolg verantwortlich gemacht worden war. Diebner galt nun als kooperativer Wissenschaftler, der die Übernahme des Kaiser-Wilhelm-Instituts für Physik durch Heisenberg begrüßte.[10]

Die Offiziere, die in Farm Hall auf Wirtz angesetzt worden waren, hatten eine sehr schlechte Meinung von seiner Aufrichtigkeit, und auch sein Gedächtnis scheint zweifelhaft gewesen zu sein. Als ihn ein alter Freund, Charles Frank – damals beim wissenschaftlichen Geheimdienst der Briten tätig –, in Farm Hall besuchte, gab Wirtz in einem Gespräch unter vier Augen zu, daß die Heisenberg-Gruppe schon früh zu der Auffassung gelangt sei, die kritische Masse einer U235-Bombe müsse enorm sein. Jahrzehnte später jedoch hat Wirtz bestritten, dies jemals gesagt zu haben, und behauptet, die Deutschen hätten die ganze Zeit über gewußt, daß die kritische Masse für U235 gering sei.[11]

Als einer der Urheber der Heisenbergschen Version und am Entwurf des ursprünglichen Memorandums beteiligt, war Carl Friedrich von Weizsäcker einer der ersten, die sie, wenn auch vorsichtig, gegen Goudsmits *ALSOS* verteidigten.[12] 1948 verfaßte er einige kritische Anmerkungen zu dem Buch, veröffentlichte sie aber damals nicht. 1956 jedoch ließ er ein paar bewußt kurze Auszüge drucken, wobei sein Hauptargument war, die deutschen Physiker hätten während des Krieges die Kernforschung nur deshalb gerechtfertigt, »um sicherzustellen, daß Amerika keine Atombomben entwickle«. Die Physiker hätten nicht gewagt, ihren vorgesetzten Behörden Hoffnung auf Atombomben zu machen, denn dann wäre ihnen sofort befohlen worden, binnen sechs Monaten welche herzustellen. Diese fadenscheinige Argumentation war wirklich etwas albern und wurde von Leuten mit gesunderem Menschenverstand wie Heisenberg nie übernommen. Zudem stellte er die Gutgläubigkeit des Lesers auf eine harte Probe, als er bekannte, sie seien überrascht gewesen, daß sich die SS, »die überall ihre Hand im Spiel hatte ... erst im letzten Kriegsjahr sich für das Uranvorhaben interessierte«. Dabei wußten doch Heisenberg und andere damals sehr wohl, welch lebhaftes Interesse die SS seit spätestens 1942 an der Atombombe entwickelte. Schließlich hatte ja Weizsäcker beim Seefelder Gespräch im November 1942 die Rolle des Vermittlers zur SS gespielt.[13]

In einem Brief an den Herausgeber des Einstein-Gedenkbandes *Helle Zeit – dunkle Zeit* vom 14. Oktober 1955 verteidigte er Heisenberg mit kühneren Argumenten:

> »Alles sachlich Wichtige [über das deutsche Atomprojekt] finden Sie in dem Aufsatz von Heisenberg… Sie werden daraus entnehmen können, … daß wir nie etwas Konkretes für den Bau einer Bombe unternommen oder vorgeschlagen haben. Den allgemeinen Hintergrund dieser letzten Tatsache bespricht Heisenberg auf den letzten beiden Seiten seines Aufsatzes. Ich möchte vor allem den einen Punkt unterstreichen, daß wir deutschen Kernphysiker gar nicht vor die Entscheidung gestellt worden sind, ob wir Bomben machen wollten oder nicht. Hätten wir vor dieser Entscheidung gestanden, so hätten sicher verschiedene von uns verschieden reagiert… Wir haben die Schwierigkeit des Problems gekannt und vielleicht noch etwas überschätzt, und wir haben die in Amerika verfügbaren Hilfsmittel unterschätzt.«

Wenn doch nur die Amerikaner begriffen hätten, klagte Weizsäcker, daß die Deutschen keine Absicht hatten, eine Atombombe zu bauen, dann hätten sie vielleicht davon abgelassen, und es wäre nie zur Katastrophe von Hiroshima gekommen. Und wenn nur Einstein vom »Widerstand« des älteren Weizsäcker gegenüber den Nazis gewußt hätte! Statt dessen hatte Einstein in seinem berühmtem Brief an Roosevelt von 1939 davor gewarnt, daß der Staatssekretär möglicherweise das Wissen seines Sohnes über Kernenergie an Hitler weitergeben könnte.[14]

Auf Weizsäckers oberflächliche Beweisführung machte auch Goudsmit aufmerksam, als er daran erinnerte, wie der Physiker, nachdem ihm 1969 in Holland der Erasmus-Preis verliehen worden war, »die Gelegenheit nutzte, um mich in einem holländischen Magazin sehr heftig zu kritisieren… [Nach] meinem Schlagabtausch mit Weizsäcker gab ich ihm eine Kopie [meiner Antwort], aber er schickte mir keinen einzigen seiner Artikel, in denen er mich kritisiert.« Aus dem wenig überzeugenden Brief, in dem sich Heisenberg 1943 für Goudsmits deportierte Eltern eingesetzt hatte, las der Holländer die Stimme Weizsäckers heraus: Er müsse »von Weizsäcker diktiert worden sein ... derselbe unverbindliche Stil«, bemerkte er trocken.[15]

Allerdings gab Weizsäcker im Unterschied zu Heisenberg offen zu, daß er 1939/40 an der Erforschung des Bombenproblems weiterzuarbeiten beschlossen hatte, um zu sehen, ob eine Bombe tatsächlich gebaut werden könne. In dieser Hinsicht wurde, wie Heisenberg versicherte, keine »moralische Entscheidung« getroffen; die Wissenschaftler hätten sich erst dann einer solchen stellen müssen, wenn sie zu dem Schluß gekommen wären, daß eine Bombe machbar sei. Doch diese Gewissensnot blieb ihnen erspart, weil sie aufgrund ihrer Forschungen einsehen mußten, daß Bomben zwar theoretisch möglich seien, jedoch nicht innerhalb der Zeitspanne des Krieges konstruiert werden konnten. Wie in Heisenbergs Version erklärte Weizsäcker dies mit den im Kriege herrschenden »äußeren Umständen« und dem zur U235-Trennung erforderlichen enormen Aufwand. Plutonium hingegen schien eine sehr langfristige Möglichkeit in Anbetracht des Botheschen »Irrtums«, der dazu führte, daß Graphit als Bremssubstanz ausgeschlossen wurde und die Deutschen somit vom seltenen schweren Wasser abhängig machte. Wenn wir jedoch in dieses Projekt das hineinlesen, was wir aus anderen Beweisdokumenten wissen, dann leuchtet ein, daß das deutsche Forschungsvorhaben spätestens 1940 zu einem »negativen« Forschungsaufwand geworden war, der verschiedene Möglichkeiten des Bombenbaus erkundete und jede von ihnen als nicht praktikabel aufgab. Genau das aber versuchten Heisenberg und Weizsäcker unter einer Camouflage von Ablenkungsargumenten zu verbergen.

Dies wird offenbar, wenn wir die drei Forschungsrichtungen betrachten, die in den Jahren 1939–41 von Heisenberg selbst, seinem Assistenten Paul Müller und Weizsäcker verfolgt wurden. Erstens war Heisenberg 1940 zu dem Schluß gekommen, daß eine U235-Bombe theoretisch möglich sei, aber mehrere Tonnen reinen U235 erfordere. Entweder diese gesamte Masse würde gespalten (wie er in seinem späteren Artikel vom Februar 1942 vorschlug), oder die große Masse würde statt dessen benötigt, um die »wenigen Kilo« U235, die gespalten werden mußten, zum Explodieren zu bringen.[16] Zweitens war außerdem eine Reaktorbombe von beträchtlich geringerer Sprengkraft als eine echte Atombombe theoretisch denkbar, aber auch sie war in der Praxis ein fernes Ziel. Anfang 1940 hatte Heisenberg seinen Mitarbeiter Müller mit der Aufgabe betraut, die »kritische Masse« (in Ermangelung eines besseren Begriffs wurde dieser gewählt) einer solch unwahrscheinlichen Bombe zu berechnen.[17] Drittens war eine Plutoniumbombe theoretisch möglich (wie Weizsäcker spätestens im Juli 1940 erkannte), doch die Gewinnung einer ausreichenden Menge dieses neuen Elements bedeutete ein langfristiges Vorhaben, wozu etliche Reaktoren über einen erheblichen Zeitraum hinweg in Betrieb hätten sein müssen.[18] Aufgrund dieser dreifachen Analyse des Problems konnten sich die deutschen Wissenschaftler in der beruhigenden Gewißheit wiegen, daß in absehbarer Zukunft eine Bombe praktisch unmöglich sei und sie daher das, was sie für ihre »moralische Entscheidung« hielten, niemals treffen würden müssen. Leider konnte sich weder Heisenberg noch Weizsäcker je zu dem Eingeständnis durchringen, daß sie aufgrund eigener Denkfehler und technischer Fehlurteile zu dieser Schlußfolgerung gelangten; schuld daran waren immer Bothes Irrtum oder »äußere Umstände«.[19]

Albert Speer, der Mann, der die »Entscheidung« (wenn es denn eine war) fällte, mit der Bombe nicht weiterzumachen, hatte während seiner wegen begangener Kriegsverbrechen zu verbüßenden zwanzigjährigen Haft und auch danach reichlich Zeit und Muße, die Archive zu durchforsten. Er bestätigte Heisenbergs Aussage, wonach das Vorhaben in Deutschland während des Krieges nicht hätte verwirklicht werden können. »... selbst wenn Hitler seine Parteidoktrinen nicht auf die Kernforschung angewandt hätte, selbst wenn der Stand unserer Grundlagenforschung im Juni 1942 es den Kernphysikern ermöglicht hätte, statt mehrerer Millionen mehrere Milliarden Mark zur Herstellung von Atombomben zu investieren, wäre es bei unserer angespannten Kriegslage unmöglich gewesen, die diesem Betrag entsprechenden Materialien, Kontingente und Facharbeiter zur Verfügung zu stellen.« Zu diesem Schluß gelangte Speer jedoch erst im nachhinein, nachdem er von den Anstrengungen der Alliierten erfahren hatte, und sah sich somit in seiner Entscheidung von 1942, »auf die Entwicklung der Atombombe« zu verzichten, gerechtfertigt. Historisch betrachtet, lag der Grund allerdings mehr in Heisenbergs gravierendem Irrtum, die benötigte Menge von U235 enorm zu überschätzen, und in seiner Unfähigkeit, einen leistungsfähigen Reaktor zu entwickeln, der ebenso effektiv und schnell wie die Reaktoren der Amerikaner Plutonium erzeugt hätte. Somit mußte Speer davon ausgehen, daß vorerst kein erfolgreiches Ergebnis zu erwarten sei. Wäre Heisenberg besonnener und entschiedener vorgegangen, so hätte sich Speer vermutlich bereit gefunden, viel größere Ressourcen in das Vorhaben zu stecken, und wer weiß, ob es mit deutscher Tüchtigkeit nicht zu einem Durchbruch bei der Isotopentrennung oder der Plutoniumherstellung gekommen wäre.[20]

Die stillschweigende Folgerung, daß Heisenberg nie den rechten Elan zeigte, ist aus den Memoiren Helmut Fischers herauszulesen, der sonst im allgemeinen Heisenbergs Version stützt. Fischer war SS-Offizier und als wissenschaftlicher Fachmann bei einem der mit kulturellen und wissenschaftlichen Angelegenheiten befaßten Ämtern des SD angestellt. 1943/44 hatte er konkret mit dem Uranvorhaben zu tun. Die technischen Informationen in seinem Buch scheinen zum größeren Teil aus späteren Berichten als aus eigenem Erleben zu stammen. Dennoch deutet manches in dem Text darauf hin, daß er mehr wußte, als er preisgab.[21]

Nicht jeder war über Heisenbergs Rolle in dem Projekt entzückt. Dies galt inbesondere für seinen Farm-Hall-Mithäftling Paul Harteck, einen der fähigsten Männer in dem Unternehmen. Er verhielt sich zwar damals loyal, brachte aber viele Jahre später in einem Interview die Meinung zum Ausdruck, daß Heisenberg und die anderen Physiker

> »sehr klug gewesen sein mögen, aber ihre Arbeit half anderen Leuten nicht sehr viel … Ich glaube, wenn Gustav Hertz in dieser Gruppe eine

führende Position eingenommen hätte, wäre in Deutschland der erste funktionierende Reaktor gebaut worden [Hertz war Halbjude und somit in Ungnade gefallen]... Wie konnten [Heisenberg und Weizsäcker] meinen, sie könnten die Entwicklung einer neuen Technologie leiten? Das war ein Irrtum; es ist fast nicht zu glauben... [1939] unterstützten wir [Heisenberg]... aber nach einem Jahr enttäuschte er uns.«[22]

Ähnlich verstimmt war Manfred von Ardenne, der einer Internierung in Farm Hall entging, da er anderswo von den Russen festgehalten wurde, um an deren Atombombe zu arbeiten. Während des Krieges hatte er die führenden deutschen Kernforscher in seinem Privatlabor empfangen, wo seine eigene Kernforschung von der Deutschen Reichspost finanziert wurde. In seinen späteren Memoiren erinnerte sich Ardenne an verschiedene scheinbar widersprüchliche Äußerungen seiner Gäste über die Atombombe. Einerseits sollen Hahn und Heisenberg, als sie 1940 gefragt wurden, wieviel U235 man für eine Bombe benötige, ihrem Gastgeber geantwortet haben, es seien nur »wenige Kilogramm« erforderlich. Andererseits hatte Weizsäcker, der Heisenbergs volles Vertrauen genoß, Ardenne zu verstehen gegeben, daß eine Bombe nicht machbar sei, weil sich bei steigender Temperatur die Spaltungsquerschnitte verringerten und somit die Reaktion abbreche.[23] Wie sind diese sonderbaren Bemerkungen zu verstehen?

Da U235-, Reaktor- und Plutoniumbombe Ende 1940 als nicht realisierbar verworfen worden waren, dürfte Weizsäcker hier entweder von einer Bombe gesprochen haben, die gewöhnliches Uran oder eine zu kleine Menge U235 benutzte, die sich ausdehnen würde, ehe eine Explosion erfolgen konnte, oder aber von einer Reaktorbombe, in welcher die Reaktion zu langsam abliefe, um eine echte Kernexplosion zu erzielen. Heisenbergs Bemerkung über »wenige Kilogramm« jedoch bezieht sich auf die Menge von U235, die im Laufe einer richtigen Kernexplosion verbrannt würden. Aber wie wir sehen werden, bedurfte es nach Heisenbergs damaliger Ansicht einer weitaus größeren Menge U235, um eine effektvolle Explosion zu gewährleisten. Natürlich wußte er Ardennes Bekräftigung zu schätzen, wonach er, Heisenberg, bereits während des Krieges das entscheidende Prinzip der kleinen kritischen Masse U235 erkannt hatte; aber dies beschwor für die Heisenberg-Version Gefahren herauf, für die eine Erklärung gefunden werden mußte. Warum hatte er einem begeisterten und findigen Techniker wie Ardenne von den »wenigen Kilogramm« erzählt und ihm damit eine Information gegeben, die ihn zu einem möglicherweise erfolgreichen Intensivprogramm veranlassen konnte, um diese kleine Menge U235 für eine Bombe zu gewinnen? In einem Brief aus dem Jahr 1966 fand Heisenberg dafür eine wenig überzeugende Erklärung:

»Wie ich Ihnen schon mündlich berichtete, waren wir gegen Herrn von Ardenne immer etwas skeptisch in folgender Weise: Wir ... glaubten, daß ihm an einer gewissen Geltung in der Öffentlichkeit, an groß angelegter Organisation und an Einfluß in Regierungsstellen gelegen war. Da wir wußten, daß Herr von Ardenne an der Atombombenfrage interessiert war, mußten wir fürchten, daß er geneigt wäre, die Atombombenangelegenheit ›ganz groß aufzuziehen‹ (entschuldigen Sie den schlechten Jargon) und bei den Regierungsstellen eine große Propaganda für die Aufnahme von Versuchen zur Atombombenherstellung zu machen. Dies wollten wir natürlich um jeden Preis verhindern. Das Gespräch, das Herr v. Weizsäcker am 10.10.1940 mit ihm geführt haben soll, diente also mit großer Wahrscheinlichkeit zu dem Zweck, Herrn von Ardenne von solchen Plänen abzubringen. Wahrscheinlich habe ich 1940 bei meinem ersten Gepräch mit Ardenne etwas unvorsichtig geantwortet, was ich zu wissen glaubte, nämlich daß man eine Atombombe mit wenigen Kilo Uran 235 werde machen können ... Ich vermute also, daß die Äußerungen Weizsäckers in erster Linie dazu dienten, Herrn von Ardenne von seiner Aktion abzubringen. Ob Weizsäcker dabei Ansichten geäußert hat, die sachlich nicht zutreffen, oder ob Herr von Ardenne Weizsäckers Äußerungen nur so mißverstanden hat, kann ich nachträglich natürlich nicht mehr beurteilen. Jedenfalls bin ich auch jetzt noch sehr glücklich, daß diese Äußerungen Herrn von Ardenne davon abgehalten haben, eine große Propaganda für die Atombombenherstellung zu beginnen.«[24]

Weizsäcker bestätigte dies, erklärte jedoch, er entsinne sich zwar des Gesprächs mit Ardenne, könne sich aber an keine Einzelheiten erinnern. Nichtsdestoweniger schrieb er:

»Ich kann mich aber jedenfalls gar nicht daran erinnern, dass ich jemals der Meinung gewesen wäre, es stehe fest, dass eine Atombombe nicht möglich sei ... Sollte ich mich also genau so geäussert haben, wie Ardenne es berichtet, so kann das nur den Grund gehabt haben, dass ich ihn von Schritten abhalten wollte, die er sonst unternommen hätte.«

Dennoch führten Ardennes unbequeme Erinnerungen an diese Angelegenheit während eines 1955 in Ostdeutschland gehaltenen Vortrags zum Bruch der Freundschaft, die zwischen den beiden Adelsfamilien bestanden hatte.[25] Auch später hielt Ardenne nach wie vor an der Richtigkeit seines Berichts von Weizsäckers Irrtum fest.[26]

Der aufschlußreichste Fall in diesen deutschen Rekonstruktionen ist der Max von Laues, dessen moralische Integrität untadelig war; er hatte Ehrungen durch die Nazis abgelehnt und dem Regime offen die Stirn geboten. Doch selbst er gab anfangs in Farm Hall und auch später noch dem kollektiven Druck seiner Kollegen nach. Da er an dem Uranvorhaben während des Krieges nicht beteiligt gewesen und auch bei einigen der wichtigsten Heisenberg-Gespräche in Farm Hall nicht zugegen war, schluckte Laue bereitwillig die offizielle Version. In einem Brief vom 7. August 1945, in dem er seinem Sohn, den er vor dem Krieg nach Amerika geschickt hatte, die Reaktion seiner Kollegen auf Hiroshima schilderte, betete er die Heisenbergsche Lesart unschuldig nach: Keiner in Deutschland habe die Möglichkeit, eine Bombe zu bauen, vorhersehen können, und keiner habe Hitler eine solche Waffe in die Hand geben wollen; beim Uranprojekt sei es um den Bau eines Reaktors gegangen. Keiner habe eine Ahnung, wie die Bombe der Alliierten zustande gekommen sei.[27]

Laues tief verwurzelte Loyalität gegenüber Deutschland nahm in einem empörten Artikel, den er 1947 zur Verteidigung seiner Kollegen schrieb, schärfere Formen an. Eine englische Fassung erschien im darauffolgenden Jahr.[28] Wütend und scharf erwiderte er auf Philip Morrisons Vorwurf, viele deutsche Wissenschaftler – Laue und Gentner bildeten rühmliche Ausnahmen – seien »Waffenmeister Himmlers und Auschwitz'« gewesen. Er verteidigte Heisenberg und vertrat den Standpunkt, daß jene, die unter den Nazis Angehörige verloren hatten, in dieser Angelegenheit nicht unparteiisch urteilen könnten. Zudem sei die Position führender Wissenschaftler wie Heisenberg sehr kompliziert gewesen; sie hätten kaum eine andere Wahl gehabt, als ihre Institute dem Hitler-Regime zur Verfügung zu stellen; aber selbst dann noch hätten sie hier und da etwas Gutes tun, Juden und anderen gefährdeten Personen helfen können. Die Wissenschaftler, beharrte Laue, hätten die verbrecherische Regierung nicht unterstützt, und Artikel wie der von Morrison schürten nur den Haß. Dies war ein ehrenwertes Plädoyer, aber Laue war wohl selbst zu anständig, um zu begreifen, daß andere weniger lautere Motive hatten als er selbst. Wie Morrison in seiner Entgegnung feststellte, »arbeiteten viele der fähigsten und ausgezeichnetsten deutschen Wissenschaftler zweifellos aus vaterländischer Treue, traditioneller Autoritätsgläubigkeit und schierer Angst für den Nazistaat... Sollen wir das tragische Versagen jener deutschen Gelehrten einfach vergessen?« Und mit deutlichem Bezug auf Heisenberg schloß Morrison, daß nicht Goudsmit derjenige sei, der voreingenommen ist, sondern vielmehr »so manch ein berühmter deutscher Physiker in Göttingen heute, so manch einer, der Einblick hatte und Verantwortung trug, der ein Jahrzehnt im Dritten Reich leben konnte und kein einziges Mal seine Annehmlichkeit und Autorität in einer echten Oppostion zu den Männern aufs Spiel setzte, die jene schändliche Stätte des Todes bauen konnten«.[29] Der Herausgeber der Zeitschrift bekräftigte diesen Vorwurf mit der Bemerkung, daß Morrisons »Kritik einigen Männern von hohem wissenschaftlichen Ansehen gilt, deren anscheinend rückhaltlose Kollaboration mit den verbrecherischen Machthabern mithalf, die Skrupel so manch eines deutschen Durchschnittswissenschaftlers zu überwinden«. Es muß nicht eigens betont werden, daß Goudsmit über Laues Artikel »entsetzt« war, wohingegen Paul Rosbaud bereits das Schlimmste befürchtete, noch ehe er ihn sah, denn »er hatte zuweilen Angst vor von Laues impulsiver Art«.[30] Lise Meitner, die zu Laues engsten Freunden zählte, schrieb, sie fürchte, »daß Laue mit seiner Neigung – aus begreiflicher Anhänglichkeit an Deutschland – alles, was geschehen ist, zu verteidigen, Deutschland nicht nutzt, sondern riskiert, das Gegenteil zu erreichen. Da ich weiß, daß er sehr bald nach Amerika geht, liegt es mir am Herzen, ihn auf diese Gefahr aufmerksam zu machen. Darum wäre ich Dir dankbar, wenn Du ihm diesen Brief zum Lesen gäbest.«[31]

Laues Loyalität gegenüber seinen deutschen Kollegen erscheint noch unangebrachter, wenn man in einem seiner späteren Briefe an Paul Rosbaud folgendes liest: »Während meiner Gefangenschaft von Ende 1945 bis Anfang Januar 1946 litt ich darunter, wie mich meine Mitgefangenen, besonders Weizsäcker, behandelten ... [Ich] schreibe [es] seinem Einfluß zu, den er bei jedem geltend machte, der gerade an der Macht war.«[32] Spätestens 1959 war es Laue wie Schuppen von den Augen gefallen, und er schrieb Rosbaud erneut einen vertraulichen Brief. Empört über die Verdrehung der Tatsachen in Robert Jungks Buch *Heller als tausend Sonnen*, charakterisierte er nun das deutsche Projekt als eine »etwas lächerliche geheime Sache ... Der Uranverein schien mir ein ziemliches Durcheinander zu sein, ohne ein wirkliches Ziel.« In der Erinnerung an Farm Hall erwähnte Laue nichts von Heisenbergs frühen Gesprächen, die eine kritische Masse von Tonnen suggerierten (während der Diskussion war er wahrscheinlich meistens nicht im Zimmer), aber er entsann sich, daß Heisenberg über das Thema einen Vortrag gehalten hatte. Laue wollte jedoch nun vor allem die moralischen Ausflüchte entlarven, die in Farm Hall aufkamen.

> »Bei der anschließenden Diskussion wurde bezüglich der Rolle der deutschen Physiker während des Zweiten Weltkriegs die Lesart entwikkelt, daß sie die Atombombe nicht hatten bauen wollen, weil es entweder zeitlich nicht zu verwirklichen war oder einfach weil sie gegen die Bombe waren. Weizsäcker war dabei der Wortführer. Während der ganzen Diskussion wurde kein einziges Mal ein ethischer Gesichtspunkt genannt. *Heisenberg schwieg die meiste Zeit.*« [Hervorhebung von Max von Laue][33]

Inzwischen hatte sich die Heisenbergsche Lesart als die offizielle Version des Uranprojekts etabliert, nicht zuletzt durch die Veröffentlichung von Robert Jungks bereits erwähntem Buch, das auf skandalöse Weise die deutschen Physiker im Gegensatz zu den rücksichts-, wenn nicht sogar gewissenlosen Amerikanern als das moralische Weltgewissen hinstellte.[34] *Heller als tausend Sonnen*, damals ein Bestseller, stützt sich vor allem auf Heisenbergs und Weizsäckers Berichte und wartet mit Interpretationen auf, die die beiden in ihren eigenen Schriften nicht vorzubringen wagten. Besonders schlimm ist die Schilderung von Heisenbergs berüchtigtem Besuch bei Niels Bohr 1941, eine Episode, die für den Autor der Inbegriff eines von Gewissensnöten diktierten Verhaltens ist. Bohr war entsetzt über die offensichtliche Unwahrheit der Jungkschen Darstellung, und bei einem Empfang, der einige Jahre später stattfand und bei dem auch Heisenberg und Weizsäcker anwesend waren, konnte Frau Bohr nicht an sich halten und rief durch den Raum: »Es ist mir egal, was sie sagen – ihr Besuch 1941 war ein feindlicher Akt.«[35] Müßig zu erwähnen, daß laut Jungk die deutschen Wissenschaftler selbstverständlich immer schon gewußt hatten, wie eine Atombombe funktioniert, und sich insbesonders über die Verwendbarkeit von Plutonium im klaren gewesen waren. Vor allem aber trug *Heller als tausend Sonnen* entscheidend dazu bei, daß Heisenberg im Bewußtsein der Deutschen forthin über jeden Zweifel moralischer oder wissenschaftlicher Art erhaben war.[36]

Der nächste Meilenstein auf dem Weg zur Sanktionierung des Heisenberg-Mythos war David Irvings *The German Atomic Bomb* (1967), das erste Werk, das von den 1945 beschlagnahmten deutschen Dokumenten ausgiebig Gebrauch machte.[37] Irvings auf Mikrofilmen festgehaltenes Quellenmaterial ist noch immer für jeden, der über dieses Thema arbeitet, von unschätzbarem Wert.[38] Trotzdem ist bei der Lektüre des Buches Vorsicht geboten, da Irvings Hang zu reißerischer Darstellung und sein sehr oft befremdliches Urteil auch in diesem seinem nüchternsten Buch eine herausragende Rolle spielen. Irving war bereits in die häßlichen revisionistischen Skandale verwickelt, darunter dem über die Bombardierung Dresdens, die zu seinem Markenzeichen wurden; später sollte er in den Morast der Hitler-Apologetik absteigen und sich Neonazikreisen anschließen.

Für sein Buch führte Irving fleißig Interviews und korrespondierte mit den meisten deutschen Wissenschaftlern, insbesondere mit Heisenberg, der auch etliche Entwürfe redigierte.[39] Sein Verhältnis zu Weizsäcker allerdings war etwas getrübt, was aus der Argumentation des Buches erhellt, die nicht so ganz im Sinne der deutschen Wissenschaftler war. Das lag vor allem daran, daß Irving die moralischen Ansprüche der deutschen Physiker mit Zynismus quittierte, der besonders in herabwürdigenden Bemerkungen über Weizsäcker und einer recht hämischen Darstellung des aus General Groves' Memoiren durchgesickerten Verhaltens der Deutschen in Farm Hall zum Ausdruck kam. Wie Irving sich in einem Brief an Goudsmit eines 1966 geführten Gesprächs mit Heisenberg und Weizsäcker erinnerte, »war es ein langes Interview, in dem sie viel Zeit dadurch verschwendeten, daß sie über moralische Fragen sprachen«.[40] Der wertvolle Dienst, den Irving der Heisenbergschen Lesart leistete, machte diese Ausrutscher jedoch weitgehend wett. Denn der Engländer legte detaillierter als frühere Interpreten dar, daß die Deutschen die wissenschaftlichen Prinzipien der Atombombe voll und ganz erfaßt und eigentlich nur aufgrund widriger Umstände – nämlich des Bothe zugerechneten Fehlers und der alliierten Bombenangriffe – bis zum Ende des Krieges keinen kritischen Reaktor zustande gebracht hätten. Tatsächlich zeigte sich Irving von Heisenbergs Nachhilfeunterricht so beeindruckt, daß er beschloß, in seinem Text auf Goudsmits kritische Anmerkungen zur Unkenntnis der Deutschen über die wissenschaftlichen Prinzipien der Atombombe zu verzichten – und dies, obwohl er Goudsmit interviewt und mit ihm korrespondiert und dieser ihm viele deutsche Schlüsseldokumente aus seinem Archiv zur Verfügung gestellt hatte.[41] Es ist nicht klar, wessen Idee es war, Goudsmit am besten totzuschweigen. Und es war auch nicht das letzte Mal, daß ein angeblich ernsthafter Historiker mit dem Problem Goudsmit dadurch fertig zu werden versuchte, daß er die in *ALSOS* aufgestellten Behauptungen in seinem Buch einfach unterschlug.[42] Eigenartigerweise scheint Irving Goudsmit zu der irrigen Annahme verführt zu haben, sie seien einer Meinung. Goudsmit erzählte einem früheren Mitglied des britischen Wissenschaftsgeheimdienstes: »Irving schreibt mir, daß er meine Auffassungen in sein Buch eingearbeitet habe, und hat mir ein paar revidierte Seiten geschickt. Sein kürzliches Interview mit Heisenberg und Weizsäcker scheint ihn überzeugt zu haben, daß ich Recht habe.«[43]

Nachdem Irving Heisenbergs wissenschaftlichen Behauptungen blauäugig Glauben geschenkt hatte, traf er in seinem Buch zwangsläufig mehrere irrige Feststellungen:

1. Irving behauptet, daß ein Schriftstück F. H. Houtermans' vom August 1941 »zum ersten Mal Berechnungen über Reaktionen mit schnellen Neutronen und die kritische Masse von U235 explizit machte ... Houtermans führte zweifellos beide durch.« In Wirklichkeit stellte Houtermans keine derartigen Berechnungen über die kritische Masse an; zwar führte er ein paar Berechnungen über schnelle Neutronen durch, doch diese bezogen sich nicht auf U235, sondern auf schnelle Neutronen in nichtangereichertem Uran in einem Reaktor »ohne Isotopentrennung«, wie er hervorhob. Die kritische Größe eines Reaktors, der sowohl schnelle als auch langsame Neutronen in nichtangereichertem Uran verwendet, ist gegeben, aber sie gilt weder für eine Bombe noch für reines U235. Wenn Houtermans tatsächlich eine Bombe erwähnt, so nur, um die Schwierigkeit der Herstellung von U235 durch Isotopentrennung zu betonen und es ex negativo mit Plutonium als einem möglichen Kernbrennstoff und Sprengstoff zu vergleichen.[44]

2. Laut Irving verbesserte Heisenberg in einem Vortrag von 1943 »Houtermans' Kritikalitätstheorie auf der Basis von Messungen der Spaltung von U235 mit schnellen Neutronen, welche die Wiener Physiker Jentschke und Lintner 1943 durchgeführt hatten«. In dem besagten Vortrag ist jedoch nichts über diese Messungen zu finden. Irving gibt auch Jentschkes Querschnitt für U235 mit $7{,}0 \pm 0{,}5 \times 10^{-24} cm^2$ anstatt mit $3{,}7 \pm 0{,}5 \times 10^{-24} cm^2$ an, wie in dem ursprünglichen Dokument, das im Februar 1944 zirkulierte. Auf jeden Fall bezieht sich das Jentschke-Lintner-Dokument auf eine Reaktortheorie, und es findet sich in ihm kein Hinweis darauf, daß die Messung vorgenommen wurde, um Daten für die Theorie einer Bombe zu gewinnen. In keinem noch vorhandenen Papier aus der Kriegszeit wird die Messung von Heisenberg verwendet,

obwohl er behauptet, 1945 von ihr zur Berechnung der kritischen Masse der Hiroshima-Bombe Gebrauch gemacht zu haben. Wie oben bemerkt, gibt es keinen Beweis dafür, daß der Jentschke-Lintner-Wert oder eine ähnliche Zahl von $3,6 \times 10^{-24}\,cm^2$, die Droste einer Konferenz des Kaiser-Wilhelm-Instituts für Physik im Jahre 1941 vorlegte, von Heisenberg während des Krieges als ein Durchbruch für die Theorie einer U235-Bombe begrüßt worden ist. In Farm Hall hatte Heisenberg beide Zahlen längst vergessen.[45]

3. Viel Aufhebens macht Irving um Heisenbergs berühmte Bemerkung vom Juni 1942, daß der wirksame Teil einer Bombe etwa von der Größe einer »Ananas« sei. Wie bereits oben dargelegt, ist diese Äußerung allerdings problematisch und jede Vermutung darüber spekulativ.[46]

Selbstverständlich begrüßte Heisenberg Irvings Buch, und in einer Besprechung dieser »historisch korrekten Darstellung« bemerkte er glücklich, es sei »befriedigend, daß die Irvingsche Untersuchung den deutschen Bericht [d.h. den FIAT-Report und Heisenbergs eigene Version von 1946 in *Die Naturwissenschaften*] in allen wichtigen Punkten bestätigt«.[47] Diese Zustimmung war nicht sehr überraschend, da Heisenberg 1966 mit Irving in regem Briefwechsel gestanden, die Typoskripte des Engländers korrigiert und ihn ermuntert hatte, ein »neues Bild« zu entwerfen, das die »voreingenommene« und »falsche Version« – eine häufig wiederholte Wendung – von Groves und Goudsmit widerlegen würde.[48] Die üblichen Fakten werden wiederholt, wenn auch mit gewissen Abweichungen in der Formulierung. So behauptet Heisenberg zum Beispiel seltsamerweise, daß im Juni 1942 »im Anschluß an diese Sitzung [im Harnack-Haus am 4. Juni 1942] ... von der deutschen Führung ... kein ernsthafter Versuch zur Herstellung von Atombomben angeordnet worden« sei, und läßt damit eine Befreiungsformel offen, daß (wie es tatsächlich der Fall war) im Sommer 1944 nicht ganz so »ernsthafte« Versuche angeordnet wurden, wie Heisenberg genau wußte.[49] Erneut führt Heisenberg ins Feld, daß ein angeblicher Regierungsbefehl, der langfristige Projekte verbot, »den deutschen Physikern die Entscheidung ersparte, ob sie für einen Versuch zur Herstellung von Atombomben plädieren [sic] sollten«. Heißt das, daß Heisenberg und Genossen der Eventualität zugänglich waren, die Regierung zur Herstellung von Atombomben drängen zu können anstatt umgekehrt? Wie immer mußten »äußere Umstände« als Erklärung dafür herhalten, daß die Deutschen nach 1942 weder mit dem Reaktor noch mit der Bombe Fortschritte machten. Die Darstellung ist so gewandt, daß man sie aus der Hand legen kann, ohne eine erstaunliche Auslassung zu bemerken: Von der kritischen Masse einer U235-Bombe ist darin nicht die Rede, und ebensowenig wird erklärt, warum sie nicht berechnet wurde. Heisenberg hatte klar erkannt, daß es besser war, über diesen Punkt den Mantel des Schweigens zu breiten, als ihn, wie in seiner Version von 1946, an die große Glocke zu hängen.

Vorbehalte äußert Heisenberg gegenüber Irvings Buch, was den Bereich der »Motive« und »der psychologischen Situation« angeht. Wie schwer es sei, in einem totalitären Regime zu leben, das unter den Wissenschaftlern Mißtrauen säte, könne Irving sich offenbar nicht recht vorstellen, meint er. Diese Kritik war eine verkappte Verteidigung Weizsäckers gegen Irvings unausgesprochene Verachtung; Weizsäcker war letzten Endes als der große diplomatische Manövrierer zugunsten Heisenbergs und der wahren theoretischen Physik im Dritten Reich anzusehen, der – wie sein Vater – gezwungen gewesen sei, um höherer Ziele willen scheinbar feige und schändliche Kompromisse mit den Nazis einzugehen. Die Gefahren einer psychologischen »Fehldeutung« wie der Irvings beweise, betont Heisenberg, eine in England erschienene Besprechung des Buches, »in der das Wesentliche falsch verstanden wurde«. Damit dürfte Paul Rosbauds Besprechung gemeint sein (die im 3. Kapitel erörtert werden wird). Da Rosbaud in Deutschland gelebt und mit vielen der am Uranprojekt Beteiligten, darunter auch Heisenberg (den er nicht ausstehen konnte), zu tun gehabt hatte, sah sich Heisenberg zweifellos genötigt, dessen allzu klarsichtige Skepsis gegenüber dem Anstand wie auch dem wissenschaftlichen Scharfsinn des deutschen Teams in Mißkredit zu bringen.[50] Der mißliche Charakter, der Heisenbergs Besprechung anhaftet, wird aus dem Schlußabsatz derselben deutlich, wo er die feindselige Haltung der Alliierten gegenüber der offziellen deutschen Version als eine Form von Siegerjustiz brandmarkt. »Nach einem großen Krieg wird die Geschichte vom Sieger geschrieben und im siegreichen Volk bilden sich Legenden, die den Sieg glorifizieren.« Für Heisenberg war Goudsmits Version die wissenschaftliche Parallele zur »Siegerjustiz«, die in Nürnberg und in den Entnazifizierungsbehörden zu Gericht saß: Beide waren gleicherweise rechtswidrig. Wie so viele deutsche Intellektuelle nach dem Krieg, die ihr gegenwärtig schweres Los auf den Krieg zurückzuführen versuchten, nahm Heisenberg die eigene moralische Blindheit nicht wahr. In der Widerlegung alliierter Wissenschaftler wie etwa Goudsmit erwies er sich als ebenso geschickt wie in der Irreführung der Entnazifizierungsbehörde und im Eintreten für frühere Nazis und SS-Mitglieder.[51]

Drei ausführliche Interviews, die er in den sechziger Jahren gab, sind interessant, weil sie ihn, wenn er seine Versionen wiederholt, in einer gewissen Anspannung zeigen. Gewiß, Heisenberg zeichnet seine inzwischen kanonische Version gewandt und geschliffen nach, doch verfällt er mitunter in Schweigen, antwortet ausweichend, verspricht sich, so als sei er mit seiner Darstellung nicht so glücklich, wie er vorgibt. Am meisten scheint ihn General Groves' Veröffentlichung einiger Stellen aus den Farm-Hall-Protokollen irritiert und geärgert zu haben, in denen es um die von Heisenberg berechnete kritische Masse von U235 im Bereich von Tonnen geht. In der Tat besteht das hervorstechende Merkmal aller drei Interviews darin, daß von den angeblichen Tonnen U235, die Heisenberg, laut Groves, für die kritische Masse einer Bombe gehalten hatte, nicht die Rede ist.

In dem Interview mit Irving von 1965 versuchte Heisenberg, seinem Gesprächspartner (und vielleicht sich selbst) einzureden, daß er sich von Anfang an über die geringe Menge der kritischen Masse im klaren gewesen sei. Er erinnerte an den »Ananas«-Vergleich, den er bei der Sitzung mit Speer im Juni 1942 vorgebracht hatte (hier nun sprach er von einem »Fußball oder einer Kokosnuß«). Dann faßte er zusammen, was in Farm Hall geschah, und behauptete, am »nächsten Tag« (7. August) die Masse einer Bombe vom Typ der über Hiroshima abgeworfenen auf 14 Kilogramm berechnet zu haben. Tatsächlich jedoch hatte er bis zum 9. August an seinen früheren Berechnungen (die Tonnen ergaben) festgehalten und erst am 14. August endlich die richtige Antwort gefunden, daß sich die kritische Masse auf wenige Kilogramm belaufe. In dem Interview äußerte er sich nicht zu Groves' Vorwurf und auch nicht zu seinen eigenen früheren Berechnungen der kritischen Masse (abgesehen von dem berühmten »Ananas«-Vergleich). Er wich andauernd aus, und Irving war zu einfältig, um ihn auf das Thema festzunageln.[52]

Das andere Stereotyp dieser Interviews war Heisenbergs Bemühen, den Bericht über seinen berühmten Besuch bei Niels Bohr 1941 richtigzustellen, wobei er sich zu entschiedeneren Äußerungen über das deutsche Uranprojekt hinreißen ließ, als man es sonst von ihm gewohnt war.[53] Der Besuch wurde notwendig, behauptete Heisenberg ohne Zögern, »weil wir seit dem September 1941 einen offenen Weg zu der Atombombe vor uns liegen sahen« und deshalb Niels Bohr um moralischen Rat fragen wollten.[54] Heisenberg schien nicht zu bemerken, daß er damit eingestand, so hart an dem Bombenprojekt gearbeitet zu haben, daß er es zu einem Punkt brachte, wo eine Entscheidung gefordert war, was den zukünftigen Kurs betraf (obwohl er natürlich, unpolitisch, wie er nun einmal war, diese Entscheidung den Politikern überließ). Weder hier noch in seinen anderen Schriften, das sollte betont werden, findet sich ein Hinweis darauf, daß er es bewußt abgelehnt hatte, für Hitler eine Atombombe zu bauen; er war bekümmert und froh, um eine Entscheidung herumgekommen zu sein – zu weiteren Aussagen fand er sich nicht bereit.

Der Interviewer für das Nachrichtenmagazin *Der Spiegel* ging 1967 schlicht und einfach davon aus, daß die deutschen Berechnungen der kritischen Masse stets auf der richtigen Spur waren, als er Heisenberg fragte: »Die deutschen Physiker wußten aus ihren Berechnungen, wieviel Kilogramm Uran 235 man braucht, um eine Atombombe zu bauen – und diese Zahlen haben sich ja, wie sich nach dem Kriege zeigte, mit den amerikanischen wohl gedeckt?« Heisenberg antwortete: »Die meisten Zahlen dieser Art, nicht nur die über die Größe der Atombombe, haben sich fast genau gedeckt...« Heisenbergs Antwort ist hier etwas vage, was sich im Gebrauch des Adjektivs »meisten« zeigt; keinerlei Erwähnung findet Groves' Aussage zum Wert von Tonnen hinsichtlich der kritischen Masse und ebensowenig Heisenbergs eigene zweite Schätzung von Farm Hall von 14 Kilogramm.[55]

Das dritte und letzte Interview vom 29. August 1967 ist etwas expliziter, vor allem in seinen Angriffen auf die alliierten Kritiker der Heisenbergschen Version. Der Interviewer, J. J. Ermenc, las einige Schlußfolgerungen aus Margaret Gowings offizieller britischer Atomgeschichte über die Irrtümer des deutschen Projekts vor, wonach die Deutschen es versäumt hatten, grundlegende Fragen über Spaltungsquerschnitte für U235 bei verschiedenen Energien sowie über das Wesen einer Kernexplosion in U235 zu stellen. Heisenberg, der behauptete, Gowings Buch nicht gelesen zu haben, reagierte verärgert: »Das ist doch alles falsch. Jeder Satz ist falsch. Es ist alles Unsinn. Es stimmt einfach nicht mit den Tatsachen überein... [In Farm Hall] nannte ich die Zahl von 14 kg U235 oder so... Ihre Behauptungen sind barer Unsinn.«[56] Diese Sätze Gowings waren in der Tat aus dem Zusammenhang gerissen und erweckten den Eindruck, als ob über die Spaltungsquerschnitte von U235 überhaupt nicht gearbeitet worden sei, so daß Heisenberg diese Unterstellungen billigerweise zurückweisen konnte.[57] Da Gowing die »Tonnen« der U235-Berechnung, die Groves Heisenberg zugeschrieben hatte, nicht zitierte, konnte er zudem ihre Vorwürfe mühelos abschmettern. *Diese* Berechnung jedoch wäre nicht so leicht abzuschmettern gewesen. Aber leider versäumte es der Interviewer, Heisenberg mit Groves' Farm-Hall-Zitaten zu konfrontieren.

Später in dem Interview fragte Ermenc Heisenberg doch noch, ob er Groves' Buch gelesen habe, was Heisenberg verneinte – wie im Fall von Gowing –, sogleich aber auf die Farm-Hall-Tonbandaufzeichnungen zu sprechen kam: »Ich weiß, daß Groves einige dieser Gespräche in seinem Buch verwendet hat.«[58] Das ist überraschend; eigentlich sollte man annehmen, daß Heisenberg schon aus bloßer Neugier in Groves' Memoiren blätterte. Die Gelegenheit einer fruchtbaren Diskussion über Groves' Zitate aus Farm Hall wurde jedoch vertan, da Ermenc sich beeilte, seinem Gegenüber zu versichern, daß es ihm nicht um die Farm-Hall-Beweise gegangen sei, sondern um einen allgemeineren Punkt über die Regierung und die Verflechtung von Militär und Wissenschaft. Da er es versäumt hatte, Heisenberg die entscheidende Frage nach der Berechnung der kritischen Masse zu stellen, war von Ermenc nicht zu erwarten, daß er von Goudsmits *ALSOS* besseren Gebrauch machte. Statt dessen erklärte Heisenberg, Goudsmits Buch habe ihm nicht gefallen. »Es war kein gutes Buch. Ich hatte den Eindruck, er schrieb es zu Propagandazwecken ... Ich kann nur sagen, daß Irving die Dokumente wirklich viel besser studiert hatte als Goudsmit. Bei Irving bekommen Sie die Fakten praktisch korrekt wiedergegeben. Er hat eine sehr sorgfältige Arbeit geleistet.«[59]

In diesem Interview war Heisenberg etwas unvorsichtig, als er erklärte, warum er überhaupt an dem Atomvorhaben gearbeitet hatte. Er räumte tatsächlich ein, daß es in dem Projekt bis 1942 durchaus um die Bombe gegangen sei:

> »In der späteren Zeit, nach 1942, war die Idee, an den Reaktoren, aber gewiß nicht an der Atombombe zu arbeiten. Wir hielten das Bomben-Projekt für viel zu gefährlich und meinten außerdem, daß es bis zum Ende des Krieges nicht durchgeführt werden könne.«

Dieses Eingeständnis, daß er in einer Zeit an dem Projekt arbeitete, als die Möglichkeit, eine Atombombe zu bauen, immer noch untersucht wurde, beraubte Heisenberg seiner moralischen Rechtfertigung, was er auch zu merken schien.[60] Aber an verschiedenen Punkten des Interviews verleitete ihn der Versuch, dieses mißliche Faktum geradezubiegen, dazu, ungewollt etwas mehr von seinem Charakter preiszugeben, als er eigentlich beabsichtigte. Die Tatsache, daß es ihm derart am Bewußtsein dessen mangelte, was er sagte und wie es auf nichtdeutsche Leser wirken würde, vermittelt einen deutlichen Eindruck von einer Blindstelle in der deutschen Selbstwahrnehmung. So betonte Heisenberg wiederholt, daß er nur der Physik zuliebe und um interessante Experimente durchzuführen an dem Projekt mitgemacht habe. Die Bombe, machte er geltend, sei nie eine praktische Möglichkeit gewesen. Damit wollte er beweisen, daß ihm der Wunsch, eine Bombe zu bauen, fremd gewesen war; leider läßt dies auch auf einen zynischen Opportunismus schließen.[61] Eine egoistische Haltung geht zudem aus der Bemerkung hervor, daß die deutschen Physiker die Verdienste ihres Projekts nicht dem System aufnötigten, denn wenn dieses ihm oberste Priorität eingeräumt hätte und es dann gescheitert wäre, »hätte dies äußerst unangenehme Folgen für uns haben können« – nicht gerade eine Äußerung, die von moralischem oder patriotischem Ernst zeugt.[62] Schließlich erwähnte Heisenberg beifällig, daß Speer sich entsonnen habe, die Wissenschaftler auf der Sitzung vom Juni 1942 hätten gesagt, eine Bombe könne zwar gebaut werden, aber erst in mindestens fünf Jahren. Speer hatte seinen Bericht gegenüber Hitler heruntergespielt, um die Begeisterung zu dämpfen, so daß alles bestens ausging. Heisenberg hatte Speer offenbar ein zwar mögliches, aber sehr schwieriges Vorhaben beschrieben und ihm und Hitler die Entscheidung überlassen. Damit hatte Heisenberg, so wie er es sah, sein Möglichstes getan. Aber in Wirklichkeit entledigte er sich damit jeder Verantwortung. Was wäre geschehen, wenn Hitler sich dazu entschlossen hätte, das Atombombenprojekt massiv zu fördern?

Der Rechtfertigungszwang, der aus den angesprochenen Interviews deutlich wird, bewog Heisenberg, den verborgenen Sinn seiner Verstrickung in das Uranvorhabenprojekt in einer ungewöhnlichen Schrift auszuloten, die er 1969 veröffentlichte. *Der Teil und das Ganze* ist eine intellektuelle Autobiographie in Form einer philosophischen Novelle – eine hochgradig selektive und stilisierte Kurzbiographie, bestehend aus Dialogen zwischen fast symbolisch anmutenden Personen, die für verschiedene Ideen und Situationen stehen. Heisenberg läßt darin wichtige Stationen seines Lebens Revue passieren und nimmt sich gegenüber den historischen Fakten erhebliche Freiheiten heraus, indem er seine Erfahrungen als Teil einer Lebensreise deutet, deren Sinn sich erst mit der Zeit erschließt. Einen Großteil dieser Autobiographie nehmen rekonstruierte Gespräche ein, die man ebensowenig als wortgetreue Berichte begreifen kann wie die Reden im Geschichtswerk des Thukydides. Dies gilt besonders für die in dem Werk geschilderten

Dialoge, die er zwischen 1939 und 1941 mit Weizsäcker in Berlin geführt hatte. Hier rechtfertigt Heisenberg sein damaliges wissenschaftliches als auch moralisches Bewußtsein, aber wieder ertappt man ihn bei verräterischen Auslassungen und Schnitzern. So insinuiert er nun in seinem Gespräch, daß nur »mehrere Kilogramm« für eine Bombe gebraucht würden und daß selbst diese Menge technisch zu schwer zu gewinnen sei, aber er schreibt nichts über seine Berechnungen der kritischen Masse und auch nichts zu Groves' Behauptungen. Weizsäcker kommt in *Der Teil und das Ganze* mit dem Vorschlag zu Wort: »Wenn aber die Atomtechnik vor der Türe steht, so ist es besser, Einfluß auf die Entwicklung nehmen zu können, als sie anderen oder dem Zufall zu überlassen.«[63] Mit anderen Worten, falls die Alliierten eine Atombombe bauen würden, war Weizsäcker willens, eine für Hitler zur deutschen Selbstverteidigung zu bauen! Heisenberg gibt diese Meinung wieder, als ob er sich ihrer Implikationen überhaupt nicht bewußt wäre. Der gesamte Text zeichnet sich durch munteres und gefälliges Moralisieren aus wie auch durch sein Bemühen, Situationen im nachhinein eine moralische Bedeutung zu verleihen, die zum Zeitpunkt des Geschehens nicht erkannt worden war.

Ins Auge springt die Feststellung, die Heisenberg, seinem Buch zufolge, Ende 1941 oder Anfang 1942 hinsichtlich des Uranprojekts getroffen hatte: »Wir waren in der glücklichen Lage, unserer Regierung völlig ehrlich über den Stand des Problems berichten zu können und gleichzeitig sicher zu wissen, daß ein ernsthafter Versuch zur Konstruktion von Atombomben in Deutschland nicht angeordnet werden würde.«[64] Die Worte »völlig ehrlich« klingen ironisch angesichts eines Briefes, den er 1970 an Ruth Nanda Anshen, die amerikanische Herausgeberin seiner Autobiographie, geschrieben haben soll. Sie hatte soeben eine Aufsatzsammlung I. I. Rabis ediert, in der auch dessen beifällige Besprechung von Goudsmits *ALSOS* enthalten war, und am 30. Mai 1970 bat sie Heisenberg, Rabis Buch zu rezensieren. Er antwortete ihr am 15. Juni, das Buch sorgfältig studieren zu wollen, nahm aber in der Zwischenzeit Anstoß daran, daß Rabi sich auf Goudsmits Darstellung in *ALSOS* gestützt hatte.[65] Doch dann landete offenbar ein zweiter, höchst merkwürdiger Brief Heisenbergs auf Anshens Schreibtisch.

»Liebe Dr. Anshen,
Ich habe eben aus Ihrer Reihe ›Perspectives in Humanism‹ den von Professor I. I. Rabi geschriebenen Band mit dem Titel *Science: The Center of Culture* zuende gelesen. Ich würde dieses wichtige Werk gern besprechen. Ich muß Ihnen jedoch sagen, daß ich an Dr. Rabis Behauptung, ›ein solch ungeheueres Unternehmen wie Oak Bridge mit riesigen vereinten Anstrengungen von Wissenschaft, Technik, Industrie und Armee wäre in einem von Bomben geschüttelten Deutschland unmöglich gewesen‹, werde Anstoß nehmen müssen.

Dr. Hahn, Dr. von Laue und ich fälschten die Mathematik, um die Entwicklung der Atombombe durch deutsche Wissenschaftler zu vermeiden.

Mit besten Grüßen
Werner Heisenberg.«[66]

Anshen war über dieses Schreiben sprachlos und zog Rabi zu Rate. Eine Woche später gab er ihr den Brief zurück und bat sie, Heisenberg zu schreiben, daß er (Rabi) von dessen Wunsch, das Buch zu besprechen, geehrt sei, sich jedoch mit einem so berühmten Wissenschaftler wie ihm auf keine öffentliche Kontroverse einlassen wolle. Anshen wunderte sich über diesen Widerwillen, über ein so wichtiges zeitgeschichtliches Thema offen zu diskutieren; aber Rabi warf ihr nur »einen unmißverständlichen Blick zu«. Kurz darauf, am 9. Juli 1970, teilte sie Heisenberg brieflich mit, sie verzichte auf seine Rezension.[67]

Noch mysteriöser wird die Sache dadurch, daß das Original des Heisenberg-Briefs verschwunden zu sein scheint. In den achtziger Jahren übergab Dr. Anshen ihre gesamten Unterlagen einschließlich ihrer Korrespondenz der Bibliothek der Columbia University, doch der Brief war nicht dabei. Auch unter den Aufzeichnungen, die in ihrem Besitz geblieben waren, konnte sie ihn nicht finden.[68] Nichtsdestoweniger scheint es den Brief gegeben zu haben; in ihren Memoiren zitiert Dr. Anshen ihn wörtlich, und er ist so sensationell, daß man ihn schwerlich hätte erfinden können, obwohl kürzlich ein Kritiker – meiner Meinung nach etwas vorschnell – behauptete, das Schreiben Heisenbergs habe nie existiert.[69]

Wenn wir davon ausgehen, daß der Brief in Anshens Buch korrekt zitiert ist, deutet er darauf hin, daß sich Heisenberg zu einem Wutausbruch hatte hinreißen lassen, als ein Nobelpreisträgerkollege die alten Verleumdungen Goudsmits (als solche betrachtete er *ALSOS*) wiederholte, und das ausgerechnet, als Irvings Buch jeden Zweifel an seiner eigenen Version ausgeräumt zu haben schien. Die neuerliche Veröffentlichung von Rabis *ALSOS*-Rezension zu genau diesem Zeitpunkt durch seine amerikanische Herausgeberin wäre natürlich für einen Formalisten wie Heisenberg eine offene Deklaration gewesen, daß die amerikanische Wissenschaftswelt ihn als Lügner betrachtete. Daher mag er so verzweifelt gewesen sein, daß er derart direkt und unverblümt schrieb und die sensationelle Behauptung aufstellte, durch Fälschung der Zahlen das deutsche Bombenprojekt zu Fall gebracht zu haben.

Was bezweckte er damit? Die Antwort, die einem sogleich in den Sinn kommt, sind natürlich Heisenbergs Berechnungen aus der Kriegszeit – und noch in Farm Hall –, daß die kritische Masse einer U235-Bombe sich im Bereich von Tonnen bewegen würde. Diese ungute Erinnerung an scinen Irrtum könnte nun wieder hochgekommen und so hingebogen worden sein, daß sie die Grundlage einer neuen Selbstrechtfertigungsstrategie bildete: Die Berechnung während des Krieges war ein bewußter Versuch gewesen, das Naziregime zu der Überzeugung zu bringen, daß eine Bombe nicht machbar sei, wobei Heisenberg die ganze Zeit über klar gewesen war, daß es sich um eine falsche Berechnung handelte; auf diese Weise konnte er an seiner Behauptung festhalten, er habe die wirkliche kritische Masse von Anfang an richtig eingeschätzt. Jedenfalls kam ihm seine Raffiniertheit nicht einmal in diesem Augenblick innerer Erregung abhanden; er verfügte noch immer über genügend Geistesgegenwart, um zu behaupten, daß Hahn und Laue bei der Täuschung seine Komplizen gewesen seien. Es traf sich gut, daß Laue 1960 und Hahn 1968 gestorben waren, weshalb Heisenbergs Behauptung weder widerlegt noch bestätigt werden konnte. Aber in keiner der Schriften Hahns oder Laues und ebensowenig in den Farm-Hall-Protokollen findet sich ein Hinweis, daß sie Heisenberg bei der Fälschung der Zahlen geholfen hätten. Vielmehr scheinen sie von irgendwelcher komplizierten »Mathematik« gar nichts gewußt zu haben, wie aus den Protokollen allzu klar hervorgeht.

3. Kapitel: Kritik an Heisenbergs Lesart, 1948–94

Nicht zuletzt aufgrund der Farm-Hall-Protokolle war Heisenbergs Lesart des deutschen Atomprojekts bei den Wissenschaftlern der Alliierten von Anbeginn an auf große Skepsis gestoßen, die durch sein Verhalten nach dem Krieg noch verstärkt wurde. Durch gefühllose, von keinerlei Reue zeugende Äußerungen in persönlichen Gesprächen und, etwas abgemildert, in seinen Schriften machte er sich amerikanische und britische Physiker zu Gegnern. Wie Luis Alvarez über seine Begegnung mit Heisenberg im Jahre 1948 bemerkte, »hatten diejenigen von uns, die am Manhattan-Projekt mitgearbeitet hatten, keine hohe Meinung von Heisenberg wegen einiger nachweisbar unwahrer und selbstgefälliger Behauptungen, die er am Ende des Krieges aufstellte«.[1]

Dank der Informationen aus Deutschland, die während des Krieges beim britischen Geheimdienst eingegangen waren, hatten die englischen Behörden eine klare Vorstellung von den wissenschaftlichen Defiziten der Deutschen und von Heisenbergs opportunistischem Charakter gewonnen. Natürlich wußte man in England über seinen Besuch bei Niels Bohr im Jahre 1941 bestens Bescheid, hatte doch die damals in Schweden lebende Lise Meitner aus ihrer Empörung darüber keinen Hehl gemacht und dies Max von Laue und ohne Zweifel auch britischen Agenten mitgeteilt.[2] Ein ähnliches Mißtrauen gegenüber Heisenberg hegte Paul Rosbaud, der für den Wissenschaftsgeheimdienst der Engländer die wichtigste Quelle gewesen war.[3] Erst in den achtziger Jahren wurde deutlich, welche Rolle er als Agent der Alliierten gespielt hatte, und selbst jetzt noch weist sein Tätigkeitsbericht viele Lücken auf. Der gebürtige Österreicher, der in Berlin Physik studiert hatte, war in den dreißiger Jahren als wissenschaftlicher Berater für *Die Naturwissenschaften*, die führende Zeitschrift des Springer-Verlags, tätig. Rosbaud verfügte über ausgezeichnete Kontakte zu vielen hochrangigen deutschen Wissenschaftlern und hatte im Januar 1939 auch dafür gesorgt, daß Hahns Entdeckung der Kernspaltung durch dieses Publikationsorgan eine möglichst große Öffentlichkeit erhielt. Während seine Frau mit der gemeinsamen Tochter den Krieg in Großbritannien verbrachte, blieb Rosbaud in Berlin und sammelte eine Menge Material sowohl bei seinen Besuchen in Schweden als auch bei seinen Reisen durch ganz Deutschland. Sowohl während des Krieges als auch danach genoß er bei den Nazigegnern unter den deutschen Wissenschaftlern höchstes Ansehen, inbesondere bei Max von Laue, der ihm gegenüber (wie wir gesehen haben) noch lange nach Kriegsende Bedenken über das Verhalten seiner Kollegen äußerte.

Rosbaud war über die Fortschritte des Uranprojekts genau im Bilde.[4] So erfuhr er zum Beispiel schon wenige Tage nach der Konferenz mit Speer im Juni 1942 bei einem Treffen der Deutschen Physikalischen Gesellschaft von deren Ausgang. In einem Café beim Kurfürstendamm zeigten sich die Physiker an jenem Abend erleichtert, keine Bombe entwickeln zu müssen. Rosbaud hörte sich das scheinheilige Gerede ruhig an, bis er schließlich nicht mehr an sich halten konnte und dazwischenrief: »Unsinn! Wenn Sie wüßten, wie man eine Bombe baut, würden Sie sie Ihrem Führer auf einem silbernen Tablett präsentieren!« Sprachlos vor Entsetzen, weil sie fürchteten, Rosbaud könnte ein *agent provocateur* sein, der sie bei der Gestapo in Schwierigkeiten bringen würde, trennten sich die Wissenschaftler.[5]

Rosbaud war über eine Unterredung mit Heisenberg im Jahre 1940, in der dieser die Hoffnung äußerte, Deutschland werde den Krieg gewinnen, derart schockiert gewesen, daß er sich fortan auf keine Gespräche mit ihm mehr einließ und nur noch Grüße austauschte. Selbst nach dem Krieg konnte er keine große Veränderung in Heisenbergs Haltung erkennen. 1950 schrieb er an Goudsmit: »Ich bin entsetzt und bedrückt über die kindischen, fast würde ich sagen, unmoralischen Ansichten eines solch bedeutenden Wissenschaftlers. Er hat sich kein bißchen geändert und nichts dazugelernt.«[6]

Rosbauds begeisterte Besprechung von Goudsmits *ALSOS* 1948 im *Times Literary Supplement* bestärkte die Briten in ihrem Mißtrauen gegenüber Heisenberg, stammte sie doch aus der Feder eines Mannes, der ein Insider gewesen war. Die Deutschen, berichtete Rosbaud, seien durch die Schwierigkeit, adäquates U235 zu gewinnen, davon abgehalten worden und so auf die Idee verfallen, einen mit schwerem Wasser moderierten Reaktor als Bombe zu benutzen. Nachdrücklich betonte er in seiner Rezension, daß wahrer deutscher Patriotismus während des Krieges die Niederlage Deutschlands hätte anstreben müssen, und lobte daher die Integrität Hahns und Laues, die sich im passiven beziehungsweise aktiven Widerstand gegen den Nationalsozialismus manifestiert habe. Heisenbergs Name glänzt auf dieser Ehrenliste durch Abwesenheit, und Rosbaud will damit sagen, daß er auf einer anderen Liste erscheinen sollte – der Liste jener, »die nur allzugern [eine Atombombe gebaut] hätten, wenn sie gewußt hätten, wie«.[7]

Natürlich verurteilte er Jungks schönfärberisches Buch, als es 1959 auf englisch erschien:

»Heisenbergs Behauptung von 1946, ›äußere Umstände‹ hätten die deutschen Atomexperten der Notwendigkeit enthoben, ›die schwierige Entscheidung zu treffen, ob sie Atombomben herstellen sollten oder nicht‹, mag als korrekt angesehen werden – falls man die Unkenntnis des Verfahrens als gleichbedeutend mit ›äußeren Umständen‹ begreift.«

Rosbaud fand, daß Jungk den wichtigsten Punkt für das deutsche Scheitern am Bau einer Bombe weggelassen hatte:

»Die Deutschen wußten, daß eine Bombe im Prinzip hergestellt werden konnte; sie hatten keine Ahnung, wie. Eine genaue Theorie der A-Bombe war in Deutschland niemals entwickelt worden... Soweit der Rezensent weiß, hat kein Mitglied des deutschen Teams seine Unkenntnis darüber, wie man eine Bombe baut, zugegeben.«[8]

Die Farm-Hall-Protokolle waren Rosbaud natürlich nicht zugänglich gewesen, und somit konnte er nicht auf die von Heisenberg benutzte falsche Berechnung Bezug nehmen, die seine Skepsis gerechtfertigt hätte. Er zitiert hauptsächlich aus Bagges teilweise veröffentlichtem Tagebuch, das selbst in seiner gedruckten Fassung noch die alte deutsche Mystifikation darüber, wie eine Bombe gebaut werden könne, verrät. Insgeheim jedoch war Rosbaud bekümmert über die Wirkung, die von Jungks Buch ausging.

> »Die Aufrichtigkeit des Autors bezweifle ich nicht, aber ich habe größte Zweifel an der Aufrichtigkeit einiger der Leute, die er interviewt hat. Seine Hauptgewährsleute in Deutschland waren offenkundig Houtermans und von Weizsäcker. H. mit seinem Geltungsbedürfnis erhebt Anspruch auf die H-Bombe, und W., der Diplomat, wußte, wie man die A-Bombe baut, und das wußte auch sonst jeder in dem Verein. Und ich fürchte, das wird nun die offizielle deutsche Lesart werden.«[9]

Einen schweren Schlag jedoch versetzte 1962 die Veröffentlichung nicht autorisierter Auszüge der Farm-Hall-Protokolle in General Groves' Erinnerungen der Heisenbergschen Lesart. Die wahrscheinlich für Heisenberg vernichtendste Passage war die, in der ihn Otto Hahn einen »zweitklassigen Wissenschaftler« nannte, nicht nur ein-, sondern sogar zweimal: »Wenn die Amerikaner eine Uranbombe haben, dann sind Sie alle zweitklassig. Armer Heisenberg! ... Auf jeden Fall, Heisenberg, sind Sie eben zweitklassig, und Sie können einpacken.« Der solcherart Gescholtene machte seiner Frustration auf fast komisch anmutende Weise Luft: »Wie haben sie es tatsächlich gemacht? Ich finde, es ist eine Schande, wenn wir, die Professoren, die daran gearbeitet haben, nicht wenigstens dahinterkommen, wie sie es machten.« Diese Stellen dürften zwar für Heisenberg nicht gerade amüsant gewesen sein – daß er im Interview mit Ermenc steif und fest behauptete, Groves' Buch nicht gelesen zu haben, sieht sehr nach Selbstschutz aus –, doch zumindest das wörtliche Zitat seiner falschen Berechnung der kritischen Masse von U235 blieb ihm immerhin erspart. Merkwürdigerweise begnügte sich Groves an diesem entscheidenden Punkt mit einer Paraphrase: »Aber die überraschendste Behauptung kam von Heisenberg. Er wunderte sich, daß wir in der Lage waren, die für eine Bombe benötigten zwei Tonnen U235 zu trennen.« Groves sah durch diese »zwei Tonnen« Goudsmits Meinung bestätigt, die Deutschen seien auf diese groteske Zahl gekommen, weil sie nicht erkannt hatten, daß die Bombe ein auf schnellen Neutronen basierender Sprengkörper ist. Heute wissen wir, daß Heisenberg dies sehr wohl erkannt hatte; sein Irrtum bestand darin, daß er die Effizienz der Reaktion unterschätzte und eine falsche Berechnung anstellte, um eine Effizienz zu gewährleisten, die zu einer weit übertriebenen Größenordnung von Tonnen anstatt von Kilogramm führte. Da Groves es jedoch versäumt hatte, Heisenbergs Erklärung für seine falsche Berechnung und die tatsächliche Zahl wörtlich zu zitieren, konnte der deutsche Physiker das Buch als unseriös abtun. Und als Irving 1967 die offizielle deutsche Geschichtsschreibung mit seinem Buch beglückte, erwähnte er die peinlichen »zwei Tonnen« mit keinem Wort.[10]

Wie Groves beging auch Margaret Gowing in ihrer 1964 erschienenen Geschichte der britischen Kernphysik den Fehler, der vermeintlichen Unkenntnis der Deutschen über den Zusammenhang zwischen Atombombe und schnellen Neutronen zuviel Gewicht beizumessen. In einem Einleitungskapitel bestätigte der englische Physiker Kenneth Jay, daß »sich deutsche Wissenschaftler über den Unterschied [zwischen langsamen und schnellen Neutronen hinsichtlich der Fähigkeit, eine Kernexplosion auszulösen] zum Glück nicht im klaren waren, zumindest nicht während des Krieges«. Gowing gab dann zu verstehen, daß Heisenberg deshalb über den explosiv ablaufenden Spaltungsprozeß in reinem U235 auch nicht die richtigen Fragen stellen konnte. Natürlich meinte er, die entscheidenden Fragen gestellt zu haben; ihm war klar, daß die Bombe eine Reaktion schneller Neutronen sein mußte, hatte er doch eine grobe Vorstellung vom Spaltungsquerschnitt und zudem die kritische Masse von reinem U235 berechnet. All das geht aus den Farm-Hall-Protokollen der Zeit vom 6. bis 9. August 1945 hervor. Das einzige Problem war, daß er das Wesen einer U235-Bombe nicht klar genug erkannt und eine kritische Masse völlig falsch berechnet hatte. Leider ging Gowing nicht auf die von Groves erwähnten »zwei Tonnen« ein, und so fiel es Heisenberg leicht, die Angriffe nicht weiter ernst zu nehmen, obwohl er entsetzt zu sein schien, als Ermenc sie ihm während des Interviews vorlas.[11]

Eine Publikation, die Heisenberg sicher mehr Kopfzerbrechen bereitet hätte, war der von R. V. Jones verfaßte detaillierte Bericht des britischen wissenschaftlichen Nachrichtendienstes. Doch dieses Buch erschien erst 1978, also zwei Jahre nach Heisenbergs Tod. Da Jones und, mehr noch, sein Kollege Sir Charles Frank aufgrund ihrer Kenntnis der damals noch unter Verschluß gehaltenen Farm-Hall-Protokolle mit den deutschen Überlegungen zur Atombombe wohlvertraut waren, hätte man allem, was sie zu sagen hatten, Gewicht beimessen müssen. Heisenberg, so behauptete Jones eingedenk der in Farm Hall geführten Diskussionen, habe sich selbst ein Scheinproblem gestellt, nämlich, wie man ganz sichergehen könne, daß eine bestimmte Menge U235 explodiere, bevor die Masse zerfalle und die Reaktion abbreche. Diese Menge ist ein »Mol«, das aus rund 10^{24} Atomen besteht – eine Zahl, die ungefähr 2^{80} entspricht. Angenommen, zwei Neutronen werden durch Spaltung freigesetzt, so bedeutet das, daß man, um 10^{24} Atome zur Explosion zu bringen, eine Kette von 80 Spaltungen benötigt, ehe die Reaktion abbricht. Mittels einer elementaren statistischen Analyse der Einzelschritte (random walk) fand Heisenberg heraus, daß der Radius der kritischen Masse 80 Zentimeter betragen müsse – eine Masse von vielen Tonnen –, wenn die Explosion einer Kette von 80 Spaltungen rechtzeitig abgeschlossen sein sollte. (Der Irrtum bestand darin, daß diese Berechnung eher die Ober- als die Untergrenze für eine explosive Kettenreaktion darstellte).[12] Jones kam daher zu folgendem Schluß: »... wenn unser Gedächtnis [Franks und sein eigenes Gedächtnis hinsichtlich Heisenbergs Argument] nicht trügt, dann ist eine Erklärung dafür, warum die Deutschen nicht auf eine Bombe aus waren, die, daß sie die Menge des benötigten Urans für viel zu groß hielten.« Da ihm nicht ganz wohl bei der Vorstellung war, daß ein so brillanter Wissenschaftler wie Heisenberg ein solches Fehlurteil getroffen haben sollte, fügte Jones vorsichtshalber den Vorbehalt hinzu: »Aber es ist denkbar, daß wir beide falsch verstanden, was Heisenberg sagte; und aus Fairneß gegenüber einem großen Physiker muß man bedauern, daß das Protokoll nie veröffentlicht worden ist.« Doch als die Protokolle 1992 dann endlich der Öffentlichkeit zugänglich gemacht wurden, zeigte es sich nur allzu deutlich, daß Jones ihn keineswegs mißverstanden hatte.[13]

Überraschenderweise wurde Jones' genaue Analyse nicht in die Heisenberg-Literatur aufgenommen. Das lag nicht an mangelndem öffentlichem Bewußtsein; Jones hatte sie David Irving bereits in einem Interview vom Januar 1966 dargelegt, doch Irving zog es vor, sie in seinem endgültigen Text zu unterschlagen, obgleich der Fachwelt ein Protokoll des Interviews in der Mikrofilm-Ausgabe von Irvings Quellen zugänglich gemacht wurde.[14] Zudem wiederholte Jones seine Analyse 1983 und fügte ihr in einer Einleitung zum Nachdruck von Goudsmits *ALSOS* Charles Franks Aussage bei.[15]

Es gab also keine Entschuldigung dafür, daß dieser kritische Beitrag zum Problem Heisenberg nicht zur Kenntnis genommen wurde, und dennoch erwähnte ihn Mark Walker in *German National Socialism and the Quest for Nuclear Power, 1939–1949*, dem detailliertesten und bekanntesten wissenschaftlichen Werk über das deutsche Atomprojekt, mit keinem Wort und nahm Jones' Einleitung zum *ALSOS*-Nachdruck nicht einmal in seinen bibliographischen Anhang auf.[16] Auch Jones' Bericht von 1978 taucht in der Bibliographie nicht auf. Dies ist um so bemerkenswerter, als Walker 1985 im Verlauf eines langen Interviews mit Jones' Kollegen Sir Charles Frank über Heisenbergs entscheidenden Irrtum ausführlich instruiert worden war, was aus der Aufzeichnung des Gesprächs zweifelsfrei hervorgeht. Zwar erinnert sich Walker hier, bei R. V. Jones darüber gelesen zu haben, doch schien es ihm offensichtlich in seinem eigenen Buch über Heisenbergs Verwicklung in das Atomprojekt nicht der Erwähnung wert.[17]

Allerdings findet sich bei Walker ein versteckter Hinweis auf die Sache, wo sie aus dem Zusammenhang gerissen ist und dazu benutzt wird, eine ganz falsche Schlußfolgerung zu ziehen. Walker gab Frank darin recht, daß Heisenberg fälschlicherweise eine »Obergrenze« für die kritische Masse der Bombe habe ermitteln wollen, wohingegen Otto Frisch und Rudolf Peierls nach einer »Untergrenze« gesucht hatten. Dann aber wendet er diesen Gedanken von Ober- und Untergrenzen irrigerweise auf die Ungewißheit an, die die genaue Zahl für eine Bombe umgibt. Indem er die in einer deutschen Quelle gemachte Schätzung von 10 bis 100 Kilogramm für Plutonium heranzieht, vermittelt Walker dem Leser den Eindruck, dies gelte für U235, und die genannten Zahlen stellten die »oberen« und »unteren« Grenzen dar, die von den alliierten beziehungsweise den deutschen Wissenschaftlern gesucht wurden, und bezögen sich auf Tonnen beziehungsweise Kilogramm. Daraus folgt dann, daß sich die Schätzungen der Deutschen von denen der Alliierten nur geringfügig, um ein paar Kilogramm, unterschieden:

> »Die von den Deutschen im Januar 1942 erwähnte Schätzung der kritischen Masse eines Sprengstoffs, 10 bis 100 kg, ist mit der im Dezember 1941 berichteten amerikanischen Schätzung von 2 bis 100 kg durchaus vergleichbar. Wohl waren die Amerikaner und die Briten von der Richtigkeit der Untergrenze mehr überzeugt, während die Deutschen – die anscheinend nie genauere Berechnungen der kritischen Masse anstellten – mehr zur Obergrenze neigten, dennoch kamen sie ihren alliierten Konkurrenten nahe.«[18]

Das ist eine grobe Verzerrung des Sachverhalts. Bei der angeblich ähnlichen »Obergrenze« von 100 Kilogramm, die sowohl die Deutschen als auch die Alliierten ansetzten, handelt es sich nämlich nicht um die von Heisenberg berechnete »Obergrenze«. Die Zahl der Alliierten ist lediglich die obere Grenze einer Bandbreite von Zahlenwerten für das, was Frank zutreffend die »untere Grenze« einer Bombe nannte. Diese Bandbreite hängt von den eingesetzten, experimentell ermittelten Daten ab und reicht von 2 bis zu 100 Kilogramm. Hinter Heisenbergs »Obergrenze« steckt ein ganz anderer Ansatz. Sie ist eine maximale Bandbreite von Werten, die mit Sicherheit zu einer Explosion führen würden, ohne auch nur ein einziges Neutron zu vergeuden, und aus ihr ergibt sich eine Zahl von einer bis zu vielen Tonnen U235 im Gegensatz zu den Kilos, die Frisch und Peierls 1940 in Großbritannien errechnet hatten. Es geht dabei nicht um einen Unterschied im Detail, sondern um einen konzeptionellen.[19]

Schlimmer noch als mit dem Problem der kritischen Masse in seinem Buch von 1989 verfuhr Walker mit den seit 1992 der Allgemeinheit zugänglichen Farm-Hall-Protokollen, über die er in der Zeitschrift *Nature* schrieb. Mit keinem Wort erwähnte er dabei das Argument, das Heisenberg in Farm Hall zweimal vorgebracht hatte, um daraus zu folgern, daß man für eine Bombe tonnenweise U235 brauchen würde. Walker (der aus irgendeinem Grund die in den Protokollen genannte Zahl auf »Hunderte von Tonnen U235« erhöht) erweckt den Anschein, als habe Heisenberg zu jenem Zeitpunkt dennoch geglaubt, die kritische Masse belaufe sich auf etwa 50 Kilogramm, obwohl aus dem weiteren Protokoll klar hervorgeht, daß dem nicht so war. So kommt Walker fälschlicherweise zu dem Schluß, daß »die Protokolle Heisenbergs Wissen bestätigen und das letzte noch verbliebene Problem, das der kritischen Masse, aufklären«.[20] In der Tat haben die Protokolle das Problem der kritischen Masse geklärt, indem sie nämlich deutlich machen, daß sich nach Heisenbergs Auffassung die kritische Masse im Tonnenbereich bewegen mußte.[21]

Dieser Einklang mit der grundlegenden Behauptung der Heisenbergschen Lesart – daß die Deutschen die Wissenschaft von der Bombe richtig erfaßt hätten – mutet um so eigenartiger an, als Walker in moralischer Hinsicht ihr vielleicht schärfster Kritiker gewesen ist. Wie kaum ein anderer sezierte er die verschiedenen Schichten von Täuschung und Selbsttäuschung, die Heisenberg zum Schutze seiner moralischen Integrität aufgetragen hatte. Geradezu brillant entlarvte er dessen Stippvisiten in besetzten Ländern als bewußte Billigung der deutschen Strategie und legte eindrucksvoll dar, daß Heisenberg während jener Besuche seinen unglücklichen Kollegen aus freien Stücken die Richtigkeit und Unvermeidlichkeit eines nationalsozialistischen Sieges vor Augen führte.[22] Ja, Walkers Analyse war so überzeugend, daß Robert Jungk von seinen früheren Lobgesängen auf die moralische Überlegenheit der Deutschen abrückte und zu der deutschen Übersetzung von *German National Socialism* ein Vorwort beisteuerte.[23] Hätte Walker an Heisenbergs wissenschaftliche Behauptungen einen ebenso kritischen Maßstab angelegt wie an dessen Moral, so wäre sein Buch nicht durch derart gravierende historische Fehlurteile und die Unterschlagung relevanten Beweismaterials entstellt worden.

In einem veröffentlichten Briefwechsel mit mir sah sich Walker 1990 allerdings genötigt einzuräumen, daß Heisenberg in seinem

Artikel vom Dezember 1939 die Bombe doch falsch verstanden hatte, aber nun beharrte er darauf, daß Heisenberg spätestens 1942 »seine Meinung geändert« habe und zu einer richtigen Auffassung gelangt sei.[24] Walker legte jedoch keinen Beweis dafür vor und hielt an der irrigen Deutung eines Dokuments von 1942 fest, das in seinen Augen Heisenbergs Gesinnungswandel belegt. Der Heereswaffenamt-Bericht von 1942 zeige, so Walker, daß die Deutschen die kritische Masse von U235 auf 10 bis 100 Kilogramm schätzten. Doch diese Zahlen bezogen sich eben nicht auf U235, sondern auf Plutonium. Darüber hinaus ist in dem Bericht die Rede von so chimärischen Konzeptionen wie U235-Reaktorbomben – ein unbequemes Detail, über das Walkers Buch schweigend hinweggeht ebenso wie über die 1940 von Heisenbergs Assistenten Paul Müller hierzu durchgeführten Forschungen.[25]

Unter dem Einfluß von Walkers Buch vollzog sich in den letzten Jahren eine neue Mythenbildung hinsichtlich Heisenbergs fachlicher Allwissenheit, trotz der vernichtenden Beweise in den nun nicht mehr unter Verschluß gehaltenen Farm-Hall-Protokollen, die von Walker und anderen durchgängig falsch interpretiert wurden. Hier ist vor allem Thomas Powers zu nennen, dessen Mythisierung des deutschen Nobelpreisträgers selbst das, was dieser selbst über seine Arbeit am Atomprojekt an Schönfärberischem in Umlauf gebracht hat, in den Schatten stellt.[26] Heisenberg wird bei Powers zur Ikone des moralischen und wissenschaftlichen Widerstands gegen den Nationalsozialismus. Obwohl er genau wußte, wie die Bombe funktioniert, sabotiert Heisenberg in dieser neuen Version aus moralischen Skrupeln vorsätzlich das Bombenprojekt. Wie Jungks früheres Buch ist Powers *Heisenberg's War* das Werk eines Journalisten, gut lesbar und durch und durch falsch, da es sowohl die historischen als auch die wissenschaftlichen Fakten zu aberwitzigen Interpretationen mißbraucht. Ein grundlegendes methodologisches Problem, das diese historische Travestie von der ersten Seite an entwertet, ist der Umstand, daß Heisenberg stets leugnete, eine moralische Entscheidung über die Bombe getroffen zu haben. Wieder einmal wird Heisenbergs Ausbruch in seinem Brief an Anshen von 1970, er habe die Zahlen »gefälscht«, als Bestätigung der These eines sabotierenden Heisenberg herangezogen. Dabei stellt sich allerdings folgendes Problem: Wenn Heisenberg hier die Wahrheit sagte, dann heißt das, daß er während der zurückliegenden dreißig Jahre in allen Wiederholungen seiner Version gelogen hatte. Wie glaubwürdig, so fragt man sich, waren dann seine Aussagen insgesamt?[27]

Um dieses Hirngespinst aufrechtzuerhalten, hat Powers eine riesige Sammlung von bruchstückhaftem Fakten- und Pseudofaktenmaterial angehäuft, ohne den jeweiligen Wert und Sinn der verschiedenen Quellen – Hörensagen, Vermutung, Dokument, Rekonstruktion –, die er heranzieht, unterscheiden zu können. Der Mangel an kritischer Einsicht in die Art der Beweisstücke und ihre Handhabung macht Powers' Material suspekt und für andere Wissenschaftler unbrauchbar. In seiner Unkenntnis der deutschen Mentalität, Kultur und Verhaltensweisen unterstellt er Heisenberg einen Widerstandsgeist, der ihm aufgrund seiner Herkunft und Sozialisation fremd war. Ähnlich naiv geht Powers mit den wissenschaftlichen Aspekten der Bombe um; mit den technischen Inhalten der geheimen deutschen Kriegsberichte setzt er sich nur oberflächlich auseinander, und die aufschlußreiche Veröffentlichung von Müller, in der es um die Reaktorbombe geht, wird in diesem langatmigen Buch von nahezu 600 Seiten nicht einmal erwähnt.[28]

Charakteristisch für Powers' Methode ist sein merkwürdiger Umgang mit den Farm-Hall-Protokollen. Anders als Walker, geht er zwar zumindest auf die Jones-Frank-Analyse von Heisenbergs grundlegendem Irrtum in der Berechnung der kritischen Masse ein, doch dann fragt er, warum Heisenberg mit Hahn der Meinung zu sein schien, daß sich die Zahl durchaus im Kilogrammbereich bewegen könnte, und zwar schon bevor er dies in seinem Vortrag vom 14. August 1945 genau darlegte. Powers zieht aus diesen widersprüchlichen Aussagen folgenden Schluß: Erstens habe Heisenberg gewußt, daß die kritische Masse klein sein müsse, und zweitens habe er während des Krieges sein Wissen verschwiegen und die Behörden mit seiner Berechnung einer riesigen Menge irregeführt. Der »Irrtum« war beabsichtigt:

»Die Farm-Hall-Protokolle bieten den überzeugenden Beweis … daß sich Heisenberg eine plausible Methode einfallen ließ, wie sich die kritische Masse auf eine Größe von Tonnen schätzen läßt, und daß er sehr wohl wußte, wie man eine Bombe mit weitaus weniger Material herstellte, aber dieses Wissen für sich behielt.«[29]

Dieser schizophrene Heisenberg ist schwerlich überzeugend. Powers begeht hier den Fehler, aus Äußerungen Hahns, wonach Heisenberg während des Krieges eine kleine, sich im Kilogrammbereich bewegende Masse erwähnt hatte, die Auffassung des Physikers zwischen dem 6. und 9. August 1945 abzuleiten. Aus den Schriften, die Heisenberg während des Krieges verfaßte, und aus anderen Quellen geht jedoch klar hervor, daß der Chemiker Hahn von der Konstruktion einer Bombe keine Ahnung hatte. Dies wird auch aus den Fragen deutlich, die er Heisenberg in Farm Hall stellte und die dieser recht lässig und mit fast spürbarer Ungeduld beantwortete, während er angestrengt das Problem verfolgte, das ihn damals beschäftigte: die grobe Schätzung, die eine große kritische Masse ergibt. Man kann nicht einfach all die verschiedenen Zahlen, die in Farm Hall genannt wurden, als für Heisenbergs damalige Überlegungen gleicherweise repräsentativ ansehen, doch dieses methodologische Grundprinzip ließ Powers gleichgültig.

Die Verbindung von naturwissenschaftlicher und kulturgeschichtlicher Ignoranz macht das gesamte Buch zu einem wissenschaftlichen Fiasko – ein Buch, das wegen seiner mammuthaften Ausmaße und großen öffentlichen Wirkung wahrscheinlich das Heisenberg-Bild des Durchschnittslesers für lange Zeit erheblich verzerrend prägen wird. Fachleute waren von dem Buch weniger beeindruckt als naturwissenschaftliche Laien, die es rezensiert haben. David Cassidy, der führende Heisenberg-Biograph, beispielsweise verurteilte es als »so oberflächlich und … so voreingenommen, daß seine [sc. Powers'] Darstellung, obzwar plausibel, ganz unannehmbar wird … [Es beruht] auf Fehlinterpretationen, falschen Darstellungen und seichter Gelehrsamkeit … Es strapaziert die Leichtgläubigkeit und das historische Dokument bis zum Gehtnichtmehr.«[30]

Cassidy selbst hatte 1992, kurz vor der Freigabe der Farm-Hall-Protokolle, die maßgebliche Heisenberg-Biographie *Uncertainty. The Life and Science of Werner Heisenberg*, vorgelegt, ein an analytischem Verständnis und psychologischer sowie politischer Einsicht reiches Werk. Vor dem Hintergrund der mit großer Differenziertheit erforschten deutschen Mentalität seines Protagonisten beschreibt er Heisenbergs moralische Zweideutigkeit und deutschnationale Gesinnung, die zusammen mit seiner pseudoreligiösen Wissenschaftsgläubigkeit und seinem persönlichen Ehrgeiz die Gründe dafür gewesen waren, daß er sich dem Naziregime fügte und anbiederte. Scharfsinnig entlarvt Cassidy die moralischen Aspekte der Heisenbergschen Version: Er macht schneidende Bemerkungen über das Farm-Hall-Memorandum der deutschen Wissenschaftler, tut Heisenbergs *Nature*-Artikel von 1947 als »selbstgerechte Darstellung« ab und erklärt, wenn Heisenberg in der Lage gewesen wäre, seinen Reaktor in Betrieb zu setzen, »hätte er mit Sicherheit den nächsten Schritt getan: der Maschine waffenfähiges Plutonium entnommen«. Trotzdem war Cassidy weniger bereit (zweifellos weil ihm die Farm-Hall-Protokolle nicht zur Verfügung standen), die wissenschaftlichen Aussagen der Heisenbergschen Version einer ebenso scharfen Kritik zu unterziehen, und begnügte sich mit der schlichten Feststellung, die Groves-Exzerpte zeigten, »daß [Heisenberg] anscheinend nie im einzelnen die tatsächliche Größe eines Sprengstoffs bestimmte«.[31] Nachdem die Protokolle freigegeben worden waren, konnte Cassidy in dieser Frage kategorischer verfahren.[32]

Angesichts der Tatsache, daß sich in Deutschland die Heisenbergsche Lesart längst eingebürgert hatte, überrascht es nicht, daß die Protokolle die herrschende Meinung, Heisenberg sei sich von Beginn seiner Mitarbeit am Uranprojekt an über das Bauprinzip der Atombombe im klaren gewesen, nicht zu erschüttern vermochten. Selbst neuere Veröffentlichungen weigern sich, seine Überschlagsrechnung der kritischen Masse auf Tonnen von U235 in Betracht zu ziehen – eine Berechnung, die in den Protokollen zwischen dem 6. und dem 9. August immerhin dreimal auftaucht. Betont wird nun statt dessen der gänzlich andere Ansatz, dessen er sich in seinem Vortrag vom 14. August bediente.[33]

Weizsäcker selbst äußert sich so ausweichend wie eh und je zu den Problemen der Heisenbergschen Version. Als man ihn zu dem 1959 von Laue erhobenen Vorwurf befragte, wonach in Farm Hall eine »Lesart« ausgeheckt worden sei, verwies Weizsäcker aalglatt auf Laues Brief an seinen Sohn vom August 1945, wo »er genau dies als seine Meinung wiedergibt, was er nachher als meine Version schildert«.[34] In die Enge getrieben mit einer Frage über Gerlachs verworrene Vorstellung von einer Reaktorbombe anno 1944, entgegnete Weizsäcker, er wisse natürlich nicht, was damals in Gerlachs Kopf vorging, ihm selbst jedoch sei alles klar gewesen. Befragt, warum die Farm-Hall-Protokolle ein Bild entwerfen, wonach die deutschen Wissenschaftler Heisenbergs Vortrag über die Bombe am 14. August so andächtig wie Studenten lauschten, die davon zum ersten Mal hören, erklärte er dies damit, daß man den Vortrag Laue und Gerlach zuliebe auf einem pädagogischen Niveau hielt, weil diese von der Sache wenig Ahnung gehabt hätten. Das erklärt freilich nicht die Naivität der Fragen, die Weizsäcker während des Vortrags selbst gestellt hatte und die in den Protokollen festgehalten sind.

Etwas unangenehmer mutet Weizsäckers Umgang mit der moralischen Problematik des Uranprojekts an. Ohne jedes Schamgefühl schildert er den Besuch, den er, gemeinsam mit Heisenberg, im September 1941 Nils Bohr in Kopenhagen abgestattet hatte, als einen Akt des Widerstands mit dem Ziel, Bohrs Institut zu erhalten. Die Weigerung des dänischen Nobelpreisträgers, sich mit ihnen zu treffen, hält er für albern und starrsinnig und versteht auch im nachhinein nicht, warum dieser Besuch, der unter der Ägide der deutschen Besatzungsbehörden stattfand, auf solche Ablehnung gestoßen war. So erwähnt er zum Beispiel, daß ihnen der Physiker B. Strömgren viel wohlgesonnener gewesen sei als die meisten Dänen, und fügt hinzu, daß ebenjener Physiker nach dem Krieg von seinen Kollegen im In- und Ausland mißtrauisch angesehen wurde. Weizsäcker äußert das mit einem gewissen Erstaunen, als könne er nicht begreifen, daß man Strömgren für einen Kollaborateur hielt und deshalb ächtete.[35] Erneut schweigt er sich über sein Verhalten in Kopenhagen aus. Er habe Bohr aufgesucht, behauptet er, sagt aber nicht, daß er sich zu dessen Büro gewaltsam Zutritt verschaffen mußte, da der Däne ihn und Heisenberg nicht hatte empfangen wollen. Selbst wenn er mit den besten Vorsätzen nach Kopenhagen gefahren wäre, mußte sein Auftreten dort den natürlichen Argwohn und die tiefsitzenden Ressentiments verstärken, die die Dänen verständlicherweise gegenüber deutscher Arroganz hegten. Doch vielleicht hält man damit Weizsäckers lauteren Absichten zuviel zugute, denn in jedes Wohlwollen mischte sich die Gefühllosigkeit der durch die jüngsten Siege der Nazis genährten deutschen Überheblichkeit. Er wie auch Heisenberg konnte nicht begreifen, wie herablassend und kränkend ihre Gunstbeweise auf die Dänen wirken mußten. Dieser deutsche Solipsismus und die Ressentiments, die er hervorrief, wurden in den Berichten, die Wissenschaftler in den von Heisenberg während des Krieges besuchten Besatzungsgebieten verfaßten, immer wieder thematisiert, selbst nach dem Krieg bei Begegnungen zwischen Heisenberg und alliierten Wissenschaftlern, darunter auch aus Deutschland geflohenen Physikern wie Max Born, Francis Simon, Goudsmit und vielen anderen.[36] Ja, selbst in seinem Interview von 1993 scheint Weizsäcker noch immer nicht ganz eingesehen zu haben, daß das nationalsozialistische Deutschland ein zutiefst verbrecherisches Regime und der Kriegseinsatz der Alliierten von humanitären Erwägungen geleitet gewesen war. Die Nürnberger Prozesse sind in seinen Augen ein Gericht der »Schuldigen über die Schuldigen«, und Hiroshima gilt ihm als ein dem Holocaust vergleichbares Verbrechen.[37] Vielleicht konnten, wie Lise Meitner mutmaßte, die deutschen Physiker ganz einfach nicht verstehen, warum sie mit ihren Einstellungen und ihrem Verhalten bei den Kollegen im Lager der Alliierten derart Anstoß erregten.[38] Die durch deutsche Kultur- und Verhaltensmuster geprägte Gefühls- und Gedankenwelt Heisenbergs und seiner Kollegen kam deren alliierten Gegenspielern wie ein sowohl in geistiger als auch moralischer Hinsicht fremdartiges Universum vor, das sie nur mit Abscheu und Verwirrung – und manchmal auch mit Amüsement – betrachten konnten.

Zu anderen aufschlußreichen Eingeständnissen ließ sich Weizsäcker Anfang 1988 in unveröffentlichten Vorlesungen und nachfolgenden Diskussionen im CERN (Conseil Européen pour la Recherche Nucléaire) herab. Dabei gab er zu, daß er an einem Abend im Februar 1939, als er von der sekundären Neutronenemission, der hinreichenden Voraussetzung für eine Bombe, erfahren hatte, »das Problem die ganze Nacht lang [mit Georg Picht] diskutierte, und unsere Schlußfolgerung war, daß es von nun an die einzige politische Aufgabe der Menschheit sei, die Institution des Krieges abzuschaffen und daß wir dafür kämpfen müßten... Keine andere Lösung würde funktionieren... Ich übergehe nun, was wir im Krieg machten.«[39] Weizsäcker war nicht an dem etwas naheliegenderen Problem, Hitler abzuschaffen, interessiert, sondern vielmehr an der großen Aufgabe, »Krieg« generell abzuschaffen. Ohne zu merken, daß er sich selbst widersprach, bekannte er, daß er tatsächlich an der Bombe habe arbeiten wollen und sich dabei mit dem Wissen tröstete, daß sie nicht vor Ende des Krieges gebaut werden würde; gleichwohl räumte er ein, daß sie rechtzeitig hätte fertiggestellt werden können. Ein Jahr lang hatte es sogar den Anschein gehabt, als sei eine Bombe machbar.

> »In der Tat wollte ich daran mitarbeiten. Ich rechnete nicht damit, daß die Bombe während des Krieges, den Hitler begonnen hatte, gebaut würde. Und dennoch war dies nicht sicher, und es hätte durchaus möglich sein können, und wenn dem so gewesen wäre, hätten Heisenberg und ich und andere sich in einer entsetzlichen Lage befunden, weil wir Hitler eine solche Waffe nicht zur Verfügung stellen wollten... obwohl großer Schaden hätte angerichtet werden können, wenn wir in der Lage gewesen wären, eine Bombe herzustellen. Dann, nach dem Krieg oder so, wurde uns klar, daß man so viel dazu brauchte, um eine Bombe zu bauen, daß wir keine Chance hatten, sie herzustellen. Von diesem Augenblick an löste sich für uns das moralische Problem mehr oder weniger in Luft auf.«[40]

Und selbstverständlich wußte Heisenberg ganz genau, wie man eine Bombe baut:

»Es lag auf der Hand, daß Hahn nicht der Mann war, der eine Bombe herstellen konnte ... Heisenberg war durchaus in der Lage, sich eine Bombe vorzustellen und dafür Pläne zu entwerfen ... Im September oder Oktober 1939 sagte Heisenberg zu mir: ›Nun, wir müssen es machen. Hitler wird seinen Krieg verlieren ... Ein Großteil von Deutschland wird zerstört sein ... und die Wissenschaft muß den Krieg überleben, und wir müssen etwas dafür tun. Und deshalb müssen wir uns auf dieses Unternehmen einlassen.«[41]

Wie, so fragt man sich, konnte die Arbeit an einer Atombombe die deutsche Wissenschaft retten, es sei denn, man reduziert das Bombenprojekt zu einer Art Selbstbefriedigung der involvierten Wissenschaftler?

In diesen Textpassagen gibt Weizsäcker unumwunden zu, daß er und Heisenberg 1939/40 ein ganzes Jahr lang ernsthaft an einer Atombombe arbeiteten, obwohl ihnen klar war, daß sich Probleme ergeben würden, sollte es ihnen tatsächlich gelingen, eine zu bauen. An keiner Stelle sagt er jedoch, daß sein Mentor und er Hitler die Waffe vorenthalten hätten. Das einzige Sicherheitsventil bestand darin, daß sich die Herstellung der Bombe als zu schwierig erweisen würde. Diese Eingeständnisse strafen die ursprüngliche, 1945 in Farm Hall ausgedachte Version offenkundig Lügen.

Die Kritiker Heisenbergs in den USA und in Großbritannien sahen sich durch die Veröffentlichung der Farm-Hall-Protokolle in ihren seit langen gehegten Vermutungen bestätigt.[42] Vor allem enthält Sir Charles Franks Ausgabe ein unschätzbares Vorwort, das die wissenschaftlichen Behauptungen der Heisenberg-Version eigentlich endlich zur letzten Ruhe hätte betten müssen. Frank weist auf die drei eine Menge von mehreren Tonnen ergebenden Schätzungen während der auf Hiroshima folgenden Tage hin, ehe Heisenberg in seinem Vortrag vom 14. August endlich zur korrekten Konzeption und Kalkulation gelangte. Und Frank behauptet außerdem, daß Wirtz, einer seiner alten Freunde aus der Zeit vor dem Krieg, ihm gegenüber im Garten von Farm Hall zugegeben habe, daß Heisenberg seinem Kreis während einer Konferenz 1940 eine falsche Berechnung dieser Art anvertraute.[43] Dies würde bedeuten, daß der Verzicht der deutschen Wissenschaftler auf ernsthafte Forschungen über eine Atombombe weder auf moralische Skrupel noch auf die Knappheit an schwerem Wasser oder falsche Graphitmessungen und auch nicht auf die alliierten Bombenangriffe oder die Konzentration der Regierung auf kurzfristige Projekte zurückzuführen war. Keiner dieser »äußeren Umstände« bewog 1942 Heisenberg jedoch dazu, das Projekt einer Atombombe aufzugeben. Vielmehr war er seit 1940 der festen Überzeugung, daß man für eine U235-Bombe ungeheure Mengen von U235 benötige, die innerhalb mehrerer Jahrzehnte nicht zu gewinnen sein würden, geschweige denn vor Ende des Krieges. Diese Wahrheit wollte die Heisenbergsche Lesart verschleiern – und sie tut es noch immer.

ZWEITER TEIL: WISSENSCHAFT

Auffassungen und Irrtümer der Physik

4. *Kapitel:* Das Atombomben-Problem, 1939

Mitte Dezember 1938 entdeckte der prominente deutsche Chemiker Otto Hahn in Berlin zu seinem Erstaunen, daß der Kern des schwersten natürlichen Elements, des Urans, unter Neutronenbeschuß Kerne des Elements Barium abgibt, das ungefähr in der Mitte der Periodentafel angesiedelt ist. Von diesem ungewöhnlichen Phänomen erzählte er seinem Freund Paul Rosbaud, der als Wissenschaftsredakteur der bei Springer erscheinenden wissenschaftlichen Wochenschrift *Die Naturwissenschaften* dafür sorgte, daß die Entdeckung am 6. Januar 1939 veröffentlicht wurde.[1]

Der erste Mensch, der davon erfuhr, war jedoch nicht Rosbaud, sondern Lise Meitner, Hahns langjährige Mitarbeiterin in dem Forschungsprogramm, das zu dieser Entdeckung geführt hatte.[2] Die Physikerin, eine österreichische Jüdin, hatte mit Hahn am Kaiser-Wilhelm-Institut für Chemie eng zusammengearbeitet, bis die antisemitischen Ausschreitungen unerträglich wurden. Nach dem sogenannten »Anschluß« Österreichs war sie als österreichische Staatsbürgerin ihres Lebens nicht mehr sicher und mußte aus Deutschland fliehen, was ihr mit Hahns und Rosbauds Hilfe im Juli 1938 gelang. Nun, am 19. Dezember, berichtete Hahn seiner alten Kollegin von seiner Entdeckung in einem Brief, der sie zwei Tage später in Schweden erreichte.[3] Wie er fand sie das Phänomen rätselhaft und schwer erklärlich. Aber als ihr Neffe, der Physiker Otto Frisch, sie zu Weihnachten besuchte, kamen die beiden auf eine Erklärung für das Auftauchen von Barium: Von dem auftreffenden Neutron war der Kern in zwei große Teile gespalten worden und hatte dabei eine kinetische Energie von 200 Millionen Elektronvolt (200 MeV) freigesetzt, weil eine kleine Menge der Masse in Energie umgewandelt worden war. Gerade noch rechtzeitig konnte Frisch seinem Mentor Niels Bohr am 3. Januar in Kopenhagen von der revolutionären Entdeckung berichten, ehe dieser nach Amerika aufbrach, wo die Nachricht bei den dortigen

Physikern als Sensation aufgenommen wurde. Mit einem vom 16. Januar 1940 datierten Bericht an die Zeitschrift *Nature* (die ihn am 11. Februar veröffentlichte), stellten Frisch und Meitner sicher, daß sich die neue Erkenntnis wie ein Lauffeuer in der internationalen Wissenschaftsgemeinde verbreitete.[4]

Aber Lise Meitner und Otto Frisch hatten übersehen, was dieser als »das Allerwichtigste« bezeichnete, obwohl ihn ein Kopenhagener Kollege, Christian Møller, umgehend darauf aufmerksam machte.[5] Eine einfache Theorie deutete darauf hin, daß die beiden leichteren, aus dem Uran gebildeten Elemente nicht so viel »Neutronenleim« zum Zusammenhalt ihrer jeweiligen Kerne benötigen würden wie das schwere Uranatom. Eine Anzahl überflüssiger Neutronen würden daher im Spaltungsprozeß ausgestoßen werden, und diese konnten dann der Reihe nach weitere Uranatome spalten, die ihrerseits noch mehr Neutronen abgeben und so den Prozeß exponentiell beschleunigen würden. Es war denkbar, daß durch diese »Kettenreaktion« die Energie, die bei einer einzelnen Kernreaktion freigesetzt wird, derart hochgeschraubt werden konnte, daß enorme Energien hervorgebracht würden, ob nun in einem Reaktor, der kontrollierte Energie erzeugte, oder in einer ungebremsten Explosion von ungeheurer Wucht. Bereits im März 1939 hatten Forscherteams, darunter Leo Szilard und Fermi in den Vereinigten Staaten und die Gruppe von Hans von Halban und Frédéric Joliot in Paris, Versuchsergebnisse über die Rate der Neutronenvermehrung bei einer Kernspaltung bekanntgegeben. Sie wiesen nach, daß die Rate – von 2,3 bis zu 3,5 Neutronen pro Spaltung – groß genug war, um eine Kettenreaktion in Gang zu halten.[6]

Schnell erkannte man, daß die bei einer Kettenreaktion entstehenden Energien in Form einer Bombe militärisch genutzt werden konnten. Über die Funktionsweise und die Machbarkeit einer solchen Bombe schossen während des ganzen Jahres 1939 Spekulationen ins Kraut, die nicht nur von Fachzeitschriften, sondern auch in der allgemeinen Presse forciert wurden, die über die erregten Treffen der Physiker berichtete. So verkündete zum Beispiel die *New York Times* im April 1939 die Vision der Physiker »von einer Erde, die durch Isotope in die Luft fliegt«.[7]

Bohrs Amerikareise von Januar bis Mai 1939 schürte die Spekulationen der Physiker. Nachdem er die Amerikaner zunächst mit seiner Nachricht von Frischs Hypothese elektrisiert hatte, entwickelte er eine eigene Theorie über das Wesen der Uranspaltung. Während eines Gesprächs beim Frühstück am 5. Februar in Princeton fiel ihm plötzlich ein, daß fast die gesamte beim Uran beobachtete Spaltung einem seltenen Isotop zu verdanken ist, dem U235, das im natürlichen Uran nur in einem Verhältnis von etwa 1:140 vorkommt, da praktisch der gesamte Rest aus U238 besteht. In zwei brillanten Schriften vom Februar und August 1939 führte Bohr den Beweis, daß das reichlich vorhandene U238-Isotop in der Tat spaltbar sei, aber nur mit schnellen Neutronen von hoher Energie, da die meisten Neutronen entweder einfach vom U238-Kern eingefangen werden oder nach einem Stoß »inelastisch« zurückprallen, woraufhin sie Energie verlieren und bei weiteren Zusammenstößen keine Spaltung mehr bewirken können. Neutroneneinfang und inelastische Stöße ohne Spaltung waren so dominant, daß sie die Verwendung von U238 als explosives Spaltmaterial als unwahrscheinlich erscheinen ließen. Aber dies galt nicht für U235. Dessen Kerne waren mit langsamen Neutronen leicht zu spalten (und ebenso mit den noch langsameren thermischen Neutronen). Infolge dieser Erkenntnis konzentrierte sich das Interesse der Physiker auf das Phänomen der Spaltung von U235 mit langsamen Neutronen, während die Beschäftigung mit schnellen Neutronen etwas in den Hintergrund trat. Allerdings hatte Bohr selbst bereits darauf hingewiesen, daß U235 eventuell auch durch schnelle Neutronen gespalten werden könnte, obwohl die Wirkung durch den mittels schneller Neutronen ausgelösten Spaltungsprozeß im vorherrschenden U238 verdeckt werde.[8]

Kurz nach dieser bemerkenswerten Erkenntnis erörterte Bohr mit seinen Princetoner Freunden die Möglichkeit einer Atombombe, die, wie er klar erkannte, auf einer Spaltung von U235 beruhen mußte. Doch angesichts der extremen Schwierigkeit, U235 aus natürlichem Uran zu gewinnen, kam er zu dem Schluß, daß der Gedanke, jemals genügend U235 trennen zu können, absurd sei: »eine Bombe zu bauen würde die gesamten Kraftanstrengungen eines Landes erfordern«, sagte er zu einem Kollegen.[9] Die Idee einer Uranbombe erschien Bohr derart utopisch, daß er bei einem Treffen der *American Physical Society*, das Ende April 1939 in Washington stattfand, darüber kein Blatt vor den Mund nahm; die von ihm geäußerte »theoretische Möglichkeit«, daß eine Kettenreaktion in reinem U235 alles innerhalb eines Radius von vielen Meilen zerstören könne, wurde von der *New York Times* und anderen Zeitungen aufgegriffen.[10] Presseberichten zufolge erklärte Bohr, »daß die Bombardierung einer kleinen Menge des reinen 235-Uran-Isotops mit langsamen [sic] Neutronen eine Kettenreaktion oder Atomexplosion auslösen würde, die ausreichte, ein Laboratorium und seine Umgebung auf viele Meilen in die Luft zu jagen«.[11] Falls diese Formulierung stimmt, war Bohr im April 1939 immer noch nicht klar, daß eine Uranbombe auf schnelle Neutronen angewiesen sein würde.

Aber wie groß war die »kleine Menge« U235? Ein bei dem Treffen anwesender Wissenschaftler sprach von einer Kugel mit etwa einem Meter Durchmesser.[12] Dies hätte eine unglaubliche Masse bedeutet, die sich auf Tonnen belief, eine Menge, die weit jenseits des Bereichs des Möglichen lag, wenn man bedachte, daß bisher noch nicht einmal ein Mikrogramm extrahiert worden war. Als Enrico Fermi (der kurz zuvor mit Bohr über die Spaltung diskutiert hatte) von Admiral Stanford Hooper von der U.S. Navy gefragt wurde, wieviel U235 man für eine Bombe bräuchte, schätzte er, daß »vermutlich weniger als 500 Kilogramm U235« erforderlich sei. Auf die Frage, ob die kritische Masse einer Uranbombe (es ist unklar, ob natürliches Uran oder U235 gemeint war) eine »praktikable Größe« hätte, lächelte Fermi und meinte ausweichend, sie könne wohl die Größe eines »kleinen Sterns« haben. Jedenfalls war die kritische Masse einer Bombe so groß, daß es sich kaum lohnte, ihre genaue Menge zu ermitteln; die Berechnung einer kritischen Masse für eine Bombe würde nur »Ergebnisse von akademischem Interesse« erbringen und ihre Entwicklung mindestens 25 bis 50 Jahre intensiver Arbeit benötigen. Es überrascht daher nicht, daß die Kriegsmarine das Thema fallenließ.

Wie bei so vielen anderen Äußerungen über die Bombe, die 1939 gemacht wurden, sollte man sich hüten, Fermis Kommentare allzu ernst zu nehmen. Sie scheinen eher darauf hinzudeuten, daß er über das wissenschaftliche Prinzip einer U235-Bombe nicht ernsthaft nachgedacht hatte; aus dem Bericht über das, was er bei dem Treffen gesagt hatte, geht hervor, daß er von der kritischen Masse einer aus natürlichem Uran bestehenden Bombe (vielleicht angereichert mit U235) gesprochen hatte und daß U235 ihn nur deshalb beschäftigte, weil es das »brauchbare« Isotop der Uranspaltung zu sein schien.[13] Wie dem auch sei, im November 1940 war Fermi zu der Überzeugung gelangt, daß in ungetrenntem Uran keine Explosion möglich sei.[14]

Wie lassen sich diese großen Bombenmassen erklären? Nun, zum Teil wohl damit, daß über viele der entscheidenden Faktoren keine Versuchsdaten vorlagen und die Physiker ihre Schätzungen auf sehr vage Annahmen über die Wahrscheinlichkeit der unterschiedlichen Kernreaktionen wie Kernspaltung, Stoß und Streuung von Neutronen – die »Kernwirkungsquerschnitte« – stützten. Wichtiger noch, man stellte sich damals eine Bombe gern als explodierenden Reaktor vor; wie Peierls es später ausdrücken sollte, ging man nach den Überlegungen zu einem Reaktor »automatisch« von einer kritischen Masse im Tonnenbereich aus.[15] Dem lag die unausgesprochene Annahme zugrunde, daß das U235 in der Masse fast gänzlich von langsamen Neutronen gespalten werden würde und die Wahrscheinlichkeit einer Spaltung des U235 durch schnelle Neutronen äußerst gering sei.[16]

Nichts deutet darauf hin, daß Bohr die herrschende Vermutung, für eine U235-Bombe würde eine ungeheure Isotopenmenge benötigt, nicht teilte. Zweifellos waren er und andere sehr erleichtert darüber, daß eine aus reinem U235 hergestellte Bombe zwar theoretisch möglich, aber in der Praxis völlig unausführbar schien. »Bohr hat mir erzählt«, erinnerte sich ein britischer Physiker im Gespräch mit Heisenberg im September 1945, »daß bereits 1939 eine ungewöhnlich umfassende Diskussion über die ganze Sache [sc. Bombe] in Kopenhagen stattfand.«[17] Derartige Diskussionen lieferten Bohr die Argumente gegen die Machbarkeit einer Bombe, mit denen er 1939/40 sich selbst und verschiedene Auditorien beruhigte. In einem kurz vor Kriegsbeginn an der University of Birmingham gehaltenen und im Dezember 1939 sowie im darauffolgenden Frühjahr in Dänemark beziehungsweise Norwegen wiederholten Vortrag schloß er ungetrenntes Uran unter Verwendung von schnellen oder langsamen Neutronen als Basis für eine Bombe aus: »Auch wenn es zu Reaktionsketten [in U238] kommen kann, werden diese zu kurz und zu selten sein, als daß von einer Explosion die Rede sein könnte.«[18] Hinsichtlich U235 räumte er ein, daß »in einer genügend großen Menge jedes Neutron mit sehr hoher Wahrscheinlichkeit weitere Spaltungen auslösen würde ... und eine Explosion wäre die zwangsläufige Folge«. Aber er betonte, daß es mit den gegenwärtigen technischen Mitteln unmöglich sei, »das seltene Uran-Isotop in ausreichenden Mengen zu reinigen, um die oben erörterte Kettenreaktion zu ermöglichen«. Es ist unwahrscheinlich, daß ein so verantwortungsbewußter Mensch wie Niels Bohr die Theorie über Atombomben öffentlich erwähnt hätte, wenn er der Meinung gewesen wäre, daß nur eine bestimmte Menge U235 – wie sie in naher Zukunft durch die sehr wohl denkbare Erfindung technischer Vorrichtungen gewonnen werden konnte – erforderlich sei. Bohrs Optimismus erklärt sich daraus, daß er nicht gründlich genug über die Schnelligkeit der durch schnelle Neutronen ausgelösten Reaktion und ihre Bedeutung für die kritische Masse einer U235-Bombe nachgedacht hatte, obwohl er selbst darauf hingewiesen hatte, daß U235 durch schnelle Neutronen spaltbar sei.

Dies geht aus einem Manuskript Bohrs hervor, das den Titel »Kettenreaktionen in der Kernspaltung« trägt und vom 5. August 1939 datiert. Hier konstatiert er, daß eine Reaktion mit schnellen Neutronen möglich sei bei

> »reinem oder hochkonzentriertem U(235) [wo] die ganze Situation anders wäre [als bei gewöhnlichem Uran] und Kettenreaktionen wahrscheinlich ohne jeden Zusatz einer leichteren Substanz [um die Neutronen auf spaltbare thermische Geschwindigkeiten zu verlangsamen] durchführbar wären, da für alle Geschwindigkeiten der Spaltungsquerschnitt vermutlich viel größer sein würde als der Querschnitt für Strahlungseinfang.«[19]

Wie wir im 5. Kapitel sehen werden, war diese Erkenntnis der Effizienz schneller Neutronen in U235 die Basis für Frischs und Peierls' wissenschaftliche Konzeption einer Atombombe und führte zu ihren Berechnungen einer praktikablen kritischen Masse von U235. Aber damals, 1939, dachte Bohr die Konsequenzen seiner eigenen Theorie nicht zu Ende; da er die kritische Masse von U235 für riesig hielt, verzichtete er darauf, die für eine »Schnelle-Neutronen-Bombe« erforderliche Masse zu ermitteln. Das mag aus heutiger Sicht unverständlich erscheinen, aber gerade das Offensichtliche wird eben manchmal nicht erkannt, wie Bohr bemerkte, als Frisch ihm erklärte, es handele sich bei dem von Hahn beobachteten Prozeß um Kernspaltung: »Was sind wir doch alle für Dummköpfe gewesen!«[20] Zudem hätte er geglaubt, die einzige experimentelle Messung der Wahrscheinlichkeit, daß schnelle Neutronen U235 spalten (der Spaltungsquerschnitt), bestätige seine intuitive Vermutung einer unhandlich riesigen Größe der kritischen Masse von U235. In seiner grundlegenden Analyse der Spaltung, veröffentlicht am 1. September 1939, führte er eine Messung an, von der Merle Tuve bei einem Treffen in Princeton am 23. Juni berichtet hatte und die eine sehr niedrige Zahl für den Spaltungsquerschnitt von getrenntem U235 ergeben habe.[21]

Aber auch wenn dem dänischen Nobelpreisträger eine Bombe aus reinem U235 nicht machbar und eine solche aus U238 unmöglich schien, so hielten doch bereits 1939 mehrere Physiker eine alternative Vorrichtung für eine Uranbombe für denkbar. Einige dieser Vorschläge stützten sich auf den Gebrauch von Uran, in welchem der Prozentsatz von U235-Isotopen angereichert worden war, sowie auf die Beigabe einer Bremssubstanz wie Paraffin oder Wasser, um die Neutronen derart zu verlangsamen, daß sie das angereicherte U235 wirksamer spalten konnten. Andere Pläne regten den Einsatz großer Uranmengen an, in denen schnelle Neutronen eine bessere Chance hätten, eine nennenswerte Anzahl von U238-Kernen zu spalten.[22] Mitte 1940 führten J. B. Fisk und W. Shockley an den Bell Telephone Laboratories Berechnungen über eine Bombe mit langsamen Neutronen durch. In dem Bericht untersuchten die beiden Wissenschaftler zuerst den Fall eines Reaktors: »Wir stellen fest, daß bei reinem U 235 ... der Minimalradius der Kugel immer noch größer als $R_0 = 33$ cm ist.« Im II. Teil berichteten sie dann:

> »zusätzlich zur Vergrößerung der Wahrscheinlichkeit einer Kettenreaktion kann die Schichtstruktur den Einfluß von Thermokontrolle auf die Reaktion verringern und aus diesem Grund die Möglichkeiten des Urans als hochexplosiver Sprengstoff vermehren ...
>
> *Ziemlich vage Überlegungen zum Sprengstoff-Aspekt der Kettenreaktion*
>
> Die an diesem Zustand beteiligten Energien – Uranschichten bei mehreren Millionen Grad – scheinen von hochexplosivem Charakter zu sein.«[23]

Im Grunde handelte es sich bei diesen Bomben um »Reaktorbomben«, bizarre, heute kaum mehr nachvollziehbare Gebilde, die jedoch in Anbetracht des unvollständigen und etwas unklaren Wissens über Kernphysik, das in den Jahren nach Hahns Entdeckung in den Vereinigten Staaten und Europa vorherrschte, durchaus verständlich erscheinen.[24] Bei der Lektüre dieser Aufzeichnungen muß man sich stets die Fragen vor Augen halten, ob der Autor von natürlichem Uran, von U238, von U235 oder einem Gemisch spricht und ob von schnellen oder langsamen Neutronen die Rede ist. Viele vielversprechende Bemerkungen, die eine Reaktion schneller Neutronen in U235 in Vorschlag zu bringen scheinen, tun das keineswegs, liest man sie in ihrem Entstehungskontext. Dies wird offenbar werden, wenn wir einen kurzen Blick auf die Vermutungen über Atombomben werfen, die 1939 in verschiedenen anderen Ländern angestellt wurden.

Die Vereinigten Staaten

Als die sensationelle Nachricht von der Kernspaltung Amerika erreichte, glaubte Leo Szilard, ein vor den Nazis geflohener ungarischer Jude, seine auf das Jahr 1933 zurückgehenden Voraussagen über Kettenreaktionen und Kernenergie stünden nun kurz vor der Verwirklichung. Schon Anfang März 1939 hatte er einen Apparat zum Patent angemeldet, der zur Kernspaltung in gewöhnlichem Uran langsame Neutronen benutzte und der zur Erzeugung von »Explosionen« umgebaut werden konnte, wenn diese auch weitaus schwächer sein würden als die durch eine echte Atombombe ausgelösten.[25] Aber noch im selben Monat begann er darüber nachzudenken, wie schnelle Neutronen verwendet werden könnten, um weitaus vernichtendere Explosionen zu erzielen. Am 31. März 1939 schrieb er an Victor Weisskopf, eine Bombe mit schnellen Neutronen sei aller Wahrscheinlichkeit nach viel zu schwer, um im Flugzeug befördert werden zu können; allerdings könne man sie per Schiff transportieren. Szilard scheint hier eine Bombe im Sinn gehabt zu haben, die auf der Kernspaltung von Uran, insbesondere U238, mittels schneller Neutronen beruhte.[26] In einem Memorandum vom 15. August 1939, das Einsteins berühmtem Schreiben an Präsident Roosevelt beigefügt war, stellte er folgende Vermutung an:

»... Augenblicklich steht die Frage offen, ob eine solche Kettenreaktion auch mit schnellen Neutronen, die nicht verlangsamt werden, zum Funktionieren gebracht werden kann.

Es besteht Grund zur Annahme, daß, falls man sich schneller Neutronen bedienen könnte, es leicht wäre, äußerst gefährliche Bomben zu konstruieren. Die zerstörerische Gewalt dieser Bomben kann nur annähernd abgeschätzt werden; es besteht aber kein Zweifel daran, daß sie alle militärischen Vorstellungen bei weitem übertreffen würde. Wahrscheinlich wären solche Bomben zu schwer, um im Flugzeug transportiert zu werden; aber sie könnten jedenfalls durch Schiffe herangeschafft und mit verheerenden Folgen im Hafen zur Explosion gebracht werden.«[27]

Eine weitere Denkschrift vom April 1940 an Alexander Sachs, seinen Kontaktmann bei Roosevelt, macht deutlich, daß Szilard an eine Bombe mit schnellen Neutronen dachte, die vorwiegend aus U238 und nicht aus reinem U235 bestand:

»Eine Kettenreaktion dieses zweiten Typs [i. e. eine, ›in der Neutronen nicht abgebremst werden und in der der Großteil des gewöhnlichen Urans genutzt werden könnte‹] könnte Explosionen von außerordentlicher Stärke herbeiführen.«[28]

In seinen *Erinnerungen* schildert Szilard, wie ihn die Idee von einer Bombe aus gewöhnlichem Uran in eine Sackgasse führte:

»Während dieser frühen Phase wurde ich auch von der Angst verfolgt, daß man möglicherweise Uranmetall mittels schneller Neutronen detonieren lassen könnte, falls eine ausreichend große Menge dieses Materials vorhanden wäre... Ob eine Kettenreaktion aufrechterhalten werden kann, hängt davon ab, wie schnell die bei der Spaltung ausgestoßenen Neutronen abgebremst werden, damit sie ihre Wirksamkeit, weiteres Uran [U238] [zu spalten], verlieren. Dr. [?] und ich führten daher nebenbei eine Untersuchung durch, um zu ermitteln, wie rasch Uranmetall schnelle Neutronen verlangsamt. Diese Untersuchung brachen wir erst ab, als wir befriedigt feststellen konnten, daß Uranmetall zur Herstellung einer Bombe nicht zu gebrauchen ist.«[29]

Was die Verwendung schneller Neutronen in reinem U235 betraf, so war auch Szilard wie alle anderen davon überzeugt, daß hierzu eine riesige kritische Masse erforderlich sei (im nachhinein führte er seine damalige Blindheit auf die durch übertriebenes Sicherheitsdenken verursachten wissenschaftlichen Blockaden zurück).

»So geschah es, daß ich in der ersten Hälfte des Jahres 1939 tatsächlich den Spaltungsquerschnitt von U235 für Neutronen mittlerer Geschwindigkeit maß. Daraus hätte ich berechnen können, wieviel U235 man zur Herstellung einer Bombe braucht. Die Menge schien ziemlich groß zu sein, und ich wußte nicht, daß man solche U235-Mengen trennen konnte. Ureys Vertrag sah vor, daß er seine Ergebnisse nicht mit Fermi und mir besprechen sollte, da wir nicht eingeweiht waren. Daher konnten wir nicht unsere Schlüsse ziehen und auf die einfache Feststellung kommen, daß sich Bomben aus entsprechenden Mengen von U235 herstellen lassen...

Nach dem November 1940 stand es Urey nicht mehr frei, diese Diskussionen [über Zentrifugen] fortsetzen. Ich fühlte mich dadurch so entmutigt, daß ich nicht einmal mehr einige frühere Kernmessungen auswertete und aufschrieb, die Zinn und ich 1939 vorgenommen hatten. Diese Messungen gaben Auskunft über den Spaltungsquerschnitt von U235. Wären Urey unsere Werte bekannt gewesen und hätten wir gewußt, daß die Trennung der Uranisotope hinreichenden Rückhalt bekommen würde, so hätten wir die einfachen Berechnungen sicherlich durchgezogen.«[30]

Die Verwirrung über das Grundprinzip der Atombombe, die damals unter den Physikern herrschte, wird durch Szilards im nachhinein aufgestellte Behauptung bestätigt, er habe 1939 den Spaltungsquerschnitt für Neutronen mittlerer Geschwindigkeit in U235 gemessen, anschließend aber die »einfachen Berechnungen« der kritischen Masse einer U235-Bombe nicht durchgeführt![31] Diejenigen Wissenschaftler, die sie tatsächlich berechneten, wie Fisk und Shockley bei Bell, kamen auf falsche Ergebnisse: »Wir stellen fest, daß bei reinem U235 ... der kleinste Kugelradius immer noch größer ist als $R_0 = 33$ cm« – ein kritischer Radius, der 2,8 Tonnen von U235 entspricht!

Frankreich

Ähnlich verliefen die Forschungen über eine Uranbombe in Frankreich. Zu den ersten Früchten, die sie trug, gehörte die Entwicklung eines Verfahrens zur Berechnung der kritischen Masse von Uran, die nötig ist, um eine Kettenreaktion auszulösen und aufrechtzuerhalten. Im März 1939 zog das Forscherteam um Halban und Joliot den Physiker Francis Perrin als Ratgeber über die Theorie von Kettenreaktionen hinzu. In einer Veröffentlichung vom 1. Mai führte er den Begriff einer kritischen Größe ein – die Minimalmenge von Uran, die für eine nicht abbrechende Kettenreaktion benötigt wird, in welcher die durch Spaltung bewirkte Neutronenvermehrung größer ist als der durch Einfang, Streuung und Austritt bedingte Neutronenverlust. Dabei scheint Perrin jedoch Bohrs Theorie über U235 als das wichtigste spaltbare Material nicht gekannt zu haben; seine Formel der kritischen Größe für eine explosive Kettenreaktion stützte sich einzig und allein auf die durch schnelle Neutronen ausgelöste Spaltung in Uranoxid, und er sah keine Notwendigkeit, in einer Bombe die Neutronen zu verlangsamen, um deren Spaltungsverhalten gegenüber U235 zu verbessern. Unter der (irrigen) Annahme, daß alle schnellen Neutronen beim Zusammenstoß mit Urankernen diese auch spalten, errechnete Perrin für eine Uranbombe einen kritischen Radius von 130 Zentimetern, was etwa 40 Tonnen Uranoxid entspricht. (Zu diesem Zweck sollte damals angeblich ein geheimer Versuch in der Sahara durchgeführt werden.)

Trotz der augenscheinlichen Undurchführbarkeit dieses Vorhabens entwarfen die französischen Wissenschaftler einen Plan für eine Uranbombe, für den sie am 4. Mai 1939 Patentrechte anmeldeten. Die kritische Masse für eine Reaktion schneller Neutronen in Uranpulver wird mit »mehreren zehntausend Kilogramm« angegeben, die für dichteres Uranmetall mit »einigen Tonnen« – beide Werte lassen sich vermindern, wenn ein Reflektor angewandt wird oder wenn wasserstoffhaltiges Material verwendet werden kann. Die Bombe ist zweifellos ein sehr aktiver Reaktor, da ihre Explosion durch Kadmium und andere Neutronenfänger verhindert wird. Die rasche Ansammlung der kritischen Masse würde mittels der durch konventionelle Sprengstoffe bewirkten Kompression erzielt werden. Der »Bauplan« ist sehr vage und erwähnt mit keinem Wort Bohrs kürzlich verkündete Theorie, wonach U235 das spaltbare Isotop schlechthin ist. Dieses Versäumnis wurde durch ein geheimes (bis 1948 unter Verschluß gehaltenes) Dokument vom 23. Oktober 1939 korrigiert, dessen Verfasser empfahl, in einem Reaktor angereichertes Uran und Deuterium zu verwenden. Aber die Aussicht auf eine Bombe schwand, da Perrin erkannte, daß jede Explosion in einer solch großen Masse verfrüht einsetzen und ineffizient sein würde: »Als sich die Kettenreaktion zu entwickeln begann, sahen wir deutlich, daß der Temperaturanstieg die Versuchsanordnung in die Luft jagen und zerstören würde, ehe eine durchschlagende Explosion erfolgen konnte.« Joliots Team konzentrierte sich daher nun auf die Entwicklung einer langsameren, aber kontrollierten Reaktion und nutzte die Spaltung von ungetrenntem Uran durch thermische Neutronen.[33]

Großbritannien

Die Arbeit der Franzosen, vor allem die Schätzung der Neutronenreproduktion durch Halban und Joliot, blieb nicht ohne Einfluß auf die britischen Physiker und veranlaßte G. P. Thomson im April 1939 dazu, die Regierung wegen Urans zu Versuchszwecken anzugehen. Im Mai 1939 berichtete A. M. Tyndall dem *Committee of Imperial Defence*, daß eine Uranbombe durchaus den nächsten Krieg entscheiden könnte. Tyndall machte sich Sorgen wegen der Ungenauigkeit wichtiger Daten, nahm aber an, daß eine große Masse benötigt werden würde, und vermutete außerdem, daß es sich bei dem aktiven Isotop um U235 handele.[34] Den drohenden Krieg vor Augen, verfaßte Thomson im August einen falschen Bericht (der den Deutschen untergejubelt werden sollte) über die erfolgreiche Explosion von »halbtonnenschweren Uranbomben«, bei denen ein Wasserstoffgemisch und Kadmium-»Auslöser« benutzt worden waren. Damit hoffte man, die Deutschen vom Krieg abzuhalten. Nichtsdestoweniger unterrichtete Thomson Sir Henry Tizard in einem Begleitschreiben, daß »der ernsthafte Teil der Arbeit gut läuft, und ich sehe keinen Grund, meine Meinung zu ändern, daß es funktionieren wird«.[35] Bei Kriegsausbruch war Thomson jedoch zu dem Schluß gelangt, daß keine noch so große Menge von Uranoxid in Wasser eine Kernexplosion auslösen würde, obwohl vermutet wurde, daß es vielleicht mit einer 15–20%igen Anreicherung durch U235 funktionieren würde.[36]

Währenddessen hatte Rudolf Peierls in Birmingham Perrins Formel für die kritische Größe durch eine raffiniertere Theorie der Neutronenvermehrung und -diffusion weiterentwickelt. Er betonte, daß er der Einfachheit halber nur den Fall von schnellen Neutronen in Betracht gezogen habe, räumte aber (in Anerkennung gegenüber Bohr) ein, daß der Großteil des Spaltungseffekts wahrscheinlich auf die langsamen Neutronen in U235 zurückzuführen sei. Diese Einsicht scheint Peierls davon überzeugt zu haben, daß seine Formel für die Entwicklung einer Atombombe keine Bedeutung haben konnte, und so reichte er im Juni 1939 einen Artikel mit seiner »recht akademischen« Berechnung bei einer Zeitschrift in Cambridge ein.[37] Otto Frisch, Peierls' neuer Kollege in Birmingham, »sah keinen Grund, der gegen die Veröffentlichung meines Artikels spricht, da Bohr gezeigt hatte, daß eine Atombombe kein realistisches Unterfangen sei«.[38] Gemäß der Formel bewegte sich die kritische Masse natürlichen Urans »in einer Größenordnung von Tonnen. Mir schien daher, daß der Artikel für eine Kernwaffe keinerlei Bedeutung habe. Die gesamte Masse ... hätte die Größe des gegenwärtigen Windscale-Reaktors gehabt.«[39] (Im Sommer 1940 errechneten Frisch und Peierls, daß die kritische Masse für ungetrenntes Uran und schnelle Neutronen »mindestens 28 Tonnen« betrage.)[40] Zufälligerweise wurde Peierls' Cambridger Artikel erst im Oktober, also nach Kriegsausbruch, veröffentlicht und scheint bis 1945 in Deutschland nicht bekannt geworden zu sein und, nach der Tatsache zu urteilen, daß er nirgends zitiert wurde, in den Jahren 1939/40 auch anderswo nicht; nur britische Kernphysiker und örtliche Leser, darunter James Chadwick, kannten ihn.[41] Aber wie wir sehen werden, sollte der Artikel im Frühjahr 1940 bei der Erfindung von Kernwaffen eine entscheidende Rolle spielen.

Währenddessen dachte Frisch im Winter 1939 weiter über die Unmöglichkeit nach, eine Atombombe zu bauen, und zwar in einem Bericht über die im ablaufenden Jahr erfolgten Entwicklungen auf dem Gebiet der Kernspaltung, den er für die *British Chemical Society* verfassen sollte. Perrins Formel der kritischen Größe, so legte er dar, sei fehlerhaft, weil sie davon ausgehe, daß schnelle Neutronen selbst nach Zusammenstößen so lange ihre Energie beibehalten, bis sie einen U238-Kern spalten können. Dies aber sei falsch; derartige Zusammenstöße verringerten die Energie der Neutronen beträchtlich (inelastische Streuung), weshalb diese U238 nicht spalten könnten. Auch könnten die Neutronen nicht so lange überleben, bis sie die niedrigen thermischen Energien erreicht hätten, die bei der Spaltung von U235-Kernen benötigt werden, denn sie würden davor durch U238 eingefangen, ohne einen weiteren Kern zu spalten. Bei einer zehnfachen Anreicherung des U235 könne man wahrscheinlich eine Kettenreaktion erzielen, aber keine explosive. Bezüglich einer Bombe auf der Basis von langsamen Neutronen kam Frisch (auf der Grundlage von Bohrs Argumenten) zu dem Schluß, daß eine Anreicherung mit U235

> »jedoch keine effektive Basis für die Konstruktion einer Superbombe bilden würde, jedenfalls nach unserem gegenwärtigen Wissensstand,

weil die Reaktion nicht schnell genug ist. Die Zeit, die ein Neutron benötigt, um thermisch zu werden, liegt bei 10^{-5} Sek.; weitere 10^{-4} Sek. gehen im Durchschnitt verloren, bevor das Neutron einen Uran[U 235]-Kern trifft. So braucht der ›Reproduktionszyklus‹ etwa 10^{-4} Sek., und die Zeit, die erforderlich ist, um die ›Population‹ der Neutronen zu verdoppeln, ist wahrscheinlich vielmals länger. Sobald die Temperatur mehrere tausend Grad erreicht hat, wird der Behälter zerbrochen sein, und in einer Zeit von 10^{-4} Sek. werden die Teile der Bombe völlig getrennt sein. Die Neutronen werden dann entweichen können, und die Reaktion wird zum Stillstand kommen. Folglich wird die freigesetzte Energie nur etwa ausreichen, um den Behälter zu sprengen, oder, mit anderen Worten, von derselben Größenordnung sein wie bei gewöhnlichen Sprengstoffen.«[42]

Die Meinungen des renommiertesten britischen Kernphysikers der damaligen Zeit, James Chadwick, sind ein typisches Beispiel für die nebulösen Vorstellungen über die Funktionsweise einer Atombombe, die 1939 in der internationalen Gemeinschaft der Physiker weit verbreitet waren. Von der Regierung im Oktober 1939 um Rat gefragt, erwiderte Chadwick, daß vielleicht »mehrere Tonnen« reinen Urans benötigt würden und daß er nun wisse, daß eine Bombe auf einem Spaltungsprozeß durch thermische Neutronen basiere. Er hielt eine explosive Kettenreaktion mit natürlichem Uran für möglich und versprach, der Sache nachzugehen.[43] Ein zweiter Brief vom 5. Dezember war dezidierter: Inzwischen hatte Chadwick eine weitere Aufzeichnung des Halban-Joliot-Teams durchgesehen und auch Peierls' Präzisierung der Formel zur kritischen Größe gelesen. Er glaubte nun, daß zwei Arten von Explosionen durchführbar seien. Die erste beruhte auf der Spaltung durch thermische Neutronen in einem Uran-Wasser-Gemisch – war also eine Reaktorbombe. Das wasserstoffhaltige Material wurde als Moderator gebraucht, der verhindern sollte, daß die Neutronen durch die U238-Kerne eingefangen würden, ohne vorher Spaltungen hervorgerufen zu haben. Bei passender Anordnung war eine Kettenreaktion wahrscheinlich, wenn auch »vielleicht mehr als eine Tonne [Uran] erforderlich sein würde«. Der zweite Vorschlag jedoch galt einer durch schnelle Neutronen ausgelösten explosiven Kettenreaktion in Uran.

Chadwick war der Ansicht, daß diese nur durch die Wirkung inelastischer Streuung gehemmt würde – das heißt durch Zusammenstöße, bei denen Neutronen Energie verloren und von U238 einfach eingefangen wurden. Dies bedeutete, daß Chadwick an die mit schnellen Neutronen erfolgende Spaltung von U235 dachte, aber innerhalb einer Masse ungetrennten Urans. »Ich denke, die Explosion tritt nahezu sicher ein, wenn man genug Uran hätte ... von etwa einer Tonne bis zu 30 oder 40 Tonnen, gemäß den angenommenen Versuchsdaten.«[44] Merkwürdigerweise behauptete Chadwick in einem späteren Interview, daß er dabei nicht an natürliches Uran, sondern an U235 gedacht habe.[45] Obwohl dies aus dem Brief nicht hervorgeht, ist es durchaus möglich, daß er sowohl an getrenntes U235 als auch an U235 in ungetrenntem Uran gedacht hatte. Auf jeden Fall leitete Chadwick, indem er sich auf von Bohr[46] berichtete falsche Meßergebnisse des Spaltungsquerschnitts von nichtangereichertem Uran durch schnelle Neutronen berief, den Spaltungsquerschnitt für U235 her und berechnete dann mit seinem Kollegen Maurice Pryce auf der Basis von Peierls' Formel, daß »etwa eine Tonne U235« benötigt würde. Später erinnerte sich Chadwick: »Nun, es hätte sicherlich eine höllische Explosion ergeben, aber es war undenkbar, eine Tonne U235 zu trennen. Als ich an Appleton schrieb, äußerte ich mich daher in dem Sinne, daß an beiden Möglichkeiten nicht viel dran zu sein scheine.«[47]

In diesem Brief hatte er U235 im Zusammenhang mit einer Spaltung durch schnelle Neutronen nicht eigens erwähnt, obwohl, wie wir gesehen haben, aus seiner späteren Erinnerung hervorzugehen scheint, daß er dies tatsächlich im Sinn gehabt hatte. Diese mangelnde Klarheit trübte seine Vorstellung von einer Bombe auch in anderer Hinsicht, was für die frühen Überlegungen zu Kernwaffen geradezu typisch war: Erstens zog Chadwick primär den Gebrauch von natürlichem Uran für eine Bombe in Betracht, mit oder ohne Moderator; zweitens waren die für eine Bombe in Vorschlag gebrachten kritischen Massen – selbst für eine aus reinem U235 – derart gigantisch, daß sich eine daraus hergestellte Waffe keinesfalls in einem Flugzeug transportieren ließ. Kein Wunder, daß die britische Regierung Chadwicks Kommentare sehr beruhigend fand.[48] Doch Chadwick, dem dabei nicht wohl war, sollte weiter über das Problem nachdenken und, wie wir im nächsten Kapitel sehen werden, seine Meinung dramatisch ändern.

So bestand denn das konventionelle Wissen in Großbritannien und in vielen anderen Ländern Ende des Jahres 1939, als der erste, von Perrins Artikel und anderen Veröffentlichungen ausgelöste, Begeisterungstaumel verflogen war, darin, daß eine Atombombe theoretisch nur eine verschwindend geringe Möglichkeit war und erst in ferner Zukunft realisierbar sein würde. Nachdem er von seinem wissenschaftlichen Berater Lindemann über diese Erkenntnisse instruiert worden war, hatte daher Churchill am 5. August 1939 dem Staatssekretär im Luftwaffenministerium geschrieben, er möge dem Kabinett die Angst vor einer neuen Superwaffe ausreden: »Der Kettenprozeß kann nur stattfinden, wenn das Uran in einer großen Masse konzentriert ist ... Sobald sich die Energie entwickelt, wird sie mit sanfter Detonation explodieren, ehe es zu einer wirklich heftigen Explosion kommen kann.«[49] Oder wie Lord Hankey bemerkte, nachdem er von der Chadwick-Korrespondenz vom Dezember 1939 erfahren hatte: »Ich denke, wir können ganz ruhig in unseren Betten schlafen.«[50]

Deutschland

Die deutschen Wissenschaftler hatten auf die Vermutungen über kritische Masse und Neutronenvermehrung, die im Artikel von Perrin und Joliot vorgebracht wurden, begeistert reagiert. Nachdem Halbans und Joliots optimistische Erkenntnisse zur Neutronenreproduktion am 22. April 1939 in *Nature* erschienen waren, ergriffen zwei getrennte Gruppen deutscher Wissenschaftler die Initiative, um von seiten der Regierung ernsthafte Unterstützung für die Kernforschung zu erhalten. Ein Vortrag Wilhelm Hanles, der während eines Kolloquiums Göttinger Physiker über einen »Uranbrenner« gesprochen hatte, veranlaßte seinen Vorgesetzten Georg Joos, in dieser Sache dem Reichsminister für Erziehung zu schreiben. Die Folge war eine Konferenz, die am 29. April unter dem Vorsitz Abraham Esaus, des Leiters der Technisch-Physikalischen Reichsanstalt, stattfand und auf der die Gründung des sogenannten Uranvereins beschlossen und die Sicherstellung von Uranvorräten sowie ein Ausfuhrverbot des kostbaren Elements empfohlen wurden. Zur gleichen Zeit und unabhängig davon drängte Paul Harteck von der Hamburger Universität das Kriegsministerium, das Sprengstoffpotential von Uran erforschen zu lassen. Im Sommer war dann in der Forschungsabteilung im Heereswaffenamt eine Fachsparte Kernphysik unter der Leitung Kurt Diebners eingerichtet worden.[51] Noch vor Kriegsbeginn im September 1939 hatte die deutsche Kernforschung somit die Rückendeckung zweier Regierungsbehörden.

Die vollständigste Darlegung des in dieser Anfangsphase in Deutschland vorhandenen Wissens über die Ausnutzung von Kernenergie findet sich in einem im Juni 1939 veröffentlichten Artikel Siegfried Flügges (eines Kollegen Heisenbergs an Hahns Institut in Berlin) mit dem Titel »Kann der Energieinhalt der Atomkerne technisch nutzbar gemacht werden?«. Auf verführerische Weise schätzte Flügge, daß ein Kubikmeter Uranoxid genug Energie enthalte, um einen Kubikkilometer Wasser 27 Kilometer hoch zu heben. Die entscheidende Bedingung für die Umwandlung dieser Masse in Energie bestand darin, ob »sie in einem Zeitraum von weniger als 1/100 Sekunden [sic; zu langsam!] freigesetzt werden konnte«. Flügge stellte sich zwei verschiedene Arten von Explosionen in Reaktorbomben vor, basierend auf verschiedenen Zeitskalen, Materialien und Neutronen.

1. »[sie] bedeutet nur, daß in weniger als 10^{-4} sec das gesamte Uran umgesetzt wird. Die Energiebefreiung geschieht also in einer so kurzen Zeit, daß wir es mit einer außerordentlich heftigen Explosion zu tun haben.« [= schnelle Neutronen in natürlichem Uran]

2. »die Umsetzung des Urans findet in etwa 1/10 sec statt; die Energiebefreiung erfolgt zwar langsamer als bei schnellen Neutronen, aber immer noch explosiv.«[52] [= langsame Neutronen in Uranoxid mit einem Moderator]

Die von Flügge veranschlagte Zeitskala von 10^{-4} Sekunden (ein Zehntausendstel einer Sekunde) für die explosive Kettenreaktion in seiner Reaktorbombe war, wie Frisch und Bohr erkannten, viel zu langsam. In dieser Zeit würde sich der Behälter ausdehnen und die Reaktion zum Stillstand kommen. Wie wir sehen werden, war ein Zeitraum in der Größenordnung von 10^{-8} Sekunden (ein Einhundertmillionstel einer Sekunde) realistischer. Darüber hinaus teilte Flügge die 1939 unter Physikern (mit Ausnahme Bohrs) weitverbreitete Meinung, daß eine Explosion in natürlichem Uran denkbar sei. Auch seine Vorstellung von einer langsameren Explosion in einer Reaktorbombe, bei der langsame Neutronen in einem Gemisch aus Uranoxid und Bremssubstanz eingesetzt werden, ist typisch für die damals gängige Idee von einer Uranbombe. Nichts deutet darauf hin, daß irgendein Physiker in Deutschland mit den Prämissen des Artikels nicht übereinstimmte, als er im Sommer 1939 erschien.

Das gilt auch für Heisenberg. Kurz nach Erscheinen von Flügges Veröffentlichung besuchte er die Vereinigten Staaten und diskutierte die Idee einer Atombombe mit Fermi und anderen Physikern. Sie stimmten darin überein, daß sie eher eine ferne und langfristige Möglichkeit sei.[53] Aber nach seiner Rückkehr nach Deutschland und dem Kriegsausbruch sollten sich die Dinge ändern. Im September 1939 wurde überstürzt ein Forscherteam zusammengestellt, das der Forschungsabteilung im Heereswaffenamt unterstand, und Heisenberg zu dessen wissenschaftlichem Leiter berufen.[54] Wie Bohr, Fermi, Frisch und viele andere war er sich der theoretischen Einwände gegen die Idee einer Atombombe sehr wohl bewußt, doch er machte sich munter daran, sie zu überwinden. Ende 1939 hatte er die theoretischen Grundlagen eines Kernreaktors ermittelt und erste Überlegungen zum Bauplan einer Atombombe angestellt. Dabei war ihm die Unmöglichkeit des Unternehmens nur um so deutlicher geworden. Zudem ergab einer seiner Denkansätze eine auf falschen Voraussetzungen beruhende Reaktorbombe, während der andere die Funktionsweise einer U235-Bombe außer acht ließ. Ebendiese wissenschaftlichen Schnitzer hielten ihn davon ab, sich massiver für die Entwicklung einer deutschen Atombombe einzusetzen. Selbst während des Krieges verspürte Heisenberg nie das Bedürfnis, seine anfängliche Analyse der Bombe ernsthaft zu korrigieren, auch wenn er schließlich auf Plutonium als Alternative setzte. Erst im August 1945 gelangte er angesichts des Atombombenabwurfs auf Hiroshima zu der Einsicht, daß die Alliierten eine andere, realistische Lösung des Problems, eine Atombombe zu entwickeln, gefunden hatten.

5. Kapitel: Die Frisch-Peierls-Lösung, 1940

Eingehüllt in einen dicken Mantel, um sich vor der in seinem Wohnzimmer herrschenden Eiseskälte zu schützen, hatte Otto Frisch im Winter 1939 in Birmingham seinen beruhigenden Bericht für die *Chemical Society* zu Papier gebracht, in dem er zu dem Schluß gelangt war, daß eine Uranbombe auf der Basis langsamer Neutronen unmöglich sei. Aber das Problem ließ ihn nicht los, und so kam ihm schließlich im Februar 1940 die Erleuchtung:

> »Mir war Peierls' Berechnung bekannt geworden, und ich fragte ihn nach der Formel, und einfach so zum Spaß setzte ich einen geschätzten Spaltungsquerschnitt für U235 ein ... das Resultat war eine kritische Masse in der Größenordnung eines Pfunds oder so.«[1]

> Nachdem ich diesen Bericht geschrieben hatte, fragte ich mich ... ob man genug U235 herstellen könne, um eine wirklich explosive Kettenreaktion zu ermöglichen, die nicht auf langsame Neutronen angewiesen ist. Wieviel würde man von dem Isotop brauchen? Ich benutzte eine Formel, die von ... Perrin hergeleitet und von Peierls vervollständigt worden war ... Zu meinem Erstaunen war die Menge sehr viel kleiner, als ich erwartet hatte; es war keine Sache von Tonnen, sondern etwas wie ein Pfund oder zwei.
>
> Natürlich besprach ich das Ergebnis sofort mit Peierls ... Wir starrten einander an und waren uns nun klar darüber, daß eine Atombombe also doch möglich sein könnte.«[2]

> »Ich hatte immer im Bereich von Tonnen gedacht, ohne eigentlich viel zu denken, weil man gar keine Peierls-Formel braucht; man braucht ein bißchen gesunden Menschenverstand, um auf eine kritische Größe zu kommen, jedenfalls einen Näherungswert.«[3]

Frisch hatte herausgefunden, wie sich eine Kettenreaktion mit schnellen Neutronen realisieren läßt, und war damit seinen internationalen Kollegen zuvorgekommen, die mit ihren Versuchen, schnelle Neutronen für eine Kernexplosion zu nutzen, gescheitert waren. Der konzeptionelle Durchbruch wird hier von Frisch etwas verschleiert, der so tut, als sei es nur darum gegangen, den wahrscheinlichen Spaltungsquerschnitt in Peierls' Formel einzutragen. Er wäre gewiß nicht auf den Gedanken gekommen, Peierls nach einer Formel zu fragen, hätte er nicht bereits zuvor erkannt, daß schnelle Neutronen bei der Spaltung von reinem U235 eine wichtige Rolle spielen. Mit anderen Worten, Frisch hatte sich bereits die grundlegenden konzeptionellen Fragen gestellt: Würde die Kettenreaktion in einer Masse von reinem U235 anders ablaufen als in einem Gemisch aus U235 und U238? Würde reines U235 durch schnelle Neutronen wirksamer gespalten werden als ein Gemisch?

In seinen Memoiren erinnert sich Peierls daran, wie sie gemeinsam an der Lösung arbeiteten und sich dabei seiner Formel von 1939 bedienten, um erstens die kritische Masse von U235 und zweitens die Geschwindigkeit zu berechnen, bei der die Reaktion vonstatten gehen würde (und somit deren Effizienz als Explosion):

»Dann, im Februar oder März 1940, sagte Frisch eines Tages zu mir: ›Nehmen wir an, irgend jemand gäbe dir ein Quantum reinen Uran-235-Isotops – was würde geschehen?‹ Wir begannen, die Konsequenzen zu ermitteln. Die Arbeit von Bohr und Wheeler schien darauf hinzudeuten, daß jedes Neutron, das einen 235er-Kern trifft, spaltet. Da die Anzahl sekundärer Neutronen pro Spaltung annäherungsweise gemessen worden war, hatten wir alle Daten, um sie in meine Formel für die kritische Größe einzusetzen, und wir waren verblüfft, als sich herausstellte, wie klein sie war. Wir schätzten die kritische Größe auf etwa ein Pfund, während Spekulationen über natürliches Uran üblicherweise auf Tonnen gekommen waren... Dabei blieb aber immer noch die Frage, wie weit die Kettenreaktion ginge, ehe der sich entwickelnde Druck das Uran zerstreuen würde. Eine grobe Schätzung – auf der Rückseite des sprichwörtlichen Briefumschlags – ergab, daß ein erheblicher Teil des Urans gespalten sein würde.«[4]

»Wir waren verblüfft, als wir herausfanden, daß die kritische Größe oder Masse nur Pfunde betrug statt jener Tonnen, die man intuitiv erwartete, nachdem man über Reaktoren nachgedacht hatte.«[5]

Mit reinem U235 findet in der Tat ein fast qualitativer Sprung in der Geschwindigkeit von Spaltung und Neutronenvermehrung statt, der allen vorherrschenden Erwartungen hinsichtlich kritischer Masse zuwiderlief:

> »Nun, man dachte bei der kritischen Masse gewöhnlich an Tonnen gewöhnlichen Urans. Und man ist sich nicht automatisch bewußt, wie sehr die Tatsache, daß ein Faktor von 100 in der Konzentration die Zunahme des effektiven Wirkungsquerschnitts etwa um den Faktor 100 bedeutet, was in der linearen Dimension fast 100 und daher einen phantastischen Faktor in der Masse bedeutet.«[6]

Frisch und Peierls fanden die Lösung nicht zuletzt deshalb, weil sie die Tragweite der Bohrschen Artikel über Kernspaltung aus dem Jahr 1939 erkannt hatten – vor allem die Vorstellung von der kontinuierlichen Spaltbarkeit von U235 durch Neutronen jeglicher Energien, nicht nur langsamer. Dies bedeutete, daß die verschiedenen Faktoren, die gegen die Spaltung durch schnelle Neutronen von U235 in Gemischen sprachen – wie etwa der Einfang durch U238, inelastische Streuung –, unberücksichtigt bleiben konnten. Selbst wenn ein schnelles Neutron beim Auftreffen auf einen U235-Kern gestreut wurde, würde die Zeit, die es bis zu seinem nächsten Aufprall braucht, sehr kurz sein ($2{,}6 \times 10^{-9}$ Sek.).

> »Wir hatten den Artikel von Bohr-Wheeler gelesen und verstanden, und er schien überzeugend darzulegen, daß unter diesen Umständen für Neutronen in U235 der Spaltungsquerschnitt dominieren würde und daß Streu- und … Einfangquerschnitte und so weiter zu vernachlässigen seien … Dann konnte man vernünftigerweise auch davon ausgehen, daß der gesamte Wirkungsquerschnitt für nicht zu niedrige Energien der geometrische Querschnitt des Kerns sein würde – traf ein Neutron den Kern, so mußte irgend etwas passieren.«[7]

Da sie das Problem auf diese Weise begrifflich neu faßten, gelangten sie zu einem intuitiven und äußerst großen Schätzwert des Querschnitts für eine Spaltung durch schnelle Neutronen in U235 (10^{-23} cm^2), den sie in ihre Formel für die kritische Masse einsetzen konnten. Ein so großer theoretischer Schätzwert sprach gegen die bei Bohr-Wheeler veröffentlichten Versuchsdaten. Wie es nun einmal so geht, war der von Frisch und Peierls geschätzte Wert zehnmal zu groß und führte zu einer kritischen Masse, die hundertmal zu klein war, obzwar dies etwas durch den Umstand wettgemacht wurde, daß sie (wie Frisch später behauptete) bei dem Entwurf einer Bombe keinen Neutronenreflektor in Betracht gezogen hatten. Die geschätzte Zahl wurde, zusammen mit anderen Details, später im amtlichen britischen MAUD-Report auf 10^{-24} cm^2 korrigiert.[8]

Ob eine Bombe auf der Basis einer durch schnelle Neutronen ausgelösten Kettenreaktion funktionieren würde, hing von der Schnelligkeit des Prozesses ab. Würde das Tempo der Spaltungszuwachses hoch genug sein, um in sehr kurzer Zeit eine große Explosion hervorzurufen? Mit anderen Worten, würde eine genügende Menge der U235-Energie freigesetzt, ehe die Volumenzunahme der Explosion die Kettenreaktion zum Stillstand brachte?[9] Frisch und Peierls schätzten, daß die Kettenreaktion schnell genug ablaufe, da jedes schnelle Neutron nur die extrem kurze Zeitspanne von $2{,}6 \times 10^{-9}$ Sek. benötigen würde, bevor es einen Kern treffen mußte:

> »Im Ausdruck $e^t / \tau\alpha\upsilon$ für die Zunahme der Neutronendichte mit der Zeit würde [die Reaktion] etwa 4×10^{-9} Sekunden benötigen, einen sehr viel geringeren Zeitraum als im Fall einer auf langsamen Neutronen angewiesenen Kettenreaktion.«[10]

Peierls berechnete, daß Zeit genug sei, daß, sagen wir, 80 Neutronengenerationen (1+2+4+8) spalten und so eine gewaltige Explosion auslösen, die 2^{80} U235-Atome innerhalb einer hundertmillionstel Sekunde (10^{-8}) aufbrauchen würde.[11] Die ungeheure Schnelligkeit einer solchen Explosion mußte den Austritt der Neutronen durch die Oberfläche der kritischen Masse rasch zunichte machen, noch ehe Zeit wäre, auf eine Kettenreaktion schneller Neutronen Einfluß zu nehmen und so eine Explosion zu verhindern. Einiges davon war schon aus Bohrs Schriften und Vorträgen aus dem Jahr 1939 herauszulesen, aber Bohr hatte offensichtlich die Kinetik der Kettenreaktion und die Notwendigkeit einer schnellen Kettenreaktion zur Erzeugung einer effizienten Explosion nicht eigens bedacht. Und so waren es Frisch und Peierls, denen die Lösung gelang.

Auf Anregung Mark Oliphants, des australischen Leiters der Physik in Birmingham, verfaßten Frisch und Peierls eine Denkschrift, in der sie ihre theoretischen Überlegungen erläuterten und Vorschläge machten, wie die Trennung von genügend U235 in einem vernünftigen Zeitraum durchgeführt werden könne. Oliphant übergab das Memorandum einem Kollegen im Air-Warfare and Defence Committee, George Thomson, und erklärte, daß er von den Vorschlägen seiner Kollegen überzeugt sei.[12] Unter dem Eindruck von Thomsons pessimistischen Befunden, wonach schnelle Neutronen in gewöhnlichen Uranmischungen ineffektiv seien, war das Committee drauf und dran gewesen, das Uranprojekt aufzugeben, doch beeindruckt von den neuen Vorschlägen richtete es nun einen eigenen Uran-Unterausschuß ein (später bekannt als MAUD), zu dem unter anderem Oliphant, Thomson und Chadwick gehörten.[13] Dieser Gruppe präsentierte der frischgebackene Vorsitzende Thomson am 24. April 1940 die Ansichten von Frisch und Peierls über die Möglichkeit einer mit schnellen Neutronen arbeitenden Bombe:

> »Der Ausschuß war ganz allgemein von der Möglichkeit elektrisiert, aber Chadwick, der ebenfalls zu seinen Mitgliedern gehörte, war verlegen und bekannte, daß er zu ähnlichen Schlüssen gelangt sei, sich aber nicht berechtigt gefühlt habe, darüber zu berichten, ehe man aufgrund von Experimenten mehr über Neutronenquerschnitte gewußt habe. Peierls und Frisch hatten sich bestimmter Schätzwerte bedient.«[14]

Im 4. Kapitel haben wir Chadwick Anfang Dezember 1939 verlassen, als er immer noch die falsche Spur verfolgte; er hatte entweder an eine auf langsamen Neutronen basierende Reaktorbombe gedacht, die U235 und einen Moderator nutzt, oder an eine durch schnelle Neutronen bewirkte Explosion reinen oder gemischten U235 mit einer kritischen Masse von einer Tonne und mehr. Aber Ende Dezember ging ihm eine neue Möglichkeit auf: daß die Spaltung von U235 durch schnelle Neutronen eine weitaus geringere Masse erfordern könnte, als er bisher angenommen hatte. Am 26. Dezember 1939 schrieb Chadwick vorsichtig einen persönlichen Brief an E. V. Appleton, Secretary of the Department of Scientific and Industrial Research, in dem er andeutete, daß es eine interessante militärische Anwendung der Uranspaltung durch schnelle Neutronen geben könnte, und anfragte, welche Arbeiten über Kernspaltung im Gang seien. Appleton verwies ihn an Thomson, dem Chadwick nichts von seiner Idee mit den schnellen Neutronen erzählte, und so unterrichtete Thomson einen Korrespondenten lediglich darüber, daß er selbst einige Arbeiten über langsame Neutronen durchgeführt, das Projekt jedoch aufgegeben habe.[15]

Chadwick war also zum richtigen Schluß über das Prinzip schneller Neutronen einer Atombombe gelangt, aber nun befaßte er sich mit der kritischen Masse. Seine eigene frühere Schätzung von einer Tonne und mehr U235 bereitete ihm Kopfzerbrechen, da sie auf Merle Tuves (wie von Bohr berichtet) sehr niedriger Messung des Spaltungsquerschnitts für schnelle Neutronen von 0,6 MeV in ungetrenntem Uran auf $0{,}003 \times 10^{-24}\,cm^2$ basierte.[16] Aufgrund der Folgerung, daß bei dieser Energie nur das U235 gespalten werde, hatte Chadwick den Spaltungsquerschnitt von U235 selbst hergeleitet, indem er Tuves Messung mit 139 multiplizierte (1/139 als das Verhältnis von U235 zu anderen Isotopen in ungetrenntem Uran), um zu dem Schluß zu gelangen, daß in reinem U235 der Querschnitt $0{,}4 \times 10^{-24}\,cm^2$ betragen würde. Dies war der Wert, den Chadwicks Kollege Maurice Pryce in die Peierlssche Formel eingesetzt hatte. Diese Unterschätzung des Spaltungsquerschnitts um einen Faktor drei, verbunden damit, die Reflexion entweichender Neutronen zurück in die kritische Masse und andere Faktoren nicht bedacht zu haben, ergab allerdings eine kritische Masse von einer Tonne U235 und mehr.[17] (Wie es scheint, ist auch Fermi an diesem Punkt durch dieselbe Messung irregeführt worden.)[18]

Ende Dezember 1939 regte sich allerdings in Chadwick der Verdacht, daß der Spaltungsquerschnitt »insgesamt verdammt zu niedrig« sei, mit der theoretischen Begründung, daß er viel kleiner war, als der geometrische Querschnitt des Kerns nahelegte.[19] Daher begann Chadwick in den ersten Monaten des Jahres 1940 mit eigenen Messungen in Liverpool, und eben zu diesem Zeitpunkt wurde ihm der Vorschlag Frischs und Peierls' unterbreitet.[20] Er muß für ihn ein Schock gewesen sein; stellte er doch nicht nur eine neue konzeptionelle Annäherung an das Problem dar, sondern nahm auch für den Spaltungsquerschnitt einen Wert an, der um vieles größer war als der, den Tuves Messung vermuten ließ (10×10^{-24} cm^2, verglichen mit $0{,}4 \times 10^{-24}$ cm^2). Obwohl Chadwick keine Rechtfertigung für die Annahme der beiden Kollegen sah, daß in reinem U235 Neutronen jeglicher Energie wirksam würden, glaubte er dennoch an eine Möglichkeit und einen guten Grund für eine dringende Untersuchung der Spaltbarkeit schneller Neutronen in U235.[21] Damit war das britische Atombombenprojekt ins Leben gerufen.

Frisch und Peierls gelang der Durchbruch, weil sie die richtigen Fragen hinsichtlich des Verhaltens schneller Neutronen und der Geschwindigkeit der Kettenreaktion in reinem U235 gestellt hatten. Wie die amtlich autorisierte Historikerin des britischen Projekts geschrieben hat:

> »Die Fragen mögen heutzutage auf der Hand liegen, doch damals war dies nicht so. In Amerika wurden sie viele Monate lang nicht gestellt, bis die Arbeiten der britischen Physiker zur Verfügung standen. Die deutschen Physiker einschließlich des brillanten Heisenberg stellten sie offenbar überhaupt nicht. Spätestens im Frühjahr 1940 hatte in England praktisch jedermann eine Uranbombe als ernsthaftes Vorhaben für den Zweiten Weltkrieg ausgeschlossen.«[22]

Wie es George Thomson später ausdrückte: »[Eine Atombombe] schien nahezu unmöglich, und wenn diese Schlußfolgerung heute beschämend blind anmutet, so kann ich nur darauf hinweisen, daß die herausragendsten Physiker in Deutschland genau derselben Meinung waren.«[23]

In der Tat: Daß Heisenberg den mehrfach erwähnten merkwürdigen Irrweg einschlug, wird nur dann verständlich, wenn man sich den historischen Kontext vergegenwärtigt, in dem 1939/40 allerlei verworrene Theorien über die Atombombe kursierten.

6. Kapitel: Heisenbergs falsche Grundlagen, 1939

Im Zuge des Kriegsausbruchs im September 1939 nahmen die bereits bestehenden deutschen Initiativen zur Erfindung einer Uran- oder Atombombe feste Formen an. Unter dem Vorsitz Kurt Diebners und in Anwesenheit von Heisenbergs früherem Assistenten Erich Bagge hielt die Forschungsabteilung im Heereswaffenamt am 16. September in Berlin eine Besprechung ab, bei der beschlossen wurde, daß Heisenberg durch militärischen Befehl zum nächsten Treffen am 26. September »eingeladen« werden solle. Die Wissenschaftler waren hier zu einem ernsthaften Forschungsprojekt einberufen, das nicht nur theoretische und experimentelle Untersuchungen anstellen würde, sondern auch technische Anwendungen zum Ziel hatte. Der sogenannte Uranverein kam auf etwa sechzig Wissenschaftler, darunter treue Nazis wie Diebner und Bagge, sowie Männer, die sich später als »unpolitisch« bezeichneten, wie Heisenberg und Weizsäcker, aber auch Persönlichkeiten, die mit Politik überhaupt nichts im Sinne hatten, wie Otto Hahn, ja sogar erklärte Nazigegner wie Laue und Gentner. Zu den Forschungsstätten, an denen Arbeitsgruppen eingesetzt wurden, gehörten die Kaiser-Wilhelm-Institute für Chemie und Physik in Berlin und verschiedene Universitäten, darunter jene in Hamburg, Heidelberg, Wien sowie Heisenbergs Lehrstuhl in Leipzig.[1] Im Lauf des Krieges brachte das Projekt an die vierhundert Geheimberichte hervor [die sog. G-reports], deren Bandbreite von hochtheoretischen Abhandlungen über Versuchsbeschreibungen bis hin zu allgemeinverständlichen Darstellungen für politische und militärische Kreise reichte.[2]

In den ersten beiden Monaten seiner Mitarbeit am Uranprojekt vertiefte sich Heisenberg in die wissenschaftliche Literatur über Kernspaltung und brachte Anfang Dezember einen umfangreichen Abriß in Umlauf, der das theoretische Fundament für das deutsche Uranvorhaben während des Krieges legte. Der Aufsatz »Die Möglichkeit der technischen Energiegewinnung aus der Uranspaltung« (G-39) vom 6. Dezember 1939[3] entwirft eine detaillierte Theorie eines Kernreaktors, der eine kontrollierte Kernspaltungsreaktion in Uran gestattet; und etwas kryptischer erwähnt er die andere Möglichkeit, die durch die Kernkraft eröffnet wurde: eine Uranbombe. Aber Heisenbergs Reaktortheorie enthielt einen Fehler, der sich für ihn als – fast im wahrsten Sinne des Wortes – fatal erweisen sollte, während die Bombentheorie nicht über den damaligen Wissensstand hinausging.

Der Bericht zeugt von großer Belesenheit in der französischen und amerikanischen Fachliteratur und ist, was das Verständnis von Kernspaltung betrifft, vor allem Niels Bohr und hinsichtlich der Behandlung des komplexen Problems der Neutronendiffusion Enrico Fermi und anderen verpflichtet. Heisenberg war über ausländische Arbeiten über langsame Neutronen und kritische Größen von Reaktoren gut unterrichtet, obgleich sich in dem Bericht (und auch anderswo) kein Hinweis darauf findet, daß er Peierls' Artikel über Kernspaltung mittels schneller Neutronen gelesen hatte.[4] In dem Bemühen, eine umfassende Theorie eines Reaktors zu liefern, befaßt sich G-39 ausführlich mit der Diffusionsgleichung, welche für Neutronen in Uran die Bewegung, die Kollision und den Austritt durch eine Oberfläche beschreibt. Damit läßt sich die kritische Größe für eine Kettenreaktion berechnen, die ausgelöst wird, wenn die Anzahl der im Innern erzeugten Neutronen die Zahl jener übersteigt, die durch die Oberfläche entweichen und durch andere Nichtspaltungsprozesse verlorengegangen sind. Heisenberg war der Überzeugung, daß ein Reaktor sich selbst stabilisieren würde, da dieser (so glaubte er) automatisch einen Zustand im Temperaturgleichgewicht suchen würde, infolge der Verbreiterung der Einfangsresonanzen von U238 durch den nuklearen Dopplereffekt, der Erniedrigung der Dichten durch die Hitzeexpansion und des Energiezuwachses der Protonen. Dies bedeutet, daß bei einer Temperatur von 800 Grad die Diffusionslänge ℓ der Neutronen so enorm angewachsen ist, daß die unbegrenzte Neutronenvermehrung aufhört: Die mittleren freien Weglängen λ vergrößern, die Wirkungsquerschnitte verringern sich, und so werden die Spaltungsvorgänge seltener, und die Kettenreaktion läßt sich nicht mehr aufrechterhalten. An diesem Punkt würde sich der Reaktor dann selbst stabilisieren, ohne daß Kadmium oder andere Regelstäbe zur Eindämmung der Kettenreaktion benötigt würden. Heisenberg war von dieser Entdeckung so überzeugt (die tatsächlich nur für einen bestimmten Reaktortyp gilt), daß er sich nie die Mühe machte, eine quantitative Theorie der Kadmiumregler auszuarbeiten, die gebraucht werden könnten; bei seinen 1942 durchgeführten Experimenten begnügte er sich damit, »Cd-Bleche« zur Hand zu haben, um sie, sollte die Sache »kritisch« werden, in die Apparatur zu schieben, und sein letzter Versuch 1945 war kaum besser geschützt.[5] Zudem hatte Heisenberg damals und während des gesamten Krieges keine Ahnung, welch eine entscheidende Rolle verzögerte Neutronen beim Funktionieren eines kontrollierten Reaktors spielen.[6] Jedenfalls wurde der Glaube an einen sich selbst stabilisierenden Reaktor zu einem zentralen Dogma der deutschen Reaktortheorie, wie man aus den Aufzeichnungen Houtermans, Müllers und Weizsäckers wie auch aus dem anonym verfaßten Bericht des Heereswaffenamts von 1942 ersehen kann.[7]

Besonders interessant an der Diskussion über Reaktortemperatur in G-39 ist jedoch, daß Heisenberg hier einen beiläufigen Absatz über eine mögliche Uranbombe einfügt, unmittelbar nachdem er eine Formel (Nr. 38) aufgestellt hat, die einen Zusammenhang zwischen der Temperatur eines Reaktors und dessen Radius sowie den Diffusionslängen der Neutronen herstellt:

> »Die Gl.[eichung] (Nr. 38) hört auf zu gelten, wenn die Temperatur so hoch wird, daß die Koeffizienten ν [Neutronenerzeugung] nicht mehr temperaturunabhängig sind. Für das gewöhnliche Gemisch von U238/92 und U235/92 tritt dies schon bei einigen eV Neutronenenergie ein, da von dieser Energie ab die Einfangung in U238/92 die Spaltung von U235/92 erheblich überwiegt. Bei Gemischen mit gewöhnlichem Uran wird also die Temperatur nicht über die Temperatur der bisher bekannten guten Sprengstoffe steigen können. Durch Anreicherung von U235/92 würde sich aber die Temperatur weiter steigern lassen. Wenn es gelingt, U235/92 so weit anzureichern, daß Temperaturen erzielt werden können, die einer Neutronenenergie von etwa 300 eV

entsprechen, zu denen also nach (38) ein Radius von $R \approx 10\pi\ell$ gehört, so würde auch ohne weitere Steigerung des Radius die Temperatur mit einem Schlage auf $\sim 10^{12}$ Grad steigen, d.h. es würde die ganze Strahlungsenergie aller verfügbaren Uranatome auf ein Mal frei werden. Denn bei 300 eV ist der Wirkungsquerschnitt von U235/92 für Spaltung auf etwa 5×10^{-24} cm² gesunken und weiter wird er aus geometrischen Gründen nicht sinken. Oberhalb von 300 eV Neutronenenergie nimmt also ℓ mit der Temperatur nicht weiter zu. Diese explosionsartige Umwandlung der Uranatome kann aber nur in fast reinem U235/92 auftreten, da schon bei geringen Beimengungen von U238/92 die Neutronen in der Resonanzstelle von U238/92 weggefangen werden.«[8]

Wenn eine Neutronenenergie von 300 eV (was einer Temperatur von 3,5 Millionen Grad entspricht) erreicht werden könnte, argumentiert also Heisenberg, dann ist eine massive Explosion nicht mehr aufzuhalten, da der Kernspaltungswirkungsquerschnitt für alle Neutronen, einschließlich schneller über 300 eV, nicht weiter sinken kann.

Diese zentrale Textstelle wirft viele Fragen auf, darunter vor allem folgende. Erstens: Der mit 5×10^{-24} cm² angegebene kleinste Wirkungsquerschnitt von U235/92 für Spaltung ist im Kontext der 1939 verfügbaren Daten über Atomkerne viel zu groß, um sich auf schnelle Neutronen in U235 beziehen zu können; 0,4 oder $0{,}5 \times 10^{-24}$ cm² käme den zeitgenössischen Schätzungen näher, wie sie von Tuve, Bohr, Chadwick angestellt wurden – und auch von Ladenburg, den Heisenberg an früherer Stelle auch tatsächlich zitiert. Möglicherweise handelt es sich daher einfach um einen Druckfehler, bei dem aus 0,5 der zehnmal höhere Wert 5,0 wurde. Allerdings kann man ihn auch als den kleinsten Wirkungsquerschnitt für langsame Neutronen in U235 in ungetrenntem Uran lesen; dann hätte Heisenberg Begriffe und Daten des Reaktors irrtümlicherweise auf das Bombenproblem angewandt.[9] Wie dem auch sei, dieser scheinbar geringfügige Lapsus verrät einen nicht gerade sehr sorgfältigen Umgang mit dem Problem einer U235-Bombe.

Zweitens: das Temperatur-Argument. Die von Heisenberg veranschlagte Temperatur von 10^{12} (= eine Billion) Grad im Bombeninneren ist wahnwitzig hoch und deutet auf einen riesigen Radius hin. Vor allem jedoch ist es irreführend, Temperatur, Radius und Formel (Nr. 38) eines Reaktors auf den andersgelagerten Fall einer Bombe zu übertragen. Tatsächlich ergibt, wie Heisenberg darlegt, die Anwendung dieser Formel einen kritischen Radius von annähernd $10\pi\ell$; wobei die Diffusionslänge ℓ in Abhängigkeit von der Anreicherung des U235 variiert. Heisenberg nennt zwar nicht die Werte, die hier eingesetzt werden müssen, doch sind seine tabellarisch angeordneten Meßwerte für die Diffusion langsamer Neutronen recht hoch; selbst wenn wir unterstellen, daß er an einen niedrigen Wert von, sagen wir mal, $\ell = 2$ cm, für langsame Neutronen dachte, so kommt man auf einen kritischen Radius von nicht weniger als 63 Zentimeter – was zig Tonnen »fast reinen« U235 entspricht! Heisenberg macht sich nicht einmal die Mühe, die Masse zu berechnen, da jeder zeitgenössische Leser sofort begriffen haben mußte, daß er eine Uranbombe, die auf seiner in G-39 dargelegten Reaktortheorie basierte, für derart schimärenhaft hielt, daß sich eine Erörterung des Problems erübrigte.

Drittens: Heisenberg formuliert keinen Ausdruck für die exponentielle Neutronenvermehrung wie etwa $e^t/\tau\alpha\upsilon$, welcher der Schlüssel zur Bombentheorie von Frisch und Peierls ist; statt dessen läßt er es mit einer – für Reaktoren nützlichen – Gleichung (Nr. 30) bewenden, die nur das momentane Gleichgewicht von interner Neutronenvermehrung und Neutronenaustritt angibt. Auch dieser Ansatz ist irreführend, verkennt er doch die entscheidende Voraussetzung einer Bombe, die nicht, wie Heisenberg es später ausdrückte, darin besteht, daß das Austreten der Neutronen durch die Oberfläche gering sei, verglichen mit der inneren Neutronenvermehrung, sondern vielmehr daß es überhaupt einen Überschuß durch Spaltung erzeugter Neutronen gegenüber jenen Neutronen gibt, die durch Austreten und andere Nichtspaltungsprozesse verlorengehen. Es muß also die Geschwindigkeit der internen Neutronenvermehrung derart sein, daß von den Neutronen, die bei jeder Kernspaltung freigesetzt werden, im Durchschnitt etwas mehr als ein Neutron einen anderen Kern spaltet. Die für eine Kettenreaktion kritische Masse wird zwar von Heisenberg definiert, doch wenn man sie auf eine Bombe anwendet, ohne die Vermehrungsrate der Neutronen und ihre exponentielle Zunahme zu berücksichtigen, kommt eine größere »kritische Masse« heraus, als wirklich nötig ist.[10] Dies ist deshalb so, weil in G-39 ein unnötig hoher Wirkungsgrad bei der Kernspaltung gefordert wird, wo doch tatsächlich, entgegen Heisenbergs Voraussetzung, eine deutliche Mehrzahl der Neutronen durchaus austreten darf, solange die Kettenreaktion durch fortschreitende Neutronenvermehrung – wie gering sie auch sei – aufrechterhalten wird. Möglich macht all das die enorme Geschwindigkeit der Reaktion schneller Neutronen.[11] Nach Heisenbergs Ansicht hängt jedoch der Wirkungsgrad dieser Reaktion entscheidend davon ab, ob der Austritt von Neutronen im Vergleich zur inneren Vermehrung »gering« ist. Wenn allerdings der Überschuß der sich vermehrenden gegenüber den austretenden Neutronen sehr klein ist, dann wird (wie Frisch und Peierls erkannt hatten) die Kettenreaktion für eine leistungsfähige Explosion zu langsam werden, und man muß sodann berechnen, wieviel zusätzliches Material noch gebraucht wird, um ein gewünschtes Ergebnis zu garantieren. Weil jedoch Heisenberg das Prinzip der Reaktion schneller Neutronen in reinem U235 nicht ganz verstanden hatte, verband er die Frage des Wirkungsgrads mit dem Kriterium »kritische Masse« und nahm als Arbeitshypothese an, daß die »kritische Masse« einer Bombe die Masse sei, bei der die Bombe den von ihm gedachten (zu hohen) Wirkungsgrad aufweist.

Viertens: Heisenberg scheint nicht daran interessiert gewesen zu sein, Frischs und Peierls' entscheidenden Fall einer aus reinem U235 hergestellten Bombe zu analysieren. Seine Formulierung ist aufschlußreich: Er spricht von »fast reinem U235/92«. Obwohl er selbst »geringe Beimengungen von U238/92« prinzipiell ablehnt, hält er sich die Möglichkeit offen, Bomben in Erwägung zu ziehen, die mit Urangemischen oder einem Moderator arbeiten, der verhindern soll, daß die Neutronen durch das U238 eingefangen werden.[12] Wie er am Ende des Dokuments etwas mehrdeutig feststellt, ist »die Anreicherung von U235/92 [...] die einzige Methode, mit der das Volumen der Maschine klein gegen $1\,m^3$ gemacht werden kann. Sie ist ferner die einzige Methode, um Explosivstoffe herzustellen, die die Explosivkraft der bisher stärksten Explosivstoffe um mehrere Zehnerpotenzen übertreffen.«[13] Für die Bombe schlägt Heisenberg nicht die Gewinnung von reinem U235 vor, sondern lediglich dessen Anreicherung zu einem »fast reinen« Zustand.

Und schließlich fünftens: Der letzte Satz des weiter oben zitierten Absatzes läßt darauf schließen, daß Heisenberg sich über die Rolle schneller Neutronen in einer Uranbombe nicht völlig im klaren war. Es ist nämlich irrelevant, ob Neutronen niederer Energien »in der Resonanz von U238/92 weggefangen werden«, da die Reaktion der Bombe allein von den schnellen Neutronen abhängt. Irgendwie scheint Heisenberg hier zu erwägen, in seiner »fast reinen« U235-Bombe andere Neutronen zu verwenden als jene, die zu schnell sind, um von U238 weggefangen zu werden; mit anderen Worten, er hat nicht genau verstanden, daß es sich bei der Bombe um eine Explosion durch schnelle Neutronen handelt.

All diese vermeintlich geringfügigen Fehler und unpräzisen wissenschaftlichen Details mögen, einzeln betrachtet, unwichtig erscheinen, aber zusammengenommen ergeben sie ein Muster, das zeigt, wie dilettantisch Heisenberg bei seinen Überlegungen zu einer Uranbombe im Dezember 1939 zu Werke ging. Aus G-39 gewinnt man den Eindruck, daß seine Vorstellung von einer U235-Bombe im Grunde eine Extrapolation seiner Reaktortheorie ist; wie Bohr hat er aufgrund seiner Beschäftigung mit Kernspaltungsreaktoren angenommen, daß die kritische Masse einer solchen Bombe sehr groß sein müsse. Man darf jedenfalls nicht vergessen, daß sich nach der Bohr-Wheeler-Veröffentlichung vom August 1939 die wissenschaftliche Auseinandersetzung mit der Neutronendiffusion in der Regel auf Fälle langsamer Neutronen konzentrierte und Physiker gewöhnlich mit Daten arbeiteten, die für Reaktoren mit langsamen Neutronen charakteristisch waren. Die Vermutung lag daher nahe, daß bei schnellen Neutronen die entscheidenden Daten noch ungünstiger ausfielen oder aber daß selbst in einer Bombe der dominierende Prozeß die gleiche Reaktion langsamer Neutronen sein würde – etwas beschleunigt zwar, um die Temperaturstabilisation zu überwinden –, auf welcher der Reaktor beruhte.[14] In G-39 stellte sich Heisenberg eine Bombe als eine mit Uran arbeitende Apparatur vor, angereichert durch genügend U235, um die Temperatur auf eine 300 eV entsprechende Höhe zu treiben, wo dann rasch eine umfassende Kernexplosion stattfinden würde.

Wir dürfen annehmen, daß Heisenberg ebenso wie Niels Bohr glaubte, es müsse sich bei der Bombe im Prinzip um eine Reaktion schneller Neutronen handeln (obgleich sich diese Erkenntnis erst 1940 herausgebildet zu haben scheint); dennoch geht aus G-39 klar hervor, daß Heisenberg im Dezember 1939 die Uranbombe für einen explodierenden Reaktor hielt. Eine stufenweise Anreicherung des U235-Gehalts des Urans im »Reaktor« würde die Temperaturstabilisierungsschranke überwinden und die Apparatur allmählich dem Punkt einer Explosion näherbringen; der Zündpunkt würde allerdings mittels eines technischen Tricks sehr schnell herbeigeführt werden müssen, um ein Schmelzen des Reaktors zu vermeiden. Aus alldem wird deutlich, daß Heisenberg in G-39 noch keinen Plan für eine Bombe vorgelegt hatte. In der Tat scheint er zusammengefaßt zu haben, woraus später zwei getrennte Entwürfe werden sollten, einer für eine Reaktorbombe, der andere für eine »fast reine U235«-Bombe. Anders läßt sich das rätselhafte Faktum nicht erklären, daß er keinen Versuch unternahm, die kritische Masse einer Bombe zu berechnen. Angesichts der erheblichen Menge hochgradig angereicherten Urans, die ihm infolge seiner Reaktortheorie für eine Bombe erforderlich schien, hätte es sich zu diesem Zeitpunkt wohl kaum gelohnt, die präzise Masse zu ermitteln. Als Heisenberg sich dann 1940 tatsächlich an die Berechnung der kritischen Masse machte, sollte er allerdings, wie gezeigt werden wird, noch einen weiteren Fehler in seinen bereits falschen Denkansatz einbauen.

7. Kapitel: Die Bombe als Reaktor *Das Mißverständnis mit der U235-Bombe, 1940*

Heisenbergs konzeptioneller Irrtum in seinem G-39-Bericht vom Dezember 1939 bestand darin, daß er sich die Bombe als einen Reaktor vorstellte. Auf dieser falschen Basis erarbeitete er in den darauffolgenden Monaten eine ebenso irreführende Lösung des Problems der kritischen Masse einer U235-Bombe. Indem er eine Grundüberlegung der Diffusionstheorie falsch anwandte, kam er auf eine unmöglich hohe Zahl für die kritische Masse reinen U235, die er 1940 überschlägig berechnete. Sir Charles Frank, einer der beiden Wissenschaftler des britischen Geheimdienstes, die mit der Untersuchung des deutschen Projekts am meisten zu tun hatten, äußerte sich später darüber:

> »Nach meiner Information (die hauptsächlich aus dem Farm-Hall-Seminar und Gesprächen mit [Karl] Wirtz stammt) präsentierte Heisenberg seine überschlägige Berechnung bei einem privaten Treffen deutscher Physiker Anfang 1940, auf dem sie entschieden, welche Strategie sie während des Krieges einschlagen wollten.«[1]

Möglicherweise vertraute Heisenberg die besagte Berechnung seinen Kollegen während einer Anfang Januar 1940 in Berlin abgehaltenen Besprechung an, bei der Kurt Diebner, der Leiter des Uranprojekts der Forschungsabteilung im Heereswaffenamt, und auch Wirtz anwesend waren; die Berechnung könnte aber auch bei einer größeren Konferenz am 24. April 1940 bekanntgegeben worden sein.(Die Berechnung mag im Zusammenhang mit anderen Forschungen über die kritische Größe eines Reaktors durchgeführt worden sein, über die Ende Februar 1940 berichtet wurde).[2]

Da Heisenberg 1946/47 (unaufrichtigerweise) behauptete, daß während des Krieges »noch keine Untersuchungen über die technische Seite des Atombombenproblems, zum Beispiel über die Mindestgröße einer Bombe, angestellt worden«[3] seien, können wir nicht absolut sicher sein, woraus jene Berechnung bestand. Doch angesichts der Tatsache, daß Heisenberg am Tag nach Hiroshima seinen Mitgefangenen in Farm Hall eine Berechnung der kritischen Masse für reines U235 präsentierte – wie ein Zauberer, der ein Kaninchen aus seinem Hut zieht –, darf man vermuten, daß er auf ein vertrautes Argument zurückgriff. Es liegt nahe, daß seine Berechnung in Farm Hall tatsächlich mit jener identisch war, die er 1940 einigen seiner Kollegen vorexerziert hatte.[4]

Sein Argument (so dachte Heisenberg) löste auf elegante Weise ein Problem, das als ein theoretischer Haupteinwand gegen die Bombe zu gelten schien: Sobald die kritische Größe einer Uranbombe erreicht und die Kettenreaktion ausgelöst worden ist, bedeutet die Ausdehnung der Bombe, daß die Wahrscheinlichkeit der Kernspaltung durch Neutronen innerhalb der kritischen Masse in dem Maße abnimmt, wie diese mit zunehmender Rate aus der sich ausdehnenden Masse austreten und so die Kettenreaktion abbricht, bevor (dachte Heisenberg) genügend Kerne gespalten worden sind, um eine echte Kernexplosion zu erzeugen. Heisenberg stellte sich in der Tat eine falsche Aufgabe: Welche Mindestmenge U235, so fragte er sich, braucht man, um sicherzustellen, daß eine genügende Menge des Bombenbrennstoffs – zwischen einigen hundert Gramm und mehreren Kilogramm U235 – »verbrannt« würde, damit es zu einer großen Explosion kommt? Mit diesem Ansatz glaubte er die Schwierigkeiten lösen zu können, die auftreten, wenn man die Idee der »kritischen Masse« von einem Reaktor auf eine Bombe zu übertragen versucht. 1940 hatte er offensichtlich eingesehen, daß sich die Theorie eines Reaktors nicht so ohne weiteres auf eine Bombe anwenden läßt. Aber dieses neue Problembewußtsein führte zu einer unkonventionellen Konzeption von »kritischer Masse«. In Wirklichkeit nämlich war Heisenberg gar nicht interessiert daran, das zu ermitteln, was wir heute die kritische Masse von U235 nennen würden, also die Mindestmenge, bei der eine explosive Kettenreaktion einsetzt. Heisenbergs Augenmerk galt der viel größeren Menge, die nicht nur die Kettenreaktion mit schnellen Neutronen in Gang setzen, sondern auch die effiziente Explosion einer gegebenen Mindestmenge U235 statistisch sicherstellen würde, ehe der Punkt erreicht wäre, an dem mehr Neutronen austreten, als im Innern erzeugt werden. Wenn zum Beispiel durch die erste Generation von 100 Kernspaltungen 300 Neutronen aus gespaltenen Kernen freigesetzt werden, könnten 160 durch die Oberfläche austreten, so daß nur noch 140 zurückbleiben, welche die nächste Generation von Kernspaltungen fortsetzen. Bei weiterer Kettenreaktion steigt der Anteil austretender Neutronen exponentiell, wodurch die Reaktion schnell zum Stillstand kommt. Heisenberg versuchte also, einen oberen Grenzwert für die praktische oder wirksame »kritische Masse« einer U235-Bombe zu ermitteln, die zur Explosion gebracht werden konnte, während noch alle ursprünglichen Neutronen sich innerhalb der Kugel befinden – ein höchst unrealistischer Ansatz aus Gründen, die hier bald erläutert werden sollen.

Zu diesem Zweck dachte sich Heisenberg ein verführerisch einfaches Argument und eine ebensolche Berechnung aus: Um sicherzugehen, daß 10^{24} U235-Kerne (ungefähr ein Mol – oder 235 Gramm U235) gespalten werden, ehe die Kettenreaktion durch Neutronenaustritt und Bombenausdehnung abbricht, müsse, so argumentierte Heisenberg, nur genügend Uran vorhanden sein, damit garantiert sei, daß 80 Generationen von Spaltungen innerhalb einer Kugel aus U235 abgeschlossen sein würden, bevor diese sich ausdehnte. Die Idee war, ein Mol U235 nicht als zusammenhängende, kompakte Masse zu verbrennen, sondern vielmehr als eine Kette aufeinanderfolgender Kerne, die sich durch die gesamte größere Masse zieht ($10^{24} \sim 2^{80}$, so daß, wenn pro Kernspaltung zwei Neutronen entstehen, nach 80 Spaltungsgenerationen 10^{24} Kerne gespalten sein werden).[5] Um die Größe der hierfür geeigneten Kugel zu ermitteln, machte Heisenberg von einer grundlegenden Methode Gebrauch, die er aus Einsteins Arbeit über die Brownsche Molekularbewegung kannte und aus der Fermi eine Theorie der Neutronendiffusion entwickelt hatte.[6] Diese statistische Analyse der Einzelschritte (random walk) veranschaulicht, wie sich die Kettenreaktion mittels Neutronendiffusion in einer Kugel ausbreitet.[7] Wie weit wird ein Neutron (oder dessen Nachfolger) vom Mittelpunkt einer Kugel entfernt sein, nachdem es zwischen den Spaltungen 80 Schritte von normaler Länge, aber in willkürlichen Zickzackbewegungen gemacht hat? Die Antwort wird errechnet, indem man die Länge jedes Schritts (die mittlere freie Weglänge) – nach Heisenbergs Annahme etwa 6 Zentimeter – nimmt und sie mit der Quadratwurzel aus der Schrittzahl multipliziert: also $6\,cm \times \sqrt{80} = 54\,cm$. Das heißt, daß der für die Sicherstellung einer Explosion benötigte Radius 54 Zentimeter beträgt, was 13 Tonnen reinen U235 entspricht, einer Menge, deren bloße Gewinnung 1940 als reines Hirngespinst erschienen wäre. Heisenberg konnte daher leicht zu der Überzeugung gelangen, daß eine reine U235-Bombe, beruhend auf schnellen Neutronen, wegen dieser gigantischen »kritischen Masse« praktisch unmöglich sei.

In den Farm-Hall-Protokollen erklärt er Otto Hahn seine Berechnung zweimal, an zwei aufeinanderfolgenden Tagen:

> »Das heißt, daß ich, um 10^{24} Neutronen zu erzeugen, 80 Reaktionen nacheinander benötige ... Um 80 Zusammenstöße zu erhalten, muß ich eine Masse mit einem Radius von circa 54 cm haben, und die wäre etwa 1 t schwer [6. August 1945] ...
> ... Um in 10^{25} [sic] Atomen eine Spaltung hervorzurufen, benötigen Sie 80 Schritte in der Kette, so daß die ganze Reaktion in 10^{-8} Sekunden abgeschlossen ist ... Jetzt brauche ich aber 10^{25} Neutronen, und das ist 2^{80}. Ich brauche 80 Schritte in der Kette, und dann habe ich 2^{80} Neutronen erzeugt [7. August 1945].«[8]

Daß sich Heisenberg mit seinem Ansatz, die kritische Masse einer Bombe zu berechnen, irrte, liegt auf der Hand. Aber es ist vielleicht von Nutzen, wenn wir versuchen nachzuvollziehen, wie er auf diesen Irrtum verfiel. Die Hauptursache dafür war, daß er die kritische Masse für einen Fall berechnen wollte, in dem die Explosion erfolgen würde, ohne auch nur ein einziges Neutron zu vergeuden. Es soll die kritische Größe ermittelt werden, bei der sich die ursprüngliche Kette von 80 Spaltungsgenerationen immer noch innerhalb der Masse befindet. Dabei wird die Tatsache übersehen, daß die divergierenden Ketten immer noch ausreichen, eine Explosion hervorzurufen, selbst wenn das Ursprungsneutron ausgetreten ist. Es handelt sich daher um ein ganz überflüssiges Argument, denn es verlangt eine unsinnige und unnötige Sicherheit. Die Berechnung würde zwar einen oberen Grenzwert für die kritische Masse ergeben, aber auf Kosten des viel kleineren praktischen, echten kritischen Grenzwerts für eine Bombe. Oder mit den Worten des Physikers J. Logan:

> »An der Formel selbst, als einer einfachen Schätzung der Neutronendiffusion, ist nichts falsch. Heisenbergs Fehler liegt in seiner unnötig entschiedenen Forderung begründet, daß jedes Neutron, ausgehend vom Mittelpunkt der Uranmasse, *N* Kernspaltungen auslösen müsse, ehe es durch die Oberfläche der Masse austritt ... Der eigentliche Fehler ist konzeptioneller Natur und besteht darin, die Mindestmasse durch die Forderung zu bestimmen, daß ein hypothetisches Neutron im Mittelpunkt die Kernspaltung von einem Kilogramm [sic für *Mol*] Uran auslösen müsse, ehe seine Arbeit getan ist und es austritt.«[9]

Der zweite Irrtum besteht in der Anwendung der »random walk«-Analyse auf Fälle unendlicher Masse, bei denen die Randbedingungen keine Rolle spielen. Randbedingungen sind jedoch für Fälle endlicher Masse, wie einer Bombe oder eines Reaktors, von entscheidender Bedeutung. Es ist daher ein wesentlicher Trugschluß, die »random walk«-Analyse zur Bestimmung der endlichen Masse einer Bombe heranzuziehen. Heisenberg, so könnte man sagen, wurde hier von seiner eigenen Klugheit und Begeisterung über die Einfachheit seines Arguments mitgerissen.[10]

Der dritte Fehlerfaktor spiegelt sich in der Tatsache wider, daß in den Schriften, die Heisenberg während des Krieges über die Bombe verfaßte, keine Formel für die innere Neutronenmultiplikation auftaucht, die die Zeit explizit berücksichtigt. Die »random walk«-Analyse enthob ihn anscheinend der Notwendigkeit, eine Formel zu entwickeln, wie sie Frisch und Peierls aufgestellt hatten. Erst am 14. August 1945, nachdem er seine Überschlagsrechnung als irreführend, wenn auch verlockend, aufgegeben hatte, sah er sich gezwungen, die entsprechende Gleichung vorzulegen. (Im Zusammenhang mit einem Reaktor hatte er sich allerdings 1942 einmal einer solchen Formel bedient.)

Und viertens: In dem Vorurteil befangen, es dürfe nicht das Urneutron austreten, ehe 80 Generationen von Kernspaltungen abgeschlossen sein würden, verkannte Heisenberg eine grundlegende Implikation des Neutronenaustritts bei der U235-Bombe. Er war sich nicht klar der Tatsache bewußt, daß die Reaktion so schnell verläuft, daß der Austritt der Mehrzahl der Neutronen von der Oberfläche den Spaltungsprozeß so lange nicht beeinträchtigt, wie durchschnittlich etwas mehr als ein pro Spaltung freigesetztes Neutron einen weiteren Kern spaltet.[11] Dies wird verständlich, wenn man die unterschiedlichen Auffassungen des Problems der Bomben-»Expansion« in Betracht zieht, die Heisenberg und Frisch vertraten. In seinem pessimistischen Bericht für die Chemical Society 1939/40 war Frisch zu dem Schluß gelangt, daß die Atombombe aufgrund der explosiven Ausdehnung der kritischen Masse ein Ding der Unmöglichkeit sei; allerdings hatte er dabei an eine Bombe auf der Basis langsamer Neutronen gedacht, deren Kettenreaktion – egal, wie groß die Masse ist – viel zu langsam wäre, um abgeschlossen zu sein, ehe sich die Vorrichtung ausdehnt. Sobald ihm im Februar 1940 klar wurde, daß die Reaktion vielmehr auf schnellen Neutronen beruht, erkannte Frisch, daß die Schnelligkeit der Reaktion das Haupthindernis beseitigte, das seiner Meinung nach einer Explosion im Wege stand; die Ausdehnung stellte nun kein Problem mehr dar. So erklärte auch der amerikanische Physiker Robert Serber in seinem Orientierungsvortrag 1943 in Los Alamos die Bombe dergestalt, daß 80 Spaltungsgenerationen nötig seien, um 2^{80} Atome zu spalten. Doch da er Heisenbergs Kriterium, wonach die Differenz im Neutronengleichgewicht zwischen Austritt und Erzeugung nicht »klein« sein dürfe, nicht teilte, sah er keine Veranlassung, auf dessen falsch angewandte »random walk«-Analyse zu verfallen.[12]

Möglicherweise hielt Heisenberg deshalb so eigensinnig an diesem Argument fest, weil es seinen gedanklichen Ursprung in der Forschung der Elementarteilchenphysik hatte, die er in den späten dreißiger Jahren und auch danach betrieb und die sich um das Problem der Höhenstrahlungsschauer drehte. Damals gab es zwei rivalisierende »Schauer«-Theorien – nämlich die »Kaskaden«- und die »Explosions«-Theorie.[13] Oppenheimer und andere Physiker vertraten die Ansicht, daß die kosmischen Schauer nicht auf eine momentane Explosion zurückgehen, sondern auf eine Folge von einzelnen »Bremsstrahlungen«, sobald ein hochenergetisches kosmisches Teilchen zwischen Atomen hin und her springt, nachdem es auf ein dünnes Stück Materie aufgetroffen ist. Aber Heisenberg trat vehement für eine gegensätzliche Auffassung ein und betrachtete die Schauerbildung als einen einzelnen Vorgang oder eine Explosion statt einer Folge »neuer« Vorgänge. Es wäre für einen mit intuitiver Erkenntnisfähigkeit begabten Physiker wie Heisenberg ein leichtes gewesen, eine Analogie zwischen dem Höhenstrahlungsmodell und einer atomaren Kettenreaktion herzustellen. Die Kettenreaktion würde als Emanation eines einzelnen Vorgangs wahrgenommen – das heißt das ursprüngliche, die Reaktion auslösende Neutron und dessen Schicksal – und nicht als eine in Kaskaden herabfallende Folge, in der jede Kernspaltung den Beginn einer »neuen« Folge von Schauern markierte und so die Bewegung des ursprünglichen Neutrons belanglos macht. Somit ist Heisenbergs »random walk«-Analyse davon abhängig, daß ein einzelnes Neutron den Rest spaltet, wie in einer aufeinanderfolgenden vereinten Explosion auf einem Weg. Der Ansatz von Frisch und Peierls hingegen sah die Kettenreaktion als eine kaskadische Folge von Spaltungen auf verschiedenen Wegen. Möglicherweise war es seine wissenschaftliche Vergangenheit in der Elementarteilchenphysik, die Heisenberg 1940 auf die irrige Analyse der Atombombe brachte.

8. Kapitel: Der Reaktor als Bombe *Explosive Reaktorbomben, 1940*

In seinem G-39-Bericht hatte Heisenberg die U235-Bombe als eine grobe Extrapolation seiner Reaktortheorie verstanden und die Atombombe als einen vielleicht »schnellen« Reaktor betrachtet, der »fast reines« U235 verwendet. Seine überschlägige Berechnung Anfang 1940 hatte dann die Entwicklung einer solchen U235-Bombe effektiv ausgeschlossen, da dabei eine kritische Masse von mehreren Tonnen U235 herausgekommen war. Aber 1940 begann er einen anderen Ansatz zu verfolgen, der in G-39 bereits angedeutet war.

G-39 hatte als gegeben angenommen, daß eine Kettenreaktion mit langsamen Neutronen bei einer Brennertemperatur, die sich bei 800 Grad stabilisiert, selbstregelnd sein würde. Aber wäre es nicht möglich, einen Brenner mit angereichertem U235 und Moderator zu entwerfen, der diese Temperaturschranke überwinden und eine Explosion hervorrufen könnte? Eine solche Explosion, das war Heisenberg sehr wohl bewußt, würde keine echte Kernexplosion sein, wie sie mit einer »fast reinen« U235-Bombe erzielt werden könnte, bei der schnelle Neutronen eine hinreichende Menge U235 wirkungsvoll spalten würden. Dennoch, so dachte er, müßte sich doch die Kettenreaktion mit langsamen Neutronen irgendwie nutzen lassen. In einem Aufsatz von 1939 hatten die französischen Physiker F. Adler und H. v. Halban warnend darauf hingewiesen, daß die »Gefahr, daß ein System, das hochkonzentriertes Uran enthält, explodiert, wenn die Kettenreaktion einsetzt, [...] beträchtlich« sei; die Verfasser rieten zum Einsatz von Kadmium-Regelstäben, um die Reaktion unter Kontrolle zu behalten.[1] Diesen Hinweis hatte Siegfried Flügge in seinem weit verbreiteten Artikel vom Juni 1939 aufgegriffen: »Wäre das Cd nicht anwesend«, schrieb er dort, »so würde der stationäre Endzustand bei einer Temperatur liegen, die so hoch ist, daß für $\sigma_{\text{Einf U}}$ das $1/v$ nicht mehr gilt, d. h. bei Annäherung an die Resonanzstelle.«[2] Die Temperatur würde auf 100 000

Grad ansteigen. Heisenberg glaubte, daß seine in G-39 skizzierte Reaktortheorie diese Gefahr umging, da sie zeigte, wie die sich verbreiternden U238-Resonanzlinien genügend Neutronen einfingen, um einen explosiven Anstieg der Temperatur zu verhindern.[3] Aber wäre es wohl möglich, diese Temperaturstabilisierung zu vermeiden, indem man das U235 stark anreicherte und einen speziellen Moderator verwendete, um den U238-Resonanzeinfang zu verringern? Dies würde den Brenner destabilisieren und eine gewaltige Detonation mit fürchterlicher Strahlung zur Folge haben, sobald die Kettenreaktion begonnen hatte. Es wäre jedoch keine echte Kernexplosion, da die langsamen Neutronen für eine Explosion im großen Maßstab nicht genug U235 spalten würden. Da Heisenberg nicht wußte, welche Rolle verzögerte Neutronen bei der Reaktorsteuerung spielen, ging er in seinen Überlegungen weiterhin von Brennern aus, die im Grunde genommen das waren, was heute als »prompt-kritisch« bezeichnet würde.[4] Solche Apparaturen konnten (so glaubte er) nur durch ihre spezifische Tendenz, sich bei einer Temperatur von 800 Grad selbst zu stabilisieren, geregelt werden, da die Neutronenvermehrung in einem zu kleinen Bruchteil einer Sekunde stattfinde, um anders in Schranken gehalten zu werden. Aber in einem nicht selbststabilisierenden Brenner desselben Typs würde die Kettenreaktion langsamer Neutronen genug Hitze erzeugen, um die 800-Grad-Schranke zu durchbrechen, der Brenner würde »labil« werden und explodieren. Die (laut G-39) für eine echte Explosion nötigen 3,5 Millionen Grad (=300 eV) würden zwar nicht erreicht, dennoch schien sich ein Weiterarbeiten zu lohnen.[5] Das Problem war allerdings – wie Heisenberg offensichtlich von Anfang an erkannte –, daß ein solcher Uranbrenner erstens viel zu schwer wäre, um in einem Flugzeug transportiert werden zu können, und daß zweitens das Ausmaß der Anreicherung mit U235 enorm sein und der Anteil des U235 an dem explosiven Brennstoffgemisch mehrere Tonnen betragen müßte. Außerdem würde dieser Reaktor nicht so leicht herzustellen sein wie die normale »kritische« Maschine, die man als krönenden Abschluß der ersten Stufe des Uranprojekts anstrebte. Diese Faktoren machten die Reaktorbombe in Heisenbergs Augen zu einem ähnlichen Ungeheuer wie die »fast reine« U235-Bombe. Und dennoch gab er die Idee mit der Reaktorbombe nie ganz auf.

Deren Schatten liegt über Heisenbergs späteren Aufsätzen, in denen er darauf hinweist, wie wichtig es ist, daß eine explosive Instabilität nicht mit dem Beginn einer Kettenreaktion eintritt. Aus einem Bericht vom Juli 1942 über einen geplanten groß angelegten Reaktorversuch spricht die Angst vor einer Explosion und dem Abschmelzen des Kerns:

»Wenn jedoch durch Erreichung des kritischen Punktes die Kernprozesse mit großer Intensität einsetzen, so wird, wie man leicht einsehen kann, fast nur das 38-Metall erwärmt, kaum aber die Bremssubstanz …

Der Begriff ›Stabilität‹ bedarf hierbei noch der Klärung: Man wird zunächst fürchten müssen, daß der ganze Spaltungszerfall der Urankerne explosionsartig in einem Bruchteil einer Sekunde vor sich geht. Bei dieser Explosion würde das Wasser praktisch kalt bleiben. Die Stabilität des Brenners gegenüber dieser Explosion wird durch das Verhalten der Resonanzlinien des Urans entschieden. Aber selbst wenn die Maschine in dieser Hinsicht labil ist, so könnte noch folgender Prozeß eintreten: Das Metall würde sich zunächst bis zu einer bestimmten Temperatur erhitzen, bei der sich die Maschine durch Verbreiterung der Resonanzlinien stabilisiert … wenn die Anordnung nicht von selbst stabil ist, [könnte man] durch Vorrichtungen von der Art, wie *Joliot* und andere sie beschrieben haben, eingreifen … Dagegen ist der zuerst geschilderte Vorgang viel gefährlicher, da dann, wenn die Verbreiterung der Resonanzlinien nicht zur Stabilisierung ausreicht, scheinbar kein anderer Prozeß den nahezu vollständigen Ablauf der Kettenreaktion hindern kann. Dieser Vorgang würde sich in einem hinreichend großen Brenner im Bruchteil einer Sekunde abspielen: Für ν [mittlerer Absorptionskoeffizient] = $-400\,\mathrm{sec}^{-1}$ würde sich die Neutronenzahl … auf das 10^{28}-fache erhöhen, was zur praktisch vollständigen Zersetzung genügen würde [in einer Zeit von 0,16 sec] … Die Untersuchung der Stabilität bei Erhöhung der Metalltemperatur allein ist also im Rahmen der 38-Arbeiten eines der vordringlichsten Probleme …

Bevor Versuche angestellt werden können, die darauf abzielen, den kritischen Punkt zu erreichen oder zu überschreiten, muß die Stabilität der Maschine durch Untersuchungen ihres Temperaturkoeffizienten bei Erhitzen des Metalls allein geklärt werden.«[6]

Anfang 1940 setzte Heisenberg drei seiner jüngeren Kollegen am Kaiser-Wilhelm-Institut für Physik auf das Problem der Kritikalität eines Reaktors, auf Resonanzeinfang von U238 und Moderatoren an, um gründlichere Kenntnisse über die Stabilisierungsbedingungen zu gewinnen.[7] Der Leiter des Teams war Heisenbergs engster Vertrauter Carl Friedrich von Weizsäcker, bei den beiden anderen handelte es sich um Karl-Heinz Höcker und Paul O. Müller. Letzterer setzte seine Forschungen über schnelle Neutronen in U238 und den Gebrauch von schwerem Wasser als Bremssubstanz fort, deren Ergebnisse im April 1940 unter den deutschen Physikern die Runde machten.[8] Müller berechnete alsdann die erforderliche U235-Anreicherung und legte seine Resultate in einem Artikel mit dem Titel »Eine Bedingung für die Verwendbarkeit von Uran als Sprengstoff« (G-50) im Mai 1940 vor. In der Literatur über das deutsche Atomprojekt ist es nie erörtert worden.[9] Ein Gutachten des britischen Geheimdienstes von 1945 erkannte jedoch die Bedeutung dieses Aufsatzes und behauptete unumwunden: »... noch einmal wurde 1940 die Frage nach einer Atombombe aufgeworfen. Müller, der von einem Uran-Wasser-Gemisch ausging, errechnete, daß das Uran so angereichert werden müsse, daß sich schließlich 70% mehr 235 als 238 darin befinden. Das scheint die letzte Gelegenheit gewesen zu sein, bei der ein explosiver Reaktor ernsthaft in Erwägung gezogen wurde.«[10] Müllers Aufsatz verdient es, hier ausführlich zitiert zu werden.

»In der vorliegenden Arbeit soll untersucht werden, wie stark das Isotop U^{235} mindestens angereichert werden muß, um einen wirksamen Sprengstoff zu liefern ... Das für die thermischen Neutronen wirksame Isotop U^{235} muß bei der Verwendung von gewöhnlichem Wasser als Bremssubstanz ungefähr 2–3fach angereichert werden, um überhaupt zu einer Neutronenvermehrung zu führen. Wenn man von dem Energieverlust durch Wärmeleitung, Ausstrahlung und Leistung mechanischer Arbeit infolge Ausdehnung absieht, so wird eine exponentielle Zunahme der Neutronenzahl und ebenso der Temperatur eintreten. Dieser Zunahme wirken entgegen der Verbrauch des U^{235} und die Zunahme von Spaltprodukten, denen ja auch ein bestimmter Absorptionsquerschnitt zuzuschreiben ist, während die Verminderung der U^{238}-Kerne infolge der Einfangung von Resonanzneutronen eine Abnahme der Absorptionswahrscheinlichkeit der Spaltungsneutronen bedingt, was den Temperaturanstieg begünstigt.

Es läßt sich leicht abschätzen, daß diese Temperatursteigerung aber relativ bald zum Stillstand kommen muß, nicht etwa wegen der Verarmung an aktiven Kernen oder zunehmender Absorption durch die Spaltungsprodukte, wenn die Substanz anfangs noch halbwegs rein war, sondern weil nach Erreichen der ersten Resonanzstelle bei 25 eV außerordentlich stark die Absorption von U^{238} einsetzt.

Wenn aber die Temperatursteigerung schon bei 25 eV zum Stillstand kommt, so ist erst ein minimaler Bruchteil der U^{235}-Kerne umgesetzt (etwa 0,006 %), und auch die Temperatur von 3×10^5 Grad entspricht nur ungefähr dem 100-fachen der Temperatur bei der Dynamitexplosion. Um in den Besitz eines außerordentlich wirksamen Sprengstoffes zu kommen und möglichst viele der verfügbaren U^{235}-Kerne für die Energieerzeugung nutzbar zu machen, hat man das Isotop U^{235} so stark anzureichern, daß die Resonanzstellen der Absorption von U^{238} überschritten werden. Infolge dieser starken Absorption wird nun ein sehr großer Prozentsatz von Bremssubstanz erforderlich sein, um die Spaltungsneutronen möglichst schnell abzubremsen. Ist die erste kritische Resonanzstelle überschritten, so findet wiederum Neutronenvermehrung statt, bis an der nächsten Resonanzstelle die gleichen Verhältnisse auftreten.

Wir wollen nun in der vorliegenden Arbeit untersuchen, in welchem Mindestverhältnis die Zahl der U^{235}-Atome zur Zahl der schweren Kerne U^{238} stehen muß und wie groß die Beimengung der Streusubstanz H_2O sein muß, um wenigstens die erste Resonanzschwelle (25 eV) zu überschreiten.«

Nach dieser Erörterung kommt Müller zu dem Schluß:

»Um also eine Temperatursteigerung über 25 eV, d. h. über 3×10^5 Grad zu erhalten, müssen in der Lösung mindestens 70 % mehr U^{235}-Atome als U^{238}-Atome vorhanden sein... Bei dem günstigsten Mischungsverhältnis... bestimmen sich die Atomzahlen im ccm für U^{235}, U^{238}, H und O zu: $N_U = 6{,}15 \times 10^{20}$, $N_U = 3{,}62 \times 10^{20}$, $N_H = 6{,}50 \times 10^{22}$ und $N_O = 3{,}25 \times 10^{22}$.«

Müller versteht somit unter der Reaktorbombe einen nichtstabilisierten Reaktor, der mit Hilfe einer Bremssubstanz kritisch gemacht wird, um die Stabilisierung der 25-eV-Resonanzschwelle zu überwinden. Damit dies geschieht, müßte der U235-Anteil des Urans um 70 Prozent angereichert werden, ein eindeutig entmutigendes Vorhaben!

Was die grundlegende Theorie betrifft, verdankt die Veröffentlichung Heisenberg viel und geht wahrscheinlich auf eine typisch unklare Bemerkung im Schlußabsatz von G-39 zurück:

> »Die sicherste Methode zur Herstellung einer hierzu geeigneten Maschine besteht in der Anreicherung des Isotops U235/92. Je weiter die Anreicherung getrieben wird, desto kleiner kann die Maschine gebaut werden ... Sie ist ferner die einzige Methode, um Explosivstoffe herzustellen, die die Explosivkraft der bisher stärksten Explosivstoffe um mehrere Zehnerpotenzen übertreffen.«[11]

Heisenberg äußert sich nicht klar, ob der Sprengstoff einfach »angereichertes« U235 sei, und wenn ja, in welchem Maße angereichert.

Ausdrücklich zitiert Müller Heisenbergs G-40 vom Februar 1940 (die Fortsetzung zu G-39). Dort heißt es: »Neutronenvermehrung würde also erst eintreten, wenn das Isotop 235 um den Faktor 2,5 oder mehr angereichert würde.« Dies war vermutlich für Müller das Stichwort gewesen, woraufhin er durchrechnete, welches Ergebnis bei höheren Anreicherungsfaktoren herauskommt.[12]

In dem nachfolgenden Bericht »Über die Temperaturabhängigkeit der Uranmaschine« (G-52, 26. September 1940) verdeutlichte Müller, wie sich der instabile Reaktor durch Überwindung der (vermeintlichen) Temperaturstabilisierung in eine Bombe verwandeln würde:

> »Da bei tiefen Temperaturen das Verhältnis von Streuung zur Absorption immer ungünstiger wird, muß mit abnehmender Temperatur auch v sinken und schließlich eine Uranmaschine überhaupt unmöglich werden. Bei zu hoher Temperatur werden die Verhältnisse durch immer stärkeres Herauslaufen der Neutronen aus der Maschine verschlechtert, so daß mit zunehmender Temperatur die Neutronenvermehrung gegen Null geht, ein Effekt, der bei tieferen Temperaturen noch nicht diese überragende Bedeutung besitzt ...

Es wäre möglich, durch Veränderung der Plattendicken auch eine Verwendbarkeit von Uran als Sprengstoff zu erreichen. Um eine vorzeitige Explosion zu verhindern, müßte man durch geeignete Wahl der Schichtdicken die Zündtemperatur T_1 genügend hoch über die Zimmertemperatur T_0 verlagern. Umgibt man die Maschine mit einem gewöhnlichen Sprengstoff, so könnte durch dessen Entzündung die Maschine auf die zur Neutronenvermehrung nötige Temperatur gebracht und so die Kettenreaktion der Neutronenvermehrung eingeleitet werden.«[13]

Den Absatz, in dem David Irving auf diesen Plan zu sprechen kommt, ließ Heisenberg 1966 nicht ungeschoren. Ursprünglich hatte es dort geheißen:

»In Berlin berichtete K.-H. Höcker im April, daß er glaube, ein Reaktor könne gebaut werden ... und ein paar Wochen später verfaßte P.O. Müller einen Artikel über *Eine Bedingung für die Verwendbarkeit von Uran als Sprengstoff*, aus dem klar hervorging, daß die Deutschen mit ihren Überlegungen zu Uranbomben immer noch stark im Rückstand waren ... in dem Sprengstoff hätten mindestens 70 % mehr U235-Atome als U238-Atome vorhanden sein müssen ...«

Heisenberg beehrte Irving mit einer kritische Durchsicht seines Entwurfs, bei der er »die Deutschen« durch »Mr. Müller« ersetzte und am Rand vermerkte: »Müllers Ansichten wurden im K.W.I. [Kaiser-Wilhelm-Institut] in Berlin nicht sehr ernst genommen.« Irving zeigte sich von der Richtigkeit der Korrekturen überzeugt und erklärte, er werde »jeden Hinweis auf Müllers Arbeit über U235 als Sprengstoff streichen, da ich Ihre Einwände für wohlbegründet halte«.[14] Heisenbergs Einflußnahme auf Irving 1966 paßt jedoch nicht zu der Förderung, die er Müllers Arbeit 1940 hatte zuteil werden lassen. Müller arbeitete ein Jahr bei Heisenberg und verfaßte für ihn mindestens sieben Uranaufsätze, in dessen ersten er ihm »für seinen wertvollen Rat und Zuspruch« und Weizsäcker für Anregung und Hilfe dankte.[15] Zwischen April und September 1940 hatte Heisenberg ihn nicht von seinen Forschungen über die Reaktorbombe abgehalten – ein Zeitraum von sechs Monaten, in dem er genau gewußt haben muß, was sein Assistent tat, und sei es auch nur durch Weizsäcker, der im selben Gebäude untergebracht war. Bezeichnenderweise hatte Heisenberg Müllers Berichte in Umlauf bringen lassen und deren Erkenntnisse nicht zu widerlegen versucht, was darauf schließen läßt, daß sie die von seiner Gruppe damals vertretene Lehrmeinung wiedergaben. Weizsäcker zeichnete nicht nur für einen wichtigen Aufsatz mit Müller gemeinsam als Autor, sondern zitierte beifällig und an herausgehobener Stelle Müllers Arbeit zusammen mit der Heisenbergs in einer eigenen Veröffentlichung vom September 1941.[16] Laut Weizsäcker hatte Müller die Theorie für die Reaktorstabilität bei niedrigen Temperaturen geliefert, wie Heisenberg jene bei hohen Temperaturen.[17] Müller verließ das Heisenberg-Team nur deshalb, weil er wie Höcker Ende 1940 oder Anfang 1941 zum Militärdienst eingezogen wurde. Als es Heisenberg im Frühjahr 1942 gelang, Höcker für das Kaiser-Wilhelm-Institut freistellen zu lassen, war Müller bereits tot. Höcker erklärte mir gegenüber, daß er von 1942 bis 1944 Müllers Arbeit fortgesetzt habe, was darauf hindeutet, daß Müller am Kaiser-Wilhelm-Institut durchaus »ernst« genommen, ja sogar hochgeschätzt worden war.[18]

Obgleich es sich faktisch um eine Sackgasse handelte, wurde der Weg zur Reaktorbombe während des ganzen Krieges unverdrossen weiterverfolgt. Das geht aus den offiziellen Berichten ebenso hervor wie aus einzelnen Aussagen deutscher Wissenschaftler während der Jahre 1939–45.

Mehrdeutig wie stets räumte Heisenberg nach dem Krieg ein, daß seine Gruppe tatsächlich Reaktorbomben in Erwägung gezogen habe. Obwohl er dies, wenig überzeugend, als ein vorübergehendes, oberflächliches Interesse hinzustellen versuchte, läßt die gewandte Formulierung ein etwas ernsthafteres Interesse vermuten:

> »[Es] mag in Farm Hall von der Möglichkeit gesprochen worden sein, daß die Amerikaner in Japan einen Reaktor abgeworfen haben, um durch die entstehende radioaktive Verseuchung möglichst viele Menschen zu schädigen oder zu töten. Gegen diese These sprachen zwar die Rundfunkberichte über eine große Explosion und eine sehr große Zahl von Toten. Für diese Möglichkeit könnte gesprochen haben, daß wir wußten, daß es sehr viel leichter ist, einen Reaktor zu bauen, als

Atombomben herzustellen und daß man schließlich durch die radioaktive Verseuchung von einem im überkritischen Zustand verdampften Reaktor eine Menge Schaden anrichten kann. Ich bin aber sicher, daß diese Möglichkeit, wenn sie für kurze Zeit diskutiert wurde, doch sehr bald als völlig unrealistisch verworfen worden ist.«[19]

Heisenberg war hier gefährlich nahe daran gewesen, zuzugeben, daß er eine Reaktorbombe ernsthaft in Erwägung gezogen hatte, und sei es auch nur »für kurze Zeit«.[20]

9. *Kapitel:* Der Reaktor und die Bombe
Plutonium, 1940/41

Im Sommer 1940 wurde Heisenberg allmählich klar, daß keiner der beiden ins Auge gefaßten Wege zu einer Atombombe gangbar war. Er und seine Mitarbeiter hatten errechnet, daß für eine »fast reine« U235-Bombe eine ungeheure kritische Masse des seltenen Isotops benötigt würde (das zu gewinnen, und sei es auch nur in geringen Mengen, sich als wider Erwarten schwierig erwies). Was die Reaktorbombe betraf, so hatte Müllers Arbeit deutlich gemacht, wie monströs eine solche Vorrichtung sein würde. Doch da tat sich plötzlich ein dritter Weg auf.

Carl Friedrich von Weizsäcker war ein aufmerksamer Leser der *Physical Review*, die er oft bei seinen Fahrten in der Berliner U-Bahn studierte. So wird ihm sicherlich in der Januar-Ausgabe 1940 ein Artikel des Amerikaners L. Turner aufgefallen sein, der aus einer seiner eigenen Schriften zitierte. Wenn U238 ein Neutron einfange und zu U239 werde, hatte Turner argumentiert, zerfalle es zu »93 Eka Re239«, in dem er das Ausgangselement des U235 vermutete. Dieses neue Element, das später unter dem Namen Neptunium bekannt wurde, würde sich, gemäß Bohr/Wheeler, sowohl durch schnelle als auch durch thermische Neutronen spalten lassen.[1] Nach dem langlebigen Isotop dieses Elements war in den Jahren 1939/40 eifrig geforscht worden, da es offenkundig mindestens ebenso spaltbar sein würde wie U235. Zudem unterschied sich das neue Isotop von Uran in chemischer Hinsicht und ließ sich somit viel leichter von diesem trennen als U235. Es scheint jedoch bis zum Juli 1940 gedauert zu haben, ehe bei Weizsäcker der Groschen fiel und ihm klar wurde, daß ein so hochgradig spaltbares, relativ leicht zu trennendes Isotop auch ebenso explosiv sein würde wie U235.

Sein Bericht für die Forschungsabteilung im Heereswaffenamt vom Juli 1940, »Eine Möglichkeit der Energiegewinnung aus U238«, zählt zunächst die Nachteile des Gebrauchs von U235/U238-Gemischen auf, darunter den folgenden: »Wegen der Resonanzabsorption der Neutronen im ^{238}U kann selbst die Energie des ^{235}U nicht auf einmal bei sehr hoher Temperatur freigemacht werden; dadurch fällt die Verwendung als Sprengstoff praktisch weg.«[2] (Diese Bemerkung, die an Heisenbergs Formulierungen in G-39 erinnert, deutet darauf hin, daß Weizsäcker über eine reine U235-Bombe nicht genau nachgedacht hatte.) Aber, fährt er fort, »alle diese Schwierigkeiten ließen sich überwinden«, wenn man bedenkt, daß U238 durch Einfang eines Neutrons vielleicht ein instabiles U239 hervorbringt, das dann mit T 1/2 = 23 Minuten in ein stabiles Element 93 »Eka Re239« zerfallen würde. Dieses Element 93 hält Weizsäcker für langlebig und, gemäß Bohr/Wheeler, für spaltbar wie U235. Es wird sich auch durch chemische Verfahren trennen lassen.

> »... so wäre gegen 2/3 unserer Uranvorräte in Eka Re umwandelbar.
> Dieses Eka Re kann dann in dreifacher Weise verwendet werden:
> 1) zum Bau sehr kleiner Maschinen
> 2) als Sprengstoff.
> 3) durch Beimischung zur Umwandlung anderer Elemente in grossen Mengen.«

Weizsäckers Begeisterung über das Sprengstoffpotential des im Reaktor erzeugten Elements ist unverkennbar. Sie entlarvt seine späteren Behauptungen, er habe den Nazis nie eine Atombombe liefern wollen und sei nur an Physik interessiert gewesen, als unaufrichtig. Angesichts der Tatsache, daß man sich damals der Schwierigkeit einer Trennung des Transurans noch nicht richtig bewußt war und ein Reaktor, der es erzeugte, machbar schien, straft Weizsäckers enthusiastisches Schreiben an die Forschungsabteilung des Heereswaffenamts jeden Anspruch, ein Schiedsrichter des moralischen Gewissens gewesen zu sein, Lügen. Vielmehr hielt er seinen militärischen Sponsoren den Vorschlag einer Atombombe wie einen Köder vor die Nase.

Ironischerweise war Weizsäckers Spekulation, daß das Element 93 das stabile Ende der Zerfallskette darstelle, zum Zeitpunkt, als er darüber schrieb, bereits überholt. In einem am 15. Juni 1940 in der *Physical Review* veröffentlichten Artikel hatten E. McMillan und P. Abelson ihre Entdeckung bekanntgegeben, daß Neptunium in Wirklichkeit ein kurzlebiges 2,3-Tage-Element 93 sei, das seinerseits zu einem stabilen Isotop des Elements 94 zerfalle: dem Plutonium. Das war offensichtlich das explosive Element und nicht 93, wie Weizsäcker geglaubt hatte.[3] Nach der Lektüre des Artikels von McMillan/Abelson war den Deutschen die Richtigkeit dieser Deutung allerdings sehr schnell klar. Weizsäcker behauptet, unabhängig von dem Artikel in der Juni-Ausgabe der *Physical Review* auf seine Idee von einem transuranischen Sprengstoff gekommen zu sein – eine typische Halbwahrheit, war es doch Turners Artikel vom Januar, der ihn zu seinem eigenen Bericht anregte und zu dessen irrtümlicher Schlußfolgerung über Element 93 führte. Jedenfalls hatte es der veröffentlichten amerikanischen Arbeit bedurft, damit den Deutschen klar wurde, um welches der Transurane es sich bei dem stabilen, brauchbaren Sprengstoff handelte.[4]

Der McMillan/Abelson-Artikel war die letzte maßgebliche Schrift über Kernspaltung, die veröffentlicht wurde, ehe das von Leo Szilard mit Nachdruck geforderte Publikationsverbot für tendenziell gefährliche Informationen in Kraft trat. Chadwick zeigte sich entsetzt über den Artikel und veranlaßte die britische Regierung, sich bei den amerikanischen Behörden über dessen Veröffentlichung zu beschweren.[5] In Anbetracht der Tragweite der Erkenntnis, daß Plutonium hochgradig spaltbar sei, und der damit verbundenen Risiken war seine Besorgnis durchaus verständlich. Sollte ein kritischer Reaktor gebaut werden können, so lieferte er eine stetige Quelle explosiven Materials für eine Bombe. Das Material befände sich im Zustand der Reinheit, die Kernpaltungswirkungsquerschnitte wären größer als in U235, und somit konnte eine viel kleinere kritische Masse vermutet werden als für U235. Messungen und Berechnungen, wenn auch noch sehr vorläufig, schienen diese Implikationen zu bestätigen. Infolge des McMillan/Abelson-Artikels stellte Plutonium bis zum Spätsommer 1941 das Uranisotop 235 als bevorzugten Kernsprengstoff in den Schatten.[6] Das gleiche geschah in Deutschland, wo Weizsäcker und Heisenberg, die die Bedeutung des Elements 94 rasch erfaßten, zu der

Einsicht gelangten, daß ihr Reaktorprogramm jetzt um so unerläßlicher sei.[7] In einem für Nazi-Würdenträger einschließlich Himmler bestimmten Vortrag, den er am 26. Februar 1942 hielt, legte Heisenberg dar:

> »Sobald eine solche Maschine einmal in Betrieb ist, erhält auch, nach einem Gedanken von *v. Weizsäcker*, die Frage nach der Gewinnung des Sprengstoffs eine neue Wendung. Bei der Umwandlung des Urans in der Maschine entsteht nämlich eine neue Substanz (Element der Ordnungszahl 94), die höchstwahrscheinlich wie reines 235/92U ein Sprengstoff der gleichen unvorstellbaren Wirkung ist. Diese Substanz läßt sich aber viel leichter als 235/92U aus dem Uran gewinnen, da sie chemisch von Uran getrennt werden kann.«[8]

Die wenig erfolgversprechenden Wege zu einer U235-Bombe und einer Reaktorbombe wurden nun weitgehend aufgegeben und der Reaktor als Königsweg ins Auge gefaßt, nicht nur zur Energieerzeugung und Konstruktion von durch Kernenergie betriebenen Maschinen, sondern auch zur Entwicklung einer Plutoniumbombe.

Daß Heisenberg trotz all seiner Anstrengungen mit verschiedenen Reaktorexperimenten während des Krieges keinen kritischen Reaktor zustande brachte, lag zum großen Teil daran, daß er Bothes Messungen für bare Münze nahm und Graphit als Bremssubstanz verwarf. Die irreführenden Versuchsdaten, die sein Kollege über Graphit vorgelegt hatte und die durch Heisenbergs Theorie gestützt wurden, schlossen den Bau eines mit Graphit moderierten Reaktors aus und veranlaßten das deutsche Team, sich statt dessen auf schweres Wasser als Moderator zu verlegen.[9] Schwierig in der Herstellung und aus einer verwundbaren Fabrikanlage in Norwegen stammend, erwies sich schweres Wasser in verschiedener Hinsicht als ungünstig und verzögerte das deutsche Projekt zweifellos. Doch selbst als Heisenberg über die wirklichen Daten für Graphit erfuhr, vermochte er die Richtung nicht mehr zu ändern und machte mit schwerem Wasser weiter.[10] Nach dem Krieg versuchte er die Schuld am Scheitern des deutschen Reaktorprogramms auf Bothes »Fehler« zu schieben, aber einige Kollegen schrieben sie der Sturheit ihres Chefs zu, der immer alles besser wußte. Bothe führte zu seiner Verteidigung ins Feld, daß Heisenbergs theoretische Abschätzungen mit seinen Versuchsergebnissen übereingestimmt hatten und deshalb begrüßt worden seien.[11]

Zu den mit Heisenberg befreundeten Physikern, die die Herstellung von Plutonium erforschten, gehörte der Österreicher Fritz Houtermans. Er war ein merkwürdiger Typ, halb Jude und durch und durch Kommunist, der in den dreißiger Jahren in Rußland gearbeitet hatte, wo er von der Geheimpolizei verhaftet worden war, bevor er nach Ausbruch des Krieges unter der »Obhut« der Gestapo nach Deutschland zurückgeschickt wurde. Aufgrund obskurer Interventionen war Houtermans schließlich freigekommen und hatte durch Max von Laue im Berliner Labor des Barons Manfred von Ardenne eine Stelle bekommen, wo er an einem von der deutschen Reichspost finanzierten Atomforschungsprojekt arbeitete. Hier verfaßte er 1941 einen ausführlichen Forschungsbericht über die Konstruktion eines Reaktors, der zur Erzeugung von waffentauglichem Plutonium verwendet werden konnte. Durchaus einleuchtend behauptete Houtermans später, er habe für das Naziregime gearbeitet, um seinen Kopf zu retten, und tatsächlich hatte er es im Frühjahr 1941 irgendwie fertiggebracht, die Amerikaner vor dem Erfolg des deutschen Projekts zu warnen. Dennoch wirft die Hingabe, mit der er diese Forschungen betrieb, Fragen hinsichtlich seiner Tätigkeit und Ehrlichkeit auf. Später gab er gegenüber Weizsäcker zu, daß er dem NS-Regime nützliche Forschungsergebnisse zur Verfügung gestellt hatte.[12]

Wie Houtermans war auch Manfred von Ardenne (1907–1997) politisch außerordentlich anpassungsfähig. Ein begabter Erfinder, arbeitete er zunächst munter für die Nazis, danach für Stalin an der Herstellung einer sowjetischen Atombombe und später für die DDR, wo er sowohl für seine politischen als auch wissenschaftlichen Verdienste geehrt wurde, ehe er sich schließlich zu einem Helden der friedlichen Revolution von 1989 stilisierte, die zur deutschen Wiedervereinigung führte.[13]

Im Dezember 1939 hatte Ardenne den Reichspostminister Wilhelm Ohnesorge brieflich ersucht, die an seinem Labor betriebene

Kernspaltungsforschung finanziell zu fördern.[14] Hierauf gelang es diesem geschickten Unternehmer, Heisenberg, Weizsäcker, Hahn und viele andere angesehene Physiker zu einem Besuch in seinem feudalen Herrenhaus samt Labor zu überreden. Am 10. Oktober 1940, so erinnert sich Ardenne im Originaltyposkript seiner Memoiren, besuchte ihn Weizsäcker und teilte ihm dabei mit, er und sein Mentor Heisenberg seien zu dem Schluß gelangt, daß eine Atom-(d. h. Uran-)Bombe unmöglich sei:

> »weil wegen der Abnahme der Wirkungsquerschnitte bei hohen Temperaturen die Kettenreaktion vorzeitig unterbrochen würde. Deshalb könne die Kettenreaktion nur in einer Uranmaschine ausgenutzt werden, bei der die Temperaturen relativ niedrig bleiben. – Diese Auffassung hatte sich als ein Irrtum von historischer Tragweite erwiesen. Daß ich 1955 bei einem Rückblick über diese Details nicht geschwiegen habe, hat mir Herr von Weizsäcker, mit dem bis dahin freundschaftliche Beziehungen bestanden, nie verziehen. Meine Darstellung der Auffassungen stand nämlich im Widerspruch zu der nach Hiroshima von Herrn von Weizsäcker offiziell ausgesprochenen Version, daß die Atombombe in Deutschland bewußt nicht in Arbeit genommen wurde, um sie Hitler vorzuenthalten.«[15]

Diese etwas zu offenherzige Passage wurde in den veröffentlichten Fassungen seiner Memoiren getilgt, die dennoch einige klare Worte enthalten:

> »Mein theoretisches Interesse an der Thematik einer momentan ablaufenden Kettenreaktion war schon Anfang 1942 bei einem abendlichen Besuch des Ehepaars von Weizsäcker stark gedämpft worden. Carl Friedrich von Weizsäcker unterrichtete mich damals darüber, er und Heisenberg seien zu dem Ergebnis gekommen, daß die Wirkungsquerschnitte für die Urankernspaltung bei hohen Temperaturen sehr stark abnehmen, so daß es nicht zu einer explosiv ablaufenden Kettenreaktion kommen könne. In diesem Irrtum blieben Heisenberg und von Weizsäcker bis zum Tag von Hiroshima befangen, wie ihre mit Tonband aufgezeichneten Äußerungen beweisen … Mit Dankbarkeit kann gegenüber dem Schicksal festgestellt werden, daß Zurückhaltung, Irrtümer und Zufälle ernste Initiativen zur Entwicklung einer Atombombe in Deutschland verhinderten.«[16]

Als David Irving 1965/66 von Ardenne davon erfuhr, bat er Heisenberg und Weizsäcker natürlich um eine Stellungnahme und erhielt eine empörte Antwort des Inhalts, daß sie mit »diesem Mann« niemals näher zu tun gehabt hätten – einem bloßen Manager, der für jeden eine Bombe bauen würde. Sollte das Gespräch mit Weizsäcker jemals stattgefunden haben, beharrte Heisenberg, muß es ein Trick gewesen sein, um Ardenne daran zu hindern, die Nazipolitiker für den Bau einer Bombe zu begeistern.[17] Weizsäcker selbst bestritt, daß ein Mann vom »politischen« Schlag eines Ardenne und er jemals miteinander vertraut gewesen seien, und versicherte, sich an ein solches Gespräch nicht zu erinnern. Ardennes Darstellung gegenüber Irving muß für Weizsäcker der letzte Tropfen gewesen sein, der das Faß zum Überlaufen brachte. Obwohl die Familien der beiden während des Krieges befreundet gewesen waren, hatte er die Beziehungen zu Ardenne bereits abgebrochen, weil dieser in Vorträgen während der fünfziger Jahre unbedachte Äußerungen hatte fallenlassen.[18] 1986 versöhnten sich die beiden auf Betreiben des damaligen Bundespräsidenten Richard von Weizsäcker, woraufhin dessen älterer Bruder Carl Friedrich in die DDR eingeladen wurde, um dort über die nukleare Bedrohung des Weltfriedens zu referieren.[19] Auch hier bestätigt sich wieder, daß man Weizsäckers Worte mit Vorsicht genießen muß; wenn er Manfred von Ardenne wirklich für einen solchen Lügner gehalten hätte, wäre er wohl kaum bereit gewesen, dessen Einladung zu folgen.

Mit seinem Brief, in dem er sich über Ardenne beschwerte, belastete sich Heisenberg auch selbst, insofern er einräumte, gegenüber dem Unternehmer während des Jahres 1940 geäußert zu haben – wie Ardenne behauptete –, daß die Masse einer Uranbombe sehr klein sei. Nachdem er erklärt hatte, wie bemüht er und Weizsäcker gewesen seien, Ardenne von der Bombe abzubringen, bemerkte Heisenberg beiläufig: »Wahrscheinlich habe ich 1940 bei meinem ersten Gespräch mit Ardenne etwas unvorsichtig geantwortet, was ich zu wissen glaubte, nämlich daß man eine Atombombe mit wenigen Kilo Uran 235 werde machen können.«[20] Eine etwas befremdliche Erklärung, wenn man bedenkt, daß Heisenberg einem Mann, der als politisch unzuverlässig galt, eine wichtige wissenschaftliche Information in die Hände spielte. Der Grund für dieses ganze Hin und Her wird als Heisenbergs moralische Entscheidung ausgegeben, Hitler eine Bombe zu verweigern, und doch behauptete er nach dem Krieg, nie eine solche moralische Entscheidung getroffen zu haben. Ganz abgesehen von dieser Ungereimtheit, deuten die tatsächlichen Daten der Besuche Weizsäckers und Heisenbergs bei Manfred von Ardenne darauf hin, daß an diesen lendenlahmen Rechtfertigungen nicht viel Wahres daran ist. Weizsäcker hatte Ardenne am 10. Oktober 1940 und dann erneut Anfang 1942 besucht und ihm bei beiden Besuchen erklärt, daß der Temperaturanstieg eine explosiv ablaufende Kettenreaktion vereitle. Auch Heisenberg scheint zweimal bei Ardenne gewesen zu sein – einmal 1940, als er die Bemerkung über die »wenigen Kilogramm« U235 fallenließ, und noch einmal am 28. November 1941, als er den Temperatureinwand umriß. Warum wartete er ein ganzes Jahr, bis er Ardenne erklärte, daß es mit den »wenigen Kilogramm« doch nicht funktioniere? Eine solche Verzögerung spricht wohl kaum für die angebliche Besorgnis, Ardenne könnte Hitler eine Bombe bauen.

Ferner spricht einiges dafür, daß Heisenbergs Erinnerung fehlerhaft war und er Ardenne nur einmal aufgesucht hatte, und zwar 1941, nicht 1940. Dieser schreibt:

> »Bei Besuchen in Dahlem und Lichterfelde hatte ich 1941 sowohl Professor Otto Hahn als auch Professor Werner Heisenberg die Frage gestellt, wieviel Gramm des reinen Isotops Uran-235 zur Entfesselung einer momentan ablaufenden Kettenreaktion benötigt würden. Sie antworteten mir: ›Wenige Kilogramm.‹ In diesen vertraulichen Gesprächen vertrat ich die Auffassung, es sei technisch durchaus möglich, mit Hilfe hochgezüchteter magnetischer Massentrenner (die wir damals gedanklich vorbereitet hatten), Uran-235-Mengen von einigen Kilogramm zu erhalten, wenn man dafür große Elektrokonzerne einsetzen würde. Es kam glücklicherweise nicht zu einem Schritt in dieser Richtung.«[21]

Ardennes Gästebuch verzeichnet für 1940 keinen Besuch Heisenbergs, sondern nur einen am 28. November 1941. Zudem fällt Hahns Besuch etwa in die gleiche Zeit, nämlich auf den 10. Dezember 1941.[22] Dies gibt uns einen Anhaltspunkt für eine typisch Heisenbergsche Lüge. Als Irving ihm Ardennes ursprüngliche, falsche Datierung eines Besuchs auf 1940 vorlegte, meinte sich dieser plötzlich zu erinnern, daß es einen solchen Besuch gegeben haben müsse, bei dem von den wenigen Kilogramm die Rede war; geschickt entsann er sich sodann, diese gefährliche Bemerkung bei seinem (wie er nun dachte) zweiten Besuch 1941 zurückgenommen zu haben. Das Problem dabei ist, daß Hahn die »wenigen Kilogramm« bestätigte. Hahn, der seine Information über die kritische Masse von Heisenberg hatte, besuchte Ardenne zwei Wochen nach dem Physiker und wiederholte, daß die Masse nur wenige Kilogramm (nach einer in Farm Hall gemachten Bemerkung zu urteilen wahrscheinlich 50 Kilogramm) betrage.[23] Ardenne wäre sicher überrascht gewesen, wenn Hahns wenige Kilogramm dem widersprochen hätten, was er gerade eben von Heisenberg gehört hatte. Wenn also Heisenberg tatsächlich etwas von wenigen Kilogramm U235 gesagt hätte, wie er und Ardenne behaupteten, dann wäre diese Äußerung bei der einzigen Begegnung gefallen, die er mit Ardenne in dessen Labor hatte, nämlich im November 1941; über das Temperaturproblem hätte Weizsäcker demnach mit seinem Gastgeber viel früher gesprochen.[24]

Die Widersprüche in dieser Episode werden noch größer, wenn man Ardennes Verhalten berücksichtigt. Falls wirklich nur wenige Kilogramm U235 benötigt wurden, warum preschte dann nicht der ehrgeizige Ardenne mit seinem Massentrenner vor? Und warum legte selbst Hahn – der zweifelsohne moralische Bedenken hatte, für das Naziregime eine Bombe zu bauen – diesen Köder aus? Die Antwort findet sich in Heisenbergs Analysen des Uranbomben-Problems: Bei einer reinen U235-Bombe müßte das Isotop von einer ungeheuren Masse umgeben sein, damit die wirksame Explosion der »wenigen Kilogramm« gewährleistet ist, während eine Reaktorbombe mit einem angereicherten Anteil von »wenigen Kilogramm« reinem U235 wegen der abnehmenden Wirkungsquerschnitte ebenfalls unbrauchbar wäre. Mit anderen Worten, sowohl Heisenberg als auch Hahn konnten Ardenne ruhig ihre gefährliche Botschaft überbringen, weil sie ihm sogleich zu verstehen geben konnten, daß die Sache selbst dann nicht funktionieren würde, wenn man »wenige Kilogramm« zur Verfügung hätte.[25]

Die einfachste Erklärung für diese verwirrenden Belege ist vielleicht die, daß Heisenberg und Weizsäcker von verschiedenen Bombentypen sprachen und sich zu kryptisch und einsilbig gaben, als daß Ardenne (wie auch Hahn) verstanden hätte, welchen sie meinten. Die »wenigen Kilogramm«, die Heisenberg gegenüber Hahn erwähnt hatte, betrafen die Menge, die benötigt wurde, um in einer reinen U235-Bombe verbrannt zu werden, die jedoch eine weitaus größere »kritische Masse« haben mußte, um mit Sicherheit zu explodieren. Hinweise auf mittlere freie Weglängen, die zu groß seien (ein Satz, der auch in Farm Hall auftaucht), bezogen sich vermutlich ebenfalls auf die U235-Bombe. Andererseits deuten die Äußerungen über die hohen Temperaturen, die die Reaktion abbrechen, auf eine Reaktorbombe hin. Da Ardenne erst viele Jahre nach der Begegnung seine Erinnerungen niederschrieb und die Thematik noch immer nicht ganz zu durchschauen schien, bleibt letztlich unklar, was sich wirklich zwischen ihm und Heisenberg abgespielt hatte.

In diesem düsteren politischen und wissenschaftlichen Umfeld verfaßte F. G. Houtermans 1941 eine umfangreiche Studie über die Herstellung von Plutonium (oder vielmehr eines nicht genau spezifizierten Transurans) als Kernsprengstoff. Nach seinen Angaben zu urteilen, scheint er daran gearbeitet zu haben, ohne in die verschiedenen deutschen Geheimberichte Einsicht nehmen zu können, aber er war offensichtlich über Heisenbergs Idee im Bilde, daß ein Reaktor selbststabilisierend sei; und er genoß anscheinend das Vertrauen sowohl Heisenbergs als auch Weizsäckers.[26] Jedenfalls taucht Heisenbergs Besorgnis über den Neutronenaustritt bei steigender Temperatur auch in Houtermans' Aufsatz »Zur Frage der Auslösung von Kern-Kettenreaktionen« vom August 1941 auf:

> »Hierzu kommt aber noch selbst bei reinem U^{235}, daß die bisher gar nicht behandelte Wahrscheinlichkeit der Neutronen ... aus dem endlichen Versuchsvolumen herauslaufen, ohne ein Neutron aufzulösen, mit v, also mit $T^{-\frac{1}{2}}$ steigen muß, und daher ebenfalls selbstregulierend wirkt.«[27]

Houtermans' selbststabilisierender Reaktor unterschied sich allerdings etwas von dem Heisenbergs, da er nicht auf Energieerzeugung, sondern auf die Gewinnung radioaktiver Isotopen abzielte. Aus diesem Grund würde er bei niedriger Temperatur arbeiten können und statt schweren Wassers oder Graphits flüssiges Methan als Moderator verwenden. Dies bedeutete, daß er zur Erzeugung eines »Elements 93 oder höher« herangezogen werden konnte, das chemisch getrennt und als Kernsprengstoff verwendet werden konnte. Houtermans gibt hier Weizsäckers Meinung wieder, wonach das langlebige von U238 abstammende U239 ein gangbarerer Weg zur Atombombe sei als U235. (Wie Weizsäcker läßt auch er letztlich offen, ob das Isotop 239 das Element 93 oder 94 sein würde.)

> »Denn bei allen denkbaren Apparaturen, die eine Kettenreaktion an isoliertem U^{235} gestatten, würde ja nur 1/139 der gesamten zur Verfügung stehenden Uranmenge als ›Brennstoff‹ oder ›Explosionsstoff‹ benutzt werden, während bei der Isotopentrennung auch für die unverwertbaren Mengen von U^{238} Energie aufgewandt werden muß... Wir können daher eine Apparatur, die es gestattet, mit einem Energieumsatz an wägbaren Mengen U^{235} die Kettenreaktion ablaufen lassen, gleichzeitig als eine <u>Isotopenumwandlungsapparatur</u> ansehen. Der Vorteil gegenüber einer Isotopentrennungsapparatur ist aber der, daß das neugeschaffene Produkt, das ja eine Kernladung von 93 oder mehr hat, chemisch nicht mehr mit dem Uran identisch und daher <u>mit gewöhnlichen chemischen Methoden abzutrennen ist</u>. Da nun viel grössere Mengen, nämlich das 139fache an U^{238} zur Verfügung stehen, so ist die Verwertbarmachung desselben als ›Brennstoff‹ für eine Kettenreaktion ein für unsere Themenstellung viel wichtigerer Vorgang als die Isotopentrennung, die bloss das U^{235} zu verwerten gestattet.«[28]

Wenn auch vielleicht Houtermans' Bericht 1941 noch nicht offiziell in Umlauf gebracht wurde, so bekamen doch Heisenberg und andere Wissenschaftler – darunter natürlich auch Ardenne, der ihn vermutlich seinem Chef Ohnsorge zeigte – im selben Jahr Kopien davon zu Gesicht, und wahrscheinlich erörterte ihn Heisenberg mit Houtermans, als er im November Ardennes Labor besuchte.[29] »Zur Frage der Auslösung von Kern-Kettenreaktionen« erschien 1943 und – mit leichten Veränderungen – 1944 erneut und fand somit recht weite Verbreitung in Wissenschaftskreisen. Houtermans behauptete zwar, er habe sie stets streng begrenzen wollen, aber die Sprache beider Fassungen ist äußerst unverantwortlich, insofern sie den Reaktor als realistische Möglichkeit zur Herstellung eines transuranischen Kernsprengstoffs propagiert. Nach dem Krieg räumte Houtermans ein, daß er sich verpflichtet gefühlt habe, gute, militärisch verwertbare Forschungsergebnisse zu erzielen.[30] Der Umstand, daß er seinen Nazioberen bereitwillig solche potentiell gefährlichen Ideen lieferte, wirft ernsthafte Fragen hinsichtlich seines wissenschaftlichen und moralischen Urteilsvermögens auf. Vielleicht erklärt sich daraus auch, warum Houtermans nach 1945 praktisch alle seine deutschen Kollegen als wie auch immer geartete »Widerständler« betrachtete.[31] Auf jeden Fall sollte man gegenüber seinen Aussagen Skepsis walten lassen, zumal er Jungk in einem ganz entscheidenden Punkt die Unwahrheit sagte: Er behauptete, über den in einem Reaktor hergestellten transuranischen Sprengstoff im Juli 1941 Bescheid gewußt zu haben. »Diesen Aspekt seiner Arbeit verschwieg Houtermans jedoch ausdrücklich, um die staatlichen Stellen nicht auf die Möglichkeit einer Herstellung von Atombomben aufmerksam zu machen.«[32] Dies war eine glatte Lüge; in seinem Artikel hatte er ausdrücklich den Einsatz eines Reaktors zur Erzeugung eines Transurans in Vorschlag gebracht und sogar den Begriff »Explosivstoff« verwendet.

Und doch war dies derselbe Mann, der mit einem emigrierenden deutschen Physiker (Fritz Reiche) im März 1941 vereinbart haben soll, daß dieser seinen Freunden in Amerika eine Botschaft überbringe, die schließlich dem Leiter des US-Uranprojekts zugespielt wurde und folgenden Inhalt hatte:

> »Eine große Zahl deutscher Physiker arbeiteten unter Heisenbergs Leitung intensiv an der Uranbombe … Heisenberg zögert die Arbeit so weit wie möglich hinaus, da er die katastrophalen Folgen eines Erfolgs fürchtet. Aber kann nicht umhin, die ihm gegebenen Befehle auszuführen, und falls das Problem gelöst werden kann, wird es wahrscheinlich in naher Zukunft gelöst werden. So gab er [Houtermans] uns den Rat, uns zu beeilen, wenn die USA nicht zu spät kommen wollen.«

Nebenbei bemerkt, begegnete Reiche, der die Warnung überbracht hatte, Heisenbergs ritterlicher Tat später mit einiger Skepsis.[33]

Es besteht kein Grund, Houtermans' Aufrichtigkeit, diese Warnung ausgesprochen zu haben, in Zweifel zu ziehen. Damals genoß er noch immer die Hochschätzung eines Ehrenmanns wie Paul Rosbaud, der ihn seit 1929 kannte. Unglücklicherweise legt das Beweismaterial nahe, daß Houtermans wenig später in diesem Jahr nach dem deutschen Einmarsch in Rußland den Halt verlor. Zuerst kam sein vorschneller Plutoniumvorschlag in seinem Bericht vom August 1941. Dann nahm er von Oktober bis November 1941 an einer Mission für den deutschen Geheimdienst teil, um über die wissenschaftliche Tätigkeit der Sowjets in Kiew, Charkow und anderen Laboratorien zu berichten. Houtermans schloß seinen Tätigkeitsbericht mit den Worten: »Natürlich wird es nötig sein, in jedem einzelnen Fall die politische Idee zu überprüfen.« Nach dem Krieg beschönigte er diesen Besuch und behauptete, er habe nur eingewilligt, um seinen früheren russischen Kollegen zu helfen.[34] Als er im April 1945 in Göttingen von Goudsmit verhört wurde, gab er sich zugeknöpft und schwieg über seinen Vorschlag, Plutonium als Sprengstoff zu verwenden.[35] Andererseits berichtet Goudsmit, Houtermans habe ihm die Kopie eines Manuskripts über die »Kettenreaktion bei niedriger Temperatur« gegeben. Dabei handelte es sich um die spätere Version des Aufsatzes »Zur Frage der Auslösung von Kern-Kettenreaktionen«, in der die Stellen über das Sprengstoffpotenial von Plutonium getilgt waren. Houtermans, der gegenüber Goudsmit wenig über Heisenberg und das Projekt verlauten ließ, ging es damals in erster Linie darum, die deutschen Physikinstitute wieder auf Hochtouren zu bringen, so als habe es keinen Krieg gegeben.[36]

Was von Houtermans' Aktivitäten während der Kriegszeit bekannt wurde, beunruhigte einige seiner früheren Freunde. Er war, wie verlautete, an die Ostfront gereist, zusammen mit Diebner und Schumann vom Heereswaffenamt, die es gewohnt waren, in Uniform aufzutreten, und Paul Rosbaud mag den Glauben an seinen alten Freund verloren haben, als er erfuhr, daß man ihn in Charkow mit Uniformmütze gesehen hatte. Er fand Houtermans' Verhalten nach dem Krieg »abstoßend«, hielt ihn nicht für den Mann, »den Deutschland und die deutsche Wissenschaft heute braucht«, und hoffte, daß man ihn daran hindern würde, in den Vereinigten Staaten zu arbeiten.[37] Gerüchte über Houtermans' Auftreten (er soll unter anderem die sowjetischen Forschungslaboratorien geplündert haben) kamen nach 1945 dem italienischen Physiker Giuseppe Occhialini zu Ohren, der ebenfalls mit Rosbaud befreundet war.[38] Während er um das Jahr 1950 an der Freien Universität von Brüssel Gastvorlesungen hielt, stellte er Houtermans Fragen über diese Dinge und war so »bedient« von dem Gespräch, daß er fluchtartig das Haus verließ und ins Kino ging und es seiner Frau überließ, aus Houtermans eine klare Stellungnahme herauszubekommen.[39] Insgesamt war das Mißtrauen gegenüber Houtermans so stark, daß Goudsmit dessen Exfrau mitteilen mußte, er halte die Aussichten, daß er jemals in die USA kommen dürfe, für gering.[40]

Aus all dem ergibt sich der Eindruck, daß Houtermans bis zum Sommer 1941 ein entschiedener Nazigegner war, aber im Zuge der deutschen Erfolge in Rußland sowohl aktiv am deutschen Atomprojekt als auch an widerwärtigen Nazimissionen in besetzte Länder teilnahm. Das hatte zur Folge, daß er 1945 moralisch derart kompromittiert war, daß er sich bereitwillig in dem Netz von Lügen und Täuschungen verstrickte, das Heisenberg, Weizsäcker und seine anderen Freunde gesponnen hatten.

Doch selbst wenn wir Houtermans' Nazigegnerschaft als authentisch betrachten, bleibt die Frage: Wenn schon ein politisch bewußter, radikal eingestellter Nazigegner wie Houtermans imstande war, solche Lügen aufzutischen, welche Glaubwürdigkeit kann man dann den Erinnerungen jener »unpolitischen« deutschen Wissenschaftler beimessen, die nach dem Krieg noch einiges mehr zu verbergen hatten als er?

10. Kapitel: Das Patent der Reaktorbombe und Heisenbergs Zeichnung, 1941

Das Patent

Als die deutschen Physiker 1945 in Farm Hall ein Memorandum zu entwerfen versuchten und dabei die Geschichte ihrer Arbeit an der Uranbombe während des Krieges rekapitulierten (oder vielmehr rechtfertigen), meinte

> »Wirtz ..., man dürfe nicht vergessen, daß es im Kaiser-Wilhelm-Institut für Physik ein Patent für die Herstellung einer solchen Bombe gebe. Dieses Patent sei 1941 erteilt worden.«[1]

Die Erinnerung an dieses Patent ist in den letzten fünfzig Jahren geflissentlich verdrängt worden. Nichtsdestoweniger gibt es im deutschen Quellenmaterial Hinweise auf ein solches Dokument. Ein im Februar 1942 vom Heereswaffenamt/WaF verfaßtes ausführliches Gutachten zum Uranprojekt – einschließlich einer Erörterung von Reaktorbomben – enthält in seiner Bibliographie folgenden Vermerk:

> »P1. Patentanmeldung Technische Energiegewinnung. Neutronenerzeugung und Herstellung neuer Elemente durch Spaltung von Uran oder verwandten schweren Elementen 28.8.1941. 14 S.«[2]

Der Titel dieses Patents scheint zwar nur auf die Beschreibung eines Reaktors hinzudeuten, doch eingedenk der Wirtzschen Erinnerung wollen wir einmal annehmen, daß darin auch von einer Bombe die Rede war, genauer gesagt von einer Reaktorbombe. Wir haben bereits gesehen, daß Heisenbergs Assistent Müller Berechnungen für eine solche angestellt hatte, und wir wissen, daß auch bei anderen Patenten jener frühen Jahre, wie dem von Joliot und Szilard angemeldeten, Reaktorbomben eine Rolle spielten.[3] Mit aller gebotenen Vorsicht darf man daher unterstellen, daß das harmlos klingende P1-Patent einen Abschnitt über eine Reaktorbombe enthielt, auf den sich die Verfasser des Heereswaffenamt-Berichts stützen konnten, als sie die Funktionsweise einer solchen Bombe erläuterten.

Wer aber bereitete die Patentanmeldung vor? Da es sich zweifellos um ein geheimes Patent gehandelt hätte, wäre es höchstwahrscheinlich eher unter dem Namen der entsprechenden Organisation und möglicherweise der Behördenvertreter als unter dem der eigentlichen Erfinder eingetragen worden. Obwohl ein großer Teil der Arbeit von Heisenbergs Team am Kaiser-Wilhelm-Institut für Physik ausgeführt wurde, war die mit dem Projekt betraute Behörde 1941 immer noch die Abteilung für Kernphysik des Heereswaffenamts (HWA WaF/Ia), deren Abteilungsleiter H. Basche und deren wissenschaftlicher Leiter Diebner waren. Nun finden wir aber in einem von Diebner 1956 (unter dem Pseudonym »W. Tautorus«) veröffentlichten Bericht die folgende Eintragung:

> »T-45. K. Diebner, H. Basche u. a.
> Geheimpatent über Uranmaschine mit verschiedenen geometrischen Anordnungen von Uran und Bremssubstanz.«[4]

Die Diebner-[Tautorus-]Liste fußte auf einer in Diebners Besitz befindlichen Dokumentensammlung, welche Historikern, die über das Thema arbeiteten, nie zugänglich gewesen war und anscheinend nach Diebners Tod im Jahre 1964 verschwunden ist. (Basche kam in den letzten Kriegstagen ums Leben.) Alle Bemühungen, die Diebnersche Sammlung ausfindig zu machen, sind bis heute fehlgeschlagen, weshalb wir den genauen Titel und Inhalt seines T-45-Geheimpatents nicht kennen, aber man darf wohl davon ausgehen, daß T-45 mit dem in der Bibliographie des Heereswaffenamts verzeichneten Patent P1 identisch ist.[5]

Das Patent hat in der offiziellen Korrespondenz des Heereswaffenamts Spuren hinterlassen, die darauf schließen lassen, daß es 1941/42 ausgearbeitet und in Umlauf gebracht, dem Reichspatentamt aber erst nach August 1942 vorgelegt worden ist. Am 2. Februar 1942 wandte sich Basche mit folgendem Ersuchen an Paul Harteck (und vermutlich die anderen Institutsleiter des Projekts):

»Betr.: Patentanmeldung

(6) Die Patentanmeldung ›Uranmaschine‹ geht Ihnen beiliegend zu, um Sie über wichtige Ergebnisse gemeinsamer Anstrengungen in Kenntnis zu setzen. Mit Hilfe dieser Anmeldung kann entschieden werden, welche anderen patentierfähigen Ideen Ihr Institut noch hat, die über jene in der [Patentanmeldung] ›Uranmaschine‹ bereits niedergelegten hinausgehen.

Ferner wird Mitteilung erbeten darüber, welche Personen Ihres Instituts an der ›Uranmaschine‹ mitarbeiteten und wer dementsprechend beim Patentamt als Erfinder eingetragen werden sollen. Prof. Bothe schlägt vor, daß das Patent als das [Ergebnis] gemeinsamer Anstrengung aller Institute angesehen wird.«[6]

Im August 1942 versuchte Basche, das Patent abzuschließen, indem er den Institutsdirektoren zwei Wochen Zeit gab, zu dem Text Stellung zu nehmen. Am 20. August 1942 schrieb er an Otto Hahn und legte im Brief die *Patentanmeldung »Uranmaschine«* bei, die er als ein wichtiges Gemeinschaftswerk bezeichnete. Er wollte wissen, welche Herren von Hahns Institut dazu beigetragen hatten und als Miterfinder gelten sollten. Wieder wurde Bothes Vorschlag, die Gemeinschaftsarbeit allen Instituten als Verdienst anzurechnen, beifällig erwähnt. Basche bat um die Rückgabe der kommentierten beiliegenden *Patentanmeldung* innerhalb von vierzehn Tagen. Hahn entsprach dieser Bitte am 28. August und ergänzte seine Antwort am 4. September durch eine Liste von sechzehn »Miterfindern« aus seinem Institut, zu denen auch H. Bomke gehörte, der laut den Farm-Hall-Protokollen als »alter Kämpfer« galt.[7]

Es ist möglich, daß das Geheimpatent der Uranmaschine vom Heereswaffenamt einer zentralen Behörde, nämlich der Zentralstelle Patentstelle des OKW, vorgelegt wurde, die von der Wissenschaftsabteilung des Oberkommandos der Wehrmacht (OKW AWA/W Wiss [III]), dem OKH-Heereswaffenamt (stellvertretend für die Forschungsabteilung), dem Reichsforschungsrat und dem Reichspatentamt eingerichtet worden war. Diese zentrale Behörde arbeitete bis Ende 1944, denn aus einem Briefwechsel geht hervor, daß Walther Gerlach beim Patentamt eine unter seiner Leitung stehende gesonderte Abteilung für Nuklearpatente einrichten wollte, jedoch erfahren mußte, daß eine solche Behörde bereits existiere, um geheime Patente von militärischem Nutzen zu koordinieren.[8] Ob diese Behörde schon Anfang 1942 bestand und das Patent entgegengenommen hat, ist unklar.

1945 vom amerikanischen Geheimdienst unternommene Anstrengungen, dieses allgemeine *Uranmaschinen*-Patent zu finden, erwiesen sich als fruchtlos, obwohl etliche damit verwandte Patente, in denen es um die Herstellung von schwerem Wasser und Zentrifugen zur Isotopentrennung ging, sichergestellt werden konnten.[9] (Einige dieser Patente hatten eine Kontroverse mit I. G. Farben nach sich gezogen.) Sie zählten später zu den fast vierhundert deutschen G-Berichten, die das ALSOS-Team beschlagnahmte.[10] Leider findet sich in dieser Sammlung kein Hinweis auf das HWA-P1-Patent, Tautorus T-45 oder das *Uranmaschinen*-Patent.

Denkbar ist allerdings, daß das Geheimpatent oder die Geheimpatente in zwei anderen Konvoluten erbeuteter deutscher Dokumente aufbewahrt wurden, die sich nun in Washington befinden. Zwischen 1945 und 1948 beschlagnahmten Abteilungen des wissenschaftlichen und technischen Geheimdienstes der Alliierten in Deutschland große Mengen technischen Materials zu Reparationszwecken (was Otto Hahn damals bitter beklagte).[11] Darunter befanden sich 144 000 deutsche Patente und Anmeldungen des Berliner Reichspatentamts. Von diesen wurden Mikrofilme erstellt und die Titel einzeln aufgelistet, nicht in der vorgefundenen Reihenfolge, sondern thematisch geordnet. Nach ihrer Veröffentlichung wurden die Titel der Patente in der *Bibliography of Scientific and Industrial Research Reports* des Office of Technical Service zum Kauf angeboten. Die Mikrofilme verblieben in der Scientific-Reference-Abteilung der Kongreßbibliothek.[12] Obwohl es ein paar Titel kernphysikalischen Inhalts gibt, hat eine eingehende Durchforschung dieser »PB«-(Publication Board-)Listen keines der Geheimpatente zutage gefördert, die aus dem Uranvorhaben der deutschen Regierung hervorgingen. (Einige aus Privatarchiven stammende wurden gefunden.)[13]

Eine zweite in der Kongreßbibliothek aufbewahrte Quelle bildet eine von der ALSOS-Mission konfiszierte Sammlung von über siebenhundert Schriftstücken, unter denen sich etliche Verwaltungsakten des Reichsforschungsrats befinden. Deren Originale wurden in jüngster Zeit dem Deutschen Bundesarchiv zurückgegeben, die Mikrofilme jedoch in Washington behalten. Da der Reichsforschungsrat Anfang 1942 vom Heereswaffenamt die Kontrolle über das Uranvorhaben (einschließlich der Überwachung der Heisenbergschen Abteilung am Kaiser-Wilhelm-Institut für Physik) übernahm, kann es sein, daß es auch alle zuvor beim Heereswaffenamt liegenden Geheimpatente bekam. Eine Stichprobe hat bisher keine positiven Ergebnisse erbracht, aber eingehendere Nachforschungen sind inzwischen im Gange.[14]

Könnten die Patente noch immer in deutschen Magazinen lagern? Denkbar ist, daß die Patentanmeldungen bei den Münchener oder Nürnberger Behörden statt beim Berliner Reichspatentamt untergebracht wurden, aber da das Heereswaffenamt seinen Sitz in Berlin hatte, ist dies eher unwahrscheinlich. Ein britischer Geheimdienstbericht von 1946 vermerkte, daß von den 12000 Geheimpatenten und zusätzlichen über 25000 Geheimpatentanmeldungen im Berliner Amt nahezu alle von den Deutschen vernichtet worden seien. Nicht sehr hoffnungsvoll weist der Bericht darauf hin, daß einige dieser Geheimpatente und Anmeldungen aufgrund von Kopien in Firmenarchiven rekonstruiert werden könnten. Allerdings berichtete das britische Team auch, daß ein Gesamtregister im Berliner Patentamt verblieb.[15] Dieses Register ist, wie es scheint, inzwischen verschwunden.[16]

Offenbar jedoch war 1945 noch ein »Registerbuch« der Geheimpatente vorhanden, das von den Amerikanern für General Groves' Behörde gefilmt wurde. Am 6. Juli 1945 berichtete die US-Rechtsabteilung, daß »ein geringer Teil der Berichte, darunter auch Fragmente der Geheimakten, die die Deutschen in der Mine [von Herringen] hatten vernichten wollen, unter der Aufsicht des Archivars Mr. Childs nach Frankfurt gebracht wurde, wo sie in der Reichsbank eingelagert sind«.[17] Eine Meldung im *Washington Evening Star* vom 23. Juli 1945, daß von Oberst Ernest McLendon geführte amerikanische Sachverständige das deutsche Patentamt mit seinen siebenhundert Räumen einnahmen und »fast alle«

Patentakten unversehrt in einem tiefen Kellergeschoß fanden, veranlaßte Groves' Mannschaft, mit McLendon am 15. August in Berlin Kontakt aufzunehmen. Es wurde ihnen mitgeteilt, daß im Berliner Patentamt an die 150 Tonnen nicht klassifizierter Patente und ähnlicher Schriftstücke sichergestellt worden seien. »In bezug auf deutsche Geheimpatente ist das bisher einzige sichergestellte Beweismaterial das deutsche Geheimpatent-Registrierbuch, das lediglich die Namen des Patentinhaber und den Titel des Patents angibt. Dieses Dokument wird auf Mikrofilm festgehalten und in Kürze zur Untersuchung bereitstehen. Während McLendon erfahren hat, daß die originalen Geheimpatentakten vernichtet wurden, hofft man immer noch, daß Duplikate derselben gefunden werden, und in dieser Hoffnung setzt man die Suche fort ... Es wird gebeten, die genannte Behörde über die Patente aus den erbeuteten TA-Dokumenten und deren Auswertung in Kenntnis zu setzen.«[18]

Weitere Diskussionen mit amerikanischen und britischen Offizieren am 25. Oktober in Berlin kamen zu dem Schluß,

> »daß alle klassifizierten deutschen Geheimpatente von den Deutschen in einer Stadt names Herringen, in der Nähe von Kassel, Deutschland, vernichtet wurden; Lt. Col. Kessenick inspizierte die verkohlten Überreste dieser Dokumente und stellte fest, daß sie nicht mehr lesbar gemacht werden können. Über 180 000 nicht klassifizierte Patentanmeldungen werden nun bearbeitet und katalogisiert. In den bereits katalogisierten ist kein Hinweis darauf gefunden worden, daß sich unter ihnen Patente befinden, die für General Groves' Amt von Interesse sind ... Lt. Warner wurde mitgeteilt, daß die amerikanischen und britischen Behörden definitive Informationen darüber haben, daß vor dem amerikanischen und britischen Einmarsch in Berlin von den Russen 40 Lastwagenladungen mit ›Patentmaterial‹ weggeschafft wurden. Es heißt jedoch, die Russen hätten dies bestritten.«[19]

Eine andere mögliche Quelle für das Patent von 1941 ist das Archiv der Kaiser-Wilhelm-Gesellschaft in Berlin. Diese Gesellschaft, welche die Aufsicht über die verschiedenen Kaiser-Wilhelm-Institute innehatte, war während des Krieges aktiv an der Jagd nach Patenten interessiert und richtete 1941 zu diesem Zweck sogar eine Agentur unter der Leitung des Syndikus Herbert Rainer Müller ein. Es ist denkbar, daß dieses Büro sich sowohl mit den geheimen als auch mit den jedermann zugänglichen Patenten beschäftigte.[20] Hier stößt man auf eine interessante Verbindung, denn Müller (der 1972 verstarb) war ein Nazigegner und versuchte, der vom Kaiser-Wilhelm-Institut für Physik betriebenen Kernforschung bürokratische Hindernisse in den Weg zu legen.[21] Mehr noch, man weiß inzwischen, daß er den alliierten Agenten Erwin Respondek (verstorben 1971) mit Informationen über diese Forschung versorgt hat.[22] Respondek hatte noch weitere Informanten in der Kaiser-Wilhelm-Gesellschaft, kannte Max Planck gut und lernte durch ihn Hahn und Heisenberg kennen, wenn auch das Verhältnis zu letzterem nicht gerade herzlich war.[23]

Respondek gab die von Müller und anderen Gewährsleuten erhaltenen Informationen pflichtschuldig an seinen Agentenführer in Berlin, den legendären amerikanischen Diplomaten und Spion Sam Woods, in Form eines vom 6. März 1941 datierten Berichts weiter, der den Titel trug: »Stand und jüngste Tätigkeit deutscher Wissenschaftsentwicklungen in den letzten Monaten«. Der Bericht, der von Woods an das US-Kriegsministerium weitergeleitet wurde, enthielt beiläufige Hinweise auf die Arbeit über Kernphysik und Kernspaltung an den Kaiser-Wilhelm-Instituten für Physik und Chemie in Berlin, aber keine Details über Uran.[24]

Es kann durchaus sein, daß das Patent irgendwann doch noch auftaucht, wenn auch nicht aus den genannten Quellen, da man weiß, daß in zwei Archiven Kopien vorhanden waren, die zwar gegenwärtig unauffindbar sind, aber in späterer Zeit wieder ans Licht kommen könnten. Eines dieser Archive ist die Sammlung Diebner, das andere das Archiv des Heereswaffenamts/WaF selbst. Nur wenige Akten aus dessen Bestand (Kopien britischer Quellen) befinden sich nun im Freiburger Militärarchiv des Bundesarchivs; aber auch wenn der größte Teil des Archivs wahrscheinlich während des Krieges zerstört wurde, besteht die Möglichkeit, daß es wie viele andere deutsche Akten in Berlin den Russen in die Hände gefallen ist.[25] (Eine Kopie könnte auch in Speers persönlichem Patentbüro des Rüstungsministeriums aufbewahrt worden sein.)[26]

Kann man also den Inhalt des Patents oder der Patente für

eine Bombe ermitteln, die 1941 von der Forschungsabteilung des Heereswaffenamts und/oder der Kaiser-Wilhelm-Gesellschaft zu Papier gebracht wurden? Ungeachtet des Wissens der Deutschen um Plutonium und U235 als nukleare Sprengstoffe, dürfte es bei jenem Patent um eine Reaktorbombe gegangen sein, da während des Krieges über die Möglichkeit einer solchen Vorrichtung spekuliert wurde. Daß dem so war, legt auch der nachfolgend berichtete berüchtigte Vorfall nahe.

Bohr und Heisenbergs Zeichnung

Im 4. Kapitel haben wir Niels Bohr an dem Punkt verlassen, als er die Möglichkeit einer auf schnellen Neutronen basierenden Bombe unter Verwendung von U235 ausgeschlossen hatte, weil er keinen Weg sah, genügend große Mengen von U235 zu trennen. Im selben Vortrag, in dem er dieses Projekt als unrealistisch verwarf, legte er außerdem dar – definitiv, wie er glaubte –, daß auch keine Aussicht bestand, eine Reaktorbombe zu bauen, die mit langsamen Neutronen in einem Urangemisch samt Moderator arbeiten würde:

> »Die entscheidende Frage ist daher, wieweit das natürliche Gemisch von Uranisotopen verwendet werden kann, um im großen Maßstab Energie freizusetzen. Das auf der Hand liegende Vorgehen wäre, Uran mit wasserstoffhaltigen Substanzen zu mischen, um somit sicherzustellen, daß die bei der Kernspaltung erzeugten Neutronen anschließend durch Zusammenstoß mit den Protonen so sehr verlangsamt werden, daß sie mit hinreichender Wahrscheinlichkeit mit dem seltenen Isotop reagieren … Aber es ist von vornherein klar, daß bei diesem Vorgehen von Explosionen nie die Rede sein kann, die plötzlich einen erheblichen Teil der atomaren Energie freisetzen würden.
>
> Damit solche Explosionen eintreten, würde die Temperatur auf Milliarden Grad steigen müssen, aber sobald die Temperatur gerade mal ein paar tausend Grad erreicht, wird der Prozeß abbrechen, weil die Protonen in dem Gemisch eine zu hohe kinetische Energie haben werden, um die Spaltungsneutronen genügend zu verlangsamen. Tatsächlich nimmt bei zunehmender Neutronenenergie die Wahrschein-

lichkeit, daß ein Neutron mit dem seltenen Uranisotop reagiert, rasch ab, und bereits bei Energien von einigen Elektronenvolt ist sie geringer als die Wahrscheinlichkeit des Neutroneneinfangs im abundanten Isotop.«[27]

Dieser denkwürdige Vortrag schien alle Befürchtungen, daß eine Atombombe machbar sei, endgültig zu begraben.[28] Doch Bohr hatte bei seinen Ausführungen einen wichtigen Bereich nicht berücksichtigt, da er sich auf Fälle mit reinem U235 und ungetrenntem Uran konzentrierte. Aber wie verhielt sich die Sache bei der Anreicherung von U235? Dies war der Fall, den P. O. Müller 1940 für Heisenberg untersucht hatte und der aller Wahrscheinlichkeit nach in dem oben erwähnten Patent entwickelt wurde, das vom Kaiser-Wilhelm-Institut für Physik durch das Heereswaffenamt im August 1941 beantragt worden war. Vermutlich handelte es sich um jenen Fall, auf den Heisenberg den entsetzten Bohr im September 1941 aufmerksam machte.

Dieser »unverzeihliche« – und nie verziehene – Besuch fand im Rahmen der deutschen Bemühungen statt, Bohr und sein Institut zur Kollaboration mit der Besatzungarmee zu gewinnen.[29] Er ging auf einen Vorschlag Weizsäckers vom 22. Juli 1941 zurück, daß er und Heisenberg (zusammen mit drei anderen Wissenschaftlern) von der Dänisch-Deutschen Gesellschaft in Kopenhagen zu einer Konferenz über Physik und Astronomie ins Deutsche Haus eingeladen würden – ein durchsichtiger Trick.[30] Bohr widersetzte sich mit allen Kräften dem Ansinnen der beiden, ihn öffentlich in dieses kaum verhüllte Propagandaunternehmen hineinzuziehen. Daraufhin war Weizsäcker derart frustriert, daß er den Direktor des sogenannten Kulturinstituts an Bohrs Sekretärin vorbei in das Büro des Physikers stieß.[31] Auch Heisenberg trat die Gefühle der Dänen mit Füßen, indem er den deutschen Angriff auf Polen und den deutschen Herrschaftsanspruch in Europa ungeniert rechtfertigte und das Naziregime schönredete. Den Gipfel der Geschmacklosigkeit erreichte der Besuch, als Heisenberg in einem privaten Gespräch mit Bohr die Möglichkeit andeutete, Kernwaffen herzustellen. Bohr war tief empört, daß sein früherer Schüler an einem ernsthaften Atomprojekt der Nazis beteiligt zu sein schien und, schlimmer noch, ihn offenbar für das Projekt gewinnen oder ihm zumindest nützliche Ratschläge entlocken wollte. Vielleicht versuchte er auch in Erfahrung zu bringen, was der Däne über die Uranforschungen der Alliierten wußte. Nach dem Treffen teilte Bohr Institutskollegen seine Besorgnis mit, obwohl er noch zu erregt war, um Einzelheiten berichten zu können. Sicher ist, daß er Heisenberg diesen Besuch nie verzieh und daß ihr vormals enges Verhältnis nach dem Krieg zu förmlicher Höflichkeit abkühlte.[32]

Anscheinend versuchte der Deutsche, bei dem Gespräch mit Bohr herauszubekommen, wie weit (wenn überhaupt) die Alliierten mit der Entwicklung einer Atombombe gediehen seien. Vor seiner Reise nach Kopenhagen hatte Weizsäcker zwei Dringlichkeitsschreiben an das Heereswaffenamt beziehungsweise an den Reichserziehungsminister Rust, dem das frühere Uranprojekt des Reichsforschungsrats von 1939 unterstellt gewesen war, geschickt, um die Behörden auf Berichte in einer Stockholmer Zeitung hinzuweisen, wonach in den USA Experimente im Zusammenhang mit einem neuen Bombentypus durchgeführt würden:

> »Das in der Bombe verwendete Material ist Uran, und wenn die Energie, die in diesem Element enthalten ist, freigesetzt würde, könnten Explosionen von bisher unvorstellbarer Wucht erzielt werden. So könnte eine Fünf-Kilogramm-Bombe einen Krater von 1000 Meter Tiefe und einem Radius von 40 Kilometern erzeugen. Alle Gebäude innerhalb einer Reichweite von 150 Kilometern würden zerstört werden.«[33]

Von dem schwedischen Bericht hatte Weizsäcker im Juli durch das Presseamt des Außenministeriums erfahren, in dem sein Vater Staatssekretär war. Daraufhin hatte er um eine Unterredung mit Rust ersucht, um ihn vor dem berichteten Vorsprung der Amerikaner zu warnen, und infolgedessen einen Bericht verfaßt, den er nun mit seinem Brief vom 5. September unterbreitete. Es scheint plausibel, daß er im Juli seinen Vater bat, dafür zu sorgen, daß der Deutsche Akademische Austauschdienst sofort eine Konferenz in Kopenhagen in die Wege leite, als Vorwand für Heisenbergs Besuch.[34] Aber selbst wenn der Stockholmer Zeitungsartikel nicht der unmittelbare Auslöser für den Besuch gewesen sein sollte, muß Weizsäcker und Heisenberg zum Zeitpunkt, als sie in Dänemark eintrafen, die Möglichkeit einer amerikanischen Atombombe gedanklich sehr stark beschäftigt haben. Zweifellos war es diese Besorgnis, welche die beiden deutschen Physiker zu ihrem unseligen Verhalten gegenüber Bohr veranlaßte.

In späteren Jahren versuchte Heisenberg, die ganze Begegnung als ein Mißverständnis Bohrs hinzustellen. Trotzdem räumte er dabei ein, daß es in jenem Gespräch um die Frage gegangen war, ob es möglich sei, eine Bombe zu bauen.[35] Über die Möglichkeit, Plutonium zu verwenden, hätte Heisenberg gewiß Stillschweigen bewahrt, wenn Bohr noch nicht selbst auf die Idee gekommen wäre.[36] Aber über die Reaktorbombe hätte er diskutieren können, da sie nicht machbar schien. Hier hätte er Bohrs Kenntnisse ausbeuten können, um herauszufinden, ob die Deutschen vielleicht etwas übersehen oder versäumt hatten. Die Diskussion mit dem zunehmend nervöser werdenden Bohr muß jedenfalls sehr ins Detail gegangen sein, denn Heisenberg skizzierte die Konstruktion einer Atombombe – zweifellos einer Reaktorbombe – auf ein Blatt Papier, deren Sinn und späteres Schicksal weiter unten erörtert werden sollen.[37]

Von der baldigen Machbarkeit einer Atombombe indes dürfte er Bohr damit nicht überzeugt haben, denn sonst hätte der Däne mit Sicherheit Maßnahmen ergriffen, um seine alliierten Kontaktleute vor einer solchen Gefahr zu warnen. Tatsächlich begann Bohr erst im Januar 1943, als man ihn auf Chadwicks Veranlassung hin heimlich um seine Mitarbeit bat, wieder ernsthaft über die Realisierbarkeit einer auf langsamen Neutronen basierenden Atombombe nachzudenken.[38] Bohr war über Chadwicks Einladung, in England an dem Projekt zu arbeiten, offensichtlich erstaunt, lehnte aber vorläufig ab, weil er seine Freunde und Kollegen in Dänemark schützen mußte. Dennoch wäre er gekommen, antwortete er, wenn er die Auffassung vertreten hätte, daß die Kernphysik in naher Zukunft eine Gefahr darstelle.[39]

Als ihm jedoch Gerüchte zu Ohren kamen, daß die Deutschen sich anschickten, im großen Maßstab Uranmetall und schweres

Wasser zu gewinnen, dachte Bohr ernsthaft über das nach, was Heisenberg hatte durchsickern lassen, und schrieb in einem zweiten Brief an Chadwick zwei Monate später:

»Im Hinblick auf die um die Welt gehenden Gerüchte, daß im großen Maßstab Vorbereitungen getroffen werden für die Herstellung von Uranmetall und schwerem Wasser, die in Atombomben verwendet werden können, möchte ich meine Behauptung, daß die in der Kernphysik gemachten Entdeckungen nicht unmittelbar verwertbar seien, modifizieren. Nimmt man als erwiesen an, daß es unmöglich ist, die Uranisotope in ausreichenden Mengen zu trennen, würde jeder Gebrauch der natürlichen Isotopenmischung, wie jeder weiß, von der Möglichkeit abhängen, die Spaltungsneutronen so aufzuhalten, daß ihre Wirkung auf das reine U235-Isotop den Neutroneneinfang im Isotop U238 übertrifft. Obwohl man nicht ausschließen kann, daß sich dieses Ergebnis auch in einem Gemisch aus Uran und Deuterium erzielen läßt, wird es gewiß eine Grenze geben, bis zu welcher die Atomenergie in einem solchen Gemisch freigesetzt werden könnte, infolge der Abnahme des retardierenden Effekts bei steigender Temperatur. Diese Grenze scheint bei einer Temperatur von D zu liegen, die etwa 1 Volt pro Atom entspricht, und dies wäre somit die Grenze der Sprengkraft eines homogenen Gemischs. Wenn jedoch, wie oft vorgeschlagen wird, feste Stücke von U in einen großen Behalter mit schwerem Wasser gelegt werden, könnte man möglicherweise in U eine weitaus höhere Temperatur erreichen, ehe die kritische Temperatur von D erreicht ist. Da jedoch mindestens 1 pct der durchschnittlichen freigesetzten Energie, unabhängig von der benutzten Menge von U, nie größer sein wird als ca. hundertmal derjenigen, die man benötigt, um das Wasser auf die kritische Temperatur [sic] zu erhitzen.[40] Selbst wenn diese sehr groß ist im Vergleich zu jener, die sich bei einer normalen chemischen Explosion erzielen läßt, wäre es angesichts der bereits erreichten Massenbombardements kaum verantwortlich, sich auf die Wirkung einer einzigen Bombe dieses Typus zu verlassen, die nur mit enormem Aufwand zu beschaffen ist. Natürlich sieht die Sache ganz anders aus, wenn es stimmt, daß genug schweres Wasser erzeugt werden kann, um eine große Anzahl von Atombomben zu bauen, und obwohl ich überzeugt bin, daß die hier skizzierten Argumente den Fachleuten vertraut sind, beeile ich mich daher, meine frühere Feststellung zu modifizieren.«[41]

Wie aus dem Anfang des Briefes hervorgeht, scheint ein Grund für Bohrs aktives Interesse am Entwurf einer Bombe die Information gewesen zu sein, die er über das deutsche Atomprojekt von dem britischen Geheimdienstoffizier Eric Welsh erhielt, dessen Nachrichtenquelle in Berlin Paul Rosbaud war.[42]

Da im Oktober 1943 die dänischen Juden ihres Lebens nicht mehr sicher waren, floh Bohr (selbst halb jüdisch) nach England, wo er am 6. Oktober in London eintraf und von Chadwick und einem Offizier des Secret Service begrüßt wurde. Am 8. Oktober speiste er im Savoy mit einer Gruppe britischer Wissenschaftler sowie Sir John Anderson (dem damals das britische Atomprojekt unterstand), Lord Cherwell, R. V. Jones und Charles Frank vom wissenschaftlichen Geheimdienst, Michael Perrin vom britischen Atomprojekt und anderen. Hier wurde Bohr über die Fortschritte des alliierten Atombombenprojekts unterrichtet und auch in das Geheimnis der kleinen kritischen Masse, die aus der Arbeit von Frisch und Peierls hervorging, eingeweiht. Bohrs Sohn Aage, der eine Woche später nachgekommen war, berichtete, »wie überrascht Niels war über das, was ihm an jenem Tag über den Stand der angloamerikanischen Atomwaffenforschung berichtet wurde«.[43] Kurz darauf erörterte Bohr mit Cherwell die Bombentheorie. Die Ergebnisse dieser Unterredung wurden Churchill hinterbracht.[44] Cherwell legte Bohr auch nahe, die amerikanische Seite des Projekts zu besichtigen, und so traf Bohr am 6. Dezember in New York ein.[45]

In Washington fanden sodann fünf oder sechs Gespräche mit General Groves' Sicherheitsassistenten Robert Furman statt, der Bohr über das deutsche Projekt und Heisenbergs Besuch in Kopenhagen befragte. Am 16. Dezember empfing Groves persönlich den dänischen Gast in seinem Büro, und als Bohr mit der Bahn nach Los Alamos reiste, stieg der General in Chicago zu. Zwei Tage lang verbrachten die beiden viele Stunden zusammen, und als sie ankamen, schien Bohr seinen Begleiter davon überzeugt zu haben, daß Heisenbergs Reaktorbombe sehr wahrscheinlich funktioniere.[46] Daraufhin traf man sich am 31. Dezember in Oppenheimers Büro, um Bohrs Befürchtungen zu erörtern. Neben Bohr und seinem Sohn waren Hans Bethe, Edward Teller, Victor Weisskopf, Robert Serber und andere anwesend.

Bei diesem Treffen ging Bohr mit seinen Kollegen den Entwurf oder eine Version des Entwurfs einer Reaktorbombe durch, den Heisenberg ihm 1941 auf einem Blatt Papier skizziert hatte. Sie hatte die Form eines einfachen Behälters, aus dem oben Stäbe herausragten. Den Physikern fiel es schwer, die Skizze ernst zu nehmen. Weisskopf meinte, Bohr sei seinen Vorurteilen gegen die Deutschen aufgesessen, während Bethe seiner Verblüffung Ausdruck verlieh:

> »Die Heisenberg zugeschriebene Zeichnung war angefertigt worden, als Heisenberg Bohr in Kopenhagen besucht hatte. Bohr schickte [nahm?] sie nach Los Alamos, wo mehrere von uns, darunter Oppenheimer, Teller und ich, über ihre Bedeutung rätselten. Soweit wir sehen konnten, stellte die Zeichnung einen Kernreaktor mit Regelstäben dar. Aber wir hatten die vorgefaßte Meinung, daß sie eine Atombombe darstellen sollte. Daher fragten wir uns: Sind die Deutschen verrückt? Wollen sie etwa einen Kernreaktor auf London werfen?«[47]

Der springende Punkt ist hier der Hinweis auf Regelstäbe, weil er darauf hindeuten könnte, daß es sich bei der Zeichnung tatsächlich um die Skizze einer Bombe handelte. Wir wissen, daß Heisenberg 1941 (und noch lange danach) die Auffassung vertrat, daß ein »normaler« U238-Reaktor keiner Regelstäbe bedürfe, da er sich selbst stabilisieren würde. Der einzige Grund für die Verwendung von Regelstäben konnte somit nur sein, in einem speziellen Brenner mit angereichertem U235 eine Explosion zustande zu bringen.

Es existiert über das Treffen von Los Alamos kein Protokoll, und die Erinnerungen der Beteiligten – selbst die vergleichsweise präzisen Bethes – sind äußerst vage.[48] Auch wurde die Zeichnung selbst nicht gefunden.[49] Man kann jedoch davon ausgehen, daß das Reaktorbombenkonzept ausführlich diskutiert und Bohrs Ängste beschwichtigt wurden, da Bethe und Teller am Ende des Treffens von Oppenheimer gebeten wurden, einen Bericht über die Möglichkeit einer solchen Waffe vorzubereiten. (Die Wahl fiel auf diese beiden Physiker, weil sie sich einige Monate zuvor besorgt an

Oppenheimer gewandt hatten, nachdem in der Presse von einer in Bälde einsatzbereiten deutschen Bombe die Rede gewesen war.)[50]

Bethe und Teller schlugen in ihrem Bericht vor,

»zu zeigen, daß die Explosion eines inhomogenen Reaktors Energien freisetzen wird, die vermutlich geringer sind ... als jene, die sich durch die Explosion einer homogenen Menge TNT gewinnen lassen.

Der vorgeschlagene Meiler besteht aus in schweres Wasser getauchten Uranplatten. Im Lauf der Explosion wird der größte Teil der Energie in den Uranplatten in Form von Hitze freigesetzt. Das wird die Verdampfung des Urans bewirken ...

Nachdem das Uran verdampft ist, wird es sich ausdehnen und seine Energie auf das umgebende schwere Wasser übertragen, dieses wird vielleicht seinerseits einen Teil seiner Energie an den Behälter weitergeben, in dem der Meiler steckt ... Der Hauptteil der Energie wird in Form von kinetischer Energie des schweren Wassers und des Behälters und vielleicht des Urans selbst vorhanden sein.

Die Geschwindigkeiten dieser Materialien lassen sich abschätzen, indem man die Entfernung, die die Masse zurücklegen muß, um die Vermehrung zu stoppen, durch die Zeit teilt, in der die Neutronendichte im Meiler um den Faktor *e* zunimmt ...

Die Vermehrung dürfte aufhören, wenn sich der Meiler auf ungefähr das Doppelte seiner ursprünglichen Dimensionen ausgedehnt hat. Selbst wenn der Meiler hochgradig überkritisch ist, so daß die Vermehrung nach einer solchen Ausdehnung nicht abbricht, ist die Zeit zwischen den Spaltungen so sehr angewachsen, daß die Energieerzeugung praktisch endet ...

Das Entweichen von Neutronen durch die Oberfläche des Meilers nicht eingerechnet, werden die Neutronen nicht weniger als etwa $1{,}3 \times 10^{-3}$ sec benötigen, um um einen Faktor *e* zuzunehmen ...

[Dies] bedeutet eine Energiefreisetzung von etwa einem Viertel dessen, was für dieselbe Menge TNT nötig ist.

Die oben genannte Zahl ist tatsächlich ein zu hoher Schätzwert, weil sie den Neutronenaustritt von der Oberfläche vernachlässigt. Dieses Austreten wird den effektiven Zeitmaßstab vergrößern und den benötigten Expansionsabstand verringern. Zieht man diese Effekte in Betracht, so wird ein Vierzig-Tonnen-Reaktor tatsächlich nur eine Energie erzeugen, die etwa einer Tonne TNT entspricht.«[51]

Im Bethe-Teller-Bericht geht es um einen Reaktor, der mit ungetrenntem Uran arbeitet, wie Bohr ihn sich vorstellte, während Müllers Reaktorbombenkonzept von der Verwendung hochangereicherten Urans ausging. Es ist kaum anzunehmen, daß Heisenberg bei seinem Besuch 1941 dem dänischen Physiker den streng geheimgehaltenen Vorschlag seines Assistenten preisgegeben hatte. Zudem scheint Bohr an einem solchen Fall nicht interessiert gewesen zu sein, denn es deutet nichts darauf hin, daß er die Werte für eine Reaktorbombe mit angereichertem U235 errechnet hätte. Dies legt den Schluß nahe, daß ihm Heisenbergs eigentlicher Entwurf einer Reaktorbombe nicht bekannt war und somit in Oppenheimers Büro gar nicht erörtert wurde. Dennoch war Bohr offenbar der festen Überzeugung, den in Los Alamos versammelten Physikern Heisenbergs Plan unterbreitet zu haben. Dies bekräftigt Oppenheimer in seinem Begleitschreiben an Groves:

> »Ich füge ein von Bethe und Teller nach der gestrigen Konferenz verfaßtes Memorandum bei ... Die Berechnungen, auf die sich das beiligende Memorandum bezieht ... wurden von Bethe und Teller durchgeführt, aber die grundlegenden physikalischen Zusammenhänge wurden in aller Ausführlichkeit diskutiert, und Baker [=Bohr] stimmt den Ergebnissen und Methoden zu.
>
> Es ist nicht gänzlich auszuschließen, daß etwas in dieser Art mit einer neuen Idee oder einem neuen Ansatz funktionieren würde. Richtig ist allerdings auch, daß viele von uns in der Vergangenheit hierüber nachgedacht haben und daß sich weder damals noch heute eine Möglichkeit angedeutet hat, die Aussicht auf Erfolg versprach. Sinn des beiliegenden Memorandums ist es daher, Ihnen in aller Form zu versichern, daß und warum das Ihnen von Baker [=Bohr] vorgeschlagene Gerät eine gänzlich nutzlose militärische Waffe wäre.«[52]

Reaktorbomben auf der Basis langsamer Neutronen waren, wie Oppenheimers Brief bezeugt, Gegenstand der Forschung gewesen und waren es auch weiterhin. 1939 hatte Szilard eine Sprengstoffvorrichtung in einer amerikanischen Patentanmeldung beschrieben:

»Die Erfindung lehrt, daß es möglich ist, eine nukleare Kettenreaktion hervorzurufen und die stationären Bedingungen in solchen Kettenreaktionen aufrechtzuerhalten. Sie lehrt außerdem, daß man Sprengkörper bekommen kann, in denen eine Explosion nach Belieben ausgelöst wird durch eine plötzliche Veränderung in der Verteilung der Materie ...«[53]

1940 verfolgte der Fisk-Shockley-Bericht die Möglichkeit eines explodierenden Reaktors, wobei er mit ganz ähnlichen Worten wie Heisenberg feststellte, daß »alle diese Faktoren die Spaltung bei steigender Temperatur tendenziell verringern und die Reaktion in Schach halten«.[54] Und im Dezember 1942 verfaßte Groves einen Fragebogen, zu dem auch diese Frage über eine Reaktorbombe gehörte:

»Welche kritische Masse von ›25‹ oder ›49‹ [= U235 und Plutonium] braucht man, um eine Explosion in Verbindung mit schwerem Wasser hervorzurufen?«[55]

Und sechs Monate nachdem Bethe und Teller den Bohr-Heisenberg-Entwurf widerlegt hatten, wies Oppenheimer in einem Memorandum über den explosiven Charakter einer schnellen-Neutronenreaktion darauf hin, daß

»Systeme mit langsamen Neutronen nur dann explosiv sein können, wenn 1) sie die verzögerten Neutronen brauchen, um die verzögerte Kettenreaktion aufrechtzuerhalten; 2) sie nennenswert überkritisch [...] gemacht werden können; und 3) sie nicht thermisch selbstabkühlend sind. Viele solcher Systeme wurden in Vorschlag gebracht, und wahrscheinlich werden künftig einige entwickelt werden. Um wirksam zu sein, sollten sie so entworfen werden, daß die durch die zu Beginn der Kettenreaktion auftretenden hohen Drücke die Wirksamkeit des Systems erhöhen.«[56]

Es bleibt nun noch eine andere mögliche Bedeutung der Heisenbergschen Zeichnung zu bedenken. Robert Wilson schildert in einem Artikel, wie Bohr während einer wissenschaftlichen Unterredung mit ihm Anfang 1944 in Los Alamos eine Zeichnung aus der Tasche zog, die sich auf ein Experiment für eine »autokatalytische Bombe« zu beziehen schien.[57]

Wilson glaubte, Bohr schlage eine Methode zur Verstärkung einer Kernexplosion vor, die darin bestand, daß man während der Reaktion Borstahlabsorber herausdrücken ließ – ein Gedanke, der ihm bereits selbst schon gekommen war und dem er skeptisch gegenüberstand. Höchstwahrscheinlich dachte Bohr jedoch eher an eine Möglichkeit zur Auslösung einer Kernexplosion als an eine zur Verstärkung derselben und kam somit wieder auf Heisenbergs Bauplan einer Reaktorbombe zurück, die durch das Herausziehen von Regelstäben in Gang gesetzt würde. Daß er und Wilson in diesem Gespräch aneinander vorbeiredeten, hebt Bohrs eigene kurze Beschreibung einer »autokatalytischen Bombe« deutlich hervor, die in einem Manuskriptentwurf über das Bombenprojekt erhalten geblieben ist, den er am 3. März 1944 zu Papier brachte. Diese Bombe sollte Neutronenabsorber in einem hochreaktiven, überkritischen Material benutzen. Eine explosive Reaktion würde durch die plötzliche Entfernung oder Kompression dieser Absorber erfolgen.

Der Nachteil war, daß man große Mengen angereicherten Materials benötigt hätte, um die an sich geringe Effizienz einer solchen Vorrichtung zu steigern. Trotzdem glaubte Bohr, daß diese Richtung für zukünftige Arbeiten »die besten Möglichkeiten biete«.[58]

In diesem Zusammenhang betrachtet, erscheinen sowohl Heisenbergs Geheimpatentanmeldung von 1941 für eine Reaktorbombe (wenn unsere Vermutung stimmt) als auch seine Skizze einer solchen Bombe im September desselben Jahres nicht ganz so abwegig und unwahrscheinlich. Denn vor dem Hintergrund des damaligen Wissensstandes betrachtet, war die Reaktorbombe auf der Basis langsamer Neutronen und mit schwerem Wasser als Moderator, so unpraktisch sie auch sein mochte, von der Konzeption her durchaus korrekt.

11. Kapitel: Der Bericht des Heereswaffenamts von 1942 *Plutonium und die Reaktorbombe*

Ende 1941 stand das Heereswaffenamt aufgrund der Kriegsanforderungen erheblich unter Druck und überdachte infolgedessen seine Forschungsprioritäten. Da das Uranprojekt zu keinen unmittelbaren Ergebnissen zu führen schien – sei es in Gestalt einer Reaktorbombe, einer reinen Uran- oder Plutoniumbombe –, wollte die Forschungsabteilung im Heereswaffenamt die Leitung desselben an das Reichserziehungsministerium und den ihm zugeordneten Reichsforschungsrat abgeben, zumal dieser engere Beziehungen zur Universität und den Instituten und Laboratorien der Kaiser-Wilhelm-Gesellschaft unterhielt, in denen die meisten Forschungsarbeiten durchgeführt wurden. Am 5. Dezember 1941 bestellte der Leiter der Forschungsabteilung, Erich Schumann, die führenden Wissenschaftler des Projekts zu einer Besprechung in sein Büro ein, um die erzielten Forschritte einzuschätzen und den Physikern im fürchterlichsten Bürokratendeutsch folgendes mitzuteilen:

> »Nach Abfassung eines gemeinsamen Berichts über den Stand der Versuche und die weitere Planung mit Angabe von Terminen für den Abschluß von Teilproblemen werde ich den Herrn Chef des Heereswaffenamtes von dem Ergebnis der Besprechung unterrichten und die Entscheidung über die Art der weiteren Behandlung der Angelegenheit höheren Ortes herbeiführen.«[1]

Während der Besprechung, die am 16. Dezember stattfand und an der unter anderem Heisenberg und Hahn teilnahmen, wurde beschlossen, daß von der Fachsparte Kernphysik der Forschungsabteilung im Heereswaffenamt, der Kurt Diebner vorstand, ein umfassendes Gutachten zum Stand der Projekts vorgelegt werden solle.[2] Der Heereswaffenamts-Bericht, der in den beiden folgenden Monaten verfaßt wurde, belief sich auf 144 Seiten und enthielt eine neunseitige Bibliographie deutscher Atomberichte von 1939 bis Februar 1942. Von diesem Gutachten ist nur ein Originaldurchschlag bekannt, und dieser befindet sich gegenwärtig in Privatbesitz.[3] Obwohl die ersten vier Seiten fehlen, ist ein Vorwort auf der ersten erhalten gebliebenen Seite vom Februar 1942 datiert, und eine spätere Manuskriptanmerkung in Bagges Handschrift lautet: *Deutsche Geheimberichte zur Nutzbarmachung der Kernenergie aus den Jahren 1939–1942.*[4] Trotz möglicher späterer Korrekturen scheint der Bericht, soweit wir sehen können, authentisch zu sein. Dafür spricht, daß er eine Menge »Belastungsmaterial« enthält, insofern er mit erstaunlicher Klarheit die irrigen Vorstellungen offenlegt, die während des Krieges in deutschen Wissenschaftskreisen herrschten, und zeigt, daß diese von Heisenberg geprägt wurden. In wesentlichen Teilen eine ausführliche Erörterung von Heisenbergs grundlegendem G-39-Papier, verbindet der Heereswaffenamts-Bericht den Reaktorbombenansatz Paul Müllers mit der Forschungsstrategie seines illustren Chefs und stellt explizit fest, daß die Reaktorbombe eine aus schwerem Wasser bestehende Bremssubstanz verwenden wird. Heisenberg hat sich von diesem Bericht niemals distanziert, weder während des Krieges noch hinterher.

Das erste Kapitel beschreibt kursorisch die doppelte Verwendung der Kernenergie in einem Reaktor und in einer Atombombe. »Wenn diese ›Kettenreaktion‹ langsam verläuft«, heißt es dort, »stellt das Uran eine wärmeerzeugende Maschine dar; wenn sie schnell verläuft, einen Sprengstoff von höchster Wirksamkeit … Gelingt es … eine Temperatur von 1000 bis 2000 Grad [zu erreichen] … so ist das Uran als Wärmemaschine brauchbar; gelingt dasselbe für die sehr viel höheren Temperaturen …, die durch Kettenreaktionen erzeugt werden können, so ist das Uran als Sprengstoff verwendbar.« Im Sinne Heisenbergs behauptet der Bericht, daß bei steigender Temperatur der Neutronenaustritt zunimmt und schließlich die Neutronenvermehrung abbricht; der Reaktor befindet sich somit im thermischen Gleichgewicht (S. 9–11). Dann wendet sich der Bericht der Frage des Sprengstoffs zu und weist darauf hin, daß ein Sprengstoff »daher höchstens sehr kleine Mengen von U238 [würde] enthalten dürfen«, da dieses bei Temperaturanstieg die Kernspaltung eindämme. Weil die Trennung von U235 schwierig ist, wird die Verwendung des Elements 94 empfohlen. Auch wenn dessen Eigenschaften noch nicht bekannt seien, sei Element 94 mit Sicherheit spaltbarer als U235 und habe somit den Vorteil einer kleinen kritischen Masse:

> »Da sich in jeder Substanz einige freie Neutronen befinden, würde es zur Entzündung des Sprengstoffs genügen, eine hinreichende Menge (vermutlich etwa 10–100 kg) räumlich zu vereinigen.«[5]

Diese kritische Masse von »10–100 kg« ist oft falsch zitiert worden, um zu belegen, daß Heisenberg und die Wissenschaftler des deutschen Projekts genau wußten, daß die kritische Masse einer U235-Bombe klein oder zumindest handhabbar sein würde. Aus dem Zusammenhang, in dem der Satz im Heereswaffenamts-Bericht steht, erhellt jedoch eindeutig, daß sich die Zahl auf die kritische Masse von *Plutonium* und nicht auf die von U235 bezieht und es sich um eine rein spekulative, durch nichts belegte Zahl handelt.[6]

Das einleitende Kapitel schließt mit der entmutigenden Feststellung, daß zur Herstellung eines Sprengstoffs entweder »sehr große Isotopentrennungsanlagen oder eine erfolgreiche Abtrennung des Elements 94 in großer Menge aus der Maschine« erforderlich sei (S. 17). Mit anderen Worten, sowohl U235- als auch Plutonium-Bomben wurden als sehr langfristige Projekte und innerhalb der Dauer des Krieges als kaum realisierbar betrachtet. Dies entsprach weitgehend Heisenbergs Auffassung, doch im folgenden Kapitel gehen die Autoren seiner dritten Vorstellung von einer Atombombe nach, bei der es sich weder um eine Bombe aus reinem U235 noch aus einer mit Plutonium, sondern vielmehr um eine Reaktorbombe mit angereichertem U235 handelte.

Kapitel 2, Abschnitt 5, ist in drei Absätze untergliedert, von denen sich jeder mit einem Aspekt der Reaktortemperaturen befaßt. Der erste mit der Überschrift »Arbeitstemperatur« (S. 37/38) stützt sich auf G-39, um zu dem Schluß zu kommen, daß bei höheren Temperaturen der kritische Radius größer sein muß, weil die Diffusionslängen größer sind. Doch im zweiten Absatz »Anlaufprozeß«

(S. 38–42), behaupten die Autoren, gestützt auf die Erkenntnisse Weizsäckers und Müllers, daß es sich bei einem Schichtreaktor anders verhalte, da er den Neutronenaustritt verringern und verlangsamte Neutronen im Brennerinnern halte, so daß sie den Spaltungsprozeß fortsetzen könnten. Die Temperatur, bei der der Reaktor stabil bleibt, kann auf diese Weise erhöht werden und die Kettenreaktion weitergehen bis zu dem Punkt, wo ein genügend hoher Temperaturanstieg den Reaktor destabilisiert und eine Explosion stattfinden kann.

> »Beim Aufbau der Maschine bei einer Temperatur T_1 unterhalb T_k wird zunächst eine labile Gleichgewichtslage erreicht, die explosionsartig in die unter Umständen viel heißere stabile Temperatur T_2 übergehen wird.«[7]

Damit ist man bei dem »Möglichkeit des Sprengstoffs« (S. 42/43) betitelten Absatz, der Heisenbergs und Müllers Erkenntnisse explizit als theoretische Basis für den Vorschlag einer Reaktorbombe mit Bremssubstanz zitiert.

> »Wir müssen noch von einem dritten Temperatureffekt sprechen, der aber erst unter gänzlich andersartigen Bedingungen in Erscheinung tritt und dessen Diskussion wichtig wird bei der Beurteilung der Frage, ob sich die Kernspaltung von U zur Herstellung hochbrisanter Sprengstoffe eignet (vgl. *Heisenberg* H1, *Müller* M3) [= G-39, G-50]. Wenn sämtliche Spaltungsenergie mit einem Schlage frei wird, bedeutet dies (bei etwa 2×10^8 eV frei werdender Energie pro Spaltung) eine plötzliche Temperaturerhöhung von etwa 10^{12} Grad (1 eV äquivalent 10^4 Grad). Nach unsern bisherigen Überlegungen sollte dies möglich sein, wenn nur hinreichend große Substanzmengen vorhanden sind. (Dabei sinkt das kritische Volumen mit wachsender Konzentration des wirksamen Isotops 235). Dieser Temperaturanstieg findet aber bald eine Begrenzung durch [p. 43] den Resonanzeinfang bei 7,5 eV (also bei etwa 180 000 Grad). Denn wenn die thermische Energie gleich der Resonanzenergie wird, überwiegt die letzte Absorption im allgemeinen die der Spaltung größenordnungsmäßig.
>
> Um diesen kritischen Punkt zu überwinden, muß man das Isotop 235 so stark anreichern, daß die Resonanzabsorption quantitativ zurücktritt, und zugleich sehr große Mengen Bremssubstanz wählen. Den

letzten Punkt kann man folgendermaßen verstehen. Wenn ein Neutron bereits annähernd thermische Energie erreicht hat, dann kann es vorkommen, daß das Teilchen nach dem Stoß mit einem Kern des Bremsmittels mehr Energie hat als zuvor. Das bedeutet, daß die Abbremsung im letzten Energiebereich langsamer erfolgt als eingangs. Liegt nun der thermische Bereich knapp unter dem der Resonanzstelle, so tritt die Verzögerung der Abbremsung gerade im Resonanzgebiet ein und bewirkt ebenfalls eine erhöhte Absorption. Dem kann man nur entgehen durch abermalige Anreicherung des Isotops 235 oder durch Erhöhung der Stoßzahl mit der Bremssubstanz, also durch Vergrößerung der Bremsstoffkonzentration. Nach Müller (l.c.) steigt die Temperatur über den Resonanzwert in einer U-Wassermischung, in der die Wasserstoffkonzentration etwa hundertmal größer ist als die des Urans und für die sich das Isotopenverhältnis $N_{t235} : N_{t238} = 1{,}7$ ergibt. Diese Abschätzung beruht auf überholten Daten, so daß den Zahlen nur qualitative Bedeutung zukommt. Sie zeigt, daß mit gewöhnlichen oder nur schwach angereicherten Isotopengemischen zwar Wärmemaschinen, aber keine Sprengstoffe gemacht werden können, die den gebräuchlichen um mehr als zwei Größenordnungen überlegen wären. Bei Gemischen mit sehr viel U235 ist jedoch eine extreme Sprengstoffwirkung möglich.«[8]

In der Zusammenfassung des Kapitels wird dies überzeugend dargelegt:

»Uran in gewöhnlicher Isotopenmischung ist nicht als Sprengstoff brauchbar; bei starker Anreicherung des Isotops und gleichzeitiger Vermehrung der Bremssubstanz ist eine explosionsartige Freisetzung der gesamten Spaltungsenergie möglich.«[9]

Das ist der wunde Punkt der deutschen Reaktorbombe. Ihre Konzeption wird hier umfassend beschrieben und auf Heisenbergs Theorie und Müllers Ansatz bezogen. Es gibt keinen Beweis dafür, daß Heisenberg dieser Beschreibung im offiziellen Heereswaffenamts-Bericht und Müllers G-50-Papier widersprach. Im Gegenteil, ein von ihm im Juli 1943 verfaßter Bericht beschreibt einen geplanten Großversuch mit einem Reaktor und enthält die folgende Passage, die eindeutig auf die im Heereswaffenamts-Bericht erörterte Reaktorbombe Bezug nimmt. Nachdem er darauf hingewiesen hat, daß der Reaktor mit steigender Temperatur einen Zustand der Stabilität erreichen wird, bemerkt Heisenberg:

> »Der Begriff *Stabilität* bedarf hierbei noch der Klärung: Man wird zunächst fürchten müssen, daß der ganze Spaltungszerfall der Urankerne explosionsartig in einem Bruchteil einer Sekunde vor sich geht. Bei dieser Explosion würde das Wasser praktisch kalt bleiben. Die Stabilität des Brenners gegenüber dieser Explosion wird durch das Verhalten der Resonanzlinien des Urans entschieden. Aber selbst wenn die Maschine in dieser Hinsicht labil ist, so könnte noch folgender Prozeß eintreten: Das Metall würde sich zunächst bis zu einer bestimmten Temperatur erhitzen, bei der sich die Maschine durch Verbreiterung der Resonanzlinien stabilisiert.«[10]

Es darf füglich angenommen werden, daß die Reaktorbombe des Heereswaffenamts-Berichts und die aus Heisenbergs G-161-Papier identisch waren mit der, die 1941 (wie Wirtz sich erinnerte) zum Patent angemeldet worden war. Tatsächlich verzeichnet die dem Bericht beigegebene Bibliographie als »P1« die Patentanmeldung für die Gewinnung von Kernenergie, der wir im vorangegangenen Kapitel nachzuspüren suchten. Doch selbst wenn P1 keinen Plan für eine Brennerbombe enthielt, scheint der Entwurf dennoch Teil des Geheimpatents T-45 gewesen zu sein, das Diebners Heereswaffenamts-Abteilung für Kernphysik ausgearbeitet hatte, dem es während der Abfassung des Heereswaffenamts-Berichts zugänglich gewesen sein muß (wenn man davon ausgeht, daß T-45 spätestens im Februar 1942 zu Papier gebracht worden war).[11]

12. *Kapitel:* Die drei Konferenzen 1942
Vage Vermutungen, Unentschlossenheit und der Vergleich mit der Ananas

Noch ehe der Heereswaffenamts-Bericht abgeschlossen worden war, fand im Februar 1942 eine Konferenz statt – zu den Anwesenden gehörten der Chef des Heereswaffenamts, General Emil Leeb, der Leiter der Forschungsabteilung im Heereswaffenamt, Erich Schumann, sowie der Präsident der Kaiser-Wilhelm-Gesellschaft, Albert Vögler –, bei der beschlossen wurde, das Uranprojekt aus dem Heereswaffenamt herauszunehmen und dem Erziehungsministerium zuzuteilen. Von Januar bis April 1942 ließ Bernhard Rust, der Reichserziehungsminister, das Projekt von der Kaiser-Wilhelm-Gesellschaft führen, zur Freude der Wissenschaftler am Kaiser-Wilhelm-Institut für Physik, die glücklich waren, frei von militärischer Bevormundung zu sein. Im April jedoch überredete der Leiter der physikalischen Abteilung des Reichsforschungsrats, Abraham Esau, den Erziehungsminister, ihm wieder die Aufsicht über das Uranprojekt zu übertragen, die ihm 1939 auf Betreiben des Heereswaffenamts entzogen worden war. Esau unterstand dem SS-Brigadeführer Rudolf Mentzel, der die Deutsche Forschungsgemeinschaft leitete und außerdem als Vizepräsident der Kaiser-Wilhelm-Gesellschaft firmierte. Es war wie bei dem Spiel »Reise nach Jerusalem«, da zwischen Heereswaffenamt und Reichsforschungsrat ein reger Austauch stattfand; General Karl Becker war in den Jahren 1939/40 sowohl Leiter des Heereswaffenamts als auch Präsident des Reichsforschungsrats gewesen, bis ihm Rust in letztgenannter Funktion ablöste, während Schumann, der Leiter der Forschungsabteilung im Reichsforschungsrat, ebenfalls im Direktorium des Reichsforschungsrats saß und Chef der Abteilung für wissenschaftliche Forschung des Erziehungsministeriums gewesen war.[1] Auch nach der Übertragung des Projekts an den Reichsforschungsrat konnte Diebners kernphysikalische Fachsparte des Heereswaffenamts (WaF/Ia) ihre Arbeit relativ unabhängig fortsetzen.

Da nun klar war, daß das Uranprojekt für die nächsten Jahre wahrscheinlich keine waffentechnisch verwertbaren Ergebnisse erbringen würde, schien es vorerst bei einer Forschungsbehörde besser aufgehoben zu sein als bei einer militärischen.[2] Das war der Grund für diese Reorganisation.

Dem trugen zwei große Konferenzen Rechnung, bei denen es vor allem um die im Heereswaffenamts-Bericht ausgesprochenen Empfehlungen ging, in deren Mittelpunkt die Konstruktion eines Reaktors stand. Abgesehen davon, daß ein solches Projekt kurzfristig Ergebnisse zu zeitigen versprach, würde die Reaktorforschung auch der Weg zu den zwei vielversprechendsten Atombombentypen sein, nämlich der Reaktor- und der Plutoniumbombe.[3]

Im Januar 1942, als das Uranvorhaben noch immer eine Sache des Heereswaffenamts war, kündigte Erich Schumann die erste der beiden geplanten Konferenzen an. Zwischen 26. und 28. Februar sollten im Harnack-Haus der Kaiser-Wilhelm-Gesellschaft über fünfundzwanzig Fachreferate gehalten werden.[4] Im Februar aber, als das Programm der Konferenz bereits im Umlauf war, schaltete sich der Reichsforschungsrat ein und beschloß, in seinem Haus der deutschen Forschung in Berlin-Steglitz eine gemeinverständlichere Veranstaltung auszurichten, die am selben Tag wie die Konferenz im Harnack-Haus stattfinden sollte, allerdings am Vormittag. Zahlreiche Militärs und Nazigrößen einschließlich Himmlers wurden eingeladen, aber anscheinend brachte das Sekretariat die Einladungen durcheinander, so daß diese illustren Herren das Programm einer etwas weniger verlockenden Fachkonferenz zugeschickt bekamen und sich plötzlich anderweitiger Verpflichtungen entsannen.[5] Die Reichsforschungsrats-Veranstaltung bestand aus acht kurzen Vorträgen, gefolgt von einem ziemlich unappetitlichen »Versuchsessen«, dessen Gerichte mit Soja, synthetischem Fett und dergleichen gestreckt waren.[6] Schumann eröffnete die Veranstaltung mit einem Referat über »Kernphysik als Waffe«, ihm folgten Hahn, Heisenberg und andere.[7]

Heisenberg wies in seinem Vortrag »Die theoretischen Grundlagen für die Energiegewinnung aus der Uranspaltung« darauf hin, daß natürliches Uran keine Neutronenvermehrung in einer Kettenreaktion aufrechterhalten könne. Er wandte sich daher den Möglichkeiten einer Anreicherung oder Reindarstellung von U235 zu:

> »Eine Erhöhung der Anzahl der Spaltungen läßt sich erreichen, wenn man das auch bei kleineren Energien spaltbare, aber seltenere Isotop 235/92 U anreichert; wenn es etwa gelänge, das Isotop 235/92 U sogar rein darzustellen, so bestünden die Verhältnisse, die auf der rechten Seite der Abb. 1 dargestellt sind. Jedes Neutron würde nach einem oder mehreren Zusammenstößen eine weitere Spaltung bewirken, wenn es nicht vorher etwa durch die Oberfläche austritt. Die Sterbewahrscheinlichkeit durch Einfang ist hier gegenüber der Vermehrungswahrscheinlichkeit verschwindend gering. Wenn man also nur eine so große Menge von 235/92 U aufhäuft, daß der Neutronenverlust durch die Oberfläche klein bleibt gegen die Vermehrung im Inneren, so wird sich die Neutronenzahl in kürzester Zeit ungeheuer vermehren und die ganze Spaltungsenergie von 15 Bill. Kalorien pro to wird in einem kleinen Bruchteil einer Sekunde frei. Das reine Isotop 235/92 U stellt also zweifellos einen Sprengstoff von ganz unvorstellbarer Wirkung dar. Allerdings ist dieser Sprengstoff sehr schwer zu gewinnen.«[8]

Spätere Historiker hielten diese Stelle irrigerweise für die klare Darlegung einer reinen U235-Bombe, die eine kleine kritische Masse haben würde. Tatsächlich jedoch zeugt es von einem Mißverständnis des grundlegenden Prinzips einer Atombombe, wenn Heisenberg hier behauptet, die kritische Masse der Bombe sei von der Bedingung abhängig, »daß der Neutronenverlust durch die Oberfläche klein bleibt gegen die Vermehrung im Inneren«. Dies ist nicht notwendigerweise der Fall; entscheidend ist vielmehr, daß von den bei jeder Kernspaltung freigesetzten Neutronen etwas mehr als durchschnittlich ein Neutron auf einen U235-Kern trifft und ihn spaltet.[9] (Angesichts der hohen Geschwindigkeit der schnellen Neutronen garantiert diese Voraussetzung, daß eine explosive Kettenreaktion erfolgt.) Aufgrund seiner falschen Annahme überschätzte Heisenberg die Rolle des Neutronenaustritts, verkannte die Bedeutung der Reaktion mit schnellen Neutronen und die Größe der kritischen Masse einer Bombe.[10]

Man beachte außerdem, daß Heisenbergs Formulierung hier mit seiner »random walk«-Analyse für eine riesige kritische Masse

U235 übereinstimmt. Er behauptet, »wenn man also nur eine so große Menge von 235/92U aufhäuft, daß der Neutronenverlust durch die Oberfläche klein bleibt gegen die Vermehrung im Inneren«, dann würde eine riesige Explosion erfolgen. Daß diese Menge sehr groß wäre, geht aus einem Satz hervor, dessen Aussage nicht weiter außergewöhnlich erscheint, in ihrer Unumwundenheit aber etwas merkwürdig ist: »Jedes Neutron würde nach einem oder mehreren Zusammenstößen eine weitere Spaltung bewirken, wenn es nicht vorher etwa durch die Oberfläche austritt.« *Wenn es nicht vorher etwa durch die Oberfläche austritt* – offenbar würde Heisenberg die kritische Masse einer Bombe unter der Voraussetzung berechnen, daß die Explosion mit Sicherheit einsetzt, bevor das zuerst spaltende Neutron in der Kette durch die Oberfläche ausgetreten ist.

In seinem Vortrag wollte Heisenberg keine konkrete Zahl für die kritische Masse einer U235-Bombe nennen, aber eine andere Formulierung deutet darauf hin, daß er weiterhin an seiner Überschlagsrechnung von 1940 festhielt, wonach sie sich im Bereich von Tonnen bewegen würde. Wenn er eine Zahl für die Energiefreisetzung einer U235-Bombe angibt, so berechnet er sie »pro to«: »die ganze Spaltungsenergie von 15 Bill. Kalorien pro to wird in einem kleinen Bruchteil einer Sekunde frei«.[11]

Den Konferenzteilnehmern wurde deutlich gemacht, daß die für eine Bombe erforderliche Menge U235 derart gewaltig sei, daß jede Möglichkeit, sie zu bekommen, und sei es auch durch ein Crashprogramm in ferner Zukunft, definitiv ausgeschlossen war. Andernfalls wären die Physiker von den militärischen und politischen Kreisen erheblich gedrängt worden, eine geringe Menge U235 zu isolieren. Während des gesamten Krieges konnten die deutschen Physiker das Uranvorhaben als ein sehr langfristiges Forschungsprojekt betreiben, ohne unter Zeitdruck zu stehen wie ihre britischen und amerikanischen Kollegen, nachdem Frisch und Peierls ihr Memorandum vorgelegt hatten und im Sommer 1941 erkannt worden war, daß die kritische Masse von U235 in Wirklichkeit sehr klein ist. Von jener Aufregung und Besorgnis, die im September 1939 auch Deutschland erfaßt hatte, war nichts mehr zu spüren.

Und so klang die Konferenz vom Februar 1942 in der für die beteiligten Wissenschaftler beruhigenden Gewißheit aus, daß mit Kernenergie in absehbarer Zeit keine kriegsentscheidende Waffe hergestellt werden könne.[12]

Auf die Möglichkeit einer Reaktorbombe geht Heisenberg in seinem Vortrag nicht ein. Zwar bringt er auch hier wieder seine Theorie eines mit natürlichem Uran und einer Bremssubstanz bestückten, sich selbst stabilisierenden Reaktors vor, doch über eine solche Vorrichtung mit angereichertem U235 äußert er sich nicht. In der Tat sagt er sehr wenig darüber, wie sich angereichertes U235 auf die Arbeitsweise eines Reaktors, gleich welcher Art, auswirken würde, auch wenn er zweimal betont, daß das Atomprojekt sowohl auf die *Anreicherung* als auch auf die *Reindarstellung* von U235 abzielen müsse.[13]

Auffällig hingegen ist, wie begeistert er Plutonium als möglichen Kernsprengstoff zur Sprache bringt. Nachdem er die Chancen beschrieben hat, einen Reaktor mit natürlichem Uran und Bremssubstanz zu bauen, bemerkt Heisenberg:

> »Sobald eine solche Maschine einmal in Betrieb ist, erhält auch, nach einem Gedanken von *v. Weizsäcker*, die Frage nach der Gewinnung des Sprengstoffs eine neue Wendung. Bei der Umwandlung des Urans in der Maschine entsteht nämlich eine neue Substanz (Element der Ordnungszahl 94), die höchstwahrscheinlich wie reines 235/92U ein Sprengstoff der gleichen unvorstellbaren Wirkung ist. Diese Substanz läßt sich aber viel leichter als 235/92U aus dem Uran gewinnen, da sie chemisch von Uran getrennt werden kann.«[14]

Hieraus erhellt die Geisteshaltung, die hinter dem deutschen Atomprojekt stand: Im Unterschied zu Uran hatte, so schien es, Plutonium den Vorzug, schneller zu gewinnen zu sein. Gewiß, Heisenberg veranschlagte etliche Jahre, um aus dem Transuran einen verwertbaren Sprengstoff zu entwickeln, und konnte sich dabei auch noch sagen, daß er ja eigentlich keine Bombe für Hitler baue. Und dennoch wußte er genau, daß der Reaktor der Weg zur Bombe ist, und verkündete dies bereitwillig während einer Konferenz, bei der nicht nur Wissenschaftler, sondern auch Vertreter der Partei und des Militärs anwesend waren.[15] Mehr noch, während einer dritten Konferenz im Juni 1942 wiederholte er die Plutoniumoption in Gegenwart von Rüstungsminister Albert Speer und mehreren Generälen.

Speer war im April 1942 in die Organisation der Atomforschung einbezogen worden, und zwar durch Vögler, den Präsidenten der Kaiser-Wilhelm-Gesellschaft, der das Projekt seines Instituts für Physik unbedingt dem Einfluß Esaus und Rusts entziehen wollte. Das Ergebnis war, daß Speer zum Zeitpunkt der Juni-Konferenz bereits mit Hitler persönlich vereinbart hatte, den gesamten Reichsforschungsrat, einschließlich des Uranvorhabens, aus dem Reichserziehungsministerium auszugliedern und Göring zu unterstellen. Das bedeutete nämlich, daß sich Esaus alter Reichsforschungsrats-Überwacher Rudolf Mentzel wahrscheinlich mehr zurückhalten würde, da er ja nun Göring verantwortlich wäre. Diese bürokratischen Manöver waren nötig, damit Heisenberg in seiner Forschung eine bestimmte wissenschaftliche Unabhängigkeit genießen konnte, und im Verlauf des Vorgangs wurde er im April mit Wirkung vom Oktober 1942 zum Direktor des Kaiser-Wilhelm-Instituts für Physik ernannt. In dieser Eigenschaft war Heisenberg in der Lage, sich durch persönlichen Kontakt zu Speer dessen verständnisvolles Interesse zunutze zu machen.[16]

Um Speers volle Unterstützung zu gewinnen, veranstaltete die Kaiser-Wilhelm-Gesellschaft am 4. Juni 1942 im Helmholtz-Vortragssaal ihres Harnack-Hauses eine große Konferenz, bei der mehrere hochrangige Wissenschaftler, darunter Heisenberg und Hahn sowie von militärischer Seite Speer, sein technischer Leiter Karl-Otto Saur, General Fromm vom Oberkommando des Heeres und die Chefs des Heereswaffenamts und der Waffenämter der Luftwaffe und der Marine (General Leeb, Feldmarschall Milch bzw. Admiral Witzell) anwesend waren.[17] Wie ein Gruppenbild zeigt, handelte es sich um eine imposante Versammlung von etwa fünfzig Vertretern des Militärs und der Wissenschaft.[18] Ein Bericht über Heisenbergs Vortrag ist nicht erhalten, aber es soll darin ganz unverblümt von Kernwaffen die Rede gewesen sein.[19] Laut Irving (der sich auf Berichte Heisenbergs und anderer Anwesender stützt) erörterte Heisenberg zunächst die militärische Verwertbarkeit der Kernenergie und erklärte, wie sich eine Atombombe herstellen lasse.[20] Die Offenheit, mit der hier von einer solchen Bombe gesprochen wurde, soll einige Zuhörer verblüfft haben.[21] Heisenberg stellte U235 und Plutonium als potentielle Sprengstoffe vor und führte außerdem Bothes Arbeit als Beleg dafür an, daß auch Protaktinium durch schnelle Neutronen spaltbar sei und so wahrscheinlich überkritische Massen bilden werde, die augenblicklich explodierten. Allerdings betonte er nachdrücklich, daß Protaktinium niemals in ausreichenden Mengen gewonnen werden könne.[22]

Soweit Heisenbergs Version, die jedoch mit Vorsicht zu genießen ist. Wo sie überprüft werden kann, zum Beispiel in ihrer Darstellung der Arbeit Bothes über Protaktinium, scheint sie dessen Aussagen falsch wiederzugeben. Bothe nämlich betrachtete Protaktinium als einen möglichen Zusatz zu einer U238-Reaktorbombe und weniger als einen reinen Sprengstoff, der, wie Heisenberg behauptete, spontan detoniert, wenn seine kritische Masse überschritten wird.[23]

Derselbe Vorbehalt gilt für die berühmte Schätzung der kritischen Masse, die Heisenberg der Versammlung suggerierte. Als Milch ihn fragte, wieviel nuklearen Sprengstoff man benötige, um eine Stadt in Schutt und Asche zu legen, verglich er die erforderliche Menge mit einer Ananas oder einem Fußball.[24] Heisenberg und andere haben diesen Vergleich als Beweis dafür hinzustellen versucht, daß sie (wie Frisch und Peierls) wußten, daß die kritische Masse einer U235-Bombe sehr klein sei.[25] Merkwürdig ist freilich, daß Heisenberg in keiner seiner früheren Schriften und Äußerungen über eine U235-Bombe auf die Geringfügigkeit der kritischen Masse hingewiesen hat, es sei denn im Hinblick auf eine Plutoniumbombe, deren kritische Masse er im Heereswaffenamts-Bericht einige Monate vorher auf 10 bis 100 Kilogramm geschätzt hatte.[26] Nach dem Krieg vergaß er geflissentlich die Sache mit seiner Ananas, als er schon 1947 erklärte, »es waren noch keine Untersuchungen über die technische Seite des Atombombenproblems, zum Beispiel über die Mindestgröße einer Bombe, angestellt worden«.[27] Außer in dem sehr eingeschränkten Sinn, daß eine peinlich genaue und detaillierte Berechnung, ähnlich der im Frisch-Peierls-Memorandum, nicht vorgenommen worden war, ist diese Behauptung unwahr. Bereits ein Jahr später, widersprach er sich, als er zum ersten Mal zu seiner Antwort vom Juni 1942 Stellung nahm und meinte, »der eigentlich wichtige Teil« einer Bombe habe die Größe einer Ananas.[28]

Heisenbergs Strategie bei der Konferenz war unerwartet erfolgreich und umfaßte mehrere Elemente. Erstens wollte sie demonstrieren, daß in absehbarer Zukunft vom Uranvorhaben kein greifbares Ergebnis zu erwarten sei. Zweitens wollte Heisenberg zeigen, daß die deutsche Forschung hinsichtlich eines funktionierenden Reaktors, der zur Bombe führen würde, so intensiv wie möglich weitergehe.

Drittens würde Speer angesichts dieser Fakten zu der beruhigenden Gewißheit gelangen, daß die Alliierten dem deutschen Projekt unmöglich voraus sein konnten. Viertens sollte betont werden, wie wichtig das Projekt auf lange Sicht für Deutschland sei. Und fünftens wollte Heisenberg Speers Plazet für die Fortsetzung des Projekts sicherstellen, auch wenn unmittelbare praktische Ergebnisse ausblieben, und zwar indem er ihm den langfristigen Köder einer »Ananas«-Atombombe vor die Nase hielt, die aus dem Reaktor hervorgehen würde. Es war, so scheint es, nie Heisenbergs Absicht, einen Reaktor bloß als Maschine zur Energie- oder Wärmeerzeugung zu entwickeln; dessen eigentliche Bedeutung bestand vielmehr darin, Plutonium erzeugen zu können. Da er glaubte, daß man für den Bau eines kritischen Reaktors nur genügend finanzielle Mittel brauche und er selbst dann schon die notwendigen Schritte unternehmen werde, empfand Heisenberg keinerlei Gewissensbisse, mit den kritischen Massen Plutonium in Ananasgröße zu locken. Jedenfalls war er bereit, seine ganze wissenschaftliche Autorität in die Waagschale zu werfen, um den Anspruch geltend zu machen, daß sein Forschungsprogramm der richtige und in der Tat einzige Weg zu einer Bombe sei und man momentan nicht mehr tun könne und daß ein industrieller Kraftakt keinen Sinn habe. Alles mußte in wissenschaftlich geordneten Bahnen vonstatten gehen, so wie es Heisenberg bestimmte.

Nach dem Treffen suchte er Speers persönliche Aufmerksamkeit zu gewinnen, während er den Minister durch die Räume des Kaiser-Wilhelm-Instituts für Physik führte. Heisenberg behauptete später, Speer gegenüber angedeutet zu haben, er sei, was den Ausgang des Krieges betreffe, pessimistisch. Eine Andeutung, auf die angeblich ein langes Schweigen folgte. Die ganze Sache lief darauf hinaus, daß Speer ihn fragte, wieviel er für das Projekt brauche, und amüsiert war über die geringe Summe – eine Aufstockung um 75 000 Reichsmark auf ein Budget von 350 000 Reichsmark –, die Heisenberg erbat. Gleichwohl versicherte er den Nobelpreisträger seiner weiteren Unterstützung und seines Interesses.[29] Dies ermöglichte den Bau eines neuen Bunkers für das Kaiser-Wilhelm-Institut für Physik, in dem die Reaktorversuche B-VI und B-VII bis 1944 durchgeführt werden sollten. Speer seinerseits ordnete am 9. Juni die Reorganisation des Reichsforschungsrats an und setzte am 23. Juni Hitler pflichtschuldig über das Treffen vom 4. Juni und über seine Unterstützung des Uranvorhabens in Kenntnis.[30]

Wäre Heisenberg wirklich der Meinung gewesen, daß man für eine Bombe nur ein paar Kilogramm oder eine ananasgroße Menge U235 brauchte, und hätte er das Speer mitgeteilt, dann hätte, daran kann es kaum einen Zweifel geben, der Minister die Gelegenheit ergriffen, ein gewaltiges Intensivprogramm zu starten, um jene wenigen Kilogramm zu isolieren, genauso wie es in England geschah (nicht aber in den Vereinigten Staaten, wo man sich trotz britischer Information bis zum Sommer 1941 ebensowenig wie in Deutschland der geringen Größe der kritischen Masse U235 bewußt war). Die Herstellung von Plutonium konnte jedoch nicht überhastet werden und sollte warten, bis seine methodischen Experimente mit seinem auf Uran und schwerem Wasser basierenden Reaktor zu ihrem ordentlichen Abschluß gekommen sein würden.

Speer hatte somit Heisenbergs Meinung in ihrem ziemlich paradoxen zentralen Aspekt akzeptiert – nämlich, daß das Uranvorhaben in naher Zukunft keine praktischen Ergebnisse zeitigen würde, dennoch aber unterstützenswert sei, da sein Forschungsprogramm mit größtmöglichem Tempo vorangehe. Dieser große Erfolg Heisenbergs enthob, wie es scheint, die deutschen Wissenschaftler der Notwendigkeit, das zu treffen, was er selbst nach dem Krieg »eine schwere moralische Entscheidung« nannte.

Für den Rest des Krieges bestand Heisenbergs Plan darin, einen Reaktor mit natürlichem Uran zu bauen, der das Fenster zur Entwicklung sowohl von Kernenergie nutzenden Maschinen als auch von Plutoniumbomben sein würde. Die Urananreicherung, die technisch überaus schwierig zu sein schien, wurde erforscht, allerdings nicht als das zentrale Anliegen des Projekts. Andererseits hatten weder Heisenberg noch seine behördlichen Vorgesetzten im Reichsforschungsrat, nachdem erst einmal Gelder und Fortsetzung des Uranvorhabens durch Speer gesichert waren, ein Interesse daran, zu betonen, wie verführerisch einfach Plutonium anstelle von U235 zu gewinnen sei, fürchteten sie doch, von seiten Speers und Hitlers unter Druck gesetzt zu werden, zumindest einige praktische Ergebnisse zu erzielen.[31] Diese Zurückhaltung wird auch in dem allgemeinverständlicheren Vortrag deutlich, den Heisenberg im Mai 1943 vor der Akademie der Luftfahrtforschung hielt, wo er jeden Hinweis auf Plutonium tunlichst vermied, hingegen aber von der weiterlaufenden Forschung über die Anreicherung von U235 und seiner Theorie einer reinen U235-Bombe sprach, bei welcher Neutronenaustritt an der Oberfläche »durch die Neutronenvermehrung im Inneren aufgewogen wird«.[32] Spätestens 1942 war Heisenberg daher überzeugt, daß während des Krieges keine Atombombe entwickelt werden könne: Eine U235-Bombe ebenso wie eine Reaktorbombe schien eine Chimäre, während die Plutoniumbombe zuerst von den langsamen Fortschritten zu einem funktionierenden Reaktor abhing, gefolgt von dem Betreiben vieler solcher Reaktoren über einen längeren Zeitraum hinweg. Kein Wunder, daß Heisenberg meinte, er habe den Zeitpunkt noch nicht erreicht, wo es gilt, eine moralische Entscheidung zu treffen. Seine falschen wissenschaftlichen Entscheidungen hatten ihn davor bewahrt.

13. Kapitel: Reaktorbomben, Plutoniumbomben und die SS
Der Rechenschaftsbericht von 1944

Obwohl die Konferenz im Harnack-Haus vom Juni 1942 klar erwiesen hatte, daß nun das Hauptziel des Uranprojekts der Bau eines Reaktors sein müsse, ging den deutschen Physikern und ihren Vorgesetzten die Idee von der Reaktorbombe, die vielleicht nebenbei erfunden werden könnte, nie aus dem Kopf. Ein Beispiel für solches Wunschdenken findet sich in Heisenbergs »Bemerkungen zu dem geplanten halbtechnischen Versuch mit 1,5 to D_2O und 3 to 38-Metall« vom Juli 1942:

> »Man wird zunächst fürchten müssen, daß der ganze Spaltungszerfall der Urankerne explosionsartig in einem Bruchteil einer Sekunde vor sich geht... Die Stabilität des Brenners gegenüber dieser Explosion wird durch das Verhalten der Resonanzlinien des Uran entschieden.«[1]

Da Heisenberg selbst dieses Prinzip eines explosiven labilen Reaktors festgelegt hatte, war es nur natürlich, daß seine Kollegen es als das Modell einer Reaktorbombe im Gedächtnis bewahrt hatten. Zudem deutet einiges darauf hin, daß auch er diese Hoffnungen hegte.

Im Mai 1942 trat ein pronazistischer Schweizer Erfinder namens Dällenbach, den weder Rosbaud noch Respondek ausstehen konnten, mit dem Plan eines neuen leistungsstarken Zyklotrons an Heisenberg heran. Dieser empfahl ihn Speer, der im Dezember 1942 die Unterstützung des Chefs der riesigen AEG, Hermann Bücher – damals Mitglied des Gremiums für neue Waffenprojekte beim Rüstungsministerium – für Dällenbachs geplante neue Vorrichtungen zum »Zwecke der Atomenergie« gewann. Bereits im Juli 1942 hatte sich der Schweizer in eine gutdotierte Sonderforschungsstelle in Bissingen (Forschungsstelle D) hineingeschafft. Nach dem Krieg behauptete er natürlich, sein Interesse an einem Zyklotron sei rein wissenschaftlicher Natur gewesen. Doch aufgrund der militärischen Verwertbarkeit einer solchen Maschine scheint er dafür öffentliche Gelder aufgetrieben zu haben. Daher brüstete sich sein Förderer Bücher 1943 gegenüber Respondek, daß er eine neue Waffe habe – oder haben werde –, die in der Lage sei, die Alliierten zu vernichten. Über die Schweiz berichtete Respondek nach Washington von der Finanzierung des Dällenbach-Projekts und stellte fest, daß »der Erfinder der Bombe« angeblich ein Schweizer sei und bei der AEG unter Vertrag stehe und daß der Grundgedanke zu sein scheine, »ein oder zwei Neutronen in ... einem Kubikmeter Uranoxidpulver freizusetzen«.[2] Dies weist eindeutig auf eine Reaktorbombe hin, und die Idee – von Heisenberg im Prinzip gebilligt – scheint nicht zu sehr gewesen zu sein, die großen, für eine reine U235-Bombe benötigten Mengen zu gewinnen, sondern vielmehr das Zyklotron zur Erzeugung bescheidener Mengen von U235 zu nutzen, mit denen der Reaktor »geimpft« und explosionsartig labil gemacht werden konnte. Nichtsdestoweniger ärgerte sich Heisenberg so sehr über Dällenbach, daß er ihn vom Kaiser-Wilhelm-Institut für Physik fernhalten wollte und nach dem Krieg der Max-Planck-Gesellschaft (der Nachfolgerin der Kaiser-Wilhelm-Gesellschaft) riet, die Kontakte zu dem Schweizer Wissenschaftler abzubrechen.[3]

Ein Widerhall der Heisenbergschen Überlegungen zur Reaktorbombe findet sich auch in den Berichten über den Physiker Rudolf Fleischmann (geboren 1903), der im offiziellen Uranvorhaben als Bothes Assistent in Heidelberg tätig war, ehe er im November 1941 zum Vorstand der Abteilung für Physik im Medizinischen Forschungsinstitut an der sogenannten Reichsuniversität Straßburg ernannt wurde.[4] Zu seinen Kollegen in der Medizinischen Fakultät gehörten Wissenschaftler, die mit Menschenversuchen an jüdischen und anderen Häftlingen zu tun hatten;[5] als Goudsmit ihn am 4. Dezember 1944 verhörte, mußte er feststellen, daß sein Gegenüber »ein 150%iger Nazi« und überhaupt nicht »kooperationswillig« war. In Straßburg war Fleischmann der wichtigste Physikerkollege Carl Friedrich von Weizsäckers, der ihn als engster Freund Heisenbergs über die Fortschritte am Berliner Kaiser-Wilhelm-Institut für Physik auf dem laufenden hätte halten können.[6]

Fleischmann, eifrig beschäftigt, von der deutschen Regierung Forschungsgelder für eine Neutronenquelle und ein Zyklotron einzutreiben, besuchte am 19. Mai 1942 zu diesem Zweck Dr. Schieber, einen Beamten des Rüstungsministeriums und Leiter der Reichstechnikergruppe für Chemie im NS-Forscherbund. In einem Memorandum an Schieber vom 22. Mai rechtfertigte er sein Anliegen damit, daß er die Uranmaschine als eine ausgezeichnete Vorrichtung rühmte:

> »Verwendung des Zyklotrons
>
> Für Forschungsarbeiten, insbesondere für solche, die mit der Konstruktion der Uranmaschine zu tun haben … Wenn die Uranmaschine gelingt, wird ihr hauptsächlicher Nutzen in dem geringen Verbrauch von Brennstoffen bestehen. So scheint es beispielsweise möglich, ein Schiff mit hoher Geschwindigkeit zu bauen … Durch eine rasche Zündung könnte es vielleicht auch möglich sein, der Uranmaschine den Charakter einer Fernrakete zu verleihen. Wegen des großen Gewichts der Apparatur und der mutmaßlichen Schwierigkeit einer spontanen und unmittelbaren Zündung ist die Uranmaschine wahrscheinlich als Quelle industrieller Energie von größerer Bedeutung.«[7]

Ein späterer Bericht, »Die Physik der Atomkerne und die Aussichten ihrer praktischen Anwendung«, enthält einen ähnlichen Hinweis:

> »Die Frage, ob die Uranmaschine geht, steht etwa so (Einzelheiten sind geheim). Die bisherigen Untersuchungen machen es sehr wahrscheinlich, daß die Uranmaschine gehen wird … Im Augenblick darf es als weniger wahrscheinlich gelten, daß die Uranmaschine als riesige Bombe benützt werden kann.«[8]

Fleischmann wurde Ende November 1944 vom ALSOS-Team in Straßburg verhaftet und von Goudsmit und F. Wardenburg auf durchaus freundliche Weise verhört, da sich beide hüteten, ihr Interesse an dem deutschen Nuklearprogramm an die große Glocke zu hängen. Als er über die »Geheim«-Papiere befragt wurde, die man in Weizsäckers Büro gefunden hatte, behauptete Fleischmann, es gehe darin um Pläne für Schiffsmotoren.[9] Bei weiteren Verhören in den USA, wohin er im Februar 1945 nach kurzem Lazarettaufenthalt von Goudsmit überstellt wurde, bestritt Fleischmann, jemals etwas von einer Reaktorbombe gewußt oder gehört zu haben, was, wie die oben zitierten Dokumente belegen, eine glatte Lüge war. (Im Juni 1946 bat Fleischmann um eine Unterredung mit Goudsmit, der seine sofortige Entlassung und Rückkehr nach Deutschland empfahl, wo er nach überstandenem Entnazifizierungsverfahren 1947 Professor an der Universität Hamburg wurde. Dies zeigt, daß Goudsmit – entgegen neueren Behauptungen – nach dem Krieg keineswegs durch antideutsche Vorurteile verblendet war.)[9]

Ein weiterer Hinweis auf Uranbrennerbomben taucht in einem Forschungsbericht Siegfried Flügges von 1942 auf, dessen einflußreicher Artikel in *Die Naturwissenschaften* vom Juni 1939, wie im 4. Kapitel gezeigt, die Möglichkeit von Atomsprengstoffen ins Spiel gebracht hatte.[10] In seiner ausgeklügelteren Veröffentlichung von 1942 mit dem Titel »Kann man eine Uranmaschine mit schnellen Neutronen betreiben?« stellte er die Vermutung an, daß ein wirksamer Reaktor, bei dem normales anstatt schweres Wasser als Bremssubstanz dient, mit durch U235 angereichertem Uran würde arbeiten müssen, das durch langsame Neutronen spaltbar ist. Flügge argumentierte sodann:

> »Allerdings hat die Abtrennung des seltenen wirksamen Uranisotops den großen Vorteil, daß eine erhebliche Verkleinerung der Anlage auftritt, die ihren Anwendungsbereich beträchtlich erweitert (Automotor, ›Uranbombe‹).«[11]

Die »Uranbombe« ist eine Variante des mit langsamen Neutronen arbeitetenden Reaktors. Jede Maschine mit schnellen Neutronen würde weitaus größere Ausmaße haben müssen, weil die mittleren freien Weglängen der Neutronen, ehe diese auf einen Kern treffen, für schnelle Neutronen länger sind als für langsame. Flügges Idee einer »Uranbombe« spiegelt offensichtlich das im deutschen Uranprojekt vorherrschende Denken über Reaktorbomben wider.

Diese Konzeption der »Uranbombe« als einer Reaktorbombe wurde von den Leitern des Uranprojekts geteilt. Wilhelm Osenberg übernahm eine wichtige Aufsichtsfunktion, als er 1943 Leiter des Planungsbüros des Reichsforschungsrats wurde. In seinem Abriß »Allgemein verständliche Grundlagen zur Kernphysik« vom 8. Mai 1943 bemerkte er zum »Uran-Zerfall« und dessen »zwei technische Anwendungsmöglichkeiten«:

> »1. Die *Uran-Maschine* ist als Antriebsmotor brauchbar, wenn es gelingt, den Zerfall von Atomkernen zeitlich in mäßigen Grenzen zu steuern. Das wird möglich sein durch vorsichtige Zuführung einer laufend geringen Anzahl von Neutronen richtiger Geschwindigkeit zu den Uran-Atomkernen. Die durch Spaltung der Urankerne frei werdenden Neutronen müssen schnellstens abgeführt werden.
>
> 2. Die *Uran-Bombe* ist dann möglich, wenn es gelingt, schlagartig eine gewisse Anzahl Neutronen richtiger Geschwindigkeit auf Uran-Kerne loszulassen. Die bei der Kernspaltung frei werdenden Neutronen dürfen zunächst keine Abführungsmöglichkeiten haben, sondern müssen in ihrer – durch den Kernzerfall zu großen – Geschwindigkeit so abgebremst werden, daß sie weitere Kernspaltung auslösen können. Der Vorgang pflanzt sich dann lawinenartig fort.
>
> Rein rechnerische Nachprüfungen der ausländischen Unterlagen haben ergeben, daß die Vorgänge 1 und 2 technisch durchaus möglich sind. Zur experimentellen Nachprüfung ist es erforderlich, das Isotop 235 des Uran rein herzustellen. Bisher war diese Reindarstellung nicht möglich. Fremde Beimischungen stören den erwünschten Vorgang.«[12]

Drei Punkte sollten hier beachtet werden. Erstens, der Text unterscheidet ausdrücklich zwischen einer »Uran-Maschine« und einer »Uran-Bombe«, welch letztere eindeutig explosiv ist. Zweitens beziehen sich sowohl »Maschine« als auch »Bombe« auf »Neutronen richtiger Geschwindigkeit«, was darauf schließen läßt, daß es sich bei beiden Vorrichtungen um Varianten eines Reaktors handelt. Drittens benötigt die »Bombe« einen Moderator, um die durch Spaltung erzeugten schnellen Neutronen auf »die richtige Geschwindigkeit... abzubremsen«.

Osenberg (SS-Mitglied seit 1933) war im Zuge der administrativen Neuordnung des Uranprojekts im Juni 1942 eingeschaltet worden. Nominell unterstand dieses nun Göring und ihm wiederum der trockene Abraham Esau, Präsident der Physikalisch-Technischen Reichsanstalt und »Bevollmächtigter des Reichsmarschalls für kernphysikalische Forschungen«. Der Behördenchef war Rudolf Mentzel vom Erziehungsministerium und dem Reichsforschungsrat, der das Projekt neu organisierte und Osenberg im Juni 1943 zum Chef des Planungsamts des Reischforschungsrats ernannte, einer Position mit großer bürokratischer Macht. Obwohl Osenberg zahlreichen Wissenschaftlern für sie wichtige Unterlagen und Freistellungen vom Kriegsdienst verschaffen konnte, schüchterte sein Planungswahn die Leute ein, die mit ihm zu tun hatten. (Er unterhielt eine Kartei mit den Daten von 15 000 Wissenschaftlern, mit der er 1945 bei den Alliierten Eindruck zu machen und seine Bedeutung unter Beweis zu stellen versuchte.)[13] All das war Heisenberg reichlich unsympathisch, der schon im Sommer 1942 Anstalten traf, sich der Zudringlichkeit des Reichsforschungsrats zu entziehen und die nun als glücklich empfundenden Zeiten wieder herbeiwünschte, als das Uranprojekt noch dem Heereswaffenamt unterstand.[14] Gegen Endes des Jahres 1943 wurde die Situation erträglicher, da Speer Esau entließ und sich für die Berufung des bekannten Münchener Physikers Walther Gerlach zum »Bevollmächtigten des Reichsmarschalls« in Sachen Kernphysik einsetzte.[15]

Während seiner Amtszeit mußte sich Gerlach mit verschiedenen Vorschlägen und Entwürfen befassen, die alle möglichen Erfinder und die technische Abteilung der SS zum Thema Atombombe einreichten. 1944 wollte er sogar ein eigenes Verbindungsressort im Reichspatentamt einrichten, das sich mit kernphysikalischen Patenten befassen sollte. Im Umgang mit den genannten Vorschlägen suchte Gerlach natürlich Heisenbergs Rat, und obzwar es kaum schriftliche Mitteilungen zwischen den beiden gibt, wird in einigen dokumentierten Fällen deutlich, daß dieser Rat befolgt wurde.[16] Beim ersten ging es um den Vorschlag, eine Bombe aus 4,2 Tonnen Uranoxid zu bauen, den der Dresdener Ingenieur Werner Mialki im Dezember 1943 Göring, in dessen Eigenschaft als Chef des Reichsforschungsrats, unterbreitet hatte. In einem Bericht an Mentzel tat Gerlach den Vorschlag als »naiv« ab und nahm seltsamerweise Mialkis Bemerkung, es würden bei jeder Kernspaltung zwei oder drei Neutronen frei, als Beweis dafür, daß er auf dem Gebiet der Kernphysik ein Neuling sei. Anscheinend ärgerte sich Gerlach vor allem über Mialkis Vorwürfe, die Wissenschaftler arbeiteten mit dem Rüstungsministerium nicht anständig zusammen und widmeten sich der Waffenforschung nicht mit dem gebotenen Eifer. Gerlach bestritt dies entschieden und entgegnete, Heisenberg stehe in ständigem Kontakt mit einem gewissen Dr. Sommer vom Rüstungsministerium. Daß Gerlach in diesem Zusammenhang Heisenberg nannte, legt die Vermutung nahe, daß er dessen Urteil über Mialkis Vorschlag eingeholt hatte, das wohl ebenso peremptorisch ablehnend ausfiel wie sein eigenes.[17]

Der zweite Fall datiert auf den November 1944, als ein Offizier der SS-Gaskriegsabteilung an den Verwaltungschef des Reichsforschungsrats, SS-Brigadeführer Mentzel (der zudem ein Protegé Himmlers war), mit Vorschlägen zur Beschleunigung des Bombenbaus herantrat, die ein SS-Ingenieur namens Matzka eingereicht hatte.[18] Matzka scheint zuvor Kontakte zu Kernphysikern in Wien unterhalten und so eine allgemeine Vorstellung von dem Problem gehabt zu haben. Aber Gerlach dämpfte die Begeisterung, als er Mentzel am 18. November wie folgt mitteilte:

»Zu den Erfindungsvorschlägen von Herrn Matzka erlaube ich mir folgendes zu antworten: Die entwickelten Ideen berühren in vielen Punkten sehr eng unser U-Vorhaben. Es sind richtige und unrichtige Vorstellungen darin enthalten.

Leider ist der *technische* Grundgedanke nicht richtig. Nach allen bisher vorliegenden Untersuchungen experimenteller und theoretischer Art, die gerade in diesem Punkte in völliger Übereinstimmung sind, ist es nicht möglich, die stürmische Vermehrung der Kernspaltung mit kleinen Substanzmengen zu erhalten. Ich kann Ihnen versichern, daß wir gerade dieses Problem aus mehr als einem Grunde immer wieder angegangen sind. Nicht einmal grundsätzliche Laboratoriumsmessungen über den Effekt sind mit kleinen Mengen durchführbar, vielmehr benutzt man mindestens Substanzmengen von 2 und mehr Tonnen, einer der Gründe für die Beschwerung der Bearbeitung des U-Problems. Hiermit fallen auch die Vorstellungen des Herrn Matzka über Erreichung größerer Kerntreffsicherheit.

Ich darf Sie darauf hinweisen, daß in Kürze ein Bericht über die letzten U-Brenner-Versuche vorliegen wird, in welchen sich wieder die erforderlichkeit enorm großer Materialmengen ergibt.«[19]

Gerlachs Antwort gibt eine Auffassung wieder, die Heisenberg in dem Aufsatz »Die theoretischen Grundlagen für die Energiegewinnung aus der Uranspaltung« vom Februar 1942 vertrat. Nachdem er beobachtet hatte, daß in »kleineren Mengen« der Neutronenaustritt von der Oberfläche groß bleibt verglichen mit der Neutronenvermehrung im Inneren, konstatierte er dort: »Versuche mit sehr kleinen Substanzmengen sind daher von vornherein unzureichend für die Entscheidung über die Eignung von Mischungen zur Kettenreaktion.«[20]

Der Grundgedanke, daß man für eine Reaktorbombe viele Tonnen Uran benötigen würde, sickerte durch die verschiedenen Ebenen des wissenschaftlich-industriellen Komplexes bis hinunter zur Privatwirtschaft durch, wie Ende 1944 aus der Befragung des deutschen Ingenieurs und Nazigegners Ernest Nagelstein deutlich wurde. Nagelstein hatte von 1936 bis 1942 in der Schweiz gelebt und nach seiner Rückkehr nach Deutschland von 1942 bis 1944 in Berlin bei einer Frau Friedman zur Untermiete gewohnt. Sie war Sekretärin bei U. W. Döring, der in Berlin-Charlottenburg ein privates Labor betrieb. Döring, Erfinder von Raketen und eines Langstreckentorpedos, wußte, daß in Deutschland über Atombomben geforscht wurde, und hatte von einem Mitglied des Hahnschen Instituts erfahren, daß Hahn [sic] an einer Bombe arbeite, die entweder aus Thorium oder Uran mit zwei Prozent Kadmium bestand, um die Reaktion »abzubremsen«: »Es wurde errechnet, daß das Minimalgewicht für eine Bombe 8 to beträgt.«[21] (Gerlach selbst bemühte sich zu diesem Zeitpunkt, beim Reichspatentamt eine Stelle zur Registrierung von kernphysikalischen Patenten ins Leben zu rufen.)

Da Gerlach mit Paul Rosbaud befreundet und sehr redselig war, wurden die Alliierten über die Entwicklungen stets auf dem laufenden gehalten und wußten, wie weit die Deutschen mit ihrer Arbeit an Atombomben und Reaktoren den Vereinigten Staaten und England hinterherhinkten. Rosbauds Informationen und die anderer britischer Geheimdienstleute wurden im November mit den amerikanischen ALSOS-Erkenntnissen zu einem Bericht vereint, der zu dem Schluß kam, daß nicht mit einer deutschen Atombombe zu rechnen sei, da noch nicht einmal der Versuchsreaktor des Uranprojekts das kritische Stadium erreicht habe.[22]

Im März 1945 unternahm Heisenberg seinen letzten erfolglosen Versuch, einen Reaktor in kritischen Zustand zu versetzen (B-VIII), und zwar im württembergischen Haigerloch, wohin das Projekt ausgelagert worden war. Während eines Besuchs vor Ort (so erinnerte sich Heisenbergs Assistent Karl Wirtz) äußerte Gerlach die Vermutung, daß der Reaktor eine Bombe mit großer Zerstörungskraft ergebe, wenn er kritisch würde. Offensichtlich hatte er eine Reaktorbombe im Sinn, obwohl Wirtz später behauptete, daß ihn die Bemerkung verblüffte und er Gerlach den Unterschied zwischen einer Atombombe und einem Reaktor nicht habe begreiflich machen können. Wirtz zeigte jedoch noch andere Gedächtnislücken; als Heisenbergs enger Mitarbeiter muß er sich zum damaligen Zeitpunkt über die Idee einer labilen explosiven Reaktorbombe ebenso wie Gerlach im klaren gewesen sein.[23]

Was die Förderung der Atomforschung für Gerlach damals noch komplizierter machte, war die Rivalität, die sich zwischen Himmler und Speer als Schirmherren des Projekts entwickelt hatte. Nachdem Mitte 1944 der SS-Ingenieur Matzka an Osenberg und Gerlach herangetreten war, begann sich der Sicherheitsdienst (SD) der Himmlerschen SS plötzlich für die Atombombe zu interessieren. Himmler selbst hatte am 22. Januar 1944 erklärt, »daß durch die Fortschritte der Technik urplötzlich Sprengkörper auftauchten, deren Wirkungen und deren Schnelligkeit unsere neuesten Sprengmittel der Vergeltungswaffe in den Schatten stellen«.[24] Ein Brief des SD vom 26. Juli 1944 bemängelte, daß die Bemühungen des Reichsforschungsrats auf dem Gebiet der Kernenergie nicht die erforderlichen Ergebnisse erbracht hätten. Der SD schlug nun vor, einen Plan zu erstellen, um alle Hindernisse aus dem Weg zu räumen, damit aus den verfügbaren Mitarbeitern und ihren Forschungsinstituten maximale kriegswichtige Ergebnisse herausgeholt werden könnten.[25] Das führte im August zur Schaffung einer

Wehrforschungs-Gemeinschaft, die von Osenberg geleitet wurde und, wie der Reichsforschungsrat, nominell Göring unterstand. Himmlers Stellung als Oberbefehlshaber des Ersatzheeres war im Gefolge des Attentats vom Juli 1944 gestärkt worden. Die SS hatte schon seit einiger Zeit versucht, ein eigenes Waffenamt (Technisches Büro) zu entwickeln, und im August wurde Himmler Chef der Heeresrüstung und damit zum Rivalen des Rüstungsministers Albert Speer.[26] Himmler beschloß außerdem, seinen Sitz im Aufsichtsgremium des Reichforschungsrats zu nutzen, um Speer die Kontrolle über die Kernphysik zu entwinden, dem er vorwarf, die Angelegenheit zu vernachlässigen.[27] Speer entgegnete am 23. September 1944, »daß in der Forschung genau so wie in der Entwicklung unsere Basis wesentlich schmaler ist als die unserer Gegner« und auch nicht verbreitert werden könne, da sie für die Kriegsführung keinen unmittelbaren Nutzen habe.[28]

Der etwas leichtgläubige Reichsführer SS und seine Untergebenen waren durchaus bereit, Osenbergs Zeit mit technischen Vorschlägen zu vertun, und viele aus der SS kommende Anregungen, wie die Matzkas, mußten zumindest dem Schein nach ernsthaft geprüft werden, ehe man sie verwarf.[29] Infolgedessen wurde Matzkas Vorschlag eine Aufmerksamkeit geschenkt, die er gar nicht verdiente, und als er abgelehnt wurde, machte sich in der SS das Gefühl breit, daß Speers Projekt gescheitert sei. Im Januar 1945 warf der SD-Führer Ohlendorf dem Rüstungsminister vor, eine Disziplin zu vernachlässigen, »die jahrelang als jüdische Wissenschaft gegolten hatte«, und drängte auf den Bau einer neuen Anlage zur Gewinnung von, wie es scheint, schwerem Wasser (Bauvorhaben »SH220«).[30] In seinem Antwortschreiben an Ohlendorf vom 29. Januar 1945 lehnte Speer diesen Vorschlag mit den Worten ab: »Sie wissen, daß ich mich persönlich für die Forschung der Kernphysik interessiere und daß ich jede nur mögliche Unterstützung gewährt habe. Aus diesem Grunde bitte ich Sie, zu veranlassen, daß die Fachsparte Kernphysik des Reichsforschungsrates, Professor Gerlach, in etwa einem viertel Jahr erneut an mich herantritt.«[31] Das war eine Art Eiertanz, da Gerlach ja gleichzeitig als Speers Beauftragter für Kernphysik fungierte. Speer hatte Gerlach bereits am 19. Dezember »geschmiert«, indem er ihm für seine Arbeit geringe Geldmittel zusicherte mit den Worten, er messe »der Forschung auf dem Gebiet der Kernphysik eine außerordentliche Bedeutung bei«.[32] Natürlich war Speer bereits im Juni 1942 aufgrund von Heisenbergs Informationen zu der Überzeugung gelangt, daß mit einer Uran- oder Plutoniumbombe erst in ferner Zukunft zu rechnen sei, und sah nun keinen Anlaß, Himmler in der Hoffnung zu bestärken, sie könne sich demnächst realisieren lassen. (Das Interesse der SS an Kernphysik bestand bis zum Ende des Krieges fort; am 2. April 1945 bat zum Beispiel der SS-Obergruppenführer Schwab in einem Schreiben an Paul Harteck, dieser möge in seinem Hamburger Institut einen SS-Offizier aufnehmen, der die Forschung über die Gewinnung schweren Wassers beschleunigen solle.)[33]

Da die Berichte der SS, des Heereswaffenamts und des Reichsforschungsrats allesamt unvollständig sind, bleibt unser Wissen über das Ausmaß der Zusammenarbeit all dieser verschiedenen Behörden auf dem Gebiet der Kernforschung lückenhaft. Mitte der achtziger Jahre ist jedoch eine bisher verborgene Schlüsselfigur ans Tageslicht getreten: SS-Hauptsturmführer Helmut Joachim Fischer, der sich seit 1938 auf Wissenschaftspolitik spezialisiert hatte, von 1943 bis 1945 im SS-Reichssicherheitshauptamt für naturwissenschaftliche Belange verantwortlich war und sowohl mit dem Heereswaffenamt als auch dem Reichsforschungsrat in Verbindung stand. Auch aus den posthum veröffentlichten Memoiren dieses Physikers, der die Mitarbeit beim SD einer glanzlosen Studienratsexistenz vorgezogen hatte, ergibt sich ein unvollständiges Bild von der deutschen Arbeit über die Atombombe, das den Leser letztlich frustriert. Denn es liegt auf der Hand, daß Fischer Bescheid wußte und über die nötige fachliche Kompetenz verfügte, sein wirkliches Wissen jedoch nicht preisgeben wollte.[34]

Nachdem er in Heidelberg zum Doktor der Mathematik promoviert worden war, trat Fischer in den Sicherheitsdienst der SS ein, wo man ihm die Leitung der Wissenschaftsabteilung übertrug. In dieser Funktion hatte er viel mit Osenberg, Schumann und Mentzel zu tun. Er war über das deutsche Atomprojekt unterrichtet und erinnerte sich später, daß Schumann in einer persönlichen Unterredung mit Hitler diesen mit der Tragweite des Projekts beeindruckt hatte. Fischer besuchte Heisenberg im Kaiser-Wilhelm-Institut für Physik, durch dessen Räume ihn sein Gastgeber führte, dem er sogleich seine Kooperationswilligkeit signalisierte. »Wir boten ihm ausdrücklich unsere Hilfe an für den Fall, daß er als maßgeblicher Vertreter der Theoretischen Physik noch einige Schwierigkeiten mit Parteistellen haben sollte«, so Fischer in seinen *Erinnerungen*. Nachdem er im März 1944 ins Reichssicherheitshauptamt (RSHA) III CI gewechselt war, um die operative Kontrolle über wissenschaftliche und technische Belange zu übernehmen, bestand seine erste Aufgabe darin, einen Bericht über Bohrs Kopenhagener Institut anzufertigen, mit der Empfehlung, deutsche Wissenschaftler sollten sich des dortigen Zyklotrons bedienen. Fischer nutzte seine Kontakte zu führenden deutschen Physikern und wissenschaftlichen Behörden auch weiterhin, indem er Hahns Labor besuchte und mit Gerlach, dem neuen wissenschaftlichen Leiter der Atomforschung, zusammenarbeitete.

Fischers Aussagen über den Erkenntnisstand hinsichtlich der Atombombenproblematik im Sommer 1944 sind durchaus aufschlußreich, auch wenn man den Zeitpunkt ihrer Niederschrift und die damit verbundenen Retuschen in Rechnung stellen muß. Die Fortschritte bei der U235-Anreicherung waren entmutigend gewesen; Esau hatte ihm einen Klumpen nur minimal angereicherten Urans gezeigt. Ardenne war gegen Ende des Jahres 1944 viel erfolgreicher, doch aus Fischers Darstellung geht hervor, daß die deutschen Physiker noch immer eine angereicherte U235-Reaktorbombe im Auge hatten. Esau, schreibt er, wollte eine »Uranmaschine«.

> »Kam es zu einer Kettenreaktion, dann würde man in einem zweiten Schritt versuchen, die Energieausbeute immer weiter zu steigern bis zum theoretisch möglichen Höchstwert. Dies konnte in allmählicher Energieerzeugung geschehen, also in einer Art Uranmeiler, oder in möglichst kurzen Zeitspannen, und dann war man bei der Uranbombe.«[35]

Diese Beschreibung kommt Heisenbergs Vorstellung von einem explosiv instabilen Reaktor auf der Grundlage von angereichertem U235 sehr nahe.

Obwohl er erkannte, daß Schumann und die anderen Beamten dem Bombenprojekt keine Priorität einräumten, aus Angst, von politischen Kreisen unter Druck gesetzt zu werden, konkrete Ergebnisse zu erzielen, nutzte Fischer die mit seinem neuen Posten verknüpften Pflichten wissenschaftlich-geheimdienstlicher Tätigkeit, um seine Vorgesetzten mit den Verdiensten des Atomprojekts zu beeindrucken. Ihnen berichtete er, daß die Vereinigten Staaten in ihren Arbeiten an einer Bombe bisher anscheinend nicht vorangekommen seien. Es ist durchaus möglich, daß Fischers Aktivitäten bei Himmler jenes plötzliche Interesse an der Möglichkeit einer Bombe auslösten. Sein Vorgesetzter im RSHA III CI war nämlich jener Ohlendorf, der, wie wir bereits gesehen haben, sowohl mit Himmler als auch mit Speer 1944/45 in Fragen der Kernforschung zu tun hatte. Durch Ohlendorf konnte Fischer von Speer Versuchsmaterial für Harteck bekommen, und er selbst trat mit dem Rüstungsminister in Unterredungen über wissenschaftliche Angelegenheiten, woraufhin Osenberg die Erlaubnis erhielt, wissenschaftliche Mitarbeiter auf diese Aufgabe zu konzentrieren. Bald schon spielte Fischer eine einflußreiche Rolle in der Wissenschaftspolitik, entwarf für Himmler Briefe an Speer und bewirtete Gerlach und Osenberg im Gästehaus des SD, während er gleichzeitig dafür sorgte, daß Schumann und Mentzel sukzessive aus den höchsten Kreisen ausgeschlossen wurden. Nachdem dann Himmler Oberbefehlshaber des Ersatzheeres geworden war, hatte Fischer auch viel mit dem Heereswaffenamt zu tun.

In dieser gestärkten Position entwarf Fischer Ende 1944 den Organisationsplan für ein wissenschaftlich-technisches Gremium, das Hitler persönlich beraten, militärische und zivile Wissenschaft koordinieren und eng mit Speers Ministerium zusammenarbeiten sollte. Zu seinen Mitgliedern sollten sowohl Beamte des Erziehungsministeriums und des Reichsforschungsrats, wie Rust, Mentzel und Schumann, als auch Ardennes Schirmherr Ohnesorge, SS-Offiziere und Speer zählen. Hitler, dem der Plan vom Chef des

RSHA III C, Ernst Kaltenbrunner, unterbreitet wurde, war begeistert, glaubte er doch, daß Ende November ein »unerhörter Erfolg für uns« bevorstand. Nach dem Scheitern der Ardennenoffensive war indes von Fischers Plan nicht mehr die Rede.

Inmitten der deutschen Düsternis im Frühjahr 1945 ereilte Fischer ein aufgeregter Telephonanruf: Gerlach teilte ihm mit, daß Heisenbergs Reaktor funktioniere. Fischer läßt durchblicken, daß diese Neuigkeit der SS gelegen kam, weil sie ihr ein Pfand in die Hand gab, das sie im Verlauf der von Schellenberg aufgenommenen heimlichen Friedensverhandlungen den Alliierten anbieten konnten. Dies würde auch zu einem gut Teil das Interesse erklären, das die SS während des Jahres 1944 an der Kernforschung nahm, da Himmler damals bereits seine Fühler zu Friedensangeboten ausstreckte. Möglicherweise beabsichtigte die SS stets, die Bombe oder andere nukleare Versuchsdaten als Köder für ein Separatfriedensangebot zu nutzen.

Fischer selbst wurde nach dem Krieg von einem Entnazifizierungsgericht zu einer geringen Strafe auf Bewährung verurteilt, dank der Persilscheine, die ihm Gerlach und andere ausstellten. Seinen Gewährsleuten galt er als ein Idealist, der die deutsche Wissenschaft vor Leuten wie Schumann und Mentzel geschützt habe. (Zur gleichen Zeit stilisierte sich Schumann zum Führer einer »wissenschaftlichen Widerstandsgruppe«.) Sehr schlecht fügen sich in dieses positive Bild einige befremdliche antisemitische Äußerungen Fischers. Die Lebensbedingungen der Konzentrationslagerinsassen von Oranienburg und Dachau stellte er als besser hin als die der Berliner Bürger in Kriegszeiten. Ein typisch gutartiger Nazi, erklärte er den Amerikanern, die ihn verhörten, daß seine SS-Abteilung nicht das gewesen sei, wofür sie sie hielten, da sie kaum etwas mit den antijüdischen Ausschreitungen zu tun gehabt habe.

Es steht außer Zweifel, daß Fischer aufgrund seiner beruflichen Position, seiner fachlichen Kompetenz, seiner Kontakte zu Heisenberg, Gerlach, Schumann und anderen Wissenschaftlern und seiner Verbindungstätigkeit zwischen Himmler und Speer eine entscheidende Figur zum Verständnis dafür ist, wie sich in den Jahren 1944/45 das deutsche Atomprojekt entwickelte.

Fischers Tätigkeit im Zusammenhang mit dem wiedererwachten Interesse Speers an der Atombombe in der zweiten Hälfte 1944 mag uns helfen, ein merkwürdiges und bisher unbeachtetes Dokument vom Oktober 1944 zu verstehen, das einen Befehl von Hitlers Hauptquartier umsetzen sollte, in dem grünes Licht für die sofortige Entwicklung einer Atombombe gegeben wurde.[36] Die Quelle dieses *Rechenschaftsberichts* ist nicht bekannt, aber vieles deutet darauf hin, daß er aus dem von Manfred von Ardenne geleiteten Atomforschungsprojekt der Reichspost hervorging, für das Houtermans 1941 seinen Bericht über Plutonium verfaßt hatte. Auf Seite 2 nimmt der Autor auf einen technischen Bericht über schweres Wasser Bezug, das »in unserer Abteilung« verfügbar sei;[37] und auf Seite 26 beruft er sich auf den Standpunkt »unserer Forschungsanstalt«.[38] Offensichtlich stammte der Bericht aus der Abteilung einer Forschungsanstalt. Zufälligerweise ist dies genau die Nomenklatur, die Ardennes Atomforschungsprojekt in Berlin Ende 1944 benutzte: die *Forschungsanstalt der Deutschen Reichspost, Abteilung für Kernphysik*.[39] In dem Text finden sich auch Hinweise auf die Arbeit von Gustav Hertz, einem bedeutenden Wissenschaftler, der nicht an dem offiziellen Uranvorhaben des Reichsforschungsrats beteiligt war, mit dem jedoch Ardenne in den Jahren 1944/45 (wie auch nach dem Krieg in Rußland) zusammenarbeitete.[40] Zudem legt der Umstand, daß das Dokument (S. 16, 18 f.) den Massenspektrographen als wirksames Instrument zur Isotopentrennung empfiehlt, eine Verbindung zu Ardenne nahe, der 1944 mit der Konstruktion einer solchen Vorrichtung beschäftigt gewesen war.[41] Bis auf weiteres darf somit der *Rechenschaftsbericht* als authentisch gelten. Vermutlich stand er im Zusammenhang mit Ardennes Atomprojekt bei der Reichspost.[42]

Das Treffen, für das der *Rechenschaftsbericht* vorbereitet wurde, fand laut Titelseite im Oktober 1944 statt, wie es scheint, auf den Befehl Hitlers hin, die Konstruktion einer Atombombe, die im Text selbst genannt ist, zu beschleunigen:

»Da lt. Bef. FHQU 219/44 v. 30. Sept. 1944 der Bau der Uranbombe forciert werden mußte, verzichteten wir auf die Arbeiten mit kleinen

Modellen in der Größenordnung von wenigen Milligramm, sondern stützten uns bei dem Bau und der Konstruktion der Uranbombe im Wesentlichen auf die vorhandenen Forschungsergebnisse und theoretischen Spekulationen, die aber, wie wir heute schon den Beweis haben, richtig waren... Der grundsätzliche Weg ist durch die physikalischen Tatsachen zu machen, die allen Fachleuten bekannt, gegeben, jedoch fehlen diesen die Einzelheiten, die wir in jahrelanger Forschungsarbeit mit größten Opfern uns angeeignet haben. Es sind dies diese Details, die wir in diesem Rechenschaftsbericht angeführt haben und noch anführen werden. Es kostete alle diese Versuche eine Riesensumme an Einsatz jeglicher Art, sowie finanziell als auch persönlich und machen wir deshalb darauf aufmerksam, daß wir diesen geschlossenen Rechenschaftsbericht, den wir über Befehl FHQU anzufertigen haben nur ungern an eine politische Stelle weiterleiten, da die Gefahr des totalen, oder teilweisen Verlustes unseres Vorsprunges besteht, wenn der Inhalt dieses Berichtes zur Kenntnis eines dritten Person, womöglich gar unserer Gegner, gelangt.«[43]

»Bef. FHQU 219/44 v. 30. Sept. 1944« ist das Kürzel für einen Befehl aus dem Führerhauptquartier. Es existiert keine zusammenhängende oder vollständige chronologische Aufstellung von Hitlers Befehlen, aber aufgrund von teilweise rekonstruierten Verzeichnissen können wir davon ausgehen, daß der Befehl in Form eines Rundschreibens unter der Nummer 219 des Jahres 1944 von Martin Bormann, Hitlers Sekretär, am 30. September 1944 ausgegeben wurde. Obwohl Rundschreiben mit Nummern von 219 ab- und aufwärts gefunden wurden, ist die Nummer 219 selbst noch nicht aufgespürt worden.[44] Man darf annehmen, daß die Herausgabe des Rundschreibens 219 irgendwie mit dem lebhaften Interesse zu tun hatte, das Himmler und die SS im Spätsommer 1944 an der Atomforschung entwickelten.

In dem Dokument gibt es Hinweise, daß sein Verfasser aus dem Zufall Nutzen zog, daß Heisenberg ebenfalls im September über die Versuche seiner Gruppe mit ihrem neuen Reaktorentwurf berichtete, was als B-VI bekannt ist. Der Rechenschaftsbericht stellt auf Seite 28 fest, daß »im Jänner 1944 die neue, bedeutend verbesserte Uranbatterie Aufstellung fand«, wobei er sich anscheinend auf den Beginn der Versuchsreihe B-VI am Kaiser-Wilhelm-Institut für Physik bezog, die von Januar bis Spätsommer 1944 lief.[45] Im September verfaßte Heisenberg eine Auswertung (G-220) der verschiedenen B-VI-Versuche, die zwischen Januar und August 1944 durchgeführt worden waren.[46] Er selbst beschrieb den Bericht später als eine Diskussion der »Forschungsberichte Sept. 1944 von Bopp, Bormann, Bothe, Fischer, Fünfer, Jensen, Heisenberg, Ritter, Wirtz«.[47] Es scheint denkbar, daß diese Berichte zusammen mit Heisenbergs G-220 die Diskussionsgrundlage beim »Treffen deutscher Wissenschaftler« im Oktober 1944 bildeten. Und der *Rechenschaftsbericht*, der offensichtlich in großer Eile verfaßt wurde, könnte als Versuch der SS angesehen werden, das Treffen zu dominieren. An vielen Stellen wirkt das Dokument fragmentarisch; es fehlen darin etliche Gleichungen und Daten, für die Zwischenräume freigelassen wurden; auch die Bibliographie, auf die sich die Fußnoten beziehen, sucht man vergebens, ebenso wie Diagramme, die über die Konstruktion einer Atombombe Aufschluß geben könnten. Die Tatsache, daß zum Beispiel die für einen 100 000-Kilowatt-Reaktor erforderlichen Mengen von Uran, schwerem Wasser, Paraffin und Graphit nicht angegeben sind, läßt vermuten, daß der Verfasser weder Zeit noch das nötige Wissen hatte, um sie zu berechnen.

In dem *Rechenschaftsbericht* geht es in erster Linie um die Konstruktion einer Bombe und nicht so sehr, wie im Heereswaffenamts-Bericht von 1942, um eine allgemeine Erörterung von Kernreaktoren und Reaktorbomben:

»Das Plutonium.

Diese epochalen Entdeckungen waren aber angesichts der Erfordernis, auf dem schnellsten Wege Waffen zu schmieden, die unserem Volk ein merkliches Übergewicht bei allen kriegerischen Kampfhandlungen gab, doch nur von nebensächlicher Bedeutung, da sie eben nur auf lange Sicht und nicht sofort benützt werden konnten. Es trat die Frage auf:

Wie kommt man von der Uranbatterie zur Uranbombe? (S. 23)«

Reaktoren werden nicht als Maschinen zur Energieerzeugung beschrieben, sondern vielmehr als Vorrichtungen, mittels derer sich das für eine Bombe benötigte Plutonium gewinnen läßt (S. 10 ff., 22). Obwohl zwei Typen von »Uranbomben« namhaft gemacht werden (»UB I«, die U235 verwendet, und »UB II«, die Plutonium verwendet), gibt der Autor darüber hinaus ganz klar der Plutoniumbombe den Vorzug, die detailliert beschrieben wird (»Plutonium [spielt] eine außerordentlich wichtige Rolle bei der Erzeugung der Uranbombe« [S. 11]). Im Gegensatz dazu sind Passagen, in denen es um die U235-Bombe geht, sehr kursorisch und mehrdeutig. Es wird zum Beispiel nicht völlig klar, ob der Autor eine reine U235-Bombe oder eine mit angereichertem Uran betriebene Reaktorbombe oder beide im Sinn hat. So wird auf Seite 15 »Actino-Uran« (i. e. U235) als eine Alternative zur Verwendung eines Moderators vorgeschlagen! Und wenn er davon spricht, wie man von der »Uranbatterie« zur »Uranbombe« kommt, deutet der Autor darauf hin, daß eine Reaktorbombe aus dem von Heisenberg genannten Grund blockiert ist, weil sich die Kettenreaktion selbst stabilisieren wird, wenn sich Neutronenproduktion und -verlust im Gleichgewicht befinden (S. 26).

Der Abschnitt »Die Spaltungslawine und ihr Verzögerungsmechanismus« weist ebenfalls den Stempel Heisenbergschen Denkens über einen explosiven Reaktor auf, obwohl der Autor über Heisenberg hinausgeht, wenn er, wie es scheint, die Verwendung verzögerter Neutronen nahelegt, um die Kettenreaktion zu steuern. »Tatsächlich kam im Februar 1941 die Lawine ins Rollen, aber man hatte noch Zeit, sie zu stoppen, bevor die Explosion erfolgte« (S. 19).

Es folgt der Hinweis (S. 22) auf einen Versuch, bei dem die Neutronenvermehrung kontrolliert worden war. Obgleich in dem Reaktor nur ein halbes Watt erzeugt wurde, rechtfertigte er die Voraussagen von der Durchführbarkeit einer Kettenreaktion, und »tatsächlich konnten schon zehn Tage nach diesem Versuch 200 Watt erreicht werden«. Die Quelle dieser Information waren anscheinend zwei Berichte Heisenbergs vom April 1941, die seine Reaktorversuche beschreiben, aber die Konstruktion, die sich darauf stützte, scheint, wie bereits bemerkt, über Heisenbergs Bemerkungen hinauszugehen.[48]

Andererseits deutet der Bericht darauf hin (S.10), daß die U235-Bombe und die Plutoniumbombe auf einer Reaktion schneller Neutronen beruhen würden. (»Jedoch muß festgestellt werden, daß sich die thermischen Neutronen bei weitem besser eignen als die schnellen Neutronen, was im späteren Teil des Papiers bei der Beschreibung der Uranbombe behandelt wird.« [S.10]) Und im letzten Abschnitt über die tatsächliche Konstruktion der Bombe wird betont, daß sowohl im Fall von U235 als auch von Plutonium die zwei unterkritischen Massen rasch zusammengebracht werden müßten, da sonst eine langsame Kettenreaktion erfolgen und 99,9 Prozent des aktiven Materials verlorengehen würden. Dabei scheint es sich nicht um eine verfrühte Detonation zu handeln, sondern vielmehr darum, daß die Explosion langsam und ineffizient ist. Sehr schnelles Zusammenbringen ist nötig, um zu

> »verhindern ... daß die Lawinenbildung durch langsames Aneinanderbringen schon zu früh erfüllt ist, und somit die Kettenreaktion eintritt. Wobei mit einem kleinen Bruchteil von 0,1 % der gesamten Energie erfolgt und der Sprengstoff mit 99,9 % wirkungslos auseindergeschleudert wird, weil nach Zerstieben des Sprengstoffs die bei der Spaltung gebildeten Neutronen keine Atome mehr finden, die sie ihrerseits weiterspalten könnten. Aus dieser Überlegung ergibt sich folgende Forderung. 1. 2.« (S.30)

Der Abschnitt über die tatsächliche Bombenkonstruktion (S.30–35), die Rundschreiben 219 hochtrabend verkündet, ist bemerkenswert wegen seines aggressiven Selbstvertrauens darüber, wie man eine Bombe baut, obwohl diese Großspurigkeit etwas unterminiert wird durch die Tatsache, daß entscheidende Fakten und Zahlen über kritische Masse und Montagezeiten ebenso fehlen wie die erforderlichen Bedingungen, um die Reaktion der auf schnellen Neutronen basierenden Bombe sicherzustellen. Dennoch spekuliert der Autor munter drauflos:

> »Konstruktions- und Ausführungsbericht:
> Die schwierigste Frage, nach Klärung des verwendeten Materials, war die, wie hoch die kritische Menge bei Actinuran und Plutonium ist.

Es war dies, wie schon erwähnt, nur rechnerisch und nicht experimentell vorauszusagen, da die Gefahr einer unabschirmbaren Explosion drohte [...]

Das kritische Gewichtsmoment bei chemisch reinem __. Die Geschoßladung liegt in einem Mantel von durchschnittlich ___ Wolfram-Bleigemisch... und wird bei der Rohrlänge von __ Kaliber von __mm mit einer v_0 m/sec in die Zielladung geschossen. Die Trefferladung (Zielladung) bei Pu beträgt die Gewichtsmenge von __g in Kugelform.« (S. 31 f.)

Offensichtlich hatte der Autor keine Ahnung, daß eine Geschoßladung-Methode für eine Plutoniumbombe zu langsam sein würde, und er setzt die Erörterung seiner fehlenden Planskizze des UB I-Bomben-Behälters fort, wobei er technische Feinheiten wie die Schaltuhr für die Bombe und die Detonationshöhe (abermals mit freien Stellen für die Zahlen) erwähnt. Die gleiche Aufmerksamkeit für technische Details wird aus dem nachfolgenden Absatz mit der Überschrift »Mechanische Konstruktion der Uranbombe Type UB II« deutlich (S. 35 ff.). Obwohl keine weitere nukleare Information gegeben wird, handelt es sich bei ihr vermutlich um dieselbe Art von Uran-Plutoniumgemisch-Bombe wie bei UB I. Der Unterschied scheint darin zu bestehen, daß dieser Typ speziell dazu entworfen wurde, um an einem AS-12/44-Fallschirm (die Zeichnung fehlt natürlich) abgeworfen zu werden. Der Autor kommt zu dem Schluß, daß es besser wäre, eine V1- oder V2-Rakete zu benutzen, auch wenn die Gefahr besteht, daß sie über dem Heimatland explodiert. Die Argumentation verläuft jedoch im Sande, und das Dokument ist unvollständig.

Trotz seiner scheinbaren Bereitschaft, eine Atombombe zu bauen, war der Autor des Rechenschaftsberichts vom Ausmaß des dafür nötigen Aufwands entmutigt. Das geht klar aus den Stellen hervor, die vier mögliche Methoden der U235-Extraktion erörtern: die Zentrifuge, die Clusius-Dickl-Trennröhre, Hertz' Membrandiffusion und, mit größter Begeisterung, den Massenspektrographen, dem die Vorliebe des Verfassers gilt. Dennoch räumt dieser etwas kleinlaut ein, man bräuchte, um ein Kilogramm U235 in 24 Stunden zu erzeugen, 100 000 solcher Vorrichtungen (S. 18 ff.).

Hinsichtlich der Erzeugung von Plutonium bemerkt er: »Die 200-Watt-Batterie würde also rund 11400 Jahre benötigen, um 1000g Plutonium zu erzeugen«(S. 27). Man nimmt also den Eindruck mit, daß der Autor mit dem praktischen Problem, wie sich genügend spaltbares Material für eine U235- oder Plutoniumbombe gewinnen läßt, völlig überfordert war. Es verwundert deshalb kaum, daß das Schriftstück mit all seinen Lücken so ergebnislos endet.

Interessant ist an dem Bericht vor allem, daß er ein Licht wirft auf das allgemeine Wissen und den Stand der Mutmaßungen über die Atombombe, die unter den deutschen Physikern 1944 vorherrschten. Der Autor stützt sich auf Heisenbergs jüngste Versuche und wohl auch auf die allgemeinen Prinzipien einer Atombombe, wie sie bei dem infolge des Hitler-Rundschreibens 219 einberufenen Physikertreffens vom Oktober 1944 dargelegt wurden. Zweifellos hatten die bei dem Treffen anwesenden Wissenschaftler keine klaren Vorstellungen, geschweige denn verläßliche Daten, und diskutierten somit einfach ihre seit langem gehegten Vermutungen, die natürlich kaum Zuversicht erwecken konnten, was den Bau einer Atombombe betraf. Aber da es der Führer befohlen hatte, mußte ein Versuch unternommen werden, die unzureichenden Daten und unausgegorenen Vorstellungen über eine Bombe zu einem konkreten Konstruktionsvorschlag zu bündeln. Das Ergebnis war dieser *Rechenschaftsbericht*.

14. *Kapitel*: Die Wahrheit
Farm Hall, August 1945

Erst in jüngster Zeit wurde die ungewöhnlichste Quelle zum Verständnis der Heisenbergschen Vorstellungen über Atombomben öffentlich zugänglich: die Farm-Hall-Protokolle. Sie bieten einen fast theatralischen Einblick in das wissenschaftliche, moralische und politische Denken einiger der Hauptbeteiligten am deutschen Uranprojekt: Heisenberg, Weizsäcker, Wirtz, Gerlach, Harteck, Hahn, Diebner, Bagge und Korsching wie auch Max von Laue, der dort eher aus Zufall gelandet zu sein scheint.[1]

Man gewinnt aus diesen Aufzeichnungen ein zum Teil recht lebhaftes Bild von den Persönlichkeiten der verschiedenen Wissenschaftler und einen Eindruck davon, wie sie miteinander umgingen und diskutierten. Vor allem aber enthalten die Protokolle eine Reihe fachspezifischer Gespräche, die zwar bisweilen kryptisch anmuten, doch insgesamt höchst aufschlußreich sind. Nichtsdestoweniger haben die Farm-Hall-Protokolle seit ihrer Freigabe im Jahr 1992 ein höchst unterschiedliches Echo ausgelöst; während einige Leser in ihnen Heisenbergs spätere Behauptung, die Funktionsweise der Atombombe die ganze Zeit schon verstanden zu haben, bestätigt sahen, wurden andere in ihrer Skepsis gegenüber deutscher Allwissenheit bestärkt. Die widersprüchlichen Deutungen sind zum Teil auf den Umstand zurückzuführen, daß die Originalaufzeichnungen der Gespräche verlorengegangen zu sein scheinen und nur deren englische Übersetzung vorliegt; vor allem aber wurde geltend gemacht, daß die Protokolle aus ihrem historischen Zusammenhang gerissen worden seien, in dem ihre inneren Widersprüche und rätselhaften Anspielungen erklärt und verständlich gemacht werden könnten. Die im vorliegenden Buch unternommene Rekonstruktion der deutschen Überlegungen zu Atombomben verschiedener Art in den Jahren 1939–45 ist weitgehend der Versuch, die Farm-Hall-Protokolle in den zu ihrem Verständnis unabdingbaren historischen Kontext einzubetten.

Die Materialien und Analysen, die die vorangegangenen Kapitel enthalten, und die Protokolle selbst sollten als gegenseitige Kontrolle fungieren; ist die Rekonstruktion der verschiedenen Bombentypen in den vorangegangenen Kapiteln korrekt, dann sollte sie durch die in Farm Hall abgegebenen Erklärungen bestätigt werden und umgekehrt: Wenn das Farm-Hall-Beweisstück in seiner Gesamtheit einen Sinn ergeben soll, dann muß es mit den bisher erörterten Dokumenten und Argumentationen im Einklang stehen.

Die meisten für unsere Fragestellung relevanten Gespräche finden sich in den Farm-Hall-Protokollen Nr. 4 (6./7. August 1945) und Nr. 5 (8.–22. August). Letzteres enthält auch Heisenbergs Vortrag vom 14. August, in dem er sein revidiertes Konzept einer Atombombe erläuterte. Sie stellt einen radikalen Neuanfang in seiner Betrachtungsweise des Problems dar und kam nur deshalb zustande, weil ihn die Nachricht, daß den Alliierten der Bau eines nuklearen Sprengsatzes tatsächlich gelungen sei, veranlaßt hatte, seine eigene Theorie neu zu überdenken, was zwischen dem 9. und dem 14. August geschah.

Wir wollen nun Heisenbergs Aussagen über das Bombenproblem in der Reihenfolge analysieren, wie sie in verschiedenen Gesprächen mit seinen Kollegen auftauchen.

(A) 6. August

Hahn erfährt von Major T. H. Rittner, dem zuständigen Offizier, daß die BBC in den 18-Uhr-Nachrichten gemeldet habe, von den Alliierten sei eine Atombombe gezündet worden. Dies teilen Hahn und Rittner beim Abendessen ihren Kollegen mit, die es nicht glauben wollen. Es entspinnt sich eine Diskussion darüber, ehe die »Gäste« den 21-Uhr-Nachrichten lauschen.

Hahn macht sich über Heisenberg lustig: »Wenn die Amerikaner eine Uranbombe haben, dann sind Sie alle zweitklassig. Armer Heisenberg!... Auf jeden Fall, Heisenberg, sind Sie eben zweitklassig, und Sie können einpacken.« Heisenberg stimmt dem resigniert zu, wenngleich er Zweifel anmeldet, ob die Bombe der Alliierten wirklich eine Kernexplosion war und ob die Amerikaner nicht einem Dilettanten aufsaßen. Die Wissenschaftler kommen jedoch zu dem Schluß, daß die Alliierten entweder U235 abgetrennt haben oder einen Reaktor lange genug haben laufen lassen, um »Element 93« (in Wirklichkeit handelte es sich um Element 94, nämlich Plutonium) zu erzeugen. Dann spielt Heisenberg auf die für eine U235-Bombe erforderliche kritische Masse an: »Ich glaube noch immer kein Wort von der Bombe, aber ich kann mich irren. Ich halte es für durchaus möglich, daß sie etwa 10 to angereichertes Uran haben, aber nicht, daß sie 10 to reines U235 haben können« (S. 148). Offenkundig ist Heisenberg noch immer in seinem Denken von 1939/40 befangen, als er eine sehr große Masse für eine U235-Bombe für erforderlich hielt.

Hahn zeigt sich über diese Äußerung erstaunt und bemerkt: »Ich dachte, daß man nur sehr wenig U235 braucht« (S. 148). Doch Heisenberg hatte seinem Kollegen aus der Chemie offenbar nie die verschiedenen Arten von Bomben und kritischen Massen erläutert, über die er sich als Physiker Gedanken gemacht hatte. Er entgegnet darauf: »Wenn sie es nur geringfügig anreichern, können sie eine Maschine bauen, aber damit können sie keinen Sprengstoff herstellen, der würde –« Hier wurde er durch eine Zwischenfrage Hahns unterbrochen, so daß wir nicht wissen, wie der Relativsatz weiterging. Zudem verfügen wir nicht über das deutsche Original. Aber selbst so, wie es in der Übersetzung dasteht, ist vielleicht der Ausschluß eines geringfügig angereicherten U235-Sprengstoffs nicht so endgültig, wie es scheinen mag, wenn man es außerhalb des historischen Kontextes liest. Hätte Heisenberg sagen wollen, daß ein Reaktor, der geringfügig angereichertes U235 verwendet, niemals einen Sprengstoff erzeugen könne, dann hätte er keinen Relativsatz anhängen müssen, der den Sprengstoff spezifiziert, höchstwahrscheinlich hinsichtlich seiner Sprengkraft, die angeblich den 10 000 Tonnen TNT entsprach, die Heisenberg der Hiroshima-Bombe zuschrieb. Mit anderen Worten, es liegt die Vermutung nahe, daß er Hahn die Sache klarzumachen versuchte, nachdem er ihm während des Krieges erklärt hatte, daß man für eine bestimmte

Art von atomarer Explosion – nämlich für eine Reaktorbombe – sehr wenig U235 benötige. Hahns Verwirrung über die verschiedenen Typen reiner U235- und Brennerbomben wird aus der Frage deutlich, mit der er Heisenberg unterbricht: »Aber wenn sie, sagen wir mal, 30 kg reines 235 haben, könnten sie damit nicht eine Bombe herstellen?« (S. 148). Wieder bemüht sich Heisenberg vergebens, dieses Mißverständnis zu korrigieren, indem er erwidert: »Sie würde aber trotzdem nicht losgehen, da die mittlere freie Weglänge noch zu groß ist« (S. 148). Hahn, nunmehr völlig verdutzt, hakt nach: »Warum haben Sie mir eigentlich immer erzählt, daß man 50 kg 235 braucht, um etwas zu machen? Jetzt sagen Sie, man benötigt 2 to« (S. 148).[2] Da er keine Lust hat, dem, wie ihm scheinen mag, begriffsstutzigen Hahn noch weitere Fragen zu beantworten, sagt Heisenberg nur: »Ich möchte mich da im Augenblick nicht festlegen, aber es ist sicherlich eine Tatsache, daß die mittleren freien Weglängen ziemlich groß sind« (S. 148). Hahn meint: »Ich halte es für absolut unmöglich, eine Tonne Uran 235 durch Isotopentrennung herzustellen« (S. 149). Heisenberg sieht jedoch keinen Anlaß, von seiner Überzeugung abzurücken, daß die benötigte Menge U235 groß ist:

> »Wenn es mit Uran 235 gemacht worden ist, dann sollten wir imstande sein, es richtig herauszubekommen. Es hängt lediglich davon ab, ob es mit 50, 500 oder 5000 kg gemacht wird, und wir wissen die Größenordnung nicht. Wir können davon ausgehen, daß sie über eine Methode zur Trennung von Isotopen verfügen, von der wir keine Ahnung haben.« (S. 149)

Diese Erklärung Heisenbergs versucht eine zweifache Reduktion des Bombenproblems. Erstens reduziert er es auf ein technisches Problem, das der Isotopentrennung, und zweitens reduziert er es auf eine Angelegenheit der Variation der Werte der mittleren freien Weglängen, die kritische Massen verschiedener Größenordnungen von 50 bis 5000 Kilogramm erzeugen können. Er kann sich nicht zu der Überzeugung durchringen, daß seine ursprüngliche Analyse des Bombenproblems untauglich war und die Alliierten ein anderes Konzept einer Atombombe gefunden haben könnten. Dies geht aus der folgenden Bemerkung hervor, wonach man »bei Entdeckungen ... immer skeptisch sein [kann], und es kann viele Überraschungen geben. Von Erfindungen aber können nur Leute wirklich überrascht werden, die damit nichts zu tun gehabt haben. Die Sache ist doch ein bißchen seltsam, nachdem wir fünf Jahre daran gearbeitet haben« (S. 150). Widerwillig zwar billigt er den Alliierten zu, eine neue Methode der Isotopentrennung »erfunden« zu haben, aber er kann sich nicht einmal vorstellen, daß sie zufällig eine neue »Entdeckung« des Prinzips einer Atombombe gemacht haben, das zu einer weitaus geringeren kritischen Masse führen würde, als er selbst »entdeckt« hatte.[3]

(B) 6. August, nach den 21-Uhr-Nachrichten

Kurz nachdem sie die 21-Uhr-Nachrichten der BBC gehört haben, nehmen Hahn und Heisenberg ihr Gespräch über die Frage der kritischen Masse wieder auf, und diesmal erklärt der Physiker die Sache sorgfältiger.

Als er darüber spekuliert, daß die Alliierten mit Hilfe von Spektrographen möglicherweise 30 Kilogramm U235 im Jahr trennen können, fragt ihn Hahn, ob er glaube, daß man »so viel benötigt«. Dies veranlaßt Heisenberg zu folgender Antwort:

> »Ich denke schon, aber ich habe das, um ganz ehrlich zu sein, nie ausgerechnet. Ich habe immer gewußt, daß man es mit 235 mit schnellen Neutronen machen kann. Deshalb kann man 235 nur als Sprengstoff verwenden. Man kann keinen Sprengstoff mit langsamen Neutronen herstellen, nicht einmal mit der Schwerwassermaschine, da dann die Neutronen nur thermische Geschwindigkeiten haben; das Ergebnis wäre, daß die Reaktion so langsam abläuft, daß das Ding explodiert, ehe die Reaktion abgeschlossen ist. Es verdampft bei 5000°, und dann ist die Reaktion bereits –« Hahn [unterbricht]: ›Wie explodiert denn nun die Bombe?‹« (S. 162)

Diese Stelle beweist, daß Heisenberg erkannt hatte, daß eine echte Kernexplosion mit schnellen Neutronen erzielt werden muß, um die Reaktion weit genug zu treiben, ehe der Apparat auseinanderfliegt und die Reaktion abbricht. Die Bombe mit schnellen Neutronen steht im Gegensatz zu einem explodierenden Reaktor auf der Basis langsamer Neutronen, dessen Verdampfung bei 5000 Grad die Reaktion zu einem Ende bringen würde, ehe eine richtige Explosion erfolgt ist. Die Formulierung zeigt, daß Heisenberg offensichtlich eine Reaktorbombe mit langsamen Neutronen keiner weiteren Überlegungen für wert hielt, da der gewonnene Sprengstoff gering sein würde. Als Antwort auf Hahns Einwurf »Wie explodiert denn nun eine Bombe?« beschreibt er, wie schnelle Neutronen in reinem U235 eine Explosion hervorrufen:

> »Bei der Bombe geht das nur mit sehr schnellen Neutronen. Die schnellen Neutronen in 235 erzeugen sofort andere Neutronen, so daß die sehr schnellen Neutronen, die eine Geschwindigkeit von – sagen wir – 1/30 der Lichtgeschwindigkeit haben, die ganze Reaktion ausmachen ... In gewöhnlichem Uran trifft ein schnelles Neutron fast immer auf 238, und das ergibt keine Spaltung ... Wenn ich unter 600 000 Volt gehe, kann ich mit 238 keine Spaltung mehr erzielen, doch ich kann immer das 235 spalten, egal, was passiert. Wenn ich reines 235 habe, erzeugt jedes Neutron sofort zwei Kinder, und dann muß eine Kettenreaktion erfolgen, die sehr schnell abläuft.«

Aber dann weicht Heisenberg von seiner korrekten Analyse ab, um eine Berechnung anzubieten, die zwar richtig ist, aber die Lösung eines falschen Problems darstellt.

> »Dann kann man folgendermaßen rechnen. Ein Neutron erzeugt in reinem 235 immer zwei andere. Das heißt, daß ich, um 10^{24} Neutronen zu erzeugen, 80 Reaktionen nacheinander benötige. Daher brauche ich 80 Zusammenstöße, und die mittlere freie Weglänge beträgt etwa 6 cm. Um 80 Zusammenstöße zu erhalten, muß ich eine Masse mit einem Radius von ca. 54 cm haben, und die wäre etwa 1 Tonne schwer.«

Hier handelte es sich natürlich um die genial einfache, aber dennoch trugschlüssige Überschlagsrechnung, die auf der »random walk«-Analyse beruhte, auf die (wie Wirtz Sir Charles Frank mitteilte) Heisenberg 1940 gekommen war. In einem späteren Interview äußerte sich Frank folgendermaßen dazu:

»Sie ist genial einfach, und hätte sie die richtige Antwort erbracht, würde man sagen, wie gescheit, es braucht schon einen gescheiten Mann wie Heisenberg, um ein so schwieriges Problem so einfach zu lösen... Hätte sie einem nicht am Ende eine bemerkenswert falsche Antwort für praktische Probleme gegeben, jeder hätte gesagt, es ist die Genialität Heisenbergs, die eine so einfache Berechnungsmethode ersonnen hat. Er wußte nicht, daß die richtige Berechnung von Peierls... 1939 veröffentlicht wurde.«[4]

Wir haben es hier also zu tun mit einer korrekten Darlegung des Prinzips schneller Neutronen in U235, verbunden mit einer falschen Berechnung der kritischen Masse von U235. Heisenberg hatte sich das falsche Problem gestellt, nämlich, wie man mit hundertprozentiger Sicherheit eine U235-Masse zur Explosion bringen könne, ohne dabei das Urneutron zu verschwenden.[5]

(C) 6. August, spätabends

Während eines in Heisenbergs Abwesenheit geführten Gesprächs bemerkt Bagge: »Es muß doch möglich sein, herauszubekommen, bei welcher Temperatur das Ding explodiert« (S. 165). Da erinnert sich Harteck an Heisenbergs Überschlagsrechnung, allerdings in entstellter Form:

»Der Vermehrungsfaktor bei 235 beträgt 2,8, und sobald eins mit dem anderen zusammenstößt – wie lang ist der Weg, bis das Ereignis eintritt? Vier Zentimeter. R_x ist der Radius. Dann müssen Sie das mit der mittleren freien Weglänge multiplizieren und es durch die Quadratwurzel des Vermehrungsfaktors dividieren. Das müßte 3,2 ergeben. R ist etwa 14 cm, das Gewicht beträgt 200 kg, und dann explodiert das Ding.« (S. 165)

Harteck war eingefallen, daß Heisenberg eine Quadratwurzel verwendet hatte, um die kritische Masse zu ermitteln, aber er nimmt nun die Quadratwurzel von der falschen Zahl. Wo Heisenberg die Quadratwurzel der Spaltungsschritte (das heißt die Quadratwurzel von 80) genommen und das Ergebnis dann mit der mittleren freien Weglänge (6 Zentimeter) multipliziert hatte, entscheidet sich Harteck irrigerweise für die Quadratwurzel des Vermehrungsfaktors, wodurch das gesamte Argument unsinnig und die Berechnung der kritischen Masse von 200 Kilogramm falsch wird. Bedeutsam ist die Stelle jedoch insofern, als sie belegt, daß sich die deutschen Physiker an Heisenbergs Überschlagsrechnung dunkel erinnerten, in der eine Quadratwurzel vorkam, und daß diese Berechnung offensichtlich einige Zeit vorher durchgeführt worden war, da in den Farm-Hall-Protokollen vor diesem Gespräch jeglicher Hinweis fehlt, daß Heisenberg sie seinen Kollegen (mit Ausnahme Hahns) erläutert hatte. All das deutet darauf hin, daß er schon in den ersten Jahren des Krieges seinen engsten Mitarbeitern im Uranprojekt wahrscheinlich lässig verkündet hatte, nach seinen Überlegungen und Berechnungen bewege sich die kritische Masse einer Bombe im Bereich von Tonnen U235, und daß nach diesem Obiter dictum das Thema für abgeschlossen galt – bis die Nachricht von Hiroshima alles wieder in Frage stellte.[6]

(D) 7. August

Nachdem er am Morgen die Zeitungen gelesen hat, erläutert Heisenberg Hahn und Harteck seine Ansicht über die Bombe.[7] Hahn fragt nach der Wucht einer Uranexplosion: »Beträgt die Uranspaltung 0,1 %, 1 %, 10 % oder 100 %?« (S. 171). Heisenberg erwidert:

> »Wenn es 235 ist, dann ist es in der Praxis die gesamte Menge, weil dann die Reaktion viel schneller erfolgt als die Verdampfung, da sie in der Praxis mit Lichtgeschwindigkeit vor sich geht. Um in 10^{25} Atomen eine Spaltung hervorzurufen, benötigen Sie 80 Schritte in der Kette, so daß die ganze Reaktion in 10^{-8} Sekunden abgeschlossen ist. Dann erzeugt jedes Neutron, das aus einem Atom fliegt, zwei weitere Neutronen, wenn es auf ein anderes U235 trifft. Jetzt brauche ich aber 10^{25} Neutronen, und das sind 2^{80}. Ich brauche 80 Schritte in der Kette, und dann habe ich 2^{80} Neutronen erzeugt. Ein Schritt in der Kette braucht dieselbe Zeit wie ein Neutron, um 5 cm zu durchlaufen, das

Werner Heisenberg, um 1924
(Bildarchiv Preußischer Kulturbesitz)

Niels Bohr
(Deutsches Museum München)

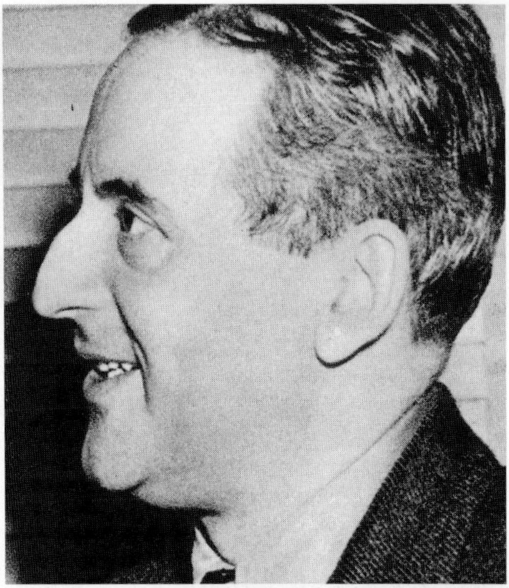

Oben: Samuel Abraham Goudsmit
(Deutsches Museum München)
Unten: Otto Hahn, Werner Heisenberg und Lise Meitner, 1962
(Hahn-Meitner-Institut, Berlin)

Max Born (Deutsches Museum München)

Oben: Werner Heisenberg und Lise Meitner
(Deutsches Museum München)
Unten: Max von Laue und Werner Heisenberg, 1959
(Bildarchiv Preußischer Kulturbesitz)

Max von Laue, 1920
(Deutsches Museum München)

Otto Hahn
(Deutsches Museum München)

Carl Friedrich von Weizsäcker, 1951
(Deutsches Museum München)

heißt 10^{-9} Sekunden, so daß ich etwa 10^{-8} Sekunden brauche, damit die ganze Reaktion in etwa 10^{-8} Sekunden abläuft. Wahrscheinlich explodiert das ganze Ding in dieser Zeit.« (S. 171 f.)

Wieder spiegelt hier die Vorstellung von einer hundertprozentigen Effizienz bei der Explosion eines Mols U235 (2^{80} Atome) Heisenbergs unrealistisches Bestreben wider, absolut sicher sein zu können, daß diese Zahl von Atomen in einer vorgegebenen Zeit explodiere, ohne das Urneutron zu vergeuden. Diese Obergrenze für die »kritische Masse« festzusetzen und sie für die faktische Masse einer Bombe zu halten heißt, daß Heisenberg die Möglichkeit einer praktischen Bombe, die eine weitaus geringere »kritische Masse« verwendet, a priori ausschloß.[8]

(E) 7. August, im Lauf des Tages

Auf Anregung Major Rittners setzen die deutschen Gäste ein Memorandum über ihre Arbeit am Uranprojekt auf. Während der Diskussionen, die dem Entwurf vorausgingen, meinte Wirtz, »man dürfe nicht vergessen, daß es im Kaiser-Wilhelm-Institut für Physik ein Patent für die Herstellung einer solchen Bombe gebe. Dieses Patent sei 1941 erteilt worden« (S. 175). Es ist bereits im 10. Kapitel ausführlich erörtert worden und scheint für eine Art Reaktorbombe ausgestellt worden zu sein, die angereichertes U235 verwendet. Bezeichnenderweise taucht das von Wirtz erwähnte Patent in der endgültigen Fassung des Memorandums mit keiner Silbe auf, da die Denkschrift demonstrieren sollte, daß das deutsche Projekt im Grunde nie als ein Unternehmen zur Konstruktion einer Atombombe intendiert gewesen war. Der Hinweis auf ein Bombenpatent, mochte es auch noch so chimärisch gewesen sein, wäre in diesem Zusammenhang nicht opportun gewesen.

(F) 8. August

Nach der Zeitungslektüre diskutiert Heisenberg mit Wirtz und Bagge über die Möglichkeit einer Plutoniumbombe. Er will nicht glauben, daß die Alliierten Plutonium gewonnen haben, da sie laut Presseberichten keinen stabil laufenden Reaktor haben, um es zu erzeugen. Jedenfalls bezweifelt Heisenberg, daß die kritische Masse von Plutonium nur acht Pfund betrug, eine Zahl, die er aus den Morgenzeitungen aufgeschnappt zu haben scheint, obwohl in der *Times* von einem Pfund die Rede war, ein Wert, der auf der Spekulation ihres Wissenschaftskorrespondenten beruht.[9] (Möglicherweise verhörte sich der Protokollant, der die Tonbandaufzeichnungen niederschrieb, und verwechselte Heisenbergs ein oder eine mit acht):

> »Aber ich sehe immer noch nicht, wie die Reaktion in 8 Pfund von etwas stattfinden kann, da die mittleren freien Weglängen ziemlich lang sind. Sie haben stets freie Weglängen von 4 cm. In 8 Pfund erhalten sie mit Sicherheit keine Kettenreaktion.« (S. 189)

Doch, immer noch erbost, mutmaßt Heisenberg, daß Plutonium womöglich spaltbarer sei als angenommen.

> »Falls sie dieses Element 94 haben, dann könnte es sein, daß dieses 94 eine ganz kurze mittlere Weglänge hat. Wir haben auf dem Gebiet der abgeschlossenen Reaktionen mit schnellen Neutronen wenig Forschung betrieben, denn wir konnten nicht sehen, wie wir es schaffen sollten, weil wir dieses Element nicht hatten und keine Möglichkeit sahen, es zu beschaffen.« (S. 190)

Als Wirtz die Meinung vertritt, die Alliierten verfügten tatsächlich über Plutonium und die Bombe sei nicht groß, ist Heisenberg versucht zuzustimmen: »Das heißt, sie könnte in der Größenordnug von 400 kg liegen« (S. 190). Obwohl es hier um Plutonium geht, ist die Stelle dennoch interessant, weil aus ihr indirekt hervorgeht, was er unter einer großen Masse einer U235-Bombe versteht. Das heißt, Heisenberg ist noch immer überzeugt, daß die mittleren freien Weglängen eine riesige kritische Masse zur Folge haben, weil er davon ausgeht, daß der obere Grenzwert einer kritischen Masse der für eine Bombe, egal ob aus Plutonium oder Uran, praktisch angemessene ist.

(G) 9. August

Nachdem die Zeitungen berichtet haben, daß die Atombombe 200 Kilogramm wog,[10] jonglieren Heisenberg und Harteck mit den Daten, um sie dem neuen Gewicht (oder womöglich der kritischen Masse?) anzupassen. Heisenberg bekennt:

> »Das hat mir keine Ruhe gelassen, und deshalb habe ich heute abend einige Berechnungen angestellt und gesehen, daß es wahrscheinlicher ist, als wir angenommen hatten, und zwar auf Grund der erheblichen Vermehrungsfaktoren, die man mit schnellen Neutronen haben kann. Wir haben immer mit einem Vermehrungsfaktor von 1,1 gerechnet ... Wenn die einen Vermehrungsfaktor von 3 oder 5 haben, dann liegt die Sache natürlich ganz anders. Wir haben gesagt, daß wir etwa 80 Einzelprozesse bei der Kettenreaktion benötigen; nun beträgt die mittlere freie Weglänge 4 cm. Daher müssen wir 80 lange Teilungen haben (das war der ungefähre Schätzwert), und das würde dann etwa 1 t bedeuten. Diese Rechnung stimmt, wenn der Vermehrungsfaktor 1,1 beträgt, weil wir selbst dann jedes Neutron, das ›entkommt‹, zur Vermehrung verwenden. Wenn aber der Vermehrungsfaktor 3 beträgt, liegen die Dinge ganz anders. Dann kann ich sagen, wenn das ganze Ding nur so groß wie die mittlere freie Weglänge ist, dann trifft ein Neutron, das sich darin bewegt, auf ein anderes und erzeugt drei Neutronen ... Praktisch brauche ich daher nur die mittlere freie Weglänge, damit die Sache funktioniert.« (S. 190 f.)

Harteck will nun wissen, was es mit den 100 bis 200 Kilogramm auf sich habe, »die drum herum sind«, und Heisenberg antwortet zutreffend, daß es sich dabei um einen Reflektor handeln müsse. Trotzdem fällt es ihm schwer, seinem eigenen Argument Glauben zu schenken, das von einem unwahrscheinlich hohen Neutronenvermehrungsfaktor ausgeht, und nach einer Pause fragt er sich: »Schön und gut, aber wie haben sie es tatsächlich fertiggebracht?

Ich finde, es ist eine Schande, daß wir, die Professoren, die daran gearbeitet haben, nicht wenigstens herausfinden können, wie sie es gemacht haben« (S. 191). Daraufhin stellen die beiden Wissenschaftler Vermutungen an, welches andere Element als nuklearer Sprengstoff hätte verwendet worden sein können; der aussichtsreichste Kandidat scheint ihnen Protaktinium zu sein, das sich nach Heisenbergs Auffassung hinter dem verbirgt, was die Alliierten »Pluto« nennen, ein »Codename«, der ebenfalls mit dem Buchstaben P beginnt: »Vielleicht haben die anderen Protactinium verwendet; das kann man sich fast leichter vorstellen als alle anderen Verfahren« (S. 194).

In dieser Passage verheddert sich Heisenberg erneut in seine »random walk«-Analyse, die für die kritische Masse nur einen oberen Grenzwert liefert. Zugegebenermaßen kann dieses Argument eine kleine Zahl für die kritische Masse (ein bis zwei Kilogramm bei Protaktinium) ergeben, doch dazu bedarf es ungerechtfertigter Annahmen über die Neutronenvermehrungsfaktoren von Plutonium und Protaktinium, hochspekulativ optimistische Zahlen, die selbst Heisenberg in seiner Bedrängnis nur widerstrebend auf eine Uranbombe anzuwenden versucht.

(H) 9. August, später

Heisenberg und andere diskutieren wieder über die neue Bombe und versuchen herauszufinden, ob die Daten für U235 den Erfordernissen einer Bombe mit kleiner kritischer Masse angepaßt werden können. Während des ganzen Gesprächs ist Heisenberg überzeugt davon, daß eines der drei Verfahren der alliierten Bombe zugrunde liegt: reines Protaktinium, Isotopentrennung von U235 oder die Herstellung von Plutonium mit Hilfe eines Reaktors. Die Möglichkeit einer kleinen mittleren freien Weglänge für U235 prüfend, fragt er seine Kollegen, wie groß der Spaltungsquerschnitt für schnelle Neutronen bei U235 sei. Dann zieht Diebner ein Buch hervor (vielleicht eine aktualisierte Version seiner bereits veröffentlichten kernphysikalischen Tabellen)[11] und gibt den Spaltungsquerschnitt mit

$0{,}5 \times 10^{-24}\,cm^2$ an. Daraus folgert Heisenberg, daß die mittlere freie Weglänge 8 Zentimeter betrage, was natürlich wieder zu einer enormen kritischen Masse führen würde. Um aus dieser Sackgasse herauszukommen, spekuliert er sodann, wie schon früher, daß der Vermehrungsfaktor vielleicht höher sei als angenommen; die Ersatzzahl, die er diesmal wählt, ist 5: »Ich würde sagen, unter den günstigsten Umständen würde man einen geometrischen Querschnitt erhalten, der etwa 8 cm entspricht [offensichtlich ein Versprecher; er meinte wohl »mittlere freie Weglänge«], und wenn man durch irgendein Verfahren daraus 5 [Spaltungs-]Neutronen erhielte, dann müßte der Radius nicht größer als eine mittlere freie Weglänge sein« (unterstellt man die Verwendung eines Reflektors). Hier erkennt Heisenberg, daß seine Schätzung 5 für den Neutronenvermehrungsfaktor viel zu optimistisch ist, denn er zieht nun wieder andere Alternativen für den von den Alliierten verwendeten Nuklearsprengstoff in Betracht und stellt die Hypothese auf, daß »sie es mit Protactinium gemacht haben, was mir im Augenblick am wahrscheinlichsten scheint« (S. 197).

Heisenberg operiert also immer noch innerhalb des Rahmens seiner Überschlagsrechnung, die ja nur eine obere Grenze ergibt. Er versteift sich immer noch darauf, daß diese obere Grenze für eine kritische Masse die praktische »kritische Masse« sei, die eine hundertprozentig wirksame Explosion sicherstellen würde. Erst innerhalb der nächsten fünf Tage setzt bei ihm ein Umdenken ein, so daß er schließlich erkennt, wie eine Atombombe tatsächlich funktioniert und was es mit der kritischen Masse im herkömmlichen Verständnis auf sich hat.

(I) Heisenbergs Vortrag vom 14. August 1945

Selbstsicher, wie es scheint, beginnt Heisenberg seinen Vortrag mit einer kurzen Rekapitulation der für U235 wichtigen Daten. Doch seine Formulierungen, der Tenor seiner Rede sowie die Reaktionen seiner Zuhörer vermitteln den Eindruck, als sei er erst eben auf die vorgetragene Lösung des Problems gekommen und als höre dies sein Auditorium zum ersten Mal. Zudem ist seine Unsicherheit hinsichtlich der entscheidenden Daten einer U235-Bombe mit Händen zu greifen – vor allem aber hinsichtlich des Spaltungsquerschnitts schneller Neutronen in U235.

Heisenberg ist sich nun ganz sicher, daß die Bombe mit U235 funktioniert, und braucht nicht mehr zu einem Neutronenvermehrungsfaktor von 5 zu greifen, um die kritische Masse geeignet zu verändern; 2, 2,5 oder 3 Neutronen pro Spaltung reichen nun aus. Als Prinzip der Bombe gilt jetzt, daß die Neutronenvermehrung im Innern größer sein muß als der Neutronenaustritt von der Oberfläche einer endlichen Masse. Die Lösung dieses Sachverhalts hängt von den mittleren freien Weglängen und den nuklearen Wirkungsquerschnitten ab. Und hier stellt Heisenberg seine, wie er es nennt, »Faustformel« auf – deren Derivation er nicht angibt –, die für jeden Prozeß in U235 die mittlere freie Weglänge liefert: »Die freie Weglänge für irgendeinen Prozeß im Uran 235 ist gleich 22 cm, geteilt durch den Wirkungsquerschnitt [für diesen Prozeß], mit Wirkungsquerschnitt diesmal gemessen in [Einheiten von] 10^{-24} cm^2.«[12] Am schwierigsten zu bestimmen sei dabei »der Wirkungsquerschnitt für die Spaltung«, bemerkt Heisenberg und fügt hinzu, daß er bei thermischen Neutronen sehr groß sei (und daher die mittlere freie Weglänge sehr klein), doch dann gibt er überraschenderweise zu, daß ihm die Zahl bei schnellen Neutronen nicht mehr genau in Erinnerung sei: »Eine Zahl, die in den Dörrigschen [sic anstatt Diebnerschen!] Tabellen steht, die aber vielleicht für [Uran] 238 und nicht für 235 gilt, ist $0{,}5 \times 10^{-24}$ [cm^2] ... Ich sehe nicht so recht, wie man die beiden Spaltungen überhaupt unterscheiden kann.« Am Ende kommt er auf Frischs/Peierls' theoretische Überlegungen nach Bohr/Wheeler und folgert daraus, daß der Wirkungsquerschnitt mit dem geometrischen Stoßquerschnitt vergleichbar und über den gesamten Energiebereich hinweg konstant sei.[13]

Sodann nimmt Heisenberg die folgenden Daten für U235 an: $0{,}5 \times 10^{-24}$ cm^2 bis $2{,}5 \times 10^{-24}$ cm^2 für den Spaltungsquerschnitt bei schnellen Neutronen; 9 bis 44 Zentimeter für die mittlere freie Weglänge für Spaltung und 3,7 Zentimeter für die mittlere freie

Weglänge für Streuung; einen Neutronenvermehrungsfaktor zwischen 2 und 2,5.[14]

Als nächstes beschreibt er den Prozeß einer U235-Bombe mit schnellen Neutronen. Zum ersten Mal in einer Diskussion über eine echte Atombombe gibt er eine Formel für die exponentielle Neutronenvermehrung innerhalb einer kritischen Masse an: $n \propto e^{\nu\tau}$ (wobei ν eine charakteristische reziproke Zeit für dieses exponentielle Anwachsen ist). Indem er solcherart in Frischs und Peierls' Fußstapfen tritt, muß sich Heisenberg nicht mehr, wie bisher, mit den langen mittleren Weglängen für die Spaltung herumschlagen, die aufgrund seiner »random walk«-Analyse zu riesigen kritischen Massen geführt hatten. Eine mittlere freie Weglänge von 6 Zentimetern würde gemäß der »random walk«-Analyse einen Kugelradius von 54 Zentimetern ergeben, aber Heisenberg freut sich nun schon, seinen neuen Berechnungen eine mittlere freie Weglänge von 9 Zentimetern zugrunde legen zu können. In seinem Verständnis der Bombe hat sich ein wahrhaft revolutionärer Wandel vollzogen.[15]

Da er nun über diese Formel zum exponentiellen Neutronenwachstum in einem unendlichen Volumen verfügt, ermittelt er sodann unter Anwendung der Diffusionstheorie, wie sich der Prozeß in einem endlichen Volumen entwickelt. Er vergleicht die exponentielle Neutronenvermehrung innerhalb des Volumens mit dem Neutronenabfluß nach außen, was ihn über eine Reihe gut durchdachter Schritte zur Lösung des Problems für die kritische Masse einer Bombe führt, die seinen Berechnungen zufolge eine Kugel mit 6,2 Zentimeter Radius und 16 Kilogramm Gewicht sein muß. (So recht glücklich ist er mit dieser stark reduzierten kritischen Masse jedoch nicht, da er gehört hat, daß »andere« englische Zeitungen behauptet hätten, die Explosivmasse habe nur 4 Kilogramm gewogen; doch möglicherweise, so vermutet er, bezogen sich die 4 Kilogramm auf die Menge reinen U235, die in eine größere Uranmenge eingebaut war, oder aber der Spaltungsquerschnitt lag viel höher, bei etwa $6 \times 10^{-24}\,cm^2$.)

Das nächste Problem, mit dem Heisenberg in seinem Vortrag fertig wird, betrifft das rasche Zusammenfügen der beiden Halbkugeln der Bombe; wenn sie nicht schnell genug zu einer genügend großen Masse zusammengebracht werden, wird die Bombe unwirksam, da dann die Reaktion nicht bis zum Ende ablaufen kann. Heisenberg versteht es, seine Formel für das exponentielle Neutronenwachstum zu einer neuen Gleichung weiterzuentwickeln, die beschreibt, wie die Reaktion selbst abläuft. Auch auf diese Gleichung deutet nichts in seinen früheren Äußerungen und Schriften über die Bombe hin. Sie ist ein weiterer Beleg für Heisenbergs radikales Umdenken hinsichtlich der Funktionsweise einer Atombombe. Der Vortrag endet mit einer Schätzung der Energiemenge und der Temperatur, die während der Explosion freigesetzt beziehungsweise erreicht wird.

DRITTER TEIL: KULTUR

Deutscher Patriotismus, deutsche Moral und die Wahrheit der Physik

15. *Kapitel:* Der deutsche Hintergrund
Unpolitische Politik

Bei uns gibt es noch keine alte demokratische Tradition, und wir Deutschen sind im allgemeinen dankbar, wenn wir die Verantwortung für das öffentliche Leben unserer vorgesetzten Behörde überlassen können.
Werner Heisenberg, 1951[1]

Im Grunde hatten diese außerordentlich begabten Menschen ein sehr kindliches Verhältnis zum Staat. Staat und Vaterland wurden ohne weiteres gleichgesetzt. Was der Staat von ihnen verlangte, das verlangte das Vaterland. Dabei gingen sie in ihrer charakterlichen Bescheidenheit davon aus, daß sich die Politiker mit dem gleichen Ernst, mit dem sie als Wissenschaftler nach Wahrheit und Erkenntnis strebten, dem Gemeinwohl widmen würden.
Walter Scheel, 1979[2]

Wie ist es zu erklären, daß man in den Nachkriegserinnerungen bedeutender Kulturschaffender der Nazizeit so oft Argumenten und Ausreden begegnet, die dem gesunden Menschenverstand eklatant zuwiderlaufen? Für jeden westeuropäischen oder amerikanischen Betrachter ist Leni Riefenstahls *Triumph des Willens* ein eindeutig politischer Film, nicht nur, weil er sich einen Nürnberger Reichsparteitag zum Gegenstand gewählt hat, sondern auch wegen der Art und Weise, wie er ihn präsentiert, wie er den Nationalsozialismus, den »Führer« Adolf Hitler und die germanische Rasse verherrlicht. Dennoch hat Riefenstahl stets behauptet, ihr Film sei ein unpolitisches Kunstwerk, keine Propaganda, sondern lediglich ein ästhetisch anspruchsvoller Dokumentarfilm über eine Veranstaltung: »Arbeit und Frieden sind die einzigen Botschaften von *Triumph des Willens*«, erklärte sie jüngst – nicht jedoch die Glorifizierung Hitlers. Mit diesen wohlfeilen Rechtfertigungen hat sie indes nur wenige zeitgenössische Kritiker überzeugt, da man vor allem im westlichen Ausland eine solch absurde Trennung von

Politik und Kunst nur schwer nachvollziehen kann. Das gleiche gilt für Martin Heidegger und sein Verhalten während des »Dritten Reiches«. Der Philosoph behauptete stets, ein unpolitischer Mensch zu sein; doch hat er sich in den Jahren 1933/34 nicht etwa als Parteigänger der Nazis zu erkennen gegeben, das deutsche Universitätssystem zu nazifizieren versucht, als Rektor in Freiburg Reden für die Nazirevolution gehalten und Hitler zur Verkörperung der deutschen Geschichte, der vergangenen und der zukünftigen, erklärt? Für Heidegger jedoch, der in deutschen Kategorien dachte, war sein unerschütterlicher Glaube an die »innere Wahrheit und Größe« des Nationalsozialismus keine »politische« Haltung, sondern vielmehr eine (unpolitische) existentielle Verpflichtung. Nach dem Krieg erkannte selbst er, daß seine verfänglichen Äußerungen gewisser Retuschen bedurften, wenn sie dem kritischen Blick westlicher Leser standhalten sollten. Seine Verwicklung in die nationalsozialistische Kulturpolitik als Ausdruck »geistigen Widerstands« zu verklären – obwohl er bis 1945 Parteimitglied blieb –, muß heute jedem vernünftigen Menschen als geradezu lächerlich erscheinen. Dennoch entbehren Heideggers Rechtfertigungsversuche nicht einer gewissen inneren Logik, Schlüssigkeit und Konsistenz, wenn man sie in die Tradition eines bestimmten deutschen Denkens stellt: Hitler zu unterstützen und ein Parteiabzeichen zu tragen hieß ihr zufolge nicht, einer politischen Überzeugung Ausdruck zu verleihen, sondern sich vielmehr zu einer inneren, moralischen Affinität zu den zutiefst unpolitischen Idealen des Naziregimes zu bekennen: Arbeit, Frieden, Erdverbundenheit.[3]

Ähnliche Rätsel tun sich auf, wenn wir uns Personen zuwenden, die weniger stark in den Nationalsozialismus involviert waren als Riefenstahl und Heidegger. Der Dirigent Furtwängler zum Beispiel hegte gegenüber dem Naziregime ernsthafte Zweifel, versuchte in den Jahren 1933/34 (allerdings erfolglos), jüdische Musiker vor dem Zugriff Goebbels' zu schützen, und weigerte sich, »offiziell« im besetzten Frankreich zu dirigieren (was er jedoch als »freischaffender Künstler« bereitwillig tat). Doch wie soll man die Augen verschließen vor der aktiven und unkritischen Kungelei mit den Nazis, die jene berühmten Photographien so lebhaft bezeugen, auf denen Furtwängler vor einer Reihe von Parteibonzen dirigiert, ein großes Hakenkreuz im Hintergrund, oder in der Bühnengarderobe des Bayreuther Festspielhauses lächelnd mit Hitler parliert?[4]

Die Lösung dieser Rätsel und Widersprüche ist in den Besonderheiten der deutschen Geisteshaltung und Wesensart zu suchen, in den tiefen Mythen der deutschen Kultur und ihrer unausgesprochenen Anmaßung, in den ganz unwestlichen »deutschen« Auffassungen von Freiheit, Wahrheit und Menschlichkeit und in dem einzigartig deutschen Verständnis von Politik und Kultur.[5] Um zu verstehen, warum die Problemfälle Riefenstahl, Heidegger, Furtwängler – und Heisenberg – sich als so hartnäckig erwiesen haben, müssen wir über unseren eigenen Schatten springen und »deutsch« zu denken und zu fühlen beginnen. Die vermeintlichen Paradoxien und Widersprüche, die auftauchen, wenn man die deutsche Geschichte durch die verzerrenden Linsen des liberalen und rationalen Denkens des Westens betrachtet, werden sich dann auflösen und uns jene großen Ikonen so erscheinen lassen, *wie sie wirklich waren*, und nicht, wie sie von ihren Verteidigern oder ihren Gegnern dargestellt wurden.

Unter dem Nationalsozialismus verdichteten sich gewisse seit langem in Deutschland virulente Tendenzen, wurden bedeutende, an sich unpolitische Persönlichkeiten wie Riefenstahl, Furtwängler, Heidegger und Heisenberg diesen Strömungen zugänglicher und engagierten sich mehr, als ihnen vielleicht lieb war. In »normalen« Zeiten hätten sich wahrscheinlich alle vier davor gehütet, irgendwelche Konzessionen gegenüber der Politik zu machen. Sie hätten einfach Filme gedreht, Konzerte dirigiert, Philosophie gelehrt und geforscht, wenn alles beim alten geblieben und der Nationalsozialismus nicht zu der alles bestimmenden Macht geworden wäre. Doch Hitler nötigte sie zum Verlassen ihres Elfenbeinturms, und als sie die Grenzen zur Politik überschritten, hatten sie bereits die Sitten und Gebräuche ihres neuen Vaterlandes verinnerlicht. Die wesentlichen Dispositionen deutschnationaler Kultur waren ihnen durch die »deutsche Bildung«, die sie genossen hatten – durch Erziehung, Familie, Religion und gesellschaftliches Umfeld –, mit auf den Weg gegeben worden und hatten sie auf ihr neues Leben unter dem Nationalsozialismus eingestimmt. Einigen von ihnen mag bewußt gewesen sein, wie Hitler mit bestimmten deutschen Traditionen Schindluder trieb, aber nichtsdestoweniger waren sie allesamt zu sehr in ihrer nationalen Mentalität befangen, als daß sie sich der vom »Führer« ausgehenden Faszination hätten entziehen können, mochten ihre Vorbehalte gegenüber dem neuen Regime auch noch so groß sein.

Die grundlegendste Voraussetzung für den deutschen Sonderweg hatte durch Martin Luther ihre klassische Formulierung erhalten.[6] In seinen großen Traktaten *Über die Freiheit eines Christenmenschen* (1520) und *Über den Gehorsam gegenüber der weltlichen Obrigkeit* (1523) hatte Luther zwei Arten der Freiheit, die innere und die äußere, postuliert. Äußere Freiheit war das, was ein politischer Denker westlicher Provenienz wahre Freiheit nennen würde – das heißt, die politische und gesellschaftliche Freiheit, der Schutz der Bürgerrechte, das Recht auf Widerstand gegen Tyrannei und so weiter. Im Frankreich des 16. Jahrhunderts hatten protestantische Rebellen gegen die katholische Autorität des Königs diese äußere Freiheit in eine praktische und theoretische Ideologie des Widerstands gegen ungerechte Herrscher umgemünzt und damit die Fundamente der modernen liberalen Demokratie gelegt. Anders jedoch in Deutschland: Dort stellte Luthers zweite Freiheit, die innere Freiheit der geistigen Rettung, jene konkrete Freiheit völlig in den Schatten. Ein Mensch galt als frei, wenn er durch die göttliche Gnade erlöst und der Heilsgewißheit teilhaftig geworden war. Was außerhalb dieser glückseligen »inneren« Person geschah, war gleichgültig; sie mochte schikaniert, unterdrückt, geschlagen, getötet werden, frei würde sie dennoch sein. Die Luthersche Unterscheidung zwischen innerer und äußerer Freiheit war kein Abstraktum, sondern lebendige Wirklichkeit, was die deutschen Bauern und andere Häretiker und Widersacher Luthers bitter zu spüren bekamen. 1525 revoltierten die deutschen Bauern, wobei sie behaupteten, Luthers Lehre von geistiger Freiheit rechtfertige ihre Erhebung gegen die gottlosen Adligen, die sie unterdrückten. Luther gab ihnen zunächst eine Ermahnung zum Frieden, in der stand, daß sie seine Theologie falsch verstanden und das Evangelium »fleischlich« gelesen hätten. Die beiden Sphären von innerer, christlicher Freiheit und äußerer, physischer Freiheit sollten nicht miteinander vermengt werden. Die Pflicht der Bauern als Christen sei es, der weltlichen Macht »des Schwertes« zu gehorchen, wohingegen sie ihrer inneren Freiheit als wahre Christenmenschen gewiß sein konnten. Als die Bauern seinen Rat nicht annehmen wollten, geriet Luther in Panik, weil seine adligen Herren an der Rechtgläubigkeit seiner religiösen Ansichten zu zweifeln begannen, und so verfaßte er denn eine der blutrünstigsten Hetzreden der deutschen Geschichte, in der er die Fürsten aufforderte, »die aufrührerischen Bauern niederzustechen, zu töten, aufzuhängen und zu vierteilen«. Dieser politisch motivierte Wutausbruch wurde zumeist von nichtdeutschen Kritikern als ein Beleg für Luthers Heuchelei gedeutet, insofern er für sich selbst das Recht auf politisches und religiöses Gewissen und Widerstand gegen die Macht der Kirche wie des Staates in Anspruch nahm, während er ebendieses Recht seinen Mitmenschen verweigerte. Luther selbst hätte das allerdings niemals zugegeben, da nach seinem Dafürhalten die Bauern das Evangelium falsch deuteten, während er sich im Besitz der religiösen Wahrheit glaubte, jener, die den politischen Mord an den Bauern rechtfertigte. Nicht er war dafür verantwortlich, daß die Politik in den Bereich der Religion eindrang, sondern die Bauern. In der Theorie mag Luther recht gehabt haben, moralisch gesehen beging er zweifellos Unrecht.

Dies wiegt um so schwerer, als Luther die deutsche Mentalität und Kultur der Neuzeit wie kaum ein anderer prägte und von so unterschiedlichen Persönlichkeiten wie Heine, Wagner und Hitler bewundert wurde, deren Einfluß und Wirkung über den Protestantismus im engeren Sinn und die Religion im allgemeinen hinausging. Seine Bibelübersetzung, die der deutschen Sprache ihre heutige Form gab; seine Aufrufe an die deutsche Nation als einzigartigem, von anderen Staaten schikaniertem Volk; seine scharfen Attacken gegen die Juden – all das formte das Selbstverständnis und die Mentalität der Deutschen; und so wurde auch seine Lehre von der inneren und äußeren Freiheit verinnerlicht, eine Lehre, die Gehorsam gegenüber weltlicher Macht forderte und jedweden

Widerstand gegen die Obrigkeit als gottlos verdammte: »Jedermann sei Untertan der Obrigkeit, die Gewalt hat... denn alle Obrigkeit ist von Gott bestimmt.« Auch nach 1945 hatte diese Stelle nichts an Einfluß auf die evangelische Kirche und andere Kreise eingebüßt. Als Bischof Otto Dibelius, der während des Krieges seine christlichen Brüder bestürmt hatte, dem totalitären Staat den Gehorsam zu verweigern, 1959 ein Pamphlet verfaßte, in dem er Luthers Autoritätsgläubigkeit kritisierte, gab ein Kollege scharf zurück: »Ich kann Dibelius' Ansichten nicht teilen – Obrigkeit ist Obrigkeit!« Dibelius erinnerte sich allzugut, wie Theologen zu ihm gesagt hatten: »Jede Obrigkeit ist von Gott eingesetzt. Jede, Herr Bischof, jede!«, woraufhin er sich »nicht ganz ohne Bitterkeit« abwandte.[7] Nach Dietrich Bonhoeffers Verständnis verneinte Luthers Staatsauffassung die Notwendigkeit, einer Tyrannei Widerstand zu leisten, während dem Schweizer Theologen Karl Barth Luther letztlich als eine Hauptquelle der Hitlerschen Tyrannei galt: »Der Hitlerismus ist der gegenwärtige böse Traum des erst in der lutherischen Form christianisierten deutschen Heiden.«[8]

Im 18. Jahrhundert wurde Luthers religiöse Formel der inneren Freiheit in der neuen Sprache der Aufklärungsphilosophie säkularisiert. Begrifflich neu definierte sie Immanuel Kant in seiner idealistischen Philosophie, die sie als freie Ausübung der kritischen Vernunft verstand. Vernunft machte das Individuum zu einem moralischen Wesen und erkannte ihm eine moralische Autonomie sui generis zu. In seiner Lehre vom kategorischen Imperativ behauptete er, daß jeder Mensch als menschliches Wesen betrachtet werden sollte, das, als Zweck in sich selbst, niemals behandelt werden dürfe, als ob es lediglich ein Mittel zum Zweck sei; zugleich bestand Kant auf der allgemeinen Anwendbarkeit der Moralgesetze, die verhindern würde, daß privilegierte Ausnahmen gemacht werden, die seine erste Forderung untergraben würden. Obwohl dies wie eine Darlegung von liberalen Bürgerrechten anmuten könnte, war der kategorische Imperativ nicht so liberal, wie es den Anschein hat. Es haftet ihm vielmehr, wie John Dewey bemerkte, etwas vom preußischen Feldwebelton an, denn sein Wesen liegt in der Kantschen Vorstellung von Pflicht und Gehorsam begründet, die das preußische Ethos widerspiegelte, das der Königsberger Philosoph gewissermaßen mit der Muttermilch eingesogen hatte.[9] Selbst wenn einem sein Gewissen sagt, daß ein bestimmtes Gesetz falsch ist, hat man kein Recht, sich dem Staat zu widersetzen, man muß vielmehr gehorchen oder, sollte es das Gewissen befehlen, sich der gesetzlich gerechten Strafe unterwerfen. Der liberale Individualismus in Kants moralischen Schriften erleidet ferner Einbußen durch seine politische Philosophie, der die bestehenden Gewalten als rechtmäßig gelten – egal wie abstoßend ihre Handlungen sein mögen, vorausgesetzt, sie haben die Macht, Gehorsam zu gebieten. Kants allgemeine Einstellung kommt daher in der Praxis Luthers Akzeptanz des »Schwertes« sehr nahe. Mit einem Wort, Kants Philosophie, die sowohl in moralischer als auch politischer Hinsicht zum Inbegriff der deutschen Aufklärung wurde, mißt dem Gewissen des einzelnen eine ganz andere Bedeutung bei als der westliche Liberalismus, der politischen Widerstand aus Gewissensgründen legitimiert. Für Kant zählte, ob das Individuum seine moralische Autonomie (das heißt seine innere Freiheit) zu bewahren vermochte, und nicht so sehr, ob der Mensch dem Übel in der Politik praktisch Widerstand leisten konnte. Schlimmer noch: Kant verurteilte erbarmungslos Widerstand jeglicher Art. »Wider das gesetzgebende Oberhaupt des Staats gibt es also keinen rechtmäßigen Widerstand des Volks ... Der geringste Versuch hierzu ist Hochverrat, und der Verräter dieser Art kann als einer, der sein Vaterland umzubringen versucht, nicht minder als mit dem Tode bestraft werden. Der Grund der Pflicht des Volkes, einen, selbst den für unerträglich angesehenen Mißbrauch der obersten Gewalt dennoch zu ertragen, liegt darin: daß sein Widerstand wider die höchste Gesetzgebung niemals anders, als gesetzwidrig, ja als die ganze gesetzlich Verfassung zernichtend gedacht werden muß.«[10] Wohl mochte Kant, wie zuweilen ins Feld geführt wird, geglaubt haben, daß das Sittengesetz über dem Gesetz des Staates stehe, aber es entzog dem ungerechten Staat keineswegs seine Legitimation. Darüber hinaus widersetzten sich die Deutschen nur sehr selten der herrschenden Lehre von Gehorsam gegenüber der Obrigkeit oder beriefen sich auf das im kategorischen Imperativ steckende antigoneische Potential, um Gehorsam gegenüber dem Moralgesetz zu rechtfertigen. (Eine Ausnahme stellte der Philosoph Kurt Huber dar, der Mitglied der Münchener Widerstandsgruppe »Weiße Rose« war.)[11]

Selbst die Ideen Moral und Menschlichkeit divergierten also in ihren westlichen beziehungsweise deutschen Versionen. In Kants Philosophie war objektive »Vernunft« der Schiedsrichter nicht nur der wissenschaftlichen Wahrheit, sondern auch der Moral geworden, die somit ihres emotionalen und affektiven Inhalts nachhaltig entledigt wurde. Was das in der Konsequenz bedeutete, wird deutlich, wenn man sich folgendes klarmacht: Während für westliche Liberale »Humanität« mit »Menschlichkeit« und einer emotionalen Motivation zur Minderung menschlichen Leids konnotiert war (wie etwa im Protest zur Abschaffung der Sklaverei), verstand man im Deutschland des 19. Jahrhunderts unter *Humanität* eine durch klassische Bildung und die aus ihr abgeleitete hehre Gesinnung geprägte Geisteshaltung, mit der sich sogar antisemitische Ausschreitungen rechtfertigen ließen. Den Juden, so wurde damals behauptet, mangele es an »reiner Humanität«, weil sie angeblich Vernunft und echte »menschliche« Freiheit ablehnten. Faktisch war dieses Argument die säkularisierte Form des früher von Christen erhobenen Vorwurfs »jüdischen Eigensinns«, der darauf beruhte, daß Juden sich von Christus nicht erlösen lassen wollten.[12]

Als sich im 19. Jahrhundert der moderne deutsche Nationalstaat herauszubilden begann, war es vor allem Georg Wilhelm Friedrich Hegel, der ihn philosophisch legitimierte. Kurz gefaßt behauptete dieser deutsche Philosoph, daß die treibende Kraft der Weltgeschichte, der Weltgeist, nacheinander verschiedene Völker zur Blüte gebracht und dann verlassen habe, um sich einer neueren Kultur zuzuwenden. Jede Nation habe, so Hegel, etwas Einzigartiges zum Fortschritt der Menschheit beigetragen, aber in der Gegenwart sei der Weltgeist im preußischen Staat zu sich selbst gekommen, denn er stelle die reinste Verkörperung von Vernunft und menschlicher Freiheit dar. Die preußische Bürokratie, der preußische Generalstab, die preußischen Universitäten – sie alle spiegelten ihm zufolge die reine Vernunft wider. Und weil (wie bei Kant) Vernunft und Freiheit letztlich eins waren, galt Hegel der preußische Staat nicht nur als das vernünftigste, sondern auch als das freieste Gemeinwesen – natürlich nicht in einem liberalen Sinn westlicher Prägung, da er ja von einem absoluten Monarchen regiert wurde, sondern in einem transzendental »humanen« – und durch und durch »deutschen« – Sinn. Seinen Lobeshymnen auf die moralische Überlegenheit Preußens fehlte es nie an Akklamateuren, und sie trugen mächtig zu der Atmosphäre arroganter Selbstgerechtigkeit bei, die sich im späteren 19. Jahrhundert entwickelte und den psychologischen Motor für die späteren Desaster deutscher Geschichte bildete.

Deutsche Denker waren sich gemeinhin der Eigentümlichkeit dieses verworrenen Ineinanders von Ideen und vorgefaßten Meinungen nicht bewußt. Eine der großen Ausnahmen – um so erstaunlicher, als er sich lange Zeit aus vollem Herzen daran beteiligte – war der Schriftsteller Thomas Mann. Nach der Katastrophe des Ersten Weltkriegs wurde ihm allmählich klar, daß der westeuropäische Liberalismus eine weniger verzerrte Vorstellung von der Wirklichkeit hervorgebracht hatte, eine Sichtweise, die mit der geheiligten Mission des innerlich freien »Künstlers« durchaus vereinbar war. In seinen *Betrachtungen eines Unpolitischen* (1918) hatte Mann des langen und breiten die deutsche Auffassung von Freiheit gepriesen und das westeuropäische Verständnis von »äußerer« individueller Freiheit als seicht und oberflächlich abgetan. Aber spätestens 1920 hatte sich in ihm eine Wandlung vollzogen; nun machte er sich die westliche Idee von liberaler, demokratischer Freiheit zu eigen, da sie ihm sowohl die Politik als auch die Kunst geistig zu beleben schien. Im amerikanischen Exil, in das ihn Hitler getrieben hatte, betonte er während des Krieges in mehreren Rundfunkansprachen und Vorträgen immer wieder, wie verheerend sich die »unpolitische« Gesinnung auf die deutsche Geschichte und Gegenwart ausgewirkt habe. In einem 1944 im *Atlantic Monthly* erschienenen Artikel »What Is German?« (»Was ist deutsch?«) verurteilte Mann die unpolitische Geisteshaltung der Deutschen nicht nur als irregeleitet, sondern auch als gefährlich, insofern sie Abartigkeiten wie den Nationalsozialismus hervorgebracht hatte.[13]

Aber die unpolitische Vorprägung ging selbst bei Thomas Mann so tief, daß er im selben Artikel wieder in typisch deutsche Denkgewohnheiten zurückfiel (zum Beispiel auf die Idee von den »zwei Deutschlands«, das eine das der Kunst und unschuldig, das andere politisch und böse), was bei seinen amerikanischen Lesern damals Empörung auslöste. Sogar in seiner »liberalen« Phase und trotz der jüdischen Vorfahren seiner Frau war auch Mann – wie Heisenberg – zu antisemitischen Äußerungen fähig. Nach dem Krieg schnitten ihn seine deutschen Schriftstellerkollegen, die im Lande geblieben waren und zum Teil von der nationalsozialistischen Kulturpolitik profitiert hatten. Ihrer Ansicht nach, die sie ohne jede Scham äußerten, hatte Mann durch seine Emigration in die USA das Deutschland der Kunst und der inneren Freiheit verraten, wohingegen sie sich in die »innere« Emigration begeben, die innere Freiheit der Kunst bewahrt und somit der Nazityrannei eigentlich »Widerstand geleistet« hatten: Während Thomas Mann herrlich und in Freuden im Ausland gelebt habe, hätten sie die Seelenpein erlitten, erfolgreiche Protegés des Naziregimes zu sein! Angesichts dieser unglaublichen Dreistigkeit wollte Thomas Mann nach dem Krieg nicht mehr in Deutschland leben.

Nach 1945 verstanden es etliche Persönlichkeiten des deutschen Kulturlebens geschickt, die Doppeldeutigkeiten der unpolitischen oder apolitischen Gesinnung auszubeuten, um ihr Verhalten und Denken in einer Weise darzustellen, die im Ausland Anklang zu finden versprach. Zur eigenen Selbstentlastung berief man sich unter anderem auf die Schwierigkeiten, die man gewärtigen mußte, wenn man unter »Diktatur und Terror« lebte, auf die »Ohnmacht« des Künstlers unter solchen Bedingungen. Dennoch habe man sich seine persönliche Integrität bewahrt; einige Künstler seien »unpolitisch« gewesen und hätten sich daher nie der NSDAP angeschlossen, andere, die der Partei beitraten, hätten gleichwohl deren politische Zielsetzungen nicht geteilt. Auch habe es völlig integre Künstler gegeben, die den »guten Seiten« des Regimes Bewunderung entgegenbrachten, hätten diese doch mit der Politik westeuropäischer Staaten durchaus im Einklang gestanden: Hebung des Lebensstandards, Abbau der Arbeitslosigkeit und so weiter und so fort. Alle diese Ausreden mögen für so manchen Nachgeborenen ganz überzeugend klingen, wenn er es versäumt, sie in den historischen Kontext zu stellen, auf den sie sich beziehen. Um nur ein Beispiel zu nennen: Hitlers immer wieder zur Schau getragene Kinderliebe, eine seiner vermeintlich »guten Seiten«, war in Wirklichkeit nur ein Propagandatrick, denn während er blonde Pimpfe und Jungmädel an sich drückte, ließ er Tausende jüdischer Kinder vergasen. Wirkliche Kinderliebe, wie westliche demokratische Werte allgemein, fußt auf den Idealen der Gerechtigkeit und Barmherzigkeit, die, wenn auch oft verletzt, in sich gut sind. Die Übel, die in einer demokratischen Gesellschaft vorkommen, sind bis zu einem gewissen Grade tolerabel, weil sie Ausnahmen darstellen und vom Gesetzgeber geahndet werden. Das Nazisystem hingegen beruhte auf Idealen, die in sich unmenschlich und moralisch verwerflich waren – am eklatantesten in der Versklavung und Ermordung von Menschen anderer Rasse manifest –, und das heißt, daß ein solches System kein wie auch immer geartetes »Gutes« hervorbringen konnte. Und selbst das Argument, der nationalsozialistische Terror habe den einzelnen Bürger zur Ohnmacht verdammt, entpuppt sich bei genauerer Betrachtung als wohlfeile Ausrede, ist es doch naiv zu glauben, daß das deutsche Volk durch Terror dazu gezwungen wurde, Hitler zu unterstützen. Die Gestapo war statistisch gesehen eine kleine Truppe. Hitler setzte auf eine andere Methode: Er appellierte an bestimmte Werte deutscher Wesensart und Tradition, um die Zustimmung, wenn nicht gar Begeisterung des deutschen Volkes zu gewinnen. So beschwor er militärischen und bürgerlichen Gehorsam, Aufopferungsbereitschaft, Ehre, Würde – alles Tugenden in einem liberalen Staatswesen, nicht so jedoch in einer Diktatur, die sie herabwürdigt, indem sie sie für ihre üblen Ziele instrumentalisiert. In einem Unrechtsstaat wie dem Naziregime hätte es einer anderen Tugend bedurft, für die es bezeichnenderweise kein deutsches Wort gibt: Zivilcourage.[14] Doch selbst die wenigen, die wirklich Zivilcourage bewiesen, als sie Hitler zu töten versuchten, wie die Leute um Oberst Stauffenberg, aber auch Einzeltäter, scheiterten möglicherweise nicht zuletzt deshalb, weil sie mit dem Herzen nicht bei der Sache waren. Aufgrund ihrer kulturellen Prägung waren sie gefühlsmäßig nicht völlig überzeugt, daß sie das Richtige taten, als sie aktiven Widerstand leisteten. Tief in ihrem Innern glaubten sie nicht das Recht zu haben, die Entscheidung dessen, was politisch richtig ist, sich selbst anzumaßen.

Eine letzte Entschuldigung, die immer wieder vorgebracht wurde und auch im Ausland oft auf Verständnis traf, war die, daß man einfach für sein Vaterland gekämpft habe, genauso wie es die Soldaten der Alliierten taten: Aus Patriotismus habe man zu den Waffen gegriffen, als der Krieg ausbrach, und nicht aufgrund von Loyalität gegenüber dem Naziregime. Aber auch dieses Argument ist nur formal richtig und geht am eigentlichen Problem vorbei. Nach westlichem Verständnis kämpft man für ein zivilisiertes Staatswesen, selbst wenn man mit der eigenen Regierung oder dem einen oder anderen gesellschaftlichen Aspekt desselben nicht einverstanden ist. Deutschland war jedoch nach sechs Jahren Naziherrschaft ein Unrechtsstaat, in dem Bürger- und Menschenrechte mit Füßen getreten wurden, und ein Sieg konnte nur noch schlimmere Übel zur Folge haben.

Vor diesem deutschen Hintergrund wollen wir uns nun Heisenbergs moralischem und politischem Verhältnis zum Naziregime zuwenden.

16. *Kapitel:* Der unpolitische Heisenberg
Patriot und Physiker, 1918–33

[Viele Leute] vertraten 1933 eine sehr optimistische Sicht der Dinge. Alle dachten sie, die zivilisierten Deutschen würden es sich nicht gefallen lassen, wenn irgend etwas wirklich Schlimmes geschähe. Meine entgegengesetzte Position gründete auf Beobachtungen eher geringfügiger und unwichtiger Dinge. Ich bemerkte, daß die Deutschen stets einen utilitaristischen Standpunkt einnahmen. Sie fragten: »Schön, angenommen, ich wäre dagegen, was würde ich damit erreichen? Nicht sehr viel, ich würde meinen Einfluß verlieren. Warum also soll ich dagegen sein?« Der moralische Gesichtspunkt war überhaupt nicht vorhanden oder sehr schwach ausgeprägt, und jede Überlegung galt nur der voraussehbaren Folge des eigenen Handelns. Und so gelangte ich 1931 zu dem Schluß, daß Hitler an die Macht kommen würde, nicht weil die Kräfte der Nazirevolution so stark waren, sondern vielmehr, weil es, wie ich glaubte, nicht den geringsten Widerstand geben würde.

Leo Szilard[1]

Im übrigen, glauben Sie etwa, daß bei einer siegreichen Revolution im Sinne meiner Partei uns die Köpfe nicht haufenweise zufallen? Glauben Sie, daß das deutsche Bürgertum [höhnisch], diese Blüte der Intelligenz, sich weigern wird, uns Gefolgschaft zu leisten [...]? Das deutsche Bürgertum stellt sich doch dann auf den berühmten Boden der Tatsachen, mit dem deutschen Bürgertum machen wir, was wir wollen.

Adolf Hitler, 1931[2]

Er würde, wenn man ihn gefragt hätte: Bist du ein Patriot? gesagt haben: Was ist das für ein feierliches Wort? Ich bin halt ein Deutscher.

Carl Friedrich von Weizsäcker[3]

Heisenberg war kein »Nazi« – zumindest war er nie Mitglied der NSDAP. Er war in seinen Augen und denen vieler Kollegen ein anständiger Kerl, der sich nichts zuschulden hatte kommen lassen und einen, wie ihm schien, moralischen Standpunkt einnahm, durch den er sich stets seine Integrität zu bewahren vermochte. Daß seine Taten und Worte außerhalb Deutschlands anders beurteilt wurden, daß für so manche Zeitgenossen sein Verhalten im Krieg nach faulem Kompromiß roch, daß man ihn einen Opportunisten schalt, ihm menschliches Versagen vorwarf – all das empfand er nicht nur als beleidigend und ungerecht, sondern als schlechterdings unverständlich. Kurz vor seinem Tod fragte er treuherzig, »warum man seinen Versuch, in der Politik das Rechte zu tun, so wenig verstanden habe«. Diese mangelnde Einsicht bis zuletzt konnten wiederum seine ausländischen Kritiker nicht nachvollziehen. Wie Heisenbergs weltläufigerer Freund Carl Friedrich von Weizsäcker bemerkte, ist »dieses Mißverstehen, unter dem er seither tief gelitten hat, [...] wahrscheinlich unauflösbar, denn es ist das Mißverstehen einer klaren moralischen Entscheidung durch eine andere klare moralische Entscheidung«.[4] Wir stoßen hier auf eine ungeheure Kluft zwischen zwei verschiedenen Denkweisen, die sowohl hinsichtlich der moralischen als auch der historischen Beurteilung schwierige Probleme aufwirft. Auch wenn es sich Weizsäcker mit seiner Relativierung deutscher und westlicher Moralvorstellungen etwas zu leicht macht, mögen wir Heisenberg zugestehen, daß er nach seinen eigenen Begriffen moralisch handelte, und dennoch zu dem Schluß kommen, daß diese Moralvorstellungen falsch und abwegig waren.

Was bewog Heisenberg, wie so viele andere anständige Deutsche, dazu, die widerwärtigen Kompromisse mit dem Nationalsozialismus einzugehen – Kompromisse, aufgrund derer er in den dreißiger Jahren das Naziregime und dann, schlimmer noch, die brutalen Eroberungszüge Hitlers rechtfertigte? Interessant ist dabei, daß er selbst nach dem Krieg noch an seiner Verteidigungsstrategie festhielt, als er viel zu verlieren hatte, wenn er solche Rechtfertigungen deutscher Aggressionspolitik in Umlauf brachte. Obwohl er allmählich lernte, sich in seinen Äußerungen zu zügeln, deutet nichts darauf hin, daß er sich jemals ernsthaft und selbstkritisch mit seinem Verhalten während der Nazizeit auseinandersetzte.

Heisenbergs Einstellung gegenüber der Politik war typisch für die »unpolitische« Geisteshaltung der deutschen Professorenschicht.[5] Das heißt, er beharrte auf der strikten Trennung seiner professoralen Pflichten und Moralauffassungen von »der Politik«. Diese bedeutete hier das, was man im Westen den normalen Interessenkonflikt zwischen Parteien und Gruppen nennen würde, denen sich Individuen aus eigennützigen oder altruistischen Gründen anschließen. Ein solches politisches Engagement galt jedoch deutschen Akademikern als ehrenrührig; seine Bürgerpflicht konnte man auch erfüllen, ohne sich politisch zu engagieren oder gar für die Weimarer Republik einzutreten, als sie bedroht war. Schlimmer noch: sie galt als unerwünscht, als ein Regime des politischen – das heißt demokratischen – Übermaßes. Das akademische Bürgertum sehnte sich entweder nach dem konservativen Kaiserreich mit seiner konstitutionellen Ordnung und Sozialgesetzgebung zurück oder träumte von einem zukünftigen Dritten Reich, das das menschliche Potential in einem metapolitischen Prozeß revolutionieren würde. Die pragmatischen liberaldemokratischen Ideale der Weimarer Republik fanden bei diesen Kreisen wenig Anklang und keinen Rückhalt. Die erste Demokratie auf deutschem Boden war ihnen kaum mehr als ein entbehrliches Interregnum zwischen einer glorreichen Vergangenheit und einer möglicherweise noch glorreicheren Zukunft, ein nach der unverdienten Niederlage 1918 von der Siegerjustiz aufoktroyiertes Gebilde, das schnell wieder verschwinden würde, weil es keine deutschen Wurzeln hatte. Die damals weit verbreitete Auffassung ist für jeden Außenstehenden natürlich ein politischer Standpunkt. Nicht so für Heisenberg und viele andere: Ihre Sympathie für das untergegangene Kaiserreich war geistiger, patriotischer, sozialer, nationaler, kultureller, moralischer Natur – alles, nur nicht das verabscheute »politische« Verhalten, das die Verteidiger der Weimarer Republik an den Tag legten. Trotz ihrer konservativ-apolitischen Grundhaltung unterstützte Heisenbergs Familie während der Weimarer Zeit die sozialdemokratische Regierung. Aufgrund ihrer verdeckt betriebenen Wiederbewaffnung und ihrer Außenpolitik, aber auch weil sie die gesellschaftliche Ordnung gestärkt, revolutionäre Bewegungen auf der Linken unterdrückt und zugleich ihre eigene fortschrittliche Sozialgesetzgebung vorangebracht hatten, fanden die Weimarer Sozialdemokraten im öffentlichen Bewußtsein eine gewisse Anerkennung. Doch selbst dadurch vermochten sie ihre Gegner nicht mit dem liberal-demokratischen Geist Weimars zu versöhnen und eine echte Loyalität zu wecken.

Der Ausbruch des Krieges 1914 hatte die deutsche Professorenschaft mit vaterländischem Stolz erfüllt und von der Gerechtigkeit der eigenen Sache durch und durch überzeugt. Vor der Tatsache, daß die Verletzung der belgischen Neutralität nach allen damals geltenden internationalen Zivilisationsstandards einen eindeutigen Akt der Aggression darstellte, verschloß man geflissentlich die Augen. Die daraus resultierenden Rechtfertigungen und Rationalisierungen der deutschen Sache brachten den jungen Heisenberg geistig auf den Kurs, der zu seinen späteren Apologien der militärischen Siege der Nazis führen sollte. Heisenbergs Vater meldete sich freiwillig an die Front, doch das, was er dort an Unerfreulichem erlebte, bewog ihn, schon nach wenigen Monaten um eine Versetzung in die Heimat zu ersuchen. Kurzum, die Fronterfahrung dämpfte seine Begeisterung für das Militär. Mit der von der Familie befolgten Maxime, wonach Vorsicht der bessere Teil der Tapferkeit ist, konnte sich der patriotische Werner Heisenberg nie so recht anfreunden, und so behauptete er manchmal, eine Verwundung habe die Rückkehr seines Vaters erzwungen.[6] Nichtsdestoweniger legte auch er im Umgang mit dem Dritten Reich eine Vorsicht an den Tag, die durchaus im Einklang mit der seiner Eltern stand. Er war zweifellos patriotisch gesinnt und bereit zu dienen – oder sogar Widerstand zu leisten –, und das auch mit einem gewissen persönlichen Risiko, aber nur bis zu einem bestimmten Grad, an dem dann eine fast katzenhafte Wendigkeit einsetzte.

Heisenberg betrachtete den Krieg von 1914 und die Revolution von 1918 stets als die Feuerprobe, aus der er politisch gereift und moralisch geläutert hervorgegangen war. In seinem Lebenslauf, den er 1933 für die neuen nationalsozialistischen Herren der Universitäten verfaßte, legte er ein geschicktes Bekenntnis zu »politischen« Ideen der richtigen, »unpolitischen« Art ab:

> »Im Jahre 1918 arbeitete ich ein halbes Jahr als ›Hilfsdienstmann‹ auf einem oberbayerischen Gut, im Jahre 1919 diente ich einige Monate als Freiwilliger beim Kavallerie-Schützen-Kommando 11, um mich am Kampf gegen die Räte-Republik in München zu beteiligen. Diese beiden Jahre haben für meine menschliche Entwicklung ungeheuer viel bedeutet. Meine Stellung zu politischen Fragen hat sich vielleicht damals entschieden.«[7]

Aus einer Anmerkung von 1943 geht hervor, daß seine Einheit Teil des Weißen Terrors war, denn sie gehörte zum »Freikorps Lützow«, einem jener rechtsnationalen paramilitärischen Verbände, die den Nationalsozialismus in Deutschland hoffähig machten.[8] Das bedeutete, daß der junge Heisenberg eine kräftige Dosis an reaktionärem Patriotismus verabreicht bekam, die seine bereits glühende Vaterlandsliebe noch verstärkte. Es spricht indes für ihn, daß er aus diesem Intermezzo nicht als Antisemit und Militarist hervorging.[9] In seinen nach 1945 verfaßten Schriften nahm er die Verstrickung in paramilitärische Umtriebe auf die leichte Schulter und tat sie als »überhaupt nichts Ernsthaftes« ab.[10] Da sein älterer Bruder Mitglied des grimmig antisemitischen Freikorps des bayerischen Obersten Franz Ritter von Epp war, darf man davon ausgehen, daß Heisenberg das politische Programm dieser Verbände kannte, auch wenn er es nicht voll unterschrieb. Seine Behauptung, daß er einem Gefangenen der Roten, den er vor dessen Hinrichtung zu bewachen hatte, das Leben retten konnte, darf man jedoch als typisch für ihn glauben. Er hatte eine durchaus mitfühlende Ader, aber man muß sich auch vor Augen halten, daß der Gefangene, wie Heisenberg selbst schreibt, vor allem deshalb freigelassen wurde, weil er ein anständiger Kerl war.[11] Ob er auch für die weniger »anständigen« Kerle, die hingerichtet wurden, Mitleid empfunden hätte, geht aus seinem Text nicht hervor. Diese durch Staatsräson begrenzte Sympathie ist auch für Heisenbergs späteres Verhalten unter dem Nationalsozialismus charakteristisch: Er setzte sich nur für die richtigen Leute ein, und selbst dann nur bis zu dem Punkt, an dem sein Pflichtgefühl und sein Gehorsam gegenüber der politischen Obrigkeit einsetzten und sein menschliches Mitgefühl auf typisch deutsche Weise zurückdrängten.[12]

Nach diesen prägenden Erfahrungen fand Heisenberg in der wiederauflebenden deutschen Jugendbewegung ein Ventil für sein Bedürfnis nach Zugehörigkeit und Geborgenheit. Diese mitreißende Bewegung, die das Wandern für den deutschesten Instinkt schlechthin und für »den Spiegel unseres Volkscharakters« hielt, bildete von Anfang an eine wichtige Strömung des deutschen Nationalismus, auch wenn sie die Bierkeller-Parolen der Väter ablehnte. Viele ihrer Anhänger sahen kein Problem darin, Juden die Mitgliedschaft zu verweigern, während sie alle mit Verachtung straften, »die uns politisch nannten«.

Die Kluft, die sich zwischen der deutschen Jugendbewegung und den anglo-amerikanischen Boy Scouts auftat, ging auf die unterschiedlichen Geisteshaltungen zurück, denen diese von Anbeginn nationalistisch gesinnten und jene, nach dem Baden-Powell-Modell, international orientierten Gruppen verpflichtet waren. Unter dem Eindruck des Ersten Weltkriegs und der Zeit danach verwandelten sich die Pfadfinder in eine metapolitische Gruppierung, welche die Gesellschaft von Grund auf reformieren wollte. Im August 1919 nahm Heisenberg an ihrer ersten Zusammenkunft nach dem Krieg im bayerischen Schloß Prunn teil, wo er ein fast religiöses Erweckungserlebnis hatte.[13] Die »Neupfadfinder« und die ihnen angeschlossenen Verbände, darunter auch die »Gruppe Heisenberg«, proklamierten ein am deutschen Mittelalter und der Romantik orientiertes ritterliches Ideal, das sie mit modernen Begriffen neu interpretierten: Sie hofften auf ein neues »Reich« sozialer Gerechtigkeit, Pflicht, Gehorsam und idealistischer Bestrebungen, eine neue geistige Elite von »Rittern« und den »Heiligen Gral«, und sie erwarteten das Kommen eines »Führers« – eines »Weißen Ritters« (so lautete auch der Titel ihrer Zeitschrift), der sie aus dem Morast des Materialismus, der Niederlage und der nationalen Schande führen und der Korruption und dem moralischen Verfall der Massen ein Ende bereiten würde. In echt deutscher Manier verwarfen sie die politische Zivilisation des Westens zugunsten einer tieferen deutschen Spielart: »Leute, die Humanismus, das Recht eines jeden auf Glück und den Fortschritt der Menschheit predigten, gehörten in das Lager der Zivilisation, nicht in das der Kultur, und konnten nicht ernst genommen werden.«[14] Diese neuen Ritter sahen ihre Jugendbewegung als eine »Freiheitsbewegung«, die sich von dem »seelenlosen Mechanismus und Materialismus der modernen Zivilisation befreit« habe. Dies war natürlich auch die Geisteshaltung, die Heideggers Philosophie für viele der sinnsuchenden Generation der Nach-1918er so attraktiv machte, aber es war auch die Gefühlslage, die Heidegger zu einem gläubigen Anhänger Hitlers und des Nationalsozialismus werden ließ und dafür sorgte, daß sich gegenüber der »materialistischen« Politik von Weimar keine echte Loyalität herausbilden konnte. Heisenberg beschwor in diesem Zusammenhang das Beispiel, das Fichte nach der Niederlage Preußens im Jahre 1806 gegeben hatte, und schrieb: »Aus dem allen schließe ich, daß es richtiger ist (wie unsere Vorfahren vor hundert Jahren!), durch Listen und Lavieren und Verschrecken den Feind in Schach zu halten, bis eine Hoffnung auf Waffen besteht. Dies genau ist es, was die Reichsregierung zu tun scheint.«[15] Heisenberg war kein Liberaler, sondern ein Anhänger der *Realpolitiker* der Weimarer Politik. Die Weimarer Republik war nur ein »unerfreuliches Zwischenspiel«, das man am besten damit überging, daß man sich in Pfadfinderexpeditionen engagierte, die anderen germanischen Ländern wie Finnland und vor allem den unter »fremdländischer Besatzung« isolierten deutschen Minderheiten wie den von den Italienern beherrschten Österreichern in Südtirol deutsche Kultur brachten. Die Sommerlager der »Gruppe Heisenberg« waren nicht bloß ein fröhlicher Zeitvertreib, sondern von ernstem patriotischen Streben und der Suche nach etwas »Neuem« beseelt, das an die Stelle der durch den Krieg zerstörten Schönheit und Aristokratie treten sollte, wie Heisenberg seinem Vater nach einem Besuch in Südtirol 1922 schrieb. Bereits 1922 verstand er sich als Missionar deutscher Kultur, der später dann einfach nicht verstehen konnte, warum seine gönnerhaften

Besuche als Abgesandter des siegreichen Nazideutschlands bei holländischen oder dänischen Wissenschaftlern Anstoß erregten. (Ebensowenig vermochte Heidegger zu begreifen, warum er dadurch, daß er während eines Besuchs in Rom 1936 ein Parteiabzeichen trug, die Gefühle seines dorthin emigrierten ehemaligen Schülers Karl Löwith verletzte.)[16]

Im Unterschied zu vielen seiner Kameraden bei den Pfadfindern fühlte sich Heisenberg nicht zu den Nationalsozialisten hingezogen, zum einen weil er politisch der Sozialdemokratie zuneigte, zum andern weil ihn der unverhohlene Antisemitismus der Nazis abstieß. Als sich die Münchener Pfadfindergruppen 1921 in eine projüdische und eine antisemitische Gruppe spalteten (einige Führer wandten sich sogar an Hitler, damit er als Sponsor fungiere, und schickten ihm 1923 eine Ausgabe ihres Verbandsorgans *Der Weiße Ritter* ins Landsberger Gefängnis, wo er damals einsaß), schloß sich Heisenberg jener an, in der auch Juden Aufnahme fanden.[17] Wie Heidegger hatte er außerdem nichts dagegen, daß Juden an Kammermusik-Abenden teilnahmen, aber beide deutsche Professoren hegten einen unterschwelligen Antisemitismus, der das Kulturleben in Deutschland seit langem durchdrungen, ja sogar erheblich bestimmt hatte.[18] Er findet sich in verschlüsselter Form in Heideggers Kritik an Wurzellosigkeit, Kosmopolitanismus und Industrialisierung und in Heisenbergs bewußter Abkehr von der Politik, »weil sie mir als reines Geldgeschäft erschien«.[19] Nach deutschen Begriffen jedoch war er gegenüber Juden oder Judentum nicht so feindselig eingestellt, daß man ihn einen »Antisemiten« nennen könnte – an Vorurteilen gegenüber Juden fehlte es ihm allerdings auch nicht.

Heisenbergs Jahre in der deutschen Jugendbewegung prägten sein Verhalten unter dem Nationalsozialismus. Er entwickelte einen existentiellen Glauben an idealistisch gesinnte Kleingruppen, von dem er sich auch später leiten ließ, als er einen kleinen Kreis von Physikern um sich scharte, die sich der wissenschaftlichen Wahrheit verschrieben hatten und inmitten des politischen Sturmes des Nationalsozialismus ein moralisches Ethos aufrechtzuerhalten suchten. Daß sich daraus kein aktiver Widerstand gegen

Hitler entwickelte, lag an Heisenbergs ebenso stark ausgeprägter deutschnationaler Gesinnung. Hitler war nun einmal der Führer des deutschen Volkes, und ihm sich zu widersetzen hieß in Heisenbergs Augen, sich dem Vaterland gegenüber illoyal zu verhalten. Die Wissenschaft, die Musik und seine kleinen Gemeinschaften von Pfadfindern und Wissenschaftlern ermöglichten es ihm, der Gefahr einer totalen Unterwerfung gegenüber der Nazipolitik zu entgehen, »sich in die Wälder zurückzuziehen«, wenn die Last, in der realen politischen Welt, sei es der von Weimar, sei es der des Dritten Reiches, zu drückend wurde.[20] Als er im April 1945 den alten Freund Goudsmit in Heidelberg wieder begegnete und sein Verhalten unter dem Nationalsozialismus mit allerlei philosophischen Reflexionen zu rechtfertigen versuchte, fragte sich Goudsmit, was das alles mit dem Hitler-Fiasko zu tun habe:

> »Er regte mich richtig auf... Er erzählte mir von seiner Philosophie, nicht von seiner Physik, nämlich einige abstrakte Parallelen oder Beziehungen zwischen christlicher Ethik, Rittertum im Mittelalter und der Naziideologie. Ich habe ihn wahrscheinlich nicht verstanden.«[21]

Aber Heisenberg wollte sich Goudsmit unbedingt verständlich machen, weil es das von den Pfadfindern stammende ritterliche Ethos war, das sein Verhalten zwischen 1933 und 1945 geleitet hatte und dieses nun rechtfertigen sollte.

Das Problem war natürlich, daß sich diese naiv-idealistischen Hoffnungen leicht korrumpieren ließen – ein Potential, das Hitler, wie man schon damals wußte, mühelos ausbeuten konnte. Der im Schloß Prunn abgelegte Eid: »Wir wollen unseren Führern, denen wir Vertrauen schenken, Gefolgschaft leisten«, war deutsch in seinem Übermaß an naiver Hingabe; viele von denen, die diesen emotionalen Überschwang bekundeten, mögen bestritten haben, daß er irgendeine politische Bedeutung hatte, aber selbst seine unpolitische Bekundung stimmte die deutsche Jugend auf den Gehorsam gegenüber einem starken Führer ein.[22] Das Dritte Reich mochte zwar einen in mancher Hinsicht fragwürdigen »Führer« an seiner Spitze haben, aber man hielt es für annehmbar als Vorläufer eines wahren deutschen Reiches, in dem dereinst der revolutionäre Geist der Pfadfinder unter einem guten Führer herrschen würde.

Heisenbergs religiöse Überhöhung der Wissenschaft zu einer Form von Wahrheit und sogar Moral trug dieselbe Korrumpierbarkeit in sich wie seine Vaterlandsliebe und sein Pfadfinder-Idealismus. Die meisten damaligen Physiker suchten nach einer inneren Schönheit und Wahrheit in der Wissenschaft. Doch bei ihm wurde sie zu einer Art Erlösungsreligion, einer neuen Form der inneren Freiheit, nach der es das deutsche Gemüt so inbrünstig verlangte. Solange man seiner eigenen Wissenschaft treu blieb, war das reine Freiheit und sogar Humanität.[23] Hier lag die Saat für viele von Heisenbergs späteren Kompromissen mit dem Naziregime. Denn solange seine Wissenschaft der theoretischen Physik unangetastet blieb, nahm er die äußere Unfreiheit, zu dem das Dritte Reich die Deutschen verurteilte, gelassen hin. Aus dieser Geisteshaltung heraus schloß er mit den Nazis die erbärmlichsten Kompromisse, als es um die Entlassung und Verbannung seiner jüdischen Kollegen ging; da die Wissenschaft selbst das Heiligtum war, konnten deren Priester geopfert werden, damit sie selbst ihre Reinheit bewahre. So sollte Heisenberg 1936 versuchen, Max Born zur Rückkehr nach Deutschland zu bewegen, nicht aus menschlichem Mitgefühl, sondern vielmehr, damit Born mithelfe, die deutsche Wissenschaft voranzubringen. Bei dieser Gelegenheit legte er gegenüber Born eine Gefühllosigkeit an den Tag, die in seinem Umgang mit deutsch-jüdischen, aber auch ausländischen Wissenschaftlern in den dreißiger Jahren und danach sehr oft deutlich wurde. Als Born ihn fragte, ob das Angebot auch für seine Familie gelte, verneinte Heisenberg, der darüber kein Wort verloren hatte, verlegen, und Born war so verärgert, daß er das Gespräch abbrach.[24] Wie konnte ein durchschnittlich gefühlsbegabter Mensch annehmen, daß sich sein Gegenüber auf ein solches Angebot einlassen würde? Heisenberg war das Beschämende seines Tuns sicherlich bewußt, aber trotzdem fühlte er sich gerechtfertigt, den Vorschlag zu machen, weil er damit dem großen Gott der Physik – und Deutschlands – zu dienen glaubte.

Diese religiöse Verehrung der Physik führte auch zu Spannungen in seinem Verhältnis zu Albert Einstein. Heisenberg war ein großer Bewunderer Einsteins und stand ihm in den zwanziger Jahren gegen antisemitische Angriffe bei. Aber seine (und auch Sommerfelds) Verehrung und Verteidigung Einsteins dürften manchmal auf eine harte Probe gestellt worden sein, weil der jüdische Wissenschaftler ärgerlicherweise mit deutscher Vaterlandsliebe nichts im Sinn hatte, was man allzugern seiner Rasse zuschrieb. Obwohl Arnold Sommerfeld sein Münchener Institut für Physik von antisemitischer Politik freihielt, war er persönlich nicht ganz frei von antisemitischen Ressentiments. Im März 1919 vertraute er einem Kollegen an, daß er wegen des politischen Unfugs der Juden mehr und mehr zum Antisemiten werde und nicht wisse, ob er sein neues Buch bei dem »jüdischen« Verleger Springer veröffentlichen solle.[25] Andererseits war Sommerfeld über die gegen Einstein gerichtete öffentliche Kampagne empört, genauso wie sich Heisenberg bei seiner ersten wissenschaftlichen Konferenz, die er 1922 besuchte, über die heftige Opposition gegen Einstein tief schockiert zeigte. Was Sommerfeld und Heisenberg vor allem entsetzte, war die von einem dumpfen politischen Antisemitismus ausgehende Attacke gegen die neue Physik und nicht so sehr die vielleicht verständlicherweise durch den »unpatriotischen« Einstein ausgelöste Animosität. Die Situation konnte gerettet werden, indem man die Physik von dem Menschen trennte. Als gegen eine Einladung an Einstein, in München eine Vorlesung zu halten, heftiger Widerstand laut wurde, verteidigte Sommerfeld ihn als »Physiker«, nicht jedoch als »Person«. Ähnlich verfuhr auch Heisenberg. Mit Zwangsmaßnahmen konfrontiert, gab er die Verteidigung der wissenschaftlichen Reputation Einsteins bereitwillig auf, weil er schon lange vorher die Verteidigung der Rechte des Juden Einstein aufgegeben hatte. Es ging, um mit Goudsmit zu sprechen, Heisenberg mehr darum, die jüdische Physik als die jüdischen Physiker zu retten.[26] Aber für dieses Benehmen war nicht nur, wie Goudsmit glaubte, Heisenbergs »extremer Nationalismus« verantwortlich, sondern die Verbindung dieser Haltung mit einer Verehrung der Physik – ein Zug, den man damals auch bei Physikern anderer

Nationen entdecken konnte, der aber bei Heisenberg und anderen deutschen Wissenschaftlern von einer eigentümlich deutschen Geisteshaltung verzerrt wurde, die absolute, geradezu religiöse Hingabe in beruflichen Dingen verlangte.

17. Kapitel: Kungelei und Kompromiß unter Hitler, 1933–37

Nachdem Hitler am 30. Januar 1933 auf legalem Weg an die Macht gekommen war, verschanzten sich die deutschen Akademiker hinter ihrer »unpolitischen« Gesinnung. Gleichwohl wurde die neue Regierung als Garant einer vaterländischen Ordnung gerechtfertigt und jedem politischen Widerstand, als mit dem Ethos des unparteiischen Wissenschaftlers unvereinbar, eine Absage erteilt. Selbst jene, die sich später durch ihre entschiedene Distanz zum Nationalsozialismus positiv von ihresgleichen abheben sollten, verhielten sich zunächst, als »gute Deutsche«, systemkonform. Noch im Juni 1933, als die Entlassung jüdischer und anderer dem Regime unliebsamer Professoren im westlichen Ausland längst erhebliche Entrüstung hervorgerufen hatte, scheute sich Max von Laue nicht, Einstein vorzuwerfen, er sei »politisch« und mache einem das Leben schwer. Einstein entgegnete auf diese typisch deutsche Haltung mit dem Politikverständnis eines Demokraten: »Deine Ansicht, daß der wissenschaftliche Mensch in politischen, das heißt menschlichen Angelegenheiten in weiterem Sinne, schweigen soll, teile ich nicht... Steckt nicht Mangel an Verantwortungsgefühl dahinter? Wo stünden wir, wenn Leute wie Giordano Bruno, Spinoza, Voltaire und Humboldt so gedacht und gehandelt hätten?«[1] Unausgesprochen blieb hier Einsteins Judesein und das seiner jüdischen Kollegen. In den Augen ihrer arischen Freunde neigten die jüdischen Mitbürger zu sehr zu Übertreibungen, weil sie auf antisemitische Äußerungen allzu empfindlich reagierten und persönliche Schwierigkeiten hatten. Jedenfalls scheinen die deutschen Wissenschaftler, die auch nach 1933 nicht an Auswanderung dachten, den rassisch begründeten Antisemitismus, den das neue Regime auf seine Fahnen geschrieben hatte, nicht ernst genommen zu haben und gegenüber den berechtigten Ängsten ihrer nichtarischen Kollegen höchst unsensibel gewesen zu sein. Er war für sie eine rein politische Angelegenheit, der man aus dem Weg ging oder mit der man sich bestenfalls arrangierte. Sie betrachteten ihn nicht als eine Frage der Moral, der sich jeder einzelne zu stellen hatte. Daher konnten sie ihren jüdischen Freunden leicht zu Geduld raten.[2]

Ein anderer recht bequemer Selbstbetrug, der jede sinnvolle Reaktion gegen Hitler lähmte, war die Ansicht, der Nationalsozialismus habe auch sein Gutes. Diese »gute Seite« bestand darin, daß das müde und dekadente Leben in Deutschland einer Art Frühjahrsputz unterzogen und ihm wieder ein Sinn für Würde und Ehre eingehaucht wurde. So beruhigte Heisenberg im Oktober 1933 seine Mutter mit dem Hinweis: »Es wird ja auch manches Gute jetzt versucht, und den guten Willen soll man anerkennen.«[3] Nach westlichem Verständnis war dies natürlich ein eklatanter Trugschluß. Eine »gute« Seite an Hitler gab es ebensowenig wie an Stalin und anderen mörderischen Diktatoren. Ohne es selbst wahrzunehmen, schlitterte Heisenberg damit allmählich in eine Haltung des Kompromisses und heimlichen Einverständnisses hinein.

Eng verwandt mit dieser Sichtweise war seine Zuversicht, daß die »schlechte Seite« schließlich überwunden werde. Im Juni 1933 teilte er Max Born völlig unbekümmert mit: »Auch im Wissenschaftsbetrieb selbst haben sich einige häßliche Dinge ereignet. Trotzdem weiß ich, daß es unter denen, die in der neuen politischen Situation führen, auch Menschen gibt, um derentwillen sich ein Ausharren durchaus lohnt. Es wird sich sicher im Lauf der Zeit das Häßliche vom Schönen scheiden.«[4] Auch hier handelt es sich wieder um reines Wunschdenken und offensichtlichen Selbstbetrug; denn jedes verbrecherische Regime läßt sich in der Gegenwart damit rechtfertigen, daß es mit der Zeit vielleicht humaner werde. Aber das Übel des Dritten Reiches war diesem immanent und wesenhaft, und das bloße Faktum, daß es mit der Zeit schließlich ausgelöscht würde, war eine historische Binsenweisheit, konnte ein Unrechtsregime aber nicht moralisch rechtfertigen.

Eine andere Variation des trugschlüssigen Komplexes von Rationalisierungen, der in diesem kurzen Exzerpt aus Heisenbergs Brief an Max Born von 1933 auftaucht, ist die Vorstellung, daß es auch »gute« – zu ihm selbst freundliche – Nazis gebe, nicht nur »böse«. Auch dies erweist sich nach kurzem Nachdenken als abwegig.

Alle Nazis unterstützten die Schaffung eines durch und durch unmenschlichen Systems; der Umstand, daß einige von ihnen mit gewissen politischen Maßnahmen des Dritten Reiches nicht einverstanden waren (ihre eigenen »Besonderheiten« hatten, wie Hitler es ausdrückte), machte diese mit Skrupel behafteten Parteigenossen noch lange nicht zu »guten« Nazis. »Skrupel« hatten alle möglichen Parteigenossen, vielleicht sogar Himmler und Hitler, hin und wieder. Aber es ist moralisch gesehen unsinnig, aus gewissen Skrupeln auf ein Moralgefühl bei solchen Leuten zu schließen. Wie tief verwurzelt diese Denkgewohnheit in Heisenbergs Einstellung war, wurde nach dem Krieg deutlich, als er den Entnazifizierungsbehörden ganz schamlos schönfärberische Schreiben vorlegte, um frühere SS-Offiziere zu entlasten. Obwohl er selbst kein Nazi war, machte er sich damit, nach Ansicht seiner Kritiker, im nachhinein zum Komplizen der Hitler-Diktatur. Was in den Augen unvoreingenommener Betrachter ein moralisch höchst fragwürdiges Verhalten ist, empfand er als ganz normal und ehrenhaft.[5]

Wie weit diese Einstellung 1933 unter den deutschen Wissenschaftlern verbreitet war, zeigt Otto Hahns Verteidigung Hitlers als eines »guten Nazis«, der für eine »gute Sache kämpfe«. Während seines Aufenthalts an der Cornell University wurde der prominente Chemiker vom *Toronto Star* befragt, wie er den antijüdischen Boykott vom 1. April 1933 und Hitlers Politik gegen die Juden einschätze. Hahn erklärte darauf, er selbst sei zwar kein Nazi, glaube aber, daß die deutsche Jugend Hitler als »einen Helden, einen Führer, einen Heiligen« verehre. Ja, mit einer gewissen Ehrfurcht fügte er sogar noch hinzu, daß der »Führer« fast »wie ein Heiliger« lebe, und er entschuldigte etwaige Ausschreitungen gegen deutsche Juden als zufällige Randerscheinungen in dem notwendigen Bemühen, den Kommunismus und die Anarchie zu bekämpfen.[6]

Noch rätselhafter mutet es an, daß sich anfangs sogar viele deutsche Wissenschaftler jüdischer Abstammung über den wahren Charakter des Regimes etwas vormachten, wie zum Beispiel die folgenden Zeilen Lise Meitners belegen, die nach der Radioübertragung der sogenannten Potsdamer Feier im März 1933 schrieb:

»Sie [die Feier; Anm. d. Ü.] war durchaus harmonisch und würdevoll. Hindenburg sprach ein paar kurze Sätze und übergab das Wort an Hitler, der sehr maßvoll, taktvoll und versöhnlich sprach. Hoffentlich geht es in diesem Sinne weiter. Wenn die besonnenen Führer... sich durchsetzen, so kann man schließlich eine zum Guten sich auswirkende Entwicklung erhoffen. Daß die Übergangszeiten allerlei Mißgriffe bedingen, ist ja fast unvermeidlich. Es hängt jetzt alles von einem vernünftigen Maßhalten ab.«

Und noch schlimmer:

»Hier steht natürlich Alles und Alle unter dem Eindruck der politischen Umwälzung... Wir hatten schon vorige Woche von der KWG [Kaiser-Wilhelm-Gesellschaft] die Anweisung bekommen, neben Schwarz-Weiß-Rot die Hakenkreuzfahne aufzuziehen... Daß Haber die Hakenkreuzfahne hißte, wird ihm wohl schwer gefallen sein...«[7]

Man fragt sich, wie jemand – geschweige denn Lise Meitner – einen derart üblen Akt als »würdevoll« bezeichnen konnte. In späteren Jahren sollte sie sich voll Scham an ihre eigene Haltung während jener Zeit in Berlin erinnern:

»... heute ist mir sehr klar, daß ich ein großes moralisches Unrecht begangen habe, daß ich nicht 33 weggegangen bin; denn letzten Endes habe ich durch mein Bleiben doch den Hitlerismus unterstützt.«[8]

Wenn eine moralisch so bewußte und ernsthafte Person wie Lise Meitner sich derart hatte täuschen können, überrascht es nicht, daß eine anpassungsfähigere Persönlichkeit wie Heisenberg im Verlauf der zwölf Jahre »Drittes Reich« sich immer wieder neue Ausreden einfallen ließ, die schließlich in seiner infamen Rechtfertigung gipfelten, die Eroberung Europas durch die Nazis sei eine »gute Sache«. Selbst nachdem die Niederlage Deutschlands das ganze Ausmaß der Naziverbrechen offenbart hatte, war der unpolitische Heisenberg noch immer von den »guten Seiten« Hitlers so sehr überzeugt, daß er nicht zu begreifen vermochte, wie ungeheuerlich seine Schönfärbereien waren und wie tief sie westliche Kollegen verletzten, die zuweilen ihren Ohren nicht trauten angesichts dessen, was sie von ihm zu hören bekamen.

Heisenbergs Biograph David Cassidy bemerkte in diesem Zusammenhang zutreffend, »die deutschen Akademiker [hatten] kaum Übung darin, aus moralischen Gründen zu protestieren oder sich politisch zu engagieren«.[9] Der bedeutendste der sehr wenigen nichtjüdischen Wissenschaftler, die das Land aus freien Stücken verließen, war Erwin Schrödinger. Seine Standardantwort auf die Frage, warum er seinen Berliner Lehrstuhl 1933 unvermittelt aufgab, lautete schlicht: »Ich konnte es nicht ertragen, mit Politik belästigt zu werden«, oder wie er es noch knapper gegenüber Wolfgang Pauli ausdrückte: »Ich hatte die Nase voll – ich wollte nur raus« – im Gegensatz zu den falschen Rationalisierungen Heisenbergs und so manch anderer waren das wirklich unpolitische Aussagen.[10] Daß Schrödinger ins Ausland gegangen war, ohne dazu gezwungen worden zu sein, empfanden seine angeblich unpolitischen Kollegen als besonders tadelnswert. Heisenberg war sehr erzürnt, da er Schrödingers Verhalten als Verrat an der deutschen Wissenschaft betrachtete; war er doch gegangen, ohne für die Verteidigung der deutschen Wissenschaft gegen die Einflußnahme politischer Kräfte gekämpft zu haben.[11] Heisenberg konnte überhaupt nicht verstehen, daß Schrödingers Schritt eine spontane moralische Reaktion auf die Realität eines üblen politischen Systems war; ihm erschien sie maßlos, versponnen, ja sogar unmoralisch. Aber die selbstgerechte Verurteilung von Schrödingers vermeintlich selbstgerechtem Verhalten deutet auch auf ein tiefer sitzendes Ressentiment hin. Heisenbergs Empörung mag zum Teil auf den bitteren intellektuellen Haß zurückzuführen sein, den er gegen Schrödingers Wellenmechanik empfand, die in den zwanziger Jahren über seine eigene Matrizenmechanik den Sieg davongetragen hatte.[12]

Auf jeden Fall hielt man in deutschen Wissenschaftlerkreisen eine Entscheidung wie die Schrödingers für ebenso wirkungslos wie falsch. Als Hahn aus Solidarität mit den jüdischen Kollegen 1933 einen gemeinsamen Rücktritt aller Institutsmitglieder vorschlug, brachte ihn Max Planck mit dem Einwand davon ab, daß solche politischen Schritte keinerlei Presseecho finden und die frei werdenden Stellen schnell mit zweitklassigen Naziwissenschaftlern besetzt würden.[13] Allerdings trat Hahn von seiner Professur an der Berliner

Universität zurück, behielt aber seine Stelle am Kaiser-Wilhelm-Institut bei, teils weil er dazu gezwungen wurde, teils, so nimmt man an, unter dem Einfluß seiner offenherzigeren Frau Edith, die an James Franck nach dessen Ausscheiden geschrieben hatte: »Und wenn ich Euch nicht so gern hätte, könnte ich Euch beneiden, daß Ihr Juden seid und so ganz das Recht auf euerer Seite habt, und wir haben die Schmach und die unauslöschliche Schande für alle alle Zeiten.«[14] Plancks ängstliche, vorsichtige – im Kern eigennützige – Argumentation angesichts der schreiendsten Verletzung zivilisierter und akademischer Standards war nach westlichen Begriffen, gelinde ausgedrückt, unangemessen, erwies sich aber in Deutschland 1933 und danach als allzu überzeugend und bequem. Nicht zuletzt durch diese apolitische Geisteshaltung der deutschen Eliten war Hitler an die Macht gekommen, um sie nicht mehr loszulassen. Lange Zeit konnte sich kein klar umrissener Widerstand formieren, weil ebendiese Eliten nicht schon von Beginn an entrüstet gewesen waren und sich statt dessen lieber Ausreden für den Nationalsozialismus oder ihre eigene Untätigkeit zurechtlegten.

Wie man im westlichen Ausland damals die Dinge sah, geht aus einem Brief Samuel Goudsmits an Charles Galton Darwin vom 23. November 1933 hervor: »Ich hoffe aufrichtig«, heißt es da, »daß Heisenberg soviel Verstand und Mut besitzt, um einen ähnlichen Schritt wie Schrödinger zu tun aus Protest gegen das, was man seinem Lehrer und anderen herausragenden Kollegen angetan hat«.[15] Paul Rosbaud, der, wie wir gesehen haben, in Deutschland geblieben war, um im Widerstand zu arbeiten, stimmte dieser Analyse in einem unerbittlich klarsichtigen Aufsatz zu, den er 1945 unter dem Titel *The Attitude of Germans, Especially German Scientists during the Nazi Regime* (Die Haltung der Deutschen, besonders der deutschen Wissenschaftler, unter dem Naziregime) schrieb:

> »Ich erinnere mich an viele Einzelheiten, an die ersten jüdischen Professoren, die entlassen wurden – ich wartete auf ein Zeichen des Protestes – ... Ich entsinne mich, wie ein namhaftes Mitglied der Göttinger Universität zu mir sagte: ›Wenn sie es wagen sollten, unsere Universität zu zerschlagen, indem sie Männer wie James Franck, Born, Courant, Landau ausschließen, dann werden wir uns erheben wie ein Mann,

um dagegen zu protestieren.‹ Am nächsten Tag berichteten die Zeitungen, daß eben diese und noch viele andere Wissenschaftler wegen ihrer jüdischen Abstammung und ihres schändlichen Einflusses auf die Universitäten und Studenten entlassen worden waren. Und alle anderen Mitglieder der Göttinger Universität blieben sitzen und hatten vergessen, daß sie sich erheben und protestieren wollten ... Der Protest eines Dutzends von Persönlichkeiten, die nicht nur in Deutschland jedermann kannte, sondern die auch internationales Ansehen genossen ... hätte die Lage ändern können ... «

Die allgemeine Ausrede war: »Wir konnten keinen Protest wagen, obwohl der Ausschluß unserer jüdischen Kollegen unseren Auffassungen und unserem Gewissen völlig zuwiderläuft. Wir hatten nicht an uns selbst, sondern an das höhere Ziel, die Universität, die Akademie, zu denken. Wir mußten die Möglichkeit vermeiden, daß diese Institutionen Schwierigkeiten bekamen oder geschlossen wurden. Dies war unsere vorrangige Pflicht, und so mußten unsere persönlichen Ansichten und Interessen wie auch die unserer jüdischen Kollegen in den Hintergrund treten.« Viele von ihnen fügten hinzu – und dies war vermutlich das erste Anzeichen der beginnenden Perversion des Denkens –: »Außerdem, gingen sie [die Juden] nicht auch wirklich zu weit mit ihrer Abstraktion in der Wissenschaft, und gingen sie nicht auch damit zu weit, daß sie lauter jüdische Mitarbeiter um sich scharten? Es ist ihre eigene Schuld, und sie müssen nun dafür bezahlen. Vielleicht waren sie wirklich eine Gefahr für unser wissenschaftliches Leben.«

»Meiner Ansicht nach hätte es niemand gewagt, alle unsere Universitäten und Akademien zu schließen und mehrere hundert Hochschullehrer zu entlassen. Aber selbst wenn einige der Gelehrtenverbände vorübergehend aufgelöst worden wären, hätten ihre Mitglieder sich ein reines Gewissen bewahrt und sie nach zwölf Jahren triumphierend wieder neu gründen können ... Die Universitäten haben ihre Chance nicht genutzt ...

Die Ausreden: ›Ich hätte Schwierigkeiten bekommen, meine Stelle oder meine Pension verlieren können‹, alle möglichen Ausreden und außerdem: ›ich ändere ja nichts daran, wenn ich mich als einzelner den Wünschen der Nazis widersetze.‹«[16]

Was diese Ausreden als bloße Vorwände entlarvt, ist die Tatsache, daß einige von Heisenbergs jüngeren Kollegen (im Unterschied zu Weizsäcker beispielsweise) es ablehnten, sich dem NS-Dozentenbund anzuschließen. Obwohl sie in ihren Karrieren zweifellos Rückschläge hinnehmen mußten, wurden etwa Fritz Straßmann (ein enger Mitarbeiter Hahns) und Max Delbrück keineswegs entlassen, weil sie sich geweigert hatten, akademischen Nazizirkeln beizutreten.[17] Auf einer höheren Ebene könnte man den Fall des Chemikers Wilhelm Schlenk nennen, der zwei Jahre lang gegen das Regime zu Felde zog, schließlich doch aufgab und auswanderte.[18]

Indem sie sich auf ihre berufliche Verantwortung beriefen, ersparten sich Heisenberg und seine Kollegen etwaige Gewissensbisse über die Besetzung jener Posten, die man jüdischen Wissenschaftlern aberkannt hatte. Als sie bereitwillig an deren Stelle traten, rechtfertigten sie damit faktisch die Entlassung ihrer nichtarischen Kollegen. Sie bewiesen durch diesen Schritt, daß vernünftige Männer kein ethisches Problem damit hatten, und gaben zudem indirekt Hitler recht, der versicherte, die Wissenschaft gehe auch ohne die Juden sehr gut weiter. »Das NS-Regime«, so David Cassidy, »konfrontierte die Deutschen mit den schwerwiegendsten moralischen und politischen Entscheidungen, denen selbst die Rechtschaffensten unter ihnen gänzlich unvorbereitet gegenüberstanden.«[19] So gab Heisenberg 1934 nicht zu erkennen, daß er sich der moralischen Tragweite seines Tuns bewußt war, als er sich zur Verfügung stellte, um Max Born in Göttingen zu ersetzen. In einem Brief an James Franck versuchte er, seine Kandidatur ganz fröhlich dadurch zu rechtfertigen, daß er versicherte, die Göttinger Physik vor der Einmischung der Nazis zu schützen: »Daß ich für unser Göttingen alles tun werde, was in meiner Kraft steht zu tun, davon müssen Sie überzeugt sein.« Nur: Göttingen war für Born und Franck nicht mehr »unser Göttingen«, sondern inzwischen das Göttingen Hitlers. Wie absurd und ungeheuerlich es ihnen erscheinen mußte, daß nun er, Heisenberg, Max Borns Stelle einnahm, erkannte er nicht.[20]

Nicht ohne Ironie und fast sogar amüsiert reagierte Born, als Heisenberg ihm in jenem Brief vom 2. Juni 1933 (wo von der »guten

Seite des Nationalsozialismus« die Rede ist) aufgeregt über Plancks Begegnung mit Hitler berichtete, von der sich die Physiker viel versprachen.[21] Doch selbst dieser Besuch, in dessen Verlauf sich Planck mutig, wie es schien, beim »Führer« persönlich für jüdische Kollegen eingesetzt hatte, stellt sich bei näherer Betrachtung als recht problematisch heraus.

Planck war ein durch und durch ehrenwerter Mensch, doch selbst er, aufgewachsen im preußischen Obrigkeitsstaat, erlag bestimmten Verhaltensmustern und Denkweisen, die bei einem Mann seines aufrechten Charakters befremdlich erscheinen. Ein Freund und Bewunderer Einsteins, sah er seine Sympathie für den jüdischen Physiker schweren Belastungen ausgesetzt, als dieser 1933 ganz unumwunden das neue Regime politisch und moralisch in Grund und Boden verurteilte. Planck hielt Einstein vor, daß dadurch »Ihre Stammes- und Glaubensgenossen hier ... in ihrer ohnehin schon schwierigen Lage keineswegs erleichtert, sondern noch viel mehr gedrückt werden«, und postulierte damit, daß der Wert einer Tat wie Einsteins öffentliches Auftreten gegen Deutschland sich nicht nach ihren guten Absichten, sondern nach ihren wahrscheinlich schlimmen Folgen bemesse.[22] Dieses Moralisieren entbehrt nicht einer gewissen Ironie, denn wenn Einsteins Politik verfolgt worden wäre, hätten die Folgen nicht schlimmer sein können als das, was bei Plancks und Heisenbergs vorsichtigem Taktieren herauskommen sollte. Der Vorsitzende der Preußischen Akademie der Wissenschaften bat Planck, Einstein zum Rücktritt zu drängen – und erstaunlicherweise kam Planck der Bitte nach. Eigentlich blieb ihm gar keine andere Wahl, denn durch sein Reden hatte er sich selbst in dieses Dilemma gebracht. Vertrat er doch den Standpunkt, Einstein habe sich durch seine im Ausland geäußerte Kritik selbst den Zugang zu staatlichen Ämtern verbaut und bringe, wenn er nicht von sich aus zurücktrete, seine Freunde in eine schwierige Lage. Nicht genug also, daß Planck sich nicht für seinen jüdischen Kollegen einsetzte, er verlangte auch noch, daß dieser ihm die »schwierige« Entscheidung abnehme, indem er freiwillig seinen Austritt aus der Akademie erklärte! In einem Brief, der seinem Verfasser zweifellos untadelig vorkam, dessen Scheinheiligkeit

Einstein jedoch sprachlos gemacht haben dürfte, schrieb Planck am 31. März 1933:

»Sollte der Inhalt dieser Nachricht zutreffen, so drängt es mich, Ihnen in aller Aufrichtigkeit zu sagen, daß mir dieser Ihr Gedanke der einzige Ausweg zu sein scheint, der einerseits Ihnen eine ehrenvolle Lösung Ihres Verhältnisses zur Akademie sichert, andererseits Ihren Freunden ein unabsehbares Maß an Kummer und Schmerz erspart. Das Ihnen zu schreiben halte ich für eine vordringliche Pflicht.

Im Übrigen [sic] liegt mir am Herzen, Ihnen meine feste Zuversicht auszusprechen, daß trotz der tiefen Kluft, die unsere politischen Anschauungen trennt, die persönlichen freundschaftlichen Beziehungen niemals eine Änderung erfahren werden.«[23]

Einstein sollte also seinen Freunden »Kummer und Schmerz« ersparen, indem er zurücktrat (mit keinem Wort wurden dabei Einsteins »etwas« größere Unannehmlichkeiten erwähnt), und sich danach gegenüber Planck weiter so benehmen, als sei nichts geschehen! – Ein Nachtrag zur Perversion des Denkens, die damals in Deutschland grassierte.

Zufälligerweise hatte Einstein bereits den unausweichlichen Schritt getan, aber die Akademie wollte nun einmal das letzte Wort behalten und gab eine selbstgefällige Erklärung zu Protokoll, in der sie ihre unpolitische Loyalität gegenüber dem Staat hervorhob. (»Die Preußische Akademie der Wissenschaften empfindet das agitatorische Auftreten Einsteins im Auslande umso schwerer, als sie und ihre Mitglieder seit alten Zeiten sich aufs engste dem preußischen Staate verbunden fühlt und bei aller gebotenen strengen Zurückhaltung in politischen Fragen den nationalen Gedanken stets betont und bewahrt hat.«) Die offizielle Verlautbarung schloß mit den in ihrer Arroganz fast lächerlich anmutenden Worten, die Körperschaft habe »aus diesem Grund keinen Anlaß, den Rücktritt Einsteins zu bedauern«.[24] Laue war über diesen Satz empört und versuchte vergebens, den damals gerade in Italien weilenden Planck zur Rückkehr nach Berlin zu bewegen, um eine Dringlichkeitssitzung einzuberufen.[25]

In der Zwischenzeit warf eine weitere Verlautbarung vom 7. April Einstein vor, er habe sich den deutschen Gepflogenheiten nicht anzupassen vermocht: »Wenn die Akademie«, so schrieb ihr damaliger Sekretär H. v. Ficker, »diese Entwicklung aufs tiefste bedauert, so ist dies Bedauern freilich darauf gerichtet, daß ein Mann von höchster wissenschaftlicher Geltung, den die langjährige Wirksamkeit unter Deutschen, die langjährige Zugehörigkeit zu unserem Kreise mit deutscher Art und Denkweise vertraut gemacht haben mußten, in dieser Zeit im Auslande sich einem Kreis eingefügt hat, der – sicher zum Teil in Unkenntnis der tatsächlichen Verhältnisse und Vorgänge – durch Verbreitung falscher Urteile und unbegründeter Vermutungen zum Schaden unseres deutschen Volkes sich ausgewirkt hat.« Einstein entgegnete auf das Schreiben, er »bedauere außerordentlich die Gesinnung, die sich darin kundgibt«.[26] Kein Wunder, daß er einige Wochen später in einem Brief an Max Born seinen Abscheu über das Verhalten Plancks und anderer äußerte: »Ich glaube, Du weißt, daß ich nie besonders günstig über die Deutschen dachte (in moralischer und politischer Beziehung). Ich muß aber gestehen, daß sie mich doch einigermaßen überrascht haben durch den Grad ihrer Brutalität und – Feigheit.«[27]

Dabei dachte er zweifellos an Planck, den er Anfang April dringend gebeten hatte, gegen die Entlassungen öffentlich Stellung zu beziehen. Einstein war über die Untätigkeit seines ehemaligen Kollegen tief enttäuscht gewesen, aber der öffentliche Verrat, der nun folgte, traf ihn noch mehr. Als Planck schließlich Anfang Mai nach Berlin zurückkehrte, versuchte er, die früheren Beleidigungen der Akademie abzumildern, doch damit machte er alles nur noch schlimmer: »Daher ist es«, so schrieb er, »wie es der Herr Vorsitzende Sekretär Herr von Ficker bereits ausgesprochen hat, tief zu bedauern, daß Herr Einstein selbst durch sein politisches Verhalten sein Verbleiben in der Akademie unmöglich gemacht hat.« Zuvor hatte er betont, der Ausgeschlossene sei der Physiker, »durch dessen in unserer Akademie veröffentlichte Arbeiten die physikalische Erkenntnis in unserem Jahrhundert eine Vertiefung erfahren hat, deren Bedeutung nur an den Leistungen Johannes Keplers und Isaac Newtons gemessen werden kann«.[28] Von da an war Einstein nicht mehr bereit, seinem alten Freund zu schreiben.[29] Und es überrascht auch nicht, daß er es sich ausdrücklich verbat, Planck von ihm zu grüßen, als er einem Princetoner Kollegen, der nach Deutschland reiste, Grüße an Max von Laue mit auf den Weg gab. Damit sollte er den richtigen Instinkt beweisen, denn Plancks Prinzipienlosigkeit ging so weit, daß er während der Nazizeit bei Diskussionen über die Relativitätstheorie deren Entdecker einfach totschwieg – ein erbärmlicher Kompromiß, dem sich Heisenberg und andere anschlossen. Später redete man sich damit heraus, daß dies doch ein harmloses Zugeständnis gewesen sei, verglichen mit dem viel wichtigeren Anliegen, die Theorie als solche zu verteidigen; aber Einsteins Namen unter den Tisch fallen zu lassen war etwa so, als unterschlage man den Newtons, weil dieser zufällig Engländer war. Dieses unwürdige Verhalten scheint dem im Grunde integeren Max Planck durchaus bewußt gewesen zu sein, denn in einer Vorlesung im Wintersemester 1943/44 wagte er es schließlich doch noch, Einstein namentlich zu nennen.[30]

1947 veröffentlichte Planck einen kurzen Artikel über seinen Besuch bei Hitler am 16. Mai 1933. Als erstes (so erinnerte sich Planck) legte er ein Wort für den jüdischen Chemiker Fritz Haber ein, der vom Vorsitz des Kaiser-Wilhelm-Instituts für Physikalische Chemie zurückgetreten war, obwohl er als Kriegsveteran eigentlich hätte bleiben können. (Da Haber freiwillig gegangen war, dürfte Planck anhand dieses Falles auf den allgemeinen Schaden hingewiesen haben, den die deutsche Wissenschaft durch politische Einmischung erlitt.) Hitler nahm Planck sophistisch den Wind aus den Segeln, indem er behauptete, daß er nur deshalb etwas gegen die Juden habe, weil sie allesamt Kommunisten seien. Als Planck einwandte, daß es doch verschiedene Juden gebe, »für die Menschheit wertvolle und wertlose«, und man Unterschiede machen müsse, widersprach ihm Hitler und bestand darauf, daß Jude eben Jude sei: »alle Juden hängen wie Kletten zusammen«. Warum also sollte man da einen Unterschied machen? Daraufhin versuchte Planck erneut ins Feld zu führen, daß es der deutschen Wissenschaft schade, »wenn man wertvolle Juden nötigen würde auszuwandern«. Hitler war nicht nach einer Diskussion zumute. Sichtlich erregt lenkte er das Gespräch auf andere Themen und behauptete unter anderem, Nerven wie Drahtseile zu haben (weshalb er sich in seiner Politik durch nichts beirren lasse), und steigerte sich schließlich in eine solche Rage hinein, daß Planck nichts weiter übrigblieb, als sich zu verabschieden.[31]

Neuere Forschungen haben ergeben, daß dieser Bericht nicht ganz für bare Münze genommen werden kann. Anscheinend stammt er weitgehend aus der Feder von Plancks Frau, die ihn unter der Anleitung des Wissenschaftlers schrieb. Bei einem solch kurzen Dokument, in dem alles auf die Formulierung ankommt, wirft diese mittelbare Verfasserschaft erhebliche Probleme auf. Zudem muß der nach dem Krieg entstandene Artikel – wie auch die Heisenbergsche Version selbst – im Zusammenhang mit den damaligen Bemühungen deutscher Wissenschaftler (und dem anderer Berufsgruppen) gelesen werden, ihrem Verhalten während der Nazizeit eine antifaschistische Tendenz und Motivation zu unterlegen. Vor dem Zeithintergrund des im Artikel geschilderten Geschehens stellt sich Plancks Besuch bei Hitler jedoch eher als ein Beispiel für Kollaboration mit denn als Widerstand gegen den Nazismus dar. Planck hatte sich im »Dritten Reich« viel stärker kompromittiert, als seine Erinnerung hinterher wahrhaben wollte: Er hatte sich eifrig des Hitler-Grußes befleißigt, in den Büros der Kaiser-Wilhelm-Gesellschaft Hitler-Büsten aufstellen lassen, Telegramme an Hitler geschickt, in denen er bekannte, daß ihn die »nationale Erhebung« mit Stolz erfülle. Kurzum, der Besuch sollte nicht als ein Versuch, liberale Prinzipien zu verteidigen, gedeutet werden, sondern vielmehr als vergebliches Bemühen, von der deutschen Wissenschaft Schaden abzuwenden, der ihm durch politische Einmischung erwachsen würde.[32]

Auf höchst unangenehme Weise spricht selbst noch aus Plancks nach dem Krieg verfaßtem Artikel jener in deutschen Akademikerkreisen verbreitete latente Antisemitismus, den Hitler so geschickt zu nutzen verstand. Die gehässig ungerechte Unterscheidung zwischen »wertvollen« und »wertlosen« Juden beruft sich auf die seit den Zeiten Kants bestehende Grundprämisse des deutschen philosophischen Antisemitismus, die da lautete: den Juden gebreche es von ihrem Volkscharakter her an Humanität und Moral. Einige scheinbar »projüdische« (allein schon der Ausdruck ist unzutreffend) Deutsche glaubten, die Juden könnten sich durch Bildung und Moral zu »wahren Menschen« erziehen; doch selbst solch vermeintlich fortschrittlichen Hoffnungen lag unbestreitbar ein antisemitisches Vorurteil zugrunde.[33] Als Planck zu Hitler kam, in der Hoffnung, durch seinen subtilen Antijudaismus den extremeren Antisemitismus der neuen Regierung mäßigen zu können, beging er sowohl einen moralischen als auch einen gedanklichen Irrtum, denn er hatte bereits das entscheidende taktische Feld aufgegeben. (Der Biologe Wolfgang Köhler durchschaute die ambivalente Einstellung der deutschen Professorenschaft gegenüber den Juden. Als er versuchte, die patriotische und nationalsozialistische Rhetorik zu manipulieren, um die Säuberungen, denen jüdische Wissenschaftler zum Opfer fielen, in Schranken zu halten, wies er vorsichtig darauf hin, daß die Professoren zwar die Notwendigkeit einer Lösung des »Judenproblems« durch eine Rückführung »der unverhältnismäßig großen Zahl von Juden in leitenden Positionen« einsähen, doch wegen der harschen Behandlung so ausgezeichneter jüdischer Wissenschaftler wie James Franck große Bedenken hätten und allein diese sie davor zurückhielten, der Naziregierung, der sie ansonsten von ganzem Herzen zustimmten, ihre volle Unterstützung zu gewähren. Was immer auch Köhlers eigene Meinung gewesen sein mag, er hatte zumindest die widersprüchliche Mischung aus »pro- und antijüdischen« Gefühlen, die Kollegen wie Heisenberg und Planck beherrschte, vollkommen durchschaut.)[34]

Trotz Hitlers schlechter Laune und seiner Weigerung, die jüdischen Entlassungen zurückzunehmen, glaubte Planck aus der Begegnung einige beruhigende Hoffnungen für die Zukunft mitnehmen zu können. Das Schlimmste schien vorüber zu sein, und man durfte davon ausgehen, daß die einzigen noch in akademischen Positionen verbliebenen Juden sicher sein würden, da sie allesamt so »wertvolle« Leute waren wie Kriegsveteranen. In seinem heiteren Brief an Max Born vom 2. Juni 1933 erklärte Heisenberg: »Planck hat ... mit dem Haupt der Regierung gesprochen und die Zusicherung erhalten, daß über das neue Beamtengesetz hinausgehend nichts von der Regierung unternommen werde, das unsere Wissenschaft erschweren könnte ... Da andererseits durch das Gesetz nur die allerwenigsten betroffen werden – Sie und Franck sicher nicht; auch Courant wohl nicht – so könnte die politische Umstellung ohne irgendeine Schädigung der Göttinger Physik vor sich gehen ...«[35] Mit anderen Worten: Die Version von Plancks Besuch, die damals die Runde machte, war eine positive und gewiß nicht identisch mit der durch und durch düsteren Lesart, die er 1947 im oben zitierten Artikel veröffentlichte, zweifellos in gutem Glauben, wenn auch von Selbsttäuschung getrübt.

Der Fall Plancks, eines besonnenen Mannes in reiferem Alter, wirft eine interessante Frage hinsichtlich Heisenberg auf. Es wäre einfach, die Gründe für dessen Zusammenarbeit mit dem Nationalsozialismus in seiner verletzlichen Persönlichkeit zu sehen: Heisenberg war ein Konformist mit jungenhaftem Temperament, in seinem moralischen Urteil beeinflußbar und bereit, persönliche Einschränkungen hinzunehmen, die wohl kein in sich gefestigter älterer Wissenschaftler ertragen hätte. Fröhlich und gedankenlos nahm er an politischen Indoktrinierungslagern und Wehrübungen für Reservisten teil, und selbst die Vorstellung, ein sogenanntes Wehrsportlager zu besuchen, »um einmal die Politik etwas näher kennenzulernen«, reizte ihn, was man sich bei einem Mann wie Planck schwer vorstellen kann.[36] 1936 gab der jungenhaft-sportliche Nobelpreisträger leichthin zu, daß der Militärdienst eine gewisse Faszination auf ihn ausübe: »Es ist schön«, schrieb er seiner Mutter von einer Wehrübung, für die er sogar eine Amerikareise abgesagt hatte, »einmal gar nicht nachdenken zu brauchen, was zu tun ist, und nur zu gehorchen ... Der Dienst gefällt mir in jeder Weise.«[37] Doch trotz seiner offenkundigen Unausgegorenheit hatte er, was seine Reaktion auf Hitler anging, einiges mit dem gesetzten Planck gemein. Beide Männer hofften, daß »der Sturm vorübergehe«, und wichen der ethischen Frage aus, welche die Nazirevolution von Anfang an aufgeworfen hatte. Eine wirklich unwiderrufliche moralische Entscheidung, mit dem Regime zu brechen, hielten sie aufgrund dessen, was 1933/34 geschah, nicht für erforderlich, und danach, als der verbrecherische Charakter des Nationalsozialismus offen zutage getreten war, meinten sie, es sei einfach zu spät, um Widerstand zu leisten. Beide Physiker erwiesen sich als unfähig zu begreifen, daß das moralische Dilemma nicht nur darin bestand, daß die deutsche Wissenschaft Schaden nahm oder einigen jüdischen Kollegen Unannehmlichkeiten bereitet wurden, und beide neigten zu einer vorsichtigen, philosophischen Sicht der Gesamtlage; um der deutschen Wissenschaft willen nahmen sie ein »paar Ungerechtigkeiten« in Kauf. Doch für jene, die wie Max von Laue in Deutschland geblieben waren, oder jene, die wie Einstein oder Born das Land verlassen hatten, oder jene, die von weitem zusahen, wie nichtjüdische englische Physiker der damaligen Zeit, lag die Barbarei dieser zunächst geringfügigen Ungerechtigkeiten auf der Hand. Moralische Blindheit und mangelnde Einsicht waren somit charakteristisch für die deutsche Geisteshaltung und nicht einfach nur ein Fehlurteil, das jeder hätte fällen können. Eine vorsichtige, ja hartnäckige Politik, die deutsche Wissenschaft gegen Hitler zu verteidigen, war kein Ersatz für eine klare moralische Verurteilung des Naziregimes und für einen entschiedenen Rücktritt von akademischen Ämtern. Heisenbergs (wie es zunächst schien) geschickte Doppelstrategie, erstens zu versuchen, die frei gewordenen Stellen mit guten Physikern zu besetzen und jüdische Kollegen zum Bleiben aufzufordern, bis der Sturm vorübergezogen sein würde, und zweitens, die theoretische Physik gegen ideologische Attacken seitens der Nazis zu verteidigen, mag letztlich insofern erfolgreich gewesen sein, als in Nazideutschland weiterhin die Relativitätstheorie gelehrt – freilich nicht der Name ihres Entdekkers erwähnt – werden durfte. Aber sie ging in moralischer und politischer Hinsicht von falschen Prämissen aus. Heisenberg und viele andere haben einleuchtend den Standpunkt vertreten, es habe 1933 kein Mensch davon ausgehen können, daß das Naziregime so lange dauern oder solche Verbrechen hervorbringen würde. Zu warten, bis der Sturm vorüber war, schien daher moralisch und politisch vernünftig. Allerdings war das, was 1933/34 bereits an Menschenrechtsverletzungen geschehen war und zu geschehen drohte, so schlimm, daß man nicht die Hände in den Schoß hätte legen dürfen. Man sollte Heisenbergs relativ passive Haltung zu den Entlassungen des Jahres 1933 mit seiner scharfen Reaktion gegenüber dem kontrastieren, was er als Bedrohung der Unantastbarkeit der theoretischen Physik ansah: die sogenannte »deutsche Physik«.

Selbst wenn Heisenberg und Planck in der Lage oder willens gewesen wären einzusehen, wie verfehlt ihr Optimismus in den Jahren 1933/34 war, hätten sie sich wahrscheinlich damals kaum anders verhalten. Heisenbergs Mentor Sommerfeld hingegen revidierte immerhin seine Meinung bezüglich der Frage, ob Hitler durch deutsches Nationalgefühl zu rechtfertigen sei. Aus Italien schrieb er im August 1934 an Einstein:

> »Ich schreibe diesen Brief von Italien aus. Wenn ich ihn von Deutschland aus schriebe, würde er kaum in Ihre Hände kommen. Auch so werden Sie ihn verspätet erhalten, da Sie wohl gegenwärtig in Europa sind. Leider kann ich meine Landsleute nicht entschuldigen angesichts all des Unrechts, das Ihnen und vielen anderen angetan worden ist; auch nicht meine Collegen von der Berliner und Münchener Akademie. Viel Schuld hat die politische Unreife des deutschen Volkes, viel Schuld auch die Politik unserer Kriegsgegner. [Übrigens kann ich Sie versichern, daß das nationale Gefühl, das bei mir stark ausgeprägt war, mir gründlich durch Mißbrauch des Wortes ›national‹ seitens unserer Machthaber abgewöhnt wird. Ich hätte jetzt nichts mehr dagegen, wenn Deutschland als Macht zugrunde ginge und in einem befriedeten Europa aufginge].«

Dieser offene Verzicht auf deutsche Nationalstaatlichkeit schien Sommerfeld dann doch zu weit zu gehen, weshalb er die letzten beiden Sätze durchstrich, ehe er den Brief abschickte.[38]

Heisenberg verfolgte seine verfehlte Strategie mit einer gewissen Leidenschaft und handelte sich damit einige Unannehmlichkeiten ein. Als eine Gruppe prominenter Professoren, darunter auch Martin Heidegger, im November 1933 in der Leipziger Universität zusammentrat, um sich öffentlich hinter Hitler zu stellen, blieb Heisenberg der Versammlung fern. Ein Grund dafür war, daß der Physiker Johannes Stark, ein bekennender Nazi, die Organisation übernommen hatte. Heisenberg konnte ihn nicht ausstehen, da er in ihm einen Volksverhetzer sah, der mit seinen Attacken gegen Einstein einen extremen politischen Antisemitismus ins wissenschaftliche Milieu eingeführt hatte und die neue Physik zu vernichten drohte. Aber Heisenberg war auch entsetzt über die Proletarisierung des Lehrbetriebs, die diese Entwicklung beförderte: Studenten versuchten den Dozenten zu sagen, was sie zu lehren hatten und was nicht, Vorlesungen wurden durch politische Kundgebungen gestört, und Dekane aßen bei akademischen Umzügen Eiscreme (was für einen, der wie Heisenberg im Geiste akademischer Zucht aufgewachsen war, besonders abstoßend sein mußte). Obwohl er mit einigen seiner Studenten hierüber Schwierigkeiten bekam, gelang es ihm, sie wieder zur Vernunft zu bringen, so daß sie ihm zu Ehren sogar einen Fackelzug veranstalteten. Heisenberg lud den örtlichen Führer des NS-Studentenbunds zu sich nach Hause ein, und dieser war dann so freundlich, dem Volksbildungsminister zu empfehlen, daß der Physiker vom Vorwurf der Gegnerschaft zu Hitler und dem Staat entlastet werde. Was zunächst wie ein Akt des Widerstands ausgesehen haben mag, stellt sich somit am Ende als Kungelei mit den Nazis heraus. Es war ein typisch Heisenbergscher Kompromiß, in welchem dem zentralen moralischen Problem ausgewichen und ein Moralprinzip für einen geschickt zurechtgebogenen momentanen Erfolg geopfert wurde.

Der gleiche Mangel an Prinzipientreue untergrub, was 1935 zu einem echten Akt von Widerstand hätte werden können. Die Entlassung bisher verschont gebliebener Juden, wie etwa der Kriegsveteranen, aus dem Staatsdienst im Mai 1935 schien Heisenberg das zwischen Planck und Hitler 1933 verabredete Konkordat zu verraten. Mutig regte er einen Protestbrief an den sächsischen Erziehungsminister an, worin er den Standpunkt vertrat, daß die neue Entlassungswelle gegen den Buchstaben des Gesetzes verstoße. Jene, die die Petition in die Wege geleitet hatten und von denen einige NS-Mitglieder waren, bekamen von ihren Parteioberen umgehend »eins aufs Dach«, und Heisenberg stand nun selbst vor der Entscheidung. Erneut wich er ihr aus. Zunächst ersuchte er Planck um moralischen Rat – doch er wußte genau, daß Planck einen Rücktritt oder politischen Widerstand niemals befürworten würde. Und so war er denn erleichtert, von Planck gesagt zu bekommen, daß ein Rücktritt nichts bringe, da er in der Öffentlichkeit totgeschwiegen würde. Heisenberg hatte an dem kritischen Punkt gestanden, endlich der Obrigkeit durch Rücktritt oder Auswanderung zu trotzen, aber nun verlor er die Nerven und suchte einen faulen Kompromiß. Damit hatte er eine Chance vertan, die so nicht wiederkommen sollte, und sich faktisch dafür entschieden, in Deutschland zu bleiben, komme, was wolle. Die Nazibehörden kannten diese Haltung sehr gut, war sie ihnen doch in den zwei Jahren, die sie im Amt waren, bei so vielen berühmten und auch weniger bekannten Fällen begegnet. Sie wußten, daß das Pferd zugeritten war, auch wenn es vielleicht noch gelegentlich sorgfältiger Zügelung bedurfte.

Selbstverständlich hatte Heisenberg gleich eine Begründung für sein Versagen parat. »Aber ich muß zufrieden sein«, schrieb er an seine Mutter, »auf dem kleinen Gebiet der Naturwissenschaft die Werte zu verwalten, die in der Zukunft wichtig werden müssen, das ist in dem allgemeinen Chaos das einzig Klare, was mir zu tun bleibt. Die Welt draußen ist wirklich abscheulich, aber die Arbeit ist schön.«[39] Die innere Wahrheit der Physik stand für ihn nun über jeder Moral. Seine Verantwortung sah er jetzt vordringlich darin, Oasen wissenschaftlicher Wahrheit zu sichern, um die herum sich vielleicht neue Gruppen von Schülern (wie jene in seiner Jugendgruppe) »kristallisieren« würden. Nach dem Zweiten Weltkrieg machte er davon viel Aufhebens und behauptete, er habe sich schon deshalb nicht in die »innere Emigration« zurückziehen können, weil er dadurch seine Verantwortung für die Wissenschaft und für Deutschland aufgegeben hätte. Wirkliche Verantwortung hätte darin bestanden, wie Max von Laue offen oder wie Rosbaud heimlich gegen den Nationalsozialismus zu agieren. Heisenbergs Vorstellung von »Verantwortung«, nämlich in Nazikreisen Einfluß zu gewinnen, war hingegen die Verbrämung von Kollaboration und Eigennutz. Er sah den Nationalsozialismus als unvermeidlich an und verschloß daher die Augen vor anderen möglichen Wegen des Widerstands. Am Ende erreichte er damit nichts weiter, als daß die Relativitätstheorie ein paarmal in Lehrbüchern und Vorlesungen erwähnt wurde.

»Widerstand« gegen den Nationalsozialismus leistete Heisenberg nach eigenem Verständnis dadurch, daß er die »jüdische«

theoretische Physik der Einsteinschen Relativitätstheorie verteidigte. 1934 hatte ihn der Naziideologe Alfred Rosenberg deshalb getadelt und damit den Weg freigemacht für den massiven Angriff, den der *Völkische Beobachter*, das Parteiorgan der NSDAP, Anfang 1936 unter der Überschrift »Deutsche und jüdische Physik« gegen den jungen Nobelpreisträger startete. Heisenberg wurde darin als »Geist von Einsteins Geist« und als Verfechter einer im Gegensatz zur »Deutschen Physik« stehenden »Jüdischen Physik« gebrandmarkt.[40] Er reagierte darauf, ohne zu zögern, und scheute auch nicht davor zurück, sich auf das miese Niveau des Blattes herabzubegeben und im *Beobachter* eine Entgegnung abdrucken zu lassen, in der er sein persönliches Ansehen mit der solcherart angegriffenen Physik verquickte und somit die Angelegenheit enorm emotionalisierte. Noch brisanter wurde die ganze Geschichte dadurch, daß jene Angriffe die unmittelbar bevorstehende Berufung Heisenbergs auf den Münchener Lehrstuhl für Physik gefährdeten, den er seit langem angestrebt hatte.[41] Hierauf entschied er sich für einen ehrenhafteren Weg und verfaßte abermals eine Petition, doch inzwischen hatte er aus der glücklosen Eingabe von 1935 gelernt.[42] Diesmal stellte er auf die Nützlichkeit der Wissenschaft – selbst »jüdischer« Wissenschaft – für Deutschland ab: Versäume man es, die neue Physik, einschließlich der Relativitätstheorie, zu lehren, habe das negative Auswirkung auf die Heranbildung der für den Vierjahresplan benötigten Wissenschaftler und Techniker. Die von 75 Physikern unterzeichnete Petition wurde vom Volksbildungsministerium wohlwollend aufgenommen, und es schien, als sei die »Neue Physik« gerettet, Heisenberg voll anerkannt – und ihm der Münchener Lehrstuhl sicher. Leider sah er sich durch diesen Erfolg in seinem Glauben bestärkt, daß die Zukunft im geschickten Taktieren und Kollaborieren mit verschiedenen Nazibonzen liege. Es war eine unglückselige Lektion, die er da gelernt hatte.[43]

18. Kapitel: Die Himmler-Connection oder Heisenbergs »Ehre«, 1937–44

Der scheinbare Erfolg seiner neuen Strategie verleitete Heisenberg wenig später zum schändlichsten seiner zahlreichen Kompromisse.[1] Kurz vor seinem Umzug nach München im Juli 1937 traf es ihn wie einen Schlag, als er sich in einem Artikel der SS-Zeitung *Das schwarze Korps* massiv angegriffen sah. Man wollte ihn offenbar um seinen Lehrstuhl an der Ludwig-Maximilians-Universität bringen. Heisenberg wurde als »weißer Jude« und als Verräter beschimpft – »der Ossietzky der Physik ... Sie [Heisenberg, Planck u.a.]«, eiferte das Blatt, »sind alle Judengenossen ... die eliminiert werden müssen wie die Juden selbst.«[2] Als grobes Fehlverhalten wurde ihm in dem SS-Organ unter anderem angelastet, daß er die Relativitätslehre in offiziellen Naziblättern verteidigt und sich geweigert hatte, ein Manifest zur Unterstützung Hitlers zu unterzeichnen, sowie daß er seinen Leipziger Lehrstuhl durch jüdischen Einfluß erhalten und deutsche Mitarbeiter zugunsten jüdischer entlassen und Juden und Ausländern in seinem Institut Zuflucht gewährt hatte. Obwohl ihn diese angeblichen Vergehen als Nazigegner hätten empfehlen können, wollte Heisenberg nicht mit ihnen identifiziert werden und widerlegte jeden einzelnen »Vorwurf«, um seine verlorene »Ehre« wiederherzustellen.

Tief getroffen von dieser Mischung aus persönlichem Affront und Wissenschaftsschelte bat er den Reichsminister für Wissenschaft, Erziehung und Volksbildung, ihn von seiner Leipziger Professur zu entbinden, wenn er nicht bereit sei, ihn vor derartigen Angriffen zu schützen. Nicht Widerstandsgeist gegen den Nationalsozialismus, sondern gekränkter Stolz, Verärgerung und Wut veranlaßten Heisenberg zu diesem Schritt. Er beschloß, seinen Bankrott zu riskieren, indem er seine Mutter bewog, sich an Himmlers Mutter, eine alte Bekannte der Familie, zu wenden, um den Reichsführer SS auf einen ziemlich dezidierten Brief vorzubereiten:

»Ich muß um eine grundsätzliche Entscheidung bitten: Wenn die Ansichten des Herrn Stark mit denen der Regierung übereinstimmen, werde ich selbstverständlich um meine Entlassung bitten. Wenn das aber nicht der Fall ist, wie mir vom Reichserziehungsministerium ausdrücklich versichert wurde, dann bitte ich Sie als Reichsführer SS um einen wirksamen Schutz gegen solche Angriffe in der Ihnen unterstellten Zeitung.«

Am Ende des Briefes räumte Heisenberg seine unpolitische Haltung ein, bekräftigte aber seinen Patriotismus, das heißt bekundete seine Loyalität gegenüber dem Naziregime.[3]

Himmler, der sich mit seiner Antwort erst einmal Zeit gelassen hatte, bat den Physiker um eine Widerlegung der von Stark erhobenen Vorwüfe. Umgehend und ausführlich suchte Heisenberg hierauf zu beweisen, daß sein Verhalten stets gerechtfertigt gewesen sei: Die Petition von 1936 habe ein SS-Offizier gebilligt, die Entlassung eines deutschen Assistenten sei aufgrund von dessen Inkompetenz unumgänglich gewesen, er, Heisenberg, habe Starks Manifest von 1934 nicht unterzeichnet, weil er gegen den Organisator Bedenken gehabt habe und so weiter. Abermals unterstrich er seine Loyalität gegenüber dem Regime, obgleich er der Meinung sei, so schrieb er, daß Wissenschaftler ihre Treue mehr auf dem Gebiet der Wissenschaft als auf dem der Politik unter Beweis stellen sollten.[4]

Mit der Erstellung des Berichts über den Vorfall betraute Himmler den Sicherheitsdienst der SS, an dessen Spitze sein einschüchternder Parteigenosse Reinhard Heydrich stand. Während der nächsten sechs Monate wurde Heisenberg von Männern der Wissenschaftsabteilung des SD, darunter auch von dem Physiker Johannes Juilfs (später unter dem Namen Mathias Jules bekannt), auf, wie es scheint, wohlwollend verständnisvolle Weise befragt.[5] Nichtsdestoweniger gaben ihm die SD-Leute zu verstehen, man könne durchaus auch zu unangenehmeren Methoden greifen, woraufhin er es mit der Angst zu tun bekam, zumal als Vertreter der Sittenpolizei auftauchten, was darauf schließen ließ, daß man ihm vielleicht auch einige Fragen über homosexuelle Aktivitäten in seiner früheren Jugendgruppe stellen würde. Diese Verhöre verschreckten Heisenberg derart, daß er noch später (so erzählt seine Frau) des öfteren von Alpträumen heimgesucht wurde, in denen die Gestapo die Treppe hochstürmte. Besonders beunruhigt war er, weil er sich durch jene Ermittler in der Berliner Gestapo-Zentrale in seiner »inneren Freiheit« bedroht sah.[6]

Im Juli 1938 erhielt Himmler dann schließlich den Bericht über Heisenberg und wies Heydrich am 21. Juli an, daß der Physiker hinfort als guter deutscher Patriot zu schützen sei, »da ich ebenfalls glaube«, schrieb der Reichsführer SS, »daß Heisenberg anständig ist, und wir es uns nicht leisten können, diesen Mann, der verhältnismäßig jung ist und Nachwuchs heranbringen kann, zu verlieren oder tot zu machen«. Man könne ihn möglicherweise noch für das *Ahnenerbe* gebrauchen und »ihn als guten Wissenschaftler zu einer Zusammenarbeit mit unseren Leuten von der Welteislehre bringen«. Noch am selben Tag teilte er Heisenberg mit, daß es im *Schwarzen Korps* keine weiteren Angriffe gegen ihn geben werde. Abschließend verlieh Himmler seiner Hoffnung Ausdruck, daß man sich Ende des Jahres einmal treffen werde, um »über die Dinge ausführlich und von Mann zu Mann zu reden«. In einem Postscriptum wurde die Empfehlung beigefügt, der Öffentlichkeit zukünftig den Unterschied zwischen wissenschaftlichen Ergebnissen und der persönlichen und politischen Einstellung der daran beteiligten Wissenschaftler klarzumachen – was Heisenberg bereits praktizierte.[7]

Der Bericht, den Himmler bekam, ist verschollen, aber sein Inhalt läßt sich aus einer eidesstattlichen Erklärung rekonstruieren, welche die SS im Mai 1939 erstellte, als das Volksbildungsministerium Heisenbergs Kandidatur für den immer noch vakanten Münchener Lehrstuhl erwog. Der Autor dieser Erklärung hatte Bedenken, ob man Heisenberg nach München schicken solle, da dies ein Schlag ins Gesicht der Parteiorgane wäre, die gegen die Nominierung gewesen waren und den Physiker lieber nach Wien geschickt hätten, wo er unter den Einfluß des nazistischen Lehrkörpers geraten wäre. Obwohl seine ursprünglichen Ideen in ihrem theoretischen Kontext etwas »jüdisch« gewesen seien, argumentierte das Gutachten, habe er nun zu einer arischeren Betrachtungsweise der Physik gefunden. Er sei von untadeligem Charakter und, obwohl unpolitisch, was für viele seinesgleichen gelte, dennoch bereit, Deutschland bedingungslos zu dienen. Tatsächlich hatte Heisenberg den SS-Ermittlern erklärt, als guter Deutscher werde man entweder geboren, oder man sei keiner. Dies spiegelte sich in seiner militärischen Vergangenheit wider: Heisenberg hatte, wie schon erwähnt, während der Münchener Revolutionswirren 1918/19 beim nationalistischen Freikorps Lützow gegen die Linken gekämpft und sich 1935 und dann erneut während der Sudetenkrise 1938 freiwillig zu den Reserveeinheiten gemeldet. Dennoch blieben einige Fragezeichen. Seine politische Haltung war gewiß nicht so eindeutig, wie sie hätte sein sollen; er hatte sich geweigert, 1933 an der Leipziger Versammlung teilzunehmen, aus Angst, seine ausländischen Kollegen könnten sein Handeln falsch verstehen. Die eidesstattliche Erklärung gab jedoch der Hoffnung Ausdruck, daß Heisenberg schon noch dazu gebracht werden könne, die Richtigkeit der antisemitischen Politik des NS-Regimes einzusehen, lehne er doch bereits »die jüdische Unterwanderung des deutschen Lebensraums« ab.[8]

Heisenbergs Ehre war nun so weit wiederhergestellt, daß er in Deutschland bleiben konnte. 1938 hatte er Sommerfeld erklärt, er »sehe eigentlich keine andere Möglichkeit, als um meine Entlassung zu bitten, wenn mir der Schutz meiner Ehre hier versagt wird... Daß es mir sehr schmerzlich wäre, aus Deutschland fortzugehen, wissen Sie; ich möchte es nicht tun, wenn es nicht unbedingt sein muß. Aber ich hab auch keine Lust, hier als Mensch zweiter Klasse zu leben.« Mit anderen Worten, Heisenberg war bereit, in Deutschland als Mensch erster Klasse zu leben. Nicht moralischer Widerstand, sondern persönliches Prestige, das er mit den Interessen Deutschlands und der deutschen Physik gleichsetzte, war der Maßstab für Heisenbergs »Ehre«.[9]

Von 1937 bis weit in den Krieg hinein betrachtete er den Reichsführer SS als den Schutzherrn seiner Ehre. Nachdem er dessen entlastenden Brief vom 21. Juli 1937 erhalten hatte, antwortete er Himmler hoch erfreut und dankte ihm überschwenglich dafür, ihn von »einer großen Sorge befreit« zu haben. Zudem versicherte er, daß eine entsprechende Klärung der aus dem Durcheinander von Politik und Wissenschaft entstandenen Mißverständnisse dem Reichsführer zeigen werde, wie unberechtigt »die Angriffe auf meine Ehre« gewesen seien.[10] Da sich seine Berufung auf den Münchener oder einen anderen Lehrstuhl hinzog und Himmler die von Heisenberg herbeigesehnte »Aussprache von Mann zu Mann« immer wieder verschob, korrespondierten die beiden eifrig weiter.[11] Heisenberg stellte sich die Wiederherstellung seiner Ehre in drei Schritten vor: Erstens sollte seine neue Physik (einschließlich der Relativitätstheorie) über die Fraktion der »deutschen Physik« den Sieg davontragen dürfen und vor deren Angriffen geschützt werden; zweitens sollte seine gegenwärtige Position als Leipziger Ordinarius gestärkt und gleichzeitig ein renommierter Lehrstuhl in München oder anderswo gefunden werden; drittens wollte er in einem naturwissenschaftlichen Organ der Nazis einen Artikel veröffentlichen, der für die neue Physik warb. Diese drei Ziele verfolgte er forthin mit großer Beharrlichkeit. Als der Krieg unmittelbar bevorstand, teilte ihm Himmler mit, daß er nach Wien berufen werde und er in der *Zeitschrift für die gesamte Naturwissenschaft* – einem Naziblatt – einen Artikel veröffentlichen dürfe. Wie sich herausstellte, dauerte es bis 1942, ehe er einen neuen Lehrstuhl – in Berlin – bekam, und sein Artikel konnte erst ein Jahr später erscheinen.[12] Doch bereits 1939 war Heisenberg zu der Überzeugung gelangt, daß es richtig und ehrenhaft sei, in Nazideutschland zu bleiben.

Gewiß, eine Zeitlang war er versucht gewesen, das Land zu verlassen, insbesondere, als er durch die Angriffe des *Schwarzen Korps* 1937 unter persönlichen Druck geriet. In den Jahren 1937/38 hatte er erwogen, einen Ruf an die Columbia University anzunehmen, aber wie er später an seine Mutter schrieb: »Wenn ich an New York dachte, so war dabei weniger der Gedanke an die Intrigen des Herrn S[tark] maßgebend, als vielmehr die Aussicht, noch viele Jahre in einer Umgebung zu leben, die die Arbeit, für die ich nun einmal da bin, fast unmöglich macht.«[13] Eine politische oder moralische Gegnerschaft zum Nationalsozialismus spielte bei dieser Entscheidung keine Rolle, sondern lediglich die Sorge um seine Physik. Eine solche Haltung wäre unter normalen Umständen durchaus verständlich gewesen, aber in der Ausnahmesituation der dreißiger Jahre war sie erbärmlich. Jener Sorge wurde er, wie gezeigt, enthoben, als Himmler 1938/39 seiner Ehre zu Hilfe kam. Und natürlich bestärkte ihn seine Vaterlandsliebe in der Entscheidung zu bleiben. Während eines Urlaubs in Badenweiler im April 1939 fuhren Heisenberg und seine Frau nach Frankreich hinüber. Als er über die Hügel des Rheins zurückblickte, flüsterte er Elisabeth zu: »Wie könnte ich je fortgehen?«[14] Diese sentimentale Vaterlandsliebe mag harmlos erscheinen, aber wenn man sie mit echtem Patriotismus gleichsetzt, tut man jenen Deutschen Unrecht, die ihre heimatliche Landschaft und das kulturelle Leben nicht weniger liebten und dennoch aus eigenem Antrieb das Land verließen, weil ihr Gewissen es ihnen befahl. In Heisenbergs Augen war fast kein Preis zu hoch, um in Deutschland zu bleiben – solange er kein Mensch zweiter Klasse zu sein brauchte. Man hat den Eindruck, als habe Heisenbergs »Patriotismus« die Weigerung zugrunde gelegen, den Tatsachen ins Gesicht zu blicken, weil er die unbequemen Konsequenzen fürchtete, die er hätte ziehen müssen. Seine Unfähigkeit, die eigene persönliche Zufriedenheit nüchtern und sachlich zu sehen, und seine Blauäugigkeit angesichts des verbrecherischen Charakters des Dritten Reiches treten in einer anderen Äußerung zutage, mit der er einmal sein Bleiben rechtfertigte: Er habe befürchtet, »die kleinen privaten Kreise, in denen man miteinander im tiefsten Einverständnis musizieren könne, nirgendwo mehr auf der Welt mehr zu finden«.[15]

Somit hatte sich Heisenberg spätestens 1937 als ein politisch verläßlicher Untertan erwiesen, der seine Vaterlandsliebe den neuen Herrschern in Deutschland unter Beweis stellte, die seiner Loyalität so sicher waren, daß sie ihm 1938/39 Auslandsreisen nach England, Amerika und anderswohin gestatteten.[16] In einem Brief an seine Mutter aus dem Jahr 1939 bekannte Heisenberg: »Ich habe das Gefühl, daß jetzt alles richtig steht, soweit es von mir abhängt. Freilich können auch von außen noch viele Schwierigkeiten kommen. Aber mit denen wird man ja meist leichter fertig als mit den inneren.«[17] Aufgrund der alten deutschen Dichotomie zwischen innerer und äußerer Freiheit erschien es Heisenberg völlig unproblematisch, im Land zu bleiben und der deutschen Wissenschaft – und auch Himmler – zu dienen.

Zu den »inneren Schwierigkeiten«, die Heisenberg Sorge bereiteten, dürften die sich verschärfenden judenfeindlichen Maßnahmen des Regimes gezählt haben. 1938 entschuldigte sich Heisenberg plötzlich bei seinem alten Freund Pauli dafür, daß nur »Arier« Sommerfeld in einer deutschen Festschrift würdigen durften (und merkte dabei anscheinend gar nicht, daß eine Entschuldigung, die nicht mit einer Behebung des Übels einhergeht, die Sache nur noch schlimmer macht; mit anderen Worten, wäre es ihm ernst gewesen, hätte er auf seinen eigenen Beitrag zur Festschrift verzichten, ja sogar Deutschland den Rücken kehren müssen, anstatt sich der Politik des neuen Regimes anzupassen).[18] Heisenberg mochte behaupten, Juden aus dem deutschen Wissenschaftsbetrieb ausgeschlossen zu haben, um die Wissenschaft selbst zu retten, aber das praktische Ergebnis seiner Aktionen waren die Isolierung und Diskreditierung der Juden und die gleichzeitige Ausbeutung jüdischer Beiträge zum Nutzen Deutschlands und des Nationalsozialismus. Die Schamlosigkeit dieses opportunistischen Verhaltens scheint Heisenberg niemals aufgefallen zu sein. Freilich, die sogenannte »Reichskristallnacht«, das Pogrom vom November 1938, das in Leipzig besonders gewalttätig ausfiel, ging auch an Heisenberg nicht spurlos vorüber. Unverkennbar erschüttert schrieb er in einem Brief an seine Mutter, daß er und Elisabeth »hier noch ganz unter dem Eindruck der letzten Nächte« ständen. Ein Freund hatte ihnen berichtet, wie jüdische Familien johlend zum Bahnhof getrieben und deportiert worden waren.[19] Aber dieser momentane Schock scheint ihn nicht zum Umdenken gebracht zu haben, was seine Zusammenarbeit mit dem Naziregime anging.

Als er im Sommer 1939 Amerika besuchte, fanden Heisenbergs dortige Freunde seine Haltung unbegreiflich. Sie standen vor einem Rätsel, wie ein denkender, geschweige denn anständiger Mensch den Wunsch verspüren konnte, in Deutschland zu bleiben, zumal wenn ihm bei seiner Forschung solche Knüppel in den Weg geworfen wurden. Während er sich mit Goudsmit und anderen Kollegen in Michigan aufhielt, kam es zu einer denkwürdigen Diskussion, von der verschiedene Darstellungen überliefert sind. Ein Augenzeugenbericht schildert, wie Heisenberg anfangs unschlüssig zu sein schien, als ihm Fermi und Goudsmit mit sehr direkten Fragen zu Leibe rückten, dann aber auf den Einwurf von Fermis Frau, jeder, der in Deutschland bleibe, müsse verrückt sein, heftig reagierte.[20] Laut Heisenbergs eigener Version erwiderte er auf Fermis Frage, warum er nicht emigriere, er könne seinen Kreis junger Leute nicht im Stich lassen. Außerdem verkündete er den Anwesenden oberlehrerhaft: »Die Menschen müssen [also] lernen, die Katastrophen soweit wie möglich zu verhindern, aber nicht einfach vor ihnen zu fliehen.« Er könne Deutschland nicht den Rücken kehren, betonte er, weil »Deutschland mich braucht«, und er vertrat den Standpunkt, daß sich die Hitlerschen Exzesse bald legen würden; jedenfalls könne Deutschland keinen Krieg gewinnen.[21] Die letzte Bemerkung mutet unwahrscheinlich an, denn 1939 war Heisenberg längst bewußt, daß er während seiner Auslandsreisen dauernd von deutschen Spionen bespitzelt wurde, die jedes unbedacht geäußerte Wort meldeten; und es mußte ihm klar sein, daß er durch defätistische Äußerungen seine hart erkämpfte Position in der Heimat gefährden würde. Andere Quellen haben außerdem behauptet, daß Heisenberg damals die Meinung vertrat, ein deutscher Sieg im bevorstehenden Krieg sei sehr wahrscheinlich.[22]

Nach seiner Rückkehr nach Deutschland ergötzte er ein Familientreffen in seinem bayerischen Häuschen mit der Vision von einem Sprengstoff, der eine Stadt wie New York »in Weißglut versetzen« könne, und bemerkte in seiner üblichen unbefangenen Art, daß derjenige, der diesen Sprengstoff als erster besitze, die ganze Welt erpressen könne. Seine Schwägerin durchschaute die moralische Indifferenz, die sich hinter dieser Unbefangenheit verbarg, und schrieb in einem Brief an ihren Mann sarkastisch: »Ich bin recht froh um diese lieblichen Aussichten auf Zerstörungsmöglichkeiten.«[23]

Kein Wunder, daß Heisenberg erfreut zusagte, als er im September 1939 zum Uranprojekt des Heereswaffenamts beordert wurde. Von wissenschaftlichem Ehrgeiz fühlte er sich ebenso angespornt wie von tiefer Vaterlandsliebe, und alle Skrupel hatten sich in den Jahren des Kompromisses und des Selbstbetrugs verflüchtigt.

Kein Wissenschaftler, ganz gleich, auf welcher Seite er stand, konnte sich während des Krieges der Mitarbeit an militärischen Projekten entziehen. Die deutschen Wissenschaftler jedoch waren aufgrund ihres ostentativen politischen Desinteresses blind gegenüber dem verbrecherischen Charakter ihres aggressiven Regimes und daher gewissenlos bereit, ihm zu dienen. Dieses moralisch indifferente Verhalten hatten sie bereits im Jahre 1914 an den Tag gelegt, als Fritz Haber die Verwendung von Giftgas hoffähig machte. Tränengas war bereits eingesetzt worden, aber Haber und seine Kollegen (darunter auch Otto Hahn, der in einer Gaseinheit diente, im Unterschied zu Max Born, der sich weigerte, dies zu tun) trugen erheblich zur Verrohung der Kriegsführung bei, ohne einen Gedanken darauf zu verschwenden, daß dadurch die Haager Landkriegsordnung verletzt wurde.[24] Angesichts dieses Hintergrunds einer Kriegsführung mit allen Mitteln besteht kein Zweifel daran, daß Heisenberg, wäre er dazu in der Lage gewesen, eine Atombombe herzustellen, dies bestimmt getan hätte. Was immer seine persönlichen Vorbehalte gewesen sein mögen, sie hätten ihn sicherlich nicht davon abgehalten, als treuer Sohn Deutschlands zu handeln. Alles, was bisher über seine Mentalität gesagt worden ist, legt diese Schlußfolgerung nahe, die durch sein Verhalten und Denken während der Kriegsjahre bestätigt wird.[25]

Bis zum Ende des Krieges setzte Heisenberg seinen Dialog mit Himmler und der SS fort, damit die theoretische Physik und seine eigene Ehre nicht angetastet würden. Mit der unschätzbaren Hilfe des diplomatischen Taktierers Weizsäcker veranstaltete die SS eine Reihe von Streitgesprächen zwischen Heisenberg und seinen Widersachern. Bei den »Religionsgesprächen«, wie sie scherzhaft genannt wurden, ging es um Fragen der Physik und der Ideologie, die nicht für die Öffentlichkeit bestimmt waren. Dabei gewann Gustav Borger, Leiter der Abteilung für Wissenschaft des NS-Dozentenbundes, die Überzeugung, daß Heisenbergs »politische Haltung keinesfalls als positiv-kämpferisch zu bezeichnen [sei]. Er ist zweifellos der Typ des unpolitischen Gelehrten.«[26] Borgers hilfreiches Gutachten (das ihm 1947 einen für die Entnazifizierung notwendigen »Persilschein« einbrachte) machte den Weg frei für Heisenbergs Sieg über die »deutsche Physik« bei einer abschließenden Debatte, die im November 1942 im malerischen Tiroler Seefeld stattfand und an der dreißig Wissenschaftler und Parteiideologen, darunter Heisenbergs alter Bekannter von der SS, Johannes Juilfs, teilnahmen. Wie immer war der Kompromiß, der dabei herauskam, beschämend: Die Relativitätstheorie sollte gelehrt, aber Einsteins Name nicht erwähnt werden. Ja, Einstein wurde als jüdischer Profiteur arischer Ideen hingestellt. Der Bericht, den Weizsäcker formulierte, befand, daß »schon vor Einstein arische Wissenschaftler wie Lorentz, Hasenohrl, Poincaré u.a. die Grundlagen der Relativitätstheorie geschaffen hatten«. Der Schlußabsatz des Seefelder Berichts prangerte an, daß die Relativitätstheorie zu einer Weltanschauung gemacht werde, wie es die jüdische Propagandapresse einer früheren Epoche versucht habe.[27] Heisenberg selbst verbreitete diese Lüge, als er gegenüber einem Mitglied der Preußischen Akademie der Wissenschaften die Auffassung vertrat, daß die spezielle Relativitätstheorie auch ohne Einstein entdeckt worden wäre.[28]

Eine öffentliche Bestätigung seines Triumphs konnte Heisenberg darin sehen, daß die parteikonforme *Zeitschrift für die gesamte Naturwissenschaft*, das publizistische Sprachrohr der »Deutschen Physik«, einen 1940 von ihm verfaßten Artikel abdruckte. Hoch erfreut hatte Heisenberg bereits 1942 seine doppelte Anstellung als Direktor des Kaiser-Wilhelm-Instituts für Physik und als Ordinarius an der Berliner Universität zur Kenntnis genommen. Aber die Veröffentlichung des Artikels – der letzte Schritt zur Wiederherstellung seiner Ehre, den er 1938 von Himmler gefordert hatte – war bisher immer noch an irgendwelchen Hindernissen gescheitert. Endlich, im Februar 1943, konnte Heisenberg dem Reichsführer SS für »eine öffentliche Wiederherstellung meiner Ehre« durch akademische Berufungen danken und ihn bitten, sich bei der Zeitschrift ins Mittel zu legen.[29] Himmlers persönlicher Adjutant signalisierte grünes Licht, und der Artikel erschien rechtzeitig zum Ende des

Jahres. Er enthielt einen von Heisenberg geschickt auf Parteilinie gebrachten Bericht über die Entwicklung der modernen Physik:

> »Amerika wäre auch entdeckt worden, wenn Columbus nie gelebt hätte; die Theorie der elektrischen Erscheinungen wäre auch ohne Maxwell, die elektrischen Wellen wären ohne Hertz gefunden worden; denn an den Tatsachen konnten die Entdecker ja gar nichts ändern. Ebenso wäre die Relativitätstheorie zweifellos auch ohne Einstein entstanden; gerade hier kann man im einzelnen zeigen, daß auch andere Gelehrte schon ihr Denken in die gleiche Richtung gelenkt hatten; durch die Arbeiten von Voigt, Lorentz und Poincaré stand man schon ganz dicht vor der vollständigen Formulierung der speziellen Relativitätstheorie.«[30]

(Wie es scheint, hat er diese interessante Theorie der unvermeidlichen Entdeckung nie auf seine eigenen Entdeckungen der Quantenmechanik und des Unschärfeprinzips bezogen.)

Es überrascht nicht, daß Heisenberg nach dieser öffentlichen Speichelleckerei hohe Ehren empfing. Göring empfahl ihn Hitler im Oktober 1943 für das Eiserne Kreuz, und in Goebbels' schöngeistigem Wochenblatt *Das Reich* prangte am 14. Mai 1944 auf der Titelseite: »Deutscher Volksführer: Werner Heisenberg«.[31] Als Himmler 1944 versuchte, ein eigenes Atombombenprojekt zu entwickeln, konnten seine Leute, wenn sie Hilfe brauchten, natürlich stets auf ihre seit langem bestehenden freundschaftlichen Kontakte zu Heisenberg zurückgreifen.

19. Kapitel: Propagandareisen, 1941–45

Himmlers Vertrauen in seine Loyalität und Nützlichkeit stellte Heisenberg auf mehreren Propagandareisen in von Deutschen besetzte Länder unter Beweis. Diese unwürdigen Besuche, deren Bedeutung er später herunterzuspielen versuchte, offenbarten der internationalen Wissenschaftsgemeinde auf beschämende Weise, daß er sich mit dem Nationalsozialismus eingelassen hatte.[1]

Heisenbergs berüchtigtste Stippvisite war der vieldiskutierte Besuch bei Niels Bohr im September 1941. Bereits im Ersten Weltkrieg hatte sein Lehrer und Mentor Arnold Sommerfeld »Kulturpropaganda« betrieben, als er vor deutschen Truppen in Belgien und an der Universität von Gent allerlei Vorträge hielt, um der »deutschen Kultur« auf »altem deutschen Boden« wieder Geltung zu verschaffen.[2] Zwar haftete auch Heisenbergs Besuch in Kopenhagen ein Hauch von Kulturimperialismus an, doch scheinen ihm vielschichtigere Motive zugrunde gelegen zu haben. Weizsäcker hatte im März 1941 in der dänischen Hauptstadt einen Vortrag gehalten.[3] Dieser, wie es scheint, positiv verlaufene Besuch mag Heisenberg auf die Idee gebracht haben, die Kontakte Ernst von Weizsäckers, des Vaters seines Freundes, zum deutschen Reichsbevollmächtigten in Dänemark zu nutzen, um zu erreichen, daß Bohr und dessen Institut unbehelligt blieben und gleichzeitig mit den Besatzern auf wissenschaftlichem Gebiet zusammenarbeiteten.[4] (Möglicherweise erwog man auch, Weizsäcker zum Direktor von Bohrs Institut zu machen, um diesen zu schützen.)[5] Weizsäckers Vorschlag, sich bei seinem nächsten Besuch in Kopenhagen von Heisenberg begleiten zu lassen, stieß jedoch zunächst auf bürokratische Hindernisse. Sie wurden indes sofort beseitigt, als Staatssekretär Ernst von Weizsäcker Anfang September damit drohte, sich persönlich in die Angelegenheit einzuschalten. Der Besuch fand noch im selben Monat statt.[6]

Das Auftreten der beiden Freunde während ihres Aufenthalts in

Kopenhagen verhieß nichts Gutes für das hochsensible Gespräch, das Heisenberg mit Bohr unter vier Augen zu führen gedachte. Weizsäcker versuchte, Bohr und dessen Kollegen zur Teilnahme an der Vortragsreihe über Astrophysik zu überreden, die das Deutsche Wissenschaftliche Institut veranstaltete, und drohte ihnen damit, man würde ihnen andernfalls ein SS-Institut vor die Nase setzen. Diese Drohung ließ die Dänen jedoch ziemlich kalt. In der Zwischenzeit machte sich Heisenberg während verschiedener Gepräche bei Mittagessen in der Kantine von Bohrs Institut seine Gastgeber dadurch zu Feinden, daß er

> »mit großem Vertrauen über den Fortschritt der deutschen Offensive in Rußland sprach ... Er betonte, wie wichtig es sei, daß Deutschland den Krieg gewinne. Zu Christian Møller sagte er zum Beispiel, die Besetzung Dänemarks, Norwegens, Belgiens und Hollands sei beklagenswert, aber für die Länder in Osteuropa sei die Entwicklung von Vorteil, weil diese Länder nicht imstande seien, sich selbst zu regieren. Møller entgegnete darauf, wir hätten bisher nur die Erfahrung gemacht, daß Deutschland es ist, das sich nicht selbst regieren kann.«[7]

Ein nach dem Krieg in England verfaßter Bericht über den Kopenhagen-Besuch kam zu dem Schluß, daß Heisenberg zwar kein Nazi sei, aber »ein glühender Nationalist mit der typisch deutschen Ehrfurcht vor der Obrigkeit, die gerade an der Macht ist. Er soll die Meinung vertreten haben, daß der Krieg eine biologische Notwendigkeit sei.«[8] Angesichts solcher Äußerungen fiel es Bohr nicht leicht, einem Treffen mit Heisenberg zuzustimmen, und seine Frau weigerte sich anfangs gar, ihn zu bewirten, fand sich jedoch schließlich auf Bitten ihres Mannes dazu bereit.[9]

Als es dann nach Tisch zu dem folgenschweren Gespräch kam, waren die Dinge in jeder Hinsicht gründlich verfahren; dies geht aus allen, zum Teil widersprüchlichen, Berichten darüber hervor. Selbst der Ort der Unterredung ist nach wie vor umstritten: Laut Heisenberg fand sie im Tivoli oder im Fælledpark, Bohrs Freunden zufolge in seinem häuslichen Arbeitszimmer oder in seinem Institutsbüro statt.[10] Was den Zweck und den Inhalt des Gesprächs betrifft, so ließ sich Heisenberg in seinen verschiedenen Aussagen darüber wie gewöhnlich schwer festnageln und huschte von einem Thema zum anderen. Im Entwurf einer eidesstattlichen Erklärung, die er zur Verteidigung Ernst von Weizsäckers verfaßte, der sich 1948 vor dem amerikanischen Militärgerichtshof in Nürnberg verantworten mußte, steht, Bohr habe ihn gefragt, ob er die Nutzbarmachung der Kernenergie noch während des Krieges für möglich halte, worauf er antwortete: »Ja, ich weiß, das ist grundsätzlich möglich.« Heisenberg behauptete, daß er hier nur einen Reaktor gemeint, Bohr jedoch fälschlicherweise angenommen habe, er spreche von einer Bombe.[11] Ein privater Brief aus demselben Jahr geht noch ein Stück weiter: Natürlich habe er gewußt, schreibt Heisenberg, daß ein Reaktor funktionieren würde, und auch, daß man Plutonium aus solchen Reaktoren zur Herstellung von Bomben verwenden könne – aber er hielt sowohl U235- als auch Plutoniumbomben für unwahrscheinlich, da er den dafür erforderlichen technischen Aufwand überschätzte. Und dennoch war er tief besorgt darüber, daß irgendwelche Machthaber – »nicht nur Hitler« – solche Waffen in die Hand bekommen könnten. Als er Bohr im Herbst 1941 traf, habe er daher

»an ihn die Frage gerichtet, ob ein Physiker das moralische Recht habe, an Atomproblemen im Kriege zu arbeiten. Bohr fragte zurück, ob ich glaubte, daß eine kriegerische Verwendung der Kernenergie möglich sei, und ich antwortete: ja, das wüßte ich. Ich habe dann meine Frage wiederholt, und Bohr antwortete zu meiner Verwunderung, daß der Kriegseinsatz der Physiker in allen Ländern unvermeidlich und daher wohl auch berechtigt sei. Bohr hat es offenbar für unmöglich gehalten, daß hier die Physiker aller Völker sich sozusagen gegen ihre Regierungen verbunden [sic]; er hat mir auch im vergangenen Sommer gesagt, daß er auf diesen Punkt nicht habe eingehen wollen und daß er daher meine Frage mehr als eine indirekte Information über den Stand unserer Kenntnisse aufgefaßt habe.«[12]

Die Behauptung, daß ein entschiedener Nazigegner wie Niels Bohr die Arbeit an einer Atombombe für Hitler gutgeheißen habe, ist geradezu absurd, was jedoch Heisenberg nicht gemerkt zu haben scheint, als er versuchte, sein Verhalten während des Krieges als ganz normal hinzustellen und sich dabei auf das vermeintliche

Einverständnis des Dänen berief. Später allerdings glaubte selbst er, sich in seiner Wortwahl etwas mäßigen zu müssen, wie etwa gegenüber Irving 1965 (obgleich er während dieses Gesprächs mit anderen absurden Behauptungen aufwartete, etwa der, er und Weizsäcker seien immer der Auffassung gewesen, daß Amerika als erstes Land Reaktoren bauen und somit auch eine Bombe entwikkeln würde):

> »Wir sahen eigentlich vom September 1941 eine freie Straße zur Atombombe vor uns. Wir sahen, also im Prinzip kann man jetzt doch Atombomben machen. Jedenfalls, es wird sehr gefährlich. Wir fanden das nun eine gräßliche Situation für alle Physiker, insbesondere für uns deutsche, und zwar für die deutschen Physiker noch schrecklicher als die anderen, denn damals waren die Vorstellungen, dem Hitler Atombomben in die Hand zu geben, gräßlich.«[13]

Heisenberg stellte seinen Gang nach Kopenhagen als eine Pilgerfahrt dar, von der er sich »Bohrs Absolution« erhoffte. Doch wenn jemand echte moralische Bedenken hatte, bedurfte er, so sollte man meinen, eigentlich keines Zuspruchs von Außenstehenden. Zudem, warum arbeitete ein Mensch, der solche Bedenken trug, zwischen 1941 und 1945 hingebungsvoll an der Entwicklung eines kritischen Reaktors, wenn dieser den Weg zu einer Plutoniumbombe eröffnete? Wenn einer fragen mußte, welche Alternative er wählen solle, hielt er sich außerdem immer noch beide Möglichkeiten offen, und so war Heisenberg im Prinzip bereit, für Hitler eine Bombe zu bauen.[14]

Wenden wir uns nun einigen der anderen Berichte über die denkwürdige Begegnung der beiden Nobelpreisträger zu. Bohr selbst hat sich niemals öffentlich dazu geäußert, was nicht heißt, daß er sich nicht in privaten Aufzeichnungen mit dem Besuch auseinandersetzte, der ihn derart irritiert hatte.[15] Sein Sohn Aage, der in diese Vorgänge eingeweiht war, schrieb Ende der sechziger Jahre kurz und knapp:

> »In einem Gespräch mit meinem Vater brachte Heisenberg die Frage der militärischen Anwendungen der Kernenergie zur Sprache. Mein

Vater war sehr zurückhaltend und äußerte seine Skepsis wegen der großen technischen Schwierigkeiten, die überwunden werden mußten, aber er hatte den Eindruck, daß Heisenberg glaubte, die neuen Möglichkeiten könnten den Ausgang des Krieges entscheiden, wenn der Krieg sich noch weiter hinzöge.«[16]

In einer Fußnote zu dieser Textstelle widersprach Aage Bohr mit Entschiedenheit Jungks Behauptung, »die deutschen Physiker hätten meinem Vater einen geheimen Plan unterbreitet, der darauf abzielte, durch eine gegenseitige Vereinbarung mit Kollegen in den Ländern der Alliierten die Entwicklung von Atomwaffen zu verhindern«.

Ein enger Mitarbeiter Bohrs, S. Rozental, äußerte sich folgendermaßen: »Ich kann mich nur noch erinnern, wie erregt Bohr nach jenem Gespräch war und daß er Heisenberg etwa so zitierte: ›Du mußt verstehen, wenn ich an dem Projekt mitarbeite, so tue ich es in dem festen Glauben, daß es zu schaffen ist.‹«[17] Das klingt durchaus nach Heisenberg. Und auch Frau Bohr erinnerte sich später noch ganz genau an den Besuch, den sie Heisenberg und Weizsäcker nie verzieh. Auf einer Versammlung in Kopenhagen 1963 fielen ihr die beiden deutschen Physiker ins Auge, und ohne gefragt worden zu sein, sagte sie plötzlich zu Goudsmit, der neben ihr stand: »Was immer auch gesagt und geschrieben werden mag, sie (und dabei deutete sie auf Heisenberg und Weizsäcker) kamen als Feinde!«[18] Bohr selbst gab sich etwas versöhnlicher, obwohl sich Heisenberg und Weizsäcker etwas vormachten, als sie nach dem Krieg behaupteten, er habe ihnen versichert, daß sie sein volles Verständnis hätten. Anscheinend legten sie seinen Wunsch, nicht über den peinlichen Vorfall von 1941 zu sprechen, als eine Art Bestätigung ihrer Versionen aus.[19] Wenngleich sich nach dem Krieg die Beziehungen zwischen Bohr und Heisenberg wieder normalisierten, war die innige Freundschaft, welche die beiden jahrzehntelang verbunden hatte, unwiderruflich dahin.[20] Bohr muß sich hintergangen gefühlt haben, zum einen durch Heisenbergs heimliches Einverständnis mit dem Naziregime und – als wenn dies nicht schon schlimm genug gewesen wäre – zum anderen durch den unbesonnenen Versuch des Deutschen, seinen (Bohrs) guten Ruf in Gefahr zu bringen. Der Däne war zweifellos tief enttäuscht über das Verhalten seines Freundes, der sich noch in den dreißiger Jahren brieflich bei ihm entschuldigt hatte »für all das, was nun in diesem Land geschieht«[21]. Als Heisenberg dann auch noch über die Machbarkeit von Atomwaffen zu spekulieren begann, war für Bohr die Grenze des Erträglichen erreicht, zumal da die deutschen Physiker ihm gegenüber während ihres Besuchs die »Hoffnung und Zuversicht« geäußert hatten – so Bohr Ende 1946 in einem Gespräch mit Ladenburg –, daß, wenn der Krieg lang genug dauere, ihn Kernwaffen für Deutschland entscheiden würden.[22]

Daß den beiden Bohrs Verärgerung nicht entgangen war, belegt ein nach dem Krieg verfaßter Bericht des deutschen Wissenschaftlers Hans Jensen, den Heisenberg nach dem Reinfall in Kopenhagen gebeten hatte, Bohr zu besänftigen. Jensen, angeblich Sozialist oder Kommunist und ein Freund Heisenbergs und Houtermans, erklärte Bohr 1942, daß die Deutschen keineswegs bestrebt seien, eine Bombe zu bauen. Der Däne traute zwar Jensen nicht so recht, verhehlte ihm jedoch nicht, wie sehr er sich über Heisenbergs Vortrag im Deutschen Kulturinstitut und seinen Versuch, ihn in die Veranstaltung mit hineinzuziehen, geärgert habe. Besonders empört zeigte er sich darüber, daß Heisenberg die Besetzung Frankreichs verteidigt hatte, da sie weniger brutal sei als die Polens. Hinsichtlich der Gewissensfragen über Nuklearwaffen meinte Bohr, Heisenberg solle »selbst mit seinem Gewissen ins reine kommen«, und gab Jensen als Botschaft mit auf den Weg: »Sagen Sie Professor Heisenberg, ich bin nicht der Papst. Ich kann ihm keine Absolution erteilen.« Obwohl Bohr und der britische Geheimdienst Jensen für einen Spitzel hielten, scheint dieser versucht zu haben, von Norwegen aus den Engländern zu signalisieren, daß Heisenberg sowohl an einer U235-Bombe als auch an einer »Kraftmaschine« arbeite, deren Gelingen er nicht bezweifle, wohl aber das der Bombe. In der ersten Ausgabe seiner Autobiographie stürzte sich Heisenberg auf Jensens Besuch bei Bohr, um damit die Wahrheit seiner eigenen Aussagen über die Begegnung zu beglaubigen; allerdings hatte ihn sein »Sendbote« nicht umfassend über Bohrs Reaktion informiert, und auch von Jensens Konktakten zu den Engländern dürfte

Heisenberg nichts gewußt haben. Bezeichnenderweise bat Jensen ihn, bei einer Neuauflage der Autobiographie jeglichen Hinweis auf seinen Besuch zu tilgen, aus Angst, man könnte ihn für einen Verräter halten.[23]

Noch während des Krieges verbreitete sich die Kunde von der Begegnung zwischen Heisenberg und Bohr allmählich im Ausland. Christian Møller, den der Deutsche mit seiner Theorie vom Nutzen nationalsozialistischer Eroberung ergötzt hatte, besuchte im März 1942 Stockholm, wo er Lise Meitner davon berichtete. Mit bitterer Ironie schrieb diese an Laue:

> »Ich hatte Dr. M. einen Abend bei mir und das war sehr nett und angenehm. Er erzählte viel von Niels und dem Institut und das meiste war erfreulich und befriedigend. Halb amüsant und halb betrüblich war sein Bericht über einen Besuch von Werner und Carl Friedrich. Neben anderen Merkwürdigkeiten scheint C. F. sehr eigenartige Gedankenwege zu gehen, an besondere ›Constellationen‹ zu glauben, aber ich bitte Sie, das als vertraulich zu behandeln. Ich war ziemlich traurig über das Gehörte, ich hatte einmal menschlich viel von beiden gehalten. Es war ein Irrtum.«[24]

Laue erwiderte, daß er sich über die innere Einstellung der beiden schon öfter gewundert zu haben.

> »Aber ich glaube, ihre Psychologie zu verstehen. Manche Menschen, namentlich jüngere, vermögen sich mit der großen Irrationalität dieses Daseins nicht abzufinden und konstruieren deshalb in ihren Gedanken – Luftschlösser. Es ist das ein gewaltsames Streben, an einer Sache, die man nicht beseitigen kann, doch wenigstens einige gute Seiten zu finden. Die Genannten stehen darin nicht allein da.«[25]

1947 begab sich Heisenberg erneut nach Kopenhagen, um die früheren freundschaftlichen Beziehungen zu Bohr wiederherzustellen und vielleicht auch die dänischen Wissenschaftler für die deutsche Lesart des Uranprojekts zu gewinnen. Als er jedoch seinen Besuch von 1941 zur Sprache brachte, lehnte es Bohr rundweg ab, mit ihm darüber zu diskutieren, und legte ihm nahe, zu Goudsmit Kontakt aufzunehmen.[26] Ohne Zweifel faßte Heisenberg diese Antwort als eine Art Bestätigung seiner eigenen Version auf, zumindest stellte er es in späteren Interviews so dar, in denen er wahrheitswidrig behauptete, sie hätten »einen ganzen Abend über dieses Thema gesprochen«.[27] Die Erinnerung des britischen Offiziers Ronald Fraser, der sich in Göttingen mit den deutschen Wissenschaftlern in Verbindung setzte, den Besuch bei Bohr einfädelte und Heisenberg nach Kopenhagen begleitete, weicht davon ab. Der Deutsche habe ihm klargemacht, so Fraser, daß er aus zwei Gründen in die dänische Hauptstadt wolle: erstens, um Bohr seine neue Theorie über Supraleitung auseinanderzusetzen, und zweitens, um dort Lebensmittel für seine Familie aufzutreiben. Das Treffen von 1941 jedoch stand nicht zur Debatte.

> »Die ganze Geschichte von ›einer Art Konfrontation‹ [mit Bohr 1947] … ist eine typisch Heisenbergsche Erfindung – vielleicht ein bißchen geistreicher als tausend andere, aber wie alle ein Produkt seines *Blut und Boden*-Schuldkomplexes, den er so fix rationalisiert, daß er selbst an die Geschichten glaubt … Bedauernswert bei einem Mann seiner geistigen Statur.«[28]

Aber was war Mitte September 1941 wirklich geschehen? An den Tagen vor dem Gespräch versuchte Heisenberg allen möglichen Leuten am Kopenhagener Institut die Vorteile deutscher Eroberungspolitik nahezubringen, so daß Bohr auf diese Argumentation gut vorbereitet gewesen sein muß. Tatsächlich soll er – laut einiger Berichte – gleich zu Beginn des Gesprächs seinem Gast Vorwürfe gemacht haben, weil dieser den Überfall auf Polen gerechtfertigt hatte. Hierauf erwiderte Heisenberg, Polen sei zwar eine Tragödie, aber in Frankreich hätten die Deutschen nicht solche Zerstörungen angerichtet. Bohr war empört, und alles wurde noch schlimmer, als Heisenberg ihm erklärte, daß Deutschland die Russen besiegen werde und dies eine »gute Sache« sei.[29] Doch selbst Heisenberg dürfte davor zurückgeschreckt sein, gegenüber seinem alten kritischen Mentor eine zu plumpe Lobeshymne auf deutsche Machtpolitik anzustimmen, und hätte eine subtilere Rechtfertigung vorgebracht.

Zu deren Rekonstruktion muß man sich die weltpolitische Lage im Frühherbst 1941 vergegenwärtigen. Frankreich und die Beneluxstaaten waren 1940 verblüffend schnell besiegt worden, und dieses Kunststück sollte nun, wie es schien, auf noch spektakulärere Weise im Osten gegen die Sowjetunion wiederholt werden. England würde aller Wahrscheinlichkeit nach Nordafrika und den Nahen Osten verlieren, in Schach gehalten, wenn nicht zu einem Waffenstillstand gezwungen werden – und die Vereinigten Staaten waren noch nicht in den Krieg eingetreten. Eine neue europäische Ordnung unter deutscher Herrschaft zeichnete sich ab, und Heisenberg legte sich vermutlich bereits deren »gute Seiten« zurecht. Die verlockendste Strategie, Bohr die Notwendigkeit einer Zusammenarbeit in jener »Neuen Europäischen Ordnung« vor Augen zu führen, wäre gewesen, an seinen Glauben an die gesellschaftliche Verantwortung des Wissenschaftlers zu appellieren. Die Möglichkeit einer weiteren Erforschung und Nutzung der Kernenergie mochte Heisenberg als eine Trumpfkarte erscheinen; mehr denn je mußten Wissenschaftler zusammenarbeiten, um die negativen Aspekte der Politik zu mildern, das Gemeinwohl und den wissenschaftlichen Fortschritt zu fördern, und dabei würde es vor allem um den richtigen Einsatz und Gebrauch der Kernenergie gehen. Diese Rekonstruktion könnte einen Hauptwiderspruch in Heisenbergs Versionen seiner Kopenhagen-Mission erklären: Wenn er tatsächlich (wie er später behauptete) seit 1941 »eine freie Straße zur Atombombe« (über die Gewinnung von Plutonium) vor sich liegen sah und außerdem glaubte, daß die Bombe nicht vor Ende des Krieges gebaut werden könne, warum meinte er dennoch, nach Kopenhagen reisen und Bohr treffen zu müssen? Es bestand keine unmittelbare Gefahr eines Durchbruchs, der Bohrs rasches Eingreifen erfordert hätte, aber der Zeitpunkt war durchaus passend, um mit Bohr zu besprechen, wie jene »freie Straße« in der Nachkriegszeit zu beschreiten sei.

Heisenberg betonte später die Notwendigkeit, für die Nachkriegszeit, wenn die Kernenergie praktisch genutzt werde, den Plan einer »internationalen Zusammenarbeit unter den Physikern« zu entwerfen.[30] Aber zum Zeitpunkt, als er Derartiges schrieb und sagte, verstand er unter »Nachkriegszeit« die Zeit nach 1945 und damit etwas ganz anderes als jene *Pax Nazica*, die im September

1941 zum Greifen nah schien. Doch diesen Paradigmenwechsel vergaß er geflissentlich. Als er 1941 gegenüber Bohr von seiner Vision einer wissenschaftlichen Zusammenarbeit nach dem Krieg sprach, hatte er ihm angeboten, bei der Ausbeutung der Kernenergie in einem nazifizierten Europa mitzuarbeiten, nicht in dem befreiten Europa nach 1945. Weizsäcker tat es ihm gleich, als er behauptete, der Zweck des Besuchs sei es gewesen, die Physiker für die Nachkriegszeit zusammenzubringen und sicherzustellen, daß die Physik der Sache des Friedens diene. Ein solch erfreulicher Plan mag in dem Nachkriegseuropa wünschenswert gewesen sein, das dann tatsächlich entstand, aber wie hätte er wohl in jenem Nachkriegseuropa ausgesehen, das Heisenberg und Weizsäcker im September 1941 vorschwebte?[31]

Nachdem er Bohr angeboten hatte, in einer *Pax Nazica* mit kosmetischen Korrekturen zu arbeiten, diskreditierte er sich in den Augen seines Mentors noch mehr, als er zu erkennen gab, wie interessiert er an der wissenschaftlichen Möglichkeit von Atombomben war. Selbst Heisenberg räumte später ein, zu Bohr gesagt zu haben, es sei nun grundsätzlich möglich, Atombomben zu bauen. Natürlich habe er den Standpunkt vertreten, daß es sehr unwahrscheinlich sei, eine Bombe in nächster Zukunft oder noch während des Krieges zu entwickeln, aber was hieß das damals? Es bedeutete, daß solche Bomben erst in der Nachkriegszeit der *Pax Nazica* machbar sein würden. Tatsächlich gab denn auch Weizsäcker zu, daß Heisenberg, als sie wieder in ihrem Hotel waren, berichtete: »Ich sagte … daß man daraus eine Bombe machen kann, und wir arbeiten daran.«[32]

Es besteht also kein Zweifel daran, daß Heisenberg damals mit Bohr über Atomwaffen sprach, obwohl er dies später hartnäckig leugnen sollte.[33] Als Bohr 1943 nach Los Alamos kam, stellte er, wie wir im 10. Kapitel gesehen haben, Konzepte einer Reaktorbombe (einschließlich einer Zeichnung Heisenbergs oder einer Kopie derselben) zur Diskussion, die im Verlauf des Gesprächs vom September 1941 aufgetaucht waren. Eine solche Reaktorbombe schien jedoch, wie oben näher ausgeführt, angesichts ihrer enormen Ausmaße und der Schwierigkeit, genügend angereichertes Uran zu bekommen, eine Chimäre zu sein. Darüber, daß man in Reaktoren waffentaugliches Plutonium gewinnen könne, wird Heisenberg nicht mit Bohr gesprochen haben, da er dieses Verfahren vermutlich als militärisches Geheimnis ansah. In ihrem Gespräch von 1941 dürften daher beide zu dem Schluß gekommen sein, daß vorerst keine Gefahr durch Atombomben drohe. Bestätigt wird dies dadurch, daß Bohr 1941 keine Anstalten machte, die Alliierten vor einer deutschen Atombombe zu warnen. Erst 1943, als Chadwick an ihn herangetreten war, begann er sich besorgt zu fragen, ob er vielleicht etwas zu unternehmen versäumt habe.[34]

Vor diesem politischen und wissenschaftlichen Hintergrund betrachtet, erscheint klar, daß das, was Bohr bei der Unterredung im September 1941 aus der Fassung brachte, nicht die Angst vor einer bald einsatzbereiten deutschen Atombombe war, sondern vielmehr die Entrüstung darüber, daß Heisenberg schon auf eine Kernforschung in der bevorstehenden *Pax Nazica* hin plante. Es sei erstaunlich, bekannte Bohr 1961 gegenüber dem russischen Wissenschaftler Eugene Feinberg, »daß ein Mensch, dessen Meinungen sich langsam geändert haben, völlig vergessen kann, was er einmal geglaubt hat«. Heisenberg, so referiert Feinberg Bohrs Äußerungen, sei von dem unmittelbar bevorstehenden Sieg Deutschlands über die Sowjetunion so überzeugt gewesen, daß er ihn für »eine gute Sache« hielt und sogleich versuchte, Bohr und die Dänen zu einer Zusammenarbeit mit den Deutschen auf wissenschaftlichem Gebiet zu überreden.[35] Mit einem Wort, Heisenberg hatte sich, ohne es selbst zu merken, »nazifiziert« – ein Begriff, der uns später wieder begegnen wird.

Und noch ein weiteres, bisher unbeachtet gebliebenes Dokument wirft Fragen über Heisenbergs Motive für die Reise nach Kopenhagen 1941 auf. Nach dem Krieg soll Heisenberg geschrieben haben, er habe kurz nach dem Besuch im September erfahren, daß Bohr mit den Alliierten in Kontakt stehe. Die Gestapo hatte eine geheime Botschaft von Bohr an englische Wissenschaftler abgefangen und sie Heisenberg zugestellt. Tatsächlich hatte dieser schon vor seinem Besuch einen gewissen Verdacht in diese Richtung gehegt.[36] Nun aber erinnerte er sich, von der Gestapo gehört zu haben, *nachdem* er nach Kopenhagen gefahren war; zieht man allerdings sein lenksames Gedächtnis in Betracht, so würde es nicht überraschen und sogar Sinn ergeben, wenn er schon *vor* seinem Besuch von der Sache erfahren hätte. Dies würde erklären, warum er unbedingt mit Bohr sprechen wollte – nämlich, um ihn auszuhorchen. Auf jeden Fall ist die Verwicklung der Gestapo in das Verhältnis Bohr/Heisenberg ein erstaunliches Eingeständnis. Sobald Heisenberg in Kenntnis gesetzt gewesen wäre, hätte er Informationen über Bohr liefern, das heißt einen offiziellen Bericht über Bohr verfassen müssen. Da jedoch keine SS-Akten über diesen Vorgang gefunden wurden, hat entweder Heisenberg gelogen, was die Einmischung der Gestapo betrifft, oder die Akten sind verlorengegangen. Wie dem auch sei, geheimdienstliche Gesichtspunkte – ob Weizsäckers Bemühungen, etwas über das gemeldete Bombenprojekt der Amerikaner zu erfahren, oder Heisenbergs Aushorchen seines alten Freundes Bohr – scheinen bei dem Ausflug nach Kopenhagen eine nicht zu unterschätzende Rolle gespielt zu haben.[37] Bohr selbst brachte kurz nach dem Krieg den geheimdienstlichen Aspekt zur Sprache, als er mit Victor Weisskopf den Besuch Heisenbergs erörterte. Demnach hatte Heisenberg in Erfahrung bringen wollen, ob Bohr etwas über das Atomprogamm der Alliierten wisse. Heisenberg, schreibt Weisskopf, habe eine Vereinbarung der Wissenschaftler vorgeschlagen, in der sie sich verpflichten, nicht an der Bombe zu arbeiten, und er lud außerdem Bohr nach Deutschland ein, um bessere Beziehungen herzustellen. Bohr sei sich indes nicht sicher gewesen, ob Heisenberg es ehrlich meinte oder ihn nur benutzen wollte.[38]

Immer noch der festen Überzeugung, daß Deutschland den Krieg gewinnen werde, reiste Heisenberg 1943 zu Propagandazwecken nach Holland, wo er es, wie schon in Kopenhagen, fertigbrachte, sofort mehrere Physiker vor den Kopf zu stoßen. Während eines langen Spaziergangs mit Hendrik Casimir legte er seine übliche Verteidigung der nationalsozialistischen Eroberungspolitik dar:

> »Heisenberg dozierte über Geschichte und Weltpolitik. Er erklärte, daß es immer die historische Mission Deutschlands gewesen sei, den

Westen und seine Kultur gegen den Ansturm östlicher Horden zu verteidigen ... Weder Frankreich noch England wären entschlossen und stark genug gewesen, eine führende Rolle bei einer solchen Verteidigung des Abendlandes zu spielen, und seine Schlußfolgerung lautete: ... ›da wäre vielleicht doch ein Europa unter deutscher Führung das kleinere Übel‹. Natürlich wandte ich ein, daß die vielen Greueltaten des Naziregimes und vor allem dessen grausamer und wahnhafter Antisemitismus dies unannehmbar machten. Heisenberg versuchte keineswegs, diese Dinge zu leugnen oder gar zu verteidigen; aber er sagte, man sollte mit einer Veränderung zum Besseren rechnen, wenn der Krieg erst einmal vorüber sei. Und man müsse zur Kenntnis nehmen, daß sie eine Folge der Machtfülle des Führers seien, die eben auch Teil der deutschen Tradition sei ... [Heisenbergs] vielleicht größter Fehler war, daß er das volle Ausmaß der Verworfenheit der damals in Deutschland herrschenden Clique nicht zu erkennen vermochte.«[39]

Dies entspricht dem, was Casimir im Juni 1945 G. P. Kuiper von der U.S. Army erzählte, obwohl er da ausdrücklich behauptete, daß Heisenberg von den Konzentrationslagern ebenso gewußt habe wie von den deutschen Plünderungen im besetzten Europa. Dennoch, glaubte Heisenberg, »Deutschland muß herrschen ... Die Demokratie kann nicht genügend Energie entwickeln, um Europa zu regieren. Es gibt daher nur zwei Möglichkeiten, Deutschland und Rußland. Und außerdem wäre ein Europa unter deutscher Führung das geringere Übel.«[40] Hier verkommt Heisenbergs unpolitische Moral zu unmoralischer Politik, der Überzeugung, daß rücksichtslose Macht immer im Recht ist. Sein Unvermögen, das Wesen westlich-liberaler Demokratie zu erfassen, sollte in mehreren der 1945 in Farm Hall aufgenommenen Gespräche zutage treten, aus denen klar hervorgeht, daß er zwischen Nazideutschland, Sowjetrußland und dem demokratischen Westen keinen Unterschied machte.

Daß dies nicht einfach eine persönliche Verirrung Heisenbergs, sondern für viele vernünftige Deutsche typisch war, ersieht man aus Äußerungen anderer deutscher Hollandreisender. Als Casimir den Atomphysiker F. Kirchner fragte, ob er nach Stalingrad immer noch an einen deutschen Sieg glaube, räumte der Besucher traurig ein, daß ein solcher Sieg unwahrscheinlich sei – »es sei denn«, sagte er mit hoffnungsvoller Stimme, »Deutschland und Rußland könnten sich doch noch einigen, denn das wäre ein unbezwingbarer Block. Und letzten Endes sind unsere Ideologien im wesentlichen gleich.« Treue zu Deutschland zählte, nicht Ideologie. Richard Becker, der gegenüber Casimir seinen Abscheu vor den von Nazideutschland begangenen Verbrechen bekannte und sicher war, daß »die Rechnung schon noch präsentiert werden wird«, erklärte nichtsdestoweniger:

> »Dennoch müssen Sie verstehen, daß ich ein Deutscher bin. Ich möchte nicht, daß unsere Truppen bei Stalingrad ausgelöscht werden, und sollte ich gerufen werden, bei den Kriegsanstrengungen meines Landes zu helfen, werde ich es als meine Pflicht empfinden, es zu tun. Das mag unlogisch sein, aber es ist mein Standpunkt.«[41]

Sollte Heisenberg bereits während seines Besuchs in Holland 1943 von antisemitischen Greueltaten geahnt haben, dann muß ihm nach seiner Polenreise zwei Monate später diese Ahnung zur Gewißheit geworden sein, zumal da er bei seinem alten Schulfreund Hans Frank, dem Generalgouverneur des besetzten Polen, in Krakau logierte. Es war allgemein bekannt, daß Heisenberg »nie zu erwähnen versäumte, auf welch gutem Fuß er mit seinem Schul- und Duzfreund Frank stand«, den man in anderen Kreisen den »Schlächter von Polen« nannte, was den unpolitischen Physiker offenbar nicht weiter störte.[42] Heisenbergs Frau erinnert sich in *Das politische Leben eines Unpolitischen*, daß Werner ihrem Vater »einen Bericht weitergab, den er von einem Mitarbeiter des Instituts erhalten hatte. Dieser war Zeuge der ersten zynischen Massenerschießung von Juden in Polen geworden.«[43] Folglich mußte Heisenberg wissen, was ihn im »Osten« erwartete. Es dürfte jedenfalls kein Zweifel daran bestehen, daß sich der geschwätzige Frank vor seinem alten Kumpel mit den jüngsten Fortschritten brüstete, die er in seinem Generalgouvernement bei der Lösung der Judenfrage erzielt hatte.[44] Ganz Krakau stand im Zeichen der »Judenfrage«, und in der Tat hatte die Organisation, die Heisenbergs Besuch finanzierte, direkt mit deren Lösung zu tun: Das berüchtigte Institut für Ostarbeit ließ den deutschen Kolonialherren Polens fachmännischen Rat angedeihen, wie die dortigen Juden zu liquidieren und die polnische Intelligenz und andere gesellschaftliche Eliten zu vernichten seien.[45] Eigentlich war Heisenberg bereits 1941 eingeladen worden, aber damals hatte das Erziehungsministerium seine Polenreise mit der Begründung abgelehnt, er sei eine politisch umstrittene Persönlichkeit.[46] Daß Heisenberg keine besonderen moralischen Bedenken hatte, sich in dieses Schlachthaus im Osten zu begeben, ersieht man daraus, daß er einen im November 1941 in Leipzig gehaltenen Vortrag in Franks Naziblatt, der *Krakauer Zeitung*, am 25. und 27. Januar 1942 abdrucken ließ.[47] Dieser Vortrag mit dem Titel »Die Einheit des naturwissenschaftlichen Weltbildes« enthielt einige Sätze, die jedes Publikum als eine deutliche Billigung von Hitlers »Neuer Ordnung« auffassen mußte: »Vor unseren Augen verändert sich das äußere Bild dieser Welt, und der mit den letzten Mitteln ausgetragene Kampf um ihre Gestaltung bindet alle Kräfte.«[48]

Frank bestand darauf, daß ihn sein alter Freund besuche, und im Mai 1943 nutzte er die Verleihung eines »Kopernikus-Preises« (auch Kopernikus hatte man »eingedeutscht«), um Heisenberg einzuladen, während seines Aufenthalts bei ihm im Krakauer Wawel zu wohnen. In einem unterwürfigen Antwortschreiben bekundete der Nobelpreisträger, daß er sich über die Auszeichnung besonders deshalb freue, weil sie eine weitere Rehabilitierung der theoretischen Physik bedeute. Aus verschiedenen Gründen wurde der Besuch mehrmals verschoben, aber schließlich traf der Freund des Generalgouverneurs dann doch in Krakau ein, wo er am 15. Dezember am Institut für Ostarbeit seinen Vortrag hielt und damit wieder etwas für seine Ehrenrettung tat.[49] (Nach dem Krieg spielte Heisenberg den Besuch herunter und erklärte, es sei ihm schwergefallen, die Einladung seines alten Schulfreunds abzulehnen.)[50]

Wie ist angesichts dieses Einverständnisses mit der Eroberungspolitik Hitlers ein vor kurzem veröffentlichter Aufsatz zu deuten, der Heisenbergs »Widerstand« gegen die Nazis in den Jahren 1941/42 beweisen soll? Gewiß, sein damals nur im Freundeskreis bekannter Text »Ordnung der Wirklichkeit« enthält Stellen, die ein unbedarfter Leser als Aussagen eines Hitler-Gegners verstehen könnte; aber wenn man sie im Zusammenhang mit Heisenbergs

Deutschtum – insbesondere seiner unpolitischen Hinnahme politischer Macht – liest, bilden diese merkwürdigen Feststellungen keinen Widerspruch zu seiner Unterstützung eines siegreichen Nazideutschlands.[51] Der Aufsatz ist im Grunde ein Versuch, sich selbst über das von der Vorsehung gegebene Ziel der Nazidiktatur klarzuwerden und zugleich Krieg und Macht als verwerflich zu denunzieren. Wie Heidegger sieht Heisenberg Krieg und Macht als Aspekte einer destruktiven Moderne und sucht die Erlösung in der Wissenschaft und in »menschlichen« Werten. Wenn jeder Krieg der Neuzeit und jedes Machtstreben von Übel sind, dann verliert auch das Naziregime seine Schrecken und wird zu einem Machtstaat unter vielen – bedauerlich, aber notwendig – und gerechtfertigt und entschuldigt, weil er zu einem höheren Ziel menschlicher Erlösung führt.

Heisenberg stellt seine philosophische Apologie für den Nazismus in einen aus dem Gedankengut Hegels, Burckhardts und nationalsozialistischer Geschichtstheoretiker zusammengebastelten Rahmen. Der gegenwärtige Krieg ist ein Kampf zwischen den angelsächsischen Ideen einer auf dem Gesetz beruhenden Gesellschaft und den deutschen (und russischen) metapolitischen Gemeinschaften, die auf der Rasse, dem Volk und, was die Sowjetideologie angeht, auf der ganzen Menschheit gründen. Heisenberg, das muß betont werden, sieht den Krieg nicht als einen Kampf zwischen Gut und Böse. Im Schmelztiegel der Weltgeschichte werden große Führer durch historische Kräfte geschaffen, und ihr Werk, wie das Cäsars, wird nach ihrem Tod von anderen fortgeführt. Mit diesen Revolutionen gehen Veränderungen im menschlichen Bewußtsein einher, und so entstehen neue »diesseitige« Religionen wie der Nationalsozialismus und der Kommunismus. Für Heisenberg stellt sich der gegenwärtige Krieg in relativistischen Begriffen als ein zweiter »Religionskrieg« dar, in dem alte »Dämonen« in neuen Masken losgelassen werden:

> »so deuten die Katastrophen dieses Jahrzehnts darauf hin, daß sich die Gewichte des menschlichen Denkens verlagern und daß sich die Fundamente verschieben ... zunächst scheinen freilich die finstern Dämonen aus diesen Bereichen die Hauptrolle zu spielen ... Gerade in einer

Epoche, in der sich die Bindung zur alten Religion löst, ist die Gefahr, daß Dämonen die Herrschaft der Götter übernehmen, größer als je; und die Dämonen verbinden sich stets mit jenem glänzenden Phantom, das die Menschen zu allen Zeiten irregeführt hat, mit der politischen Macht.« (S. 304)

Heisenberg will hier nicht ausschließlich Hitler als den »Dämon« verdammen (wie es seine Apologeten gern hätten), sondern Hitler als einen der Dämonen politischer Macht im allgemeinen sehen, wie Stalin, Roosevelt und Churchill.[52] Sie sind ausnahmslos abstoßend für einen sich unpolitisch gerierenden Heisenberg, der die Gewalt politischer Macht [haßt], die »noch stets durch Verbrechen begründet worden ist. Dies wird nicht dadurch gebessert, daß die politische Macht, wenn sie einer großen menschlichen Gemeinschaft als Ordnung aufgeprägt ist, schließlich auch gute Wirkungen hervorbringt« (S. 304f.). Hier findet sich in nuce Heisenbergs Lehre von der »guten Seite« des Nationalsozialismus: Alle politische Macht ist schlecht, und Krieg ist übel, aber Hitler und Deutschland prägen der Menschheit zumindest eine Ordnung auf – die neue europäische Ordnung, welche die brutalen Mittel hinter sich lassen wird, mit denen sie anderen Nationen aufgezwungen wurde. Aber da er zartbesaitet ist, meint Heisenberg die Platitüde hinzufügen zu müssen, »daß es wichtiger ist, dem anderen gegenüber menschlich zu handeln, als irgendwelche Berufspflichten oder nationale Pflichten oder politischen Pflichten zu erfüllen« (S. 305). Ein Grundsatz, den er selbst leider nicht immer zur Maxime seines Handelns gemacht hat. Denn obgleich er zuweilen gewillt war, für den Schutz von eigenwilligen Studenten oder Kollegen einzutreten, ließ er sich von solcher »menschlichen« Pflicht nie daran hindern, seiner »nationalen« Gehorsamspflicht gegenüber den Machthabern Deutschlands nachzukommen. Und so verkündet er wenig überzeugend:

»Uns bleibt zunächst nichts, als das Zurückwenden zum Einfachen: wir sollten die Pflichten und Aufgaben, die uns das Leben selber stellt, gewissenhaft erfüllen, ohne viel nach dem Woher und Wohin zu fragen ... Und dann sollen wir abwarten, was geschieht ...« (S. 304)

Dieser Verzicht auf moralischen Widerstand ist in der Treue zu Deutschland verankert, die ihren Tribut erheischt, ganz gleich welches Regime die Macht innehat. Wie Heidegger empfindet Heisenberg ein fast kindlich anmutendes Nationalgefühl: »Und dieses Aufgehen in der Welt, die zugleich die ›Welt Gottes‹ ist, bleibt auch schließlich das höchste Glück, das uns die Welt zu bieten vermag: das Bewußtsein der Heimat« (S. 303). Das Ausharren in Deutschland, die Hinnahme der Nazidiktatur, die Rechtfertigung der Eroberungspolitik Hitlers – all dem liegt das Bedürfnis zugrunde, der heimatlichen Erde anzugehören.

Zu diesem naiven Gefühlskult gesellte sich bei Heisenberg ein fatalistisch-pessimistisches Weltbild, wie es der Schweizer Kulturhistoriker Jacob Burckhardt in seinen *Weltgeschichtlichen Betrachtungen* entwickelt hatte, wo es unter anderem heißt:

> »Und nun ist das Böse auf Erden allerdings ein Teil der großen weltgeschichtlichen Ökonomie: es ist die Gewalt, das Recht des Stärkeren über den Schwächeren, vorgebildet schon in demjenigen Kampf ums Dasein, welcher die ganze Natur, Tierwelt wie Pflanzenwelt, erfüllt, weitergeführt in der Menschheit durch Mord und Raub in den früheren Zeiten, durch Verdrängung resp. Vertilgung oder Knechtung schwächerer Rassen, schwächerer Völker innerhalb derselben Rasse, schwächerer Staatenbildungen ... Allein daraus, daß aus Bösem Gutes, aus Unglück relatives Glück geworden ist, folgt noch gar nicht, daß Böses und Unglück nicht anfänglich waren, was sie waren. Jede gelungene Gewalttat war böse und ein Unglück und allermindestens ein gefährliches Beispiel.« (S. 262 f.)[53]

Heisenberg konnte sich bei seinen Rationalisierungen der deutschen Eroberungspolitik somit bequem auf Burckhardts Rechtfertigung von »Weltgeschichte« stützen. In der Tat war die Vorstellung, daß der Machtstaat unmoralisch, unvermeidlich und unbezwingbar sei, damals ein beherrschendes Thema des politischen und kulturhistorischen Denkens in Deutschland, was unter anderem das erstaunliche Maß an moralischer Indifferenz bezeugt, die das Berufsethos der deutschen Beamtenschaft durchdrang. Das wird allzu offenbar in der Bemerkung Ernst von Weizsäckers gegenüber Ulrich von Hassell, der die Verbrechen der Nazis angeprangert hatte: »Große historische Veränderungen lassen sich nicht ohne ein gewisses Maß an Verbrechen durchführen.« Wie ein westlicher Historiker bemerkte: »Wenn Hitler den Krieg gewonnen hätte, hätten Leute wie Weizsäcker genau das gesagt. Sie hätten sich schuldig gefühlt ob der unglückseligen Verbrechen, die mit dem Nationalsozialismus einhergingen – aber sie hätten Hitlers Erfolge begrüßt.«[54] Heisenberg verfiel auf dieses Denkmuster, indem er Burckhardts Lehren darauf reduzierte, daß Macht Recht ist, angesichts dessen »der einzelne nichts tun [kann], als sich innerlich bereitzumachen für die Veränderungen, die ohne sein Zutun geschehen«.

Vor dem Hintergrund von Heisenbergs unpolitischem deutschem Patriotismus gelesen, gibt es daher nichts in »Ordnung der Wirklichkeit«, was darauf hindeutet, daß er dem Naziregime Widerstand zu leisten wünschte, auf seine Niederschlagung hoffte oder es verbrecherischer fand als andere »Machtstaaten«. Im Gegenteil: Nazideutschland war im Verlauf der Geschichte, so glaubte Heisenberg, eine Kraft der Vorsehung zum Guten. Das war die erschreckende Überzeugung, die er bei seinen Besuchen in Kopenhagen, Holland und Polen offen aussprach, zum Entsetzen seiner Gastgeber.

Auch wenn Heisenberg an die Bewahrung anständigen Verhaltens innerhalb seines eigenen kleinen Kreises von Vertrauten glaubte, trat er nur sehr vorsichtig für gefährdete Kollegen ein, weil er aufgrund seiner patriotischen Gesinnung und seines konformistischen Selbstverständnisses vor jeder Intervention zurückschreckte, die als »Widerstand« gegen oder »Verrat« an Deutschland gedeutet werden konnte. Seine Reaktion auf gewisse Situationen, in denen es um Leben und Tod ging, sind als »bedauerlich schwach« beschrieben worden. Manchmal zeigte sein vorsichtiges Intervenieren Erfolg, wie im Fall des polnischen Studenten Edwin Gora, dessentwegen Heisenberg die Gestapo anging. Aber Gora war ethnisch gesehen deutscher Abstammung, und so gab es gute bürokratische Gründe, auf die sich Heisenberg gegenüber den Behörden berufen konnte – und außerdem war damals seine Frau in Leipzig, um ihm moralisch den Rücken zu stärken.[55] Wenn es um schwierigere Fälle ging, hielt sich Heisenberg zurück, nicht nur aus Angst, sondern weil er von seinem Charakter her unfähig war, der Obrigkeit die Stirn zu bieten, es sei denn, er hatte das Gefühl, es zur Verteidigung der »Physik« und seiner »Ehre« tun zu müssen. Als ihn niederländische Kollegen bestürmten, Goudsmits Eltern vor der Deportation in ein Vernichtungslager zu retten, brachte Heisenberg nur einen zahmen Brief zuwege, der sehr allgemein formuliert war. Während er sich zur Rettung seiner wissenschaftlichen Ehre unbedenklich an Himmler gewandt hatte, schien ihm das Schicksal dieser beiden Menschen offensichtlich nicht der Mühe wert, seine guten Kontakte zum Reichsführer SS spielen zu lassen.[56]

Heisenbergs vorsichtiger Konformismus in allen politischen Belangen erklärt auch seine eigentümliche Verbindung zu den Hitler-Gegnern der sogenannten Mittwochs-Gesellschaft, zu der er im Dezember 1942 gestoßen war. Einige der Mitglieder tauchten in der Verschwörung vom 20. Juli 1944 auf. Obwohl Heisenberg bespitzelt wurde, galt er als zu unpolitisch, als daß er weiter observiert worden wäre. In die Attentatspläne wurde er nicht eingeweiht. Bei dem Treffen am 12. Juli, eine Woche vor dem Anschlag auf Hitler, bewirtete er die Versammlung im Gästehaus der Kaiser-Wilhelm-Gesellschaft und hielt einen Vortrag über »Die Natur der Sterne«. Am 19. Juli übergab er das Sitzungsprotokoll, ehe er in sein Häuschen im bayerischen Urfeld fuhr. Nachdem das Attentat fehlgeschlagen war, wurden verschiedene Mitglieder, darunter auch Erwin Planck, der Sohn des prominenten Wissenschaftlers, festgenommen. Mysteriöserweise zeigte die Gestapo an Heisenberg kein Interesse. Vielleicht wurde er von Himmler und Speer geschützt, vielleicht erwies er sich den Behörden auf seine übliche offene Art als hilfreich, vielleicht verfuhr die Gestapo bei ihren Ermittlungen über die Mittwochs-Gesellschaft etwas nachlässig ... Wie dem auch sei, es ist jedenfalls merkwürdig, daß er offenbar nicht einmal befragt wurde.[57]

Wie Heisenberg über die Juli-Verschwörer dachte, weiß man nicht, aber sein fast völliges Schweigen über den Vorfall ist äußerst befremdlich.[58] Die Vermutung liegt nahe, daß er selbst lange nach dem Krieg die Widerständler für schuldig hielt, Deutschland durch ihr Attentat auf eine legitimierte Obrigkeit – selbst wenn diese Hitler hieß – verraten zu haben. Ähnlich zurückhaltend gab sich diesbezüglich auch Weizsäcker – »ein Diplomat und Opportunist«[59] –, der seinem Mentor und Freund Heisenberg politisch und ideell sehr nahe stand. Weizsäcker soll die Verschwörung mißbilligt haben. Bei einer privaten Abendgesellschaft äußerte einer, der mit den Verschwörern sympathisierte, sein Bedauern über das Scheitern des Staatsstreichs. Der Sohn des Staatssekretärs im Außenministerium wurde daraufhin wütend und wollte nicht länger mit einer Person im gleichen Zimmer bleiben, die derartige Auffassungen vertrat, weshalb einer von beiden gehen mußte.[60] Natürlich ist es möglich, daß Weizsäcker einfach Angst hatte, der andere könne ein *agent provocateur* sein, doch angesichts dessen, wie er sich während des Krieges verhalten hatte und sich nach 1945 über Ulrich von Hassell und die anderen Verschwörer äußerte beziehungsweise sich ausschwieg, deutet vieles darauf hin, daß er damals seinem patriotischen Zorn gegenüber solchen »Vaterlandsverrätern« Luft machte.[61] Die eben zitierte Episode erinnert lebhaft an eine Unterredung, die 1942 zwischen seinem Vater und Hassell stattgefunden hatte. Am 29. April war der ehemalige Botschafter in Italien, Hassell, ins Dienstzimmer seines Vorgesetzten Ernst von Weizsäcker einbestellt worden, um vor der Überwachung durch die Gestapo gewarnt zu werden. Staatssekretär von Weizsäcker beschwor ihn, seine Zunge im Zaum zu halten und seine Papiere zu verbrennen, besonders die, die Namen und Gesprächsnotizen enthielten, und erklärte »sehr scharf betonend ... er müsse mich ersuchen, ihn bis auf weiteres ›mit meiner Gegenwart zu verschonen‹. Als ich aufbegehren wollte, unterbrach er mich schroff ... Er müsse mich aufs schärfste auffordern, diese Art und Weise einzustellen usw. Sobald ich zu unterbrechen versuchte, fuhr er auf und sagte immer wieder: ›Verstehen Sie mich doch! Wenn Sie mich nicht verstehen wollen, dann muß ich abbrechen.‹«[62]

Carl Friedrich vergötterte seinen Vater als ein moralisches Vorbild und, so dürfen wir annehmen, machte sich dessen Reaktion auf die Juli-Verschwörung zu eigen. Vater und Sohn von Weizsäcker fanden sich bereit, systemkritischen Freunden zu helfen, aber eben nur bis zu einen gewissen Grad; bei aufwieglerischer Nörgelei war für sie die Grenze des Zumutbaren erreicht, und sie verabscheuten jeden Akt von Verrat gegenüber der Obrigkeit. Als Paul Rosbaud eine Liste mit vierundzwanzig Namen jener Wissenschaftler zusammenstellte, die glühend gehofft hatten, daß Deutschland den Krieg verlieren möge, betonte er, daß Heisenberg und Weizsäcker »nicht auf meiner Liste standen«.[63]

Nach Aussagen des französischen Physikers Frédéric Joliot hatte Weizsäcker während des Krieges in Paris einen Vortrag gehalten, der von den Franzosen boykottiert worden war, wie auch das Mittagessen, das man zu Ehren des Deutschen arrangiert hatte. Joliot hatte ihm gegenüber den »schlechten Geschmack« beklagt, im besetzten Paris einen Vortrag zu halten, aber Weizsäcker schaffte es, seinem französischen Freund einzureden, daß er von den deutschen Behörden zu dem Vortrag gezwungen worden sei. Joliot hatte das naiv hingenommen, hielt er den Deutschen doch für einen Nazigegner und für »vertrauenswürdig«. Wie anders verhielt sich da Otto Hahn, der ein ähnliches Ansinnen entschieden ablehnte, »da er Joliot nicht als Sieger gegenübertreten wolle«. Als Joliot später davon erfuhr, fragte er sich betroffen, warum nicht auch Weizsäcker abgelehnt hatte.[64]

Nichts während des Krieges zwang Heisenberg dazu, seine Theorie, daß der Nationalsozialismus auch seine gute Seite habe und ein Sieg desselben im Interesse Europas sei, zu hinterfragen. Als er von der Invasion im Juni 1944 erfuhr, begrüßte er sie als ein Zeichen für die Niederlage der Nazis, aber lediglich, um das Ende des Krieges »auf die eine oder andere Weise« zu beschleunigen.[65] Hieß dies, daß er einen Sieg der Alliierten begrüßte? Angesichts Heisenbergs allgemeiner Haltung sollte man nicht annehmen, daß es ihm egal war, welche Seite tatsächlich gewann. Weitaus wahrscheinlicher hoffte er auf einen Waffenstillstand, nach dem dann der Krieg wenn schon nicht mit einem deutschen Sieg, so doch zumindest nicht mit einer deutschen Niederlage enden würde. Zum Jahresende hatte Heisenberg die Hoffnung aufgegeben, daß Deutschland den Krieg gewinne und damit Europa weiter beherrsche. Bei einem Essen in Zürich, zu dem der Schweizer Physiker

Paul Scherrer im Dezember 1944 eingeladen hatte, zeigte er sich verärgert, als man ihm über die an Juden begangenen Greuel peinliche Fragen stellte und wissen wollte, warum er in Hitler-Deutschland geblieben sei. Er sagte: »Ich bin kein Nazi, aber ein Deutscher.« Als Gregor Wentzel ihn aufforderte: »Nun müssen Sie zugeben, daß der Krieg verloren ist«, bejahte dies Heisenberg und fügte traurig hinzu: »Schön wäre es gewesen, wenn wir den Krieg gewonnen hätten.«[66]

20. *Kapitel:* Anstand und Anstößiges in Farm Hall, 1945

Beim Lesen der Farm-Hall-Protokolle ist man immer wieder verblüfft, keinerlei ernsthafte moralische Reflexionen über die Verbrechen Nazideutschlands, das Verhältnis der Physiker zum Dritten Reich und ihre Beteiligung an dem Uranbombenprojekt zu finden. Natürlich gibt es da das von Weizsäcker, Wirtz und Heisenberg initiierte Bemühen, ein moralisches Manifest zu verfassen, in dem sie ihr Entsetzen über die Atombombe zum Ausdruck bringen und darlegen, daß sie niemals die Absicht hatten, eine solche Waffe für Hitler zu entwickeln; aber damit drückten sie sich eher vor der Verantwortung, als sie zu übernehmen.[1] Das seichte Moralisieren der in Farm Hall versammelten deutschen Physiker und ihr Unvermögen, sich mit der Tatsache abzufinden, daß ihr Deutschland solche Verbrechen hervorgebracht hatte, werden aus dem Schweigen und den Selbstrechtfertigungsversuchen, mit denen die Berichte gespickt sind, allzu deutlich.

Typisch ist, wie geschickt sie sich darauf verständigten, neu zu bestimmen, wer ein »Nazi« war und ist. In einer Sequenz der Gespräche, ausgelöst von der Angst, ihre Vergangenheit könnte sie vielleicht in Schwierigkeiten bringen, versuchte ein Wissenschaftler nach dem anderen, sich aus seiner Verlegenheit zu winden. Überzeugt, daß Heisenberg und Gerlach zu eigenen ruchlosen Zwecken die Frage der Parteimitgliedschaft andauernd zur Sprache bringen, behauptete Bagge, er sei gezwungen worden, in die SA einzutreten, nicht aber in die NSDAP, wenn er auch – wie Wirtz und Weizsäcker – dem NS-Dozentenbund angehört habe, aber auch dies nur, weil es eben Pflicht gewesen sei. Als ihm dann plötzlich einfiel, daß ihn seine Mutter in die NSDAP aufnehmen ließ, ohne ihn davon zu unterrichten, schien er vergessen zu haben, daß er seine Parteimitgliedschaft noch kurz zuvor geleugnet hatte! Währenddessen erklärte Diebner gegenüber Hahn, daß er Freimaurer gewesen sei, unter den Nazis gelitten und sie nie gewählt habe, aber irgendwie dann doch Parteimitglied geworden sei. »Jeder kennt meine Ansichten ... Ich war nie Nationalsozialist und habe mich nie an der Politik beteiligt.« Er war lediglich ein Opportunist, der Wirtz einst versprochen hatte, sich um ihn zu kümmern, wenn die Nazis an die Macht kämen, und »wenn die Dinge anders liefen«, würde Wirtz ihm helfen.[2] Zuvor hatte Diebner von der Möglichkeit geschwärmt, britischer Staatsbürger zu werden: »Ich würde freiwillig einen Eid leisten, nie wieder etwas mit der Partei zu tun zu haben.«[3] Dieser Schwall von Selbstwidersprüchen und Rationalisierungen grenzt ans Absurde, ist aber symptomatisch für eine allgemeine Weigerung seitens der Wissenschaftler, die Verantwortung für ihre Rolle in der deutschen Katastrophe zu übernehmen. Gelegentlich jedoch durchschauen einige von ihnen die Halbwahrheiten der anderen. Nachdem sich Gerlach seiner Mißachtung der Nazis gerühmt und das Zimmer verlassen hat, bemerkt Bagge bissig: »Sie konnten gegen ihn nichts unternehmen. Er kannte Göring persönlich. Sein Bruder war in der SS, und so gelang es ihm, weiter im Amt zu bleiben. Gerlach bereitet es ein gewisses persönliches Vergnügen, Leute zu ärgern. Es waren nicht seine [antinationalsozialistischen] Überzeugungen.«[4]

Nur einmal tauchte eine dunkle Ahnung des Horrors auf, in den sie verwickelt gewesen waren: Als Heisenberg düstere Mutmaßungen über das Schicksal eines polnisch-jüdischen Kollegen anstellte, platzte Wirtz, der auch bei anderer Gelegenheit Mühe hatte, die Wahrheit für sich behalten, mit folgenden Worten heraus:

> »Wir haben Dinge getan, die einzig auf der Welt sind. Wir gingen nach Polen und ermordeten nicht nur die Juden in Polen, sondern die SS fuhr beispielsweise auch vor einer Mädchenschule vor, holte die gesamte oberste Klasse heraus und erschoß sie, nur weil die Mädchen Schülerinnen einer Oberschule waren und die Intelligenz ausgerottet werden sollte. Stellen Sie sich einmal vor, die wären nach Hechingen gekommen, wären vor der Mädchenschule vorgefahren und hätten alle Mädchen erschossen! Das haben wir getan.«[5]

Derartige Zeichen von moralischem Bewußtsein wurden allerdings schnell unterdrückt und sind in den Protokollen, die während der sechsmonatigen Internierung der Physiker angefertigt wurden, sehr selten. Häufiger ging es in den Gesprächen um die neue politische Lage und die sich bereits damals andeutende Konfrontation des anglo-amerikanischen und des sowjetischen Machtblocks. Vergebens sucht man ein Wort über die moralische Überlegenheit der westlichen Demokratien gegenüber der totalitären Sowjetunion; infolgedessen sprachen Weizsäcker und Heisenberg zuweilen ganz unverblümt davon, zu den Russen überzugehen, sollte sich der Westen als unzugänglich erweisen. Im neuen Zeitalter der Supermächte, die sich um Europa zu streiten begannen, hatte sich Weizsäcker (nach Aussagen eines seiner Kollegen) »schon mehr oder weniger mit der Vorstellung abgefunden, eines Tages Russe zu werden«.[6] Heisenberg hingegen spielte mehrere Optionen durch. An einer Stelle sagte er:

> »Mir scheint es am vernünftigsten zu sein, daß wir versuchen, mit den Angelsachsen zusammenzuarbeiten. Wir können das jetzt mit einem besseren Gewissen tun, weil man sieht, daß sie wahrscheinlich Europa beherrschen werden ... Wir sind jetzt weit mehr an die Angelsachsen gebunden als zuvor, da wir keine Möglichkeiten haben, zu den Russen überzuwechseln, selbst wenn wir wollten ... Andererseits können wir es mit gutem Gewissen tun, weil wir sehen können, daß Deutschland in nächster Zukunft unter angelsächsischem Einfluß stehen wird.«[7]

Diese nackte Ehrfurcht vor Machtpolitik, wobei das »gute Gewissen« auf deutsche Interessen reduziert ist, provozierte selbst den anpassungsfähigen Wirtz zu dem Einwurf: »Das ist eine opportunistische Einstellung« – worauf Heisenberg entgegnete, es sei zuweilen schwer, sich anders zu verhalten, während Weizsäcker lediglich meinte, er würde natürlich am liebsten für keine der beiden Seiten arbeiten.[8]

Heisenbergs moralische Indifferenz wird auch in der folgenden unverbindlichen Äußerung deutlich:

> »Uns bleibt nur die Wahl, diesem westeuropäischen Block beizutreten oder uns Rußland anzuschließen. Mein Gefühl sagt mir, daß der westeuropäische Block besser ist, aber ich kann auch jemanden verstehen,

der sagt, daß wir uns mit Rußland zusammentun sollten. Das ist ein Standpunkt, der diskutiert werden könnte.«[9]

So viel zu Heisenbergs Eintreten für die Werte der westlichen Demokratie. Alles, was für ihn zählte, waren die deutschen Interessen – und vielleicht noch mehr als diese die Ehre der deutschen Wissenschaft und seine eigene wissenschaftliche Tätigkeit. Aus denselben Beweggründen war er seine Kompromisse mit dem Naziregime eingegangen und in Deutschland geblieben. Sollten nun die Russen seinen Ehrgeiz fördern können, so kümmerte ihn die stalinistische Diktatur nicht:

»Wenn wir jedoch nach einem Jahr oder nach sechs Monaten feststellen, daß wir uns unter den Angelsachsen bestenfalls recht und schlecht durchschlagen können, während die Russen uns einen mit, sagen wir mal, 50000 Rubel dotierten Job anbieten, was dann? Erwartet man dann von uns, daß wir sagen: ›Nein, wir lehnen diese 50000 Rubel ab, weil wir so zufrieden und dankbar sind, auf seiten der Engländer bleiben zu dürfen?‹«[10]

Ja, in seiner Verblendung drohte er sogar den Briten, die ihn gefangenhielten, zu den Russen überzulaufen. Er las Hahn den Entwurf eines Briefs vor und erklärte dann:

»Wenn mir die Engländer also sagen: ›Sie dürfen allerhöchstens mit minderwertigen Apparaturen arbeiten‹, und die Russen sagen: ›Sie bekommen ein Institut mit einem Jahresetat von einer halben Million‹, dann würde ich mir überlegen, ob ich nicht *doch* zu den Russen gehe … Bis jetzt ist es sicherlich so, daß die Russen in diesen wissenschaftlichen Dingen viel großzügiger sind als die Engländer … Ich weiß überhaupt nicht, ob die Zukunft Europas nicht am Ende bei den Russen liegt.«[11]

Wie wenig er in seinem wissenschaftlichen Ehrgeiz auf ethische Fragen Rücksicht nahm, erhellt aus den folgenden Zeilen:

»ich will keine Bagatellphysik betreiben. Entweder mache ich richtige Physik oder gar keine. Falls die endgültige Entscheidung lautet, daß ich keine richtige Physik machen darf, und ich wieder nach Deutschland gehe, werden auch sie einsehen müssen, daß ich mir dann überlege, ob ich nicht doch zu den Russen gehe.«[12]

In die Enge getrieben, ordnete Heisenberg sogar die Vaterlandsliebe seiner »Ehre« unter – das heißt auch hier wieder ließ er sich von dem Motiv leiten – ein Bürger erster Klasse zu sein, der anständig Physik betreiben könne –, das bereits sein Verhalten unter Hitler bestimmt hatte. Und die gleiche Gier beherrschte auch seine engsten Vertrauten:

»*Wirtz:* Nach dem, was ich während dieser Monate in England gesehen habe, möchte ich mich hier aus freien Stücken nicht niederlassen ... egal wie die Verhältnisse in Deutschland auch sein mögen. Es könnte natürlich auch ganz anders sein, falls man mir in Manchester oder woanders eine sagenhafte Position anbieten sollte, aber ich würde mich niemals darum bewerben.

Von Weizsäcker: Nein, bei einer solchen Sache könnte man sich nur für Amerika oder Rußland entscheiden.«[13]

Von demokratischem Geist ist hier noch immer wenig zu spüren, wohl aber von zynischem Opportunismus, moralisch bemäntelt als Dienst an der Wissenschaft. Dies heißt freilich nicht, daß die internierten Wissenschaftler ihre vaterländische Gesinnung aufgegeben hätten; im Gegenteil, sie war federführend bei der Legendenbildung über den Zweiten Weltkrieg, zu der auch die Gespräche in Farm Hall betrugen:

»Allgemein scheint man die Auffassung zu vertreten«, so notierten die britischen Bewacher,

»daß der deutsche Krieg ein Mißgeschick gewesen sei, das den Deutschen durch die Arglist der Westmächte aufgezwungen wurde, die inzwischen wohl vergessen hätten, daß er überhaupt stattgefunden habe (auf die Gäste trifft das allem Anschein nach zu) ...

Sowohl Wirtz als auch Weizsäcker haben behauptet, daß der japanische Krieg von Präsident Roosevelt eingefädelt worden sei, der den Angriff auf Pearl Harbour [!] absichtlich zugelassen habe ... Jedenfalls sei Commodore Perrys erster Feldzug gegen Japan die Hauptursache des Krieges gewesen, für den daher die Amerikaner die Verantwortung trügen.«[14]

Vaterländischer Geist, aus dem der Verfolgungswahn der Deutschen erwuchs, forwährend vom Westen schikaniert zu werden, verdrängte auf nützliche Weise die Notwendigkeit, den wahren moralischen Problemen ins Auge zu blicken. Viel lieber betrachtete Heisenberg statt dessen die Alliierten als eine neue und weniger intelligente Ausgabe der »Nazis«, mit deren Einmischung er ebenso zurechtkommen mußte, wie er mit ihren Vorläufern fertig geworden war.

> »Die amerikanischen Militärs, die mit der wissenschaftlichen Meinung bereits im Streit liegen, … würden keines unserer Argumente akzeptieren, sondern lediglich sagen: ›Da haben wir's, die übliche Naziarroganz.‹«[15]

Es erstaunt nicht, daß die Briten, als sie derartige Äußerungen vernahmen, einen so ungünstigen Eindruck gewannen von »der angeborenen Einbildung dieser Leute, die immer noch glauben, sie seien das ›Herrenvolk‹. Dies gilt für jeden der Gäste, vielleicht mit Ausnahme von Laues.«[16] In seiner moralischen Arroganz begriff Heisenberg einfach nicht, warum es ihm die britischen Offiziere übelnahmen, wenn er die »Engländer« mit Hitler verglich – ein unbesonnener Vergleich, den er auch viele Jahre nach dem Krieg noch in manchen Briefen zog.[17]

Daß die oben zitierte Charakterisierung ausgesprochen treffend war, wird in den Protokollen durch eine Fülle von Aussagen und Dialogen bestätigt. Da gibt es einen Heisenberg, der listig vorschlägt, die Wissenschaftler sollten, um ihre Reputation in Deutschland zu schützen, »mit Wut und Zähneknirschen« so tun, als akzeptierten sie die Kontrolle durch die Alliierten; an anderer Stelle gratuliert er Hahn verschmitzt, nachdem dieser in einer hitzigen Unterredung auf einen britischen Offizier »losgegangen« war. Oder da ist der Geschäftsmann Heisenberg, der meint, »wenn die Amerikaner noch nicht so weit sind mit der Maschine … dann haben wir Glück. Dann besteht die Möglichkeit, Geld zu verdienen.« Da ist der schlaue Heisenberg, der vorschlägt: »Machen wir den Kommandanten betrunken, dann wird er schon reden …« Und Weizsäcker erbietet sich, dafür zu sorgen, »daß Laue in Deutschland nicht alles vermasselt«. Und da gibt es das fast possenhaft wirkende Photo, auf dem alle Gäste strammstehen, als am Tag des Sieges über Japan die englische Nationalhymne gespielt wird – eine gelungene Vorführung von Autoritätshörigkeit und Korrektheit, verbunden mit dem Bestreben, wie immer auf der Seite des Siegers zu stehen.[18] Kurzum, die Protokolle legen die Elemente deutschen Lebens, Empfindens, Verhaltens frei, aufgrund derer Hitler vom deutschen Volk akzeptiert werden konnte.

Wenn es um moralische Reflexionen geht, so zeigt eine interessante Bemerkung Heisenbergs lebhaft, wie fern die deutsche Einstellung dem westlichen Denken stand: »Wir hätten gar nicht den moralischen [sic] Mut aufgebracht«, erklärte er, »im Frühjahr 1942 der Regierung zu empfehlen, 120000 Mann einzustellen, nur um die Sache aufzubauen.«[19] Mit anderen Worten, es waren keine moralischen Einwände im eigentlichen Sinn, die Heisenberg davon abhielten, sich 1942 an einem groß angelegten Bombenprojekt zu beteiligen, sondern vielmehr die berufliche und fiskalische Verantwortung eines staatstreuen Wissenschaftlers! Und wenn Heisenberg dann scheinheilig einräumt, er sei im Grunde seines Herzens froh gewesen, daß Speer sich im Juni 1942 für einen Kernreaktor und gegen eine Bombe entschieden hatte, heißt das nicht, daß er sich geweigert hätte, an einer Bombe zu arbeiten, falls Speers Entscheidung anders ausgefallen wäre.[20] Heisenbergs Bereitschaft, obzwar manchmal widerstrebend, das zu tun, was die politische Obrigkeit befahl, geht daraus hervor, daß er hier und an anderen Stellen in den Protokollen um den heißen Brei herumredet. Das ist die traurige Wahrheit, die sich hinter seinen kryptischen Äußerungen aus der Nachkriegszeit verbirgt, »den deutschen Wissenschaftlern sei die moralische Entscheidung, eine Atombombe zu bauen, erspart geblieben«.[21]

Die Bemühungen, die Wahrheit vor sich selbst und auch anderen zu camouflieren, erlebten ihren Höhepunkt, als Weizsäcker ein Alibi moralischer Opposition gegenüber der deutschen Atombombe erfand. Aber die Schwankungen und Selbstwidersprüche in seinen in Farm Hall gemachten Äußerungen lassen erkennen, daß der im nachhinein erhobene Anspruch auf Gewissen zu problematisch und absurd war, um stimmig durchgehalten werden zu können:

> »Ich glaube, es ist uns nicht gelungen, weil alle Physiker im Grunde gar nicht wollten, daß es gelang. Wenn wir alle gewollt hätten, daß Deutschland den Krieg gewinnt, hätte es uns gelingen können.
>
> ...
>
> Selbst wenn wir alles bekommen hätten, was wir wollten, ist es keinesfalls sicher, ob wir so weit gekommen wären, wie die Amerikaner und die Engländer jetzt gekommen sind ... vielmehr ist es eine Tatsache, daß wir alle überzeugt waren, daß die Sache während des Krieges nicht zu Ende gebracht werden konnte.
>
> ...
>
> Wenn wir die Sache rechtzeitig genug angefangen hätten, hätten wir es irgendwie schaffen können ... hätten wir vielleicht das Glück gehabt, damit schon im Winter 1944/45 fertig zu werden.
>
> ...
>
> Ich meine, wir sollten uns jetzt nicht in Rechtfertigungen ergehen, weil es uns nicht gelungen ist, vielmehr müssen wir zugeben, daß wir gar nicht wollten, daß die Sache gelingt. Auch wenn wir die gleiche Energie hineingesteckt hätten wie die Amerikaner und es wirklich gewollt hätten, wäre es uns mit Sicherheit nicht gelungen, weil sie unsere Fabriken in Trümmer gelegt hätten.
>
> ...
>
> Man kann sagen, es wäre für die Welt ein viel größeres Unglück gewesen, wenn Deutschland die Uranbombe gehabt hätte. Stellen Sie sich einmal vor, *wenn wir London mit Uranbomben zerstört hätten* [Hervorhebung d. Verf.], würde das den Krieg noch lange nicht beendet haben, und wenn der Krieg dann wirklich zu Ende gewesen wäre, ist es immer noch zweifelhaft, ob das eine gute Sache gewesen wäre.«[22]

Heisenberg und Weizsäcker haben vielleicht nicht gehofft, daß der Krieg mit einem deutschen Sieg ende, sicherlich aber wollten sie nicht, daß er mit einer deutschen Niederlage ende. Nachdem er die Nachrichten aus Potsdam gehört hatte, bemerkte er, wie immer geschickt rationalisierend, es wäre auf jeden Fall unendlich schlimmer gewesen, »wenn wir den Krieg gewonnen hätten«. Aus dieser Stimmung heraus legte er Gerlach zur Last, was seine eigene typisch patriotische Gesinnung war: »Heisenberg erwiderte, er könne das schon verstehen, denn Gerlach sei der einzige unter ihnen, der einen deutschen Sieg wirklich gewollt habe. Obwohl er die Verbrechen der Nazis einsehe und sie mißbillige, habe er sich nicht der Tatsache verschließen können, daß er für Deutschland arbeite.«[23]

Ebenso schwer aufrechtzuerhalten war die Rechtfertigung, daß sie überhaupt an dem Uranprojekt gearbeitet hatten, wo es doch zwischen 1939 und 1941 immer noch schien, als könne in absehbarer Zeit eine Bombe daraus hervorgehen. Die Wissenschaftler in Farm Hall versuchten, dem eigentlichen Problem mit zwei Rechtfertigungsstrategien auszuweichen. Die erste bestand darin, ihre Arbeit am Uranprojekt damit zu rechtfertigen, daß sie keinen Erfolg hatten. Dieses Scheitern sahen sie als unvermeidlich an, da die Bombenangriffe der Alliierten und andere Faktoren einen industriellen Aufwand im erforderlichen Maßstab verboten. Zweitens war da eine selbstgerechte Tendenz, ihre Arbeit damit zu entschuldigen, daß sie eine generelle Verurteilung von Atomwaffen anstimmten und ihren alliierten Gegenspielern die Schuld gaben, dieses Entsetzen produziert zu haben. Was man bei diesem allzu bequemen Moralisieren vermißt, ist, daß sie sich in keiner Weise ihrer moralischen Schuld stellten, in den Jahren 1939–41 für Hitler an dem Bombenprojekt gearbeitet zu haben, als das Unternehmen noch durchaus erfolgversprechend schien. Vor allem Weizsäcker versuchte, diesem Punkt mit aller Kraft auszuweichen, als er meinte, »selbst die Wissenschaftler sagten, es sei nicht zu schaffen«, wodurch er das ganze Uranprojekt als wissentlich sinnlos hinstellte. Aber die schreiende Unwahrheit dieser Strategie war seinen Kollegen in Farm Hall klar. Bagge warf nämlich sofort ein:

> »Das stimmt nicht. Sie waren selber auf dieser Konferenz in Berlin. Ich glaube, es war am 8. September, daß jeder gefragt wurde … und jeder sagte, es müsse sofort gemacht werden. Jemand sagte: ›Es ist natürlich eine offene Frage, ob man so etwas überhaupt machen sollte.‹ Daraufhin stand Bothe auf und sagte: ›Meine Herren, es muß gemacht werden.‹ Dann stand Geiger auf und sagte: ›Wenn auch nur die geringste Aussicht besteht, daß es möglich ist – dann muß es gemacht werden.‹«

Weizsäcker erwiderte darauf wenig überzeugend: »Ich weiß nicht, wie Sie so etwas sagen können. 50 Prozent der Leute waren dagegen.« Aber Harteck widersprach ihm gewitzt: »von denen, die nun wirklich was davon verstanden, sprach sich ein Drittel dagegen aus ... Wir wußten, daß die Sache im Prinzip zu machen war, aber auf der anderen Seite erkannten wir auch, daß es sich um eine furchtbar gefährliche Sache handelte.«[24]

Es stellt sich nun die interessante Frage, wie überzeugend Heisenberg seinen Kollegen und sich selbst etwas vormachte, da doch zuweilen eine Anerkennung der Wahrheit und des eigentlichen moralischen Problems durchbrach, wie bei Wirtz' Eingeständnis der deutschen Greueltaten in Polen. Eine solche Gelegenheit bietet der üblicherweise bedächtige Weizsäcker während einer Diskussion über die Frage, wie man sich in Nazideutschland »richtig« hätte verhalten sollen. Als Heisenberg weise empfiehlt, jeder von ihnen müsse sehen, daß er in dem neuen Deutschland »an die richtige Stelle kommt«, bekennt Weizsäcker spontan: »Die richtige Stelle wäre eigentlich in einem Konzentrationslager gewesen, und es gibt Leute, die sich dafür entschieden.«[25] Mochten sie auch das Problem vernebeln und sich und andere täuschen, wie sie es die meiste Zeit taten, so wußten die deutschen Wissenschaftler letztlich doch, daß sie moralisch versagt hatten.

Die fragwürdigen Begründungen Heisenbergs und seiner Freunde in Farm Hall für bare Münze zu nehmen heißt der moralischen Integrität jener deutscher Atomwissenschaftler einen schlechten Dienst erweisen, die sich tatsächlich ehrenhaft verhielten, insbesondere Wolfgang Gentner und vielleicht Hans Jensen und natürlich Max von Laue, der kein Blatt vor den Mund nahm. Grundlos in Farm Hall interniert, ging es Laue dort ziemlich dreckig, vor allem wegen Weizsäcker, der recht gehässig war.[26] Aber wenn er auch unter moralischem Druck stand, eine gewisse Solidarität zu üben, die er später bedauerte, muß sich Laue der Geschmacklosigkeit der psychologischen Manöver seiner Kollegen bewußt gewesen sein. 1944 hatte Einstein bewundernd über Laue geschrieben, »bei ihm war es interessant zu beobachten, wie er sich schrittweise von den Traditionen der Herde losgerissen hat unter der

Wirkung eines starken Rechtsgefühls«.[27] Wenn also Laue, trotz seiner geistigen Unabhängigkeit, sich dennoch den Forderungen nach deutscher patriotischer Solidarität in Farm Hall unterwerfen konnte (und noch eine Weile später, wie sein Artikel von 1948 beweist, in dem er seine Kollegen gegen den Vorwurf in Schutz nimmt, sie seien Himmlers Waffenschmiede gewesen), dann zeigt das, wie schwer es für in Deutschland erzogene Wissenschaftler – und selbst Juden – war, eine objektive Sicht der Dinge zu gewinnen. Hier sei noch einmal auf Lise Meitner verwiesen, mit der Laue provokanterweise während des gesamten Krieges korrespondierte, obwohl natürlich beider Briefe der Zensur unterworfen waren. Wie ihre Diskussion über Heisenbergs Kopenhagen-Besuch zeigt, durchschauten Meitner und Laue die moralische Leere ihrer Kollegen.[28] Aber im allgemeinen scheute sich Meitner, wie auch Laue, jene Kollegen zu verurteilen, die freiwillig in Deutschland blieben und mit dem Regime gemeinsame Sache machten. Sie mochten kein Urteil über andere fällen und akzeptierten gutgläubig einige der vorgebrachten Rechtfertigungen. Erst im Juni 1945, als Einzelheiten über das Schreckenslager Belsen endlich Meitners Schale von Selbstschutz durchdrangen und ihr die Augen öffneten über die grundlegend verfehlte Strategie, in Deutschland zu bleiben, die selbst von deutschen Wissenschaftler mit besten Absichten eingeschlagen worden war – ja sogar von ihr selbst, bis sie 1938 zur Flucht gezwungen wurde. Am 26. Juni 1945 schrieb sie einen Brief an Paul Scherrer in Zürich, worin sie aus ihrer Abneigung gegen Heisenberg und Weizsäcker kein Hehl machte. Sie kritisierte Weizsäckers jüngst erschienenes Buch wegen seines pseudomystischen »Fluchtversuchs aus der deutschen Wirklichkeit« und schrieb:

> »... ich glaube, daß Heisenberg, wenn auch in anderer Weise – auch an geistiger Unehrlichkeit leidet. Ich habe von jungen dänischen Kollegen sehr merkwürdige Dinge über ihn gehört, als er 1941 zusammen mit W. nach Kopenhagen gekommen war, um dort einen deutschen physikalischen Kongreß zu inscenieren und durchaus nicht einsehen wollte, daß das nicht fair wäre. Er war ganz erfüllt von dem Wunschtraum eines deutschen Sieges und entwickelte eine Theorie der höher

stehenden und der Helotenvölker, über die Deutschland herrschen sollte ...«[29]

Tags darauf schrieb Meitner ihrem alten Freund und Kollegen Hahn in einem nie zuvor angeschlagenen Ton, ging mit ihm, sich selbst und allen ihren Kollegen scharf ins Gericht, weil sie geblieben waren. Ihre besondere Verachtung traf Heisenberg wegen seines »unvergeßlichen« Besuchs 1941 bei Niels Bohr in Kopenhagen.

»Ich habe Dir in diesen Monaten in Gedanken viele Briefe geschrieben, weil mir klar war, daß selbst Menschen wie Du und Laue die wirkliche Lage nicht begriffen hatten. Das merkte ich u.a. so deutlich, als Laue mir gelegentlich Wettsteins Tod schrieb, daß sein Tod auch ein Verlust im weiteren Sinn sei, weil W[ettstein] mit seinen diplomatischen Fähigkeiten beim Kriegsschluß von großem Nutzen hätte sein können. Wie sollte ein Mann, der sich niemals gegen die Verbrechen der letzten Jahre gewendet hat, von Nutzen für Deutschland sein? Das ist ja das Unglück von Deutschland, daß Ihr alle den Maßstab für Recht und Fairness verloren hattet. Du hattest mir selbst im März 1938 erzählt, daß Hörlein Dir gesagt hat, daß schreckliche Sachen gegen die Juden gemacht werden würden. Er wußte also von allen den geplanten und später ausgeführten Verbrechen und war trotzdem Mitglied der Partei und Du hast ihn – auch trotzdem – für einen sehr anständigen Menschen angesehen und Dich von ihm in Deinem Verhalten gegenüber Deinem besten Freund bestimmen lassen.

Ihr habt auch alle für Nazi-Deutschland gearbeitet und habt auch nie nur passiven Widerstand zu machen versucht. Gewiß, um Euer Gewissen loszukaufen, habt Ihr hier und da einem bedrängten Menschen geholfen, aber Millionen unschuldiger Menschen hinmorden lassen, und keinerlei Protest wurde laut.

Ich muß Dir das schreiben, denn es hängt so viel für Euch und Deutschland davon ab, daß Ihr einseht, was Ihr habt geschehen lassen ... Ich und viele mit mir meinen, ein Weg für Euch wäre, eine offene Erklärung abzugeben, daß Ihr Euch bewußt seid, durch Euere Passivität eine Mitverantwortung für das Geschehene auf Euch genommen zu haben ... Aber viele meinen, es sei zu spät dafür. Diese sagen, Ihr hättet Euere Freunde verraten, dann Euere Männer und Kinder, indem Ihr sie in einem verbrecherischen Krieg ihr Leben habt einsetzen lassen, und schließlich hättet Ihr auch Deutschland selbst verraten, weil Ihr, als der Krieg schon ganz hoffnungslos war, Euch nicht einmal gegen die sinnlose Zerstörung Deutschlands gewehrt habt. Das klingt erbarmungslos und doch glaube mir, es ist die ehrlichste Freundschaft, warum ich Dir das alles schreibe. – Daß die übrige Welt Deutschland bedauert, könnt Ihr wirklich nicht erwarten. Was man in diesen Tagen von den unfaßbaren Greueln in den Konzentrationslagern gehört hat, übersteigt alles, wovor man sich gefürchtet hatte. Als ich im englischen Radio einen sehr sachlichen Bericht der Engländer und Amerikaner über Belsen und Buchenwald hörte, fing ich laut an zu heulen und konnte die ganze Nacht nicht schlafen. Und wenn Du die Menschen gesehen hättest, die aus den Lagern hierher kamen. Man sollte einen Mann wie Heisenberg und viele Millionen mit ihm zwingen, sich diese Lager und die gemarterten Menschen anzusehen. Sein Auftreten in Dänemark 1941 ist unvergeßlich. Du wirst Dich vielleicht erinnern, daß ich, als ich noch in Deutschland war (und heute weiß ich, daß es nicht nur dumm, sondern ein großes Unrecht war, daß ich nicht sofort weggegangen bin), Dir oft sagte: Solange nur wir die schlaflosen Nächte haben und nicht Ihr, solange wird es in Deutschland nicht besser werden. Aber Ihr hattet keine schlaflosen Nächte, Ihr habt nicht sehen wollen, es war zu unbequem. Ich könnte es Dir an vielen, großen und kleinen, Beispielen beweisen. Ich bitte Dich, mir zu glauben, daß alles das, was ich hier schreibe, ein Versuch ist, Euch zu helfen.«[30]

Der Brief kam nicht rechtzeitig an, und als der Kontakt zwischen Meitner und Hahn wiederhergestellt war, hatte sie sich bereits wieder beruhigt.[31] Aber ihren Abscheu vor dem von ihren deutschen Kollegen begangenen Verrat kann man in der darauf folgenden scheinbar herzlichen Korrespondenz noch immer zwischen den Zeilen lesen. Ohne ihre in jenem Brief deutlich zum Ausdruck gebrachte skeptische Einstellung zu ändern, aber merklich milder gestimmt gegenüber Hahn, schrieb sie ihm im September 1945: »Ich hoffe, Du hast verstanden, daß [mein Brief] trotz mancher hart klingender Aufrichtigkeiten über die deutschen Verhältnisse von ehrlichster Freundschaft für Dich erfüllt war.«[32] Drei Jahre später verschleierte sie ihre Kritik an Hahns Versäumnis, Deutschland zu verlassen, unter Bezugnahme auf sich selbst: »Heute weiß ich, daß es nicht nur dumm, sondern ein großes Unrecht war, daß ich nicht sofort weggegangen bin … denn letzten Endes habe ich durch mein Bleiben doch den Hitlerismus unterstützt.«[33] Andere

Deutsche haben es noch treffender ausgedrückt. General Roettinger beispielsweise bemerkte kaustisch: »Die Leute sprachen von Treue, Ehre usw., aber was sie in Wirklichkeit meinten, war persönliche Feigheit und Sichdrücken vor moralischer Verantwortung.«[34] Und Gerhart Hauptmann, befragt, warum er nicht emigrierte, antwortete: »Weil ich ein Feigling bin. Verstehen Sie? Ich bin ein Feigling.«[35]

Welch wohltuende Alternative zu Heisenbergs gedrechselten Rechtfertigungen und Ausflüchten!

21. *Kapitel:* Heisenbergs Sonderweg, 1945–48

Selbst jetzt scheint Heisenberg nicht bereit zu sein, die Nazis offen zu verurteilen. Statt dessen versucht er, der Welt einzureden, von welch hoher Qualität die deutsche Wissenschaft war, selbst unter den Nazis, und daß sie letztendlich nur friedliche Absichten hegten. Die einzige Artikel mit leicht antinazistischer Tendenz, den ich von Heisenberg zu Gesicht bekommen habe, ist eine Rede vor den Studenten in Göttingen, in der er hervorhebt, daß Wissenschaft nichts mit Rasse oder Religion zu tun habe. Ich denke, seine Rede wäre viel überzeugender gewesen, wenn er Beispiele für die destruktiven Einflüsse der Nazidoktrin gegeben hätte.

Samuel Goudsmit, 1948[1]

Auch nach seiner Entlassung aus Farm Hall machte Heisenberg von seinem selektiven Gedächtnis und seiner Gabe, das Geschehene mit einem moralischen Mäntelchen zu versehen, ausgiebig Gebrauch, zumal während der sogenannten Entnazifizierung. So stellte er zum Beispiel früheren Mitarbeitern mit zweifelhafter Vergangenheit großzügig »Persilscheine« aus. Einer von diesen Leuten war Johannes Juilfs (alias Mathias Jules), jener SS-Wissenschaftsoffizier, der 1937/38 im Auftrag Himmlers die politische Zuverlässigkeit des Nobelpreisträgers »überprüft« hatte. Vor seinem Wechsel zur SS war Juilfs Mitglied der SA und Führer des nationalsozialistischen Studentenbunds gewesen. 1938 trat er in den SD ein, diente unter Helmut Fischer und stieg zum Rang eines Obersturmführers auf. Er hatte eine naturwissenschaftliche Ausbildung durchlaufen, war eine Weile Assistent bei Laue und wurde später Heisenberg am Kaiser-Wilhelm-Institut für Physik und der Berliner Universität zugeteilt.[2] Das Schreiben, das Heisenberg zu Juilfs' Entlastung an die zuständige Entnazifizierungsbehörde richtete, ist offenbar verschollen, doch der Tenor desselben läßt sich aus einer eidesstattlichen Erklärung rekonstruieren, in der Heisenberg an die von Himmler angeordneten Ermittlungen über seine scharfe Kritik an der »arischen Physik« erinnerte. Er habe sich, so heißt es in diesem Dokument, mehrmals zum SS-Sicherheitshauptamt in Berlin begeben und mit »Dr. Juilfs [gesprochen], der sich offenbar sehr energisch für meinen Standpunkt eingesetzt hat«. Hierauf hatte er jenen Brief von Himmler erhalten, »der mir mitteilte, daß meine Ehre öffentlich wiederhergestellt werden müsse«.[3] Diplomatisch unterließ Heisenberg jeden Hinweis darauf, daß Juilfs ihm nachdrücklich untersagt hatte, den Entdecker der Relativitätstheorie namentlich zu nennen (unter Juilfs' Einfluß hatte er 1942 seinen alten Lehrer Sommerfeld brieflich nahegelegt, er möge in seinem neuen Buch Einstein nicht erwähnen). Demgegenüber nahm Laue in den Vorlesungen, die er 1943 in Stockholm hielt, wiederholt auf Einstein Bezug, wodurch er sich einen ernsten Verweis von seiten Mentzels vom Reichserziehungsministerium einhandelte. Daraufhin schickte Laue eine Kopie des Verweises an Weizsäcker mit dem ironischen Vermerk, »da Sie sich oft schon um die offizielle Anerkennung der Relativitätstheorie bemüht haben«. Ein besorgter Weizsäcker erinnerte Laue daraufhin an die Abschlußerklärung des Seefelder Treffens, daß »ein großer Teil der speziellen Relativitätstheorie ... schon von Lorentz und vor allem von Poincaré gefunden worden [ist], und der Anteil dieser beiden Forscher ist später gegenüber demjenigen Einsteins nicht immer genug gewürdigt worden ... Persönlich würde ich das Ergebnis dieser Debatte in die Formel zusammenfassen: Die Relativitätstheorie wäre auch ohne Einstein entstanden, sie ist aber nicht ohne ihn entstanden.«[4] Aus dieser Haltung heraus bemühte sich Weizsäcker auch um die Rehabilitierung des schätzenswerten Juilfs, mit dem er 1952 ein Lehrbuch für Physik verfaßte und so dem früheren SS-Obersturmführer zu einem Lehramt in Hannover verhalf.[5] (Durch seine Mitgliedschaft in verschiedenen nationalsozialistischen Organisationen hatte sich Weizsäcker ohnehin etwas mehr kompromittiert als Heisenberg.)[6]

Ein anderer nützlicher Freund Weizsäckers, den Heisenberg nach dem Krieg zu entlasten suchte, war Gustav Borger, der ehemalige Leiter der naturwissenschaftlichen Abteilung des NS-Dozentenbunds. Borger, der Weizsäcker für einen Lehrstuhl an der Reichsuniversität Straßburg empfohlen hatte, war an der Vorbereitung des Seefelder »Religionsgesprächs« aktiv beteiligt gewesen. In seinem Persilschein für Borger revanchierte sich Heisenberg 1947 bei dem früheren Nazifunktionär insofern, als er behauptete, es sei nicht zuletzt »seiner Verhandlungsführung zu verdanken, daß das Treffen in Seefeld im ganzen eine Entscheidung zugunsten der modernen theoretischen Physik und zu ungunsten der antisemitischen Physiker herbeigeführt hat«.[7] Geschickt flüchtete er sich hier in seine üblichen Halbwahrheiten; indem er von der Bande der »antisemitischen Physiker« sprach, suggerierte er der Spruchkammer, daß auch Borger irgendwie gegen den Antisemitismus der Nazis gewesen oder für die jüdischen Physiker eingetreten sei, was beides nicht stimmte.

Die Tendenz der Heisenbergschen Referenzen, das Stigma der Mitgliedschaft in der SS und der NSDAP auszuhöhlen, belegt sein Schreiben für G. von Droste, der ihn behutsam darauf hingewiesen hatte, daß er 1933 in die SA und eingetreten und dann 1938 automatisch in die Partei aufgenommen worden sei. Dennoch bat Droste um ein Entlastungszeugnis, da Heisenberg ja wisse, daß er gegen die damaligen politischen Verhältnisse eine ablehnende Haltung eingenommen habe. Selbstverständlich stellte ihm Heisenberg das erbetene Gutachten aus, in dem er betonte, daß Droste »die schlechten Seiten des Nationalsozialismus« ebenso abgelehnt habe wie er selbst.[8]

Weil er die irrige Ansicht vertrat, daß es die »schlechten Seiten des Nationalsozialismus« gegeben habe, konnte Heisenberg »guten Gewissens« schreiben, daß Droste kein wirklicher Nazi, sondern vielmehr ein »guter Nazi« gewesen sei. Lise Meitner, die ebenfalls einen Brief von Droste bekam, worin stand, sie müsse sich doch erinnern, daß er im Grunde nie ein Nazi gewesen sei, tat das Schreiben als »Lügen von Anfang bis zum Ende« ab; sehr gut erinnerte sie sich hingegen, daß er stets im Braunhemd der SA aufgetreten war. Dennoch kam auch sie schließlich seinem Wunsch nach und verfaßte ein Entlastungschreiben.[9]

So war es auch bei Pascual Jordan, Heisenbergs und Borns altem Kollegen in Göttingen während der zwanziger Jahre, der später ein fanatischer Nazipublizist wurde. 1948 bat er Max Born um eine Referenz, die seine Verstrickung in NS-Aktivitäten herunterspielen, statt dessen aber seine heroische Entscheidung herausstellen sollte, in Deutschland geblieben zu sein, um in Opposition zu der »radikalen Naziseite« den jüdischen Beitrag zur theoretischen Physik zu verteidigen. Born lehnte höflich ab und schickte statt einer Referenz eine Liste von Verwandten und Freunden, die unter den Nazis den Tod gefunden hatten. Heisenberg hingegen zeigte sich von einem solchen Appell an die »guten Seiten« des Nationalsozialismus und die Bewahrung der Physik beeindruckt und versorgte Jordan mit wenigstens zwei Enlastungsdokumenten, in denen unter anderem stand, er habe nie mit der Möglichkeit gerechnet, daß Jordan ein [böser] Nazi sein könnte. Jordans propagandistische Tätigkeit für das Dritte Reich erwähnte er mit keinem Wort.[10]

Allein schon aufgrund seines gesunden Menschenverstands und Eigeninteresses hätte, so sollte man meinen, Heisenberg zu früheren SS-Wissenschaftlern und Parteimitgliedern, mit denen er während des Dritten Reiches zu tun gehabt hatte, auf Distanz gehen müssen. Aber seine eigentümliche Moralauffassung bewog ihn statt dessen, weiterhin zwischen »guten« und »bösen« Nazis zu unterscheiden, je nachdem, ob sie sich für ihn und die deutsche Wissenschaft als nützlich erwiesen hatten. Eine solche grotesk anmutende Einstellung hätte womöglich sogar einem Himmler zur Rehabilitierung verholfen, weil dieser in den Jahren 1937/38 und danach Heisenbergs »Ehre« geschützt hatte.

Zweifellos hatten sich jene Herren von der SS in seinen Augen dadurch reingewaschen, daß sie während der Seefelder »Religionsgespräche« und bei anderen Gelegenheiten für die »theoretische Physik« eingetreten waren. Doch allein schon die Tatsache, daß solche – nach Rosbauds Worten »haarsträubenden und weitgehend unverständlichen« – Gespräche überhaupt stattgefunden hatten, war eine Schande. Sie hätten, so Rosbaud, »unter der Würde eines Physikers vom Kaliber eines Heisenberg oder eines

Weizsäcker sein müssen«.[11] Alles, was dabei herauskam, war so leer und anstößig wie die Entnazifierungsfreisprüche ihrer SS-Schirmherren. Aber 1945, nach zwölf Jahren Drittes Reich, war Heisenberg es gewohnt, in seinem Streben nach Ehre solche Kompromisse einzugehen. Rechtfertigungen für SS-Mitglieder zu finden fiel ihm nicht weiter schwer. Man vergleiche dagegen einen Mann wie Rosbaud, der es nicht fassen konnte, als viele ehemalige Nazis unter einem demokratischen Deckmäntelchen wieder in Amt und Würden kamen. Wo er selbst versuchte, einzelne Parteimitglieder in Schutz zu nehmen, geschah es aus echter Menschlichkeit und in Anerkennung ihres persönlichen Anstands und nicht, wie bei Heisenberg, weil sie geholfen hatten, seine Ehre und die der deutschen Wissenschaft zu retten.

Aber der gesamte Entnazifizierungsvorgang drohte zu einer Verdrehung von Gerechtigkeit und historischer Wahrheit zu verkommen.

> »Das Problem ist ganz einfach, die Entnazifizierung wird den Deutschen überlassen, und viele Nazis hatten ihre Alibis schon bereit, die eidesstattlichen Erklärungen von Freunden, die bezeugen, daß sie alle Antifaschisten waren, obwohl sie in der Partei waren. Außerdem gibt es viele andere, die nie in die Partei eingetreten waren, weil sie entweder zu klug oder zu vorsichtig waren, oder Leute, die versucht hatten einzutreten, aber abgelehnt wurden ... Daraus schließe ich, daß eine echte Entnazifizierung eine Sache von vielen Jahren ist, sie läßt sich nicht mit Hilfe von Fragebögen lösen. Drescher-Kaden, der Mineraloge, hat gewiß einen schlechten [Fragebogen] ... nichtsdestoweniger ist er eine der anständigsten Persönlichkeiten, die ich je kennenlernte, vergleichbar nur mit Laue, der [Drescher?] vielen Leuten das Leben gerettet hat, u. a. auch mir. Dagegen hat Schneiderhöhn, der Freiburger Mineraloge, einen ausgezeichneten [Fragebogen]. Er wurde von den Nazis abgelehnt und war damals sehr unglücklich, aber heute schreibt er an jedermann Briefe, in denen er Drescher denunziert.«[12]

Wie Rosbaud 1948 mit bitterem Sarkasmus bemerkte, »sind die meisten unserer alten Freunde entweder wieder in ihren Jobs oder zumindest entnazifiziert oder fleißig dabei, sich Referenzen zu beschaffen – und sie bekommen ihre Referenzen«.[13]

Auch weiterhin verschloß Heisenberg die Augen vor der Ungeheuerlichkeit der Naziverbrechen, obwohl er während seines Besuchs bei Frank 1943 davon gehört hatte. Ebensowenig sprach er je über den Einsatz von 2000 Zwangsarbeiterinnen aus Sachsenhausen bei der Herstellung der Uranplatten für seine verschiedenen Reaktorexperimente. Aber er muß davon gewußt haben, da er an den Verhandlungen über eine beschleunigte Produktion selbst aktiv beteiligt war.[14] Jedenfalls zeigen alle seine noch vorhandenen Stellungnahmen, wie er die Verbrechen Nazideutschlands und deren Bestrafung einschätzte: als weniger bedeutsam denn die Bewahrung Deutschlands und vor allen Dingen der deutschen Wissenschaft.

Rosbaud war diese Haltung schon Anfang des Krieges bei einem seiner seltenen Gespräche mit Heisenberg aufgefallen. Seine Erinnerungen daran verdienen es, in extenso zitiert zu werden:

> »Ich begegnete Heisenberg nicht sehr häufig, und ich weiß nicht warum. Natürlich sah und sprach ich ihn bei den Sitzungen der Physikalischen Gesellschaft, aber wenn ich einen persönlichen Rat brauchte, ging ich zu Laue, Sommerfeld oder Planck. Es mag sein, weil ich seinen Klub an der Leipziger Universität nicht mochte, junge und hochintelligente Leute mit einer gewissen Arroganz, die mir mißfällt … Natürlich galten meine Sympathien und meine Bewunderung seiner wissenschaftlichen Genialität. Wir alle kämpften für ihn und gegen die ›Deutsche Physik‹ … [Als er den Nobelpreis erhielt] demonstrierten einige Studenten gegen ihn, als er den Vorlesungssaal betrat. Er fragte die wenigen Nazistudenten: ›Wer, glaubt ihr, hat mehr für Deutschland getan, ihr oder ich?‹ Die Mehrheit der Studenten klatschte ihm Beifall …
>
> In der Zwischenzeit hatte sich die Lage verändert. Er wurde von Himmler zu einem Gespräch eingeladen, und er versäumte es nie zu erwähnen, daß er mit seinem Schul- und Duzfreund Frank, dem Generalgouverneur von Polen, auf sehr gutem Fuß stehe. Die moderne Physik wurde ›hoffähig‹ … Der große Vorteil der modernen Physik war natürlich, daß sie sich für die Kriegsanstrengungen Deutschlands nutzen ließ … Diese Rehabilitation der modernen Physik, die fast ausschließlich auf Heisenbergs Bemühungen zurückging, war selbstverständlich ein großer Triumph. Ich frage mich, ob sie auch für seine Reputation ein Triumph war!

1940 [1942?], als er Direktor des [Kaiser-Wilhelm-Instituts für Physik] war, besuchte ich Heisenberg. Ich erinnere mich an alles, worüber wir uns unterhielten; ich war nicht seiner Meinung.«

Rosbaud hatte den Standpunkt vertreten, daß die Nazis keinen Respekt vor der Wissenschaft hätten, aber Heisenberg bemerkte leichthin, daß sie immerhin gut seien, »um Ihnen Geld zu geben, wenn der Plan ... groß genug ist«, zum Beispiel für ein großes astronomisches Observatorium. Als Rosbaud einwandte, dann würden sie eben einem Parteimitglied die Leitung übertragen, brachte das Heisenberg keineswegs aus der Fassung: Unsere »guten Leute« könnten dennoch dort arbeiten. Auf diese Leichtfertigkeit entgegnete Rosbaud verärgert, kein anständiger Astronom würde unter solchen Bedingungen arbeiten, aber dieses Argument leuchtete dem opportunistischen Heisenberg nicht ein.

»Nachdem wir diesen Punkt erörtert hatten, sprachen wir über den Krieg, und ich sagte ihm ganz offen meine Meinung. Da er nicht mit mir übereinstimmte, hielt ich es für besser zu gehen und ging deprimiert weg. Außer über berufliche Fragen hatte ich danach kein persönliches Gespräch mehr mit ihm. Später, als ich in Norwegen war, erfuhr ich, daß er in einem Gespräch mit Niels Bohr dieselbe Meinung geäußert hatte.

Da ich wußte, daß er in jedem Punkt mit seinem Freund von Weizsäcker voll übereinstimmte, mied ich auch mit ihm jeden weiteren Kontakt.«[15]

Offensichtlich war »dieselbe Meinung« über den Krieg, die Heisenberg sowohl Rosbaud als auch Bohr gegenüber vertreten hatte, sein üblicher Standpunkt, daß ein deutscher Sieg wünschenswert sei. Im Oktober 1950 schrieb Rosbaud in einem Brief an Goudsmit diesbezüglich:

»Ich bin entsetzt und deprimiert über die kindischen und, ich würde fast sagen, unmoralischen Ansichten eines so bedeutenden Wissenschaftlers. Er hat sich kein bißchen geändert und nichts dazugelernt. Eine Revolution hat es in Deutschland nie gegeben, weder 1918 noch 1933 oder 1945. Dieselben Ansichten äußerte er, als ich 1940 oder 1941 das letzte lange Gespräch mit ihm führte, und er war der Auffassung, daß nur, wenn Deutschland den Krieg gewinne, diese ›Reinigung‹ stattfinden werde. Von da an wollte ich nichts mehr mit ihm zu tun haben, und abgesehen von einem gelegentlichen ›Hallo‹ hatte ich keinerlei Kontakt mehr zu ihm.«[16]

Mit diesen Zeilen antwortete Rosbaud auf einen Brief Goudsmits, in dem dieser ihm berichtet hatte, er habe bei seiner letzten Begegnung mit Heisenberg feststellen müssen, daß der deutsche Physiker noch genauso blind gegenüber den Verbrechen den Nationalsozialismus sei wie ehedem.

»Heisenberg war hier. Ich lud ihn ein, einen Vortrag zu halten, und sah ihn dann später wieder. Sein Besuch war recht freundschaftlich, aber ich hatte Gelegenheit, unsere Meinungsverschiedenheiten mit ihm zu diskutieren ...

Der Standpunkt, den er heute vertritt, hat große Ähnlichkeit mit dem, was er vor dem Krieg äußerte. Er glaubt, daß das, was in Deutschland geschah, eine ›Revolution‹ war. In einer Revolution, sagt er, haben minderwertige Leute immer eine Möglichkeit, nach oben zu kommen und großen Schaden anzurichten. Auf lange Sicht jedoch wird sich die normale Auslese wieder einstellen – die minderwertigen Leute werden hinausgedrängt, und an der Macht werden wieder vernünftige Leute sein. In der Diskussion räumte er bereitwillig ein, daß der Zeitraum, bis das Gleichgewicht erreicht ist, fünfzig oder hundert Jahre betragen dürfte und nicht die wenigen Jahre, die er im Sinn hatte, und bis zu jenem Zeitpunkt sind vielleicht keine vernünftigen Leute mehr übriggeblieben. Aber nach wie vor verteidigt er alle schlimmen Dinge in Deutschland als die ganz normalen Nebenerscheinungen einer jeden gesellschaftlichen Revolution.«[17]

Weder Rosbaud während des Krieges noch Goudsmit danach vermochten Heisenberg die Augen zu öffnen über die moralische Verderbtheit, im angeblichen Interesse der theoretischen Physik mit der SS gemeinsame Sache zu machen oder an einem – wenn auch unrealistischen – Bombenprojekt für die Nazityrannei zu arbeiten.[18] Heisenberg hatte ein ganzes Repertoire an Rechtfertigungen parat, die von der moralischen Überlegenheit der deutschen Wissenschaftler über ihre alliierten Gegenspieler bis hin zur Harmlosigkeit des deutschen Vorhabens als reine, interesselose Wissenschaft reichten.[19]

Als Heisenberg Ende der vierziger Jahre die Vereinigten Staaten besuchte, tischte er Hans Bethe (einem deutsch-jüdischen Flüchtling) seine üblichen Rationalisierungen auf: »Wir hätten den Deutschen nur einige Jahre geben sollen, und wir hätten die Nazis schon erzogen. Ja, wir haben von Greueln gewußt, aber die Rache der Alliierten gefürchtet, wenn die Deutschen den Krieg verlören.« An der Atombombe habe er nur gearbeitet, um die Wissenschaftler vor dem Einberufungsbefehl zu bewahren. In ihrem ansonsten wohlmeinenden Nachruf auf Heisenberg zeigten sich N. Mott und R. Peierls verblüfft über verschiedene Äußerungen des Verstorbenen, die ihnen zu Ohren gekommen waren:

»Als er während seines England-Aufenthalts Ende 1947 das Haus eines aus Deutschland geflohenen Wissenschaftlers [Francis Simon] besuchte, meinte Heisenberg, ›man hätte die Nazis nur fünfzig Jahre dranlassen sollen, dann wären sie auch anständig geworden‹. Falls dies korrekt wiedergegeben ist, war es eine merkwürdige Äußerung gegenüber einem Mann, der entlassen worden war, obwohl er im 1. Weltkrieg gedient hatte, und der Verwandte und Freunde in den Vernichtungslagern verloren hatte; und dies in einem Gespräch, in dem Heisenberg bestrebt war, herzliche Beziehungen wiederherzustellen.«[20]

Diese Art zu denken und sich zu benehmen löste eine heftige Szene aus, als Heisenberg seinem alten Freund Max Born nach dem Krieg in Deutschland wiederbegegnete. Durch sein mangelndes Einfühlungsvermögen hatte er ihn bereits 1934 in Cambridge vor den Kopf gestoßen, als er dessen Frage verneinte, ob das Angebot, nach Deutschland zurückzukehren, auch für seine Familie gelte:

»Darüber war ich sehr aufgebracht. Ich brach das Gespräch ab und ging ins Haus, um Hedo davon zu erzählen. Wir konnten nicht begreifen, wie Heisenberg, den wir als einen anständigen, menschlichen Kerl kannten, sich bereitfinden konnte, mir eine solche Botschaft zu überbringen. Ich habe nie mit ihm darüber gesprochen. Aber später schilderten mir er und andere die damalige Situation in Deutschland, den Druck, unter dem sie lebten; so stellte sich bei mir eine Art von Verständnis ein, auch wenn ich ihm diese Gefühl- und Taktlosigkeit – und das ist sehr gelinde ausgedrückt – nicht verzeihen konnte.«[21]

Im Dezember 1947 besuchte Heisenberg den mittlerweile in Edinburgh heimisch gewordenen Born und erging sich dort offenbar in ähnlichen Rechtfertigungen wie bei Simon und anderen. Born, der Heisenbergs geistige Wendigkeit seit längerem mit einer gewissen Skepsis und Ironie verfolgt hatte, hörte sich dies alles bestürzt und verwundert an. Die Begegnung muß bei ihm einen recht unangenehmen Eindruck hinterlassen haben, denn wenig später schrieb er an Einstein:

> »Übrigens war er im Dezember bei uns, nett und klug wie ehedem, aber merklich ›angenazit‹.«[22]

Heisenberg, verbindlich und unsensibel wie immer, merkte nicht, daß etwas nicht stimmte. Zwar hatte er auf seiner Englandreise »besonders bei jüdischen Kollegen« ein gewisses antideutsches Ressentiment festgestellt, Born aber »ganz bezaubernd gastfreundlich« gefunden; es sei wie in alten Zeiten gewesen, schrieb er an Sommerfeld.[23] Doch bei einer späteren Gelegenheit sollte Born einen Schock erleben. Als er 1953 in optimistischer Stimmung mit seiner Frau nach Göttingen reiste, um die Ehrenbürgerwürde seiner alten Universitätsstadt entgegenzunehmen und sich über etwaige Entschädigungen kundig zu machen, kam ihm Heisenberg ziemlich verbittert vor. Offenbar setzte ihm die öffentliche Debatte mit Goudsmit zu, die seiner »Ehre« in den Augen westlicher Beobachter erheblich geschadet hatte.[24] Heisenbergs angestaute Entrüstung über die Schikanen der Alliierten, die Angriffe deutsch-jüdischer Wissenschaftler auf seine »Ehre«, ihr Herumreiten auf dem Holocaust, ihr mangelndes Verständnis für die Zwangslage der deutschen Wissenschaftler, über den effektiven »Verrat« ebendieser Juden, die nun – wie Born – kamen, um einem gedemütigten Deutschland – und einem gedemütigten Heisenberg – materielle Entschädigung und Schuldeingeständnisse abzupressen: all das brach sich nun in einem skandalösen antisemitischen Ausfall Bahn. Die folgenden Ausführungen stammen von Borns langjähriger schottischer Sekretärin, die ihn aus seiner Zeit an der Edinburgh University kannte und auch Paul Rosbaud nahestand, der den feindseligen Eindruck, den Heisenberg auf sie machte, bestätigte.

»Paul sprach von der unter Heisenbergs Kollegen verbreiteten Meinung, er sei ein rücksichtslos ehrgeiziger Opportunist, der nach Macht und Karriere gierte. Er war anscheinend bekannt dafür, daß er zu Wut- und Tobsuchtsanfällen neigte – wenn etwas nicht nach seinem Willen ging –, und reagierte seine Launen an den Leuten in seinem Umfeld ab, an Sekretärinnen, Technikern und jüngeren Kollegen. Es wurden auch Mutmaßungen laut, daß er seine Frau und Kinder nicht in erster Linie wegen der Bombenangriffe ins tiefste Hinterland geschickt hatte, sondern vielmehr deshalb, weil sie [sc. Frau Heisenberg] zunehmend in irgendwelche Fettnäpfchen zu treten drohte ... Ich sagte Paul, daß ich aufgrund der Porträts in verschiedenen Lehrbüchern zwar neugierig auf Heisenberg, doch auch von der nackten Arroganz, die aus diesen Bildern sprach, abgestoßen sei – und auch von seinem Benehmen gegenüber Max Born, als dieser mit seiner Frau nach dem Krieg nach Göttingen zurückkehrte, um seine Pensionsansprüche geltend zu machen und Entschädigung für sein von den Nazis 1933 konfisziertes Eigentum zu beantragen. Heisenberg war inzwischen Professor in Göttingen, und als die Borns ihn damals besuchten, wurden sie mit höhnischen Bemerkungen und antijüdischen Tiraden empfangen, und am Schluß spuckte Heisenberg vor Max Born auf den Boden! Ehe sie abreisten, sprach Max mit naiver Erwartung von einem Wiedersehen – sie hatten nie glauben können, daß er ein in der Wolle gefärbter Nazi gewesen war ... Als sie wieder hier waren und ich sie an diesem ersten Morgen nach ihrer Rückkehr fragte, vertraute mir Max Born sehr widerstrebend seinen großen Schock und die peinliche Begegnung an, und ich war entsetzt und wütend bei dem Gedanken, daß irgend jemand es wagte, meinen kleinen Maxie [ein schottischer Ausdruck!] so abscheulich zu behandeln. Später erzählte mir Mrs. Born ihre Version und schloß mit einer Äußerung, die ich nie vergessen habe: ›Und mein armer Max, er hat geweint.‹ ... Dies war eine der Geschichten, die ich Nick Kemmer wiederholen sollte, ehe er seine Besprechung schrieb ... und nachdem ich sie ihm erzählt hatte, sagte er, es erstaune ihn, daß er Jahre später auf irgendeinem internationalen Kongreß Max und Heisenberg freundschaftlich, wie es schien, miteinander habe plaudern sehen. Diese Behauptung bezweifle ich keineswegs ... ich hatte erfahren, was mit ›die andere Wange hinhalten‹ tatsächlich gemeint ist. Als mir Max Born damals nach seiner Rückkehr diese Geschichte anvertraute, bat er mich, sie streng vertraulich zu behandeln, da dieser Heisenberg bereits so viel Feindseligkeit und Argwohn auf sich gezogen habe ... – und schon genug gestraft sein würde, auch ohne daß er oder Hedi dieses unschöne Erlebnis im Kollegen- und Freundeskreis verbreitete ... Max hatte mir die Hand getätschelt und gemeint, er und Hedi hätten aufgrund ihrer Lebensjahre viel mehr Zeit [als ich] gehabt, verzeihen zu lernen.«[25]

Born hielt Wort und erzählte nicht einmal seinem Sohn von diesem häßlichen Vorfall,[26] aber der Bericht klingt dennoch glaubhaft angesichts dessen, was man aus anderen Quellen über Heisenbergs Charakter, insbesondere seine Arroganz und seinen Jähzorn, weiß. Stets war er von maßlosem Ehrgeiz besessen, der, wenn er verletzt wurde, kindische Wut und Verstimmung auslöste. So geriet er zum Beispiel derart außer sich, wenn ihn sein älterer Bruder in irgendwelchen belanglosen Dingen ausstach, daß er sich zeitweise weigerte, mit ihm zu sprechen. Und als ihn ein japanischer Physiker im Tischtennis schlug, einer Sportart, in der Heisenberg hart trainiert hatte, um ein As zu werden, wurmte ihn diese Niederlage so sehr, daß er sich eine Woche lang nicht mehr in seinem Institut sehen ließ und mit dem japanischen Gast nie wieder Tischtennis spielte.[27] Als er 1927 in Kopenhagen seine Theorie der Unschärferelation verfocht, steigerte er sich dabei in eine derartige Erregung hinein, daß er die Beziehung zu seinem Freund Niels Bohr aufs Spiel setzte. Auch gegenüber Schrödingers Wellentheorie gebärdete sich Heisenberg auf eine Weise, die rational nicht nachzuvollziehen ist. Dieses impulsive Konglomerat aus Stolz, extremem Ehrgeiz, Wut, Arroganz und Neid war von jedem leicht zu entzünden, der an seiner Sichtweise des eigenen Verhaltens während der Hitler-Zeit Zweifel anmeldete und seinen Verharmlosungen des Nationalsozialismus entgegentrat.

Max Borns Bemerkung, Heisenberg sei ihm im Dezember 1947 »merklich angenazit« vorgekommen, zeigt, wie weit der Nobelpreisträger, vielleicht ohne es zu bemerken, die Prägung der unter Hitler verbrachten Jahre verinnerlicht hatte. Selbst in seiner stilisierten Autobiographie *Der Teil und das Ganze* vermochte Heisenberg nicht aus dieser deutschen Geisteshaltung auszubrechen und offen über die Juden und die von den Nazis begangenen Verbrechen zu sprechen. Das äußerste, was er sich abringen konnte, war die Verurteilung der dummdreisten und vulgären antisemitischen Proteste gegen Einstein und das Bedauern über die Emigration jüdischer Physiker aus Deutschland.[28]

Heisenbergs Einstellung zu Einstein war eine Mischung aus Bewunderung, Mißtrauen und einem Quentchen Verachtung. In einem herablassenden Nachruf von 1955 attestierte ihm Heisenberg, der weltweise Philosoph und Historiker, »einen fast naiven Glauben an die Möglichkeit, politische Probleme durch den guten Willen allein zu lösen«. Einstein, behauptete er, habe irrigerweise geglaubt, daß Frieden durch die Kontrolle der Nationalstaaten (und inbesondere Deutschlands) erzielt werden könne. Diese scheinbar vernünftigen Äußerungen über Einsteins Pazifismus und Ablehnung des Nationalismus haben einen deutlich mißbilligenden Unterton, insinuieren sie doch eine gewisse moralische Defizienz des jüdischen Physikers, da es ihm an deutscher Vaterlandsliebe gebrach. Aber damit nicht genug. Es gehöre daher, so Heisenberg, »zum tragischen Aspekt dieses Lebens, daß Einstein, dem der Krieg verhaßt war, unter den vom Nationalsozialismus verübten Greueln im Jahre 1939 einen Brief an den Präsidenten Roosevelt schrieb, die Vereinigten Staaten sollten mit Energie die Herstellung von Atombomben versuchen; und daß die ersten dieser Bomben viele Tausende von Frauen und Kindern töteten, die ebenso unschuldig waren wie die Menschen [sc. »Juden«], für die Einstein sich einsetzen wollte«. Die schockierend antisemitische Implikation besteht hier darin, daß Einstein aus selbstsüchtigem jüdischem Interesse heraus zum Bau einer alliierten Atomwaffe beigetragen hatte, die unmoralischerweise zur Tötung anderer Unschuldiger eingesetzt wurde, für die er kein Mitleid empfunden habe.[29]

Wie bereits oben dargelegt, hegte Einstein zeitlebens eine tiefe Skepsis gegenüber deutscher Wesensart, die Heisenberg so überzeugend verkörperte.[30] Und er wurde darin nie wankend. Als er 1949 eingeladen wurde, seine Verbindung zur Kaiser-Wilhelm-Gesellschaft (der heutigen Max-Planck-Gesellschaft) zu erneuern, lehnte er das in einem Brief an Otto Hahn ab:

»Die Verbrechen der Deutschen sind wirklich das Abscheulichste, was die Geschichte der sogenannten zivilisierten Nationen aufzuweisen hat. Die Haltung der deutschen Intellektuellen – als Klasse betrachtet – war nicht besser als die des Pöbels. Nicht einmal Reue und ein ehrlicher Wille zeigt sich, das Wenige wieder gut zu machen, was nach dem riesenhaften Morden noch gut zu machen wäre. Unter diesen Umständen fühle ich eine unwiderstehliche Aversion dagegen, an irgend einer Sache beteiligt zu sein, die ein Stück des deutschen öffentlichen Lebens verkörpert, einfach aus Reinlichkeitsbedürfnis.«[31]

Einstein wußte sehr wohl, daß eine Gewissenserforschung nicht stattgefunden hatte auf seiten Heisenbergs und jener deutschen Wissenschaftler, die seinen auf Selbstbetrug beruhenden Standpunkt teilten, daß nun nach dem Krieg von beiden Seiten alles vergeben werden sollte, als habe es sich nur um ein Mißverständnis gehandelt, und die Herren nun Hände schütteln sollten. Einsteins Einstellung zu Heisenberg muß weitaus kritischer gewesen sein als die Borns, aber wie gewöhnlich hielt das Heisenberg nicht davon ab, sein bestes zu tun, einen tiefen Riß zu überkleistern.[32] In seiner Darstellung der einzigen Begegnung, zu der es nach dem Krieg zwischen den beiden noch kam, behauptete er:

»Einstein bat mich, ihn an seinem Wohnsitz in Princeton zu besuchen ... Ich wurde vorher darauf aufmerksam gemacht, daß mein Besuch nur kurz dauern sollte, da Einstein wegen eines Herzleidens sich schonen müßte. Einstein hat das allerdings nicht zugelassen, und ich mußte bei Kaffee und Kuchen doch fast den ganzen Nachmittag bei ihm verbringen. Über Politik wurde nicht gesprochen.«[33]

Wenn auch manches an dem gemütlichen Bild stimmen mag (zum Beispiel die Tatsache, daß sich ihr Gespräch auf die Physik beschränkte), ist es undenkbar, daß Einstein, der ja von Heisenbergs beschämenden Kompromissen mit dem Nationalsozialismus wußte, seinem Gast mit solcher Gelassenheit begegnen konnte. Ein anderer Bericht scheint da der Wahrheit näherzukommen:

»Zu Einstein über Heisenberg nach 45 erfuhr ich folgendes von der inzwischen verstorbenen Helen Dukas, Einsteins Sekretärin. Eines

Tages nach dem Krieg klingelte es in der Mercer Street Nr. 112. Sie öffnete die Tür. Da stand Heisenberg, der sein Kommen vorher nicht angekündigt hatte. Er bat, Einstein sprechen zu dürfen. Helen ging nach oben, um Einstein zu sagen, was los war. Einstein war wütend, er verspürte keinerlei Verlangen – um es gelinde auszudrücken –, Heisenberg zu sehen. Da er ein höflicher Mensch war, empfing er ihn dennoch. Mehr weiß ich nicht über diesen Besuch.«[34]

Leider ließen sich mehrere wohlmeinende britische Wissenschaftler von Heisenbergs glatten Halbwahrheiten und Behauptungen täuschen und damit Rosbaud und die deutsch-jüdischen Exilanten mit ihren Einwänden und ihrer Entrüstung etwas pathetisch und naiv erscheinen. Ganz verzweifelt schrieb Rosbaud 1948 an Goudsmit:

»Heisenberg war in diesem Land und blieb mehrere Wochen ... und wurde in Cambridge begeistert empfangen ... Lord Pakenham war von ihm offenbar tief beeindruckt. Gespräche führte er auch mit Simon und Peierls, die nicht so sehr beeindruckt waren. Ich habe ihn natürlich nicht getroffen. Heisenbergs Stellung ist sehr stark, und ich glaube, die Leute hier sehen in ihm eine Art deutschen Apostel ... Auch Weizsäcker ist auf dem Weg nach England, eingeladen von irgendwelchen christlichen Vereinigungen, und wird zweifellos ebenfalls großen Erfolg verbuchen können ... Glaub ja nicht, daß Dir Heisenberg je zustimmen wird ... Demut wird er nie lernen, sondern immer arrogant bleiben. Die Leute werden Dich oder Simon oder Peierls als voreingenommen betrachten und mich als einen treulosen [sic] und unzuverlässigen Bürger und Heisenberg als einen echt patriotischen und zuverlässigen Deutschen bester Art. Und Tausende von Deutschen, die unter den Nazis litten ... werden bald schon vergessen sein. Ich nehme hier also einen sehr pessimistischen und bedrückenden Standpunkt ein.«[35]

Obwohl er glaubte, daß man letztlich nur *eine* moralische Wahl treffen könne, die diesen Namen verdiente, räumte Rosbaud durchaus ein, daß die Deutschen tatsächlich vor einer schwierigen Entscheidung gestanden hatten, ob sie ihr Land unterstützen oder verraten sollten, und er klagte nicht alle an, die nach innerem Ringen die falsche moralische Entscheidung trafen, für einen deutschen Erfolg zu arbeiten. Hinsichtlich Walther Gerlachs bemerkte Rosbaud: »Sein Bestreben war absolut ehrenwert, er liebte sein

Land und wollte, daß es ihm gutgehe und es nicht untergehe. Er litt unter diesem Dilemma, und viele Male versuchte ich, ihn davon zu überzeugen, daß Hitler und der Krieg untrennbar seien und daß er die Kriegsarbeit aufs äußerste beschränken müsse.« Gerlach erschien Rosbaud »absolut unbestechlich« und bewahrte sich zumindest seine Integrität, als er sich entschied, für die Kriegsanstrengungen zu arbeiten. Aber Heisenberg erschien opportunistisch, ehrgeizig und unehrlich in seinen verschiedenen Rechtfertigungen der Notwendigkeit eines deutschen Sieges, selbst wenn er in seiner Liebe zu Deutschland ebenso aufrichtig wie Gerlach war.[36]

Rosbaud hatte zweifellos sowohl Heisenberg als auch Gerlach im Sinn, als er in seinem Aufsatz von 1945 über deutsche Haltungen im Dritten Reich von jenen Wissenschaftlern schrieb, »die den Krieg gewinnen wollten (sei es aus Gründen eines offensichtlich falschen, aber ehrenwerten Patriotismus) – sie realisierten nicht, daß nicht das ihnen vorschwebende Deutschland den Krieg gewinnen würde, sondern die Nazis, für die sie oft Verachtung, ja sogar Haß gezeigt hatten – sei es aus Gründen ihrer eigenen Bequemlichkeit«.[37]

Aber die Neigung mancher britischer Kreise, im Zweifelsfall für Heisenberg und andere patriotische Deutsche zu entscheiden – ja ihnen sogar Respekt zu zollen –, beunruhigte Rosbaud in den Jahren nach 1945 erheblich.

> »Das schrecklichste Dilemma für jeden anständigen Deutschen bestand in seinem Verhalten gegenüber seinem Land. Ich habe manchmal das unbehagliche Gefühl, daß BBC natürlich die Deutschen zum Kampf gegen die Nazis herausfordern mußte ... aber daß der Durchschnittsamerikaner und der Durchschnittsengländer jeden Deutschen verachtete, der diesen Rat befolgte. Vielleicht kann nur ein Deutscher verstehen, daß der Spruch ›right or wrong, my country‹ in Deutschland seine Gültigkeit völlig verloren hat ...
>
> Haben sie [die Widerständler] Deutschland verraten? Nein, sie verrieten die Nazis, und damit arbeiteten sie ... für das Recht und die Freiheit ihres eigenen Landes. Ich denke, sie waren wirklich gute Deutsche.«[38]

1947 schrieb er an Goudsmit:

»Ich weiß, daß mich viele Leute in diesem Land nicht verstehen und nicht meiner Meinung sind ... Es ist sehr gefährlich, wenn hochrangige Offiziere ... erklären, sie könnten den deutschen Wissenschaftlern, die so großartige Arbeit während des Krieges geleistet hätten, wegen ihrer Loyalität zu Hitler-Deutschland keinen Vorwurf machen, und wenn sie sagen, diese Wissenschaftler seien ihnen lieber als jene Deutschen, die sich ihrem Land gegenüber illoyal verhielten.«[39]

Aber was in den Augen Heisenbergs und argloser Ausländer ganz vernünftige Erklärungen seines Verhaltens waren, erschien einigen kritischeren britischen Beobachtern damals als Ausdruck einer »Narrenhaus-Mentalität«, die westlichen Gehirnen völlig fremd war. Ein britischer Bericht von E. W. B. Gill aus dem Jahr 1945 charakterisiert »die allgemeine Einstellung deutscher Wissenschaftler« wie folgt:

»Wenn man gelernt hat, den Eindruck außer acht zu lassen, der sich im Gespräch mit diesen Leuten [deutschen Wissenschaftlern] häufig einstellt, nämlich, daß man die Insassen eines Irrenhauses verhört, dann bekommt man durchaus eine gute Vorstellung von ihrem Weltbild ... Der durchschnittliche deutsche Wissenschaftler war gegenüber der Politik gleichgültig, ein Phänomen, das auch in zivilisierteren Ländern nicht unbekannt ist. Was für uns jedoch schwerer zu verstehen ist, ist ihr fast fanatisches Streben nach reiner Forschung, das sie in eine abgeschlossene Welt versetzt ... Da sie sich als Wesen einer anderen Welt verstanden, bestritten sie natürlich gern jegliche Verantwortung für die wirkliche Welt und betrachteten diese lediglich als einen etwas widerwilligen Beschaffer der für die Forschung benötigten Mittel ... – in Göttingen fragten einige, ob sie vom Carnegie-Institut keine Stipendien bekommen könnten, um ihre Arbeit wiederaufzunehmen. [Dies] offenbart fürwahr die Narrenhaus-Mentalität, mit der wir es hier zu tun haben.«[40]

Ein hochrangiger Wissenschaftsoffizier der *British Control Commission* bestätigt dieses Bild. Ronald Fraser war jener britische Offizier in Göttingen, dem die Aufgabe zufiel, Heisenberg und seine Kollegen in die internationale Gemeinschaft der Wissenschaftler zu reintegrieren, und der somit reichlich Gelegenheit hatte, die besondere Denkweise seiner Schützlinge zu beobachten, besonders die Heisenbergs, dessen Bericht über die Geschichte des Uranprojekts er 1947 persönlich für *Nature* in Englische übersetzt hatte.[41] Fraser verfügte über langjährige Erfahrungen mit deutscher Wesensart und Denkweise, hatte er doch in den zwanziger Jahren in München studiert, wo er mit dem latenten Antisemitismus in deutschen Wissenschaftskreisen reichlich Bekanntschaft gemacht hatte.[42] Als David Irving ihn bat, Heisenbergs Darstellung seines Besuchs bei Bohr im Jahre 1947 zu bestätigen, konnte er die Dinge schnell klarstellen:

> »In der Tat erinnere ich mich an meinen Besuch [1947] mit Heisenberg bei Bohr. Dreierlei wurde damit bezweckt:
>
> a) Heisenberg hatte soeben eine neue Theorie über Supraleitung aufgestellt, die er Bohr unbedingt erläutern wollte ...
>
> b) Ich benutzte a) als Druckmittel gegenüber Bohr, um ihn zu überreden, seinen verlorenen Sohn zu empfangen ... Dies war nur eines meiner zahllosen Manöver, das Nazigefängnis der deutschen Wissenschaftler zum Westen hin zu öffnen.
>
> c) Heisenberg sollte auf seinen ausdrücklichen Wunsch hin eine Gelegenheit erhalten, um Niels Bohr mündlich zu bitten, für eine Ladung dänischer Lebensmittel zu sorgen, um die Kalorien aufzubessern, die seinem vielköpfigen Nachwuchs offiziell zustanden.
>
> Mit Ihrer Version ... liegen Sie total daneben ... Die ganze Geschichte von einer ›Art von Konfrontation‹, was seinen Schwatz mit Bohr 1941 im Tivoli-Park anbelangt, ist eine typisch Heisenbergsche Erfindung – vielleicht ein bißchen intelligenter als tausend andere, aber wie sie alle ein Produkt seines *Blut und Boden*-Schuldkomplexes, den er so schnell rationalisiert, daß die Geschichten für ihn zur Wahrheit werden, zur vollständigen Wahrheit und nichts als der Wahrheit. Bedauernswert, bei einem Mann seines geistigen Formats ...
>
> Mehr besorgt als verärgert
> Ihr Ronald Fraser«[43]

Es ist verlockend zu spekulieren, wie in diesem Fall die Rationalisierung verlief: Heisenberg versuchte wohl, das Treffen von 1941 zur Sprache zu bringen, Bohr schnitt ihm das Wort ab und sagte, er wolle nicht über die Vergangenheit reden, es sei vorbei – und Heisenberg faßte dies als eine Bestätigung dafür auf, daß Bohr seiner Version zustimme. Schließlich erinnerten sowohl Heisenberg als auch Weizsäcker an andere Begegnungen mit Bohr nach dem Krieg, während derer ihnen angeblich gesagt wurde, daß das ganze Kriegszeitzeug hinter ihnen liege. Aber während Bohr nur ihre Gefühle (und auch seine eigenen) schonen wollte, indem er das bittere Thema der Nazikungelei und ihren »feindlichen« Besuch aussparte, deuteten Heisenberg und Weizsäcker diese Geste als Zeichen der Zustimmung und des Verzeihens. Aus ein und derselben Begegnung konnten somit Bohr und Heisenberg zwei völlig entgegengesetzte Versionen dessen mitnehmen, was tatsächlich geschehen war.

Diese deutsche Wesensart Heisenbergs und seiner Freunde, versetzt mit erstaunlichen Fähigkeiten zu Selbstbetrug und Schönfärberei, spann das Netz von Täuschung und Selbsttäuschung, aus dem Heisenbergs Lesart und der Kokon von Lügenmärchen und Ausreden hervorgingen, der die Geschichte des deutschen Uranprojekts bis zum heutigen Tag umgibt.

NACHWORT

Ein Rezensent der englischen Ausgabe dieses Buchs nannte es »eine Anklageschrift«. In gewisser Hinsicht bedaure ich, ein derart »anklägerisches« Buch über einen Mann geschrieben zu haben, der nicht so schlimm, nicht böse, kein fanatischer Antisemit, ja nicht einmal Parteimitglied war. Unter den Deutschen gab es viele, auch ganz gewöhnliche Bürger, die schlimmer waren als Heisenberg. Aber eben gerade weil Heisenberg kein Bösewicht, sondern von seinen Moralvorstellungen her eher Durchschnitt war, erschien es mir wichtig, seine spezifisch »deutsche« Geisteshaltung und Verhaltensweise so schonungslos unter die Lupe zu nehmen. Was bei der Betrachtung der Hitler-Zeit noch immer Rätsel aufgibt, ist weniger die NSDAP als die Masse der »anständigen« Leute – einige davon sogar »Nazigegner« –, die trotz ihrer gelegentlichen Bedenken dem Nationalsozialismus Gefolgschaft leisteten. Moralische Indifferenz war die tödliche Sünde der Deutschen im Dritten Reich, »könnte man sagen« (um eine Lieblingswendung Werner Heisenbergs zu gebrauchen).

In Großbritannien und den Vereinigten Staaten löste das Buch ein geteiltes Echo aus. Einige Kritiker begrüßten es als eine genaue und notwendige Analyse des Falles Heisenberg sowohl unter wissenschaftlichem als auch unter moralischem Aspekt; andere verurteilten es scharf, griffen zu persönlichen Beleidigungen des Autors und behaupteten gar, er sei »so schlimm wie ein Nazi«. Wenn ich Psychologe wäre, fände ich diese irrationalen Ausbrüche an sich sehr aufschlußreich. Seit meiner Arbeit über Richard Wagner und die Geschichte des deutschen Antisemitismus bin ich es gewissermaßen gewohnt, auf Ablehnung zu stoßen, gleichwohl hat mich die Reaktion auf dieses Buch doch ein wenig überrascht. Bei Wagner und dem deutschen Antisemitismus konnte man immerhin argumentieren, meine verschiedenen Interpretationen, wie einleuchtend auch immer, seien lediglich Ansichtssache, da sie sich in einigen Punkten nicht beweisen ließen. Aber bei dem zentralen wissenschaftlichen Problem des vorliegenden Buchs – ob Heisenberg wußte, wie eine Atombombe funktioniert, oder nicht – ging es letztlich um physikalische Gleichungen und mathematische Argumente. Die Wahrheit, so dachte ich vielleicht etwas naiv, käme ans Licht, wenn sich herausstellen würde, ob Heisenbergs wissenschaftliche Beweisführung in den einschlägigen Dokumenten physikalisch und mathematisch korrekt war – oder nicht ... Was mich daher mehr als die gegen mich gerichteten Beschimpfungen entsetzt hat, war die Weigerung bestimmter Wissenschaftshistoriker, sich mit mir konkret und detailliert über meine Behandlung der hier erörterten physikalischen Probleme auseinanderzusetzen. Statt dessen verlegten sie sich lieber auf Nebensächlichkeiten oder lenkten die Leser sogar auf Quellen hin, die mit jener Fragestellung nichts zu tun haben. Ich muß zugeben, daß einige Kollegen aus dem Bereich der Zeitgeschichte die physikalisch-mathematische Beweisführung des Buchs »überzeugend« fanden, auch wenn sie in ein paar Fällen gegen meinen Begriff von deutscher Kultur und mein Porträt der moralischen und politischen Einstellung Heisenbergs Einwände erhoben. Diese Kritik lasse ich gelten, aber die Verweigerungshaltung einiger Wissenschaftshistoriker zeugt meines Erachtens von einem bedenklichen intellektuellen Niveau.

Bei der in diesem Buch entwickelten Vorstellung von »deutscher Kultur« sträubten sich vielen die Nackenhaare, selbst unter jenen Kollegen, die mir gegenüber im privaten Gespräch zugeben, daß es eine »tiefgründige« – oder eigentlich oberflächliche – deutsche Kultur gibt. Es besteht jedoch der Eindruck, daß sich die Existenz einer solchen Kultur nicht stichhaltig »beweisen« läßt; und es herrscht die Angst, daß einen die Redeweise von »deutscher Kultur« automatisch in die doppelte Falle einer von Luther zu Hitler weisenden Geschichtsschreibung und einer rassistischen Stereotypisierung tappen läßt. In der Tat bestand ich bei der amerikanischen Ausgabe gegen den Rat meines Verlegers auf dem Untertitel *A Study in German Culture*, nicht etwa, weil ich provozieren oder die Leute gegen mich aufbringen wollte. Abgesehen davon, daß ein »deutscher« Hintergrund nötig war, um Heisenbergs Verhalten verständlich zu machen, will das Buch – so wie meine früheren

Publikationen – durch Fallstudien in das eindringen, was ich die »tiefgründige Kultur« Deutschlands vor 1945 nenne. Diese Kultur unterscheidet sich von den Kulturen der westlichen Länder erheblich und ist, davon bin ich fest überzeugt, unabdingbar für eine richtige Beurteilung des Nationalsozialismus wie auch des Holocaust. Die feindselige Reaktion gewisser Kreise auf meine Charakterisierung dieser »deutschen Kultur« im vorliegenden Buch kam für mich daher nicht unerwartet. Bereits meine früheren Bücher über *German Question / Jewish Question. Revolutionary Antisemitism in Germany from Kant to Wagner*, Princeton 1990, und *Richard Wagner und der Antisemitismus*, Zürich 1999, hatten reflexartig Entrüstung und Entsetzen ausgelöst. Verschlimmert wurde dies alles noch durch die zwischenzeitliche Veröffentlichung von D. J. Goldhagens Buch *Hitlers willige Vollstrecker. Ganz gewöhnliche Deutsche und der Holocaust*, 1996, das sich in den ersten Kapiteln stark auf meine Ausführungen in *German Question / Jewish Question* stützt, um die These von der Kontinuität einer deutschen Form mörderischen Antisemitismus zu untermauern. Es ist inzwischen gang und gäbe geworden, meine eigenen Bücher als »goldhagenistisch« zu verdammen und mich für seine Fehler irgendwie mitverantwortlich zu machen. Ich habe nichts dagegen, daß Goldhagen die Diskussion über den Holocaust dorthin zurückgeführt hat, wo sie hingehört, nämlich auf eine intensive Beschäftigung mit deutscher Kultur und Mentalität, aber ich möchte doch unmißverständlich klarstellen, daß er meine Auffassung vom Wesen wie auch von der Kontinuität des deutschen Antisemitismus etwas mißverstanden hat. Vielleicht hätte ich mich schon früher von einigen seiner Fehldeutungen distanzieren sollen, aber besser spät als nie, und so darf ich jeden, der sich über unsere Meinungsunterschiede informieren möchte, auf meinen bei einer Tagung in Oxford gehaltenen Vortrag »Extermination / Ausrottung: Meanings, Ambiguities and Intentions in German Antisemitism and the Holocaust 1800–1945« verweisen, der in dem Band *Remembering for the Future*, hrsg. v. E. Maxwell et al., London / New York 2001, erschienen ist.

Mit seinem Theaterstück *Copenhagen*, das im letzten Jahr in England, Frankreich, den Vereinigten Staaten und Deutschland

Premiere hatte, hat der englische Dramatiker Michael Frayn die Kontroverse um Heisenberg neu entfacht und ins Bewußtsein einer breiteren Öffentlichkeit gerückt. Trotz seiner unzweifelhaften Stärken hat das Stück bei manchem Zuschauer und Leser schwere Bedenken ausgelöst, weil es Heisenberg idealisiert und ihm gegenüber Niels Bohr moralisch abwertet. Mich enttäuscht *Copenhagen* als weiteres Beispiel eines unhistorischen und postmodernistischen Revisionismus, dem es darum geht, Bereiche zu vernebeln, über die die Wahrheit bekannt ist oder ermittelt werden kann. Sowohl im Stück selbst als auch in einem zeitgeschichtlichen Nachwort zur Buchausgabe breitet Michael Frayn jedoch einen Schleier der Ungewißheit über zentrale Aspekte des Falles Heisenberg. Er stellt darüber hinaus Behauptungen auf, die faktisch falsch sind, zum Beispiel, daß Heisenberg während des Krieges niemals die kritische Masse einer Bombe berechnet, 1941 mit Bohr in Kopenhagen unter großem persönlichen Risiko gesprochen und an einen gerechten europäischen Frieden geglaubt habe und so weiter. Diese Behauptungen, die auf der unkritischen Lektüre eines populären pseudowissenschaftlichen Werks von Thomas Powers beruhen, laufen der historischen Wahrheit diametral zuwider. Wie die Leser des vorliegenden Buchs wissen, stellte Heisenberg 1940 tatsächlich eine falsche Berechnung der kritischen Masse an und besuchte Bohr im Zusammenhang mit einer offiziellen geheimdienstlichen Mission, wodurch er geschützt war, und er frohlockte gegenüber dem Dänen und vielen anderen während des Krieges über die Besetzung Europas durch die Nazis. Über all diese Tatsachen schweigt sich Frayn in seinem Stück und seinem Nachwort beharrlich aus, obwohl er in letzterem die Gelegenheit ergreift, mein Buch heftig zu attackieren. Ich habe meine Zweifel über *Copenhagen* in einem Aufsatz zu Papier gebracht, der in einem interessanten Sammelband, veröffentlicht vom Max-Planck-Institut für Wissenschaftsgeschichte, unter dem Titel *»Kopenhagen« – Wissenschaftshistoriker auf der Bühne*, hrsg. v. Matthias Dörries, Göttingen 2001, erschienen ist.

ANMERKUNGEN

1. Kapitel

1 Eine kurze, prägnante Geschichte dessen, was ich »die Heisenbergsche Lesart« nenne, gibt D. C. Cassidy, *Werner Heisenberg. Leben und Werk*, Heidelberg 1995, S. 620 ff.

2 Diese Behauptungen werden im Verlauf der Kapitel 4–14 dargelegt. Wie man sehen wird, haben die meisten deutschen Physiker offenbar unter dem Eindruck gearbeitet, daß die Atombombe auf langsamen Neutronen basiere.

3 D. Hoffmann (Hg.), *Operation Epsilon. Die Farm-Hall-Protokolle oder die Angst der Alliierten vor der deutschen Atombombe*, Berlin 1993, S. 162 [im folgenden: OE]. In einem vor wenigen Jahren erschienenen Aufsatz bemerkt ein bekannter deutscher Historiker, daß »der hauptsächliche Grund für das Scheitern des deutschen Uranprojekts die schiere Arroganz gewesen zu sein scheint, mit der die Deutschen auf Wissenschaftler anderer Länder herabsahen ... Diese Arroganz tritt in den Farm-Hall-Protokollen recht deutlich zutage ... Vieles spricht dafür, daß der Mythos, den Weizsäcker, Heisenberg und andere bewußt verbreiteten ... in einem kollektiven Akt der Gruppe geschaffen wurde und dies zu dem Zweck geschah, ihre Karriereaussichten nicht zu gefährden ... Was man Weizsäckers Mythos nennen könnte ... trug zu ihrer moralischen Überheblichkeit bei ... Die Existenz von Kernwaffen betrachteten sie als eklatanten Beweis für den Imperialismus und die Aggressivität der Amerikaner. Auch hier liegt eine der Wurzeln des Antiamerikanismus in Deutschland« (W. Krieger, *The Germans and the Nuclear Question, Fifth Alois Mertes Memorial Lecture 1995*, German Historical Institute, Washington, D.C., Occasional Paper, Nr. 14, S. 13).

4 Memorandum vom 7. August 1945, dt. Version in GWH, C V, S. 26–27. Diese Version stammt aus Heisenbergs Unterlagen und scheint ein anderer erster Entwurf gewesen zu sein. Eine Seite des Entwurfs in Heisenbergs Handschrift mit Korrekturen Gerlachs ist auf S. 41 von *Operation Epsilon* abgedruckt. Mehrere Seiten des von Wirtz und Gerlach korrigierten Manuskripts finden sich in H. Rechenberg, *Farm-Hall-Berichte. Die abgehörten Gespräche der 1945/46 in England internierten deutschen Atomwissenschaftler. Ein Kommentar*, Stuttgart 1994,

S. 49–54 (besser lesbar in seiner früheren Fassung *Die langerwarteten Farm-Hall-Berichte – Sensation oder »Alter Schnee«?*, München 1993). Eine zweite deutsche Version des Memorandums mit der englischen Übersetzung findet sich in *Operation Epsilon. The Farm Hall Transcripts*, hrsg. v. Sir Charles H. Frank, Bristol/Berkeley 1993. – Die Diskussion in den Protokollen (OE, S. 174 f.) zeigt, daß das Memorandum am 7. August aufgesetzt wurde, wohingegen seine endgültige Fassung vom 8. August datiert, S. 102–106.

5 GWH, C V, S. 26.

6 OE, S. 152 f.

7 Eine Analyse des Heisenbergschen Denkens in Farm Hall findet sich im 14. Kap.

8 GWH, C V, S. 27, Inhalt; OE, S. 177, Inhalt.

9 Diese Projekte werden in den folgenden Kapiteln beschrieben.

10 Der ursprüngliche Entwurf (forthin als MS-Entwurf zitiert) befindet sich zusammen mit dem hierauf sich beziehenden Bothe-Heisenberg-Briefwechsel vom 29. November und 7. Dezember 1946 im Archiv zur Geschichte der Max-Planck-Gesellschaft, Berlin, III. Abt., Rep. 6, Bothe-Nachlaß. M. Walker, *German National Socialism and the Quest for Nuclear Power, 1939–1949*, Cambridge 1989, S. 205–210, erörtert sehr gut die interessante Geisteshaltung, die sich hinter den verschiedenen Fassungen des Artikels verbirgt, kommt aber dennoch merkwürdigerweise zu dem Schluß, er liefere »eine ehrliche, aufrichtige Darstellung« (S. 209)! (Ebenso unrichtig bekräftigt Walker, S. 209, Heisenberg behaupte in dem Artikel, das Bombenprojekt »willentlich behindert« zu haben.) – Der Artikel vom Januar 1947 erschien unter dem Titel »Über die Arbeiten zur technischen Ausnutzung der Atomkernenergie in Deutschland«, *Die Naturwissenschaften* 33 (1946), S. 325–329. Wiederabgedruckt in GWH, C V, S. 28–32. – Die »leicht gekürzte« englische Version »Research in Germany on the Technical Application of Atomic Energy«, *Nature*, Nr. 4059 (16.8.1947), S. 211–215, ist abgedruckt in GWH, Serie B, S. 414–418. (Der Artikel wurde von Ronald Fraser übersetzt; siehe 21. Kap.)

11 H. DeW. Smyth, *Atomic Energy for Military Purposes. The Official Report on the Development of the Atomic Bomb*, Princeton 1945.

12 MS-Entwurf, S. 2.

13 Ibid., S. 4; weiter unten ausführlicher zitiert.

14 Ibid., S. 3.

15 Ibid., S. 4.

16 MS-Entwurf, S. 3. Zu diesem Thema siehe 9. Kap.

17 Ibid., S. 3, 5.
18 Ibid., in Bothes Handschrift.
19 Wie in seinen Diskussionen mit David Irving; siehe unten.
20 MS-Entwurf, S. 6.
21 Heisenberg an die *New York Times*, 30.1.1949, abgedruckt in GWH, CV, S. 42 (siehe unten). – Diese Blindheit gegenüber dem, was man im Westen als grundlegendes moralisches Problem des Nazismus sehen würde, eine Blindheit, die sich in den Versuchen manifestierte, Nazigreuel mit vermeintlichen Greueln der Alliierten, wie den Einsatz von Atombomben, gleichzusetzen, war typisch für die Haltung vieler Deutscher, der Heidegger auf besonders geschmacklose Weise Ausdruck verlieh, als er die Vertreibung der Ostdeutschen aus Polen 1945 mit Auschwitz verglich. Vgl. hierzu den aufschlußreichen Briefwechsel in R. Wolin (Hg.), *The Heidegger Controversy. A Critical Reader*, New York 1991, S. 160–164.
22 MS-Entwurf, S. 6.
23 Ibid.
24 Siehe 15. Kap.
25 MS-Entwurf, S. 6.
26 Zu diesen Standpunkten weiter unten sowie im 19. Kap.
27 *Die Naturwissenschaften* (1946), »Über die Arbeiten«, S. 326, abgedruckt in GWH, CV, S. 28. Die Kampagne wurde mit einem etwas vagen Zeitungsbericht gestartet: »Das deutsche Atombomben-Geheimnis: Interview mit Professor Werner Heisenberg«, *Die Welt*, Nr. 39 (12.8.1946). Der Artikel ist in den GWH nicht abgedruckt, wird aber dort in CV, S. 7, 9 unter dem Datum 13.8. erwähnt. Heisenbergs Äußerungen sind nicht wörtlich wiedergegeben.
28 »Über die Arbeiten«, S. 327, in GWH, CV, S. 30.
29 Ibid.
30 Ibid. Die Möglichkeiten von Protaktinium als Sprengstoff waren bereits im August 1945 in Farm Hall erörtert worden. Siehe unten, 14. Kap.
31 »Über die Arbeiten«, S. 327, in GWH, CV, S. 30.
32 Zu dieser groben Berechnung von 1940 siehe 7. Kap.
33 »Über die Arbeiten«, S. 328 f., in GWH, CV, S. 31–32.
34 OE, S. 153.
35 Postscriptum zu Heisenberg, »Über die Arbeiten«, in *Helle Zeit – dunkle Zeit*, hrsg. v. C. Seelig, Zürich 1956, S. 144.
36 Wiederabgedruckt in *Chemical and Engineering News* (U.S.), 15.9.1947.
37 Heisenberg an Goudsmit, 23.9.1947. Diese Kopie und der weiter unten

zitierte Briefwechsel zwischen Heisenberg und Goudsmit befinden sich in: Goudsmit Papers, box 10, folders 93–97. Siehe dazu auch die Kap. 19–21.

38 M. Walker, »Physics and Propaganda: Werner Heisenberg's Foreign Lectures under National Socialism«, *Historical Studies in the Physical and Biological Sciences* 22 (1992), S. 339–389. Siehe 16. Kap.

39 S. Goudsmit, »Heisenberg on the German Uranium Project«, *BAS* 3 (1947), S. 343. Vgl. auch S. Goudsmit, »Nazis' Atomic Secrets«, *Life*, 20.10.1947, S. 124–134. In einem Brief an Rosbaud vom 27.10.1947 bemerkt Goudsmit, er sei »wütend über Heisenbergs Artikel«; Goudsmit Papers, box 28, folder 43.

40 S. Goudsmit, *ALSOS*, New York 1947 (Nachdruck Los Angeles 1983), S. 176 f., 179, 183. M. Walker, »Heisenberg, Goudsmit, and the German Atomic Bomb«, *Physics Today* (Jan. 1990), S. 52–60.

41 Siehe 9. Kap.

42 W. Kaempffert, »Why the Germans Failed to Develop an Atomic Bomb Is Now Revealed in Two Reports«, *The New York Times*, 26.10.1947.

43 Briefe von Goudsmit und Kaempffert in *The New York Times*, 9.11. 1947.

44 Rosbaud an Goudsmit, 11.6.1948, Goudsmit Papers, box 28, folder 43.

45 Am 5. August 1945 schrieb Rosbaud auf elf Seiten eine anekdotische Darstellung der Geschichte des deutschen Uranprojekts auf (nun in Goudsmit Papers, box 28, folder 42).

46 *The Times Literary Supplement*, 5.6.1948; siehe 3. Kap. Zur Frage des Verfassers der anonym erschienenen Besprechung vgl. Rosbaud an Goudsmit am 11.6.1948, Goudsmit Papers, box 28, folder 43. Zu Rosbaud siehe A. Kramish, *Der Greif*, München 1987.

47 Rosbaud an Goudsmit, 25.4.1948, Goudsmit Papers, box 28, folder 43. Zu Bohrs zuweilen schwierigem Verhältnis zu Heisenberg vgl. 10., 19., 21. Kap.

48 Goudsmit an Heisenberg, 1.12.1947, Goudsmit Papers.

49 Heisenberg an Goudsmit, 5.1.1948, Goudsmit Papers, box 10, folders 95–96.

50 Vgl. den veröffentlichten Vortrag von 1943: »Die Energiegewinnung aus der Atomkernspaltung« (G-217), abgedruckt in GWH, A II, S. 570, der das Diagramm enthält.

51 Die Frage wurde in einem weiteren Brief vom 3.10.1948 wiederholt (IMF 29-1192/1194).

52 W. Bothe, »Maschinen mit Ausnutzung der Spaltung durch schnelle Neutronen« (G-128), 2.12.1941, S. 48 (IMF 30-028).

53 D. Irving, *The German Atomic Bomb*, New York 1967 (in Großbritannien unter dem Titel *The Virus House* erschienen), S. 120, zitiert anscheinend Ernst Telschow. Leider ist der Text mit Heisenbergs Äußerungen verlorengegangen.

54 Heisenberg an B. L. v. d. Waerden, 28.4.1948, in IMF 29-1130/1131. Zum moralischen Aspekt des Kopenhagener Besuchs bei Bohr siehe 19. Kap.; der wissenschaftliche Aspekt des Besuchs wird im 10. Kap. erörtert.

55 OE, S. 172.

56 Vgl. bes. 18. Kap.

57 Goudsmit an Heisenberg, 20.9.1948, Goudsmit Papers.

58 Heisenberg an Goudsmit, 3.10.1948, Goudsmit Papers. Walker, »Heisenberg, Goudsmit, and the German Atomic Bomb«, S. 57, behauptet fälschlicherweise, es gebe keinen Beleg dafür, daß Heisenberg jemals *ALSOS* gelesen habe; in dem genannten Brief finden sich Zitate aus dem Buch sowie Seitenverweise.

59 Der von Houtermans verfaßte Aufsatz »Zur Frage der Auslösung von Kern-Kettenreaktionen« (G-94 und G-267) aus dem Jahr 1941 erörtert im 3. Abschnitt und in Abb. 1 Reaktionen mit schnellen Neutronen. Siehe 9. Kap. – Da langsame Neutronen in U238 keine Kernspaltungen hervorrufen, sind dazu schnelle Neutronen erforderlich, sowohl für eine Kettenreaktion in einem Reaktor als auch für eine mutmaßliche Explosion. Doch obwohl in einem U238-Reaktor schnelle Neutronen verwendet werden, läuft die Kettenreaktion langsam ab.

60 OE, S. 190. Siehe 14. Kap.

61 Heisenberg an Irving, 10.6.1966 (IMF 32), siehe 12. Kap.

62 Heisenberg an Goudsmit, 3.10.1948, Goudsmit Papers. Vgl. Irving, *The German Atomic Bomb*, S. 120. In seinem Brief vom 10.6.1966 jedoch vergleicht Heisenberg die Größe des entscheidenden Teils einer Bombe mit einem Fußball.

63 Siehe 6., 7., 14. Kap.

64 Zum Heereswaffenamts-Bericht von 1942 siehe 11. Kap.

65 Unveröffentlichtes Vorwort zu einer Aufsatzsammlung (1948), GWH, CV, S. 35–36 (vgl. S. 7).

66 »Nazis Spurned Idea of an Atomic Bomb: Dr. Heisenberg Says German's Research Was Far Advanced but Lacked Hitler Support«, *The New York Times*, 28.12.1948. Abgedruckt in GWH, CV, S. 37–40.

67 Siehe 8. Kap.

68 Die beiden von den Deutschen genannten Zahlen für den Spaltungsquerschnitt schneller Neutronen in U235 sind weder besonders genau noch besonders in den Vordergrund gerückt. Die erste stammt von

G. v. Droste und wurde von ihm bei einer Konferenz des Kaiser-Wilhelm-Instituts für Physik vom 13.–14.3.1941 vorgetragen. (Vgl. G-84 und G-346, S. 25.) W. Bothe, »Einige Eigenschaften der U und der Bremsstoffe« (G-66 vom 8.3.1941), S. 7 (IMF 31-117), zitiert Drostes Wert für den U235-Spaltungsquerschnitt als $3{,}6 \times 10^{-24}\,cm^2$, aber es bleibt unklar, ob die Neutronenenergie hier 200 eV ist oder im MeV-Bereich liegt. Drostes ursprüngliche Veröffentlichung wurde anscheinend nicht in seine nach dem Krieg erstellte eigene Literaturliste aufgenommen (»Wirkungsquerschnitte von Uran«, in Bothe/Flügge, *FIAT Review*, II, S. 197–208). Hier (S. 207) nennt Droste nur die zweite Zahl, die von W. Jentschke und K. Lintner 1943/44 errechnet wurde (»Schnelle Neutronen in Uran. V« (G-227), Februar 1944, S. 95 [IMF 30-461]) und die den Spaltungsquerschnitt von U235 für schnelle Neutronen mit $3{,}7 \pm 0{,}5 \times 10^{-24}\,cm^2$ angibt. (In Verbindung mit thermischen Neutronen jedoch bezieht sich Droste auf zwei seiner früheren Veröffentlichungen von 1940/41, die ich nicht einsehen konnte: »Der Spaltungsquerschnitt von Uran für thermische Neutronen« [1941] und »Die Vermehrung der Neutronen in 2 t Uran« [1940]. Vgl. G-24, G-77, G-78, G-84.) – Nach Haxels Bemerkung in »Beitrag der schnellen Neutronen«, S. 172, zu urteilen, scheint Heisenberg einen Querschnitt von $0{,}5 \times 10^{-24}\,cm^2$ angenommen zu haben. In den Farm-Hall-Protokollen allerdings wartet Heisenberg mit zwei anderen Zahlen auf: Am 9. August spricht er von $0{,}5 \times 10^{-24}\,cm^2$, am 14. August jedoch von einem optimistischeren Bereich von $0{,}5 \times 10^{-24}\,cm^2$ bis $2{,}5 \times 10^{-24}\,cm^2$ (siehe 14. Kap.). – Hier haben wir ein eigenartiges Beispiel von Heisenbergs falscher Rekonstruktion von Tatsachen: Als er am 10.6.1966 an Irving schreibt, erinnert er in einer Randnotiz zu Irvings Typoskript, daß »die in seinem Bericht vom 8. August 1945 in Farm Hall genannten Zahlen wahrscheinlich durch spätere Berechnungen Jentschkes und Lintners verbesserte Ergebnisse Houtermans' gewesen seien« (IMF-32). Jentschke und Lintner jedoch hatten in ihrer Veröffentlichung den Spaltungsquerschnitt von U235 für schnelle Neutronen mit $3{,}7 \pm 0{,}5 \times 10^{-24}\,cm^2$ angegeben. Diese Zahl hatte offenbar wenig Interesse geweckt, da Heisenberg sie zur Zeit von Farm Hall vergessen hatte und sich andere Zahlen zu eigen machte. Seine Rekonstruktion von 1966 ist daher falsch. – Die Berechnungen von Jentschke, Stetter, Lintner und Droste beziehen sich generell auf schnelle Neutronen in ungetrenntem Uran und U238. Vgl dazu die Angaben bei Droste, »Wirkungsquerschnitte von Uran«, und bei Haxel, »Beitrag der schnellen Neutronen«, S. 166, 172 ff., sowie die Messungen von Stetter und Lintner in G-192 und G-193 (IMF 30-371).

69 Haxel, »Beitrag der schnellen Neutronen«, S. 173.
70 Siehe 14. Kap.
71 Abgedruckt in GWH, C V, S. 41–42.
72 Goudsmit an Heisenberg, 11.2.1949, Goudsmit Papers.
73 Heisenberg an Goudsmit, 20.4.1949, Goudsmit Papers.
74 Goudsmit an Heisenberg, 3.6.1949, Goudsmit Papers.
75 Rosbaud an Goudsmit, 27.1.1947, Goudsmit Papers, box 28, folder 23. Siehe unten 21. Kap.
76 Goudsmit an Rosbaud, 21.11.1949, Goudsmit Papers, box 28, folder 45.

2. *Kapitel*

1 Otto Hahns Tagebuch, 6.8.1945, in E. Berninger, *Otto Hahn in Selbstzeugnissen und Bilddokumenten*, Reinbek 1974, S. 89 f. Der vollständige Text befindet sich im Archiv zur Geschichte der Max-Planck-Gesellschaft, Berlin, III. Abteilung, Repositur 14 A, Nr. 6178.
2 O. Hahn, *Die deutschen Arbeiten über Atomenergie*, 2.2.1946, MS im Archiv zur Geschichte der Max-Planck-Gesellschaft, III. Abteilung, Repositur 14 A, Nr. 6183. Gekürzte Version in Berninger, *Otto Hahn*, S. 74–76.
3 Nicht nur auf wissenschaftlichem Gebiet nahm es Hahn mit der Wahrheit nicht so genau; auch sein Verhalten gegenüber Lise Meitner 1938 muß neu bewertet werden. Ursprünglich hatte sich Hahn dem Druck der Nazis gebeugt, Meitner aufzugeben, und nur weil er sich durch Rosbaud moralisch gezwungen fühlte, seine Haltung zu ändern, half er seiner alten Kollegin und Freundin, aus Deutschland zu entkommen. Daß er 1946 mit größter Selbstverständlichkeit den Nobelpreis entgegennahm, während Lise Meitner der ihr zustehende Anteil der Ehrung verweigert wurde, zeigt, wie leicht auch er der Überzeugung erlag, daß die deutsche Wissenschaft wieder zu Ehren kommen müsse, koste es, was es wolle. Offenbar war ihm jedoch bewußt, sich gegenüber Meitner (die einem verblüfften Hahn physikalisch genau erklärt hatte, was in seinem entscheidenden Experiment geschehen war) ungerecht verhalten zu haben, denn er überwies einen Teil des Preisgeldes seiner früheren Kollegin. Vielleicht wäre Hahn in seinem Patriotismus etwas wankend geworden, wenn er den abgefangenen Brief vom Juni 1945 erhalten hätte, in dem Lise Meitner endlich ihrer Verzweiflung über das selbstgefällige und moralisch blinde Verhalten Luft machte,

das er und andere deutsche Wissenschaftler unter den Nazis an den Tag gelegt hatten und worin sie deren Bemühungen, sich moralisch zu rechtfertigen, als Ausreden entlarvte. Vgl. dazu R. L. Sime, »Lise Meitner's Escape from Germany«, *American Journal of Physics* 58 (März 1990), S. 262–267, sowie »A Split Decision?«, *Chemistry in Britain*, Juni 1994, S. 482–484, und *Lise Meitner. A Life in Physics*, Berkeley 1996, S. 185, 341–346. Zu Meitners Brief vom 27.6.1945 siehe 20. Kap., zit. in F. Krafft, *Im Schatten der Sensation. Leben und Wirken von Fritz Straßmann*, Weinheim 1981, S. 181–182. Krafft weicht von den üblichen hagiographischen Darstellungen Hahns in manchen Punkten ab.

4 Einige der Tagebucheinträge von 1945 sind abgedruckt in E. Bagge, K. Diebner und K. Jay, *Von der Uranspaltung bis Calder Hall*, Hamburg 1957, S. 43–71. – In einem Brief an mich vom 30.3.1984 erklärt Professor Bagge jedoch entschieden, daß »der Auszug aus seinem in Farm Hall geschriebenen Tagebuch ohne jede Veränderungen oder Beschönigungen veröffentlicht worden sei«. Er habe, so schrieb er mir in einem Brief vom 7.10.1991 auch, was die Jahre 1940–45 betreffe, »nichts von wirklich historischer Bedeutung weggelassen bis auf die Namen einiger deutscher Wissenschaftler, die für die mangelnden Fortschritte in Kernphysik in den 30er Jahren verantwortlich waren«. (Die Lücken, die das Tagebuch für die Zeit aufweist, in der jene Konferenzen vom Februar und Juni 1942 stattfanden, sind bedauerlich.)

5 E. Bagge u. K. Diebner, »Zur Entwicklung der Kernenergieverwertung in Deutschland«, in Diebner/Bagge/Jay, *Von der Uranspaltung*, S. 9–80 (zu Plutonium siehe S. 39). Zum Heereswaffenamts-Bericht siehe 9. Kap. – Vgl. W. Tautorus [K. Diebner], »Die deutschen Geheimarbeiten zur Kernenergieverwertung während des zweiten Weltkriegs, 1939–1945«, *Atomkernenergie* I (1956), S. 368–370, 423–425; W. Hanle u. E. Bagge, »Peaceful Use of Nuclear Energy during 40 Years«, *Atomkernenergie-Kerntechnik* 40 (1982), S. 1–10.

6 Auszüge aus Wirtz' Tagebuch in K. Wirtz, *Im Umkreis der Physik*, Karlsruhe 1988, S. 161–165.

7 K. Wirtz, »Historisches zu den Uranarbeiten in Deutschland in den Jahren 1940–1945«, *Physikalische Blätter* 3 (1947), S. 371–379.

8 Wirtz, *Im Umkreis der Physik*, S. 29–69, auf S. 38 f., 56.

9 Ibid., S. 61.

10 Ibid., S. 45.

11 Siehe 14. Kap. In einem Brief an mich vom 29.11.1984 erklärte Professor Wirtz, daß er von keinem Treffen im Jahre 1940 wisse, bei dem Heisen-

bergs Auffassung zur Sprache gekommen sei, daß man für eine Bombe mehrere Tonnen U235 benötige. In anderen Fragen diesbezüglich ist Wirtz' Gedächtnis weniger zuverlässig: So behauptet er, daß Heisenbergs Ananasvergleich hinsichtlich der Größe der kritischen Masse 1943 vor der deutschen Akademie für Luftfahrt stattfand, während diese Äußerung tatsächlich bei der Konferenz mit Speer im Juni 1942 fiel; und er versichert, daß Heisenberg am 6. August 1945 »eine kurze Berechnung der kritischen Masse wiederholt (!) habe, die sich als mehr oder weniger richtig erwiesen hätte«. Aus den Farm-Hall-Protokollen geht indes hervor, daß diese Berechnung eine Zahl von mehreren Tonnen U235 ergeben hat.

12 Zu Weizsäckers Nazikontakten und seiner Anpassungsfähigkeit vgl. die Kap. 19–21.

13 Weizsäckers Bemerkungen aus dem Jahr 1948 sind nachzulesen in C. Seelig (Hg.), *Helle Zeit – dunkle Zeit*, Zürich 1956, S. 132 f. In seiner Antwort vom 20.1.1966 (Kopie von D. Irving bereitgestellt) auf Irvings Bitte, diese »alten Aufzeichnungen« sehen zu dürfen, schrieb Weizsäcker, er habe sie nicht finden können, werde aber nach ihnen suchen. Dann behauptete er unverblümt, er erinnere sich, sie dem Autor Robert Jungk gezeigt zu haben, der sich beim Schreiben seines Buchs lange und sorgfältig mit ihm beriet, um die »wahren Motive« der deutschen Wissenschaftler herauszufinden; Weizsäcker bemerkte sodann, er sei sich noch nicht sicher, ob Irving ebenso verläßlich sei! In einem Brief an mich vom 22.3.1984 äußerte Professor von Weizsäcker, er glaube, daß sich das Manuskript seiner Besprechung des Goudsmitschen Buchs in einer Kiste in seinem Keller befinde, doch er habe nicht die Zeit, danach zu stöbern, und er meinte, im Max-Planck-Institut für Physik in München könnte ich vielleicht eine Kopie bekommen. Nachdem Jungk 1990 seine heisenbergfreundliche Argumentation zurückgenommen hatte, unterstützte Weizsäcker Thomas Powers' Arbeit (siehe unten) und verurteilte Jungks Laxheit in den Interviews, die er in den fünfziger Jahren mit ihm gemacht hatte! (Interview von Dieter Hoffmann u. a. mit Weizsäcker 1993, zit. in Anm. 34 des 3. Kap.) – Zur Rolle der SS im Uranprojekt siehe 13. Kap.; für das Seefeld-Gespräch siehe 18. Kap.

14 C. F. v. Weizsäcker, »Die Illusion deutscher Atombomben. Aus einem Brief an den Herausgeber, Göttingen, 14. Oktober 1955«, in Seelig, *Helle Zeit – dunkle Zeit*, S. 130–133. Zu Ernst von Weizsäckers sogenanntem Widerstand siehe die Kap. 19 und 20.

15 Goudsmit an A. Hermann, Briefe vom 18.10.1976 und 5.1.1977, Goudsmit Papers. Zum Brief von 1977 siehe 19. Kap. Walker und

andere haben diesen Brief ziemlich rüde dazu benutzt, Goudsmit zu verunglimpfen wegen einer Kampagne, die er angeblich gegen Heisenberg ins Werk gesetzt hatte; Goudsmit wurde unterstellt, sein wissenschaftliches Urteilsvermögen eingebüßt zu haben, weil Heisenberg seine Eltern nicht zu retten vermochte. Diese Auffassung zeugt meines Erachtens von einer gründlichen Fehleinschätzung von Goudsmits Charakter, der vielmehr etwas zu sehr zur Vergebung neigte.

16 Zu dem Aufsatz von 1942 siehe 10. Kap. Zu der problematischen Vermutung gegenüber Ardenne und Hahn, schon »wenige Kilogramm« würden explodieren, vgl. die Kap. 9 und 12.

17 Siehe 8. Kap.

18 Siehe 9. Kap.

19 Vgl. dazu vor allem Weizsäckers Interview »Wir waren heilfroh ...« in *Stern*, August 1984, S. 55 f. Hier räumte er ein, daß die Amerikaner die Bombe guten Gewissens bauen konnten, da sie auf der richtigen Seite standen. Siehe Kap. 20, 21.

20 A. Speer, *Erinnerungen*, Berlin 1969, S. 239–243.

21 H. J. Fischer, *Hitler und die Atombombe. Bericht eines Zeitzeugen*, Asendorf 1987; ders., *Erinnerungen*, 2 Bde., Ingolstadt 1984/85. Siehe 13. Kap.

22 Interview mit Paul Harteck in J. J. Ermenc, *Atomic Bomb Scientists. Memoirs, 1939–1945*, Westport, Conn., 1989, S. 102, 113, 115, 123.

23 Die ursprüngliche Fassung von Ardennes Memoiren aus den sechziger Jahren findet sich in IMF 32; bes. S. 116 f. Siehe 9. Kap.

24 Heisenberg an Irving, 17.5.1966, in IMF 32.

25 Weizsäcker an Irving, 14.6.1966, in IMF 32.

26 Ardenne an den Autor, 9.8.1984. Siehe die späteren Ausgaben seiner Erinnerungen, zit. im 9. Kap.

27 Max von Laue an Theodor von Laue (in Princeton, N.J.), 7.8.1945, Deutsches Museum, München. (Eine Kopie davon sowie weitere Informationen wurden dem Autor von T. H. v. Laue zur Verfügung gestellt.)

28 M. v. Laue, »Die Kriegsaktivität der deutschen Physiker«, *Physikalische Blätter* 4 (1948), S. 424 f.

29 P. Morrison, »Reply to Dr Von Laue«, *BAS* 4 (1948), S. 104.

30 Goudsmit an Rosbaud, 7.4.1948, Goudsmit Papers, box 28, folder 43.

31 Meitner an Hahn, 6.6.1948, abgedruckt in Krafft, *Im Schatten der Sensation*, S. 186. Zu dieser Zeit war Laue so überwältigt von der Notwendigkeit, sich für Deutschland zu entschuldigen, daß er sogar den Ausschluß Einsteins aus der Preußischen Akademie der Wissenschaften dem politischen Engagement des Opfers zuschrieb – ganz anders als

seine Auffassung damals, als er sich dem aktiv widersetzt hatte. Meitner tat diese »so naive« Ansicht ab, vgl. Sime, *Lise Meitner*, S. 356.

32 Laue an Rosbaud, undatiert, in A. Kramish, *Der Greif*, München 1989, S. 317 f. Wie mir Dr. Kramish freundlicherweise mitgeteilt hat, befindet sich der Brief inzwischen im Besitz eines Verwandten Rosbauds und ist der Öffentlichkeit nicht zugänglich.

33 Laue an Rosbaud, 4.4.1959, in Kramish, *Der Greif*, S. 321. Dr. Vincent Frank-Stein hat mich darauf hingewiesen, daß der Brief im Archiv der Royal Society, London, deponiert worden war, aber derzeit nicht auffindbar ist. Zu Rosbauds Einschätzung des Jungkschen Buchs siehe weiter unten.

34 R. Jungk, *Heller als tausend Sonnen*, Stuttgart 1956. Im Lichte neuerer Enthüllungen nahm Jungk seine Schönfärberei etwas zurück. Vgl. R. Jungk, *Trotzdem: Mein Leben für die Zukunft*. Siehe auch M. Walker, *Nazi Science. Myth, Truth, and the German Atomic Bomb*, S. 256.

35 Zu den wissenschaftlichen Aspekten des Besuchs siehe 10. Kap., zu seiner moralischen und politischen Bedeutung siehe Kap. 19.

36 Vgl. z. B. A. Hermann, *Die Jahrhundertwissenschaft. Werner Heisenberg und die Physik seiner Zeit*, Stuttgart 1977; ders., *Wie die Wissenschaft ihre Unschuld verlor. Macht und Mißbrauch der Forscher*, Stuttgart 1982. Andere Beispiele sind aufgelistet in M. Walker, *German National Socialism and the Quest for Nuclear Power*, S. 264.

37 *The German Atomic Bomb. The History of Nuclear Research in Germany*, New York 1967, in England veröffentlicht unter dem Titel *The Virus House*, London 1967.

38 *Records and Documents Relating to the Third Reich, II: German Atomic Research*, Wakefield, Yorks. 1973, Mikrofilme 29–32.

39 Wie bei der Episode mit Paul Müller. Siehe 8. Kap.

40 Irving an Goudsmit, 31.7.1966 (die Kopie des Briefes stellte D. Irving dem Autor zur Verfügung). Heisenberg kümmerte Irvings Feindseligkeit gegen Weizsäcker nicht besonders, der Irving in einem Brief vom 20.1.1966 vorgeworfen hatte: »Ihr Verfahren bei Ihrem Interview hat mir mehr den Eindruck erweckt, daß Sie grundsätzlich den Leuten, die Sie befragen, nicht trauen. Vielleicht habe ich mich darin aber getäuscht.«

41 Aufzeichnungen des Interviews mit Goudsmit befinden sich in IMF 31-1353/1356C. Der Briefwechsel von Januar bis Juli 1966, dessen Kopien mir Irving zugänglich machte, zeigt, daß Irving sich scheute, Goudsmits Behauptungen, die Deutschen hätten vom Prinzip der Bombe keine Ahnung gehabt, zur Sprache zu bringen. Nur einmal, in seinem ersten

Brief an Goudsmit vom 12.1.1966, schnitt er das Thema an, allerdings sehr diplomatisch und vorsichtig.

42 Reichlich allgemein spricht Irving (*The German Atomic Bomb*, S. 92) von »verschiedenen Historikern«, die die Deutschen beschuldigten, das Wesen der Atombombe nicht gekannt zu haben, wobei er Goudsmit nicht erwähnt. Die einzige, deren Namen er nennt, ist Margaret Gowing, die Autorin der offiziellen britischen Darstellung der Geschichte der Kernforschung. – Walkers *German National Socialism* stellt ein weiteres Beispiel dar, in dem Goudsmits wissenschaftliche Argumente gegen Heisenberg auf wundersame Weise »verschwunden« sind.

43 Goudsmit an Michael Perrin, 4.8.1966, Goudsmit Papers, box 17, folder 180. Perrin erwiderte am 11.8.1966 darauf: »Ich denke, Sie wissen, daß ich über Heisenberg wie auch Weizsäcker mit Ihnen stets grundsätzlich einer Meinung gewesen bin.« (Ibid.)

44 Irving, *German Atomic Bomb*, zit. auf S. 92 Houtermans (G-94, S. 119–124, zu schnellen Neutronen in Uran; S. 136f. zur kritischen Größe eines Reaktors; S. 139 zu U235 und Plutonium als Sprengstoffe; G-94 sowie dessen Variante G-267 sind wiedergegeben in IMF 30-545, 30-704). Siehe 9. Kap.

45 Irving, *German Atomic Bomb*, zit. auf S. 93, 309 Jentschkes und Lintners Berechnung von 3,7 in ihrem Aufsatz »Schnelle Neutronen in Uran. V« (G-227) (IMF 30-461). – Bei dem Vortrag Heisenbergs handelt es sich um »Die Energiegewinnung aus der Atomkernspaltung«, 6.5.1943 (G-217) (IMF 31-197). – Zu Heisenbergs Behauptung, in Farm Hall den von Jentschke und Lintner ermittelten Wert benutzt zu haben, und zu Droste siehe seinen oben zitierten Brief an Irving vom 10.6.1966. Vgl. auch 14. Kap.

46 Irving, *The German Atomic Bomb*, legt außerdem nahe, daß ein Aufsatz von S. Flügge (»Kann man eine Uranmaschine mit schnellen Neutronen betreiben?« [G-142], September 1942 [IMF 30-720]) die Verwendung von schnellen Neutronen in einer U235-Bombe empfiehlt. In Flügges Veröffentlichung geht es jedoch darum, daß ein U238-Reaktor, der schnelle Neutronen benutzte, unpraktikabel wäre und daß eine »Uran-Bombe« aus U235 bestehen und auf einer Reaktion mit langsamen Neutronen basieren müsse. Es bleibt unklar, ob Flügge eine Reaktorbombe im Sinn hatte oder einfach den Begriff »Uran-Bombe« verwendete, mit dem keine bestimmte Maschine gemeint war.

47 W. Heisenberg, »The Third Reich and the Atomic Bomb«, *BAS* 24 (1968), S. 34–35; der deutsche Text »Das Dritte Reich versuchte nicht,

die Bombe zu bauen« wurde am 9.12.1967 in der *Frankfurter Allgemeinen Zeitung* veröffentlicht und in GWH, C V, S. 50–52, abgedruckt.

48 Vgl. Heisenbergs Briefe an Irving vom 23. und 24.5., 10.6., 6.7., 1.8. und 19.12.1966 (allesamt in IMF 32). Nicht alle Anregungen Heisenbergs wurden von Irving aufgegriffen, bei dessen Darstellung der Farm-Hall-Episode der deutsche Physiker nicht besonders gut wegkommt.

49 Zu den Anstrengungen, die die SS 1944 unternahm, um eine Bombe bauen zu lassen, siehe 13. Kap.

50 Rosbauds Argwohn und Abneigung gegenüber Heisenbergs Charakter und Verhalten während der Nazizeit und danach werden in den Kap. 3 und 21 erörtert.

51 Zu den von Heisenberg während der Entnazifizierung ausgestellten »Persilscheinen« siehe 21. Kap.

52 Das von Irving geführte Interview vom 23.10.1965, das 42 Seiten füllt, findet sich in IMF 32-526/567; vgl. bes. S. 39 (IMF 31-564). Irvings Anmerkungen zu einem weiteren Interview vom 19.7.1966 mit Heisenberg und Weizsäcker berichten von einem amüsanten Wortwechsel, in dem Heisenberg versuchte, Weizsäcker die Erinnerung zu entlocken, daß er eine kritische Masse von 14 kg errechnet habe. Weizsäcker entgegnete verschämt: »Ich habe überhaupt keine Erinnerung daran … Ich zögere [eine Zahl zu nennen]. Wenn du eine Zahl sagtest, könnte ich klar ja oder nein sagen.« Heisenberg, »ein wenig von der Rolle«, fragte, ob es 14 kg gewesen seien, worauf Weizsäcker entgegnete: »Jetzt, wo du es sagst, ich wollte eben sagen, du nanntest 15 kg, doch ich habe gezögert« (IMF 31-616/620).

53 Siehe Kap. 10 und 15.

54 Interview mit Irving, S. 16 (IMF 31-541). Siehe 19. Kap.

55 »›Gott sei Dank, wir konnten sie nicht bauen‹ – Spiegel-Gespräch mit … Werner Heisenberg«, *Der Spiegel* 28 (3.7.1967), S. 79–83, bes. S. 80, abgedruckt in GWH, C V, S. 45–49.

56 Interview in Ermenc, *Atomic Bomb Scientists*, S. 43–45.

57 Vgl. M. Gowing, *Britain and Atomic Energy, 1939–1945*, London 1964, S. 42, mehr darüber weiter unten.

58 Ermenc, *Atomic Bomb Scientists*, S. 67.

59 Ibid., S. 56, 59.

60 Ibid., S. 64.

61 Ibid., S. 23, 33.

62 Ibid., S. 34.

63 W. Heisenberg, *Der Teil und das Ganze*, München 1969, in GWH, C III, S. 236.

64 Heisenberg, *Der Teil und das Ganze*, S. 245 f.

65 I. I. Rabi, *Science: The Center of Culture*, New York 1970, S. 94–100. Der Briefwechsel befindet sich in der Columbia University Library, New York.

66 Der Brief ist nicht datiert, aber im Juni 1970 geschrieben, veröffentlicht in Ruth Nanda Anshen, *Biography of an Idea*, Mt. Kisco, N.Y., 1986, S. 171. Mrs. Anshen war eine Bewundererin Heisenbergs, macht aber einige treffende Bemerkungen zu seinem Charakter: »außerordentlich intelligent, doch auch voller Mitgefühl, trotz einer lauernden Zweideutigkeit« (S. 39); »Obwohl er eine Übereinkunft im Rahmen des Möglichen begrüßte, weigerte er sich, Kompromisse schließen, wo er nicht folgen wollte... Ein deutscher Patriot, vollzog sich sein Leben in schwierigen Zeiten« (S. 40); »Wie immer hatte Heisenberg sofort ein überzeugendes Argument parat« (S. 169). Hinsichtlich der Frage, ob, wie Rabi behauptete, die Deutschen am Bau der Bombe gescheitert seien, erklärt Dr. Anshen – die im allgemeinen sehr viel Verständnis für Heisenberg hatte –, daß sie Rabis Standpunkt zuneige (S. 172).

67 Diese Information verdanke ich Bernard Crystal, dem Leiter der Handschriftenabteilung, Special Collections, Columbia University Library.

68 In Telephongesprächen mit mir 1993 beharrte Dr. Anshen darauf, daß der Brief mit ihren anderen Unterlagen an die Columbia University gegangen sei. Seitdem haben mehrere Besprechungen zwischen ihr und den Universitätsangestellten stattgefunden.

69 J. Bernstein hat bei verschiedenen Diskussionsveranstaltungen immer wieder behauptet, daß ein Brief, wie ihn Anshen veröffentlichte, nie existiert und sie den tatsächlichen Brief vom 15. Juni entstellt wiedergegeben habe. Der Fall ist jedoch nicht so abgeschlossen, wie Bernstein vielleicht glauben mag. Auf jeden Fall bietet der Brief, wenn er echt ist, einen nützlichen Einblick in Heisenbergs Seelenleben; doch selbst wenn er nicht echt sein sollte, ändert das nichts an der Argumentation des Buches. Ich würde das Problem natürlich gern lösen, doch Bernsteins Versuche, eine nebensächliche Angelegenheit zu etwas Grundsätzlichem aufzublähen, scheinen mir etwas fehlgeleitet.

3. Kapitel

1 L. Alvarez, *Alvarez*, New York 1987, S. 162. Zu Heisenbergs geschmacklosen Bemerkungen gegenüber Wissenschaftlern der Alliierten – ein-

schließlich früherer deutsch-jüdischer Kollegen – nach dem Krieg siehe 21. Kap.

2 Zu dem fraglichen Brief Lise Meitners siehe 19. und 21. Kap.

3 A. Kramish, *Der Greif*. Zur Informantentätigkeit Rosbauds für die Briten siehe 10. Kap.

4 Vgl. Rosbauds ausführlichen Bericht über das deutsche Uranprojekt vom 5.8.1945 in IMF 29-1174/1184; auf besonders gutem Fuß hatte er mit Gerlach gestanden, der 1944 Leiter des Projekts geworden war und eine erstklassige Informationsquelle darstellte.

5 A. Kramish, *Der Greif*, S. 166. Vgl. hierzu Rosbauds eigene Erinnerungen (in Goudsmit Papers, box 28, folder 44), von denen im 21. Kap. die Rede sein wird.

6 Rosbaud an Goudsmit, 25.10.1950, mitgeteilt von Arnold Kramish nach dem Original in Goudsmit Papers, AIP, box 28, folder 45. Die Unterredung von 1940 wird auch in dem Bericht über Heisenberg geschildert, den Rosbaud am 12.8.1945 verfaßte (ibid.).

7 P. Rosbaud, »Secret Mission«, *The Times Literary Supplement*, 5.6.1948, S. 320.

8 P. Rosbauds Besprechung von Jungk, *Heller als tausend Sonnen* in *Discovery* 20 (März 1959), S. 96 f. Vgl. hierzu auch seinen Brief an Goudsmit vom 30.4.1958 (Goudsmit Papers, box 28, folder 44), in dem er die verheerende Wirkung des Buchs beklagt. Goudsmit schrieb am 5.1.1959 an Rosbaud (ibid., folder 45), Jungks »falsche Darstellung der Fakten ist in diesem und anderen Fällen schon beinahe kriminell«.

9 Rosbaud an Goudsmit, 30.6.1958, Goudsmit Papers, box 28, folder 45.

10 L. R. Groves, *Now It Can Be Told. The Story of the Manhattan Project*, London 1963, S. 333, 335 f., 338. Vgl. das Groves-Interview in Ermenc, *Atomic Bomb Scientists*, S. 253, wo aus den zwei Tonnen fälschlicherweise »20 Tonnen« geworden sind. Groves merkte an, daß nachdem sein Buch erschienen war, den Deutschen »klar wurde, daß wir wußten, was sie gesagt hatten. Danach hatten sie einfach Angst zu reden.« Irvings Buch ist jedoch ein Beweis dafür, daß sie ihrem erzwungenen Schweigen auf wundersame Weise entkamen.

11 M. Gowing, *Britain and Atomic Energy*, S. 30, 42. Man wird sich erinnern, daß Heisenberg behauptete, Gowings Buch nie gelesen zu haben. Siehe 2. Kap.

12 Eine eingehende Erörterung findet sich im 14. Kap.

13 R. V. Jones, *Most Secret War. British Scientific Intelligence, 1939–1945*, London 1979 (in den USA unter der Titel *The Wizard War*, New York 1978, erschienen), S. 606 f.

14 IMF 31-344.

15 Erschienen bei Tomash, Los Angeles 1983, S. XV–XVI.

16 M. Walker, *German National Socialism and the Quest for Nuclear Power*, S. 275. Jones' Name taucht nicht im Register auf. In seinem letzten Buch, *Nazi Science. Myth, Truth, and the German Atomic Bomb*, New York 1995, S. 226 f., erwähnt Walker Jones und Frank im Zusammenhang mit Heisenbergs falscher Vorstellung von einer Atombombe, aber er scheint zu glauben, daß dadurch die Darstellungen Goudsmits und Groves', wonach die Farm-Hall-Protokolle Heisenbergs irrige Annahmen offenbaren, entkräftet würden. Und er kommt zu dem Schluß, daß Heisenberg tatsächlich schon vor 1945 eine kleine kritische Masse errechnet habe: »*Höchstwahrscheinlich* [Hervorhebung d. Verf.] stellte Heisenberg während des Krieges eine grobe Schätzung an, die den zeitgenössischen Schätzungen der Alliierten vergleichbar war« (S. 227). Walker konnte offenbar nicht glauben, was Frank ihm in einem Interview erzählt hatte und was aus den Farm-Hall-Protokollen deutlich wird – nämlich, daß Heisenberg bis zum 14. August 1945 von einer sehr großen kritischen Masse ausging. In seinem Aufsatz »Legends Surrounding the German Atomic Bomb«, in *Science, Medicine, and Cultural Imperialism*, hrsg. v. T. Meade u. M. Walker, London 1991, S. 187, behauptet Walker, daß »das, was die Deutschen vollbrachten, wenn auch zugegebenermaßen bescheiden, verglichen mit dem abgeschlossenen Manhattan-Projekt keine groben wissenschaftlichen Irrtümer enthielt«, obwohl aus Jones' Erinnerungen klar wird, daß es zumindest einen recht grundlegenden Irrtum enthielt. Walker (S. 199–201) bezichtigt Arnold Kramish »eines Mangels an Objektivität und wissenschaftlicher Exaktheit ... Als Autor geht es Kramish offenbar nur darum, Heisenberg anzugreifen. Historische Genauigkeit kommt erst an zweiter Stelle.« Man könnte hier das Sprichwort vom Glashaus anführen, bedenkt man, wie Walker selbst mit Beweismaterial umgeht.

17 C. H. Frank, Interview vom 12.4.1985, OHI, S. 9–11, 14–16. Walker (*German National Socialism*, S. 14) merkt an, daß er in R. V. Jones' Buch von der »random walk«-Analyse gelesen habe. Siehe 14. Kap.

18 Walker, *German National Socialism*, S. 172.

19 Zu Heisenbergs Berechnung siehe 7. und 14. Kap.

20 M. Walker, »Myths of the German Atomic Bomb«, *Nature* 359 (8.10.1992), S. 473 f. Eine höchst kritische Entgegnung J. L. Logans und R. Serbers auf diese Bemerkung erschien unter dem Titel »Heisenberg and the Bomb«, *Nature* 362 (11.3.1993), S. 117, worin Walker vorge-

worfen wird, die eigentlichen Probleme, um die es in den Protokollen ging, nicht verstanden zu haben. Serber, der zusammen mit anderen die Los-Alamos-Bombe entworfen hatte, findet sogar die mehr oder minder »richtige« Analyse der Bombe, die Heisenberg in seinem Vortrag vom 14. August 1945 unternahm, »primitiv« und »bieder«. Vgl. auch I. Klotz, »Germans at Farm Hall Knew Little of Atomic Bombs«, *Physics Today*, Oktober 1993, S. 11–15, 135, sowie M. Walker, »Selbstreflexionen deutscher Atomphysiker: Die Farm-Hall-Protokolle und die ›deutsche Atombombe‹«, *Vierteljahreshefte für Zeitgeschichte* 41 (1993), S. 519–542.

21 Heisenberg war bei praktischen physikalischen Berechnungen nie präzise; in Farm Hall nannte er ganz unterschiedliche Mengen, die von 1 Tonne bis zu 10 Tonnen reichten. Dies scheint vor allem auf die Annahme verschiedener Werte für die Kernspaltungswirkungsquerschnitte zurückzuführen zu sein. Andere haben versucht, Heisenbergs mathematische Operationen mittels verschiedener Daten zu korrigieren. Jones (*Most Secret War*, S. 607), der einen großen Radius nimmt, schätzt die Masse auf 40 Tonnen, während Frank in seiner Einleitung zu *The Farm Hall Transcripts*, S. 5, für die von Heisenberg angepeilte kritische Masse 6 Tonnen ermittelt. Logan und Serber (»Heisenberg and the Bomb«) kommen auf 13 Tonnen.

22 Walker, *German National Socialism*, S. 105–118. Vgl. auch M. Walker, »Physics and Propaganda: Werner Heisenberg's Foreign Lectures«, S. 339–389.

23 M. Walker, *Die Uranmaschine. Mythos und Wirklichkeit der deutschen Atombombe*, mit einem Vorwort v. R. Jungk, Berlin 1990.

24 P. L. Rose, »Did Heisenberg Misconceive the Atomic Bomb?«, *Physics Today*, Februar 1992, S. 126; M. Walkers Entgegnung ibid. – Walker räumt ein, daß Heisenbergs Bericht vom Dezember 1939 (G-39) »eine gute Quelle für seinen damaligen Erkenntnisstand [ist], aber Menschen können ihre Meiungen ändern«. Ich hatte argumentiert, daß G-39 auf eine verworrene Vorstellung von der Bombe hinweise. Obwohl ich damals glaubte, daß diese Verworrenheit auf Heisenbergs Annahme, es handelte sich bei der Bombe um eine Reaktion langsamer Neutronen, zurückzuführen sei, kann es durchaus sein, daß er bereits an eine Vorrichtung mit schnellen Neutronen dachte, was die Farm-Hall-Protokolle dann auch deutlich machten. Dennoch ist keineswegs klar, ob er bereits 1939, als er G-39 schrieb, von schnellen Neutronen ausging, oder erst in Zusammenhang mit späteren Überlegungen zu dieser Einsicht kam. G-39 jedenfalls ist hinsichtlich einer Atom-

bombe höchst unklar. Siehe 6. Kap. – Ich bedaure, daß ich zum Zeitpunkt meines Briefs noch nicht zu einer endgültigen Analyse des Heisenberg-Problems gelangt war und so den von Groves und Goudsmit erhobenen Vorwurf, Heisenberg habe auch in Farm Hall noch geglaubt, die Bombe beruhe auf langsamen Neutronen, zuviel Nachdruck verliehen hatte. (Als ich den Brief schrieb, hatte ich den Text des entscheidenden Interviews zwischen Walker und Frank noch nicht gesehen, und die Farm-Hall-Protokolle waren damals noch nicht freigegeben worden.) – Die Korrespondenz entspann sich über M. Walker, »Heisenberg, Goudsmit, and the German Atomic Bomb«, S. 52–60.

25 Walker, *German National Socialism*, S. 172, zitiert auch die Zahl von 10–100 kg nachlässig, so, als handele es sich dabei um U235. Zu Müllers Bericht, der in Walkers Bibliographie genannt, aber nicht erörtert wird, siehe 8. Kap.

26 T. Powers, *Heisenberg's War. The Secret History of the German Bomb*, New York 1993.

27 Ibid., S. 507. Powers schreibt, Dr. Anshen habe es »abgelehnt«, ihm das Original des Briefes zu zeigen. Sie versicherte mir indes, ihm erklärt zu haben, daß es sich nicht mehr in ihrem Besitz befinde und sie es der Bibliothek der Columbia University geschenkt habe.

28 Müller wird hier auf S. 98 nur beiläufig als Assistent Weizsäckers erwähnt. (Eigentlich war er Heisenbergs Assistent.)

29 Powers, *Heisenberg's War*, S. 447, 452, 576 f. Auf S. 449 schreibt Powers eine frühere Zahl, die für die kritische Masse eine Menge von einer Tonne angibt, merkwürdigerweise einem Aufsatz Heisenbergs vom Februar 1942 zu (»Die theoretischen Grundlagen für die Energiegewinnung aus der Uranspaltung« in GWH, A II, S. 517–521) zu; aus dem Kontext geht jedoch klar hervor, daß Heisenberg sich auf die Sprengkraft von einer Tonne ungetrenntem Uran und eben nicht auf die kritische Masse einer U235-Bombe bezieht. Zu diesem Aufsatz siehe 12. Kap.

30 D. C. Cassidy, »Atomic Conspiracies« [= Besprechung von T. Powers' *Heisenberg's War*] in *Nature* 363 (27.5.1993), S. 311 f. – Zu der von Powers' Buch ausgelösten Kontroverse vgl. W. J. Broad, »Saboteur or Savant of Nazi Drive for A-Bomb«, *The New York Times*, 1.9.1992.

31 D. C. Cassidy, *Werner Heisenberg. Leben und Werk*, Heidelberg 1995, S. 621 ff. Cassidys Artikel über Heisenberg im *Dictionary of Scientific Biography*, Supp., Bd. 17, New York 1990, S. 394–403, enthält sich eines Urteils. Die nützliche Geschichte der Kaiser-Wilhelm-Gesellschaft von

K. Macrakis, *Surviving the Swastica. Scientific Research in Nazi Germany*, New York 1993, S. 162–186, 274, ist ähnlich zurückhaltend mit einer Beantwortung der Frage, ob Heisenberg über die physikalischen Grundlage wirklich Bescheid wußte oder nicht.

32 Wie in der oben zitierten Besprechung von Powers' Buch für *Nature*, in der er sich sehr skeptisch zeigt gegenüber der Behauptung, Heisenberg habe schon immer die Menge der kritischen Masse als relativ gering eingeschätzt.

33 Der Vortrag wurde von H. Rechenberg herausgegeben: »Über die Uranbombe (1945)«, *Physikalische Blätter* 48 (1992), S. 994–1001.

34 C. F. v. Weizsäcker in einem Interview, das D. Hoffmann, H. Rechenberg und T. Spengler am 3.6.1993 mit ihm führten, in D. Hoffmann, *Operation Epsilon*, S. 349.

35 Ibid., S. 352 f. Auf S. 353 lobt Weizsäcker Powers' Buch für die Darstellung seines Besuchs bei Bohr 1941: »Powers hat das sehr gut analysiert.« Man hat den Eindruck, als habe Weizsäcker bei der Veröffentlichung dieses Buchs Hilfestellung geleistet.

36 Siehe 21. Kap.

37 Weizsäcker, Interview in D. Hoffmann, *Operation Epsilon*, S. 356 f.

38 Vgl. Meitners Zornesausbruch im Brief an Hahn vom 27.6.1945, zit. im 21. Kap.

39 C. F. v. Weizsäcker, »Ideas on the Philosophy of Science«; »The Meaning of Quantum Mechanics«; »The Political and Moral Consequences of Science« (Vorlesungen, gehalten im CERN im Januar 1988), S. 14, 30. (Dr. Jonathan Logan stellte mir freundlicherweise die Protokolle zur Verfügung.)

40 Ibid., S. 42.

41 Ibid.

42 Vgl. z. B. Logan/Serber, »Heisenberg and the Bomb«; J. Logan, »The Critical Mass«, *American Scientist* 84 (Mai–Juni 1996), S. 263–277; Cassidy, »Atomic Conspiracies«; J. Bernstein, »The Farm Hall Transcripts: The German Scientists and the Bomb«, *The New York Review of Books* 13, Nr. 14 (13.8.1992), S. 47–53. Vgl. auch J. Bernstein, *Hitler's Uranium Club*, Woodbury, N.Y., 1996, das erst nach Fertigstellung meines Manuskripts erschien.

43 C. H. Frank (Hg.), *Operation Epsilon. The Farm Hall Transcripts*, S. 3, sowie aus meiner Korrespondenz mit Sir Charles Frank; siehe auch 14. Kap.

1 A. Kramish, *Der Greif*, S. 120 ff. Texte in H. G. Graetzer u. D. L. Anderson, *The Discovery of Nuclear Fission*, New York 1971.

2 Zu Hahns etwas unaufrichtiger Unterdrückung entscheidender Aspekte von Meitners Beitrag zur Entdeckung der Kernspaltung vgl. den wichtigen Artikel von R. L. Sime, »A Split Decision?«, S. 482 ff. – Zu Hahns Versuchung, Meitner 1938 zu entlassen, vgl. idem, »Lise Meitner's Escape from Germany«; idem, *Lise Meitner. A Life in Physics*, S. 185.

3 In Otto Hahn, *Mein Leben*, München 1968, S. 151: »Aber immer mehr kommen wir zu dem schrecklichen Schluß: Unsere Ra-Isotope verhalten sich nicht wie Ra, sondern wie Ba ... Vielleicht kannst Du irgendeine phantastische Erklärung vorschlagen.« [Original in: Meitner-Papers, Churchill College Archives, Cambridge.] In einem zweiten Brief, den er zwei Tage später schrieb, heißt es: »Nach unseren Ra-Beweisen schließen wir, daß wir als ›Chemiker‹ den Schluß ziehen müssen, daß die drei genau studierten Isotope gar kein Ra sind, sondern vom Standpunkt des Chemikers aus Ba« (ibid., S. 153). In einem dritten Brief vom 28. Dezember faßte Hahn diese Möglichkeit tatsächlich ins Auge, als er Meitner fragte, was sie von seinen »Ba-Phantastereien« halte: »Wäre es möglich, daß das Uran 239 zerplatzt in ein Ba und ein Ma?« (zit. in Dietrich Hahn, *Otto Hahn. Erlebnisse und Erkenntnisse*, Düsseldorf 1975, S. 82; K. Hoffmann, *Schuld und Verantwortung. Otto Hahn – Konflikte eines Wissenschaftlers*, Berlin 1993, S. 139.)

4 O. R. Frisch, *What Little I Remember*, Cambridge 1979, S. 115–119.

5 Ibid., S. 118. In der Veröffentlichung von Frisch und Meitner vom 16. Januar 1939 ist weder von Neutronenvermehrung noch von Kettenreaktion die Rede.

6 Der Artikel von H. v. Halban, F. Joliot u. L. Kowarski, »Liberation of Neutrons in the Nuclear Explosion of Uranium«, *Nature* 143 (18.3.1939), S. 470, ist abgedruckt in Graetzer/Anderson, *Discovery of Nuclear Fission*, S. 74 ff. »Explosion« ist hier ein Synonym für Spaltung.

7 *The New York Times*, 30.4.1939, zit. bei L. Badash, E. Hodes u. A. Tiddens, »Nuclear Fission: Reaction to the Discovery in 1939«, *Proceedings of the American Philosophical Society* 130, Nr. 2 (1986), S. 196–231. R. Rhodes, *The Making of the Atomic Bomb*, New York 1986, ist derzeit die vollständigste Darstellung der Enwicklung der Atombombe.

8 N. Bohr, »Resonance in Uranium and Thorium Disintegrations and the

Phenomenon of Nuclear Fission«, *Physical Review* 55 (1939), S. 418 f.; N. Bohr u. J. A. Wheeler, »The Mechanism of Nuclear Fission«, *Physical Review* 56 (1939), S. 426–450; L. Rosenfeld, *Selected Papers*, Boston 1979, S. 343 f.; J. A. Wheeler, »Niels Bohr and Nuclear Physics«, *Physics Today*, Oktober 1963, S. 36–45, bes. S. 42; Rhodes, *Atomic Bomb*, S. 282–288; A. Pais, *Niels Bohr's Times in Physics, Philosophy, and Polity*, Oxford 1991, S. 454–458.

9 Zit. nach J. A. Wheeler, »The Discovery of Fisson«, *Physics Today*, November 1967, S. 52. Wheeler datiert diese Äußerung Bohrs auf den 16. April statt auf den 16. März, wie dann in seinem späteren Aufsatz, »Some Men and Moments in Nuclear Physics«, in *Nuclear Physics in Retrospect*, hrsg. v. R. Stuewer, Minneapolis 1979, S. 282. Die Diskussion könnte sogar noch früher, nämlich im Februar, stattgefunden haben.

10 Zit. nach Badash/Hodes/Tiddens, »Nuclear Fission«, S. 214.

11 Bohrs Bemerkung, bei einer Kernexplosion würden langsame Neutronen benutzt, ist einem Bericht in der *New York Times* vom 30.4.1939, S. 35, entnommen. – Daß man sich allgemein bewußt war, welche Konsequenzen die Entdeckung für eine Bombe haben würde, schreibt P. Morrison, *Nothing is Too Wonderful to Be True*, Woodbury, N.Y., 1995, S. 374: »Obwohl ich damals noch ein naiver Jungakademiker war, brachte ich mit meinen Freunden bereits eine merkwürdige Kreideskizze von einer Bombe mit schwerem Wasser und dies und jenem zustande. Selbst wir wußten schon, daß sie höchstwahrscheinlich furchtbare Explosionen auslöst.«

12 Bericht in der *Washington Post* vom 29.4.1939, zit. bei Badash/Hodes/Tiddens, »Nuclear Fission«, S. 214. Vgl. auch die nützliche Analyse des Problems in J. Logan, »The Critical Mass«, S. 263–277.

13 Die 500-kg-Masse wird genannt in M. C. MacPherson, *Time Bomb. Fermi, Heisenberg, and the Race for the Atomic Bomb*, New York 1986, S. 75 f.; L. Strauss, *Men and Decisions*, New York 1962, S. 236–238, zitiert wesentliche Abschnitte des von Captain G. L. Schuyler verfaßten Memorandums der Sitzung (ohne irgendeinen archivalischen Hinweis jedoch). Das Exzerpt enthält keine Erörterung einer U235-Bombe und nennt keine Zahl für die kritische Masse. Vgl. Rhodes, *Atomic Bomb*, S. 295. Zu Fermis Bemerkung von 1939/40 über eine »kleine Spaltungsbombe« (zit. in Pais, *Niels Bohr's Times*, S. 461) – aus der jedoch nicht auf sein Wissen um eine kleine kritische Masse geschlossen werden kann – siehe 12. Kap. – Strauss führte mit Szilard im Februar 1939 einen Briefwechsel über Kernspaltung und traf kurz darauf mit Bohr

zusammen, vgl. R. Pfau, *No Sacrifice Too Great. The Life of Lewis L. Strauss*, Charlottesville, Va., 1984, S. 54 ff.

14 Gespräch mit John Cockcroft vom 16.11.1940, in PRO, AB 1/495.

15 R. Peierls, »Reflections on the Discovery of Fission«, *Nature* 342 (21.–28.12.1989), S. 852–854; siehe 5. Kap.

16 Vgl. L. Turner, »Nuclear Fission«, *Reviews of Modern Physics* 12 (1940), S. 1–29, bes. S. 20, woraus deutlich wird, daß man sich 1939/40 stark mit der Erforschung langsamer Neutronen beschäftigte. Rhodes (*Atomic Bomb*, S. 287) zitiert eine typische Simplifizierung von Bohrs Argument durch Physiker im Jahre 1940, wonach die Spaltung mittels schneller Neutronen ausschließlich für U238 gelte.

17 Blackett zu Heisenberg, September 1945, Farm-Hall-Protokolle in: OE, S. 217.

18 »Recent Investigations of the Transmutation of Atomic Nuclei« (1939, gedruckt 1941) in: N. Bohr, *Collected Works*, hrsg. v. E. Rudinger, R. Peierls et al., Amsterdam 1986, S. 9, 443–466, bes. S. 465 f. Vgl. auch Pais, *Niels Bohr's Times*, S. 462 f. M. Gowing, *Britain and Atomic Energy*, S. 248, erwähnt den in Birmingham gehaltenen Vortrag. Vgl. Otto Frischs Erinnerung an Bohrs Argument, daß (in gewöhnlichem Uran) »keine wirkungsvolle Kernexplosion möglich [ist], weil es nur durch die Verwendung langsamer Neutronen zu einer Kettenreaktion kommen kann«, und das war eine zu langsame Reaktion, um eine Explosion zu erzielen; O. R. Frisch, »Recollections«, in *All in Our Time*, hrsg. v. J. Taylor, Chicago 1975, S. 54.

19 Das Manuskript ist abgedruckt in Bohr, *Collected Works*, Bd. 9, S. 395–398. Zu Bohrs späterer Haltung 1941–43, die sich unter dem Eindruck des berüchtigten Heisenberg-Besuchs in Kopenhagen im Oktober 1941 herausbildete, siehe 10. Kap.

20 Zit. bei Rhodes, *Atomic Bomb*, S. 261.

21 Bohr/Wheeler, »Mechanism of Nuclear Fission«, S. 444. Zu Chadwicks Skepsis gegenüber den Messungen Tuves und der Art und Weise, wie Frisch und Peierls durch theoretische Überlegungen auf einen viel größeren Wirkungsquerschnitt kamen, siehe auch 5. Kap.

22 Vgl. Edward Tellers Schätzung vom September 1940, wonach für eine Explosion mittels schneller Neutronen mehr als 30 Tonnen natürlichen Urans benötigt würden, zit. bei R. G. Hewlett u. O. E. Anderson jr., *A History of the United States Atomic Energy Commission. 1: The New World, 1939–1946*, University Park, Pa., 1962, S. 32.

23 J. B. Fisk u. W. Shockley, »A Study of Uranium as a Source of Power« (Juli–September 1940), I, S. 15; II, Zusammenfassung und S. 10 ff., in

NA, RG 227, OSRD/S-1, Bush-Conant Files, microf. M-1392, roll 11, folder 170; vgl. S. Weart, »Secrecy, Simultaneous Discovery, and the Theory of Nuclear Reactors«, *American Journal of Physics* 45 (1977), S. 1049–1060, bes. S. 1056.

24 S. Weart, *Nuclear Fear*, Cambridge, Mass., 1988, S. 78 ff. Stanley Weintraub hat mich auf einen anonym erschienenen Leitartikel (von C. P. Snow), »A New Means of Destruction«, im englischen Wissenschaftsmagazin *Discovery* (September 1939), S. 443 f., aufmerksam gemacht, der unverblümt behauptet: »es ist kein Geheimnis: in Laboratorien in den USA, Deutschland, Frankreich und England ist seit dem Frühjahr fieberhaft daran gearbeitet worden … Als in Amerika die Möglichkeit zutage trat, schien die Sache so dringend, daß ein Vertreter der amerikanischen Physiker im Weißen Haus anrief und eine Unterredung mit dem Präsidenten vereinbarte. Das war vor etwa drei Monaten … Das Prinzip ist einfach … ein langsames Neutron spaltet einen Urankern in annähernd zwei Teile, und zwei oder mehr *schnellere* Neutronen werden freigesetzt … Diese schnelleren Neutronen spalten sodann weitere Urankerne … Sollte es in diesem Jahr in Amerika nicht gelingen, so vielleicht im nächsten in Deutschland. Es gibt kein ethisches Problem … «

25 L. Szilard, *The Collected Works of Leo Szilard*, hrsg. v. B. T. Feld u. G. W. Szilard, Cambridge, Mass., 1972, I, S. 464 ff., 656, 671 ff., 680. Zu Szilards Vorstellung von einer Reaktorbombe siehe 10. Kap.

26 Zit. bei Badash/Hodes/Tiddens, »Nuclear Fission«, S. 214.

27 Szilard, *Collected Works*, I, S. 202 f.

28 L. Szilard, *Leo Szilard: His Version of the Facts*, hrsg. v. S. R. Weart u. G. W. Szilard, Cambridge, Mass., 1978, S. 125.

29 Ibid., S. 177.

30 Ibid., S. 144, 177.

31 Ibid., S. 177.

32 Fisk/Shockley, »Study of Uranium«, I, S. 15.

33 E. Perrin, »Calcul relatif aux conditions éventuelles de transmutation en chaîne de l'uranium«, *Comptes Rendus de l'Académie des Sciences* 208 (1.5.1939), S. 1394 ff. Ein zweiter Aufsatz des gleichen Titels [ibid., 208 (15.5.1939), S. 1573 ff.] wendet sich der Theorie von Reaktoren und Bremssubstanzen zu. Zu dem von Halban/Joliot/Kowarski/Perrin im Mai 1939 gemachten Vorschlag hinsichtlich einer Bombe (»Perfectionnement aux charges explosives«) siehe F. Joliot-Curie u. I. Joliot-Curie, *Œuvres scientifiques complètes*, Paris 1961, S. 687–691; dort auch die Akte vom 30.10.1939: S. 673–677. Perrins spätere Äußerung

stammt aus einem Interview von 1971, zit. bei S. Weart, *Scientists in Power*, Cambridge, Mass., 1979, S. 94, 305. Vgl. Weart, »Secrecy«, S. 1052 f. Zu dem Test in der Sahara siehe B. Goldschmidt, *Atomic Rivals*, New Brunswick, N.J., 1990, S. 49 ff.

34 A. M. Tyndall, The Possibility of Producing a Bomb, 3.5.1939, in PRO, AB 1/9 (Zusammenfassung in AB 1/37). Zit. außerdem bei R. W. Clark, *The Greatest Power on Earth*, New York 1980, S. 59.

35 R. W. Clark, *Tizard*, Cambridge, Mass., 1965, S. 184 ff.

36 G. P. Thomson, »Anglo-U.S. Cooperation on Atomic Energy«, *BAS* 9, Nr. 2 (1953), S. 46 ff.; Weart, »Secrecy«, S. 1052; Gowing, *Britain and Atomic Energy*, S. 34 ff., 39 f.; R. W. Clark, *The Birth of the Bomb*, London 1961, S. 36 f.

37 R. Peierls, »Critical Conditions in Neutron Multiplication«, *Proceedings of the Cambridge Philosophical Society* 35 (1939), S. 610–615. Ein Hauptmotiv für diesen Aufsatz war die Klärung dessen, was unter »kritischer Größe« zu verstehen ist. Siehe das Interview mit Peierls, 11.–13.8.1969, S. 79 ff. (OHI).

38 R. Peierls, *Bird of Passage*, Princeton 1985, S. 153. Peierls (OHI-Interview, S. 80) erwähnt, daß Frisch ihm versichert habe, der Umstand, daß Bohr/Wheeler die Spaltung dem U235 zugeschrieben hatten, bedeute, daß eine Kettenreaktion in ungetrenntem Uran unmöglich sei.

39 Aus einem Brief, zit. bei Clark, *Birth of the Bomb*, S. 43. Siehe auch Clark, *Greatest Power on Earth*, S. 85.

40 Gowing, *Britain and Atomic Energy*, S. 55.

41 Peierls war überrascht, als Philip Moon, der im Uranausschuß der Regierung saß, ihn um eine Kopie des Aufsatzes bat; Peierls, OHI-Interview, S. 90.

42 O. R. Frisch, »Nuclear Fission«, *Annual Reports on the Progress of Chemistry for 1939*, London, The Chemical Society, 1940, S. 7–24, S. 16 f. In seinem Artikel »Early Steps towards the Chain Reaction« in *Rudolf Peierls and Theoretical Physics*, Oxford 1977, S. 18–27, schildert Frisch (S. 22): »Bohr hatte sehr gute Argumente vorgebracht – die ich zitierte – … z. B. daß eine Reaktion zu keiner Explosion von Bedeutung führen könne … Bohr hatte darauf hingewiesen, daß U238 vermutlich keine solche Reaktion aufrechterhalten würde … Die einzige Möglichkeit, eine Kettenreaktion in Gang zu setzen, sehe er darin, irgendeine Bremssubstanz beizugeben … [um] die Neutronen auf die sehr niedrige Energie herunterzubringen, wo sie wahrscheinlich in U235 Kernspaltungen verursachen« (aber das wäre für eine Bombe zu langsam). Vgl. auch das Interview mit Frisch vom 3.5.1967, S. 39 (OHI),

in dem er Bohr erwähnt, der gezeigt habe, daß man nur durch Einsatz abgebremster Neutronen zu einer Kettenreaktion komme, was eine Explosion ausschloß.

43 Chadwick an E.V. Appleton (Department of Scientific and Industrial Research), 31.10.1939, PRO, CAB 104/186. – M. Gowing, »James Chadwick and the Atomic Bomb«, *Notes and Records of the Royal Society of London* 47 (1993), S. 79–92, interessiert sich sehr für Chadwicks Beteiligung an dem Atombombenprojekt nach 1940, ist aber hinsichtlich seiner Auffassungen und Tätigkeiten in den Jahren 1939/40 enttäuschend unpräzise. Chadwicks Sinneswandel scheint etwas unwahrscheinlich auf eine verspätete Lektüre der Schriften Bohrs und Wheelers zurückgeführt zu werden, und sein Briefwechsel mit Appleton sowie seine Korrespondenz mit Bohr 1943 werden nicht genau analysiert.

44 Chadwick an Appleton, 5.12.1939, PRO, CAB 21/1262. Vgl. Gowing, *Britain and Atomic Energy*, S. 38 f.; Clark, *Birth of the Bomb*, S. 49; A. Brown, *The Neutron and the Bomb. A Biography of Sir James Chadwick*, Oxford 1997, S. 180 ff., zitiert Diskussionen zwischen Chadwick und seinem Kollegen Joseph Rotblat über die auf schnellen Neutronen basierende Bombe.

45 In einem längeren Interview am 3.5.1967 erinnerte sich Chadwick daran, daß die kritische Masse von 1 Tonne für eine Schnelle-Neutronen-Bombe sich auf U235 und nicht auf ungetrenntes Uran bezog (OHI, S. 103). Im Brief selbst jedoch ist von U235 nicht die Rede.

46 Zu Merle Tuves Berechnung siehe 5. Kap.

47 Chadwick, OHI-Interview, S. 102 f.

48 Vgl. den Briefwechsel zwischen Appleton, Hankey und Chatfield in PRO, CAB 21/1262.

49 Winston S. Churchill, *The Gathering Storm*, New York 1948, S. 386 ff.

50 Hankey an Lord Chatfield, 12.12.1939, PRO, CAB 21/1262. – In seinem Memorandum vom 16.5.1940 kommt Prof. A. V. Hill, damals in Washington, zu dem Schluß, daß die U235-Reaktion in natürlichem Uran für eine Bombe zu langsam sei, und berichtet, die Amerikaner hielten die Idee einer Bombe gegenwärtig für »Zeitverschwendung« (PRO, AB 1/9).

51 D. Irving, *The German Atomic Bomb*, S. 34–44; M. Walker, *German National Socialism*, S. 17 f.

52 S. Flügge, »Kann der Energieinhalt der Atomkerne technisch nutzbar gemacht werden?«, *Die Naturwissenschaften* 27 (9.6.1939), S. 402–410; Zitate: S. 403, 406, 407. Eine allgemeinverständliche Fassung unter dem

Titel »Die Ausnützung der Atomenergie« veröffentlichte Flügge im »Beiblatt« der *Deutschen Allgemeinen Zeitung* vom 15.8.1939, S. 385 f. Hier weist Flügge darauf hin, daß eine Kettenreaktion in einer Masse mit »ein paar Metern« Durchmesser zur Explosion führen würde, offensichtlich meinte er ungetrenntes Uran, denn er gibt nicht zu erkennen, von Bohrs Entdeckung zu wissen, wonach U235 das eigentliche spaltbare Isotop ist.

53 Zu Heisenbergs Besuch in den USA siehe 18. Kap. Seine Erinnerung an das Treffen in *Der Teil und das Ganze* ist mit Vorsicht zu genießen, da das Buch nach dem Krieg geschrieben wurde. Er will darin seine Beteiligung am Uranprojekt der Nazis rechtfertigen, indem er ins Feld führt, er habe nicht geglaubt, daß man während des Krieges eine Bombe zustande brächte, und habe daher ruhigen Gewissens daran arbeiten können. Vgl. D. C. Cassidy, *Heisenberg*, S. 515 ff.

54 Ein wütender und ausführlicher Bericht darüber, wie das Uranprojekt dem Reichsforschungsrat des Reichserziehungsministeriums durch das Heereswaffenamt entrissen wurde, findet sich im Brief Abraham Esaus vom 13.11.1939 an General Karl Becker, Goudsmit Papers, AIP, box 25, folder 15.

5. Kapitel

1 O. R. Frisch, »Early Steps Towards the Chain Reaction«, in *Rudolf Peierls and Theoretical Physics*, Oxford 1977, S. 18–27, bes. S. 22.

2 O. R. Frisch, *What Little I Remember*, S. 126.

3 O. R. Frisch in einem Interview, 3.5.1967, S. 39 (OHI).

4 R. Peierls, *Bird of Passage. Recollections of a Physic*, Princeton 1985, S. 154 f. Siehe auch R. W. Clark, *The Birth of the Bomb*, S. 51 ff.; idem, *The Greatest Power on Earth*, S. 88 f.; R. Peierls, Interview, 11.–13.8.1969, S. 90 f. (OHI).

5 R. Peierls, »Reflections on the Discovery of Fission«, S. 852 ff. Zum Einfluß Bohrs auf Peierls' Annahme, daß die kritische Masse von U235 riesig sein würde, siehe Clark, *Birth of the Bomb*, S. 39.

6 Peierls, OHI-Interview, S. 91.

7 Peierls' Erörterung in Frisch, »Early Steps«, S. 24. Desgleichen Peierls, OHI-Interview, S. 90. Vgl. M. Gowing, *Britain and Atomic Energy*, S. 41 f., 401.

8 Frisch, »Early Steps«, S. 22, 24 f. Der MAUD-Bericht von 1941 befindet sich in M. Gowing, *Britain and Atomic Energy*, S. 401 ff.

9 Siehe Peierls, OHI-Interview, S. 91. Um das Problem zu analysieren, machte Peierls von Arbeiten Gebrauch, die er früher über Hydrodynamik durchgeführt hatte, wie auch von den ersten Schritten hin zur Erkenntnis der relevanten Zeitskala der Neutronenvermehrung, die er in einem Aufsatz von 1939 (Cambridge) unternommen hatte.

10 Aus ihrem Memorandum von 1940, in Gowing, *Britain and Atomic Energy*, S. 391. τ ist die Zeit, die benötigt wird, um die Neutronendichte um einen Faktor *e* zu vergrößern (*e* ist die Basis des natürlichen Logarhythmus, der weithin in Rechnungen mit exponentiellem Wachstum gebraucht wird).

11 R. Rhodes, *The Making of the Atomic Bomb*, S. 323, schreibt, daß Peierls an 80 Neutronengenerationen dachte, doch die Quelle, die er zitiert, nennt diese Zahl nicht. Nichtsdestoweniger wurde 80 aus Gründen wissenschaftlicher Bequemlichkeit sowohl von Heisenberg als auch vom Los-Alamos-Team als Arbeitshypothese genommen. Siehe 7. Kap. – Das Frisch-Peierls-Memorandum (vgl. Gowing, *Britain and Atomic Energy*, S. 391) gibt die Zeit für jede Neutronengeneration mit 10^{-9} Sek. an; der MAUD-Bericht gibt die Zeit, in der die letzte Generation der Neutronenlawine zum Abschluß kommt, mit 10^{-8} Sek. an (Gowing, ibid., S. 402).

12 Der Haupttext des Frisch-Peierls-Memorandums ist abgedruckt in Gowing, *Britain and Atomic Energy*, S. 389–393. Ein nichttechnisches Supplement, das sich unter Tizards Papieren fand, ist (zusammen mit Oliphants Begleitbrief) aufgenommen in R. W. Clark, *Tizard*, S. 214–217. Beide Texte nachgedruckt in R. Serber, *The Los Alamos Primer*, Berkeley, Calif., 1992, S. 79–88. Siehe M. Oliphant, »The Beginning: Chadwick and the Neutron«, *BAS* 38, Nr. 10 (1982), S. 14–18, auf S. 17 seine Behauptung, es mit zu Thomson genommen (und nicht, wie Gowing, ibid., S. 43, behauptet, es ihm durch Tizard zugestellt) zu haben.

13 Gowing, *Britain and Atomic Energy*, S. 39. Clark, *Birth of the Bomb*, S. 36 f.

14 Oliphant, »Chadwick and the Neutron«, S. 17.

15 Es ist mir noch nicht gelungen, Chadwicks handschriftlichen Brief ausfindig zu machen, den Clark, *Birth of the Bomb*, auf S. 47 resümiert. (In Gowing, *Britain and Atomic Energy*, S. 42, scheint darauf angespielt zu werden.) Chadwicks Nachlaß befindet sich im Churchill College, Cambridge, sowie unter den PRO, AB Akten über Atomenergie. Chadwick selbst war 1969 nicht in der Lage, den Briefwechsel zu finden, und meinte, daß er vernichtet worden sei. Vgl. Chadwick, Inter-

view vom 12.–15.4.1969, S. 101, 103 (OHI). Im E.-V.-Appleton-Nachlaß der Bibliothek der Edinburgh University existiert keine Kopie.

16 In N. Bohr u. J. A. Wheeler, »The Mechanism of Nuclear Fission«, S. 444.

17 Chadwick, OHI-Interview, S. 102. S. Weart, *Scientists in Power*, S. 313 f., behauptet, daß sich Chadwicks Berechnung der kritischen Masse auf »viele Kilogramm« belief, aber Chadwick erinnert sich deutlich, daß sich der Wert im Bereich von Tonnen bewegt habe, was sein Brief vom 5. Dezember bestätigt, der weiter oben im 4. Kap. zitiert wurde. Siehe auch Gowing, *Britain and Atomic Energy*, S. 42, 61; die auf S. 38 erörterte Spaltung durch schnelle Neutronen bezieht sich auf Chadwicks frühere Vermutung einer schnellen Reaktion in gewöhnlichem Uran.

18 Siehe Weart, *Scientists in Power*, S. 314.

19 Chadwick ahnte, daß der von Tuve ermittelte Wirkungsquerschnitt ein zu kleiner Bruchteil des gesamten Kernquerschnitts ist, um das Phänomen der Spaltung zu erklären, angesichts der Tatsache, daß der gesamte Querschnitt von der Größenordnung des Kerndurchmessers hätte sein müssen (Chadwick, OHI-Interview, S. 102; zu diesen Querschnitten siehe Serber, *Los Alamos Primer*, S. 13, 16, 18). Frisch und Peierls, denen der Hinweis auf Tuve in Bohrs Artikel anscheinend entgangen war, nahmen an, daß der Spaltungsquerschnitt in etwa dem geometrischen Querschnitt entsprechen würde, den sie auf $1 \times 10^{-23}\,cm^2$ ($= 10 \times 10^{-24}\,cm^2$) aufrundeten und somit für die kritische Masse auf die ermutigend kleine Zahl von 0,6 kg anstatt der tatsächlichen in etwa 60 kg kamen. (Siehe Peierls, OHI-Interview, S. 90. Chadwicks Gedächtnis irrt, wenn er sich erinnert [OHI-Interview, S. 103], daß Frisch und Peierls den Kernspaltungsquerschnitt auf $2 \times 10^{-24}\,cm^2$ schätzten.) Diese zu hohe Schätzung kompensierten sie jedoch etwas, indem sie den Reflexionsfaktor wegließen, wenn auch nicht vollständig, wie Frisch und Peierls sich unabhängig voneinander erinnerten. Das Abdämmen würde die Masse vielleicht um einen Faktor von zwei oder drei auf 30 oder 20 kg verringern. Vgl. Brown, *Neutron and the Bomb*, S. 181 ff.

20 Chadwick, OHI-Interview, S. 103.

21 Das MAUD-Komitee erfuhr im Sommer 1940 von neuen Meßdaten über den Spaltungsquerschnitt schneller Neutronen, die das Team Tuves in der Abteilung für Erdmagnetismus der Carnegie Institution, Washington, ermittelt hatte (Bericht vom 27.7.1940, in PRO, AB 1/9).

22 Gowing, *Britain and Atomic Energy*, S. 42. Tatsächlich erkannte man in den USA erst im Sommer 1941, daß eine Uranbombe auf der Basis

schneller Neutronen mit kleiner kritischen Masse machbar ist! Siehe 9. Kap.

23 G. P. Thomson, »Anglo-U.S. Cooperation on Atomic Energy«, *BAS* 9, Nr. 2 (1953), S. 46 ff.; Clark, *Birth of the Bomb*, S. 37.

6. Kapitel

1 Vgl. D. C. Cassidy, *Werner Heisenberg*, S. 511 f. Allgemeine Darstellungen des deutschen Projekts bieten M. Walker, *German National Socialism*; D. Irving, *The German Atomic Bomb*; E. Bagge, K. Diebner u. K. Jay, *Von der Uranspaltung bis Calder Hall*, S. 22–26. Bagge war eine der Hauptfiguren der Konferenzen im September 1939, bei denen Diebner den Vorsitz führte. Zum Streit zwischen Reichsforschungsrat und Heereswaffenamt um die Federführung im Uranprojekt siehe Esaus Brief an General Becker vom 13. November 1939 (IMF 29-098/101) und K. Zierold, *Forschungsförderung in drei Epochen. Deutsche Forschungsgemeinschaft*, Wiesbaden 1968, S. 259 ff.

2 Mit Zusammenfassungen aufgeführt in *German Reports on Atomic Energy: A Bibliography of Unclassified Literature*, USAEC-TID-3030, hrsg. v. L. R. David u. I. A. Warheit, Oak Ridge, Tenn., 1952; eine kürzere Liste, die jedoch mehrere in der amerikanischen Aufstellung nicht erscheinende Einträge enthält, in W. Tautorus [K. Diebner], »Die deutschen Geheimarbeiten zur Kernenergieverwertung während des zweiten Weltkrieges 1939–1945«, Atomkernenergie I (1956), S. 368 ff., 423 ff. Viele der Titel sind auch bei Walker, *German National Socialism*, S. 268–274, aufgeführt. Die Berichte selbst waren im Oak Ridge Laboratory zu finden. Kopien auf Microfiche sind erhältlich bei den U.S. National Archives, Washington, D.C., RG 242, Captured German Documents: TID-3030, und außerdem in der Niels Bohr Library of the American Institute of Physics, College Park, Md. Zahlreiche Berichte sind in IMF abgedruckt. Ausgaben der Berichte befinden sich im Deutschen Museum, München, sowie im Kernforschungszentrum, Karlsruhe. Die Texte der über zwanzig von Heisenberg verfaßten Berichte wurden in GWH, A II, aufgenommen.

3 »Die Möglichkeit der technischen Energiegewinnung aus der Uranspaltung« (= G-39), in GWH, A II, S. 378–396.

4 Heisenberg zitiert sowohl den grundlegenden Artikel Bohrs und Wheelers als auch von Anderson, Fermi und Szilard bekanntgegebene Versuchsdaten, nicht jedoch Peierls' Aufsatz.

5 G-39, S. 15 ff. (GWH, A II, S. 389 ff.). In G-161 (= »Bemerkungen zu dem geplanten halbtechnischen Versuch ... «, 31.7.1942, in GWH, A II, S. 551) erwähnte Heisenberg die Verwendung von Kadmium, wie sie Joliot vorschlug für den Fall, daß der Reaktor instabil würde, sah aber keinerlei Schwierigkeiten, dessen Stabilität wiederherzustellen. Diese Schwiergkeiten wurden hier erheblich unterschätzt. (Vgl. Irving, *German Atomic Bomb*, S. 85). Zu anderen Empfehlungen, Kadmium zu verwenden, wie sie Adler, Halban und auch Flügge 1939 aussprachen, siehe 8. Kap. Dort auch Näheres zu Heisenbergs Idee eines kritischen Reaktors als »Reaktorbombe«.

6 Vgl. hierzu den Brief Alvin Weinbergs, veröffentlicht in *Physics Today*, Dezember 1994, S. 84. Weinberg hatte die erbeuteten deutschen Berichte 1945 durchgesehen, bekennt aber, daß er fälschlicherweise angenommen habe, die Deutschen wüßten über verzögerte Neutronen Bescheid.

7 Siehe 8.–11. Kap.

8 G-39, S. 15 f., in GWH, A II, S. 389.

9 In G-39 (S. 12) nennt Heisenberg eine von R. Ladenburg (»Study of Uranium and Thorium Fission Produced by Fast Neutrons of Nearly Homogeneous Energy«, *Physical Review* 56 [Juli 1939], S. 168 ff.) durchgeführte Messung für schnelle Neutronen in ungetrenntem Uran, die $0{,}5 \times 10^{-25}$ cm² ergab. Paul Müller, einer von Heisenbergs Assistenten gab in einem Bericht vom Dezember 1939 (G-7) den Spaltungsquerschnitt schneller Neutronen in ungetrenntem Uran mit $0{,}5 \times 10^{-24}$ cm² an und vermutete, gemäß Bohr/Wheeler, daß dieser Wert für beide Hauptisotopen, also U238 und U235, gilt. Obwohl ein späterer Bericht W. Jentschkes und K. Lintners vom Februar 1944, »Schnelle Neutronen in Uran. V« (G-227), den Spaltungsquerschnitt für schnelle Neutronen in U235 als $3{,}7 \times 10^{-24}$ cm² berechnete, scheint diese weitaus größere Zahl von Heisenberg nicht aufgenommen worden zu sein, zumindest nach den Farm-Hall-Protokollen zu urteilen, aus denen hervorgeht, daß er damals immer noch an $0{,}5 \times 10^{-24}$ cm² als dem Minimalwert für U235 festhielt. Siehe 14. Kap. – Chadwick machte von dem geometrischen Querschnitt Gebrauch, um für einen großen Spaltungsquerschnitt für schnelle Neutronen in U235 zu argumentieren, doch Heisenbergs Argument ist, wie wir im 4. und 5. Kap. gesehen haben, ganz anderer Art und läßt sich nicht auf dieselbe Weise auf schnelle Neutronen beziehen.

10 Ich habe hier und an anderer Stelle kritische Masse in Anführungs- und Schlußzeichen gesetzt, weil sie die praktische oder effektive Menge an Material darstellt, die gemäß Heisenbergs Theorie benötigt wird,

um eine Explosion hervorzurufen. Natürlich wußte Heisenberg genau, was eine kritische Masse für eine (langsame oder schnelle) Kettenreaktion sein würde, glaubte jedoch, daß eine sehr viel größere Menge U235 eingesetzt werden müsse, um eine Explosion zu erzielen. Zu dieser Ansicht der »praktischen kritischen Masse« kam er, weil er sich über die vollen Implikationen einer Reaktion schneller Neutronen, wie Frisch und Peierls sie erkannt hatten, nicht im klaren war.

11 Vgl. hierzu R. V. Jones, *Most Secret War*, S. 594, Anm. Heisenbergs Ausweitung des Konzepts der einfachen kritischen Masse auf eine Bombe war damals eine allgemeine Annahme; siehe z. B. L. Turner, »Nuclear Fission«, S. 1–29, bes. S. 21. – Ein Aufsatz von C. F. v. Weizsäcker, Paul Müller u. K.-H. Höcker, »Berechnung der Energiegewinnung in der Uranmaschine« (G-60) vom 26.2.1940, nennt auf S. 1 eine Formel, in der die Neutronenvermehrung proportional zu der Anzahl von Neutronen ist, die aus G-39 hervorgeht, jedoch keinen Zeitfaktor enthält. – In einer privaten Mitteilung unterschied Sir Rudolf Peierls am 27.12.1984 mir gegenüber zwischen »kritischer Größe ... [und] der Ausdehnung, bis zu der die Kettenreaktion fortschreitet, eine von Heisenberg offenbar ignorierte Frage«.

12 Die Hiroshima-Bombe enthielt natürlich ein Gemisch mit 10 % U238, aber darauf kam man erst, nachdem der entscheidende erste Schritt getan worden war, nämlich eine Reaktion in reinem U235 in Betracht zu ziehen. Heisenberg jedoch hatte den ersten Schritt nicht verstanden, und somit war jede Diskussion über U238-Beimischungen notwendigerweise verfehlt.

13 G-39, S. 24, in GWH, A II, S. 396.

14 Die Grundlage für Heisenbergs Diffusionstheorie war der Aufsatz von E. Amaldi u. E. Fermi, »On the Absorption and the Diffusion of Slow Neutrons«, *Physical Review* 50 (1936), S. 899–928 (nachgedruckt in E. Fermi, *Collected Papers*, Bd. 1, Chicago 1962, bes. S. 941). In einem Interview von 1967 (Ermenc, *Atomic Bomb Scientists*, S. 46) erinnert sich Heisenberg, daß er Fermis bestehende Theorie der Neutronendiffusion verbesserte. Siehe 7. Kap.

7. *Kapitel*

1 Diese Bemerkung ist einem Brief entnommen, den mir Prof. Sir Charles Frank am 5.6.1984 schrieb. – Von dem Gespräch mit Wirtz berichtet Frank auch in einem Interview, das er Mark Walker am 12.4.1985 gab,

S. 9 f., 14 ff. (OHI). Frank und Wirtz waren vor dem Krieg gute Freunde gewesen, und am 2.11.1945 gingen sie nach dem Mittagessen im Garten spazieren, wo Wirtz von der Konferenz 1940 und Heisenbergs Überschlagsrechnung erzählte. In dem Interview räumt Frank allerdings ein, Wirtz habe in neueren Briefen an ihn bestritten, dies je gesagt zu haben. Merkwürdigerweise findet sich kein Hinweis auf diese wichtige Information in M. Walker, *German National Socialism*, was gewisse Zweifel an der wissenschaftlichen Seriosität des Buchs aufkommen läßt. Nachdem ich jene Information von Frank erhalten hatte, bat ich Karl Wirtz brieflich um eine Stellungnahme zu der Angelegenheit, doch er ging in seinem Antwortschreiben vom 29.11.1985 nicht auf das Thema ein. – R. V. Jones zitiert in seiner Einleitung zur Neuauflage von Goudsmits *ALSOS*, Los Angeles 1998, S. XVI, einen Brief Franks von 1967, in dem er ebenfalls von einer »groben und falschen Rechnung« sprach, die 1940 bei einer Konferenz vorgeführt worden sei.

2 Zur Konferenz von »Anfang Januar« 1940 (einberufen, um die Produktion von schwerem Wasser zu erörtern) siehe Heisenberg an Harteck, 18.1.1940, in IMF 29-626; desgleichen D. Irving, *The German Atomic Bomb*, S. 59. Rudolf Fleischmanns Notizbuch (G-346), S. 26, bezieht sich anscheinend auf eine Konferenz am 24.4.1940. Wahrscheinlich gab es in den ersten Monaten dieses Jahres mehrere solcher Zusammenkünfte. Leider fehlen in Erich Bagges Tagebuch die Einträge für die erste Jahreshälfte 1940, wie er mir persönlich mitgeteilt hat. (Frühere und spätere Passagen seines Tagebuchs befinden sich in IMF 29-106/159.) – Heisenbergs Fortsetzung zu G-39, »Bericht über die Möglichkeit technischer Energiegewinnung aus der Uranspaltung (II)« (G-40), 29.2.1940, in GWH, A II, S. 397, enthält Formulierungen (einschließlich des Wortes »Bericht« im Titel), die darauf hindeuten, daß sie zusammen mit anderen Vorlagen bei einer Konferenz des Uranvereins besprochen wurde; die letzte Seite (GWH, A II, S. 418) schließt mit dem Hinweis, daß »von Weizsäcker ausführliche Berechnungen über diesen Gegenstand durchgeführt hat und wohl demnächst mitteilen wird«, was auf eine unmittelbar bevorstehende Konferenz hindeuten könnte, auf der Weizsäcker seine Berechnungen vorstellen (oder aber einen Bericht in Umlauf bringen) werde. Eine andere Veröffentlichung, ebenfalls vom Februar 1940, verfaßt von Heisenbergs damaligen Mitarbeitern Weizsäcker, Paul Müller und Karl-Heinz Höcker, befaßt sich mit der kritischen Größe eines Reaktors (G-60, 26.2.1940, zit. im 8. Kap.).

3 Zu den verschiedenen kritischen Massen von U235-, Plutonium- und

Reaktorbomben, die von Heisenberg und anderen deutschen Physikern während des Krieges berechnet wurden, siehe die Kap. 11–13 und 15. Zu der unredlichen Behauptung, daß keine Forschungen über die kritische Masse einer Bombe durchgeführt worden seien, siehe W. Heisenberg, »Über die Arbeiten zur technischen Ausnutzung der Atomkernenergie in Deutschland«, *Die Naturwissenschaften* 33 (1946), S. 325–329 (nachgedruckt in GWH, CV, S. 28, und, mit einem Zusatz versehen, in dem Einstein-Gedenkband *Helle Zeit – dunkle Zeit*, S. 133–144), in Teilen übersetzt unter dem Titel »Research in Germany on the Technical Application of Atomic Energy«, *Nature*, Nr. 4059 (16.8.1947), S. 211–215 (in GWH, Serie B, S. 414–418).

4 Die nun folgende Darstellung ist aus wichtigen – wenn auch kryptischen – Äußerungen in Heisenbergs Aufsätzen vom 26.2.1942 (GWH, A II, S. 517 ff.) und vom 6.5.1943 (GWH, A II, S. 570 ff.; hier fälschlicherweise auf den 5.5.1943 datiert) und seiner Exposition vom 7.8.1945 (OE, S. 150 ff.) rekonstruiert.

5 Vgl. R. Serber, *The Los Alamos Primer*, S. 10; S. Glasstone, *Sourcebook of Nuclear Energy*, Princeton [2]1958, S. 417 f. (wenn auch in der 3. Auflage 1967 von 56 Generationen die Rede ist). Faszinierende Computersimulationen von Kettenreaktionen werden beschrieben in A. K. Dewdney, *The Magic Machine. A Handbook of Computer Sorcery*, New York 1990, 23. Kap.

6 In einem Interview von 1967 bemerkte Heisenberg, daß »es bereits eine vor dem Krieg von Fermi erarbeitete Theorie der Neutronendiffusion gab. Aber dann hatten wir sie verbessert. Wir mußten die verschiedenen Geschwindigkeiten der Neutronen – der langsamen und der schnellen – in Betracht ziehen. Es war am Ende eine ziemlich ausgefeilte und, wie ich finde, recht gute Theorie, die wir bei den Reaktorversuchen verwendeten« (J. J. Ermenc, *Atomic Bomb Scientists*, S. 46). Daß Heisenberg von Fermis Schriften Kenntnis hatte, geht z. B. aus G-39 und G-40 (GWH, A II, S. 388, 408) hervor. – Zu Fermis einflußreicher Diffusionstheorie und seinen Neutronendiffusionsgleichungen vgl. E. Amaldi u. E. Fermi, »On the Absorption and the Diffusion of Slow Neutrons«, und E. Fermi, »On the Motion of Neutrons in Hydrogenous Substances« (1936), in ders., *Collected Papers*, Bd. 1, Chicago 1962, S. 980–1016. Vgl. E. Fermi, *Nuclear Physics*, revidierte Ausgabe Chicago 1950, S. 187–194, wo er den »quadratischen Mittelwert« benutzt, um die Diffusion von thermischen Neutronen in einem Reaktor zu berechnen (»entstehende Neutronen in einer Gaußschen Verteilung«). – Zur früheren Anwendung der statistischen Analyse

auf die Brownsche Bewegung siehe A. Einstein, *Investigations on the Theory of the Brownian Movement*, London 1926, S. 11–17; M. Smoluchowski, *Abhandlungen über die Brownsche Bewegung und verwandte Erscheinungen*, Leipzig 1923; J. Perrin, *Les atomes*, Paris ²1936, 4. Kap.

7 Zur Diffusionstheorie vgl. R. Feynman, *The Feynman Lectures on Physics*, Reading, Mass., 1963, I, Abschnitte 41.4 und 43; und die allgemeinverständliche Darstellung von G. Gamow, *One, Two, Three ... Infinity*, New York ²1961, S. 199–203. Zu analogen Anwendungen im Bereich der Biologie vgl. H. C. Berg, *Random Walks in Biology*, Princeton 1983, sowie A. Joffé, *Promenades aléatoires et mouvement Brownien*, Montreal 1969.

8 OE, S. 162, 171. Ausführlicher zitiert und eingehender analysiert wird diese Passage im 14. Kap.

9 J. Logan, Brief an den Autor, 7.6.1995. Zu einer detaillierten Erörterung des Mißverständnisses, das sich in Heisenbergs in Farm Hall vorgenommener Berechnung verbirgt, siehe J. Logan, »The Critical Mass«, S. 263–277.

10 Vgl. Franks Bemerkungen in seinem OHI-Interview, S. 14 (und im 14. Kap.).

11 R. V. Jones, *Most Secret War*, S. 594, hat auf diese konzeptionelle Ungenauigkeit hingewiesen, die ernste Folgen für die Berechnung der kritischen Masse hatte.

12 Serber, *Los Alamos Primer*, S. 10 f., 25–28, zu seinen späteren Überlegungen zum Neutronenaustritt siehe S. 67–75.

13 Zu kosmischen Schauertheorien vgl. D. C. Cassidy, *Werner Heisenberg*, S. 442 f.

8. Kapitel

1 F. Adler u. H. v. Halban, »Control of the Chain Reaction Involved in Fission of the Uranium Nucleus«, *Nature* 143 (13.5.1939), S. 793. Die Angst vor einer augenblicklichen Explosion ist abwegig, da sie die Wirkung der verzögerten Neutronen nicht in Betracht zieht, durch die man die Reaktion unter Kontrolle halten kann. Zu Kadmium-Regelstäben siehe GWH, A II, S. 551.

2 S. Flügge, »Kann der Energieinhalt der Atomkerne technisch nutzbar gemacht werden?«, S. 408. Zu Flügges späterem Vorschlag siehe 13. Kap.

3 Vgl. GWH, A II, S. 387 ff., 695 f.

4 Siehe Irving an Goudsmit, 31.7.1966 (Kopie von David Irving), wo es heißt, daß die Deutschen von verzögerten Neutronen keine Ahnung gehabt hätten, was Heisenberg gegenüber Irving bestätigt habe.

5 Für die Explosion des sowjetischen Reaktors von Tschernobyl 1986 scheinen »prompte Neutronen« verantwortlich gewesen zu sein; es wird geschätzt, daß sie einer Sprengkraft von 10–20 Tonnen TNT entsprochen habe. (Diese Information verdanke ich Robert H. March vom Department of Physics der University of Wisconsin in Madison; Prof. March teilte mir außerdem mit, daß nach dem Krieg in Los Alamos ein selbststabilisierender homogener »warmer Neutronen«-Reaktor gebaut wurde. Heisenberg scheint die entscheidende Rolle von verzögerten Neutronen bei der Kontrolle eines Kernreaktors nicht erkannt zu haben.

6 »Bemerkungen zu dem geplanten halbtechnischen Versuch mit 1,5 to D_2O und 3 to 38-Metall« (G-161), 31.7.1942, in GWH, A II, S. 548, 550 f., 552.

7 Siehe den Bericht C. F. v. Weizsäckers, P. O. Müllers und K.-H. Höckers vom 26.2.1940 »Berechnung der Energieerzeugung in der Uranmaschine« (G-60). Vgl. M. Walker, *German National Socialism*, S. 37.

8 P. O. Müller, »Die Energiegewinnung aus dem Uranspaltungsprozeß durch schnelle Neutronen« (G-49), 25.4.1940, untersucht, ob schnelle Neutronen in einem Reaktor angewandt werden können, sieht dies aber als sehr unwahrscheinlich an, da der Streuquerschnitt viermal größer ist als der Kernspaltungsquerschnitt; ders., »Berechnung der Energieerzeugung in der Uranmaschine III: Schweres Wasser« (G-53), 29.4.1940 (IMF 29-434).

9 P. O. Müller, »Eine Bedingung für die Verwendung von Uran als Sprengstoff« (G-50) (IMF 29-437).

10 »Notes on Captured German Reports on Nuclear Physics«, 1945 (für/von Michael Perrin?), PRO, AB 1/356. Es gab spätere Vorschläge für Reaktorbomben von Heisenberg und anderen (siehe folgende Kapitel), aber Müllers detaillierte Berechnungen scheinen dadurch nicht überholt gewesen zu sein.

11 G-39, S. 24, GWH, A II, S. 396.

12 Heisenberg, »Bericht über die Möglichkeit technischer Energiegewinnung aus der Uranspaltung (II)« (G-40), 29.2.1940, GWH, A II, S. 416 f.

13 P. O. Müller, »Über die Temperaturabhängigkeit der Uranmaschine« (G-52), S. 5, 7 f. (IMF 29-456).

14 Die ausgebesserte Seite des Typoskripts mit Heisenbergs handschrift-

lichen Anmerkungen befindet sich in IMF 32 (nicht weiter numeriert), wie auch Heisenbergs Brief vom 10.6.1966 und Irvings Antwort vom 16.6.1966. Obwohl Walker, *German National Socialism*, S. 269, G-50 und G-52 in seiner Bibliographie aufführt, verliert er über deren Inhalt kein Wort.

15 P. O. Müller, »Der Wirkungsquerschnitt der Uranspaltung« (G-7), Max-Planck-Institut, Berlin-Dahlem, Dezember 1939, S. 10. Auf der Grundlage der Erkenntnisse von Bohr und Wheeler untersuchte Müller den Spaltungsquerschnitt für schnelle Neutronen in gewöhnlichem Uran und fand heraus, daß er nach einer gewissen Schwelle sinkt. Die anderen Schriften Müllers (in chronologischer Reihenfolge): G-7, G-60, G-49, G-51, G-53 (IMF 29-434), G-50 (IMF 29-437), G-52 (IMF 29-456).

16 Weizsäcker/Müller/Höcker, »Berechnung der Energieerzeugung«.

17 C. F. v. Weizsäcker, »Über den Temperatureffekt der Schichtenmaschine« (G-121), 1.9.1941, S. 1 (IMF 30-017).

18 K.-H. Höcker am 20.8.1991 gegenüber dem Autor. In einer darauffolgenden Erwiderung vom 18.8.1993 auf eine Bitte um seine Stellungnahme zu Kopien von zwei Schriften Müllers, die ihm zugestellt wurden, äußerte sich Prof. Höcker etwas kryptisch, zog jedoch die wissenschaftliche Befähigung seines früheren Kollegen nicht in Zweifel. Er schrieb: »... es freut mich, daß Sie sich vom Standpunkt des Historikers an den wissenschaftlichen Arbeiten interessieren, die den Sprung vom Erkennen naturwissenschaftlicher Fakten zu deren Einsatz bei – noch hypothetischen – technischen Anwendungen ermöglichen sollen. Herr Müller hat in seinen Überlegungen modellmäßige Annahmen über die Auswirkungen der Folgen der Energiefreisetzung auf die auslösenden Elementarprozesse gemacht.«

19 Heisenberg an Irving, 10.6.1966, S. 3 (IMF 32).

20 In einem früheren Bericht, vermutlich vom Sommer 1940, hatte Peierls auch eine »Strahlungs«-Bombe mit schnellen Neutronen in Erwägung gezogen, die herauskäme, wenn man den Reaktor »explodieren ließe« (R. Peierls, »Summary of Information on the Uranium Problem«, PRO, AB 1/494, »MS2«).

9. Kapitel

1 L. Turner, »The Nonexistence of Transuranic Elements«, *Physical Review* 57 (15.1.1940), S. 157.

2 C. F. v. Weizsäcker, »Eine Möglichkeit der Energiegewinnung aus U238« (G-59), 17.7.1940 (IMF 29-451).

3 E. McMillan u. P. Abelson, »Radioactive Element 93«, *Physical Review* 57 (15.6.1940), S. 1185 f.

4 Zur Behauptung Weizsäckers, die Entdeckung unabhängig von anderen gemacht zu haben, siehe D. Irving, *The German Atomic Bomb*, S. 73. Tatsächlich hatte Weizsäcker einfach Turners Idee aufgegriffen, der Tochterkern von U239 könnte der Ursprung der Aktinidenreihe sein.

5 Zu Chadwicks Besorgnis siehe M. Gowing, *Britain and Atomic Energy*, S. 60. Dies führte dazu, daß Seaborgs wichtige Schrift über Plutonium vom März 1941 bis 1946 nicht veröffentlicht wurde; siehe G. Seaborg et. al., *The Transuranium Elements*, New York 1949, S. 5–7.

6 Trotz wiederholten Drängens der Briten vernachlässigten die Vereinigten Staaten in den Jahren 1940/41 die U235-Bombe. Lyman Briggs, der Chef des amerikanischen Uranausschusses, hielt die auffallend optimistischen britischen Berichte einfach in seinem Safe unter Verschluß und lehnte es ab, sie seinen Kollegen zu zeigen. Erst als Oliphant ganz verzweifelt im Sommer 1941 die USA besuchte und einen unglücklichen Ernest Lawrence über die Lage informierte, wurden sofortige Schritte eingeleitet. (M. Oliphant, »Notes on Conversation with E. O. Lawrence, 23.–24.9.1941«, PRO, AB 1/495.) Infolgedessen wurde im August 1941 das amerikanische Bombenprojekt gestartet, das dann im Laufe der Zeit zum Manhattan-Projekt führte. Siehe M. Oliphant, »The Beginning: Chadwick and the Neutron«, *BAS* 38, Nr. 10 (1982), S. 14–18; Gowing, *Britain and Atomic Energy*, S. 42, 115–117; A. H. Compton, *Atomic Quest. A Personal Narrative*, New York 1956, S. 53 f.; R. G. Hewlett u. O. E. Anderson jr., *A History of the United States Atomic Energy Commission*. 1: *The New World, 1939–1946*, University Park, Pa., 1962, S. 41–44; J. Conant, *My Several Lives*, New York 1970, S. 274–282 (nun ausgestaltet in J. G. Hershberg, *James B. Conant. Harvard to Hiroshima and the Making of the Nuclear Age*, New York 1993). Daß sich die Amerikaner in den Jahren 1940/41 nicht mit U235 befaßten, ist erstaunlich und bedarf weiterer Forschung. Selbst Fermi schenkte der Möglichkeit einer U235-Bombe keinerlei Beachtung; vgl. seinen »Report A-26« (6.10.1941) in seinen *Collected Papers*, Bd. 2, Chicago 1965, S. 98–103, worin er die kritische Masse von U235 auf 130 kg schätzte, jedoch entwaffnend einräumt, sie könne sich irgendwo zwischen 20 kg und »einer oder mehrerer Tonnen« bewegen! – Selbst nachdem sich die Amerikaner die Arbeit der Briten zu Herzen genom-

men hatten, wollten sie nicht recht glauben, daß es sich um eine kleine kritische Masse U235 handelte. Der von Compton abgefaßte dritte Geheimbericht der National Academy of Sciences vom 6.11.1941 schätzte, daß sich die kritische Masse in einem Bereich zwischen 26 kg und 720 kg oder, wenn abgedämmt, zwischen 3,4 kg und 87 kg bewege (NA, RG 227, OSRD/S-1, microfilm M-1392, roll 1, folder 1, S-1 Historical File, Bush-Conant Files, sec. A, app. A). Zu Berechnungen und Messungen der Spaltbarkeit von Plutonium siehe Hewlett/Anderson, *The New World*, S. 41 f.; R. Rhodes, *The Making of the Atomic Bomb*, S. 366, 368.

7 J. Schintlmeister u. E. Hernegger (»Über ein bisher unbekanntes, alphastrahlendes chemisches Element« [G-55], Juni 1940, und zwei Fortsetzungen vom Mai 1941 [G-112 und G-111; IMF 31.001/056]) glaubten, Plutonium entdeckt zu haben, obwohl ihre Kollegen skeptisch waren, vgl. M. Walker, *German National Socialism*, S. 23, wo Kurt Starke zitiert wird. Schintlmeister kam zu dem Schluß, daß das Element 94, wie U235, durch thermische Neutronen zu spalten sei (IMF 31-047/048). Freilich gab es nicht genug Plutonium, um die Wirkungsquerschnitte zu messen. – Die Deutschen nahmen es mit der Geheimhaltung ihrer Forschungen über Transurane nicht so genau und ließen Berichte Hahns, Straßmanns (G-151) und Starkes (G-113) über das Element 93 in *Die Naturwissenschaften* 30 (1942) veröffentlichen. Man mag hier die Hand Paul Rosbauds am Werk sehen, der wahrscheinlich die Alliierten auf das deutsche Interesse an Plutonium aufmerksam zu machen versuchte.

8 »Die theoretischen Grundlagen für die Energiegewinnung aus der Uranspaltung« (G-Nummer fehlt), 26.2.1942, in GWH, A II, S. 517–521, auf S. 520. Himmler war zu der Konferenz eingeladen worden, nahm aber nicht daran teil. Siehe 12. Kap.

9 W. Bothe u. P. Jensen, »Die Absorption thermischer Neutronen in Elektrographit«, 20.1.1941 (G-71; gedruckte Fassung in IMF 31-915). Die Veröffentlichung ergänzt einen früheren Aufsatz (G-12) vom 7.6.1940. Der Heereswaffenamts-Bericht von 1942 (S. 87 f.) zitiert auch die Bothe-Jensensche Ablehnung des mit Graphit moderierten Reaktors und bemerkt: »Da die genaue Untersuchung des verwendeten Elektrographits später einen geringen Borgehalt ergab, ist der wahre Einfangquerschnitt wahrscheinlich kleiner. Da sich aber Kohle mit höherem Reinheitsgrad als die verwendete praktisch nicht herstellen läßt, dürfte sie auch dann als Bremssubstanz wohl kaum in Frage kommen.«

10 W. Hanle, »Über den Nachweis von Bor und Cadmium in Kohle«

(G-85), 18.4.1941, kritisiert Bothes Meßwert und die Unreinheit seiner Graphitproben. Vgl. G. Joos an Heereswaffenamt WaF/Ia, 29.3.1940 (G-46; IMF 31-110). (Siehe Walker, *German National Socialism*, S. 26.) Die Forschungsabteilung des Heereswaffenamts beschloß jedoch, mit schwerem Wasser weiterzumachen, da Graphit in der Herstellung zu teuer sei und er auf jeden Fall für das Raketenprogramm gebraucht werde. Zudem würde Graphit radioaktiv verseucht werden, wohingegen man schweres Wasser endlos verwenden könne. Heisenberg behauptete, über diese korrigierten Meßdaten nicht unterrichtet worden zu sein, obwohl schwer zu glauben ist, daß der leitende Physiker des Projekts die im Umlauf befindlichen Berichte nicht zu Gesicht bekommen hat oder zumindest vom Heereswaffenamt über die Ergebnisse informiert wurde.

11 Vgl. Walker, *German National Socialism*, S. 207, 264 f.; Cassidy, *Heisenberg*, S. 519. D. Irving, *The German Atomic Bomb*, S. 58 f., 84 f., nimmt Heisenbergs Versuch, die Schuld auf Bothe zu schieben, naiv hin; in den Augen von Wirtz verbaute Bothes »Irrtum« den Weg zum Reaktor (K. Winnacker u. K. Wirtz, *Nuclear Energy in Germany*, La Grange Park, Ill., 1979, S. 21). Das Heereswaffenamt war sich jedoch des Potentials von Graphit sehr wohl bewußt, aber wegen des Drucks von seiten Heisenbergs (G-39, S. 26; G-40, S. 1a) wie auch wegen der unerschwinglichen Herstellungskosten entschied es sich für schweres Wasser (Walker, *German National Socialism*, S. 26 f.). Trotz Bothes »Irrtum« hätte ein Reaktor gebaut werden können, obzwar hierfür viel mehr Uran und eine höhere Anreicherung von U235 nötig gewesen wäre. Das Interview mit Paul Harteck in J. J. Ermenc, *Atomic Bomb Scientists, 1939–1945*, S. 112–115, 123, läßt fast so etwas wie Verachtung für Heisenbergs besitzergreifende Art erkennen.

12 IMF 31-620. Das heroische Porträt, das R. Jungk in *Heller als tausend Sonnen* von Houtermans zeichnet, ist ebenso absurd wie seine Darstellung der anderen deutschen Physiker. Jungk behauptete fälschlicherweise, daß Houtermans seinen Bericht von 1941 bis 1944 geheimgehalten und Harteck als einziger der deutschen Wissenschaftler die Idee einer Plutoniumbombe verstanden habe; in Wirklichkeit machte Houtermans' Artikel bereits 1941 die Runde, und Heisenberg und Weizsäcker hatten neben anderen die Idee einer Plutoniumbombe schon seit 1940 verfolgt. Kein einziges Wort von Jungk sollte für bare Münze genommen werden. Hierzu mehr weiter unten.

13 Manfred von Ardenne änderte die Titel seiner Autobiographie offenbar ebensooft wie seine politischen Überzeugungen: *Ein glückliches*

Leben für Forschung und Technik, Zürich 1972, *Sechzig Jahre für Forschung und Fortschritt. Autobiographie*, Berlin 1984, *Die Erinnerungen*, München 1990. Paul Rosbaud entwarf in seinem am 5.8.1945 für die ALSOS-Mission verfaßten Bericht über die deutsche Atomforschung (IMF 29-1183/4) ein nicht gerade schmeichelhaftes Bild von Manfred von Ardenne, der sich bereits Anfang 1947 darauf einstellte, in Zukunft für die Russen zu arbeiten.

14 Ardenne, *Sechzig Jahre*, S. 481. Eine amerikanische Liste gesuchter Personen aus dem Jahr 1944 spricht von Ardenne als von einem »bekannten Nazierfinder; prahlte mit U-Bombe« (NA, Rg 77, MED Decimal Files 319.1, »Reports«, box 50).

15 Abgedruckt in IMF 32, Typoskript S. 116 f. In einem Brief vom 9.8.1984 schrieb mir Prof. von Ardenne, daß er und Weizsäcker nach dem Tode ihrer Brüder, die beim gleichen Regiment gedient hatten, 1940 enge Beziehungen unterhielten. Ardenne ist überzeugt davon, daß ihn Carl Friedrich von Weizsäcker nicht von der Fährte abzubringen versuchte, sondern ihm vielmehr »*in völliger Offenheit* [Hervorhebung v. M. v. Ardenne] Gespräche mit mir führte. Ich war deshalb sicher, daß Heisenbergs und Weizsäckers Auffassung, die Uranbombe könne nicht funktionieren, weil bei hohen Temperaturen der Spaltungsquerschnitt kritisch abnimmt, ihren wahren damaligen Gedanken entsprach.«

16 Ardenne, *Sechzig Jahre*, S. 162 f.

17 Irving, *The German Atomic Bomb*, S. 71 f. Gegenüber Irving widerspricht Heisenberg am 17.5.1966 vehement der Erinnerung Ardennes an den Besuch Weizsäckers vom 10. Oktober 1940. Dies tut auch Weizsäcker am 14.6.1966 (IMF 32).

18 In dem Brief an mich vom 9.8.1984 betont Ardenne, daß seine Gespräche mit Weizsäcker während des Krieges wegen der Beziehungen ihrer beiden Familien »in völliger Offenheit« geführt worden seien; die Tatsache, daß Weizsäcker Ardennes Haus in Begleitung seiner Frau besuchte, scheint diese Behauptung zu bestätigen. Ardenne berichtet, daß er in den fünfziger Jahren vor einem »Kongreß der Kammer der Technik« einen Vortrag über Heisenbergs und Weizsäckers wissenschaftliche Irrtümer gehalten habe. Er vertrat außerdem die Auffassung, Weizsäcker habe es ihm verübelt, daß er von 1945 bis 1955 in Rußland gearbeitet hatte, um durch ein atomares Gleichgewicht den Weltfrieden zu sichern.

19 Ardenne, *Sechzig Jahre*, S. 451 f.; ders., *Ein glückliches Leben*, S. 257–260; sowie Briefe Ardennes an den Autor.

20 Heisenberg an Irving, 17.5.1966 (IMF 32).

21 Ardenne, *Ein glückliches Leben*, S. 153.

22 Ardenne, *Sechzig Jahre*, S. 482. In dieser Fassung seiner Memoiren korrigiert Ardenne auch (auf S. 162) das Datum des Gesprächs von 1941 über die »wenigen Kilogramm«. K. Hoffmann, *Otto Hahn*, Berlin 1979, S. 225 f., vermengt fälschlicherweise die Besuche Hahns und Heisenbergs, die getrennt stattgefunden hatten, zu einem einzigen.

23 In den Farm-Hall-Protokollen (OE, S. 148) wollte Hahn von Heisenberg wissen: »Warum haben Sie mir eigentlich immer erzählt, daß man 50 kg 235 braucht, um etwas zu machen? Jetzt sagen Sie, man benötigt 2 Tonnen.« Heisenberg tat dies mit einem Achselzucken ab. Er wolle sich da im Augenblick nicht festlegen, sei aber überzeugt, daß die mittleren freien Weglängen ziemlich groß sind.

24 Um alles noch komplizierter zu machen, erklärt Ardenne am 19.8.1991 in einem Brief an mich, daß ihm die Zahl der kritischen Masse nicht etwa von Heisenberg, sondern von Hahn genannt worden sei. Wenn dies stimmt, dann erweist sich Heisenbergs Gedächtnis als trügerisch. Falls aber Heisenberg tatsächlich von »wenigen Kilogramm« sprach, dann stößt man auf die Probleme, um die es in diesem Text geht.

25 In dem bereits angesprochenen Brief an mich vom 9.8.1984 wiederholte Ardenne, daß er die Ansicht Weizsäckers und Heisenbergs, die Bombe sei unmöglich, wortlos akzeptierte. Auf die Frage, warum er Heisenberg nicht schon früher dazu überredete, ihn die Isotopentrennung von wenigen Kilogramm U235 durchführen zu lassen, entgegnete Ardenne, Heisenberg habe wenig Einfluß gehabt, und er (Ardenne) sei wegen seiner Abneigung gegen die Nazis nur an dem wissenschaftlichen Isotopenproblem interessiert gewesen, weshalb er niemals versucht habe, seinen Gönner, den Reichspostminister Ohnesorge, oder den Siemens-Konzern von der Entwicklung des Trennungsprozesses zu überzeugen. (Wie man in Kap. 15 sehen wird, wollte Ardenne 1944/45 unbedingt zeigen, wie erfolgreich sein Massenspektrograph hätte sein können.) Ardennes Äußerungen sollte man sich daher wie die Heisenbergs mit gebührender Skepsis zu Gemüte führen.

26 Heisenberg erklärte gegenüber Irving am 10.6.1966 (IMF32), daß er mit Houtermans oft über Themen der Kernphysik diskutiert habe, und behauptete steif und fest, daß Houtermans' Bericht von 1941 in Umlauf gebracht wurde (entgegen Jungks Behauptung, Houtermans habe ihn aus Gewissensgründen zurückgehalten). In einem Brief an Patrick Blackett vom 9.4.1945 (IMF 31-1148/9) berichtet Houtermans von vertraulichen Gesprächen mit Heisenberg. Siehe 15. Kap. – Gemäß britischer Berichte in PRO, AB 1/356 (Chadwick an Perrin und Fuchs

an Perrin, März–April 1942) weiß man, daß Houtermans in Ardennes Labor arbeitete und in den *Annalen der Physik* 40 (November 1941) einen Artikel über Isotopentrennung veröffentlicht hatte. Darüber hinaus galt Houtermans als jemand, der für die *Physikalischen Berichte* regelmäßig Zusammenfassungen von Aufsätzen über Kernspaltung erstellte. Klaus Fuchs erklärte, daß er Houtermans 1934 in England getroffen habe und daß dessen russische Frau und die beiden Kinder nun in den USA lebten.

27 F. G. Houtermans, *Zur Frage der Auslösung von Kern-Kettenreaktionen*, Mitteilungen aus dem Laboratorium Manfred von Ardenne, Berlin-Lichterfelde-Ost, August 1941, S. 24. Der Aufsatz wurde vom Forschungsinstitut Manfred von Ardenne, Dresden, 1987 in einer Photokopie unter dem Titel »Nachdruck als Beitrag zur Geschichte der Kernspaltung in Deutschland« neu herausgegeben. Im Oktober 1943 war er neu getippt und im November 1943 in dem Band *Sonderhefte der Forschungsanstalt der Deutschen Reichspost, Abteilung für Kernphysik* (»Oktober 1943«), S. 115–145 (G-94; IMF 30-704), in Umlauf gebracht worden, siehe S. 135. – Die Worte »selbst bei reinem U235« fehlen in der dritten Auflage des Aufsatzes (G-267, S. 27). Der Geheimbericht G-267 war für sein Erscheinen im Oktober 1944 in der Reihe der *Forschungsberichte* des damals von Gerlach geleiteten offiziellen Nuklearprogramms neu getippt und mit einem Nachwort versehen worden; das Typoskript ist auf August 1944 datiert von der »Physik. Techn. Reichsanstalt, Berlin«, zu der Houtermans nun gewechselt war, ehe er nach Göttingen ging. – Zu Houtermans' Reaktortheorie siehe S. R. Weart, »Secrecy, Simultaneous Discovery«, S. 1054. – M. Gowing, »Niels Bohr and Nuclear Weapons«, in *Niels Bohr. Centenary Volume*, hrsg. v. A. P. French u. J. P. Kennedy, Cambridge, Mass., 1985, S. 267, begeht einen Fauxpas, indem sie behauptet, daß Houtermans' Aufsatz »die kritische Masse von U235 berechnete«.

28 Houtermans, »Zur Frage der Auslösung« (Fassung von 1941), S. 31,33 (G-94, S. 139 f.). Das Wort »Explosivstoff« ist in G-267, S. 33, weggelassen.

29 Ardenne behauptet in seiner editorischen Notiz zur Neuausgabe des Houtermansschen Aufsatzes von 1941, daß dieser damals Bothe, Diebner, Hahn, Flügge, Heisenberg und anderen zugegangen sei. S. Flügge, »Kann man eine Uranmaschine mit schnellen Neutronen betreiben?« (G-142), September 1942, S. 152, 155 (IMF 30-720), zitiert einen von Houtermans verfaßten Geheimbericht der Reichspostforschung von 1942.

30 Hinsichtlich eines Gespräches mit Weizsäcker am 19.7.1966 (IMF 31-620) hat Irving bemerkt: »Laut Weizsäcker sprach Houtermans mit ihm ausführlich über die Plutoniumfrage. Er erklärte gegenüber W., seine Position sei so heikel wie die eines politisch Verdächtigen, so daß er einen gewissen militärischen Beitrag leisten habe müssen.« (Houtermans ging während des Krieges auch nach Rußland, um für die Deutschen wissenschaftliche Informationen über das sowjetische Nuklearprojekt zu sammeln; siehe unten.)

31 Houtermans gegenüber Blackett, 9.4.1945, Goudsmit Papers, AIP, box 10, folder 93 (IMF 31-1149).

32 Jungk, *Heller als tausend Sonnen*, S. 104 f.

33 R. Ladenburg an Briggs, 14.4.1941, in NA, RG 227, OSRD/S-1, box 5, Ladenburg folder, zit. in T. Powers, *Heisenberg's War*, S. 107 f. Vgl. Fritz Reiches eigene Erinnerung in seinem Interview vom 9.5.1962, S. 8 (OHI), wo er Zweifel an Heisenbergs Widerstand gegen das Bombenprojekt anmeldet: »Ich dachte wirklich, daß Heisenberg gegen das ganze Ding sei. Offensichtlich nicht. Dies war nicht der Fall, meine ich.« Diese Revision seines Urteils wird von Powers nicht berichtet.

34 Siehe Powers, *Heisenberg's War*, S. 413 ff.

35 Goudsmits Bericht vom 23.4.1945 unter dem Titel »Conversation with Houtermans« befindet sich in NA, RG 77, MED, Foreign Intelligence Unit, entry 22, box 167, folder 202.3, »London Office« (nicht RG 65, wie Powers, *Heisenberg's War*, S. 567, behauptet). Vgl. NA, RG 77, MED, microfilm A-1218, roll 5 (Manhattan History, vol. 14, Supplement 1, »Foreign Intelligence«), 4.31, wo Houtermans zugibt, »von den Deutschen nach Rußland geschickt [worden zu sein], um etwas über die dortige Kernforschung in Erfahrung zu bringen«.

36 Houtermans an Blackett, 9.4.1945, Goudsmit Papers, AIP.

37 Rosbaud an Goudsmit, 17.2.1947, Goudsmit Papers, box 28, folder 43.

38 C. F. Powell und G. P. S. Occhialini danken im Vorwort ihres Buchs *Nuclear Physics in Photographs*, Oxford 1947, Rosbaud für die Anregung zu diesem Bildband.

39 Unter Verwendung der Notizen und Briefe von Frau Occhialini (= Connie Dilworth) berichtet Powers, *Heisenberg's War*, S. 471, 505, diesen Vorfall. In einem Brief vom 5.11.1993 schrieb mir Connie Dilworth, sie habe mit ihrem Mann, Prof. Occhialini, über das Thema gesprochen, und sie korrigiert Powers' Darstellung in mehreren Punkten. Die Sache mit der Naziuniform stammt, laut Occhialini, nicht von Rosbaud, sondern von Houtermans selbst, der erklärt habe: »man wird Ihnen auch erzählen, daß ich dorthin [nach Charkow] ging und

eine Naziuniformmütze trug. Das stimmt nicht.« Weder Occhialini noch Dilworth wußten, worauf sich Powers berief, als er schrieb, Houtermans sei in Begleitung von Schumann und Diebner nach Charkow gereist. Interessanterweise hatte Occhialini in London mit Houtermans ein erstes mehrstündiges Gespräch geführt (an dem vermutlich der britische Geheimdienst interessiert gewesen war) und erwartet, es werde schlecht ausgehen. Doch Occhialini war so beeindruckt gewesen, daß er Houtermans zu einer Diskussion mit Geophysikern nach Brüssel einlud. In einem weiteren Brief an mich vom 15.3.1995 schwächte Professor Dilworth Powers' negative Darstellung der Brüsseler Begegnung etwas ab. Das Gespräch sei »hitzig« gewesen, und ihr Mann habe einfach »genug gehabt«. – Houtermans ist ein rätselhafter Charakter. Ein offenbar wohlwollendes italienisches Urteil findet sich offenbar in Edoardo Amaldis unveröffentlichtem Manuskript »The Adventurous Life of Friedrich-Georg Houtermans, Physicist (1903–1966)« (siehe Powers, *Heisenberg's War*, S. 502). F. Herneck, »Eine alarmierende Botschaft«, in ders., *Wissenschaftsgeschichte*, Berlin 1984, S. 190–200, zitiert Gustav Hertz, der Houtermans als »Kaffeehausphysiker« bezeichnet hatte (S. 197). H. Casimir, *Haphazard Reality*, New York 1983, S. 220 ff., bietet einige amüsante Erinnerungen, scheint aber durch Houtermans' Dienste für die Deutschen in Rußland beunruhigt gewesen zu sein. – Diebners und Schumanns Raubzüge in besetzte Länder erwähnt Goudsmit in seinem Brief vom 15.8.1945 an Vannevar Bush (Goudsmit Papers), zit. bei Walker, *German National Socialism*, S. 149. Heisenberg entsann sich 1967, daß Houtermans »häufig mit Weizsäcker, Wirtz und wahrscheinlich Diebner sprach« (J. J. Ermenc, *Atomic Bomb Scientists*, S. 69).

40 Goudsmit an Charlotte Houtermans, 7.11.1947, Goudsmit Papers, box 28, folder 52.

10. Kapitel

1 OE, S. 175.

2 *Deutsche Geheimberichte zur Nutzbarmachung der Kernenergie aus den Jahren 1939–1942*, S. 141. (Prof. Bagge stellte mir eine Kopie zur Verfügung.)

3 Zu Joliot siehe oben 4. Kap.; zu Szilard 10. Kap.

4 W. Tautorus [K. Diebner], »Die deutschen Geheimberichte zur Kernenergieverwertung«, S. 368 ff., 423 ff., auf S. 369.

5 Obwohl die Bibliographie des Heereswaffenamts-Berichts vom Februar 1942 kein Patent mit dem Titel oder der Verfasserschaft von Diebners T-45 verzeichnet, ist der von Tautorus angegebene Titel sehr allgemein und sollte nicht automatisch hergenommen werden, um die Identifizierung von T-45 mit P1 auszuschließen. Zudem wäre 1941 ein militärisches Geheimpatent des Kaiser-Wilhelm-Instituts für Physik zweifellos der leitenden Behörde des gesamten Projekts, der Forschungsabteilung im Heereswaffenamt, unterbreitet worden.

6 Basche an Harteck, 4.2.1942, NA, RG 77, MED Foreign Intelligence Unit, entry 22, box 166, folder 32.23 – I, »Patents«.

7 Basche (OKH WAF/Ia) an Hahn, 20.8.1942; Hahn an Basche, 28.8. und 4.9.1942. NA, RG 77, MED Foreign Intelligence Unit, entry 22, box 166, folder 32.23 – I, »Patents«. Zu Bomke siehe OE, S. 151.

8 Gerlach war inzwischen als vom Reichsmarschall Bevollmächtigter für Kernphysik für das Uranprojekt verantwortlich und saß im Reichsforschungsrat (siehe 13. Kap.). Zu der Korrespondenz siehe Gerlachs Briefe an den leitenden Ingenieur der Forschungsabteilung des Heereswaffenamts (HWA WaF) und andere Beamte vom 17.10.1944 und die darauf folgenden ernüchternden Antworten vom Dezember 1944 in NA, RG 77, MED Foreign Intelligence Unit, entry 22, box 166, folder 32.23 – I, »Patents«, item IX; ibid., box 169, folder 32.21, »Germany-Research-General«, Akten mit dem Vermerk »Betr. OKW-Zentrale Patentstelle«.

9 NA, RG 77, MED Foreign Intelligence Unit, entry 22, box 166, folder 32.23 – I, »Patents«, items I–VIII enthalten etliche Patente. – Zur Suche der Alliierten nach den Geheimpatenten 1945 siehe unten.

10 Die Originale der »G«-Berichte sollen sich in USAEC Technical Information Service, Oak Ridge, Tenn., befinden. Mikroficheserien sind in NA, RG 242, Captured German Records, TID 3030, AIP, in der Bibliothek des Kernforschungszentrums, Karlsruhe, sowie im Deutschen Museum, München, vorhanden.– Zu den Patenten in den »G«-Berichten gehören: G-137: K. Clusius und Linde-Gesellschaft, »Patentanmeldung über Verfahren zur Gewinnung von schwerem Wasserstoff«; G-209: W. Dällenbach, »Patentanmeldung und allgemeiner Briefwechsel mit dem deutschen Patentamt über den Teilchenbeschleuniger«, 1943 (siehe 13. Kap.; J. V. H. Dippel, *Two Against Hitler*, New York 1992, S. 183); G-341: vol. 1, fiche 2, bezieht sich auf ein Geheimpatent der I. G. Farben für schweres Wasser vom Juli 1944, unter der Patentanmeldungsnummer R.112.465 Iv b/12i geh., was ein Schlüssel zur Patentnummer der »Uranmaschine« sein könnte; G-378: G. Stetter,

»Technische Energiegewinnung mit Hilfe von Kernreaktionen« (sieben Patentansprüche für einen Reaktor; auf S. 2 wird eine Deuteriumexplosion erörtert). – Die Liste von Tautorus enthält: T-45: K. Diebner, H. Basche et al., »Geheimpatent über Uranmaschine mit verschiedenen geometrischen Anordnungen von Uran und Bremssubstanz«; T-100: P. Harteck, »Patentanmeldung: Die Niederdruckkolonne«; T-101: P. Harteck u. H. Suess, »Patentanmeldung: Schwerwasseranreicherung durch Austauschreaktionen« (Harteck behauptete in seinem Interview mit J. J. Ermenc, *Atomic Bomb Scientists*, S. 100 f., kein Interesse daran gehabt zu haben, etwas patentieren zu lassen). – Zum Streit des Uranprojekts mit I. G. Farben über ein Verfahren der Schwerwasseranreicherung im Jahre 1943 siehe G-268 (IMF 29-759, vgl. IMF 29-716).

11 O. Hahn u. F. H. Rein, »Einladung nach USA«, *Physikalische Blätter* 3 (1947), S. 33 ff.

12 J. Gimbel, *Science, Technology, and Reparations. Exploitation and Plunder in Postwar Germany*, Stanford, Calif., 1990), S. 63, schreibt, daß über eine Million Seiten abgefilmt worden seien, die sich auf 17 Meilen Mikrofilm beliefen. Merkwürdigerweise hat Gimbel nie Einsicht genommen und gibt auch den Ort ihrer Verwahrung, die Kongreßbibliothek, nicht an – obwohl er auf S. 62 schreibt, daß das gesamte in Deutschland auf Mikrofilm gebannte Material über FIAT (Field Information Agency, Technical) zum Office of Technical Services (OTS) des Handelsministeriums zurückgeschickt werden sollte, und sich (S. 68, 94 f.) auf die Verteilung von FIAT-Material in die periodisch erscheinende Bibliography of Scientific and Industrial Research Reports (BSIR) des OTS bezieht. – Handbücher zu diesen Patenten sind: *FIAT-Berlin Patent Office Activities*, FIAT Technical Bulletin T-50 (Office of Military Government for Germany – U.S., 29.5.1947); Association for the Use and Diffusion of Documentation (UDD), *Subject Outline of the Unpublished Applications for Patents Filed at the German Patent Office during 1940 to 1945*, Paris 1950; *An Informal Introduction to German Patent Applications (1940–1945) in the Library of Congress* (Library of Congress); Dept. of Commerce, Office of Technical Services, FIAT Microfilm Reel Index (Microfilm PB-92000); idem, *Auszüge deutscher Patent-Anmeldungen* [Library of Congress, Photoduplication Room]; idem, *Bibliography of Scientific and Industrial Reports, Prepared by the Office of Technical Services*, Washington, D.C., Bd. 6, Nr. 1 (4.7.1947), und nachfolgende Ausgaben bis 1948 (enthält Auflistungen von Mikrofilmen deutscher Patente). Diese sind mit Registern

versehen in idem, *Numerical Index to the Bibliography of Scientific and Industrial Reports, Volumes 1–10, 1946–1948*, Washington, D.C., 1948, und G. Runge (Hg.), *Correlation Index: Document Series and PB Reports*, New York 1953. Über das bevorstehende Ende des Projekts siehe A. Leggin, »Potomac Postscripts«, *Chemical and Engineering News* 26, Nr. 11 (15.3.1948), S. 733. – Die FIAT-Teams waren angewiesen, besonders nach »geheimen Patentanmeldungen« zu suchen (Gimbel, *Science, Technology, and Reparations*, S. 62), aber ich konnte noch nicht ermitteln, ob sie welche gefunden haben.

13 PB nos. 70080 (BSIR/OTS, vol. 6, p. 261), 70081 (vol. 5, p. 724), 70082 (vol. 7, p. 74, 78), 70083 (vol. 7, p. 70), 70084 (vol. 6, p. 931 ff., 934 f.), 70093 (vol. 6, p. 929), 83283 (vol. 8, p. 917).

14 Zur Geschichte des Reichsforschungsrats siehe L. E. Simon, *German Research in World War II*, New York 1947, S. 104–107; K. Zierold, *Forschungsförderung in drei Epochen.*

15 R. Jones et al., *German Patent Records*, 16 Seiten (März 1946), S. 2. BIOS Final Report no. 538, item no. 28.

16 Obwohl Dr. Manfred Rasch (Archiv der Thyssen Aktiengesellschaft) mir gegenüber eine »Namenskartei der Anmelder von Geheimpatenten 1939–1943/44« erwähnte, die sich in der Patent-Recherche-Abteilung des Bundespatentamts in Berlin befinde, bezieht sich das Register, nach Angaben der dortigen Mitarbeiterin Dr. Christa Tietz, auf normale – nicht geheime – Patente. Während der Nachforschungen, die Dr. Tietz freundlicherweise für mich anstellte, fand sich kein Hinweis auf irgendein wichtiges Patent aus dem Bereich der Kernphysik.

17 Col. John B. Marsh, U.S. Legal Group CC, an Col. Dix, OSS, am 6.7.1945, NA, RG 77, MED Foreign Intelligence Unit, entry 22, box 166, folder 32.23 – I, »Patents«.

18 Calvert in London an Smith in Washington am 22.8.1945, NA, RG 77, MED Foreign Intelligence Unit, entry 22, box 169, folder 32.21, »Germany-Research-General«. Calvert wurde am 1.9.1945 unterrichtet, daß »keine weitere Information hinsichtlich der deutschen Patente erhältlich ist oder aus den TA-Dokumenten zu bekommen war«. – Den Mikrofilm des Verzeichnisses in NA, RG 77, habe ich nicht gefunden; vielleicht ist er in den Berichten des Military Government (OMGUS) zu finden.

19 NA, RG 77, MED Foreign Intelligence Unit, entry 22, box 169, folder 32.21, Calvert an Britt (in Washington) am 30.10.1945, ibid.; die Information wird in Shulers Memorandum an Groves vom 15.11.1945 wiederholt, ibid.

20 Dippel, *Two Against Hitler*, S. 178. Siehe den 1956 verfaßten Bericht »Entstehung der ›Forschungsschutz GmbH – Gesellschaft zum Schutz der Urheber- und Erfinderrechte der Kaiser-Wilhelm-Gesellschaft zur Förderung der Wissenschaften‹«, Generalverwaltung, I. Abt., Rep. 1A, Nr. 1935, Archiv zur Geschichte der Max-Planck-Gesellschaft, Berlin. Siehe auch E. Henning u. M. Kazemi, *Chronik der Kaiser-Wilhelm-Gesellschaft zur Förderung der Wissenschaften*, Veröffentlichungen aus dem Archiv der Max-Planck-Gesellschaft, Bd. 1, Berlin 1988, S. 106, 109. K. Macrakis' Geschichte der Kaiser-Wilhelm-Gesellschaft während des Krieges, *Surviving the Swastika*, enthält keine Hinweise auf Patente, ebensowenig H. Albrecht u. A. Hermann, »Die Kaiser-Wilhelm-Gesellschaft im Dritten Reich (1933–1945)«, in *Forschung im Spannungsfeld von Politik und Gesellschaft. Geschichte und Struktur der Kaiser-Wilhelm-/Max-Planck-Gesellschaft*, hrsg. v. R. Vierhaus u. B. v. Brocke, Stuttgart 1990, S. 356–406. Die Patentvergabepolitik der Kaiser-Wilhelm-Gesellschaft vor 1918 findet Erwähnung in J. A. Johnson, *The Kaiser's Chemists. Science and Modernization in Imperial Germany*, Chapel Hill, N.C., 1990, S. 154 ff.

21 Dippel, *Two Against Hitler*, S. 81 f., 92 ff.

22 Siehe Woods-Memorandum von 1945 an Hull, im Cordell-Hull-Nachlaß, Library of Congress, Handschriftenabteilung, folder 184. Respondeks »Report on the History of the KWG«, 12.11.1970, Generalverwaltung, II. Abt., Rep. 1A Gründung, Nr. 1/1–4, Archiv zur Geschichte der Max-Planck-Gesellschaft, Berlin, bietet wenig zu diesem Aspekt seiner Tätigkeiten. – Dippels Buch *Two Against Hitler* ist ein außergewöhnliches Stück wissenschaftlicher Detektivarbeit, das zum ersten Mal die Beiträge sowohl Sam Woods als auch Respondeks für den Nachrichtendienst der Alliierten enthüllt.

23 Dippel, *Two Against Hitler*, S. 80 f., 86, 177, 180.

24 NA, RG 165, G-2, Military Intelligence Division, Correspondence, 1917–1941, box 1573, 2655-B-392/3 (= MID Report Nr. 18,214). Siehe Dippel, *Two Against Hitler*, S. 61, 82, 178. (Zu Respondeks Berichten in RG 59 und RG 84 siehe Anm. 50.)

25 Zur Forschungsabteilung im Heereswaffenamt [WaF] siehe Simon, *German Research*, S. 54 f., 67, 71, 78–89, 98–101, und die von dem Heereswaffenamtschef von 1940–45, General Emil Leeb, vorgenommene Analyse *Aus der Rüstung des Dritten Reiches (Das Heereswaffenamt, 1938–1945). Ein authentischer Bericht des letzten Chefs des Heereswaffenamtes* (*Wehrtechnische Monatshefte*, Beiheft 4), Berlin/Frankfurt a. M. 1958, S. 12, 22. – Das Militärarchiv in Freiburg ver-

wahrt in seinem Bestand über das Heereswaffenamt (RH8) die folgenden drei Bände von Waffenforschungsberichten: RH8/1362, 1714 und 1771. Es handelt sich dabei um Kopien von Beständen, die früher im British Intelligence's Halstead Exploitation Centre lagerten, später der National Lending Library, Boston Spa, Yorkshire, und dann dem Imperial War Museum, London, übergeben wurden. Die Materialien des War Museum sollen nun in dessen Depot in Duxford lagern, und Nachforschungen ergaben, daß sie keine wichtigen Dokumente zum Atomprogramm der Waffenforschungsabteilung enthalten. (Einige zusätzliche Funde aus von Amerikanern sichergestellten deutschen Berichten wurden jüngst dem Militärarchiv übergeben, wo sie nun unter der Bezeichnung RH8 I, II und III archiviert sind.) – Die britische Fernsehproduktion *The Red Bomb* (Rapide Productions, 1994) zeigte vor kurzem Dokumente zum deutschen Atomprojekt, die von Russen am Körper eines deutschen Offiziers gefunden wurden; das Forschungsteam der Produktion hat mir jedoch mitgeteilt, daß es sich dabei nur um Rekonstruktionen handele, da die Originale nicht zugänglich seien. Anfragen bei russischen Archiven nach Heereswaffenamts-Berichten verliefen ergebnislos.

26 Der Leiter des Patentamts war Dr. Lieb, der nach 1942 des öfteren mit Heisenberg Fragen erörterte, die sich auf die Atombombe bezogen.

27 N. Bohr, »Recent Investigations of the Transmutations of Atomic Nuclei«, S. 465 f.

28 R. H. Stuewer, »Niels Bohr and Nuclear Physics«, in *Niels Bohr. A Centenary Volume*, hrsg. v. A. P. French u. P. J. Kennedy, Cambridge, Mass., 1985, S. 219.

29 Am 27. Juni 1945 schrieb Lise Meitner dem internierten Otto Hahn von Heisenbergs »unverzeihlichem Besuch in Dänemark« (Meitner Papers, Churchill College Archives, Cambridge). Der in moralischer und politischer Hinsicht üble Beigeschmack dieses Besuchs wird sehr ausführlich geschildert in M. Walker, *German National Socialism*, S. 223–227, und geht aus seinem Artikel »Physics and Propaganda: Werner Heisenberg's Foreign Lectures under National Socialism«, S. 339–389, bes. S. 361 ff., noch deutlicher hervor.

30 G-343B verzeichnet Weizsäckers Vorschlag gegenüber dem Deutschen Akademischen Austauschdienst, Prof. Kienle, Unsold, Biermann, Heisenberg und ihn selbst zur Teilnahme an der Tagung in Kopenhagen einzuladen.

31 J. G. Crowther, *Science in Liberated Europe*, London 1949, S. 107.

32 Zu den Reaktionen der Dänen und anderer auf diesen Besuch und zu

dem, was der ganze Vorgang über Heisenbergs Charakter und Fähigkeit zur Selbsttäuschung enthüllt, siehe die Kap. 19 und 21.

33 Weizsäckers Briefe vom 4. und 5. September an das OKW HWA WaF/Ia bzw. Rust sind abgedruckt in *Manhattan History*, Bd. 14, *Foreign Intelligence*, supp. I, app. A, in NA, RG 77, MED, Mikrofilm A-1218, roll 5.

34 Weizsäckers Bericht ist nicht in dem oben genannten *Manhattan History* appendix enthalten.

35 W. Heisenberg, *Der Teil und das Ganze* (1969) in GWH C III, S. 245, erinnert sich: »Wir wußten um diese Zeit [1941], daß man grundsätzlich Atombomben machen kann.« A. Pais, *Niels Bohr's Times in Physics, Philosophy, and Polity*, S. 481–485, schreibt, Aage Bohr habe ihm gegenüber bekräftigt, es sei der deutliche Eindruck seines Vaters gewesen, daß Heisenberg mit dem Atombombenproblem beschäftigt war.

36 N. Blaedel, *Harmony and Unity. The Life of Niels Bohr*, Madison, Wisc., 1988, S. 235, jedoch behauptet, daß Bohr schon vor Heisenbergs Besuch »im Frühherbst von einem Aufsatz des deutschen Physikers F. G. Houtermans erfahren hatte, aus dem klar hervorging, daß die deutschen Physiker wußten, wie man eine Kernspaltung herbeiführt«. Für diese Behauptung gibt er jedoch keine Quelle an.

37 Aage Bohr, »The War Years and the Prospects Raised by the Atomic Weapons«, in *Niels Bohr: His Life and Work As Seen by His Friends and Colleagues*, hrsg. v. S. Rozental, Amsterdam/New York 1967, S. 191–214: »In einem privaten Gespräch mit meinem Vater warf Heisenberg die Frage nach militärischen Anwendungen der Atomenergie auf. Mein Vater war sehr zurückhaltend und äußerte seine Skepsis wegen der großen technischen Schwierigkeiten, die zu überwinden seien, aber er hatte den Eindruck, daß Heisenberg meinte, die neuen Möglichkeiten könnten über den Ausgang des Krieges entscheiden, sollte sich dieser noch länger hinziehen ... Der sehr spärliche Kontakt mit den deutschen Physikern während der Besetzung des Landes trug, wie bereits erwähnt, dazu bei, den Eindruck zu verstärken, daß die deutschen Behörden der Atomenergie große militärische Bedeutung beimaßen« (S. 193 f.).

38 Chadwick an Bohr, 25.1.1943; das Original befindet sich im Niels-Bohr-Archiv, Kopenhagen; abgedruckt in Pais, *Niels Bohr's Times*, S. 486.

39 Bohr an Chadwick, undatiert, im Februar 1943. Dr. Finn Aaserud hat mir den Text der Kopie im Niels-Bohr-Archiv, Kopenhagen, freundlicherweise nachgesandt. Der Brief ist zitiert in Aage Bohr, »The War Years«, S. 193 f., und M. Gowing, *Britain and Atomic Energy*, S. 246 f.

40 Unter »kritischer Temperatur« ist hier vielleicht die Temperatur des

kritischen Punkts von Wasser zu verstehen – d.h. die Temperatur, ab der Wasser keinen Übergang flüssig–gasförmig aufweist. Aber wie mir J. Logan nahelegte, ist sie mit größerer Wahrscheinlichkeit die Temperatur, bei welcher Deuterium keine wirksame Bremssubstanz für die Reaktion mehr ist.

41 Dr. Aaserud stellte mir eine Kopie der undatierten Abschrift von Bohrs zweitem Brief an Chadwick (geschrieben etwa April 1943) zu Verfügung, der sich nun im Niels-Bohr-Archiv, Kopenhagen, befindet. In dem von mir mit sic versehenen Zitat scheint ein Hauptsatz ausgelassen zu sein, was aber auch an Bohrs Englisch liegen kann. Der Brief ist in F. H. Hinsley, *British Intelligence in the Second World War*, London 1984, Bd. 3, 2. Teil, S. 584 f., z. T. ohne Quellenangabe zitiert und dort auf Juni 1943 datiert. Prof. Hinsley hat mir freundlicherweise mitgeteilt, er glaube, der Brief sei in den immer noch unter Verschluß gehaltenen PRO, CAB 126/39. Dieser Akt wurde vom Cabinet Office zurückgehalten, das mich jedoch unterrichtet hat, daß sich Bohrs Brief dort nicht gefunden habe. Das Records Office der UKAEA konnte ihn ebensowenig in ihren Geheimakten ausfindig machen, und weder in den PRO, AB series, noch im Chadwick-Nachlaß in den Churchill College Archives, Cambridge, tauchte er auf. – Vgl. Aage Bohrs Darstellung in »The War Years«, S. 194, wonach der zweite Brief an Chadwick zwei Monate nach dem ersten geschrieben worden ist, während Pais (*Niels Bohr's Times*, S. 487) behauptet, daß er nur zwei Wochen später geschrieben worden sei. Die Erklärung dieser Diskrepanz findet man vielleicht in A. Kramish, *Der Greif*, S. 245, wo Kramish unter Verwendung von Dokumenten, die ihm Michael Perrin zeigte, zwei Briefe vom 4. und 19. Juni 1943 zitiert, in denen Bohr das Atombombenproblem erörtert. Der erste der beiden könnte sehr wohl der oben zitierte Brief vom Februar sein, wenn man den Zeitraum zwischen Februar und Juni in »zwei Monate« dehnt, denn am 4. Juni, »zwei Monate später«, schrieb Bohr ein zweites Mal. Und schließlich, »zwei Wochen später« am 19. Juni, hat Bohr vielleicht seinen dritten Brief geschrieben. Dr. Kramish durchforstet gegenwärtig seine Akten nach weiteren Informationen. – Der Brief vom 19. Juni erklärt, wie verlautet, ausführlich, warum eine Atombombe nicht möglich sei. Dies bezog sich vermutlich auf eine echte Kernexplosion und nicht auf eine Reaktorbombe. (Die Parallelen zwischen Heisenbergs Denken in G-39 und Bohrs Briefen aus dem Jahr 1943 sind, durchaus nicht überraschend, deutlich.)

42 Kramish, *Der Greif*, S. 247 f. Wie Dr. Kramish mir sagte, glaubt er, daß der Briefwechsel zwischen Bohr und Welsh nach dem Krieg, der

sich im Niels-Bohr-Archiv, Kopenhagen, befinden soll, Licht auf etliche Probleme werfen könnte. – In einer Denkschrift vom 3.7.1944 erinnerte sich Bohr, daß er in den ersten Kriegsjahren nicht glaubte, daß Deutschland einen groß angelegten Versuch zur Gewinnung von U235 unternommen habe, daß aber 1943 eine »fieberhafte Aktivität der Deutschen« auszubrechen schien, die ihm Sorgen bereitete (National Archives, microfilm M-1108, Harrison-Bundy Files, roll 2, folder 19).

43 Die umfassendste Darstellung findet sich bei Kramish, *Der Greif*, S. 245 ff.; vgl. auch R. V. Jones, *Most Secret War*, S. 596 f., ders., »Meetings in Wartime and After«, in *Niels Bohr. A Centenary Volume*, hrsg. v. A. P. French u. P. J. Kennedy, S. 278–287. – Obwohl Bohrs Besuch unter großen Sicherheitsvorkehrungen stattfand, kam es zu einer Unvorsichtigkeit, als die *New York Times* in ihrer Ausgabe vom 9. Oktober einen AP-Bericht über Bohrs Ankunft brachte, in dem es hieß, er trage sich »mit Plänen für eine neue Erfindung, die atomare Explosionen betrifft. Die Pläne sollen für die Kriegsanstrengungen der Alliierten von größter Bedeutung sein.« Der AP-Bericht ist abgedruckt in Pais, *Niels Bohr's Times*, S. 491. General Groves' Reaktion darauf kann man sich vorstellen. Weitere Lapsus finden sich unter den Abschnitten in PRO, AB 1/40: Der *Evening Standard* vom 11. November berichtete über Bohrs Empfang im Savoy; der *Daily Sketch* vom 15. Dezember schrieb, »Bohr sei nach Konsultationen mit Lord Cherwell in einer besonderen Mission in die USA gereist und gelte als Sprengstoffexperte. Wie wir erfuhren, steht dieses Thema mit seiner Reise in Zusammenhang, und er bringt neue Ideen mit«; und der *New York Daily Mirror* vom 20. Dezember bemerkte, die Deutschen glaubten, er habe große Kenntnisse über atomare Kriegsführung – »ein Wunder, das Deutschland vielleicht noch retten könnte«. Wurden diese Sicherheitslücken womöglich bewußt herbeigeführt?

44 T. Powers, *Heisenberg's War*, S. 238, faßt das Dinner im Savoy und die Unterredung mit Cherwell zusammen und beruft sich dabei auf Irvings Interview mit Michael Perrin (IMF 31-1333). Das Interview datiert jedoch die Unterredung mit Cherwell nicht auf den Abend im Savoy. Kramish, *Der Greif*, S. 248 f., gibt die korrekte Chronologie wieder.

45 R. W. Clark, *The Birth of the Bomb*, S. 179. Kramish, *Der Greif*, S. 248. Zum Anliegen der Briten, Bohr aus dem »amerikanischen Einflußbereich« herauszuhalten, siehe die Telegramme vom 25. November und 28. Dezember 1943 in PRO, AB 1/40.

46 Powers, *Heisenberg's War*, S. 242 f., 246 ff.

47 H. Bethe, »Niels Bohr and His Institute«, in *Niels Bohr. A Centenary Volume*, S. 232 ff., auf S. 233; ders., »Bethe and the German Bomb Programm«, *BAS*, Januar–Februar 1993, S. 53 f. Zu Zitaten aus dem Interview siehe J. Bernstein, *Hans Bethe, Prophet of Energy*, New York 1980, S. 77 f. Trotz Bohrs beharrlicher Behauptung, daß Heisenberg an eine Bombe dachte, kam Bethe rückblickend zu dem Schluß, daß der Vorschlag so exzentrisch war, daß sich die Zeichnung auf einen einfachen Reaktor beziehen mußte und Heisenberg versucht haben mag, Bohr, »der von diesen Dingen keine Ahnung hatte«, zu versichern, daß die Deutschen durchaus nicht an einer Bombe arbeiteten! Dies allerdings heißt Bohrs Kenntnisse auf diesem Gebiet unterschätzen. Mochte Bohr auch – wie Heisenberg – nicht gewußt haben, daß eine kleine kritische Masse von U235 ausreicht, und mochte er auch Heisenbergs Bemerkung über eine explodierende Reaktorbombe zu ernst genommen haben, so war ihm der Unterschied zwischen einer Reaktorbombe und einer echten Atombombe doch mit Sicherheit klar. Auf jeden Fall erscheint Heisenbergs Vorschlag in diesem Zusammenhang weniger merkwürdig und auch weniger harmlos.

48 Zwei spätere Darstellungen, die Groves von dem Treffen gab, konnte ich nicht ausfindig machen: seinen Brief an Oppenheimer vom 18.12.1964 und seine Notizen vom 13.12.1962, die sich laut Powers (*Heisenberg's War*, S. 535) in NA, RG 200, Groves Papers, befinden. Auch in Chadwicks Berichten von Los Alamos nach England (die unvollständig zu sein scheinen) in PRO, AB 1/485/566/581/615, fand ich keinerlei Hinweise. Eine am 22.12.1943 von Furman und Groves vorgenommene Auswertung, wonach die Briten nicht mehr ernsthaft an das deutsche Bombenprojekt glaubten, hält Bohrs übereinstimmende Meinung fest (NA, RG 77, MED, Foreign Intelligence Unit, entry 22, box 170, folder 32.60 – 1, »German Summary Reports, June '43 – June '44«).

49 Nachforschungen in den Los Alamos Scientific Laboratory Archives, den U.S. National Archives, dem Oppenheimer-Nachlaß sowohl in der Library of Congress als auch im Niels-Bohr-Archiv in Kopenhagen waren bisher erfolglos ebenso wie die in den vom Cabinet Office und vom Verteidigungsministerium zurückgehaltenen U.K.-Atomic-Energy-Akten und in den PRO Atomic Energy Files (AB 1).

50 Bethe und Teller an Oppenheimer, 21.8.1943, Oppenheimer Papers, Library of Congress, box 20, zit. bei Rhodes, *The Making of the Atomic Bomb*, S. 511 f. Die Berichte wurden anscheinend durch Informationen über Dällenbachs Kernphysikprojekt (siehe 13. Kap.) und andere deutsche Bombenprojekte ausgelöst, möglicherweise im Zusammen-

hang mit zwischen Respondek und Woods bestehenden Spionageverbindungen. Zu den nachrichtendienstlichen Berichten Woods' von 1943 in NA, RG 59, 740.0011, EX/29326, Telegr. no. 109, Parts 6/7 (13.–15.5.1943) (= microf. M-982, roll 158) und NA, RG 84, Decimal Files 863.4, Bern Confidential File, box 14, »Uranium« folder, siehe Dippel, *Two Against Hitler*, S. 92–98. Die folgende Darstellung in der in RG 84 verwahrten Korrespondenz läßt vermuten, daß man an eine Art von Zyklotronbombe dachte: »Versuche, die von AEG mit Uranatom durchgeführt werden, erstklassig geeignet zu Sprengzwekken ... Die Erfindung stammt von einem Schweizer ... Es gibt Anzeichen dafür, daß die Idee darin besteht, ein oder zwei Neutronen in etwa einem Kubikmeter Uranoxidpulver freizusetzen« (Harrison an State Dept., no. 2958, 14.5.1943, RG 84, loc. cit.). »Unser Informant glaubt, daß die Versuche noch nicht zur Eliminierung von extrem schwerem Zyklotron geführt haben, in dem Bombardieren von Atomen stattfindet. Falls dies der Fall ist, schließt es Verwendung als Sprengstoff aus. Dennoch geht die Forschung in Deutschland weiter« (Harrison an Legge, 29.5.1943, RG 84, loc. cit.). Dringende Bitten am 2. Juni und 15. August um genauere Erklärung dieser Berichte ergaben keine weiteren Einzelheiten.

51 H. Bethe u. E. Teller, »Explosion of an Inhomogenous Uranium-Heavy Water Pile«, in NA, RG 77, MED Decimal Files 337, box 63, »Conferences«.

52 Oppenheimer an Groves, 1.1.1944, in NA, RG 77, MED Decimal Files 337, box 63.

53 Patentanmeldung vom 9.3.1939, in L. Szilard, *The Collected Works of Leo Szilard*, hrsg. v. B. T. Feld u. G. W. Szilard, Bd. 1: *Scientific Papers*, Cambridge, Mass., 1972, S. 656, 671 ff., 680.

54 Nichtsdestoweniger hielt man es für möglich, eine Temperatur von 2 Millionen Grad Kelvin zu erreichen. Siehe J. B. Fisk u. W. Shockley, »A Study of Uranium as a Source of Power« (Juli–September 1940), II, S. 10.

55 Groves an Conant (OSRD), 9.12.1942, NA, RG 77, MED Decimal Files 334, box 60.

56 Memorandum von Oppenheimer an Groves, »Explosion from Fast Neutron Reactions«, 27.5.1944, NA, RG 77, MED Decimal Files 319.1, box 50. (Eine überarbeitete Fassung vom 29.5. mit einem Begleitbrief befindet sich in box 53.)

57 R. R. Wilson, »Niels Bohr and the Young Scientists«, *BAS* 41 (August 1985), S. 23–26.

58 Der maschinenschriftliche Bericht mit handschriftlichen Veränderungen befindet sich in PRO, AB 1/646, sec. III, 13. Ich habe hier aus der Originalversion zitiert.

11. Kapitel

1 E. Schumann an P. Harteck und andere Projektleiter, 5.12.1941, in E. Bagge, K. Diebner und K. Jay, *Von der Uranspaltung bis Calder Hall*, S. 28.

2 Aktennotiz aus Personalakten Peter Debye, 22.1.1942, Archiv zur Geschichte der Max-Planck-Gesellschaft, Berlin-Dahlem, I. Abt., Rep. 1A, Nr. 1652, verzeichnet die Anwesenden und schildert Schumanns Versuch, Bothe zum neuen Direktor des Kaiser-Wilhelm-Instituts für Physik zu ernennen.

3 Prof. Erich Bagge stellte mir freundlicherweise aus seinen persönlichen Unterlagen eine Kopie des Berichts zur Verfügung, von dem ich in keinem Archiv und keiner Sammlung eine Kopie hatte erhalten können. Auszüge davon in Bagge/Diebner/Jay, *Von der Uranspaltung*, S. 30–32.

4 D. Irving, der keine Kopie davon gesehen hatte, behauptet in *The German Atomic Bomb*, S. 111, daß der Bericht nach der Konferenz vom 26. Februar in Umlauf gebracht worden sei, aber es hat eher den Anschein, daß er schon vor dieser verfaßt worden ist.

5 Heereswaffenamts-Bericht, S. 13.

6 Für die irreführende Formulierung Walkers (*German National Socialism*, S. 48), der Wert beziehe sich sowohl auf U235 als auch auf Plutonium, gibt es keine Entschuldigung, da aus den von Bagge/Diebner/Jay (*Von der Uranspaltung*, S. 39) zitierten Auszügen klar hervorgeht, daß hier nur von der kritischen Masse von Plutonium die Rede ist.

7 Heereswaffenamts-Bericht, S. 41.

8 Ibid., S. 42 f.

9 Ibid., S. 48. Walker, *German National Socialism*, S. 48 f., unterdrückt die ausführliche Erörterung des Vorschlags einer Reaktorbombe im Heereswaffenamts-Bericht bewußt und verzerrt auf diese Weise die gesamte Geschichte des deutschen Atombombenprojekts.

10 W. Heisenberg, »Bemerkungen zu dem geplanten halbtechnischen Versuch mit 1,5 to D_2O und 3 to 38-Metall« (G-161), 31.7.1942, in GWH, A II, S. 550–551.

12. *Kapitel*

1 Von Schumann hieß es, er habe fünf verschiedene Büros in Berlin und sei in keinem anzutreffen. Wenn jemand ihn wirklich finden wollte, suchte er eher im Café Telschow nach ihm (Friedrich Glum, *Zwischen Wissenschaft, Wirtschaft und Politik*, Bonn 1964, S. 451 f.). Schumann war seit September 1932 in der NSDAP aktiv und wurde 1934 zum Chef der Forschungsabteilung des Heereswaffenamts wie der wissenschaftlichen Forschungsabteilung des Reichserziehungsministeriums ernannt. Vgl. K.-H. Ludwig, *Technik und Ingenieure im Dritten Reich*, Düsseldorf 1974, S. 215 f., 230, 268.

2 M. Walker, *German National Socialism*, S. 49, 59; D. Irving, *The German Atomic Bomb*, S. 104 ff. Zur Struktur und Geschichte des Reichsforschungsrats siehe K. Zierold, *Forschungsförderung in drei Epochen. Deutsche Forschungsgemeinschaft*, S. 236–266, bes. S. 260 f.; und Ludwig, *Technik*, 6. Kap. Zu den verschiedenen Posten, die Schumann, Mentzel und andere innehatten, siehe K. Macrakis, *Surviving the Swastika. Scientific Research in Nazi Germany*, S. 90–96, 135 ff., 165 f. Zu den Verhandlungen siehe Archiv zur Geschichte der Max-Planck-Gesellschaft, Berlin-Dahlem, I. Abt., Rep. 1A, Nr. 1652, 1653.

3 Siehe Heereswaffenamts-Bericht, S. 47 f., 134: »Über die Möglichkeiten der Herstellung von ›Kernsprengstoffen‹ kann erst nach Anlaufen der ersten Uranmaschine bzw. nach erfolgter Isotopentrennung in technischem Ausmaße entschieden werden.«

4 D. Irving, *The German Atomic Bomb*, S. 105 ff.; Walker, *German National Socialism*, S. 105 ff. Walker, *German National Socialism*, S. 53, datiert die Konferenz fälschlicherweise auf Januar. Das Programm befindet sich in IMF 29-998, und viele Akten sind unter IMF 30-117/224 verwahrt.

5 Irving, *The German Atomic Bomb*, S. 106 ff.; Walker, *German National Socialism*, S. 55 ff. (der das Haus der deutschen Forschung irrtümlich nach Berlin-Dahlem verlegt, wo sich das Harnack-Haus des Kaiser-Wilhelm-Instituts für Physik befand). Himmler an Rust, 23.2.1942, Goudsmit Papers, AIP, box 27, folder 38, lehnte die Einladung ab.

6 Zu dem »Versuchsessen« siehe S. Goudsmit, *ALSOS*, New York 1947, S. 170.

7 Das Programm ist wiedergegeben in Irving, *The German Atomic Bomb*, S. 109 (aus IMF 29-705), sowie in Goudsmit, *ALSOS*, S. 169.

8 W. Heisenberg, »Die theoretischen Grundlagen für die Energiegewin-

nung aus der Uranspaltung«, 26.2.1942, S. 4 (IMF 29-1005; GWH, A II, S. 518 f.). Dieser Aufsatz hat keine G-Nummer.

9 Worauf R. V. Jones in *Most Secret War*, London 1979, S. 594, Anm., scharfsinnig hinwies. Ich sollte erwähnen, daß Sir Charles Frank in einer privaten Mitteilung an mich vom 20.3.1994 an dieser Schlußfolgerung Kritik übte. Er wies darauf hin, daß, wenn der effektive Neutronenvermehrungsfaktor nur etwas über eins liegt, nur eine sehr leidliche Explosion erfolgt, und fand, daß Heisenberg »die erforderliche Menge Kernsprengstoff in der Tat ungeheuer überschätzte, aber nicht ... indem er die Rolle der Neutronenentweichung überschätzte – [sondern] nur, indem er ihr nicht genügend detaillierte Aufmerksamkeit schenkte« – wie aus Heisenbergs Wendung »klein im Vergleich zu« hervorgeht. Sir Charles bemerkte, daß Heisenberg vor 1945 keine präzise Definition des Begriffs »kritische Masse« hatte.

10 W. Heisenberg, »Die Energiegewinnung aus der Uranspaltung« (G-217), 6.5.1943, in GWH, A II, S. 571 (dort fälschlicherweise auf den 5.5. datiert). Eine Merkwürdigkeit des dem Aufsatz beigegebenen Diagramms besteht darin, daß die Zeichnung von der Spaltung in reinem U235 eine zu große Anzahl nicht spaltender Zusammenstöße zeigt. Dies legt abermals nahe, daß Heisenberg das Wesen einer Explosion schneller Neutronen in U235 nicht gänzlich erfaßte.

11 Weder Walker (*German National Socialism*, S. 56 ff.) noch Irving (*The German Atomic Bomb*, S. 108–111) behaupten explizit, daß die kritische Masse klein sein würde, aber beide verfolgen die allgemeine Argumentation, daß Heisenberg wußte, daß die kritische Masse einer U235-Bombe klein sei.

12 W. Hanle und E. Bagge, »40 Jahre Nutzung der Kernenergie,« *Atomkernenergie* 40 (1982), 3-7, auf S. 5.

13 GWH, A II, S. 519, 521 (»Problem der Anreicherung bzw. der Reindarstellung des Isotops U235«: »Die Energiegewinnung aus der Uranspaltung ist zweifellos möglich, wenn die Anreicherung des Isotops U235 gelingt. Die Reindarstellung von U235 würde zu einem Sprengstoff von unvorstellbarer Wirkung führen«). Heisenberg hat bereits argumentiert, daß mit einer passenden Bremssubstanz in einem mit natürlichem Uran gespeisten Reaktor wahrscheinlich eine Kettenreaktion erfolgen würde. Er sagt nun – ohne Erklärung –, daß angereichertes U235 eine Kettenreaktion garantieren würde; aber natürlich würde die Verwendung von angereichertem U235 auch bedeuten, daß der Reaktor möglicherweise instabil würde. (Vgl. Heisenbergs Aufsatz vom 31.7.1942, G-161, der im 11. Kap. erörtert wurde.)

14 GWH, A II, S. 520.

15 Als Goebbels davon erfuhr, geriet er in Verzückung über die Möglichkeiten einer Atombombe; J. Goebbels, *Tagebücher, 1942–1943*, Zürich 1948, S. 136 (21.3.1942).

16 Albert Speer, *Erinnerungen*, S. 239 ff.; Ludwig, *Technik*, S. 234 ff.; Walker, *German National Socialism*, S. 77 ff.; Macrakis, *Surviving the Swastika*, S. 174. Zu der Berufung zum Direktor des KWIP vgl. Elisabeth Heisenberg, *Das politische Leben eines Unpolitischen*, München 1980, S. 109 f., 114. Walker, *German National Socialism*, S. 86, Macrakis, *Surviving the Swastika*, S. 170, nennt den Oktober als Datum des Anfangs. Zu den Bemühungen Schumanns, Bothe zum Direktor ernennen zu lassen, und zu den Gegenmaßnahmen des KWIP zugunsten Heisenbergs siehe Archiv der Max-Planck-Gesellschaft, Berlin-Dahlem, I. Abt., Rep. 1A, Nr. 1652, 1653. (Harteck hatte sich bei der Kaiser-Wilhelm-Gesellschaft über Schumanns »impulsive« Nominierung Bothes beklagt.)

17 Irving, *The German Atomic Bomb*, S. 118–122, gibt den ausführlichsten Bericht der Konferenz, der sich auf Unterredungen mit den Teilnehmern stützt, dennoch sollte er mit Vorsicht genossen werden. Bisher ist noch kein detaillierter dokumentarischer Beweis gefunden worden. So weist Macrakis, *Surviving the Swastika*, S. 170, zu Recht darauf hin, daß das Ereignis Gegenstand von Legendenbildung geworden ist und die Verläßlichkeit der Erinnerung Heisenbergs und anderer durch mehrere Widersprüche in Zweifel gestellt wurde. (Walker, *German National Socialism*, S. 78, unterschätzt die Bedeutung dieser Konferenz erheblich.) – Das Harnack-Haus war das Gästehaus der Kaiser-Wilhelm-Gesellschaft, nicht weit entfernt gelegen vom KWIP in Dahlem.

18 Vgl. die aus Milchs Photoalbum entnommene Abbildung in Irving, *The German Atomic Bomb*. Der Bericht der U.S. Air Force von der Befragung Dr. Liebs – Speers technischem Berater – bleibt in seinen technischen Details einer Uranbombe vage und enthält auch eine falsche Datierung der Konferenz auf Anfang 1943, an die sich der Befragte jedoch ansonsten gut erinnert. In seiner Darstellung »The Handling of the Problem of Nuclear Physics by the Ministry of Armament and War Production« (USAF Historical Research Agency, Maxwell AFB, Alabama, US 9th Air Force, P/W Interrogation Detachment, Military Intelligence Service, folder »Interrogations« 533.619, B-5 1945, no. 4, Atomic Bomb – German, Investigations, Research, Developments, and Practical Use, 19.8.1945 = microfilm B-5737) entsinnt sich der Chemiker Lieb, Chef des Patentamts des Speer-Ministeriums, daß an der Konfe-

renz etwa fünfzig Leute teilnahmen, darunter Schumann, Milch, Rhein mit ihren Stäben (für Heer, Luftwaffe und Marine) sowie eine Gruppe von Wissenschaftlern, u.a. Heisenberg, Hahn, Straßmann, Harteck, Jensen, Groth, Bothe, Clusius, Sommerfeld (!), Joos, Ardenne und viele andere. Den Teilnehmern war klar, daß die Ergebnisse dieser Forschung keine Auswirkungen auf den Krieg haben würden, aber einige wiesen darauf hin, daß der Besitz solcher Waffen einem Land auf lange Zeit unangefochtene Überlegenheit sichern würde. Lieb sagte, er habe hierauf viele Gespräche mit Heisenberg geführt, der der Auffassung gewesen sei, daß das Problem keine raschen Fortschritte zulasse.

19 Heisenberg an Irving, 24.5.1966, S.2 (IMF 32), woraus hervorzugehen scheint, daß Heisenberg den Bericht vor der Konferenz an Hahn und andere Wissenschaftler weitergereicht hatte.

20 Irving, *The German Atomic Bomb*, S.120.

21 Wie (angeblich) E.Telschow, den Direktor der Kaiser-Wilhelm-Gesellschaft, ein Opportunist, dessen Aussagen grundsätzlich mit Vorsicht genossen werden sollten. Die Wissenschaftler und Militärs können unmöglich derart überrascht gewesen sein; nach dem Krieg erinnerte sich Generalleutnant Erich Schneider vom Heereswaffenamt in einem Interview, daß den Wissenschaftler völlig klar gewesen sei, daß die Militärbefehlshaber von ihnen eine vernichtende Waffe erwarteten (Ludwig, *Technik*, S.240).

22 So in Irving, *The German Atomic Bomb*, S.120, der sich auf Heisenbergs Erinnerung stützt. Vgl. sein Interview mit Heisenberg, 23.10.1965, S.21ff. (IMF 31-546ff.).

23 W.Bothe, »Maschinen mit Ausnutzung der Spaltung durch schnelle Neutronen« (G-128), 2.12.1941, S.48 (IMF 30-028), untersucht den Gebrauch von schnellen Neutronen zur Spaltung von U238 in einem Reaktor. Am Ende des 3.Abschnitts kommt Bothe zu dem Schluß, daß U238 als solches nicht funktionieren wird, aber in einer Fußnote weist er auf die Möglichkeit hin, etwas Protaktinium beizumischen, das einen siebenmal größeren Spaltungsquerschnitt als U238 und einen Neutronenvermehrungsfaktor von etwas mehr als ein Neutron pro Spaltung hat. »Käme also jemals die Gewinnung sehr großer Pa-Mengen in Frage, so müßte mit der Möglichkeit einer Explosion gerechnet werden.« Abgesehen von der Ambiguität hinsichtlich der Frage, ob Bothe das Potential von Protaktinium als Kernsprengstoff umreißt oder nur besorgt ist, daß ein Reaktor, der das Element enthält, explodieren könnte, sollte beachtet werden, daß er nicht versucht, die Protaktiniumspaltung mit der von U235 zu vergleichen. Der Vergleich bezieht

sich nämlich auf U238-Spaltung in einem Reaktor. Bleibt die Frage, ob Bothe – und Heisenberg – Protaktinium in erster Linie als eine Möglichkeit für eine Reaktorbombe auffaßten.

24 Irving, *The German Atomic Bomb*, S. 120.

25 Zum Beispiel Heisenberg an Irving, 10.6.1966, S. 2, wo er von U235 in der Größe eines Fußballs spricht, und sein Interview von 1965 (IMF 31-547).

26 T. Powers, *Heisenberg's War*, S. 147, läßt Heisenbergs nach dem Krieg (Interview mit Irving, 23.10.1965, S. 21f. [IMF 31-546/547]) aufgestellte Behauptung gelten, er habe in seinem Vortrag vom Juni 1942 Plutonium absichtlich nicht erwähnt. Heisenberg hatte jedoch bereits im Februar eindrucksvoll über Plutonium gesprochen. Auch wenn er in seinem offiziellen Harnack-Haus-Vortrag Plutonium nicht erörterte, hatte er doch zweifellos Plutonium im Sinn, als er auf eine Frage mit seinem Ananasvergleich antwortete. – Ich sollte hier anmerken, daß einige Beobachter der Meinung sind, man solle weder der unausgegorenen Heereswaffenamts-Bemerkung von »10–100 kg« noch dem Ananasvergleich große Bedeutung beimessen. Der Gebrauch von »Occam's razor« würde gewiß die Notwendigkeit etlicher Spekulationen beseitigen. Dennoch erfolgte die erstere in einem offiziellen und wie ich glaube authentischen Dokument, das mit Sicherheit zu Heisenberg weitergeleitet wurde, und es scheint zwischen beiden Äußerungen ein Zusammenhang zu bestehen. Es wäre gewiß interessant zu erfahren, wer und mit welchen Mitteln auf den Wert »10–100 kg« kam.

27 W. Heisenberg, »Über die Arbeiten zur technischen Ausnutzung der Atomkernenergie in Deutschland«, in *Die Naturwissenschaften* 33 (1946), S. 327 (GWH, CV, S. 30). Siehe 1. Kap.

28 Heisenberg an Goudsmit, 3.10.1948, in Goudsmit Papers.

29 Speer, *Erinnerungen*, S. 240. »Wenige Wochen später wurden einige Hunderttausend Mark beantragt und Stahl, Nickel und andere kontingentierten Metalle in unbedeutenden Größenordnungen angefordert; notwendig sei auch der Bau eines Bunkers, die Aufstellung einiger Baracken sowie die Entscheidung, alle Versuchsanordnungen und das bereits im Bau befindliche erste deutsche Zyklotron in die höchste Dringlichkeit einzustufen. Eher befremdet über die Geringfügigkeit der Forderungen in einer so entscheidend wichtigen Angelegenheit, erhöhte ich die Geldsumme auf ein bis zwei Millionen und sagte entsprechende Materialmengen zu. Mehr jedoch konnte augenscheinlich zunächst nicht verarbeitet werden, und jedenfalls gewann ich den Eindruck, daß die Atombombe für den voraussichtlichen Verlauf des

Krieges nicht mehr von Bedeutung sein werde.« Heisenbergs Brief an Telschow (Kaiser-Wilhelm-Gesellschaft) vom 11.6.1942, in dem er sein Budget umreißt, befindet sich im Heisenberg-Archiv, München.

30 W. A. Boelcke (Hrsg.), *Deutschlands Rüstung im Zweiten Weltkrieg. Hitlers Konferenzen mit Albert Speer 1942–1945*, Frankfurt a. M. 1969, S. 137; Ludwig, *Technik*, S. 242. Vgl. Walker, *German National Socialism*, S. 78. Die Angelegenheit wurde Hitler als Punkt 15 vorgebracht und nicht, wie Irving in *The German Atomic Bomb*, S. 121, erklärt, als Punkt 16.

31 Siehe Walker, *German National Socialism*, S. 94.

32 »Energiegewinnung aus der Atomkernspaltung« (G-217), in GWH, A II, S. 571.

13. Kapitel

1 W. Heisenberg, »Bemerkungen zu dem geplanten halbtechnischen Versuch mit 1,5 to D_2O und 3 to 38-Metall« (G-161), 31.7.1942, in GWH, A II, S. 550–551.

2 Harrison ans State Department, Nr. 2958, 14.5.1943, NA, RG 84, Decimal Files 863.4, Bern Confidential File, box 14, zit. im 10. Kap.

3 Zu Dällenbach und der Aufregung über Respondeks Berichte in Washington siehe J. V. H. Dippel, *Two Against Hitler*, S. 87–93, 182 f. – Hinsichtlich der Beziehungen zwischen Heisenberg und Dällenbach stützt sich Dippel auf Dokumente im Heisenberg-Archiv, München (der Bruch mit Dällenbach scheint 1946 eingetreten zu sein). Zum Ausschluß Dällenbachs aus dem Kaiser-Wilhelm-Institut für Physik durch Heisenberg siehe OE, S. 141 f.; Heisenberg scheint Dällenbach einerseits als »ausländischen Spion« und andererseits als einen Protegé Bormanns betrachtet zu haben. – Rosbauds Abneigung gegen Dällenbach geht aus seinem Brief an Goudsmit vom 5.9.1945 hervor, in Goudsmit Papers, AIP, folder 42, ser. IV, zit. bei Dippel, S. 91. – Dällenbachs Patentanmeldung für bestimmte Besonderheiten seines Zyklotrons befindet sich in G-209, datiert 1943.

4 Siehe B. Ring, *Origines du Centre de Recherches Nucléaires. Implantation d'un générateur de neutrons aux Hospices Civils de Strasbourg 1941–1944*, Straßburg o. J. [1988?]; R. Fleischmann, »Warum Forschungsinstitut der Medizinischen Fakultät der Reichsuniversität Straßburg?« (Vorlesungsmanuskript 1988).

5 Betreffs A. Hirt und E. Haagen siehe S. Goudsmit, *ALSOS*, New York

1947, S. 73 f., 207. Akten über Haagen befinden sich in der Library of Congress ALSOS records, LC MS 18.806.2, container 230, reel 134: ALSOS 104 (microfilm PB 20503). Vgl. R. J. Lifton, *The Nazi Doctors*, New York 1986, S. 285 f.; M. Kater, *Doctors under Hitler*, Chapel Hill, N.C., 1989, S. 237; und ders., *Das »Ahnenerbe« der SS 1935–1945*, Stuttgart 1974, S. 245 f., 261 f.

6 In einem Brief an mich vom 11.7.1993 behauptet Fleischmann, daß er nach November 1941 »nicht mehr berechtigt gewesen sei, die dienstlichen Berichte über das Uranproblem zu lesen. Ich hatte dafür auch nicht Zeit noch Gelegenheit.« Dennoch nahm Fleischmann auch nach November 1941 an Konferenzen teil und arbeitete mit Weizsäcker zusammen (vgl. IMF-31-1057, 1060).

7 G-343B, eine in Straßburg gefundene kurze Zusammenfassung des Briefwechsels zwischen Fleischmann und Weizsäcker. Eine Fortsetzung über dieses Thema taucht in Fleischmanns Notizen vom 1.6.1942 (ebenfalls in G-343B) auf.

8 R. Fleischmann, »Die Physik der Atomkerne und die Aussichten ihrer praktischen Anwendung« (G-384), S. 3. Der Bericht ist nicht datiert, scheint aber Ende 1942 oder Anfang 1943 geschrieben worden zu sein.

9 Siehe Goudsmit, *ALSOS*, S. 67–73. In seinem Brief an mich vom 11.7.1993 erwähnt Fleischmann zwei Befragungen, die eine am 29.11., die andere am 20.12.1944, während letzterer Goudsmit die Frage nach den Geheimberichten stellte.

10 S. Flügge, »Kann der Energieinhalt der Atomkerne technisch nutzbar gemacht werden?«, S. 402–410.

11 S. Flügge, »Kann man eine Uranmaschine mit schnellen Neutronen betreiben?« (G-142), September 1942, S. 149 (IMF 30-721). Dieser Bericht wird nicht erörtert in M. Walker, *German National Socialism*, während D. Irving, *The German Atomic Bomb*, S. 92, irreführenderweise behauptet, daß Flügges Artikel die Diskussion von Reaktionen schneller Neutronen mit einer Bombe aus reinem U235 verbinde, die schnelle Neutronen verwendet. Dies aber ist nicht der Fall. Flügge erörtert darin, ob eine Bombe oder ein Reaktor, mit reichlich U238 und mit schnellen Neutronen, funktionieren würde (was er nicht glaubt).

12 W. Osenberg, »Allgemein verständliche Grundlagen zur Kernphysik«, 8.5.1943 (IMF 29-1062/1063).

13 T. Bower, *The Paperclip Conspiracy*, Boston 1987, S. 114 f., 167. Goudsmit, *ALSOS*, S. 188–201. Zu Osenbergs bürokratischen Manövern siehe K.-H. Ludwig, *Technik und Ingenieure im Dritten Reich*, S. 234–271.

14 Walker, *German National Socialism*, S.86.

15 K.Macrakis, *Surviving the Swastika. Scientific Research in Nazi Germany*, S.174–177; Irving, *The German Atomic Bomb*, S.198ff.; Goudsmit, *ALSOS*, S.175f.

16 Zu diesen zeitraubenden Zumutungen siehe Walker, *German National Socialism*, S.91f. Nachfragen beim Heisenberg-Archiv in München und im Gerlach-Nachlaß (Deutsches Museum, München) haben nichts Interessantes ergeben. Die jeweiligen Archivare Dr.H.Rechenberg und Dr.H.Bachmann sind der Meinung, daß der häufige persönliche Kontakt zwischen Heisenberg und Gerlach in Berlin einen schriftlichen Austausch erübrigte.

17 Gerlach an Mentzel, 30.5.1944, und Mentzel an Goernnert, 13.6.1944, NA, RG 319, ALSOS/RFR Files, box 16, RFR 103H. Der Akt enthält auch Mialkis Vorschlag.

18 Zu Mentzel siehe Ludwig, *Technik*, S.231, 236, und die Arbeiten Zierolds und Glums, auf die im 11. und 12.Kap. hingewiesen wurde.

19 Der Brief ist wiedergegeben in *ALSOS*, S.179ff.

20 Heisenberg, »Die theoretischen Grundlagen für die Energiegewinnung aus der Uranspaltung« (keine Numerierung in den Geheimberichten) 26.2.1942, S.4 (GWH, A II, S.520). Die Stelle kommt unmittelbar nach dem Abschnitt über die Möglichkeit, Plutonium als einen Sprengstoff herzustellen (siehe 12.Kap.). Auch wenn sie sich nicht auf eine Reaktorbombe als solche, sondern lediglich auf einen Reaktor bezieht, ist die zugrundeliegende Theorie beiden gemeinsam.

21 Bericht vom 2.11.1944 in G-343B. Wie immer bemüht, Goudsmit (diesmal dessen Behauptung, die Deutschen hätten explodierende Reaktoren im Sinn gehabt) in Mißkredit zu bringen, mutmaßt Walker, *German National Socialism*, S.155, daß der Bericht offensichtlich den Reaktor mit einer Waffe oder Reaktorbombe durcheinanderbrachte.

22 F.H.Hinsley, *British Intelligence in the Second World War*, London 1979–90, Bd.2, S.589ff., und Anhang 29, S.931–944. Goudsmit, *ALSOS*, S.68–71. Schon vorher, am 31.7.1944, hatte sich ein Dokument mit dem Titel »Appraisal of Energy Bomb Production« etwas besorgter über die Aktivitäten der Deutschen auf dem Gebiet der Kernforschung gezeigt (NA, RG 77, MED Foreign Intelligence Unit, entry 22, box 168, folder 202.3 – 1). – Drei Hauptzusammenfassungen von Goudsmits Schlußfolgerungen aus dem in Straßburg erbeuteten Beweismaterial sind nun in NA, RG 77, MED Foreign Intelligence Unit, entry 22, zugänglich: 1. Box 164, folder »Germany« – »Straßburg Intelligence on

German Nuclear Physics an TA«, 17.12.1944 (eine systematische Analyse). 2. Box 164, »TA Straßburg«, 16.12.1944 (eine Kompilation von Beweisquellen und Analyse). »Der beiliegende Bericht wurde in sehr großer Eile zusammengestellt, damit ihn Lt. Col. Pash (nach Washington) mitnehmen konnte.« 3. Box 170, folder 32.60 – A, »The Straßburg Summary«, 12.2.1945 (ein gebundener Textband von mehr als zweihundert Seiten, wahrscheinlich identisch mit dem »Strasbourg Report«, nach dem so lange gesucht wurde). Kap. 5, Abschnitt 1 oben »Technical Devices: Bomb«, ist ziemlich skeptisch über die Fortschritte der Deutschen bei der Bombe und beruht auf den Zeugenaussagen Nagelsteins und Fleischmanns über die Rückständigkeit der Deutschen in der Reaktortheorie.

23 K. Wirtz, *Im Umkreis der Physik*, Karlsruhe 1988, S. 61f. – Gerlach war während seines Verhörs am 13.5. und 9.6.1945 nicht sehr mitteilsam über das Atomprojekt (IMF 31-1245/1247). Photographien von der Anlage in Haigerloch sowie wichtige Verhöre und Dokumente befinden sich nun in NA, RG 77, MED Foreign Intelligence Unit, entry 22, box 166.

24 Bericht des Höheren SS- und Polizeiführers Südwest und Gauleiter Wilhelm Murr, Stuttgart, und Gauleiter Robert Wagner, Straßburg, von einer Besprechung mit Himmler am 22.6.1944 im Elsaß (Ba NS 19 / neu 371), zit. in Albert Speer, *Der Sklavenstaat. Meine Auseinandersetzung mit der SS*, Stuttgart 1981, S. 223.

25 Manhattan Project History, NA mflm. A-1218, roll 5,4.32.

26 Siehe Ludwig, *Technik*, S. 257, 479.

27 Himmler wurde im Oktober 1944 in den Reichsforschungsrat berufen, siehe K. Zierold, *Forschungsförderung in drei Epochen. Deutsche Forschungsgemeinschaft*, S. 242.

28 BA, R 3/1583, zit. in Speer, *Der Sklavenstaat*, S. 223.

29 Speer, *Der Sklavenstaat*, S. 218 f.

30 SH200 (»SH220« ist möglicherweise ein Druckfehler) war das Codewort für schweres Wasser. Vgl. P. Harteck, »Bericht über den Stand der SH200 Gewinnung« (G-262), 15.4.1944 (IMF 29-762).

31 BA, R 3/1593, zit. in Speer, *Der Sklavenstaat*, S. 224 f. Vgl. Ludwig, *Technik*, S. 242 f.

32 BA, R 3/1579, folder 1, zit. in Speer, *Der Sklavenstaat*, S. 225.

33 Goudsmit an R. R. Furman, 21.5.1945 (IMF 31-1164). Der SS-Offizier war H. Clasen, und der Brief stammte aus dem technischen Büro VIII FEP des SS-Führungshauptamts. Vgl. Goudsmit, *ALSOS*, S. 201.

34 H. J. Fischer, *Erinnerungen*, 2 Bde. Sein späteres Buch *Hitler und die*

Atombombe, Ingolstadt 1987, ist weniger wertvoll, da es sich weitgehend auf gedrucktes Quellenmaterial stützt. Fischers rassistischer Artikel, »Völkische Bedingtheit von Mathematik und Physik«, erschien in der *Zeitschrift für die gesamte Naturwissenschaft* 3 (1937/38), S. 422–426. – Die folgenden Informationen sind entnommen aus Fischer, *Erinnerungen*, Bd. 1, S. 125–138, 148 f., 183; Bd. 2, S. 1–5, 7 f., 22 f., 31 f., 46–52, 56 f., 86 f., 98 f., 101 f., 107, 131, 140–145, 147 f., 172 f., 249, 254, 270.

35 Ibid., Bd. 2, S. 50.

36 Auf dem möglicherweise erst später hinzugefügten Titelblatt des Dokuments steht »Tagung der deutschen Wissenschaftler, Oktober 1944«, doch ich entschied mich für den Titel *Rechenschaftsbericht*, als den es sich auf S. 31 selbst bezeichnet. Es befindet sich nun im Wiesenthal-Archiv in den Yad Vashem Archives, Jerusalem, unter der Regalbezeichnung M-0/339. Herr Wiesenthal erwarb den Bericht um das Jahr 1951 und übersandte ihn 1954 nach Jerusalem. Dr. Mara Beller von der Hebrew University of Jerusalem machte mich freundlicherweise auf das Dokument aufmerksam. Prof. Issachar von der Fakultät für Physik der genannten Universität bin ich zu Dank verpflichtet für seine nützliche Erläuterung dieses Rechenschaftsberichts.

37 »Der genaue chemisch-physikalische Herstellungsbericht nebst Konstruktionsplänen der hiezu nötigen Agr. liegt unter Az. 12/345 1940 in unserer Abteilung auf« (*Rechenschaftsbericht*, S. 2). Den erwähnten Herstellungsbericht konnte ich nicht ausfindig machen.

38 »Hierin liegt nach Ansicht unserer Forschungsanstalt der Grund hierfür« (ibid., S. 26).

39 Vom Titel der Sammlung im November 1944 veröffentlichter Forschungsberichte der Deutschen Reichspost (G-318; IMF 30-646). Darunter befinden sich auch eine Neuauflage von Houtermans' G-267 (G-94) und mehrere Berichte S. Flügges (G-141, G-142, G-254, G-255).

40 *Rechenschaftsbericht*, S. 16, 33. Vgl. M. v. Ardenne, *Ein glückliches Leben*, S. 180, 185, 193.

41 Siehe den Aufsatz »Konstruktion eines Massenspektrographen, geplant von der Forschungsanstalt der Deutschen Reichspost« (G-256). Andere Projekte schließen G-196 (Kiel 1942) und R. Herzog, »Bericht über den Stand der Konstruktion eines großen neuen Massenspektrographen« (G-375), ein. Zur Vorführung eines Instruments in Anwesenheit Gerlachs vgl. Irving, *The German Atomic Bomb*, S. 235, 298. Ich bat Prof. von Ardenne um eine Stellungnahme zu dem Dokument, die er jedoch nicht abgab.

42 Arnold Kramish und David Cassidy haben mir gegenüber die Ansicht vertreten, daß das Dokument in Wirklichkeit aus der Nachkriegszeit stamme und möglicherweise den Russen die Arbeit in Kriegsgefangenschaft geratener deutscher Wissenschaftler schmackhaft machen sollte. Doch ich finde ihre Argumente nicht überzeugend, und zwar aus folgenden Gründen: 1. Die Annahme eines Elements Nr. 98, genannt »Paulinium« (S. 33) – inzwischen als Californium bekannt und erst Jahre nach dem Krieg entdeckt –, beruht nicht notwendigerweise auf amerikanischen Diskussionen über Paulinium, die, soweit ich herausfinden konnte, jedenfalls nicht öffentlich bekannt waren. Die Vermutung der Deutschen, daß es ein Element 98 gebe, war berechtigt, und der Name dürfte auf den deutschen Atomwissenschaftler Wolfgang Paul (1913–1993; Arbeit in Göttingen 1942–44, Nobelpreis 1989) und nicht auf den Juden Wolfgang Pauli zurückgegangen sein. Das Element 98 wurde nämlich 1941 in J. Schintlmeisters Aufsatz »Die Stellung des Elementes mit Alphastrahlen von 1,8 cm Reichweite im periodischen System. III. Bericht« (21.5.1941 = G-111, IMF 31-032) als »Eka-Hg« hypostasiert. 2. Der Gebrauch der Begriffe Neptunium und Plutonium für die Elemente 93 und 94 (S. 10 f., 24) deutet nicht notwendigerweise auf die Kenntnis des Manhattan-Projekts hin; die Analogie zur Planetenfolge wäre den Deutschen jederzeit klar gewesen. 3. Die Bezüge auf den Halbjuden Gustav Hertz (S. 16, 33) und auf Einstein (S. 2) sind in einem Dokument aus der Nazizeit nicht unbegreiflich. Die SS war durchaus bereit, jüdische – und noch lieber, halbjüdische – Wissenschaftler positiv erwähnen zu lassen, besonders wenn man ihre Arbeit zum Erfolg der deutschen Kriegsführung für nützlich hielt. Vgl. die Rede Görings vom 6.7.1942 vor Mitgliedern des Reichsforschungsrats und der Kaiser-Wilhelm-Gesellschaft, zit. in Macrakis, *Surviving the Swastica*, S. 92.

43 *Rechenschaftsbericht*, S. 30 f.; »30.« September könnte ein Druckfehler für »3.« September sein.

44 Daß es ein Rundschreiben 219 gab, geht aus einem Hinweis im Brief von Diebner an Harteck vom 29.9.1944 hervor, wo von dem »Rundschreiben des Reichsleiters Bormann an alle Gauleiter vom 3.9.44« die Rede ist (in Hartecks Unterlagen = G341, Bd. 1). Zu Rundschreiben mit der Nr. 216 (4.9.1944?) und der Nr. 302 (6.10.1944) siehe die Veröffentlichung des Instituts für Zeitgeschichte *Akten der Partei-Kanzlei der NSDAP: Rekonstruktion ...*, München 1983, »Regesten«, 2:1051; 3:*199. Was das Rundschreiben Nr. 219 betrifft, so haben sich Nachforschungen im Bundesarchiv Koblenz, dem Münchener Institut für

Zeitgeschichte und dem Berliner Document Center bisher als ergebnislos erwiesen.

45 Zu der Demonstration im Januar 1944 durch F. Bopp und E. Fischer (»Einfluß des Rückstreumantels auf die Neutronenausbeute des U-Brenners«, 10.1.1944 [= G-249; IMF 30-418], daß ein Kohlereflektor (nicht Moderator) zusammen mit schwerem Wasser eine höhere Neutronenvermehrung erbrachte, siehe Irving, *The German Atomic Bomb*, S. 233 und 265. Heisenberg bestand darauf, die weniger effizienten Uranplatten anstatt der Würfel zu verwenden; wäre er gegenüber Diebners Vorschlag nicht so arrogant gewesen, hätte der Reaktor bis zum Ende des Jahres durchaus kritisch werden können.

46 W. Heisenberg, »Theoretische Auswertung der Dahlemer Großversuche« (G-220), undatiert [September 1944], in GWH, A II, S. 588.

47 Heisenbergs B-VII-Bericht vom 3.1.1945 (GWH, A II, S. 595).

48 Siehe W. Heisenberg, »Bericht über die Versuche mit Schichtenanordnungen von Präparat 38 und Paraffin am Kaiser-Wilhelm-Institut für Physik in Berlin-Dahlem« (G-39), 18.4.1941, in GWH, A II, S. 432. Auch der von R. Döpel und K. Döpel verfaßte zweite Aufsatz »Versuche mit einer Schichtenanordnung von Wasser und Präparat 38« (G-74) befindet sich in GWH, A II, S. 463.

14. *Kapitel*

1 Die Tonbandaufzeichnung und Protokollierung der Gespräche der deutschen Physiker erfolgte unter dem Codewort »Operation Epsilon«. Die englischen Übersetzungen (die deutsche Originalversion ist noch nicht ausfindig gemacht worden) sind in leicht voneinander abweichenden Typoskripten im Public Record Office, London, WO 208/5019, sowie in den National Archives, College Park, Md., RG 77, MED Foreign Intelligence Unit, entry 22, box 163, zugänglich. Veröffentlicht und mit einer wertvollen Einleitung von Sir Charles Frank versehen, wurde der Text unter dem Titel *Operation Epsilon. The Farm Hall Transcripts*. Die von D. Hoffmann herausgegebene deutsche Version *Operation Epsilon. Die Farm-Hall-Protokolle*, wurde aus dem Englischen rückübersetzt und enthält Heisenbergs Vortrag über die Atombombe vom 14.8.1945 nicht. Eine luzide Analyse der Bedeutung des Farm-Hall-Materials bietet J. L. Logan, »The Critical Mass«, *American Scientist* 84 (Mai–Juni 1996), S. 263–277. – In diesem Kapitel verwende ich den Begriff kritische Masse in einer sehr weitgefaßten

Bedeutung (manchmal in Anführungszeichen, manchmal verbunden mit den Adjektiven wirksam und/oder faktisch, um Heisenbergs Vorstellung von der für eine Bombe benötigten Menge zu rekonstruieren); das unterscheidet sich von der eigentlichen physikalischen Bedeutung des Begriffs, über die Logans Aufsatz Auskunft gibt.

2 M. v. Ardenne, *Sechzig Jahre*, S. 162, 482, entsinnt sich, daß ihm Hahn während eines Besuchs am 10.12.1941 gesagte habe, für eine explosive Kettenreaktion brauche man nur »wenige Kilogramm« U235. Siehe 9. Kap. Welche Zahlen auch immer während des Krieges genannt wurden, Heisenbergs Erklärungen hatten Hahn offensichtlich zu der Auffassung veranlaßt, daß eine Bombe nicht machbar sei. Bei einem Vortrag, den er 1943 vor der Königlichen Akademie der Wissenschaften in Stockholm hielt, sprach Hahn über das Phänomen einer explosiven Kettenreaktion, kam aber zu dem Schluß, daß die technischen Schwierigkeiten unüberwindbar seien: »Die Vorsehung hat nicht gewollt, daß die Bäume in den Himmel wachsen« (zit. in P. Rife, »Lise Meitner. The Life and Times of a Jewish Woman Physicist«, Ph.D. diss., Union for Experimenting Colleges and Universities, 1983, S. 320).

3 OE, S. 146–149. H. Rechenberg, *Farm-Hall-Berichte ... Ein Kommentar*, Stuttgart 1994, S. 44, 96, zitiert diesen Wortwechsel zwischen Hahn und Heisenberg, scheint aber die Zahl von »10 Tonnen« lediglich darauf zurückzuführen, daß Heisenberg andere mittlere freie Weglängen annahm – oder sogar darauf, daß Heisenberg seine frühere Zahl vergessen hatte –, und nicht darauf, daß er sich eines radikal anderen konzeptionellen Ansatzes bediente. Möglich ist auch, daß der Wert »50 kg« von einer kleinen kritischen Masse mit einem Radius von 8 cm für einen Reaktor – nicht für eine Bombe – herrührt, die Heisenberg in Relation zu einer 30%igen Anreicherung von U235 in seinem grundlegenden Aufsatz vom Dezember 1939 (G-39) ermittelt hatte (GWH, A II, S. 391).

4 C. Frank in einem Interview mit Mark Walker, 12.4.1985, S. 9 f., 14 ff. (OHI). Erstaunlicherweise greift Walker dieses Thema in seinem Buch nicht auf.

5 FHP 4, 6. August, OE, S. 162 f.

6 OE, S. 165 f. Auffällig ist, daß bei den Grübeleien in Farm Hall so wenig von Plutonium die Rede ist. Die Erklärung scheint darin zu liegen, daß nach Ansicht der deutschen Wissenschaftler die Alliierten ihnen unmöglich in der Konstruktion eines Reaktors voraus sein und somit auch kein Plutonium gewonnen haben konnten. Dennoch deutet es

auch darauf hin, daß man die Option auf eine Plutoniumbombe nicht richtig verstand.

7 Der Informationsgehalt der Artikel, die in den Ausgaben der Londoner *Times* als auch des *Manchester Guardian* zwischen dem 7. und dem 14. August über die Atombombe erschienen, ist erstaunlich mager. Weder geht aus ihnen hervor, um welchen Kernsprengstoff es sich bei den Bomben auf Hiroshima und Nagasaki gehandelt hatte, noch geben sie konkrete Zahlen der kritischen Massen an.

8 OE, S. 171 f.

9 »Atomic Bomb Explained«, *The Times* (London), 8.8.1945, S. 5. Der Artikel behauptet, daß die U235-Trennung der Schlüssel zur Bombe war, und mutmaßt, daß die industriellen Anstrengungen der USA ihr gegolten habe. Der Verfasser des Artikels merkt an, »das Gewicht des Urans in der abgeworfenen Bombe müsse sich, nach groben Schätzungen, im Bereich eines Pfundes bewegt haben«.

10 Weder die *Times* noch der *Manchester Guardian* vom 9.8. berichten, die Bombe habe »200 kg« gewogen. Die entsprechenden Ausgaben von *Daily Telegraph*, *Daily Mail* oder *News Chronicle* konnte ich nicht nachprüfen. Eine dieser Zeitungen muß eine solche Spekulation aufgetischt haben.

11 K. Diebner u. E. Grassmann, *Künstliche Radioaktivität. Experimentelle Ergebnisse*, Leipzig 1939; mit Ergänzungen veröffentlicht in *Physikalische Zeitschrift* 40 (1939), S. 297–314; ibid. 41 (1940), S. 157–194. Unter den Wirkungsquerschnitten auf S. 190 f. ist keine Zahl für Kernspaltung in U235 durch schnelle Neutronen angegeben, möglicherweise hat jedoch Diebner in sein eigenes Exemplar neue Daten eingefügt, als diese verfügbar wurden. Auf S. 190 allerdings zitiert Diebner aus Ladenburg einen allgemeinen Wert für den Kernspaltungsquerschnitt in ungetrenntem Uran durch schnelle Neutronen als 5×10^{-25} cm² (= $0{,}5 \times 10^{-24}$ cm²), welches der Wert sein könnte, den er Heisenberg in dieser Diskussion irrigerweise liefert, wie eine Bemerkung in Heisenbergs Vortrag vom 14.8. nahelegt, wo er sagt, er sei sich nicht sicher, ob sich der Wert 0,5 auf U235 oder U238 beziehe. – Zu den anderen deutschen Tabellen, die während des Krieges veröffentlicht wurden, gehört auch J. Mattauch u. S. Flügge, *Kernphysikalische Tabellen*, Berlin 1942, wo auf S. 67 für durch schnelle Neutronen erfolgende Kernspaltungen in allen Uranisotopen nur ein allgemeiner Wert in der Größenordnung von 10^{-25} angegeben wird. – Eine rechnerische Annäherung von 3,7 plus oder minus 0,5 erscheint in einem Aufsatz von W. Jentschke u. K. Lintner, der im Februar 1944 im Umlauf war: »Schnelle Neutronen

in Uran.V« (G-227; IMF 30-461), S.95. In einem Brief vom 10.6.1966 (IMF 32) behauptete Heisenberg, diesen Wert 1945 in Farm Hall benutzt zu haben, aber dies – wie so viele seiner Behauptungen – geht aus den Protokollen nicht hervor.

12 Diese Formel scheint Heisenberg erst vor kurzem gefunden zu haben, denn wenn sie in Verbindung mit seiner »random walk«-Analyse und seinem U235-Spaltungsquerschnitt von 0,5 (am 9. August noch angenommen, doch nun als problematisch angesehen) gebraucht worden wäre, hätte sie einen kritischen Radius von 394 cm ergeben ($\sqrt{80} \times 44\,\text{cm} = 394\,\text{cm}$; jeder Schritt beträgt 44 cm, da 22 geteilt durch 0,5 [Spaltungsquerschnitt $10^{-24}\,\text{cm}^2$] 44 ergibt).

13 Heisenbergs Vortrag vom 14.8.1945, in *Physikalische Blätter* 48 (1992), S.995.

14 Ibid., S.996 f.

15 Ibid. Man beachte, daß das negative ν des 1942 berechneten Uranbrenners positiv geworden ist.

15. Kapitel

1 Zit. in Cassidy, *Heisenberg*, S.653.

2 *Reden zum 100. Geburtstag von Einstein, Hahn, Meitner, von Laue*, Dokumentationsreihe der Freien Universität Berlin, Berlin 1979, S.24. Vgl. H. Casimir, *Haphazard Reality*, New York 1983, S.193.

3 Vgl. R. Wolin (Hg.), *The Heidegger Controversy*; V. Farias, *Heidegger und der Nationalsozialismus*, Frankfurt a.M. 1989, und H. Ott, *Martin Heidegger. Unterwegs zu seiner Biographie*, Frankfurt a.M. 1992.

4 Siehe hierzu R.J. Evans' scharfsinnige Besprechung von S.H. Shirakawas verfehlter Furtwängler-Biographie *The Devil's Music Master* in *The Times Literary Supplement*, 13.11.1992.

5 F. Stern, *The Failure of Illiberalism. Essays on the Political Culture of Modern Germany*, Chicago 1975, bes. die Einleitung und das 1. Kap. »The Political Consequences of the Unpolitical German«. Siehe außerdem G. Craig, *The Germans*, New York 1982. A. Dundes, *Life Is Like a Chicken Coop Ladder. A Portrait of German Culture through Folklore*, New York 1984, ist eine interessante, wenn auch auf ein Thema begrenzte sozialanthropologische Analyse dessen, was man »tiefe Kultur« nennen könnte, obzwar Dundes den irreführenden Begriff »Nationalcharakter« verwendet.

6 Vgl. die umfängliche Bibliographie und die eingehenden, zumeist kriti-

schen Aufsätze über Luthers Beitrag zur deutschen Autoritätsgläubigkeit von J. D. Tracy, T. A. Brady Jr. u. E. W. Gritsch in *Luther and the Modern State, Sixteenth Century Essays and Studies*, Bd. 7, hrsg. v. J. D. Tracy, Kirksville, Mo., 1989.

7 K. Barth, *Eine Schweizer Stimme 1938–1945*, Zürich 1948, S. 113 (Brief von 1939).

8 Siehe Heinrich Heine, *Die Geschichte der Religion und Philosophie in Deutschland*, in ders., *Sämtliche Schriften*, hrsg. v. K. Briegleb, München 1971, Bd. 3, S. 505–641.

9 J. Dewey, *German Philosophy and Politics*, New York 1915, ist nach wie vor die brillanteste Analyse dieser Problematik; siehe jedoch auch den scharfsinnigen Aufsatz J. R. Silbers »Kant at Auschwitz«, in *Proceedings of the Sixth International Kant Congress*, Washington, D.C., 1991, I, S. 177–211, sowie L. Dumont, *German Ideology*, Chicago 1994.

10 I. Kant, *Die Metaphysik der Sitten*, Darmstadt 1968, S. 439 f.

11 R. Hanser, *A Noble Treason*, New York 1979.

12 P. L. Rose, *German Question / Jewish Question: Revolutionary Antisemitism in Germany from Kant to Wagner*, Princeton 1994. Zur Säkularisierung des Phänomens allgemein siehe J. L. Talmon, *Political Messianism. The Romantic Phase*, London 1960.

13 T. Mann, »What is German?«, *Atlantic Monthly*, Mai 1944, S. 78–85.

14 Vgl. Hedwig Borns Schilderung des Unterschiedes zwischen der politischen Kultur in Deutschland und der britischen in H. u. Max Born, *Der Luxus des Gewissens*, München 1969, S. 151–170. Als typisches Beispiel erwähnt sie einen Wortwechsel mit einem deutschen Besucher 1937, der es für »bezeichnend« hielt, »daß sie [die Engländer] kein Wort für Gemütlichkeit haben«, worauf sie spitz erwiderte: »und sie haben auch kein Wort für Schadenfreude« (ibid., S. 157).

16. Kapitel

1 »Reminiscences«, in *The Intellectual Migration: Europe and America, 1930–1960*, hrsg. v. D. Fleming u. B. Bailyn, Cambridge, Mass., 1969, S. 95 f.

2 E. Calic (Hg.), *Ohne Maske. Hitler, Breiting. Geheimgespräche 1931*, Frankfurt a. M. 1968, S. 42.

3 Interview in D. Hoffmann, *Operation Epsilon. Die Farm-Hall-Protokolle*, S. 336.

4 C. F. v. Weizsäcker u. B. L. v. d. Waerden, *Werner Heisenberg*, München 1977, S. 33 f., 40.

5 Eine vortreffliche Analyse von Heisenbergs persönlichem und intellektuellem Werdegang enthält D. Cassidy, *Heisenberg*.

6 Cassidy, *Heisenberg*, S. 51.

7 W. Heisenberg, *Selbstbiographie* (1933), geschrieben zur Aufnahme in die Kaiserlich Deutsche Akademie der Naturforscher in Halle, in GWH, C IV, S. 12. Im Zusammenhang mit seiner Bewerbung um den Münchener Lehrstuhl erinnert Heisenberg in einem Brief vom 18.1.1938 an diesen Einsatz (Sommerfeld-Nachlaß, Deutsches Museum, München, 1977-28/A, 136/15). Dr. R. Heinrich bin ich dankbar für die Zustellung von Kopien des Heisenberg-Sommerfeld-Briefwechsels.

8 W. Heisenberg, *Lebenslauf*, MS von 1943, in GWH, C IV, S. 14.

9 Eine verwirrende Analyse der extremen mentalen Atmosphäre der Freikorps bietet K. Theweleit, *Männerphantasien*, Frankfurt a. M. 1977.

10 Cassidy, *Heisenberg*, S. 86.

11 Ibid., S. 86–88.

12 Zu den autoritären Zügen der vorherrschenden politischen Strömung des deutschen »Patriotismus« in den Zwischenkriegsjahren siehe K. Sontheimer, *Antidemokratisches Denken in der Weimarer Republik. Die politischen Ideen des deutschen Nationalismus zwischen 1918 und 1933*, München 1968.

13 W. Heisenberg, *Der Teil und das Ganze*, in GWH, C III, S. 24. Vgl. Cassidy, *Heisenberg*, S. 93 ff.

14 W. Laqueur, *Young Germany. The History of the German Youth Movement*, New York 1962, S. 6 f. Enorm viel neues Material zu Heisenberg und der Jugendbewegung bringt Cassidy im 5. und 6. Kap. seiner Heisenberg-Biographie.

15 Heisenberg an Kurt Pflügel, 31.10.1924, zit. in Cassidy, *Heisenberg*, S. 203. Heisenberg begrüßte den von J. G. Fichte in *Reden an die deutsche Nation*, Leipzig 1919, 8. Rede, S. 131, entfaltete Vaterlandsliebe: »Volk und Vaterland in dieser Bedeutung, als Träger und Unterpfand der irdischen Ewigkeit, und als dasjenige, was hinieden ewig sein kann, liegt weit hinaus über den Staat … Und eben darum muß diese Vaterlandsliebe den Staat selbst regieren, als durchaus oberste, letzte und unabhängige Behörde …«

16 Cassidy, *Heisenberg*, S. 169 ff. Zu Heidegger siehe K. Löwith, *Mein Leben in Deutschland vor und nach 1933. Ein Bericht*, Stuttgart 1986, S. 57: »Er trug es während seines ganzen römischen Aufenthalts, und

es war ihm offenbar nicht in den Sinn gekommen, daß das Hakenkreuz nicht am Platz war, wenn er mit mir einen Tag verbrachte.«

17 Cassidy, *Heisenberg*, S. 106 f.

18 Vgl. P. L. Rose, *German Question / Jewish Question. Revolutionary Antisemitism from Kant to Wagner*, Princeton 1992. Mein Lehrer Paul Oskar Kristeller entsinnt sich (trotz seines inakzeptablen Hintergrunds), in den dreißiger Jahren an Kammermusikabenden mit dem nationalsozialistisch und antisemitisch eingestellten Heidegger teilgenommen zu haben.

19 Heisenberg an Kurt Pflügel, 21.10.1923, zit. in Cassidy, *Heisenberg*, S. 97.

20 Zu dieser Heideggerschen Metapher siehe Heisenberg an Pflügel, 24.11.1923, zit. in Cassidy, *Heisenberg*, S. 204 f.

21 Goudsmit an Irving, 4.8.1966 (IMF 32). »Ritter« sind in Goudsmits »Alsos Report on Interrogation of Heisenberg«, 11.5.1945, NA, RG 77, MED Foreign Intelligence Unit, entry 22, box 167, folders 32.12-2, nicht erwähnt. Vgl. Goudsmit, *ALSOS*, S. 112 f.

22 Cassidy, *Heisenberg*, S. 100–104.

23 Vgl. die ersten Kapitel von *Der Teil und das Ganze*, GWH, CIII, S. 11 ff. Obwohl erst in den späten Sechzigern niedergeschrieben, scheint Heisenbergs Darstellung seiner Erlebnisse und Empfindungen in der Jugendbewegung weitgehend authentisch zu sein.

24 M. Born, *My Life*, London 1978, S. 269. Zu anderen unerfreulichen Facetten im Verhältnis Heisenbergs zu Born siehe 21. Kap.

25 M. Eckert et al. (Hg.), *Geheimrat Sommerfeld – Theoretischer Physiker. Eine Dokumentation aus seinem Nachlaß (Deutsches Museum)*, München 1984, S. 132 ff.

26 Vgl. S. Goudsmit, Brief an die Zeitschrift *Nuclear News*, Oktober 1970, sowie Goudsmit an Irving, 22.7.1966, in IMF 32.

17. *Kapitel*

1 Einstein an Laue, 26.5.1933, zit. in Cassidy, S. 373.

2 Siehe Cassidy, *Heisenberg*, S. 374 ff.

3 Heisenberg an seine Mutter, 6.10.1933, zit. in Cassidy, *Heisenberg*, S. 374.

4 Heisenberg an Born, 2.6.1933, in W. Pauli, *Wissenschaftlicher Briefwechsel ...*, Bd. 2, New York/Heidelberg 1985, S. 168.

5 Die Farm-Hall-Protokolle zeigen, wie geschwind sich frühere Par-

teimitglieder einredeten, niemals Nazis gewesen zu sein. Siehe 20. Kap.

6 *Toronto Star*, 8.4.1933, nachgedruckt in D. Hahn, *Otto Hahn. Begründer des Atomzeitalters*, München 1979, S. 129 f.

7 L. Meitner an O. Hahn, 21.3.1933, in Auszügen zit. bei J. Lemmerich, *Die Geschichte der Entdeckung der Kernspaltung*, Berlin 1988, S. 112 f.

8 Meitner an Hahn, 6.6.1948, in F. Krafft, *Im Schatten der Sensation. Leben und Wirken von Fritz Straßmann*, S. 185 f.

9 Cassidy, *Heisenberg*, S. 376.

10 W. Moore, *Schroedinger. Life and Thought*, Cambridge 1989, S. 272 f.

11 Heisenberg an seine Mutter, 17.9.1933, zit. in Cassidy, *Heisenberg*, S. 383.

12 Cassidy, *Heisenberg*, S. 310 ff., 399–401.

13 J. L. Heilbron, *Max Planck. Ein Leben für die Wissenschaft 1858–1947*, Stuttgart 1988, S. 156; K. Hoffmann, *Schuld und Verantwortung. Otto Hahn – Konflikte eines Wissenschaftlers*, Berlin 1993, S. 111.

14 E. Hahn an J. Franck, 22.4.1933, in Sime, *Lise Meitner*, S. 140.

15 Pauli, *Briefwechsel*, Bd. 2, S. 207, Anm.

16 Goudsmit Papers, AIP, box 28, folder 42, 1–3.

17 K. Hentschel u. A. Hentschel (Hg.), *Physics and National Socialism. An Anthology of Primary Sources*, Basel/Boston/Berlin 1996, S. XXXVII.

18 Sime, *Lise Meitner*, S. 146.

19 Cassidy, *Heisenberg*, S. 385.

20 Ibid., S. 384.

21 Vgl. Borns Äußerungen in Pauli, *Briefwechsel*, Bd. 2, S. 168, und James Francks ähnlich skeptische Bemerkungen, ibid., Bd. 2, S. 208.

22 Planck an Einstein, 19.3.1933, in A. Hermann, *Max Planck in Selbstzeugnissen und Bilddokumenten*, Reinbek 1973, S. 78; vgl. Heilbron, *Max Planck*, S. 161 f.

23 Planck an Einstein, 31.3.1933, in Hermann, *Max Planck*, S. 78.

24 A. Einstein, *Mein Weltbild*, hrsg. v. C. Seelig, Zürich 1953, S. 106.

25 A. Hermann, *The New Physics*, Bonn 1979, S. 75–81.

26 Einstein, *Mein Weltbild*, S. 108, 109.

27 Einstein an Born, 30.5.1933, in A. Einstein, *Briefwechsel 1916–1955*, München 1969, S. 160.

28 Dokumente in C. Kirsten und H.-J. Treder, *Albert Einstein in Berlin 1913–1933*, Bd. 2, Berlin-Ost 1979, S. 267.

29 Heilbron, *Max Planck*, S. 207. Am 6.4.1933 drängte Einstein brieflich zu Offenheit.

30 Siehe Heilbron, *Max Planck*, S. 196 f.

31 M. Planck, »Mein Besuch bei Adolf Hitler«, *Physikalische Blätter* 3 (1947), in Heilbron, *Max Planck*, S. 253.

32 H. Albrecht, »›Max Planck: Mein Besuch bei Adolf Hitler‹ – Anmerkungen zum Wert einer historischen Quelle«, in *Naturwissenschaft und Technik in der Geschichte*, hrsg. v. H. Albrecht, Stuttgart 1993, S. 41–63, bietet eine elegante Deutung. Allgemein zu diesem Thema siehe R. Siegmund-Schultze, »The Problem of Anti-Fascist Resistance of ›Apolitical‹ German Scholars«, in *Science, Technology and National Socialism*, hrsg. v. M. Rennenberg u. M. Walker, Cambridge 1994, S. 312–323.

33 P. L. Rose, *German Question*. Plancks Formulierung scheint die »Ost«-Juden als einen wertlosen Haufen hinzustellen.

34 W. Köhler, »Gespräche in Deutschland«, in *Deutsche Allgemeine Zeitung*, 28.4.1933. 1935 gab es Köhler auf, die Nazipolitik ändern zu wollen, und wanderte nach Amerika aus.

35 Pauli, *Briefwechsel*, Bd. 2, S. 168. Vgl. Heilbron, *Max Planck*, S. 159 f.

36 Cassidy, *Heisenberg*, S. 388.

37 Ibid., S. 448.

38 Sommerfeld an Einstein, 27.8.1934, in *Albert Einstein / Arnold Sommerfeld, Briefwechsel. Sechzig Briefe aus dem goldenen Zeitalter der modernen Physik*, hrsg. v. A. Hermann, Basel 1968, S. 113–116; darin ein Faksimile, in dem man die durchgestrichenen ursprünglichen Sätze sieht.

39 Cassidy, *Heisenberg*, S. 406.

40 W. Menzel, »Deutsche und jüdische Physik«, *Völkischer Beobachter*, 29.1.1936; siehe A. Beyerchen, *Scientists under Hitler*, New Haven 1977, S. 141 ff.; Cassidy, S. 432 f.

41 Heisenberg, »Zum Artikel ›Deutsche und jüdische Physik‹« (28.2.1936), nachgedruckt in GWH, C V, S. 9–11, sowie in H. Rechenberg, *Deutsche und jüdische Physik*, München 1992, S. 78–80.

42 »An den Reichsminister für Erziehung, Wissenschaft und Volksbildung«, in GWH, C V, S. 12–13.

43 Cassidy, *Heisenberg*, S. 418 ff., 432 ff.; Texte in GWH, C V, und Rechenberg, *Deutsche und jüdische Physik*. Detaillierte Darstellung in Beyerchen, *Scientists under Hitler* sowie allgemein zu diesem Thema H. Mehrtens, »Mathematics in the Third Reich: Resistance, Adaptation and Collaboration of a Scientific Discipline«, S. 141–166.

18. Kapitel

1 Eine faszinierende Rekonstruktion von Heisenbergs Beziehungen zu Himmler bietet Cassidy, *Heisenberg*, 20. Kap.

2 Zit. in Cassidy, *Heisenberg*, S. 467 f. Carl von Ossietzky, engagierter Pazifizist und Gegner des Naziregimes, starb 1936 im Konzentrationslager, ausgezeichnet mit dem Friedensnobelpreis. Auf Hitlers Befehl durften Deutsche fürderhin keinen Nobelpreis mehr annehmen.

3 In Auszügen zit. in A. Hermann, *Die Jahrhundertwissenschaft*, S. 144. Der Brief scheint aus dem Heisenberg-Archiv verschwunden zu sein. (Mehrere Dokumente, die sich auf Himmler beziehen, sowie anderes sensibles Material wurden von Frau Heisenberg der öffentlichen Benutzung entzogen.)

4 Beyerchen, *Scientists under Hitler*, S. 161.

5 Cassidy, *Heisenberg*, S. 478–485. Nach dem Krieg revanchierte sich Heisenberg, indem er für so hilfreiche SS-Bekannte wie Juilfs Persilscheine ausstellte. Siehe 21. Kap.

6 Elisabeth Heisenberg, *Das politische Leben eines Unpolitischen*, S. 72. Leider ist die SS-Akte über Heisenberg nicht gefunden worden, doch der Bericht war sicherlich vorteilhaft.

7 Faksimiles der Briefe Himmlers in S. Goudsmit, *ALSOS*, New York 1947, S. 115–119. Sie stammen von Dokumenten der Ahnenerbe-Akten, Berlin Document Center, und den Goudsmit Papers, AIP, box 11, folder 98.

8 Das Affidavit befindet sich im Bundesarchiv Berlin-Lichterfelde, REM 2943, 370 ff.

9 Heisenberg an Sommerfeld, 14.4.1938, Sommerfeld-Nachlaß, Deutsches Museum, München, 1977-28/A, 136/18. Siehe Cassidy, *Heisenberg*, S. 471. Wie Cassidy (S. 483) bemerkt, wurde »die Moral wieder einmal den beruflichen Vorteilen geopfert«.

10 Heisenberg an Himmler, 23.7.1938, Kopie in Goudsmit Papers, box 11, folder 98. Vgl. Cassidy, *Heisenberg*, S. 482 f.

11 Heisenberg an Himmler, 14.6.1939, Goudsmit Papers, box 11, folder 98. Man beachte in Heisenbergs Briefen an Sommerfeld 1938/39 die häufigen begeisterten Hinweise auf seine Kontakte zu Himmler und dessen Stab, besonders in denen vom 21.10.1938, 15. und 25.2., 3.3., 13.5., 8.6., 17.12.1939 sowie in dem vom 27.10.1940 (in Sommerfeld-Nachlaß).

12 Himmler an Heisenberg, 7.6.1939, Goudsmit Papers, box 11, folder 98. Vgl. Walker, *Nazi Science*, S. 138. Zu dem Artikel »Die Bewertung der ›modernen theoretischen Physik‹« (1943) siehe unten.

13 Heisenberg an seine Mutter, 27.9.1938, zit. in Cassidy, *Heisenberg*, S. 474.

14 Cassidy, *Heisenberg*, S. 491, zit. aus einem Gespräch mit Frau Heisenberg.

15 Gemäß A. Hermann, *Werner Heisenberg in Selbstzeugnissen und Bilddokumenten*, Reinbek 1979, S. 27.

16 Cassidy, *Heisenberg*, S. 493 ff.

17 Heisenberg an seine Mutter, 23.1.1939, zit. in Cassidy, *Heisenberg*, S. 506.

18 Ibid., S. 498.

19 Heisenberg an seine Mutter, 12.11.1938, zit. in Cassidy, *Heisenberg*, S. 490.

20 Max Dresdens Erinnerung, zit. in Cassidy, S. 506 f.

21 Heisenberg, *Der Teil und das Ganze*, in GWH, C III, S. 234.

22 Vgl. Cassidy, *Heisenberg*, S. 506 f.

23 Edith Kuby-Schumacher an Erich Kuby, 30.8.1939, in Erich Kuby, *Mein Krieg*, München 1975, S. 13.

24 Siehe L. F. Haber, *The Poisonous Cloud. Gas Warfare in the First World War*, Oxford 1986. Im Namen der Vaterlandsliebe legte Fritz Haber eine erschreckende Begeisterung für den Einsatz von Giftgas an den Tag. Seine Frau, Clara Immerwahr, bat ihn inständig, seine Arbeit aufzugeben, und beging, wohl aus Abscheu, Selbstmord. In den zwanziger Jahren als Berater für die Verwendung von Gas bei der spanischen und anderen Armeen. Dazu (und Borns Weigerung) siehe M. F. Perutz, »The Cabinet of Dr Haber«, *The New York Review of Books*, 20.6.1996, S. 31–35.

25 Cassidy schreibt auf S. 520, es falle »heute schwer, die Motive und die Begründung zu verstehen, mit denen Heisenberg und seine Kollegen es für vertretbar hielten, ihre großartigen Fähigkeiten so bereitwillig während des Krieges in den Dienst der Wehrmacht zu stellen« – wo doch eigentlich die Fülle des von ihm selbst zusammengetragenen Materials zu Heisenbergs spezifisch deutschen Verhaltensweisen diese Frage zu beantworten scheint. N. Motts und R. Peierls' Nachruf auf Heisenberg in *Biographical Memoirs of Fellows of the Royal Society* 23 (1977), S. 213–251, verortet Heisenbergs Mitarbeit am Uranprojekt in einem schlichten Patriotismus, wie er sich in Kriegszeiten manifestiere, und vernachlässigt den Zusammenhang mit dem Nationalsozialismus.

26 Borger an die Parteizentrale, 9.9.1942, in Institut für Zeitgeschichte, München, »Amt Rosenberg / Hauptamt Wissenschaft: Heisenberg«, MA 116/5. Vgl. Cassidy, *Heisenberg*, S. 554.

27 Goudsmit, *ALSOS*, S. 152 f.; Beyerchen, *Scientists under Hitler*, S. 192. Die Protokolle des Seefelder Treffens und Weizsäckers Bericht befinden sich in Goudsmit Papers, box 25, folder 12.
28 Cassidy, *Heisenberg*, S. 555.
29 Heisenberg an Himmler, 4.2.1943, Heisenberg-Archiv, München und Berlin (die Kopie beschaffte mir freundlicherweise Dr. H. Rechenberg).
30 Heisenberg, »Die Bewertung der ›modernen theoretischen Physik‹«, *Zeitschrift für die gesamte Naturwissenschaft* 9 (1943), S. 201–212, nachgedruckt in GWH, CV, S. 14–25, sowie in H. Rechenberg, *Deutsche und jüdische Physik*, S. 90–106.
31 Cassidy, *Heisenberg*, S. 567. Siehe »Deutsche Volksführer: Werner Heisenberg«, *Das Reich*, 14.5.1944, S. 1.

19. Kapitel

1 Cassidy, S. 533 ff.; M. Walker, »Physics and Propaganda«, S. 339–389.
2 M. Eckert et al. (Hg.), *Geheimrat Sommerfeld – Theoretischer Physiker. Eine Dokumentation aus seinem Nachlaß (Deutsches Museum)*, München 1984, S. 130.
3 Bohr an Weizsäcker, 13.3.1941, Bohr Scientific Correspondence, 26, Archive for History of Quantum Physics; Kopie in AIP.
4 Heisenberg war der Ansicht, richtig gehandelt zu haben, als er Bohr durch die guten Dienste des deutschen Gesandten in Kopenhagen schützte, der seine Anweisungen von Ernst von Weizsäcker empfing (vgl. das Interview in J. J. Ermenc, *Atomic Bomb Scientists*, S. 71 f.). In seinem Interview in D. Hoffmann, *Operation Epsilon. Die Farm- Hall Protokolle*, S. 351 f., schmückt Weizsäcker die Geschichte aus und weist Walkers Behauptung, der ganze Besuch habe nach Kulturpropaganda gerochen, entschieden zurück.
5 In einem Brief vom 21.1.1977 an Peierls (von dem mir dieser eine Kopie zur Verfügung stellte) schrieb Goudsmit: »Anfang April 1945, als die Truppen in Göttingen einmarschierten, traf ich Houtermans. Er erzählte mir von dem Besuch. Er behauptet [sic], daß Bohrs Institut arisiert und Weizsäcker der neue Direktor werden sollte. Von Weizsäcker hätte Bohr wirksam schützen können. Heisenberg kam dann nach, um die Sache geradezubiegen. Sie scheiterte wegen des Mißverständnisses zwischen Bohr und Heisenberg. Von Weizsäcker nennt dies eine plausible Geschichte, bestreitet aber, daß sie wahr sei.«

6 Vgl. den Briefwechsel, zit. in Walker, »Physics and Propaganda«, S. 364 f.; und ders., *German National Socialism*, S. 223–227.

7 S. Rozental an M. Gowing, 6.9.1984, zit. in A. Pais, *Niels Bohr's Times in Physics, Philosophy, and Polity*, S. 483 ff. Ich bin Prof. Rozental dankbar, daß er in seinen Briefen an mich vom 21.5.1984 und 27.1.1985 diese Gespräche von 1941 erläutert hat.

8 Crowther, *Science in Liberated Europe*, S. 108.

9 Einzelheiten, die Bohr Ruth Ananda Anshen erzählte, in T. Powers, *Heisenberg's War*, S. 122, 509.

10 Siehe die nützliche Information in Pais, *Niels Bohr's Times*, S. 484. Außerdem N. Blaedel, *Harmony and Unity*, S. 235.

11 Cassidy, *Heisenberg*, S. 533 f., der Weizsäckers Entlastungsdokument Nr. 303 (NA, RG, microfilm M-897, roll 119) zitiert.

12 Heisenberg an B. L. v. d. Waerden, 28.4.1948, in Goudsmit Papers, AIP (IMF 29-1190).

13 Heisenberg im Interview durch D. Irving, 23.10.1965 (IMF 31-541/542).

14 In *Der Teil und das Ganze*, S. 248, äußert sich H. ähnlich: »Beide Ansichten konnten mit gutem Gewissen vertreten werden ... Niels hat aber im Schrecken über die grundsätzliche Möglichkeit von Atombomben den angedeuteten Gedankengang nicht mehr aufgenommen ....« Pais, *Niels Bohr's Times*, S. 484, bezweifelt dies, kann sich jedoch vorstellen, daß Bohr über Heisenbergs Demarchen »entsetzt« war.

15 Anscheinend war Bohr über die Lügengeschichten in Jungks Buch (von denen sich dieser selbst in den letzten Jahren weitgehend distanziert hat) derart betroffen, daß er Heisenberg einen Brief schrieb, in dem er sich beklagte: »Deine Version ist falsch.« Doch der Brief wurde niemals abgeschickt und später von der Familie in Bohrs Exemplar des Jungkschen Buchs gefunden. (Diese Information erhielt ich von Prof. Gerald Holton.)

16 A. Bohr, »The War Years and the Prospects Raised by the Atomic Weapons«, S. 193.

17 Rozental an Gowing, zit. in Pais, *Niels Bohr's Times*, S. 483.

18 Goudsmit an Peierls, 21.1.1977, Kopie in Goudsmit Papers, box 10, folder 97. In einem Brief vom 28.9.1964 (Goudsmit Papers, box 6, folder 26) bat Goudsmit Frau Bohr, ihm genauer zu erklären, warum sie Jungks Darstellung ablehnte, doch es ist mir nicht gelungen, eine schriftliche Antwort auf diese Anfrage zu finden. Prof. John A. Wheeler schrieb mir am 18.4.1984, daß sich Frau Bohr sehr genau an die Gespräche ihres Mannes mit Heisenberg 1941 erinnerte.

19 So z.B. Heisenberg in *Der Teil und das Ganze*, S. 248. Vgl. Interview mit Weizsäcker in Hoffmann, *Operation Epsilon*, S. 353; seine Erinnerung in »Heisenberg im Urteil seiner Schüler«, in *Bild der Wissenschaft* 22 (1985), S. 138–147, sowie ein Interview von 1984, wiedergegeben in seinem Buch *Bewußtseinswandel*, München 1988, S. 369, wo er behauptet, Bohr habe 1950 zu ihm in Princeton gesagt: »Ach, reden wir doch nicht davon. Ich verstehe ja vollkommen, im Krieg ist jeder seinem Land verpflichtet. Ich mache Heisenberg deshalb gar keine Vorwürfe. Also warum reden wir noch darüber?« Bohr legte eine enorme Selbstbeherrschung und Korrektheit an den Tag, als er einen Monat nach dem unseligen Besuch über wissenschaftliche Angelegenheiten an Weizsäcker schrieb, der ebenso professionell antwortete, doch der dänische Physiker kann dem Deutschen nicht verziehen haben (vgl. Briefe vom 18.10. und 3.11.1941, in Bohr Scientific Correspondence, 26). Später reagierte Bohr freundlich auf die briefliche Bitte von Weizsäckers Mutter, den Sohn in Farm Hall über die Lage der Familie zu unterrichten. Dies beweist jedoch nicht, daß Bohr Weizsäckers Verhalten in moralischer Hinsicht billigte.

20 Cassidy, *Heisenberg*, S. 627.

21 Heisenberg an Bohr, 30.6.1933, zit. in Cassidy, *Heisenberg*, S. 395.

22 Ladenburg an Goudsmit, 23.10.1946, Goudsmit Papers, zit. in Walker, *German National Socialism*, S. 225.

23 Siehe Powers, *Heisenberg's War*, S. 158–161. (Vgl. A. Kramish, *Der Greif*, München 1989, S. 190 f.) Ungerechtfertigterweise kommt Powers zu dem Schluß, Heisenberg sei ebensosehr ein Widerständler gewesen, wie es Jensen tatsächlich war. Doch selbst Jensens Position ist problematisch; war er doch 1937 der NSDAP beigetreten!

24 Meitner an Laue, 20.4.1942, Meitner Papers, Churchill College Archives, Cambridge.

25 Laue an Meitner, 26.4.1942, Meitner Papers.

26 Zusammenfassung hierzu in Cassidy, *Heisenberg*, S. 627.

27 W. Heisenberg, Interview, *Der Spiegel* 28 (3.7.1967), S. 79–83, nachgedruckt in GWH, C V, S. 48.

28 Fraser an Irving, 27.8.1966 und 19.1.1966, in IMF 32. Vgl. Irvings Heisenberg-Interview (IMF 31-564).

29 Gemäß der Rekonstruktion in Powers, *Heisenberg's War*, S. 123. Powers scheint nicht zu bemerken, wie sehr diese Rechtfertigungen deutscher Eroberungspolitik seine allgemeine Argumentation, Heisenberg habe aus Gewissensgründen die Entwicklung einer deutschen Bombe hintertrieben, entkräftet. Jemand mit so wenig Unrechtsbewußtsein, wie es

Heisenberg wiederholt an den Tag legte, hätte nie die moralische Statur besessen, aktiv das Bombenprojekt zu blockieren (wie es etwa Laue tat).

30 Zum Beispiel in Heisenberg, *Der Teil und das Ganze*, S. 255 f.

31 Weizsäcker, »Heisenberg im Urteil seiner Schüler«, S. 147. In einem Brief an Goudsmit vom 7.11.1948 fand Rosbaud diese Art der Rechtfertigung »albern und abstoßend. Ich entsinne mich nur zu gut, daß etliche Leute in Deutschland bereit waren, Hitler viele seiner Untaten zu verzeihen, weil er seinen ›Kreuzzug‹ gegen den Bolschewismus begann. Hitler, der die westliche Zivilisation verteidigte!!... Ich sagte diesen Leuten schon zu Beginn von Hitlers Krieg gegen Rußland, daß er gerade durch seinen Krieg den Weg zum Bolschewismus bahnt.« (NA, RG 200, Goudsmit Papers, box 1, folder 15)

32 Weizsäcker an Powers, zit. in Powers, *Heisenberg's War*, S. 126. Vgl. dazu Aage Bohrs Aussage, daß die Kontakte mit deutschen Physikern den Eindruck verstärkten, »daß die deutschen Machthaber der Atomenergie große militärische Bedeutung beimaßen«, in A. Bohr, »War Years«, S. 193. Ein Gewährsmann, der die Bohrs und Heisenberg kannte, erzählte mir, daß Heisenberg sich gegenüber Bohr gebrüstet habe: »Wir Deutsche haben nämlich die Bombe« (womit er wohl die entscheidende Formel für die Bombe meinte).

33 Siehe Heisenbergs BBC-Interview, in GWH, CV, S. 44. »*Dr. Black:* Prof. Heisenberg, ist es rückblickend möglich, daß Sie von Bohr Rat suchten, ob Ihr Urteil, daß Atombomben machbar seien, richtig war oder nicht? *Heisenberg:* Nein, das ist absolut unmöglich. Ich stellte ihm in diesem Zusammenhang nie eine Frage über physikalische Angelegenheiten. Ich wollte nur seinen menschlichen Rat.«

34 Zu Heisenbergs Zeichnung der Reaktorbombe und dem Briefwechsel zwischen Bohr und Chadwick siehe 10. Kap.

35 Weizsäcker, *Bewußtseinswandel*, S. 377–383, bes. S. 378 (wo er versucht, die Begegnung mit Bohr durch neue Argumente in ein vorteilhaftes Licht zu rücken, die hinsichtlich seiner eigenen Einstellung mehr Probleme aufwerfen, als sie zu lösen vermögen). Der ursprüngliche, in russischer Sprache verfaßte Bericht über Bohrs Äußerungen findet sich in E. Feinberg, »Werner Heisenberg: The Tragedy of a Scientist«, in *Znamja*, Nr. 3 (1989), S. 124–143.

36 Vgl. Cassidy, *Heisenberg*, Kap. 23. Wie er mir freundlicherweise mitteilte, stützte Prof. Cassidy seine Aussage auf eine kurze Darstellung des Heisenbergschen Besuchs, die wahrscheinlich 1948 im Zusammenhang mit dem Prozeß gegen Ernst von Weizsäcker entstand. Dieser Bericht

liegt dem Heisenberg-Archiv in zwei Fassungen vor, einer maschinen- und einer handschriftlichen. Der Hinweis darauf, daß die Gestapo Heisenberg wegen eines abgefangenen Briefs konsultierte, ist jedoch nur in der getippten Fassung enthalten. Die Seite mit dem Hinweis fehlt im handschriftlichen Exemplar. Heisenberg behauptete später, die Gestapo habe sich erst nach seinem Kopenhagen-Besuch an ihn gewandt; selbst wenn das der Fall war, schließt dies frühere Kontakte zur Gestapo in Sachen Bohr nicht aus, die möglicherweise über seine Verbindungsleute bei der SS, Juilfs und Fischer, liefen. Von alledem erwähnt Walker nichts.

37 Vgl. E. Heisenberg, *Das politische Leben eines Unpolitischen*, S. 98, wo sie schreibt, ihr Mann habe gehofft, Bohr könne den Amerikanern verständlich machen, »daß in Deutschland keine Atombombe gebaut würde und gebaut werden könnte«.

38 V. Weisskopf im Interview mit Powers, zit. in Powers, *Heisenberg's War*, S. 125.

39 H. Casimir, *Haphazard Reality*, S. 208, 210. Der Besuch wurde von H. A. Kramers koordiniert, der sich immer noch weigerte, für einen wissenschaftlichen Artikel mit Heisenberg zusammenzuarbeiten. Kramers, dem die Judenverfolgung in Deutschland sehr nahe ging, mag bei dieser Gelegenheit – und sicherlich auch in anderen Zusammenhängen – Heisenberg gebeten haben, sich für Häftlinge in Konzentrationslagern einzusetzen, aber laut M. Dresden, *H. A. Kramers. Between Tradition and Revolution*, New York / Berlin 1987, S. 454–458, gibt es keinen Hinweis, daß dies irgendeine Wirkung gezeigt hätte.

40 Kuipers Armeebericht zit. Cassidy, *Heisenberg*, S. 577.

41 Casimir, *Haphazard Reality*, S. 206 f.

42 Rosbaud, Bericht über Heisenberg, 12.8.1945, in Goudsmit Papers, box 28, folder 41.

43 E. Heisenberg, *Das politische Leben eines Unpolitischen*, S. 64.

44 Franks umfangreiches Diensttagebuch enthält viele Hinweise auf Zusammenkünfte, bei denen er einem zustimmenden Publikum von antijüdischen Maßnahmen berichtete, darunter auch eine Ankündigung vom 16.12.1941, daß drastischere Methoden angewendet werden sollten, da Krankheiten und Hunger sich nicht als besonders wirkungsvoll erwiesen hätten, in H. Frank, *Das Diensttagebuch des deutschen Generalgouverneurs von Polen, 1939–1945*, hrsg. v. W. Präg u. W. Jacobmeyer, Stuttgart 1975, S. 459. Eine erstaunliche Zergliederung der Mentalität Franks und der der deutschen Besatzer Polens findet sich in Niklas Frank, *Der Vater*, München 1990.

45 Siehe M. Burleigh, *Germany Turns Eastwards. A Study of Ostforschung in the Third Reich*, Cambridge 1988.

46 Siehe Walker, »Physics and Propaganda«, S. 360 f.

47 Aufgeführt in D. C. Cassidy u. M. Baker, *Werner Heisenberg. A Bibliography of His Writings*, Berkeley, Calif., 1984, S. 24 f.

48 W. Heisenberg, »Die Einheit des naturwissenschaftlichen Weltbildes« (Vortrag, gehalten an der Universität Leipzig am 26.11.1941), erstmals veröffentlicht 1942, nachgedruckt in GWH, C I, S. 163.

49 Siehe Walker, »Physics and Propaganda«, S. 383. Zum Kopernikus-Preis siehe Burleigh, *Germany Turns Eastward*, S. 279. Der Besuch ist summarisch wiedergegeben in der gedruckten Fassung von Franks *Diensttagebuch*, S. 762, doch der vollständige neunseitige Eintrag für diesen Tag fehlt in dem auf Mikrofilm gebannten vollständigen Text in NA, microfilm T-992, roll 9, frame 1353.

50 Siehe Heisenberg im Interview mit Irving, 23.10.1965, S. 32 (IMF 31-557).

51 Heisenberg, »Ordnung der Wirklichkeit« (1942), in GWH, C I, S. 218–306. Die folgenden Zitate und Paraphrasierungen stammen von S. 292, 297, 299, 303–305.

52 Heisenbergs Begriff »Dämonen« scheint von dem damals berühmten Buch von Frank Thiess, *Das Reich der Dämonen*, Berlin 1941, beeinflußt gewesen zu sein, das die Verrohung der griechischen und römischen Antike beschreibt. Das Buch wurde kurz nach Erscheinen verboten wegen seiner allegorischen Anspielungen, die auch in Heisenbergs Aufsatz auftauchen. Dennoch war es schwerlich ein systemfeindliches Buch.

53 J. Burckhardt, *Weltgeschichtliche Betrachtungen*. Zu Heisenbergs Burckhardt-Lektüre siehe E. Heisenberg, *Das politische Leben einen Unpolitischen*, S. 184 f., und J. C. O'Flaherty, »Werner Heisenberg on the Nazi Revolution: Three Hitherto Unpublished Letters«, *Journal of the History of Ideas* 53 (1992), S. 490.

54 Hugh Trevor-Roper, »Aftermaths of Empire«, *Encounter*, Dezember 1989, S. 4. Vgl. R. C. Baum, *The Holocaust and the German Elite. Genocide and National Suicide in Germany, 1871–1945*, Totowa, N.J., 1981. Zu Ernst von Weizsäckers Verhalten gegenüber Hassell siehe unten. Der Staatssekretär im Außenministerium hatte die Zerschlagung der Tschechoslowakei und den Krieg gegen Polen begrüßt und schon im Januar 1938 einen Krieg mit England für unausweichlich gehalten.

55 E. K. Gora, »Einer, den Heisenberg doch rettete«, in *Werner Heisenberg in Leipzig 1827–1942*, Abhandlungen der Sächsischen Akademie

der Wissenschaften zu Leipzig, Mathematisch-naturwissenschaftliche Klasse, Bd. 58, Heft 2, Berlin 1993, S. 91–93, der wichtige Informationen hinzufügt, die in der englischen Originalfassung »One Heisenberg Did Save«, *Science News* 109 (20.3.1976), S. 179, nicht enthalten sind. Vgl. Cassidy, *Heisenberg*, S. 527 f.

56 Vgl. Goudsmit, *ALSOS*, S. 46–49. Walker argumentiert in *German National Socialism*, S. 109, wenig überzeugend, daß Heisenberg mit seinem Schreiben ein gefährliches Risiko eingegangen sei und nicht mehr habe tun können. Goudsmit bemerkte in einem in *Nuclear News* vom Oktober 1970 veröffentlichten Brief, daß das Bestreben, »die deutsche Führerschaft in der Physik zu bewahren, stärker war als [das] Verlangen, verfolgten Physikern und anderen Naziopfern zu helfen. Die Freundschaft zu Himmlers Familie wurde hierfür nicht angerufen.« Allzu großherzig vielleicht räumte Goudsmit später ein, daß er selbst auch nicht mehr hätte tun können, und bezweifelte, »ob Heisenberg wirklich Leute hätte retten können ... Dennoch verstehe ich nicht, warum er in seinem Brief von 1943 auf Costers Bitte, meine Eltern zu retten, schrieb ›aus Gründen, die mir nicht bekannt sind‹« (Goudsmit an Gora, 2.4.1976, Goudsmit Papers, box 11, folder 98). Angesichts von Heisenbergs Kommunikationskanal zu Himmler ist jedoch nicht zu bestreiten, daß ihm eine direkte Bitte an Himmler möglich gewesen wäre und dies eine gewisse Erfolgsaussicht geboten hätte.

57 Siehe K. Scholder, *Die Mittwochsgesellschaft. Protokolle aus dem geistigen Deutschland 1932 bis 1944*, Berlin 1982, S. 15, 43 ff., 305, 368.

58 Das einzige mir bekannte Beispiel, wo Heisenberg nahe daran ist, die »Ersetzung« Hitlers durch die Opposition gutzuheißen, findet sich in seinem Brief an Goudsmit vom 5.1.1948 (Goudsmit Papers, box 10, folders 95–96), doch bezeichnenderweise schiebt er dabei die Schuld auf die Alliierten, weil sie die deutsche Opposition nicht unterstützt hatten!

59 Rosbaud an Goudsmit, 18.7.1958, Goudsmit Papers, box 28, folder 45.

60 Persönliche Information des Autors.

61 Siehe z. B. den merkwürdigen Umstand, daß Weizsäcker bei seiner Erörterung deutscher Schuld in seinem Artikel »Hitler und die Deutschen« in *Bewußtseinswandel*, S. 289–297, über Stauffenberg kein Wort verliert. Weder der Hitler-Attentäter noch die Verschwörer des 20. Juli 1944 finden in dem Artikel – und auch sonst in dem Buch – Erwähnung, obwohl ihnen doch in der moralischen Geschichte Deutschlands unter Hitler eine zentrale Bedeutung zukommt. Weiteres über Weizsäckers Haltung und Einstellung siehe in den Kap. 20 und 21.

62 U.v.Hassell, *Vom andern Deutschland*, Zürich 1946, S.264.

63 Rosbaud an Goudsmit, 18.7.1958, Goudsmit Papers, box 28, folder 45. Auf der Liste standen: »Laue, Hahn, Straßmann, Rompe, Riehl, Regener, Paschen, Mattauch, etc.« Rosbaud ging vielleicht ein bißchen zu weit, als er einigen von ihnen die »glühende Hoffnung« auf eine deutsche Niederlage zuschrieb.

64 Goudsmits Bericht über ein Gespräch mit Joliot in Paris am 31.8.1944, NA, RG 77, MED, microfilm M-1108, roll 2, file 26, Harrison-Bundy Files.

65 Heisenberg an seine Mutter, 15.6.1944, zit. in Cassidy, *Heisenberg*, S.597.

66 N.Dawidoff, *The Catcher Was a Spy. The Mysterious Life of Moe Berg*, New York 1994, S.206, 401. Cassidy, *Heisenberg*, S.600; Goudsmit, *ALSOS*, S.114; Powers, *Heisenberg's War*, S.402, 565. Laut Cassidy, *Heisenberg*, S.768, bestritt Heisenberg in einem Brief an van der Waerden vom 22.4.1948, dies gesagt zu haben; Goudsmit erklärte gegenüber van der Waerden am 26.4.1948 nachsichtig, »vermutlich machte er diese Bemerkung, aber vielleicht gab er ihr damals nicht die Bedeutung, die sie heute hat« (Goudsmit Papers, box 11, folder 98). – Wentzel half mit seiner Zeugenaussage, zumindest einige deutsch-jüdische Wissenschaftler in Amerika nach dem Krieg davon zu überzeugen, daß Heisenberg einen deutschen Sieg herbeigewünscht hatte: »Mit Hilfe einiger der Dokumente, die mir in Deutschland in die Hände fielen, versuchte ich meine Kollegen hier von der beklagenswerten Einstellung der meisten deutschen Wissenschaftler zu überzeugen. Es ist mir nicht gelungen, und die Ungläubigsten waren die Flüchtlinge. Erst als Gregor Wentzel aus Zürich hier zu Besuch war, gaben schließlich ein paar von ihnen zu, daß ich recht gehabt hatte« (Goudsmit an Rosbaud, 22.8.1946, Goudsmit Papers, box 28, folder 43). – Mit seinen defätistischen Äußerungen brachte sich Heisenberg bei der Gestapo in Schwierigkeiten, woraus ihn Gerlach befreien mußte (vgl. Gerlachs Interview mit Irving, in IMF 29-1230/1240.)

20. *Kapitel*

1 Vgl. Cassidy, *Heisenberg*, S.616f.; J.Bernstein u. D.C.Cassidy, »Bomb Apologetics: Farm Hall, August 1945«, *Physics Today*, August 1995, S.32–36.

2 OE, S.125.

3 Ibid., S. 108.

4 Ibid., S. 124 f. Weizsäcker machte sich auch über die Einsetzung des Spions Bomke lustig: »Dann könnten wir also von unseren Bomke-geschädigten Instituten sprechen. (Gelächter)« (ibid., S. 151). Heisenberg hatte Bomke – womöglich aus Gründen der Vorsicht – ein herzliches Zeugnis über dessen wissenschaftliche Fähigkeiten ausgestellt. Siehe den Akt zu Hans Bomke, der von 1938 bis 1941 im KWIC an einer Ultrazentrifuge gearbeitet hatte und danach von 1941 bis 1943 bei der Forschungsanstalt der Deutschen Reichspost tätig gewesen war, in Goudsmit Papers, AIP, box 25, folder 13.

5 OE, S. 127. Wirtz hatte auch während eines Besuchs in Norwegen Gewissen gezeigt, als er in einem Gespräch mit Dr. Wergeland in Oslo »das Benehmen und die Brutalität der Nazis in Norwegen und die deutschen Anstrengungen, den Krieg zu gewinnen, tief bedauerte« (so Paul Rosbaud in seinem Bericht über das Uranprojekt vom 5.8.1945, S. 4, Goudsmit Papers, box 28, folder 42).

6 OE, S. 107.

7 Ibid., S. 168, 170.

8 Ibid., S. 170.

9 Ibid., S. 205. In einem Interview von 1967 erinnerte sich Heisenberg, mit Weizsäcker Gespräche über die zukünftige Weltlage geführt zu haben, wenn nur noch eine oder zwei Supermächte unabhängige Politik würden betreiben können, ein Prozeß, der durch die Atombombe beschleunigt würde (J. J. Ermenc, *Atomic Bomb Scientists*, S. 48 f.).

10 OE, S. 213.

11 Ibid., S. 254.

12 Ibid., S. 255.

13 Ibid., S. 325.

14 OE, S. 280.

15 Ibid., S. 317.

16 Ibid., S. 209.

17 Heisenberg an Irving, 23.5.1966, in IMF 32.

18 OE, S. 282.

19 Ibid., S. 153.

20 Ibid., S. 155.

21 Heisenberg an Goudsmit, 3.10.1948, in Goudsmit Papers, und in anderer Formulierung in seinem »Research in Germany on the Technical Application of Atomic Energy«, *Nature*, 16.8.1947, S. 211–215, auf S. 214 (GWH, Serie B, S. 417), und in dessen handschriftlichen Entwurf.

22 OE, S. 153, 154, 155. Zu Weizsäckers Rolle bei der Niederschrift der Farm-Hall-Erklärung siehe 1.–3. Kap. In einem Interview mit der Illustrierten *Stern* 1984 machte Weizsäcker einige aufschlußreiche Zugeständnisse: »*C. F. v. W.:* ... Und ich sage nachträglich, ich bin nur durch göttliche Gnade gerettet worden – dadurch, daß es nicht gegangen ist. Denn es wäre tödlich schief ausgegangen. Ich habe damals mit jugendlicher Leichtfertigkeit eine Sache unternommen, die ich nicht wieder anfangen würde, wenn ich heute in derselben Lage wäre. *Stern:* Die Idee war also, wir wollen die Bombe bauen, damit wir etwas in der Hand haben? *C. F. v. W.:* Ja. Oder mindestens, wir wollen so nahe an die Bombe herankommen, wie wir eben können ...« Wiederabgedruckt in C. F. v. Weizsäcker, *Bewußtseinswandel*, München 1988, S. 365.

23 OE, S. 160.

24 Ibid., S. 164 f.

25 Ibid., S. 181.

26 Laue an Rosbaud, 1959/60, zit. in Kramish, *Der Greif*, S. 244. Um Laue von seinen britischen Bewachern wie auch seinen deutschen Landsleuten zu isolieren, wandte W. seinen »Einfluß [an], den er bei jedermann zu gebrauchen versteht, der gerade Macht hat«.

27 Einstein an Born, 7.9.1944, in *A. Einstein, Briefwechsel 1916–1955* [M. Born, H. Born, A. Einstein], mit einem Vorwort v. W. Heisenberg, München 1969, S. 202 f.

28 Siehe 19. Kap.

29 Meitner an Scherrer, 26.6.1945, Meitner Papers, Churchill College Archives, Cambridge (manche Wörter schwer leserlich). Vgl. N. Dawidoff, *The Catcher Was a Spy*, S. 202 ff., 404.

30 Meitner an Hahn (27.6.1945), in F. Krafft, *Im Schatten der Sensation*, S. 181 ff. Berg versprach Meitner, den Brief zu übergeben, was jedoch bedauerlicherweise nicht geschah. Eine kritische Sichtweise der Rolle Hahns bei Meitners Flucht aus Deutschland sowie der Nobelpreisverleihung 1945, bei der die Chemikerin übergangen wurde, bietet R. L. Sime in »A Split Decision?«, S. 482–484, sowie in ihrer Meitner-Biographie *Lise Meitner. A Life in Physics*. – Der von Meitner erhobene Tadel klingt auch in einem Brief Bruno Walters an Wilhelm Furtwängler vom 13.1.1949 deutlich an, in dem er sich auf dessen Klagen über die schlechte Aufnahme in Amerika bezieht: »Bitte bedenken Sie doch, daß Ihre Kunst Jahre hindurch als ein äußerst wirksames Mittel der Auslandspropaganda für das Regime der Teufel verwendet wurde, daß Sie durch Ihre bedeutende Persönlichkeit und Ihr großes Talent diesem

Regime wertvolle Dienste leisteten, und daß Anwesenheit und Tätigkeit eines Künstlers Ihres Ranges auch in Deutschland selbst jenen furchtbaren Verbrechern zu kulturellem und moralischem Kredit verhalf, oder mindestens ihm beträchtlich zu Hilfe kam. Bedenken Sie ferner, daß Sie schließlich zwölf Jahre hindurch im Reich der Nazis gelebt haben, ohne von Ihrem Entsetzen über das, was dort vorging, zum Extremen gedrängt worden zu sein. Was bedeutet dagegen Ihr hilfreiches Verhalten in einzelnen Fällen jüdischer Not?« (Bruno Walter, *Briefe, 1894–1962*, hrsg. v. L. Walter-Lindt, Frankfurt a. M. 1969, S. 308 f.)

31 Erhielt Hahn in späteren Jahren einen Durchschlag des Briefs? Gemäß P. Rife, *Lise Meitner. The Life and Times of a Jewish Woman Physicist* (Ph. D. diss., Union of Experimenting Colleges and Universities, 1983), S. 327, 497, befand sich später ein »Original« oder ein »Durchschlag im Besitz von Marie-Louise Rehder, Otto Hahns langjähriger Privatsekretärin«, was vermuten läßt, daß Hahn irgendwann den Inhalt des Briefs zur Kenntnis nahm. Seine Reaktion ist nicht bekannt. Selbst nach dem Krieg vermochten einige deutsch-österreichische Wissenschaftler wie Meitner die Haltung der Briten gegenüber Deutschland nicht zu verstehen. Während eines Abends mit James Chadwick in Washington im Februar 1946, wo sie darin übereinstimmten, daß Hahn kein Nazi gewesen sei, zeigte sich Meitner, wie sie Otto Frisch erzählte, entsetzt über Chadwicks Auffassung, daß selbst die anständigsten Deutschen für die Verbrechen des Dritten Reiches mitverantwortlich seien (Sime, *Lise Meitner*, S. 336).

32 Meitner an Hahn, 20.9.1945, Meitner Papers.

33 Meitner an Hahn, 6.6.1948, in Krafft, »Lise Meitner: Her Life and Times«, S. 829.

34 Zit. (englisch) in M. Messerschmidt, »The Wehrmacht and the Volksgemeinschaft«, *Journal of Contemporary History* 18 (1983), S. 738.

35 Zit. (englisch) in R. Hanser, *A Noble Treason*, S. 86.

21. *Kapitel*

1 Goudsmit an Michael Perrin, 27.8.1948, Goudsmit Papers, box 17, folder 180. Rosbaud an Goudsmit, 9.8.1946, Goudsmit Papers, box 28, folder 43.

2 Diese Details stammen aus Juilfs' Akte im ehemaligen Berliner Document Center.

3 Empfehlungsschreiben für Werner Erler, 25.4.1947, in Heisenberg-Archiv, München und Berlin. Zu Max Plancks ähnlicher Bereitwilligkeit, beschönigende Gutachten auszustellen, siehe H. Albrecht, »›Max Planck: Mein Besuch bei Adolf Hitler‹ – Anmerkungen zum Wert einer historischen Quelle«, S. 60f.

4 Briefwechsel zwischen Laue und Weizsäcker vom 26.5. und 2.6.1943, in Goudsmit Papers, box 25, folders 12–13; NA, RG 200, Goudsmit Papers, box 6, folder 32 (IMF 29-1065/1066).

5 C. F. v. Weizsäcker u. J. Juilfs, *Physik der Gegenwart*, Göttingen 1952; in seinem Vorwort dankt Weizsäcker Juilfs für dessen »hingebungsvolle Mitarbeit«. Siehe Cassidy, *Heisenberg*, S. 478f.

6 Siehe den Akt über Weizsäcker im Institut für Zeitgeschichte, München, Archiv, MA 116: »Beauftragter des Führers für die Überwachung der gesamten geistigen und weltanschaulichen Schulung der NSDAP« (Amt Rosenberg), Hauptamt Wissenschaft. Die Berichte im Zusammenhang mit seiner Nominierung für den Straßburger Lehrstuhl für Physik vermerken seinen Mangel an politischer Aktivität, geben aber der Hoffnung Ausdruck, er könne durch die Nazidozentenführer dort zu stärkerer politischer Mitarbeit veranlaßt werden (Brief G. Borgers, des Reichsleiters des NS-Dozentenbunds, 12.11.1941). Weizsäcker war Mitglied des NS-Dozentenbunds, behauptete jedoch, als Dozent dazu gezwungen gewesen zu sein.

7 Empfehlungsschreiben für Borger, 6.6.1947, Heisenberg-Archiv. 1943 hatte Borger Heisenberg zur Verleihung des Kopernikus-Preises durch Hans Frank gratuliert.

8 Droste an Heisenberg, 22.12.1946, und Heisenberg an Droste, 7./8.1.1947, in Heisenberg-Archiv.

9 R. L. Sime, *Lise Meitner. A Life in Physics*, S. 350.

10 N. Wise, »Pascual Jordan: Quantum Mechanics, Psychology, National Socialism«, in *Science, Technology, and National Socialism*, hrsg. v. M. Renneberg u. M. Walker, Cambridge 1994, S. 224–254, zit. auf S. 251f.; Dokumente aus der Staatsbibliothek Preußischer Kulturbesitz, Berlin, Handschriftenabteilung, Nachlaß Born, 353 und 1003 (Jordan an Born, 23.7. und 15.8.1948; Born an Jordan, 21.10.195[7], sowie Heisenberg-Nachlaß, Max-Planck-Institut für Physik, München. – Es muß jedoch betont werden, daß Paul Rosbaud Jordan nie für einen echten Nazi hielt und ihm nach dem Krieg freundschaftlich verbunden blieb. Im August versicherte er Goudsmit: »Ich hatte viele freimütige Unterredungen mit Jordan und genoß es sehr, mit ihm zu debattieren. Er ließ nie irgendwelche Ressentiments gegenüber seinen jüdischen Kollegen erken-

nen; für viele von ihnen hatte er nichts als Bewunderung« (Goudsmit Papers, box 28, folder 41).

11 P. Rosbaud, Besprechung von R. Jungks *Heller als tausend Sonnen*, in *Discovery*, 20.3.1959, S. 96–97. In einem Brief an *Nuclear News*, Oktober 1970, bezeichnete Goudsmit Weizsäckers Schlußresümee der Konferenz von Seefeld als »ein widerwärtiges Gebräu von Kompromissen«.

12 Rosbaud an Goudsmit, 9.8.1946, Goudsmit Papers, box 28, folder 43. Allgemein zu diesem Thema: D. Phillips (Hg.), *German Universities after the Surrender. British Occupation and the Control of Higher Education*, Oxford 1983; I. D. Turner (Hg.), *Reconstruction in Post-War Germany. British Occupation Policy and the Western Zones, 1945–1955*, Oxford 1989.

13 Siehe Rosbaud an Goudsmit, 8.2.1948, 26.5.1949, Goudsmit Papers, box 28, folder 43.

14 Vgl. M. Walker, *German National Socialism*, S. 133. Zum Einsatz der Frauen aus dem KZ Sachsenhausen siehe D. Bodanis, $E=mc^2$. *A biography of the world's most famous equation*, New York 2000, S. 129.

15 Rosbaud, Aussage vom 12.8.1945, Goudsmit Papers, box 28, folder 41.

16 Rosbaud an Goudsmit, 25.10.1950, Goudsmit Papers, box 28, folder 45.

17 Goudsmit an Rosbaud, 20.10.1950, Goudsmit Papers, box 28, folder 45.

18 Als Rosbaud und Heisenberg nach dem Krieg einmal in Hamburg am selben Tisch saßen, »begrüßten wir uns sehr kühl und sprachen sonst kein Wort miteinander« (Rosbaud an Goudsmit, 26.5.1949, Goudsmit Papers, box 28, folder 43).

19 Zur Irrelevanz des »Harmlosigkeits«-Arguments siehe Philip Morrisons Besprechung von Goudsmits *ALSOS* in *BAS* 3 (1947), S. 354, 365; Morrisons Antwort auf Laues Dissent ibid. 4 (1948), S. 104, sowie Goudsmits Bemerkungen ibid. 3 (1947), S. 343.

20 N. Mott u. R. Peierls, »Werner Heisenberg«, *Biographical Memoirs of Fellows of the Royal Society* 23 (1977), S. 236. N. Kurti gibt in einem in deutscher Sprache verfaßten Brief an das *Times Literary Supplement* vom 18.6.1993 eine Äußerung wieder, die Heisenberg 1947 gegenüber Simon fallen ließ: »Man hätte die Nazis nur fünfzig Jahre dranlassen sollen; dann wären sie auch anständig geworden.«

21 M. Born, *My Life*, S. 269 f. Zu Borns ironischer Klarheit in der Einschätzung Heisenbergs während der dreißiger Jahre siehe seine Kommentare in W. Pauli, *Wissenschaftlicher Briefwechsel mit Bohr, Einstein, Hei-*

senberg u.a., hrsg. v. K. v. Meyenn, Bd. 2, New York/Heidelberg 1985, S. 168. Siehe Kap. 17.

22 Born an Einstein, 31.3.1948, in A. Einstein, *Briefwechsel* [Born], S. 226. Born fügte später – in der englischen Übersetzung – allzu wohlwollend hinzu: »Diese Bemerkung hat sich als ungerecht erwiesen.«

23 Heisenberg an Sommerfeld, 5.1.1948, Sommerfeld-Nachlaß, Deutsches Museum, München, 1977-28/A, 136/49.

24 M. Born, *My Life and My Views*, New York 1968, S. 43, gibt jedoch kein Datum an. Es ist schwer, den Besuch der Borns in Göttingen zu datieren, da er in den Nachrufen und anderen biographischen Quellen, die ich eingesehen habe, fehlt, ebenso in H. Born u. M. Born, *Der Luxus des Gewissens*. Doch Anita Kerkmann vom Born-Nachlaß des Preußischen Kulturbesitzes, Staatsbibliothek zu Berlin, teilte mir freundlicherweise mit, daß der Besuch im Juli 1953 stattgefunden hat.

25 Kramish, *Der Greif*, S. 90, berichtete als erster über diesen Vorfall, doch verlegerisches Eingreifen verlegte ihn in einen Zusammenhang, der vermuten läßt, daß er sich bereits in den dreißiger Jahren zutrug anstatt nach dem Krieg. Ich bin Dr. Kramish überaus dankbar, daß er mir eine Kopie des Originaldokuments zur Verfügung stellte. – Nicholas Kemmer spielt in seiner Besprechung von Heisenbergs *Collected Works* in *Nature* 313 (28.2.1985), S. 826, darauf an. In ihrem Nachruf auf Born in *Biographical Memoirs of Fellows of the Royal Society* 17 (1971), S. 17–52, gehen N. Kemmer und R. Schlapp diskret über die Angelegenheit hinweg. – Cassidy schreibt hingegen auf S. 400: »Im Gegensatz zu anekdotischen Behauptungen unterhielt Heisenberg jedoch sowohl zu Born als auch zu Schrödinger zeit seines Lebens herzliche Beziehungen.« Freilich kommt es darauf an, was man unter »herzlich« versteht!

26 Die Information verdanke ich Prof. Gustav Born, der die Geschichte für nicht sehr glaubhaft hält.

27 Zu Heisenbergs Ehrgeiz beim Tischtennisspiel siehe M. Dresden, *H. A. Kramers. Between Tradition and Revolution*, S. 264, zum Konkurrenzverhältnis mit dem Bruder vgl. Cassidy, *Heisenberg*, S. 31; zu seinen Zornesausbrüchen gegenüber Bohr und Schrödinger ibid., S. 301 ff.; und neuerdings M. Beller, *Quantum Dialogues*, Chicago 2000.

28 L. Poliakov, *The History of Anti-Semitism*, IV, Oxford 1985, weist darauf hin, daß sich Heisenberg nie mit dem Problem des Antisemitismus auseinandergesetzt und Einstein gern als einen »Ehrenarier« dargestellt hat. Zu den antisemitischen Vorbehalten, die die deutsche Kultur durchdringen, vgl. P. L. Rose, *German Question*.

29 W. Heisenberg, »Albert Einsteins wissenschaftliches Werk« (1955), zuerst veröffentlicht unter dem Titel »Einstein und das neue Weltall« in *Süddeutsche Zeitung* 11, Nr. 102 (30.4.–1.5.1955), in GWH, CIV, S. 95. In seinen Nachkriegsschriften wich Heisenberg dem Problem des nationalsozialistischen Antisemitismus aus und vermied es, wie Weizsäcker, in seinen Schriften das Wort »Auschwitz« zu erwähnen. So schwieg er z. B. in seinem Göttinger Vortrag »Die Wissenschaft als Mittel internationaler Verständigung« (1946) über die Bedeutung von Auschwitz für das Problem der Wissenschaft und des Staates, obwohl die in den Vernichtungslagern zur Tötung unzähliger Menschen eingesetzten Erzeugnisse der chemischen Forschung damals jedermann gegenwärtig waren.

30 Brief vom 30.5.1933, in A. Einstein, *Briefwechsel* [Born], S. 160.

31 Zit. (englisch) in B. Hoffmann u. H. Dukas, *Albert Einstein. Creator and Rebel*, New York 1972, S. 237. Vgl. A. Hermann, *The New Physics*, Bonn 1979.

32 Darüber, was Einstein von Heisenbergs Verhalten im Dritten Reich hielt, ist wenig bekannt, doch ich hoffe, in Kürze neue Informationen zu bekommen.

33 W. Heisenberg, »Begegnungen und Gespräche mit Albert Einstein« (1974), in GWH, CIV, S. 215.

34 A. Pais in einem Brief an den Autor vom 5.8.1991.

35 Rosbaud an Goudsmit, 25.4.1948, Goudsmit Papers, box 28, folder 43.

36 Siehe Rosbauds Aufzeichnungen über Gerlach aus dem Jahr 1945, Goudsmit Papers, box 28, folder 42, sowie seine in diesem Kapitel zitierten Äußerungen über Heisenberg.

37 P. Rosbaud, »The Attitude of Germans, Especially German Scientists, during the Nazi Regime« (1945), Goudsmit Papers, box 28, folder 42, S. 3.

38 Ibid., S. 4.

39 Rosbaud an Goudsmit, 22.6.1947, Goudsmit Papers, box 28, folder 43. In einem späteren Brief schrieb er an Goudsmit: »Leute wie ich werden als Verräter betrachtet – und das nicht nur von den Deutschen!« (8.2.1948, in Goudsmit Papers, box 28, folder 43). Zu Rosbauds Angst, die Briten könnten nicht verstehen, daß Bonhoeffer – wie auch er – um die Niederlage ihres eigenen Landes beteten, siehe seinen Brief an Goudsmit vom 9.8.1946 (Goudsmit Papers, box 28, folder 43).

40 Major E. W. B. Gill, »German Academic Scientists and the War«, 20.8.1945, S. 2–3 (IMF 31-1234/1235). Gill war Chef der wissenschaftlich-technischen Abteilung von FIAT.

41 Otto Hahn: »Dr. Fraser dagegen war stets korrekt, aber zunächst nicht sehr liebenswürdig, und eine gewisse Deutschfeindlichkeit konnte er kaum verbergen« (S. 194). »Dr. Fraser war so taktvoll, mich die Beschränkung unserer Freizügigkeit sowenig wie möglich merken zu lassen, und bezeichnete seine Begleitung als ›freundschaftliche Reisehilfe‹« (S. 205), während dieser ihn zur Verleihung des Nobelpreises 1946 nach Stockholm eskortierte und die Gründung der Max-Planck-Gesellschaft unterstützte (O. Hahn, *Mein Leben*, S. 193 f., 205, 211 ff., 216). Auf S. 220 nennt er Fraser bei dessen Abreise aus Göttingen sogar »unseren Freund«.

42 Ronald Fraser starb 1985 in Neuseeland, wohin er sich zurückgezogen hatte. Sein Sohn Conan Fraser hat mir die folgende Reminiszenz übermittelt: »München 1926 ... Die deutsche Physik war damals im Schwange, als alle jüdischen Beiträge zu den Wissenschaftsmagazinen ignoriert wurden. Dies bedeutete, daß eine Handvoll Forschungsstudenten Experimente durchführten, deren Ergebnisse selbst ich kannte ... Dann kam Sterns Manifest ›Zur Methode der Molekularstrahlen‹, das ich eines Morgens atemlos in der Bibliothek las. Da trat Ruchardt herein, Wiens Oberassistent. Ich platzte heraus: ›Kennen Sie Stern? Was ist das für ein Mann?‹ Ruchardt sagte: ›Er ist ein widerwärtiger Jude. Ich spreche nicht mit ihm!‹ ... So begann ich bei Stern zu arbeiten – ein genialer kleiner Jude, überaus menschlich. Und welch ein Laboratorium! Er sprühte geradezu vor Ideen, die er zumeist während des Mittagessens verbreitete, zu dem wir uns alle einfanden. Und dort traf ich zum ersten Mal mit Rabi zusammen. Ich hielt ihn für einen Galizier (einen Juden aus dem Osten), und zwei Tage lang unterhielten wir uns in gebrochenem Deutsch, bis ich herausfand, daß er Amerikaner war!« Conan Fraser fügte hinzu: »Rabi war ein lebenslanger Freund.«

43 Fraser an Irving, 27.8.1966, in IMF 32. Zu diesem Besuch siehe auch Heisenbergs Interview vom 23.10.1965 mit Irving, S. 39 (IMF 31-564). Die Arrangements für diesen Besuch finden sich in Bohr Scientific Correspondence, Archive for History of Quantum Physics, Berkeley, und AIP; siehe Fraser an Bohr, 18.7.1947, und Bohr an Fraser, 19.7.1947, BSC, 29; letzterer schrieb, der Besuch sei »höchst willkommen.« Vgl. auch Heisenberg an Bohr, 15.9.1947, BSC, 29, wo er erklärt, er sei sehr dankbar für den Besuch. – In einem Brief an Bohr vom 2.12.1947 (BSC, 29) brachte Goudsmit die Sache mit Heisenberg zur Sprache, aber die Antwort – wenn es denn eine schriftliche gab – findet sich weder in der Bohr Scientific Correspondence noch im Bohr-Nachlaß in Kopenhagen und auch nicht in den Goudsmit Papers. Goudsmit legte seinem Schrei-

ben eine Kopie des Briefes von Himmler an Heydrich vom 21.7.1938 bei, so daß Bohr über den Hintergrund voll im Bilde war. Es wäre höchst interessant zu erfahren, wie Bohr auf dieses Himmler-Dokument reagiert hat. – Cassidy (*Heisenberg*, S. 627) berichtet, daß Heisenberg vergeblich um Bohrs Unterstützung gegen Goudsmit nachsuchte und danach die Beziehungen zwischen ihm und Bohr »höflich, aber angespannt« blieben.

ABKÜRZUNGEN

AIP	Niels Bohr Library, American Institute of Physics, College Park, Md.
BA	Bundesarchiv, Koblenz
BAS	Bulletin of the Atomic Scientists
BSC	Bohr Scientific Correspondence, Mikrofilme im Archive for History of Quantum Physics, Berkeley; AIP und anderswo
GWH	W. Heisenberg, *Gesammelte Werke / Collected Works*, hrsg. v. W. Blum, H.-P. Dürr u. H. Rechenberg, Berlin / München / New York 1984 ff.
IMF	D. Irving, *Records and Documents Relating to the Third Reich*, group 11, German Atomic Research, Wakefield, Yorkshire, 1973, Mikrofilme 29–32
NA	National Archives, Archives II, College Park, Md.
OHI	Oral History Interviews, Niels Bohr Library, American Institute of Physics, College Park, Md.
PRO	Public Record Office, Kew, London
PRO, AB	Public Record Office, Atomic Energy Series
PRO, CAB	Public Record Office, Cabinet Office Series
PRO, FO	Public Record Office, Foreign Office Series

BIBLIOGRAPHIE

Anmerkung zu den Quellen

Das grundlegende Quellenmaterial für die Geschichte des deutschen Uranprojekts bildet die Sammlung von nahezu 400 Berichten aus den Jahren 1939 bis 1945, die die Alliierten beschlagnahmten und registrierten in Lore R. David und I. A. Warheit, *German Reports on Atomic Energy. A Bibliography of Unclassified Literature*, TID-3030, Oak Ridge, Tenn.: U.S. Atomic Energy Commission (USAEC), Technical Information Service, 1952. Diese Berichte sind als Mikrofiche-Kopien verfügbar in den National Archives, College Park, Md., RG 242, Captured German Records, und ebenso in der Niels Bohr Library der American Physical Society, College Park, Md. (früher in New York). Sie müssen ergänzt werden durch Berichte der Kaiser-Wilhelm-Gesellschaft und des Reichsforschungsrats; einige dieser Schriften sind, obzwar unvollständig, im Archiv zur Geschichte der Max-Planck-Gesellschaft, Berlin, bzw. im Bundesarchiv, Koblenz, vorhanden. (Eine Reihe der Reichsforschungsratsakten befanden sich früher in der Library of Congress, Washington, wo von ihnen Mikrofilm-Kopien angefertigt wurden.) Ein großer Teil des Materials, das mit der deutschen Atomforschung zu tun hat, befindet sich immer noch in den etwas weitschweifigen Akten der ALSOS-Mission, die nun in den National Archives liegen. Viele sehr wichtige Dokumente wie auch Briefwechsel sind im Nachlaß Samuel Goudsmits in der Niels Bohr Library zu finden. Ein Teil dieser sogenannten Goudsmit Papers, aufbewahrt in den National Archives, muß erst noch freigegeben werden.

Britische Quellen mit Informationen über das deutsche Projekt befinden sich im Public Record Office, London, darunter auch die berühmten Farm-Hall-Protokolle, die 1992 freigegeben wurden (Kopien davon liegen in den National Archives, Washington). Mehrere wichtige den britischen Geheimdienst betreffende Dokumente, einschließlich der Berichte des Geheimdienstagenten Paul Rosbaud und der Instruktionen und Befragungen Niels Bohrs vom Oktober 1943, sind der Öffentlichkeit jedoch immer noch nicht zugänglich.

Bei den meisten deutschen Veröffentlichungen nach 1945 ist Vorsicht geboten, da sie nachträgliches Wissen beinhalten. Die Tagebücher Otto Hahns, Erich Bagges und Karl Wirtz' wurden in stark redigierter und gekürzter Form veröffentlicht. Die Briefe Max von Laues sind über die

Lise Meitner Papers im Churchill College, Cambridge, und andere Quellen zugänglich, aber der Großteil der Briefwechsel Hahns, Gerlachs und Heisenbergs befindet sich nun in deutschen Magazinen und ist aus Gründen des persönlichen Datenschutzes wahrscheinlich bis auf weiteres nicht zugänglich. Dies gilt auch für Hahns Tagebuch, das ich nicht einsehen konnte.

Vorsicht ist auch gegenüber den Erinnerungen der am Uranprojekt Beteiligten angezeigt, die nach dem Krieg in Deutschland veröffentlicht wurden, da sie wie die edierten Tagebücher erst im nachhinein geschrieben bzw. überarbeitet worden sind.

Eine große Auswahl des oben erwähnten Quellenmaterials findet sich auch in der von David Irving veröffentlichten Mikrofilm-Ausgabe in vier Rollen *Records and Documents Relating to the Third Reich*, group 2, Mikrofilme 29–32: *Records of German Atomic Research Programme, 1938–1945*, Wakefield, Yorkshire: EP Microform Ltd., 1973. Allerdings wurden mehrere Dokumente nicht in die endgültige Fassung des Sammelwerks aufgenommen.

Heisenbergs eigene Schriften sind verzeichnet in D. C. Cassidy u. M. Baker, *Werner Heisenberg. A Bibliography of His Writings*, Berkeley 1984. (Vgl. auch D. C. Cassidy, *Werner Heisenberg. Leben und Werk*, Heidelberg 1995.) Heisenbergs Aufsätze, die sich mit dem Uranprojekt befassen, wurden veröffentlicht in W. Heisenberg, *Gesammelte Werke / Collected Works*, hrsg. v. W. Blum, H.-P. Dürr u. H. Rechenberg, Abt. A II, Berlin / München / New York 1989. Das Heisenberg-Archiv selbst, das Manuskripte, Schriften und Briefwechsel verwahrt, war ursprünglich in München untergebracht, wird aber nun in das Archiv der Max-Planck-Gesellschaft, Berlin, überführt. Bisher war der Zugang zum Heisenberg-Archiv beschränkt; zudem sollen private Aufzeichnungen in den Händen der Familie verblieben sein.

Mehrere entscheidende Quellen sind entweder vernichtet worden oder verschwunden, darunter z. B. der entscheidende Text der Heisenbergschen Rede vor der Juni-Konferenz 1942, der neben Speer andere hochrangige Vertreter der Wissenschaft, des Militärs und der Rüstungsindustrie beiwohnten. Unauffindbar ist auch ein wichtiger Aufsatz C. F. v. Weizsäckers mit dem Titel »Die Energiegewinnung aus dem Uranspaltungsprozeß durch schnelle Neutronen« (7.2.1940). Heisenberg soll gegen Ende des Krieges relevante Briefwechsel verbrannt haben, obwohl er einmal behauptete, im Anschluß an die Nachricht von der Hiroshima-Bombe 1945 in Farm Hall seine »alten Aufzeichnungen und Akten hervorgeholt« zu haben (A. Hermann, *Werner Heisenberg in Selbstzeugnissen und Bilddokumen-*

ten, Reinbek 1979, S. 86). Es ist nicht genau bekannt, welche Aufzeichnungen Heisenberg mit nach Farm Hall brachte. Kurt Diebner, während des Krieges eine Zeitlang kommissarischer Direktor des Projekts, vernichtete alle seine Schriften und Unterlagen. Diebners Vorgesetzter und Chef des Heereswaffenamts war Erich Schumann, der, so fürchteten die deutschen Wissenschaftler, Aufzeichnungen über alles aufbewahrt hatte. Nach dem Krieg schrieb Schumann eine Geschichte des Projekts, dessen Veröffentlichung jedoch am Einspruch der britischen Kontrollkommission scheiterte. Über den Verbleib des Manuskripts ist jedenfalls nichts bekannt.

Die Archive des Heereswaffenamts, das bis 1942 das Uranprojekt überwachte, sind weitgehend unauffindbar. Teile davon existieren noch im Bundesmilitärarchiv in Freiburg i. Br. Möglicherweise fielen die in jenen Archiven verwahrten Dokumente den sowjetischen Truppen in die Hände und könnten wieder auftauchen, obgleich sich Nachforschungen bei russischen Stellen als ergebnislos erweisen haben. Im Heereswaffenamtsarchiv befanden sich beispielsweise das 1941 ausgestellte Geheimpatent für eine Art Atombombe sowie der umfangreiche analytische Überblick über das gesamte Projekt (einschließlich einer Erörterung von Reaktorbomben und Plutonium), der für eine wegweisende Konferenz im Februar 1942 verfaßt worden war. Glücklicherweise ist eine Kopie des letztgenannten Dokuments (der Heereswaffenamts-Bericht) in Privatbesitz erhalten geblieben, und so erscheint es nicht ausgeschlossen, daß auch andere Kopien von Dokumenten aus dem Heereswaffenamt wieder ans Licht kommen. Wahrscheinlich ist außerdem, daß die deutschen Wissenschaftler, die 1945 in die damalige Sowjetunion gebracht wurden, um an Stalins Atombombe zu arbeiten, wichtige Aufzeichnungen mitnahmen. Diese Vermutung legt ein ausführlicher SS-Bericht über das Atombombenprojekt von 1944 (inzwischen in den Yad Vashem Archives in Israel) nahe, der sehr gut aus ostdeutschen oder sowjetischen Quellen stammen könnte.

Primärquellen

Heisenberg

Die Gesamtausgabe der Werke Heisenbergs, *Gesammelte Werke / Collected Works* [= GWH], hrsg. v. W. Blum, H.-P. Dürr u. H. Rechenberg, Berlin / München / New York 1984 ff., enthält seine Schriften über Politik und Philosophie wie auch seine wissenschaftlichen Aufsätze. Fast das gesamte Material stammt aus bereits früher gedruckten Quellen, wenngleich die Aufsätze über das Uranprojekt zum großen Teil hier erstmals veröffentlicht wurden. Der Großteil der Originalmanuskripte, die sich im Heisenberg-Archiv und im Besitz der Familie Heisenberg befinden, bleibt unveröffentlicht, wenn auch in der Sekundärliteratur oftmals aus ihm zitiert worden ist.

Wissenschaftliche Aufsätze über das Uranprojekt

Heisenbergs während des Krieges entstandene Aufsätze und Artikel über das Uranprojekt finden sich in Abteilung A, Teil II der *Gesammelten Werke / Collected Works* [= GWH], Berlin / München / New York 1989. Besonders erwähnenswert sind:

»Die Möglichkeit der technischen Energiegewinnung aus der Uranspaltung«, 6.12.1939 (G-39); GWH, A II, S. 378; IMF 29-374.

»Bericht über die Möglichkeit technischer Energiegewinnung aus der Uranspaltung«, 26.2.1942 (G-40); GWH, A II, S. 416; IMF 29-398.

»Die Energiegewinnung aus der Atomkernspaltung«, 6.5.1943 (G-217); GWH, A II, S. 570; IMF 31-197.

Briefwechsel

Heisenberg / W. Bothe. Bothe Nachlaß. Archiv zur Geschichte der Max-Planck-Gesellschaft, Berlin, III. Abt., Rep. 6.

Heisenberg / G.v. Droste. Heisenberg-Archiv, München und Berlin.

Heisenberg / S. Goudsmit. Goudsmit Papers. AIP, box 10, folders 93–97 (teilweise auch in IMF 29-1185/1194).

Heisenberg / H. Himmler. Goudsmit Papers. AIP, box 11, folder 98.

Heisenberg / H. Himmler. Heisenberg-Archiv, München und Berlin.

Heisenberg / D. Irving. IMF 31 und 32.

Heisenberg / A. Sommerfeld. Sommerfeld-Nachlaß. Deutsches Museum, München, 1977 – 28/A, 136/29.

Heisenberg / B. L. v. d. Waerden. IMF 29-1130/1131.

Heisenbergs Darstellungen der Geschichte des Uranprojekts

Memorandum vom 7.8.1945. In deutscher Sprache in: GWH, C V, S. 26–27. Manuskriptentwurf in Bothe-Nachlaß, Archiv zur Geschichte der Max-Planck-Gesellschaft, Berlin, III. Abt., Rep. 6.

»Über die Uranbombe (1945)«, hrsg. v. H. Rechenberg in *Physikalische Blätter* 48 (1992), S. 994–1001.

»Über die Arbeiten zur technischen Ausnutzung der Atomkernenergie in

Deutschland«, *Die Naturwissenschaften* 33 (1946), S. 325–329. Wiederabgedruckt und mit einem Nachwort versehen im Einstein-Gedenkband *Helle Zeit – dunkle Zeit*, hrsg. v. C. Seelig, Zürich 1956, S. 133–144, und in GWH, C V, S. 28–32, 143–157. Die »leicht gekürzte« englische Fassung »Research in Germany on the Technical Application of Atom Energy«, in *Nature*, Nr. 4059 (16.8.1947), 211-215, ist abgedruckt in GWH, B, S. 414–418.

»Unveröffentlichtes Vorwort zu einer Aufsatzsammlung (1948)«, in GWH, C V, S. 35–36.

Heisenbergs historischer Brief an die *New York Times* vom 30.1.1949. Wiederabgedruckt in GWH, C V, S. 42.

»Das Dritte Reich versuchte nicht, die Bombe zu bauen«, erschien in der *Frankfurter Allgemeinen Zeitung* (9.12.1967) und wurde nachgedruckt in GWH, C V, S. 50–52.

Der Teil und das Ganze, München 1969, wiederabgedruckt in GWH, C III.

Nationalsozialismus und Politik

»Selbstbiographie« (1933), in GWH, C IV, S. 12.

»Questions of Principle in Modern Physics« (1936), in Heisenberg, *Philosophical Problems of Nuclear Science*, London 1952. Nachgedruckt in GWH, C I, S. 118.

»Zum Artikel ›Deutsche und jüdische Physik‹« (28.2.1936), in GWH, C V, S. 9–11, und in H. Rechenberg (Hrsg.), *Deutsche und jüdische Physik*, München 1992, S. 78–80.

»Die Einheit des naturwissenschaftlichen Weltbildes«, am 26.11.1941 an der Universität Leipzig gehaltene Rede; erstmals veröffentlicht 1942, nachgedruckt in GWH, C I, S. 163, und übersetzt in Heisenberg, *Philosophical Problems of Nuclear Science*, London 1952.

»Ordnung der Wirklichkeit« (1942), in GWH, C I, S. 218–306.

»Die Bewertung der ›modernen theoretischen Physik‹«, in *Zeitschrift für die gesamte Naturwissenschaft* 9 (1943), S. 201–212. Nachdruck in GWH, C V, S. 14–25, und in H. Rechenberg (Hrsg.), *Deutsche und jüdische Physik*, München 1992, S. 90–106.

»Lebenslauf«, Manuskript von 1943, in GWH, C IV, S. 14.

»Science as a Means of International Understanding« (Göttingen 1946), in Heisenberg, *Philosophical Problems of Nuclear Science*, London 1952.

Gutachten für Werner Erler, G. Borger und G. v. Droste (1947), in Heisenberg-Archiv, München.

»The Scientific World of Albert Einstein« (1955), in Heisenberg, *Across the Frontiers*, New York 1975.

»An den Herrn Reichsminister für Erziehung ...«, nachgedruckt in GWH, CV, S. 12–13, und in H. Rechenberg (Hrsg.), *Deutsche und jüdische Physik*, München 1992, S. 81–83.

Encounters with Einstein, and Other Essays, Princeton 1989.

Interviews

»Das deutsche Atombomben-Geheimnis: Interview mit Professor Werner Heisenberg«, in *Die Welt* Nr. 39 (12.8.1946), S. 3.

BBC-Interview, in GWH, CV, S. 44.

Interviews mit D. Irving, in IMF 31-526/567; IMF 31-616/620.

»›Gott sei Dank, wir konnten sie nicht bauen‹ – *Spiegel*-Gespräch mit ... Werner Heisenberg«, *Der Spiegel* (3.7.1967), S. 79–83, nachgedruckt in GWH, CV, S. 45–49.

Interview mit J. J. Ermenc, in *Atomic Bomb Scientists. Memoirs, 1939–1945*, Westport, Conn., 1989, S. 43–45.

*Andere Primärquellen**

Public Record Office, London (= PRO)

AB 1/9.
AB 1/40.
AB 1/356.
AB 1/485.
AB 1/494.
AB 1/494 »MS 2«.
AB 1/495.
AB 1/566.
AB 1/581.
AB 1/615.
AB 1/646.
CAB 21/1262.

* Um interessierten Lesern das Auffinden von Dokumenten in englischen und amerikanischen Archiven zu erleichtern, wurden die dort üblichen Bezeichnungen beibehalten: box, container = Kapsel, Behälter; entry = Eintrag; exhibit = Beweisstück; file = Ordner; folder = Mappe; papers = Unterlagen, Nachlaß; roll = Filmrolle [Anm. d. Ü.].

CAB 104/189.
FO 935/55.
FO 1031/241.
WO 208/5019 (Farm-Hall-Protokolle; Kopie in NA, RG 77, MED Foreign Intelligence Unit, entry 22, box 163).

Churchill College Archives, Cambridge

Chadwick Papers.
Meitner Papers. Briefwechsel Meitner/Hahn.
Meitner Papers. Briefwechsel Meitner/Laue.
Meitner Papers. Briefwechsel Meitner/Scherrer.

National Archives, College Park, Md. (= NA)

RG 59. Decimal Files 740.0011, EW/29326; microfilm M-982, roll 158.
RG 59. Decimal Files 740.0011, EW/30782; microfilm M-982, roll 168.
RG 77. MED Decimal Files 319.1, boxes 50, 53 (Oppenheimer, »Explosion from Fast Neutron Reactions«, 27.5.1944).
RG 77. MED Decimal Files 337, box 63, »Conferences« (Bethe/Teller, »Explosion of an Inhomogenous Uran-Heavy Water Pile«).
RG 77. MED Decimal Files 337, box 63 (Oppenheimer/Groves-Briefwechsel).
RG 77. MED Decimal Files 371.2, box 64, exhibit A, »Goudsmit Mission«-folder.
RG 77. MED Foreign Intelligence Unit, entry 18, boxes 144–145 (London Office).
RG 77. MED Foreign Intelligence Unit, entry 22, box 163 (Farm-Hall-Protokolle).
RG 77. MED Foreign Intelligence Unit, entry 22, box 164, folder »Germany«.
RG 77. MED Foreign Intelligence Unit, entry 22, box 165.
RG 77. MED Foreign Intelligence Unit, enry 22, box 166, folder 32.23 – 24, »Patente«.
RG 77. MED Foreign Intelligence Unit, entry 22, box 166, folder 32.24 – 1, »German Research Institutes«.
RG 77. MED Foreign Intelligence Unit, entry 22, box 167, folders 202.3, 32.12 – 1, – 2, 32.60 – 1.
RG 77. MED Foreign Intelligence Unit, entry 22, box 168, folder 202.3 – 1, »Appraisal of Enemy Bomb Production«.

RG 77. MED Foreign Intelligence Unit, entry 22, box 169, folder 32.21.
RG 77. MED Foreign Intelligence Unit, entry 22, box 169, folder 32.7002 – 1.
RG 77. MED Foreign Intelligence Unit, entry 22, box 170, folders 32.60 – A – 1.
RG 77. MED, microfilm M-1108, roll 2, folders 19 (Bohr, »Memorandum«, 3.7.1944), 26.
RG 77. MED, microfilm A-1218, roll 5 (Manhattan Project History, vol. 14, Foreign Intelligence, Suppl. 1).
RG 84. Decimal Files 863.4, Bern Confidential File, box 14, »Uranium« folder.
RG 84. Decimal Files 863.4, Bern Confidential File, box 14, no. 2958.
RG 165. G-2, Military Intelligence Division, Correspondence, 1917–1941, box 1573, 2655-B-392/393 (= MID Report no. 18,214).
RG 200. Goudsmit Papers, boxes 1, 4, 5, 6, 7, 8.
RG 227. OSRD/S-1, box 5, Ladenburg folder.
RG 227. OSRD/S-1, Bush-Conant files, microfilm M-1392, roll 1, folder 5.
RG 227. OSRD/S-1, microfilm M-1392, roll 7, folder 75.
RG 227. OSRD/S-1, microfilm M-1392, roll 11, folder 170 (Fisk-Shockley, »Stuy of Uranium«, 1940).
RG 238. Microfilm M-897, roll 119.
RG 242. Captured German Records (auch in AIP), German Atomic Research Reports, »G« series. Microfiches. Mit einem Register versehen und zusammengefaßt von L. R. David und I. A. Warheit in L. R. David u. I. A. Warheit (Hrsg.), *German Reports on Atomic Energy. A Bibliography of Unclassified Literature*, ID-3030, Oak Ridge, Tenn., USAEC, 1952. Originale in USAEC Technical Information Service, Oak Ridge, Tenn. Mikrofichekopien in Niels Bohr Library des American Institute of Physics, College Park, Md., und in der Bibliothek des Kernforschungszentrums Karlsruhe. Einzelne im Text und in den Anmerkungen zitierte »G«-Berichte wurden in die vorliegende Bibliographie nicht aufgenommen.
RG 242. Microfilm T-580, roll 872.
RG 319. ALSOS/RFR files, boxes 12, 16.

Library of Congress, Washington, D.C. (= LC)

MS Division. 18,806.2, container 230, reel 134: ALSOS 104 (microfilms PB 20489, 20503).
MS Division. ALSOS Microfilms, rolls 141, 143.

MS Division. Cordell Hull Papers, folder 184.
MS Division. Oppenheimer Papers, box 20.
MS Division. Photoduplication Service Room. U.S. Department of Commerce, Office of Technical Services (OTS), Auszüge deutscher Patentanmeldungen (Register zu den mikroverfilmten deutschen Patenten).
MS Division. FIAT Microfilm Reel Index (= microfilm PB-92000).

U.S. Official Collections

Defense Technical Information Center (DTIC), Cameron Station Army Base, Virginia.
BIOS Reports 1949, vol. 1; BIOS Final Report no. 538, item no. 28 (Jones, »German Patent Records«, März 1946). Accession no. ATI 70297/JIOA. Einige BIOS Final Reports befinden sich außerdem in der Library of Congress wie auch im British Library Documentary Supply Center, Wetherby, West Yorkshire, und im Imperial War Museum, London (Duxford Depot, Halstead Exploitation Center Records).
USAF Historical Research Agency, Maxwell Air Force Base, Alabama. U.S. 9th Air Forde P/W Interrogation Detachment, Military Intelligence Service, folder »Interrogations« 533.619, B-5 1945. no. 4 »Atomic Bomb – German, Investigations, Research, Developments and Practical Use«, 19.8.1945 (= Microfilm B-5737 [Lieb, »Report on Speer Ministry's Nuclear Physics Project«]).

Niels Bohr Library, American Institute of Physics, College Park, Md. (= AIP)

Archive for the History of Quantum Physics. Bohr Scientific Correspondence (= BSC), microfilms 26, 29, 33.
Goudsmit Papers. Box 6, folder 26; box 10, folders 93–97; box 11, folder 98 (Himmler); box 14, folder 142; box 17, folder 180; box 25, folders 12–15 (Houtermans, »Evaluation of Physicists in USSR«); box 27, folder 38; box 28, folders 41, 42 (Rosbaud über die Geschichte des deutschen Uranprojekts, 5.8.1945, und »Haltung der Deutschen, insbesondere der Wissenschaftler«), 43, 44, 45, 52.
Goudsmit Papers. Briefwechsel Goudsmit / Charlotte Houtermans, box 28, folder 52.
Goudsmit Papers. Briefwechsel Goudsmit/Peierls, box 10, folder 97.
Goudsmit Papers. Briefwechsel Goudsmit/Perrin, box 17, folder 180.

Goudsmit Papers. Briefwechsel Goudsmit/Rosbaud, box 28, folders 42, 43, 45.
Goudsmit Papers. Briefwechsel Goudsmit/Blackett, box 10, folder 93 (IMF 31-1149).
Oral History Interviews (= OHI). Interviews mit Bohr, Chadwick, Frank, Peierls und Reiche.

Niels-Bohr-Archiv, Kopenhagen

Briefwechsel Chadwick/Bohr.

Jewish National and University Library, Jerusalem

Einstein Archive. Briefwechsel Einstein/Schumann

Yad Vashem Archives, Jerusalem

Wiesenthal Archive. M-0/339 (*Rechenschaftsbericht*, 1944)

Archiv zur Geschichte der Max-Planck-Gesellschaft, Berlin

Hahn-Nachlaß. »Die deutschen Arbeiten zur Atomenergie«, 2.2.1946.
Hahn-Nachlaß. Tagebuch.
Generalverwaltung. I. Abt., Rep. 1A, Nr. 1652 und 1653. »Aktennotiz aus Personalakten Peter Debye«.
Generalverwaltung. I. Abt., Rep. 1A, Nr. 1935 (»Entstehung der ›Forschungsschutz GmbH‹«, 1956).
Generalverwaltung. II. Abt., Rep. 1A Gründung, Nr. 1/1–4 (Respondek, »Report on the History of the KWG«, 12.11.1970).
Generalverwaltung. III. Abt., Rep. 6, Bothe-Nachlaß (Heisenberg, »Draft Article«, 1946).

Berlin Document Center

Akten »Ahnenerbe«.
Akte Juilfs.
Akte Neitzel.

Bundesarchiv, Koblenz (= BA)

NS 19 / neu 371.
R 3/1504.

R 3/1579, Mappe 1.
R 3/1583.
R 3/1593.

Militärarchiv, Freiburg i. Br., und Bundesarchiv, Berlin-Lichterfelde

Militärarchiv, Freiburg: RH8 (HWA WaF), 1363, 1714, 17771; RH8, I, II, III.
Bundesarchiv, Berlin-Lichterfelde: REM 2943, 370–371.

Deutsches Museum, München

Sommerfeld-Nachlaß, 1977-28/A, 136/15, 136/49.
Laue-Nachlaß. Max von Laue an seinen Sohn Theodor (Kopie in Goudsmit Papers, box 14, folder 142).

Institut für Zeitgeschichte, München

Archiv: »Amt Rosenberg: Hauptamt Wissenschaft: Heisenberg«. MA 116/5.
Archiv: MA 116, Akte Weizsäcker.

Staatsbibliothek Preußischer Kulturbesitz, Berlin

Handschriftenabteilung: Born-Nachlaß, 353 und 1003.

Bagge-Nachlaß, Kiel

E. Bagge, Tagebücher. Manuskript (teilweise gedruckt in E. Bagge, K. Diebner u. K. Jay, *Von der Uranspaltung bis Calder Hall*, Hamburg 1957, und in IMF 29-106).
»Deutsche Geheimberichte zur Nutzbarmachung der Kernenergie aus den Jahren 1939–1942« (Bibliographie im Heereswaffenamt-Bericht enthalten).
»Heereswaffenamts-Bericht, 1941–42«.

Irvings Mikrofilmmaterial

Zahlreiche »G«-Berichte und andere Dokumente sind auf Mikrofilm festgehalten in D. Irving (Hg.), *Records and Dokuments Relating to the*

Third Reich, group 2: *German Atomic Research*, Wakefield, Yorks., 1973, microfilms 29–31. Unter den wichtigen Dokumenten:
M. v. Ardenne. Originaltyposkript (IMF 32).
Briefwechsel Fraser/Irving (IMF 32).
E. W. B. Gill, »German Academic Scientists and the War«, 20.8.1945 (IMF 31-1234/1235).
M. Perrin. Interview (IMF 31-1333).
C. F. v. Weizsäcker. Interview (IMF 31-620).
Briefwechsel Weizsäcker/Irving (IMF 31, 32).

Irving-Archiv, London

Briefwechsel Irving/Goudsmit.

Rose-Archiv, State College, Pennsylvania

R. N. Anshen. Briefwechsel und Telephongespräch mit dem Autor.
M. v. Ardenne. Briefwechsel mit dem Autor.
E. Bagge. Briefwechsel mit dem Autor.
C. Dilworth [Occhialini]. Briefwechsel mit dem Autor.
R. Fleischmann. Briefwechsel mit dem Autor.
Sir Charles Frank. Briefwechsel mit dem Autor.
K.-H. Höcker. Briefwechsel mit dem Autor.
A. Pais. Briefwechsel mit dem Autor.
R. Peierls. Briefwechsel mit dem Autor.
S. Rozenthal. Briefwechsel mit dem Autor.
C. F. v. Weizsäcker. Briefwechsel mit dem Autor.
J. A. Wheeler. Briefwechsel mit dem Autor.
K. Wirtz. Briefwechsel mit dem Autor.

Weitere Interviews und Briefwechsel

L. Groves. Interview mit J. J. Ermenc, in J. J. Ermenc, *Atomic Bomb Scienists. Memoirs, 1939–1945*, Westport, Conn., 1989.
C. F. v. Weizsäcker. Interview mit D. Hoffmann, H. Rechenberg und T. Spengler, in D. Hoffmann (Hg.), *Operation Epsilon*, Berlin 1993.

Veröffentlichte Quellen und Sekundärliteratur

Adler, F. / Halban, H. v., »Control of the Chain Reaction Involved in Fission of the Uranium Nucleus«, *Nature*, 143 (13. Mai 1939), S. 793.

Akten der Partei-Kanzlei der NSDAP. Rekonstruktion ..., Institut für Zeitgeschichte, München 1983 ff.

Albrecht, H., »›Max Planck: Mein Besuch bei Adolf Hitler‹ – Anmerkungen zum Wert einer historischen Quelle«, in *Naturwissenschaft und Technik in der Geschichte*, hrsg. v. H. Albrecht, Stuttgart 1993, S. 41–63.

Albrecht, H. (Hg.), *Naturwissenschaft und Technik in der Geschichte*, Stuttgart 1993.

Albrecht, H. / Hermann, A., »Die Kaiser-Wilhelm-Gesellschaft im Dritten Reich (1933–1945)«, in Vierhaus, R. / Brocke, B. v. (Hg.), *Forschung im Spannungsfeld von Politik und Gesellschaft. Geschichte und Struktur der Kaiser-Wilhelm-/Max-Planck-Gesellschaft*, Stuttgart 1990.

Alvarez, L., *Alvarez*, New York 1987.

Amaldi, E. / Fermi, E., »On the Absorption and the Diffusion of Slow Neutrons«, *Physical Review* 50 (1936), S. 899–928 (nachgedruckt in Fermi, E., *Collected Papers*, Bd. 1, Chicago 1962, S. 892–942).

Anshen, R. N., *Biography of an Idea*, Mt. Kisco, N. Y., 1986.

Ardenne, M. v., *Ein glückliches Leben für Forschung und Technik*, Zürich 1972; 2. Fassung: *Sechzig Jahre für Forschung und Fortschritt. Autobiographie*, Berlin 1984; 3. Fassung: *Die Erinnerungen*, München 1990.

Ardenne, M. v., Besprechung von T. Powers, *Heisenberg's War*, Hamburg 1993, in: *Die Welt*, 8. Mai 1993.

Association for the Use and Diffusion of Documentation UDD, *Subject Outline of the Unpublished Applications for Patents Filed at the German Patent Office During 1940 to 1945*, Paris 1950.

Badash, L., »Otto Hahn, Science and Social Responsibility«, in Shea, W. R. (Hg.), *Otto Hahn and the Rise of Nuclear Physics*, Dordrecht 1983, S. 167–180.

Badash, L. / Hodes, E. / Tiddens, A., »Nuclear Fission: Reaction to the Discovery in 1939«, *Proceedings of the American Philosophical Society* 130, Nr. 2, 1986, S. 196–231.

Bagge, E. / Diebner, K. / Jay, K., *Von der Uranspaltung bis Calder Hall*, Hamburg 1957.

Barth, K., *Eine Schweizer Stimme 1938–1945*, Zürich 1948.

Baum, R. C., *The Holocaust and the German Elite. Genocide and National Suicide in Germany, 1871–1945*, Totowa, N.J., 1981.

Beller, M., *Quantum Dialogues*, Chicago 2000.
Berg, H.C., *Random Walks in Biology*, Princeton, 1983.
Berninger, E., *Otto Hahn in Selbstzeugnissen und Bilddokumenten*, Reinbek 1974.
Bernstein, J., »The Farm Hall Transcripts: The German Scientists and the Bomb«, *The New York Review of Books* 13, Nr. 14 (13. August 1992), S. 47–53.
Bernstein, J., *Prophet der Energie. Hans Bethe*, Stuttgart 1988 (*Hans Bethe, Prophet of Energy*, New York 1980).
Bernstein, J., *Hitler's Uranium Club*, Woodbury, N.Y. 1996.
Bernstein, J., Besprechung von T. Powers, *Heisenberg's War*, *Science* 259 (26. März 1993), S. 1923–1926.
Bernstein, J. / Cassidy, D.C., »Bomb Apologetics: Farm Hall, August 1945«, *Physics Today*, August 1995, S. 32–36.
Bethe, H., »Bethe on the German Bomb Program«, *BAS*, Januar/Februar 1993, S. 53–54.
Bethe, H., »Niels Bohr and His Institute«, in French, A.P. / Kennedy, P.J. (Hg.), *Niels Bohr. A Centenary Volume*, Cambridge, Mass., 1985, S. 232–234.
Beyerchen, A., *Wissenschaftler unter Hitler. Physiker im dritten Reich*, Köln 1980 (*Scientists under Hitler*, New Haven 1977).
Blaedel, N., *Harmony and Unity. The Life of Niels Bohr*, Madison, Wisc. 1988.
Bodanis, D., *E = mc². A biography of the world's most famous equation*, New York 2000.
Boelcke, W.A. (Hg.), *Deutschlands Rüstung im Zweiten Weltkrieg. Hitlers Konferenzen mit Albert Speer 1942–1945*, Frankfurt a.M. 1969.
Bohr, A., »The War Years and the Prospects Raised by the Atomic Weapons«, in Rozental, S. (Hg.), *Niels Bohr. His Life and Work as Seen by His Friends and Colleagues*, Amsterdam/New York 1967, S. 191–214.
Bohr, N., »Recent Investigations of the Transmutations of Atomic Nuclei« (1939, gedruckt 1941), in Bohr, N., *Collected Works*, hrsg. v. E. Rudinger, R. Peierls et al., Amsterdam 1986, S. IX, 443–466.
Bohr, N., »Resonance in Uranium and Thorium Disintegrations und the Phenomenon of Nuclear Fission«, *Physical Review* 55 (1939), S. 418–419.
Bohr, N. / Wheeler, J.A., »The Mechanism of Nuclear Fission«, *Physical Review* 56 (1939), S. 426–450.

Bonhoeffer, D., *No Rusty Swords: Letters, Lectures und Notes 1928–1936*, New York 1965, S. 324.

Born, H. / Born, M., *Der Luxus des Gewissens*, München 1969.

Born, M., *Mein Leben. Die Erinnerungen des Nobelpreisträgers*, München 1975 (*My Life and My Views*, New York 1968).

Born, M., *My Life*, London 1978.

Bower, T., *Verschwörung Paperclip. NS-Wissenschaftler im Dienst der Siegermächte*, München 1988 (*The Paperclip Conspiracy*, Boston 1987).

Broad, W. J., »Saboteur or Savant of Nazi Drive for A-Bomb«, *The New York Times. Science Times*, 1. September 1992, C1 und C5.

Brooks, G., *Hitler's Nuclear Weapons*, Barnsley 1992.

Brown, A., *The Neutron and the Bomb. A Biography of Sir James Chadwick*, Oxford 1997.

Burckhardt, J., *Weltgeschichtliche Betrachtungen*, hg. v. W. Kaegi, Bern 1991.

Burleigh, M., *Germany Turns Eastward. A Study of Ostforschung in the Third Reich*, Cambridge 1988.

Calic, E. (Hg.), *Ohne Maske. Hitler, Breiting. Geheimgespräche 1931*, Frankfurt a. M. 1968 (Breiting, E., *Secret Conversations with Hitler. The Two Newly-Discovered 1931 Interviews*, New York 1971).

Casimir, H., *Haphazard Reality*, New York 1983.

Cassidy, D. C., »Atomic Conspiracies [= Besprechung von T. Powers' *Heisenberg's War*], *Nature* 363 (27. Mai 1993), S. 311–312.

Cassidy, D. C., »Werner Heisenberg«, in *Dictionary of Scientific Biography*, Supplement, Bd. 17, New York 1990, S. 394–403.

Cassidy, D. C., *Werner Heisenberg. Leben und Werk*, Heidelberg 1995 (*Uncertainty. The Life and Science of Werner Heisenberg*, New York 1992).

Cassidy, D. C. / Baker, M., *Werner Heisenberg. A Bibliography of His Writings*, Berkeley, Calif., 1984.

Cassidy, D. C. / Sweet, W., »A Lecture on Bomb Physics: Februar 1942«, *Physics Today*, August 1995, S. 27–30.

Churchill, W., *Der Zweite Weltkrieg*. Bd. 1: *Der Sturm zieht auf*, Bern 1948 (*The Gathering Storm*, New York 1948).

Clark, R. W., *The Birth of the Bomb*, London 1961.

Clark, R. W., *The Greatest Power on Earth*, London 1980.

Clark, R. W., *Tizard*, Cambridge, Mass., 1965.

Compton, A. H., *Die Atombombe und ich. Ein persönliches Erlebnis*, Frankfurt a. M. 1958 (*Atomic Quest. A Personal Narrative*, New York 1956).

Craig, G., *Über die Deutschen*, München 1983 (*The Germans*, New York 1982).

Crowther, J. G., *Science in Liberated Europe*, London 1949.

Dawidoff, N., *The Catcher Was a Spy. The Mysterious Life of Moe Berg*, New York 1994.

Dewdney, A. K., *The Magic Machine. A Handbook of Computer Sorcery*, New York 1990.

Dewey, J., *Deutsche Philosophie und deutsche Politik*, Berlin 2000 (*German Philosophy and Politics*, New York 1915).

Diebner, K. / Grassmann, E., *Künstliche Radioaktivität. Experimentelle Ergebnisse*, Leipzig 1939 (erweitert in *Physikalische Zeitschrift* 40 (1939), S. 297–314; 41, 1940, S. 157–194).

Diebner, K., siehe Tautorus, W.

Dippel, J. V. H., *Two Against Hitler*, New York 1992.

Dresden, M., *H. A. Kramers. Between Tradition and Revolution*, New York / Berlin 1987.

Droste, G. v., »Wirkungsquerschnitte von Uran«, in *FIAT* [= Field Information Agencies Technical] *Review of German Science 1939–1946. Nuclear Physics and Cosmic Rays*, Teil 2, S. 197–208, hrsg. v. W. Bothe u. S. Fluegge, Wiesbaden 1948.

Dumont, L., *German Ideology*, Chicago 1994.

Dundes, A., *Sie mich auch! Das Hinter-Gründige in der deutschen Psyche*, Weinheim 1985 (*Life is Like a Chicken Coop Ladder. A Portrait of German Culture Through Folklore*, New York 1984).

Eckert, M., et al. (Hg.), *Geheimrat Sommerfeld – Theoretischer Physiker. Eine Dokumentation aus seinem Nachlaß (Deutsches Museum)*, München 1984.

Einstein, A., *Briefwechsel 1916–1955* [M. Born, H. Born, A. Einstein], mit einem Vorwort v. W. Heisenberg, München 1969.

Einstein, A., *Untersuchungen über die Theorie der Brownschen Bewegung*, mit Anmerkungen v. R. Fürth, Thun ²1955 (*Investigations on the Theory of the Brownian Movement*, London 1926).

Einstein, A., *Mein Weltbild*, hrsg. v. C. Seelig, Zürich 1953 (*The World as I See It*, New York 1949).

Einstein, A. / Sommerfeld, A., *Albert Einstein / Arnold Sommerfeld. Briefwechsel. Sechzig Briefe aus dem goldenen Zeitalter der modernen Physik*, hrsg. v. A. Hermann, Basel 1968.

Elon, A., *Journey Through a Haunted Lund. The New Germany*, London 1967.

Encyclopaedia Britannica, 1971, siehe »Diffusion Theory«.

Ermenc, J.J., *Atomic Bomb Scientists. Memoirs, 1939–1945*, Westport, Conn., 1989.

Evans, R.J., Besprechung von: S.H. Shirakawa, *The Devil's Music Master*, New York 1992, in: *The Times Literary Supplement*, 13. November 1992.

Farias, V., *Heidegger und der Nationalsozialismus*, Frankfurt a.M. 1989 (*Heidegger and Nazism*, Philadelphia 1989).

Feinberg, E., »Werner Heisenberg. The Tragedy of a Scientist«, in *Znamja*, Nr. 3 (1989), S. 124–143.

Fermi, E., »On the Motion of Neutrons in Hydrogenous Substances« (1936), in Fermi, E., *Collected Papers*, Bd. 1, Chicago 1962, S. 980–1016.

Fermi, E., »The Temperature Effect on a Chain Reacting Unit« (1942), in: Fermi, E., *Collected Papers*, Bd. 2, Chicago 1965, S. 149–151.

Fermi, E., *Collected Papers*, 2 Bde., Chicago 1962–65.

Fermi, E., *Nuclear Physics* (1949), revidierte Ausgabe Chicago 1950.

Feynman, R., *The Feynman Lectures on Physics*, Reading, Mass., 1963.

FIAT – Berlin Patent Office Activities FIAT Technical Bulletin T-50 (Office of Military Government for Germany – US; 1947).

Fichte, J.G., *Fichtes Reden an die deutsche Nation*, Leipzig 1919.

Fischer, H.J., *Erinnerungen*, 2 Bde., Ingolstadt 1984/85.

Fischer, H.J., *Hitler und die Atombombe. Bericht eines Zeitzeugen*, Asendorf 1987.

Fischer, H.J., »Völkische Bedingtheit von Mathematik und Physik«, in *Zeitschrift für die gesamte Naturwissenschaft* 3 (1937/38), S. 422–426.

Fleischmann, R., *Warum Forschungsinstitut der Medizinischen Fakultät der Reichsuniversität Straßburg?*, Vorlesungsmanuskript 1988.

Flügge, S., »Die Ausnutzung der Atomenergie«, *Deutsche Allgemeine Zeitung* (15. August 1939), S. 385–386.

Flügge, S., »Kann der Energieinhalt der Atomkerne technisch nutzbar gemacht werden?«, *Die Naturwissenschaften* 27 (9. Juni 1939), S. 402–410.

Forman, P., Besprechung von: T. Powers, *Heisenberg's War*, in *American Historical Review* 99 (1994), S. 1715–1717.

Frank, C.H. (Hg.), *Operation Epsilon. The Farm Hall Transcripts*, Bristol/Berkeley, Calif., 1993.

Frank, H., *Das Diensttagebuch des deutschen Generalgouverneurs in Polen, 1939–1945*, hrsg. v. W. Präg u. W. Jacobmeyer, Stuttgart 1975.

Frank, H., *Diaries*, NA Microfilm Publication T-992.

Frank, N., *Der Vater. Eine Abrechnung*, München 1987 (*In the Shadow of the Reich*, New York 1991).

French, A. P. / Kennedy, P. J. (Hg.), *Niels Bohr. A Centenary Volume*, Cambridge, Mass., 1985.

Frisch, O. R., »Early Steps Towards the Chain Reaction«, in *Rudolf Peierls and Theoretical Physics*, Oxford 1977 (= *Progress in Nuclear Physics*, Bd. 13), S. 18–27.

Frisch, O. R., »Nuclear Fission«, *Annual Reports on the Progress of Chemistry for 1939*, London, The Chemical Society, 1940, S. 7–24.

Frisch, O. R., »Recollections«, in: *All in Our Time*, hrsg. v. J. Taylor, Chicago 1975.

Frisch, O. R., *Woran ich mich erinnere. Physik und Physiker meiner Zeit*, Stuttgart 1981 (*What Little I Remember*, Cambridge 1979).

Gamow, G., *Eins, zwei, drei ... Unendlichkeit. Grenzfragen der modernen Wissenschaft verständlich gemacht*, München 1958 (*One, two, three ... Infinity*, New York ²1961).

Gimbel, J., *Science, Technology, and Reparations. Exploitation and Plunder in Postwar Germany*, Stanford, Calif., 1990.

Glasstone, S., *Sourcebook on Nuclear Energy*, Princeton ³1967.

Glum, F., *Zwischen Wissenschaft, Wirtschaft und Politik*, Bonn 1964.

Goebbels, J., *Tagebücher. 1942–1943*, hrsg. v. L. P. Lochner, Zürich 1948 (*The Goebbels Diaries*, London 1948).

Goldberg, S. / Powers, T., »Declassified Files Reopen ›Nazi Bomb‹ Debate«, *BAS* 48 (September 1992), S. 32–40.

Goldschmidt, B., *Atomic Rivals*, New Brunswick, N.J., 1990.

Gora, E. K., »Einer, den Heisenberg doch rettete«, in *Werner Heisenberg in Leipzig 1927–1942*, Abhandlungen der Sächsischen Akademie der Wissenschaften zu Leipzig, Mathematisch-naturwissenschaftlich Klasse, Bd. 58, Heft 2, Berlin 1993, S. 91–93.

Gora, E. K., »One Heisenberg Did Save«, *Science News* 109 (20. März 1976).

Goudsmit, S., »Heisenberg on the German Uranium Project«, *BAS* 3 (1947), S. 343.

Goudsmit, S., »Nazis' Atomic Secrets«, *Life*, 20. Oktober 1947, S. 124–134.

Goudsmit, S., *ALSOS*, New York 1947 (Nachdruck Los Angeles, Calif., 1983).

Goudsmit, S., Brief an die *New York Times*, 9. November 1947.

Goudsmit, S., Brief an Chemical and Engineering News (U.S.), 15. September 1947.

Goudsmit, S., Brief an *Nuclear News*, Oktober 1970.

Gowing, M., »Niels Bohr and Nuclear Weapons«, in *Niels Bohr. A Cente-

nary Volume, hrsg. v. A.P.French u. J.P.Kennedy, Cambridge, Mass., 1985, S.266–277.

Gowing, M., *Britain and Atomic Energy, 1939–1945*, London 1964.

Gowing. M., »James Chadwick and the Atomic Bomb«, *Notes and Records of the Royal Society of London* 47 (1993), S.79–92.

Graetzer, H.G. / Anderson, D.L., *The Discovery of Nuclear Fission*, New York 1971.

Groves, L.R., *Jetzt darf ich sprechen. Die Gesellschaft der ersten Atombombe*, Köln 1965 (*Now It Can Be Told. The Story of the Manhattan Project*, London 1963).

Haber, L.F., *The Poisonous Cloud. Gas Warfare in the First World War*, Oxford 1986.

Hahn, D., *Otto Hahn, Begründer des Atomzeitalters*, München 1979.

Hahn, D., *Otto Hahn. Erlebnisse und Erkenntnisse*, Düsseldorf 1975.

Hahn, O. / Rein, F.H., »Einladung nach USA«, *Physikalische Blätter* 3 (1947), S.33–35.

Hahn, O., *Mein Leben*, München 1968 (*A Scientific Autobiography*, New York 1966).

Hahn, O., *My Life. The Autobiography of a Scientist*, New York 1970.

Halban, H.v. / Joliot, F. / Kowarski, L., »Liberation of Neutrons in the Nuclear Explosion of Uranium«, *Nature* 143 (18.März 1939), S.470.

Hanle, W. / Bagge, E., »40 Jahre Nutzung der Kernenergie«, *Atomkernenergie* 40 (1982), S.3–7.

Hanser, R., *A Noble Treason*, New York 1979.

Harteck, P., Interview mit J.J. Ermenc, in *Atomic Bomb Scientists. Memoirs, 1939–1945*, Westport, Conn., 1989.

Hassell, U.v., *Vom andern Deutschland*, Zürich 1946 (Neuausgabe: *Die Hassell-Tagebücher 1938–1944*, Berlin 1988; *The Von Hassell Diaries*, Garden City, N.Y., 1947).

Haxel, O., »Der Beitrag der schnellen Neutronen zur Neutronenvermehrung im Uran«, *FIAT* [= Field Information Agencies Technical] *Review of German Science 1939–1946. Nuclear Physics and Cosmic Rays*, Teil 2, S.165–173, hrsg. v. W.Bothe u. S.Flügge, Wiesbaden 1948.

Heilbron, J.L., *Max Planck. Ein Leben für die Wissenschaft 1858–1947*, Stuttgart 1988 (*The Dilemmas of an Upright Man. Max Planck as Spokesman for German Science*, Berkeley, Calif., 1986).

Heine, H., *Die Geschichte der Religion und Philosophie in Deutschland*, in ders., *Sämtliche Schriften*, hrsg. v. K.Briegleb, München 1971, Bd.3, S.505–641.

Heisenberg, E., *Das politische Leben eines Unpolitischen. Erinnerungen*

an Werner Heisenberg, München 1980, ³1991 (*Inner Exile. Recollections of a Life with Werner Heisenberg*, Boston 1984).
Henning, E. / Kazemi, M., *Chronik der Kaiser-Wilhelm-Gesellschaft zur Förderung der Wissenschaften* (Veröffentlichungen aus dem Archiv der Max-Planck-Gesellschaft, Bd. 1), Berlin 1988.
Hentschel, K. und A. (Hg.), *Physics and National Socialism. An Anthology of Primary Sources*, Basel/Boston/Berlin 1996.
Hermann, A., *Die Jahrhundertwissenschaft. Werner Heisenberg und die Physik seiner Zeit*, Stuttgart 1977.
Hermann, A., *Max Planck in Selbstzeugnissen und Bilddokumenten*, Reinbek 1973.
Hermann, A., *The New Physics*, Bonn 1979.
Hermann, A., *Werner Heisenberg in Selbstzeugnissen und Bilddokumenten*, Reinbek 1979.
Hermann, A., *Wie die Wissenschaft ihre Unschuld verlor. Macht und Mißbrauch der Forscher*, Stuttgart 1982.
Herneck, F., »Ein alarmierende Botschaft«, in ders., *Wissenschaftsgeschichte*, Berlin 1984.
Hershberg, J. G., *James B. Conant. Harvard to Hiroshima and the Making of the Nuclear Age*, New York 1993.
Hewlett, R. G. / Anderson jr., O. E., *A History of the United States Atomic Energy Commission. 1: The New World, 1939–1946*, University Park, Pa., 1962.
Hinsley, F. H., *British Intelligence in the Second World War*, London 1979–90, Bd. 3, Teil 2.
Hoffmann, B. / Dukas, H., *Albert Einstein. Schöpfer und Rebell*, Dietikon 1976 (*Albert Einstein. Creator und Rebel*, New York 1972).
Hoffmann, D., *Operation Epsilon. Die Farm-Hall-Protokolle oder die Angst der Alliierten vor der deutschen Atombombe*, Berlin 1993.
Hoffmann, K., *Otto Hahn*, Berlin 1979.
Hoffmann, K., *Schuld und Verantwortung. Otto Hahn – Konflikte eines Wissenschaftlers*, Berlin 1993.
Hutton, R. S., *Recollections of a Technologist*, London 1964.
Irving, D., *Der Traum von der deutschen Atombombe*, Gütersloh 1967 (*The German Atomic Bomb. The History of Nuclear Research in Germany*, New York 1967, ²1983; in Großbritannien: *The Virus House*).
Irving, D., *Records und Documents Relating to the Third Reich*, Gruppe 2: *German Atomic Research*, Microfilms 29–32, Wakefield, Yorks., 1973.

Joffe, A., *Promenades aléatoires et mouvement Brownien*, Montreal 1969.

Johnson, J. A., *The Kaiser's Chemists. Science und Modernization in Imperial Germany*, Chapel Hill, N.C., 1990.

Joliot-Curie, F. u. I., *Œuvres scientifiques complètes*, Paris 1961.

Jones, R. V., »Meetings in Wartime and After«, in *Niels Bohr. A Centenary Volume*, hrsg. v. A. P. French / P. J. Kennedy, Cambridge, Mass., 1985, S. 278–287.

Jones, R. V., *Most Secret War. British Scientific Intelligence, 1939–1945*, London 1979 (in den USA: *The Wizard War*, New York 1978).

Jungk, R., *Heller als tausend Sonnen. Das Schicksal der Atomforscher*, Stuttgart 1956 (*Brighter Than A Thousand Suns. A Personal History of the Atomic Scientists*, Harmondsworth 1960).

Jungk, R., *Trotzdem. Mein Leben für die Zukunft*, München 1993.

Kaempffert, W., Brief an die *New York Times*, 9. November 1947.

Kaempffert, W., »Nazis Spurned Idea of an Atomic Bomb: Dr. Heisenberg Says German's Research Was Far Advanced But Lacked Hitler Support«, *The New York Times*, 28. Dezember 1948, nachgedruckt in GWH, CV, S. 37–40.

Kaempffert, W., »Why the Germans failed to develop an atomic bomb is now revealed in two reports«, *The New York Times*, 26. Oktober 1974.

Kant, I., *Die Metaphysik der Sitten*, Darmstadt 1968.

Kater, M., *Das »Ahnenerbe« der SS 1935–1945*, Stuttgart 1974.

Kater, M., *Ärzte als Hitlers Helfer*, Hamburg 2000 (*Doctors under Hitler*, Chapel Hill, N.C., 1989).

Kemmer, N., Besprechung von W. Heisenberg, *Gesammelte Werke*, und E. Heisenberg, *Inner Exile*, in *Nature* 313, 28. Februar 1985.

Kemmer, N. / Schlapp, R., »Max Born«, *Biographical Memoirs of Fellows of the Royal Society* 17 (1971), S. 17–52.

Kirsten, C. / Treder, H.-J., *Albert Einstein in Berlin 1913–1933*, 2 Bde., Berlin-Ost 1979.

Klotz, I., »Germans at Farm Hall Knew Little of Atomic Bombs«, *Physics Today*, Oktober 1993, S. 11–15, 135.

Köhler, W., »Gespräche in Deutschland«, *Deutsche Allgemeine Zeitung*, 28. April 1933.

Krafft, F., *Im Schatten der Sensation. Leben und Wirken von Fritz Straßmann*, Weinheim 1981.

Krafft, F., »Lise Meitner: Her Life and Times ...«, *Angewandte Chemie* (Internationale Ausgabe) 17 (1978), S. 826–842.

Kramish, A., *Der Greif. Paul Rosbaud – der Mann, der Hitlers Atompläne scheitern ließ*, München 1987, erneut 1989 (*The Griffin*, Boston 1986).
Kuby, E., *Mein Krieg*, München 1975.
Kurti, N., Brief an *The Times Literary Supplement*, 18. Juni 1993.
Ladenburg, R., »Study of Uranium und Thorium Fission Produced by Fast Neutrons of Nearly Homogeneous Energy«, *Physical Review* 56, Juli 1939, S. 168–170.
Lanouette, W., *Genius in the Shadows. A Biography of Leo Szilard*, New York 1993.
Laqueur, W., *Young Germany. The History of the German Youth Movement*, New York 1962.
Laue, M. v., »Die Kriegstätigkeit der deutschen Physiker«, *Physikalische Blätter* 4 (1948), S. 424–425, Manuskriptnachdruck in E. Henning, »Der Nachlaß Max von Laues«, *Physikalische Blätter* 48 (1992), S. 938–940.
Laurence, W. L., *Men and Atoms*, New York 1959.
Leeb, E., *Aus der Rüstung des Dritten Reiches (Das Heereswaffenamt 1938–1945). Ein authentischer Bericht des letzten Chefs des Heereswaffenamtes* (*Wehrtechnische Monatshefte*, Beiheft 4), Berlin/Frankfurt a. M. 1958.
Leggin, A., »Potomac Postscripts«, *Chemical and Engineering News* 26, Nr. 11 (15. März 1948), S. 733.
Lemmerich, J., *Die Geschichte der Entdeckung der Kernspaltung*, Berlin 1988.
Lifton, R. J., *The Nazi Doctors*, New York 1986.
Löwith, K., *Mein Leben in Deutschland vor und nach 1933. Ein Bericht*, Stuttgart 1986; Frankfurt a. M. 1989.
Logan, J. L., »The Critical Mass«, *American Scientist* 84, Mai–Juni 1996, S. 263–277.
Logan, J. L. / Serber, R., »Heisenberg and the Bomb«, *Nature* 362, 11. März 1993, S. 117.
Ludwig, K.-H., *Technik und Ingenieure im Dritten Reich*, Düsseldorf 1974.
MacPherson, M. C., *Time Bomb. Fermi, Heisenberg and the Race for the Atomic Bomb*, New York 1986.
Macrakis, K., *Surviving the Swastika. Scientific Research in Nazi Germany*, New York 1993.
Mahoney, L. J., *A History of the War Department Scientific Intelligence Mission (ALSOS) 1943–1945*, Diss., Kent State University, 1981.

Manchester Guardian, 7.–14. August 1945.
Mann, T., »What Is German?«, *Atlantic Monthly*, Mai 1944, S. 78–85.
Mattauch, J. / Flügge, S., *Kernphysikalische Tabellen*, Berlin 1942.
McMillan, E. / Abelson, P., »Radioactive Element 93«, *Physical Review* 57 (15. Juni 1940), S. 1185–1186.
Mehrtens, H., »Mathematics in the Third Reich: Resistance, Adaptation and Collaboration of a Scientific Discipline«, in Visser, R. P. W. (Hg.), *New Trends in the History of Science*, Amsterdam 1989, S. 141–166.
Menzel, W., »Deutsche und jüdische Physik«, *Völkischer Beobachter*, 29. Januar 1936.
Messerschmidt, M., »The Wehrmacht and the Volksgemeinschaft«, *Journal of Contemporary History* 18 (1983), S. 719–744.
Moore, W., *Schroedinger. Life and Thought*, Cambridge 1989.
Morrison, P., »Reply to Dr Von Laue«, *BAS* 4, 1948, S. 104.
Morrison, P., *Nothing Is Too Wonderful To Be True*, Woodbury, N.Y., 1995.
Morrison, P., Besprechung von *ALSOS*, in *BAS*, 1946, S. 3; 1947, S. 354, 365.
Mott, N. / Peierls, R., »Werner Heisenberg«, *Biographical Memoirs of Fellows of the Royal Society* 23 (1977), S. 213–251.
Namier, L. B., *In the Nazi Era*, London 1952.
Office of Technical Services, *Bibliography of Scientific und Industrial Reports, Prepared by the Office of Technical Services*, 6 Bde., 1947/48.
Office of Technical Services, *An Informal Introduction to German Patent Applications (1940–1945) in the Library of Congress*, Library of Congress, Washington, D.C.
Office of Technical Services, *Numerical Index to the Bibliography of Scientific and Industrial Reports*, Bände 1–10, 1946–48, Washington, D.C., 1948.
O'Flaherty, J. C., »Werner Heisenberg on the Nazi Revolution: Three Hitherto Unpublished Letters«, *Journal of the History of Ideas* 53 (1992), S. 487–494.
Oliphant, M., »The Beginning: Chadwick und the Neutron«, *BAS* 38, Nr. 10 (1982), S. 14–18.
Osenberg, W., »Allgemein verständliche Grundlagen zur Kernphysik«, 8. Mai 1943, IMF 29-1062/3.
Ott, H., *Martin Heidegger. Unterwegs zu seiner Biographie*, Frankfurt a. M. 1988, revidierte Neuausgabe 1992 (*Martin Heidegger. A Political Life*, New York 1993).

Pais, A., *Niels Bohr's Times in Physics, Philosophy, and Polity*, Oxford 1991.

Pauli, W., *Wissenschaftlicher Briefwechsel mit Bohr, Einstein, Heisenberg u.a.*, hrsg. v. K. v. Meyenn, 6 Bde., New York / Heidelberg 1979–2001.

Peierls, R., »Atomic Germans«, *The New York Review of Books*, 1. Juli 1971, S. 23–24.

Peierls, R., *Bird of Passage. Recollections of a Physic*, Princeton, N.J., 1985.

Peierls, R., »Critical Conditions in Neutron Multiplication«, *Proceedings of the Cambridge Philosophical Society* 35 (1939), S. 610–615.

Peierls, R., »Reflections on the Discovery of Fission«, *Nature* 342, 21.–28. Dezember 1989, S. 852–854.

Perrin, F., »Calcul relatif aux conditions éventuelles de transmutation en chaîne de l'uranium«, *Comptes Rendus de l'Académie des Sciences* 208 (1. Mai 1939, S. 1394–1396; 15. Mai 1939, S. 1573-1575).

Perrin, J., *Les atomes*, Paris ²1936.

Perutz, M. F., »The Cabinet of Dr Haber«, *The New York Review of Books*, 20. Juni 1996, S. 31–35.

Pfau, R., *No Sacrifice Too Great. The Life of Lewis L. Strauss*, Charlottesville, Va., 1984.

Phillips, D. (Hg.), *German Universities After the Surrender. British Occupation and the Control of Higher Education*, Oxford 1983.

Pippard, B., Besprechung von T. Powers, *Heisenberg's War*, in *The Times Literary Supplement*, 28. Mai 1993, S. 3.

Planck, M., »Mein Besuch bei Adolf Hitler«, *Physikalische Blätter* 3 (1947), S. 43; nachgedruckt in: Heilbron, J. L., *Max Planck. Ein Leben für die Wissenschaft 1858–1947*, Stuttgart 1988.

Poliakov, L., *Geschichte des Antisemitismus*, Worms 1987 (*The History of Anti-Semitism*, IV, Oxford 1985).

Powell, C. F. / Occhialini, G. P. S., *Nuclear Physics in Photographs*, Oxford 1947.

Powers, T., *Heisenberg's War. The Secret History of the German Bomb*, New York 1993.

Rabi, I. I., *Science: The Center of Culture*, New York 1970.

Rechenberg, H., »Über die Uranbombe (1945)«, *Physikalische Blätter* 48 (1992), S. 994–1001.

Rechenberg, H., *Deutsche und jüdische Physik*, München 1992.

Rechenberg, H., *Farm-Hall-Berichte. Die abgehörten Gespräche der 1945/46 in England internierten deutschen Atomwissenschaftler. Ein Kommentar*, Stuttgart 1994.

Rechenberg, H., *Die langerwarteten Farm-Hall-Berichte – Sensation oder »Alter Schnee«?*, München 1993.

Rhodes, R., *Die Atombombe oder die Geschichte des 8. Schöpfungstages*, Nördlingen 1988 (*The Making of the Atomic Bomb*, New York 1986).

Riefenstahl, L., *Memoiren*, München 1987 (*Leni Riefenstahl. A Memoir*, New York 1993).

Rife, P., *Lise Meitner. The Life and Times of a Jewish Woman Physicist*, Ph.D. Diss., Union for Experimenting Colleges und Universities, 1983.

Ring, B., *Origines du Centre de Recherches Nucléaires. 1: Implantation d'un générateur de neutrons aux Hospices Civils de Strasbourg 1941–1944*, Straßburg o. J. [1988?].

Rosbaud, P., »Secret Mission«, *The Times Literary Supplement*, 5. Juni 1948, S. 320.

Rosbaud, P., Besprechung von R. Jungk, *Brighter Than A Thousand Suns*, in *Discovery* 20, März 1959, S. 96–97.

Rose, P. L., »Did Heisenberg Misconceive the Atomic Bomb?«, *Physics Today*, Februar 1992, S. 126.

Rose, P. L., *German Question / Jewish Question. Revolutionary Antisemitism in Germany from Kant to Wagner*, Princeton, N.J. 1990, erneut 1992.

Rosenfeld, L., *Selected Papers*, Boston 1979.

Rozental, S. (Hg.), *Niels Bohr. His Life und Work as Seen by His Friends and Colleagues*, Amsterdam / New York 1967.

Rudolf Peierls and Theoretical Physics, in *Progress in Nuclear Physics* 13, Oxford 1977.

Runge, G. (Hg.), *Correlation Index: Document Series and PB Reports*, New York 1953.

Scheel, W., »Address to the Einstein-Laue-Hahn-Meitner Centenary Symposium of the Max-Planck-Gesellschaft«, in *Reden zum 100. Geburtstag von Einstein, Hahn, Meitner, von Laue, Dokumentationsreihe der Freien Universität Berlin*, Berlin 1979.

Scholder, K., *Die Mittwochsgesellschaft. Protokolle aus dem geistigen Deutschland 1932 bis 1944*, Berlin 1982.

Seaborg, G., et al., *Transurane. Synthetische Elemente*, Stuttgart 1966 (*The Transuranium Elements*, New York 1949).

Seelig, C. (Hg.), *Helle Zeit – dunkle Zeit*, Zürich 1956.

Serber, R., *The Los Alamos Primer*, Berkeley, Calif., 1992.

Sereny, G., *Das Ringen mit der Wahrheit. Albert Speer und das deutsche Trauma*, München 1995 (*Albert Speer. His Battle with Truth*, New York 1995).

Shirakawa, S.H., *The Devil's Music Master. The Controversial Life and Career of Wilhelm Furtwängler*, New York 1992.

Siegmund-Schultze, R., »The Problem of Anti-Fascist Resistance of ›Apolitical‹ German Scholars«, in *Science, Technology and National Socialism*, hrsg. v. M. Renneberg u. M. Walker, Cambridge 1994, S. 312–323.

Sime, R.L., »A Split Decision?«, *Chemistry in Britain*, Juni 1994, S. 482–484.

Sime, R.L., »Lise Meitner's Escape from Germany«, *American Journal of Physics* 58, März 1990, S. 262–267.

Sime, R.L., *Lise Meitner. A Life in Physics*, Berkeley, Calif., 1996.

Simon, L.E., *German Research in World War II*, New York 1947.

Smoluchowski, M., *Abhandlungen über die Brownsche Bewegung und verwandte Erscheinungen*, Leipzig 1923.

Smyth, H. de W., *Atomic Energy for Military Purposes. The Official Report on the Development of the Atomic Bomb under the Auspices of the United States Government, 1940–1945*, Princeton, N.J., 1945.

Sontheimer, K., *Antidemokratisches Denken in der Weimarer Republik. Die politischen Ideen des deutschen Nationalismus zwischen 1918 und 1933*, München 1968.

Speer, A., *Der Sklavenstaat. Meine Auseinandersetzung mit der SS*, Stuttgart 1981 (*Infiltration*, New York 1981).

Speer, A., *Erinnerungen*, Berlin 1969 (*Inside the Third Reich*, New York 1970).

Stern, F., *The Failure of Illiberalism. Essays on the Political Culture of Modern Germany*, Chicago 1975.

Strauss, L., *Men und Decisions*, New York 1962.

Stuewer, R.H., »Niels Bohr and Nuclear Physics«, in *Niels Bohr. A Centenary Volume*, hg. v. A.P. French u. P.J. Kennedy, Cambridge, Mass., 1985, S. 197–220.

Stuewer, R.H. (Hg.), *Nuclear Physics in Retrospect*, Minneapolis 1979.

Szilard, L., *The Collected Works of Leo Szilard*, hrsg. v. B.T. Feld u. G.W. Szilard, Cambridge, Mass., 1972.

Leo Szilard: His Version of the Facts, hrsg. v. S.R. Weart u. G.W. Szilard, Cambridge, Mass., 1978.

Szilard, L., »Reminiscences«, in *The Intellectual Migration. Europe and America, 1930-1960*, hrsg. v. D. Fleming u. B. Bailyn, Cambridge, Mass., 1969, S. 94–151.

Talmon, J.L., *Politischer Messianismus. Die romantische Phase*, Köln/

Opladen 1963 (*Political Messianism. The Romantic Phase*, London 1960).

Tautorus, W. [K. Diebner], »Die deutschen Geheimarbeiten zur Kernenergieverwertung während des zweiten Weltkrieges 1939–1945«, *Atomkernenergie* 1 (1956), S. 368–370, 423–425.

Theweleit, K., *Männerphantasien*, Frankfurt a. M. 1977.

Thiess, F., *Das Reich der Dämonen*, Berlin 1941.

Thomson, G. P., »Anglo-U.S. Cooperation on Atomic Energy«, *BAS* 9, Nr. 2, 1953, S. 46–48.

The Times (London), 7.–14. August 1945.

Toronto Star, 8. April 1933.

Tracy, J. D. (Hg.), *Luther and the Modern State*, Kirksville, Mo., 1986.

Trevor-Roper, H. R., »Aftermaths of Empire«, *Encounter*, Dezember 1989, S. 3–16.

Turnbull, P., »The ›Supposed Infidelity‹ of Edward Gibbon«, *The Historical Journal* 25 (1982), S. 23–41.

Turner, I. D. (Hg.), *Reconstruction in Post-War Germany. British Occupation Policy and the Western Zones, 1945–1955*, Oxford 1989.

Turner, L., »Nuclear Fission«, *Reviews of Modern Physics* 12 (1940), S. 1–29.

Turner, L., »The Nonexistence of Transuranic Elements«, *Physical Review* 57, 15. Januar 1940, S. 157.

Walker, M., Besprechung von T. Powers, *Heisenberg's War*, in *Times Higher Education Supplement*, 4. März 1994, S. 22.

Walker, M., *German National Socialism and the Quest for Nuclear Power, 1939–1949*, Cambridge 1989.

Walker, M., »Heisenberg, Goudsmit, and the German Atomic Bomb«, *Physics Today*, Januar 1990, S. 52–60; Mai 1991, S. 13–15, 90–96; Februar 1992, S. 126.

Walker, M., »Legends Surrounding the German Atomic Bomb«, in Meade, T. / Walker, M. (Hg.), *Science, Medicine and Cultural Imperialism*, London 1991, S. 178–204.

Walker, M., »Myths of the German Atomic Bomb«, *Nature* 359, 8. Oktober 1992, S. 473–474.

Walker, M., *Nazi Science. Myth, Truth and the German Atomic Bomb*, New York 1995.

Walker, M., »Physics and Propaganda: Werner Heisenberg's Foreign Lectures under National Socialism«, *Historical Studies in the Physical and Biological Sciences* 22 (1992), S. 339–389.

Walker, M., Reply to P. L. Rose, *Physics Today*, Februar 1992, S. 126.

Walker, M., »Selbstreflexionen deutscher Atomphysiker: Die Farm-Hall-Protokolle und die ›deutsche Atombombe‹«, *Vierteljahrshefte für Zeitgeschichte* 41 (1993), S. 519–542.

Walker, M., *Die Uranmaschine. Mythos und Wirklichkeit der deutschen Atombombe*, mit einem Vorwort v. R. Jungk, Berlin 1990.

Weart, S., *Nuclear Fear*, Cambridge, Mass., 1988.

Weart, S. »The Road to Los Alamos«, *Journal de Physique* 43, Dezember 1982 (International Colloquium on the History of Particle Physics 21–23 July), S. 301–321.

Weart, S., »Secrecy, Simultaneous Discovery, and the Theory of Nuclear Reactors«, *American Journal of Physics* 45 (1977), S. 1049–1060.

Weart, S., *Scientists in Power*, Cambridge, Mass., 1979.

Weinberg, A., *Letter to Physics Today*, Dezember 1994, S. 84.

Weizsäcker, C. F. v., *Bewußtseinswandel*, München 1988.

Weizsäcker, C. F. v., »Heisenberg im Urteil seiner Schüler«, *Bild der Wissenschaft* 22 (1985), S. 138–147.

Weizsäcker, C. F. v., »Ideas on the Philosophy of Science«, »The Meaning of Quantum Mechanics«, »The Political and Moral Consequences of Science«, drei Vorträge, gehalten im CERN, Genf, Januar 1988.

Weizsäcker, C. F. v., »Die Illusion deutscher Atombomben. Aus einem Brief an den Herausgeber, Göttingen, 14. Oktober 1955«, in Seelig, C. (Hg.), *Helle Zeit – dunkle Zeit*, Zürich 1956, S. 130–132.

Weizsäcker, C. F. v., »Wir waren heilfroh ...«, *Stern*, August 1984, S. 55–56 (Nachdruck in: ders., *Bewußtseinswandel*, München 1988).

Weizsäcker, C. F. v. / Juilfs, J., *Physik der Gegenwart*, Göttingen 1952.

Weizsäcker, C. F. v. / Waerden, B. L. v. d., *Werner Heisenberg*, München 1977.

Wheeler, J. A., »Niels Bohr and Nuclear Physics«, *Physics Today*, Oktober 1963, S. 36–45.

Wheeler, J. A., »Some Men and Moments in Nuclear Physics«, in Stuewer, R. H. (Hg.), *Nuclear Physics in Retrospect*, Minneapolis 1979, S. 217–322.

Wheeler, J. A., »The Discovery of Fission«, *Physics Today*, November 1967, S. 49–52.

Wigner, E. F., *The Recollections of Eugene P. Wigner*, New York 1992.

Wilson, R. R., »Niels Bohr and the Young Scientists«, *BAS* 41, August 1985, S. 23–26.

Winnacker, K. / Wirtz, K., *Das unverstandene Wunder. Kernenergie in Deutschland*, Düsseldorf 1975 (*Nuclear Energy in Germany*, La Grange Park, Ill., 1979).

Wirtz, K., »Historisches zu den Uranarbeiten in Deutschland in den Jahren 1940–1945«, *Physikalische Blätter* 3 (1947), S. 371–379.

Wirtz, K., *Im Umkreis der Physik*, Karlsruhe 1988.

Wise, N., »Pascual Jordan: Quantum Mechanics, Psychology, National Socialism«, in: *Science, Technology, and National Socialism*, hrsg. v. M. Renneberg u. M. Walker, Cambridge 1994, S. 224–254.

Wistrich, Robert, *Wer war wer im Dritten Reich. Anhänger, Mitläufer, Gegner aus Politik, Wirtschaft, Militär, Kunst und Wissenschaft*, München 1983 (*Who's Who in Nazi Germany*, London 1982).

Wolin, R. (Hg.), *The Heidegger Controversy. A Critical Reader*, New York 1991.

Wood, B., *E. P. Schumacher. His Life and Thought*, New York 1984.

Zierold, K., *Forschungsförderung in drei Epochen. Deutsche Forschungsgemeinschaft*, Wiesbaden 1968.

PERSONENREGISTER

Die Originalausgabe erschien 1998 unter dem Titel
»Heisenberg and the Nazi Atomic Bomb Project.
A study in German Culture« in der University of
California Press, Berkeley / Los Angeles

Frontispiz: Werner Heisenberg, um 1940, © AKG, Berlin
Gesetzt aus der Sabon
Satz: Uwe Steffen, München
Druck und Bindung: Pustet, Regensburg
Printed in Germany
ISBN 3-85842-422-6